CCGI^{NK}

China Corporate
Governance Index

中国上市公司治理指数

李维安 ◎ 等著

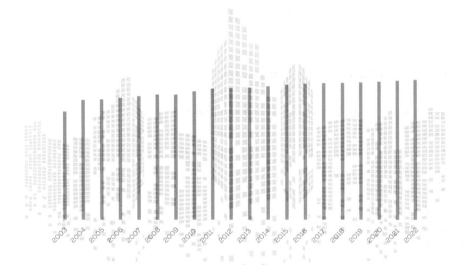

机械工业出版社
CHINA MACHINE PRESS

图书在版编目（CIP）数据

中国上市公司治理指数 / 李维安等著 . -- 北京：机械工业出版社，2024. 10. -- ISBN 978-7-111-76732-9

I. F279.246

中国国家版本馆 CIP 数据核字第 2024KZ1860 号

机械工业出版社（北京市百万庄大街 22 号　邮政编码 100037）
策划编辑：吴亚军　　　　　　　　责任编辑：吴亚军　王华庆
责任校对：杨　霞　马荣华　景　飞　责任印制：常天培
北京机工印刷厂有限公司印刷
2025 年 1 月第 1 版第 1 次印刷
185mm×260mm・43 印张・1091 千字
标准书号：ISBN 978-7-111-76732-9
定价：199.00 元

电话服务　　　　　　　　网络服务
客服电话：010-88361066　　机　工　官　网：www.cmpbook.com
　　　　　010-88379833　　机　工　官　博：weibo.com/cmp1952
　　　　　010-68326294　　金　书　网：www.golden-book.com
封底无防伪标均为盗版　机工教育服务网：www.cmpedu.com

推荐序

公司治理是现代企业制度的核心，建立并完善我国现代企业制度须要围绕着公司治理开展。本书基于二十年的公司治理评价研究，对中国公司治理状况进行了深刻的剖析与前瞻性探索。作为我国建立现代企业制度的参与者、观察者与研究者，我认为此书不仅系统梳理了中国上市公司治理的历史沿革，更通过科学地构建治理指数，量化与评估公司治理质量，为投资者和监管部门提供了直观、可比的治理质量标尺。此书出版对促进我国上市公司治理结构、治理机制的有效性和持续优化，提升公司治理质量，乃至推动资本市场健康发展，均具有重要的参考价值与指导意义。我愿意推荐此书，相信它将为学术界、实务界乃至广大投资者带来深刻的启示与助益。

陈清泰

原国家经济贸易委员会副主任

国务院发展研究中心原党组书记、副主任

全国政协常委、经济委员会副主任

中国上市公司协会首任会长

前言

公司治理是国家治理体系和治理能力现代化的先行者,是实现中国式现代化的微观基础,在完善现代企业制度中具有先导性和基础性的地位。21世纪初,公司治理改革作为一个全球性的焦点问题,其关注主体逐渐从美国转变为英美日德等主要发达国家,并进一步扩展至转轨和新兴市场国家。中国的公司治理制度建设也开始了由破到立的过程,《中国公司治理原则》(2000年11月)、《关于在上市公司建立独立董事制度的指导意见》(2001年8月)与《上市公司治理准则》(2002年1月)等相继出台,公司治理实践逐步深入,投资者、监管部门以及上市公司自身对公司治理质量的关注不断提升,迫切呼唤着公司治理评价的诞生。

为了引领中国公司治理理论与实践发展,中国公司治理研究院公司治理评价课题组制定了中国公司治理评价的"三步走战略"。第一步,在遵循国际规范做法并结合中国具体国情的基础上,率先研究并组织制定《中国公司治理原则》。先于1999年开展公司治理原则的国际比较研究,于2000年在《光明日报》发表《应制定适合国情的〈中国公司治理原则〉》的倡议,进而于2001年推出《中国公司治理原则(草案)》。该成果被中国证券监督管理委员会(以下简称"中国证监会")与原国家经济贸易委员会联合推出的《上市公司治理准则》以及太平洋经济合作理事会(PECC)制定的《东亚地区治理原则》吸收借鉴,为建立公司治理评价指标体系提供了参考性标准。第二步,以国际标准为指导,以中国实际为基础,于2003年4月构建并推出了我国第一个上市公司治理评价系统——中国上市公司治理评价指标体系,包含股东治理、董事会治理、监事会治理、经理层治理、信息披露、利益相关者治理六大维度。第三步,基于评价指标体系与评价标准,构建中国上市公司治理指数模型,形成中国上市公司治理指数($CCGI^{NK}$),也称南开治理指数,建立了中国第一个公司治理专业数据库。2004年2月,首份《中国公司治理评价报告》在人民大会堂正式推出,首次对中国上市公司进行了大样本(931家)全面量化评价分析。

自推出至2023年,《中国公司治理评价报告》已经连续发布二十年,中国上市公司治理指数在推动中国公司治理发展、助力学术研究与学科建设、为政府监管政策制定建言、为企业开展咨询培训等方面产生了积极的影响。

二十年来,中国上市公司治理指数坚持每年持续发布,刻画了二十年间中国公司治理的发展与变化趋势,推动中国上市公司治理水平持续提升。中国上市公司治理指数对历年中国上市公司治理水平进行了深入分析与评价,为治理能力提升提供方向与对策,见证并推动了中国上市公司治理从治理结构建立到治理机制引入,再到治理有效性提升的过程,被誉为中国上市公司治理状况"晴雨表"。

二十年来，中国上市公司治理指数评价系统持续完善，不断探索适合中国的公司治理模式。例如：从2008年开始将金融机构治理作为单独板块进行分析，形成了以治理风险为核心的金融机构治理评价系统，推动了金融机构治理从"治理者"向"被治理者"的转变；从2018年开始，在全球首份《绿色治理准则》的基础上连续五年推出中国上市公司绿色治理（ESG）指数（CGGI），被称为ESG的升级版，为实现上市公司的绿色、包容性发展做出了有力的倡导。

二十年来，公司治理评价推动公司治理从一个研究问题成为一个交叉学科领域，并成为公司治理研究中的重要组成部分。自2003年中国上市公司治理指数发布以来，公司治理研究蓬勃发展，成为备受关注的新兴学科领域。2020年6月，公司治理正式获得国家自然科学基金委员会工商管理的二级学科代码（G0212），而公司治理评价是其中一个重要的研究方向。

二十年来，基于中国上市公司治理指数，中国公司治理研究院团队持续为中国公司治理改革制定标准，为政府部门提出改革对策，为地区治理完善提供助力，为企业实践进行诊断。中国公司治理研究院陆续与国务院国有资产监督管理委员会、国家发展和改革委员会、中国证券监督管理委员会、原中国银行保险监督管理委员会、上海证券交易所、深圳证券交易所，广东、上海等多个省市的国有资产监督管理委员会，以及国家能源集团、中国航空工业集团、中国银行、中国工商银行、中国建设银行、中国农业银行等百余家政府部门和大型企业开展合作并提供咨询，中国上市公司治理指数得到了广泛的应用，产生了积极的社会影响。公司治理评价还被应用在股价指数中，基于中国上市公司治理指数开发的央视财经50指数、央视治理领先指数，以及基于中国上市公司绿色治理指数开发的公司治理研究院绿色治理指数（980058），均在同期跑赢大盘，超出沪深300和深证成指等指数，展现出较高的治理溢价，证明搞好公司治理也能创造价值，为上市公司治理完善创造内生动力。

在中国上市公司治理指数连续发布二十年之际，我们对二十年来的中国上市公司治理指数成果进行归纳和总结，以"梳理成果、明确原理、揭示趋势、引领研究"为目标，编著了这本《中国上市公司治理指数》。本著作具有以下几个方面的特点：

首先，这是我国公司治理领域首部系统性、长周期、全面评价中国上市公司治理状况的学术著作。本著作重在分析中国上市公司治理的时间变化而非单一年度情况，所使用的评价数据周期跨度达二十年，这在中国公司治理评价领域是前所未有的。

其次，这是一部弘扬与传承百年"南开指数"精神的著作。"南开指数"是南开大学延续近百年的传统，在建校初期由何廉先生编制，在国内外产生了重要影响。中国上市公司治理指数又称"南开治理指数"，是南开指数在公司治理领域的标志性成果，也是南开指数在新时期的重要延续。本著作的相关成果和出版也得到了南开大学校领导及师生的鼓励支持，对于传承和发扬南开指数传统意义重大。

再次，这是一部涉及内容众多、应用场景广泛的著作。本著作是公司治理领域的学术著作、工具书、专业数据报告，而非纯粹的学术著作，其适用对象更广，从政府部门、监管机构、上市公司到高校学者，均可参考引用。在今后的历次治理指数发布会、全国公司治理师资培训会中，本著作都可作为重要成果加以应用。

最后，这是一部在对中国公司治理研究院团队二十年科研成果精华总结提炼的基础上，力图引领未来二十年中国公司治理实践与研究发展的著作。本著作前期成果先后获教育部人文社科优秀成果奖、天津社科优秀成果奖等奖项，并作为南开百年成果展的重要内容被国家领导人阅览。本著作不仅对相关前期成果进行了梳理总结，还为公司治理理念的转变与制度建设的优化指明了方向，力图继续为未来二十年中国公司治理的改革提供借鉴。

在过去的二十年中，中国上市公司治理指数有力地推动了中国公司治理从诞生到蓬勃发展。展望未来，我相信中国上市公司治理指数的持续推出，能够为上市公司高质量发展提供持续的助力，在服务中国式现代化中贡献出治理的力量。

李维安

2024 年 1 月 18 日

于南开园

目录

推荐序
前言

第一章 公司治理评价的提出 … 1

第一节 国内外治理研究动态 … 1

一、内部治理研究 … 2
 （一）股东治理 … 2
 （二）董事会治理 … 4
 （三）高管治理 … 5

二、外部治理研究 … 6
 （一）投资者保护 … 6
 （二）债权人治理 … 8
 （三）媒体治理 … 8
 （四）外部监管 … 9

三、我国公司治理研究进展 … 10
 （一）公司治理探索研究阶段（1978—2000年）… 10
 （二）公司治理基础研究阶段（2001—2008年）… 10
 （三）公司治理深入研究阶段（2009年至今）… 10

第二节 我国公司治理发展阶段与脉络 … 11

一、我国公司治理的发展阶段 … 11
 （一）公司治理观念导入（1978—1992年）… 11
 （二）公司治理结构构建（1993—1998年）… 11
 （三）公司治理机制建立（1999—2012年）… 12
 （四）公司治理有效性提升（2013年至今）… 12

二、我国公司治理的发展脉络 ... 12
 （一）从治理结构到治理机制 ... 12
 （二）从单法人治理到集团治理 ... 13
 （三）从国内治理到跨国治理 ... 13
 （四）从行政型治理到经济型治理 ... 13
 （五）从公司治理到一般治理 ... 13
 （六）从治理原则到治理评价 ... 14

第三节 国内外主要公司治理评价系统 ... 14
一、国内外主要的公司治理评价系统 ... 14
 （一）国外主要的公司治理评价系统 ... 14
 （二）国内主要的公司治理评价系统 ... 15
二、已有公司治理评价系统共性与差异 ... 17

第四节 基于公司治理评价开展的研究 ... 18
一、国内基于公司治理指数开展的相关研究 ... 19
 （一）基于公司治理总体评价指数的相关研究 ... 19
 （二）基于公司治理不同维度评价指数的相关研究 ... 20
二、国外基于公司治理指数开展的相关研究 ... 22
 （一）基于学者构建的公司治理评价指数的相关研究 ... 22
 （二）基于评价机构构建的公司治理评价指数的相关研究 ... 24
三、基于公司治理指数研究小结 ... 25

第二章 中国上市公司治理指数研发 ... 26

第一节 南开指数的传统 ... 26
一、传统南开指数 ... 26
二、新时期南开指数 ... 27
 （一）中国上市公司治理指数 ... 27
 （二）经济系列指数 ... 28
 （三）绿色治理指数 ... 28
 （四）政府治理指数 ... 28
 （五）保险机构治理指数 ... 29

第二节 中国上市公司治理指数发展阶段 ... 29
一、中国上市公司治理指数发展阶段总体说明 ... 29

二、中国上市公司治理指数发展阶段具体说明　　30
　　　　(一) 研究并组织制定《中国公司治理原则》　　30
　　　　(二) 构建并推出中国上市公司治理评价指标体系　　31
　　　　(三) 发布公司治理指数与公司治理评价报告　　32
　　　　(四) 中国上市公司治理指数应用　　36

　第三节　中国上市公司治理评价指标体系　　38
　　一、中国上市公司治理评价指标体系总体说明　　38
　　二、中国上市公司股东治理评价指标体系说明　　38
　　　　(一) 股东治理评价相关研究　　38
　　　　(二) 中国上市公司股东治理评价指标体系设计思路　　39
　　三、中国上市公司董事会治理评价指标体系说明　　41
　　　　(一) 董事会治理评价相关研究　　41
　　　　(二) 中国上市公司董事会治理评价指标体系设计思路　　41
　　四、中国上市公司监事会治理评价指标体系说明　　43
　　　　(一) 监事会治理评价相关研究　　44
　　　　(二) 中国上市公司监事会治理评价指标体系的设计思路　　45
　　五、中国上市公司经理层治理评价指标体系说明　　46
　　　　(一) 经理层治理评价相关研究　　46
　　　　(二) 中国上市公司经理层治理评价指标体系设计思路　　47
　　六、中国上市公司信息披露评价指标体系说明　　48
　　　　(一) 信息披露相关研究　　48
　　　　(二) 中国上市公司信息披露评价指标体系设计思路　　48
　　七、中国上市公司利益相关者治理评价指标体系说明　　50
　　　　(一) 利益相关者治理评价相关研究　　50
　　　　(二) 中国上市公司利益相关者治理评价指标体系设计思路　　51

第三章　中国上市公司治理总体分析　　54

　第一节　中国上市公司治理评价样本介绍　　54
　　一、中国上市公司治理评价样本总体说明　　54
　　二、中国上市公司治理评价样本分控股股东性质说明　　55
　　三、中国上市公司治理评价样本分行业说明　　55
　　四、中国上市公司治理评价样本分区域和地区说明　　59

  （一）七大地理区域上市公司治理评价样本说明　　59
  （二）四大经济区域上市公司治理评价样本说明　　67
 五、中国上市公司治理评价样本分市场板块说明　　69

第二节　中国上市公司治理趋势分析　　70
 一、中国上市公司治理指数统计分析　　70
 二、中国上市公司治理指数等级分析　　72
 三、中国上市公司治理分指数趋势分析　　75

第三节　中国上市公司治理分控股股东性质分析　　76
 一、中国上市公司治理指数分控股股东性质比较分析　　76
 二、各控股股东性质中国上市公司治理指数具体分析　　78

第四节　中国上市公司治理分区域和地区分析　　85
 一、中国上市公司治理指数分区域和地区比较分析　　85
  （一）七大地理区域治理指数比较分析　　85
  （二）四大经济区域治理指数比较分析　　86
 二、各区域和地区中国上市公司治理指数具体分析　　87
  （一）七大地理区域治理指数具体分析　　87
  （二）长三角与珠三角地区治理指数具体分析　　94
  （三）特定城市治理指数具体分析　　96

第五节　中国上市公司治理分行业分析　　98
 一、中国上市公司治理指数分行业比较分析　　98
 二、各行业中国上市公司治理指数具体分析　　101
  （一）金融业上市公司治理指数分析　　101
  （二）高科技行业上市公司治理指数分析　　102
  （三）房地产业上市公司治理指数分析　　103
  （四）制造业上市公司治理指数分析　　104

第六节　中国上市公司治理分市场板块分析　　106
 一、中国上市公司治理指数分市场板块比较分析　　106
 二、各市场板块中国上市公司治理指数具体分析　　107

第七节　中国上市公司治理分析结论　　112
 一、中国上市公司治理总体分析结论　　112

二、中国上市公司治理具体分析结论　　113
　　　　（一）上市公司治理分控股股东性质比较分析结论　　113
　　　　（二）上市公司治理分区域和地区比较分析结论　　113
　　　　（三）上市公司治理分行业比较分析结论　　113
　　　　（四）上市公司治理分市场板块比较分析结论　　113

第四章　中国上市公司股东治理分析　　114

第一节　中国上市公司股东治理趋势分析　　114
　　一、中国上市公司股东治理指数分析　　114
　　二、中国上市公司股东治理分指数分析　　115

第二节　中国上市公司股东治理分控股股东性质分析　　117
　　一、中国上市公司股东治理指数分控股股东性质比较分析　　117
　　二、中国上市公司股东治理分指数分控股股东性质比较分析　　119
　　三、各控股股东性质中国上市公司股东治理指数具体分析　　123

第三节　中国上市公司股东治理分区域和地区分析　　131
　　一、中国上市公司股东治理指数分地区比较分析　　131
　　二、中国上市公司股东治理分指数分地区比较分析　　132
　　三、各区域和地区中国上市公司股东治理指数具体分析　　135

第四节　中国上市公司股东治理分行业分析　　151
　　一、中国上市公司股东治理指数分行业比较分析　　151
　　二、中国上市公司股东治理分指数分行业比较分析　　154
　　　　（一）独立性分指数分析　　154
　　　　（二）中小股东权益保护分指数分析　　157
　　　　（三）关联交易分指数分析　　159
　　三、各行业中国上市公司股东治理指数具体分析　　162
　　　　（一）金融业上市公司股东治理指数分析　　162
　　　　（二）高科技行业上市公司股东治理指数分析　　164
　　　　（三）房地产业上市公司股东治理指数分析　　165
　　　　（四）制造业上市公司股东治理指数分析　　168

第五节　中国上市公司股东治理分市场板块分析　　170

一、中国上市公司股东治理指数分市场板块比较分析　　170
　　二、中国上市公司股东治理分指数分市场板块比较分析　　171
　　三、各市场板块中国上市公司股东治理指数具体分析　　174

　第六节　中国上市公司股东治理分析结论　　180
　　一、中国上市公司股东治理总体分析结论　　180
　　二、中国上市公司股东治理具体分析结论　　181
　　　（一）股东治理分控股股东性质比较分析结论　　181
　　　（二）股东治理分区域和地区比较分析结论　　181
　　　（三）股东治理分行业比较分析结论　　182
　　　（四）股东治理分市场板块比较分析结论　　182

第五章　中国上市公司董事会治理分析　　183

　第一节　中国上市公司董事会治理趋势分析　　183
　　一、中国上市公司董事会治理指数分析　　183
　　二、中国上市公司董事会治理分指数分析　　185

　第二节　中国上市公司董事会治理分控股股东性质分析　　187
　　一、中国上市公司董事会治理指数分控股股东性质比较分析　　187
　　二、中国上市公司董事会治理分指数分控股股东性质比较分析　　189
　　三、各控股股东性质中国上市公司董事会治理指数具体分析　　196

　第三节　中国上市公司董事会治理分区域和地区分析　　206
　　一、中国上市公司董事会治理指数分地区比较分析　　206
　　二、中国上市公司董事会治理分指数分地区比较分析　　207
　　三、各区域和地区中国上市公司董事会治理指数具体分析　　211

　第四节　中国上市公司董事会治理分行业分析　　230
　　一、中国上市公司董事会治理指数分行业比较分析　　230
　　二、中国上市公司董事会治理分指数分行业比较分析　　232
　　　（一）董事权利与义务分指数分析　　232
　　　（二）董事会运作效率分指数分析　　234
　　　（三）董事会组织结构分指数分析　　237
　　　（四）董事薪酬分指数分析　　239

（五）独立董事制度分指数分析	241
三、各行业中国上市公司董事会治理指数具体分析	244
（一）金融业上市公司董事会治理指数分析	244
（二）高科技行业上市公司董事会治理指数分析	246
（三）房地产业上市公司董事会治理指数分析	248
（四）制造业上市公司董事会治理指数分析	249

第五节　中国上市公司董事会治理分市场板块分析　　252
一、中国上市公司董事会治理指数分市场板块比较分析　　252
二、中国上市公司董事会治理分指数分市场板块比较分析　　253
三、各市场板块中国上市公司董事会治理指数具体分析　　258

第六节　中国上市公司董事会治理分析结论　　265
一、中国上市公司董事会治理总体分析结论　　265
二、中国上市公司董事会治理具体分析结论　　266
　　（一）董事会治理分控股股东性质比较分析结论　　266
　　（二）董事会治理分区域和地区比较分析结论　　266
　　（三）董事会治理分行业比较分析结论　　266
　　（四）董事会治理分市场板块比较分析结论　　267

第六章　中国上市公司监事会治理分析　　268

第一节　中国上市公司监事会治理趋势分析　　268
一、中国上市公司监事会治理指数分析　　268
二、中国上市公司监事会治理分指数分析　　270

第二节　中国上市公司监事会治理分控股股东性质分析　　271
一、中国上市公司监事会治理指数分控股股东性质比较分析　　271
二、中国上市公司监事会治理分指数分控股股东性质比较分析　　273
三、各控股股东性质中国上市公司监事会治理指数具体分析　　277

第三节　中国上市公司监事会治理分区域和地区分析　　285
一、中国上市公司监事会治理指数分地区比较分析　　285
二、中国上市公司监事会治理分指数分地区比较分析　　286
三、各区域和地区中国上市公司监事会治理指数具体分析　　288

第四节　中国上市公司监事会治理分行业分析　304
一、中国上市公司监事会治理指数分行业比较分析　304
二、中国上市公司监事会治理分指数分行业比较分析　307
　　（一）运行状况分指数分析　307
　　（二）规模结构分指数分析　310
　　（三）胜任能力分指数分析　312
三、各行业中国上市公司监事会治理指数具体分析　315
　　（一）金融业上市公司监事会治理指数分析　315
　　（二）高科技行业上市公司监事会治理指数分析　317
　　（三）房地产业上市公司监事会治理指数分析　318
　　（四）制造业上市公司监事会治理指数分析　320

第五节　中国上市公司监事会治理分市场板块分析　322
一、中国上市公司监事会治理指数分市场板块比较分析　322
二、中国上市公司监事会治理分指数分市场板块比较分析　323
三、各市场板块中国上市公司监事会治理指数具体分析　326

第六节　中国上市公司监事会治理分析结论　333
一、中国上市公司监事会治理总体分析结论　333
二、中国上市公司监事会治理具体分析结论　333
　　（一）监事会治理分控股股东性质比较分析结论　333
　　（二）监事会治理分区域和地区比较分析结论　333
　　（三）监事会治理分行业比较分析结论　334
　　（四）监事会治理分市场板块比较分析结论　334

第七章　中国上市公司经理层治理分析　335

第一节　中国上市公司经理层治理趋势分析　335
一、中国上市公司经理层治理指数分析　335
二、中国上市公司经理层治理分指数分析　337

第二节　中国上市公司经理层治理分控股股东性质分析　339
一、中国上市公司经理层治理指数分控股股东性质比较分析　339
二、中国上市公司经理层治理分指数分控股股东性质比较分析　340
三、各控股股东性质中国上市公司经理层治理指数具体分析　345

第三节　中国上市公司经理层治理分区域和地区分析　353
一、中国上市公司经理层治理指数分地区比较分析　353
二、中国上市公司经理层治理分指数分地区比较分析　354
三、各区域和地区中国上市公司经理层治理指数具体分析　357

第四节　中国上市公司经理层治理分行业分析　373
一、中国上市公司经理层治理指数分行业比较分析　373
二、中国上市公司经理层治理分指数分行业比较分析　376
　　（一）任免制度分指数分析　376
　　（二）执行保障分指数分析　378
　　（三）激励约束分指数分析　381
三、各行业中国上市公司经理层治理指数具体分析　383
　　（一）金融业上市公司治理指数分析　383
　　（二）高科技行业上市公司治理指数分析　385
　　（三）房地产业上市公司治理指数分析　387
　　（四）制造业上市公司治理指数分析　388

第五节　中国上市公司经理层治理分市场板块分析　391
一、中国上市公司经理层治理指数分市场板块比较分析　391
二、中国上市公司经理层治理分指数分市场板块比较分析　392
三、各市场板块中国上市公司经理层治理指数具体分析　395

第六节　中国上市公司经理层治理分析结论　402
一、中国上市公司经理层治理总体分析结论　402
二、中国上市公司经理层治理具体分析结论　402
　　（一）经理层治理分控股股东性质比较分析结论　402
　　（二）经理层治理分区域和地区比较分析结论　403
　　（三）经理层治理分行业比较分析结论　404
　　（四）经理层治理分市场板块比较分析结论　404

第八章　中国上市公司信息披露分析　406

第一节　中国上市公司信息披露趋势分析　406
一、中国上市公司信息披露指数分析　406
二、中国上市公司信息披露分指数分析　408

第二节　中国上市公司信息披露分控股股东性质分析　410
一、中国上市公司信息披露指数分控股股东性质比较分析　410
二、中国上市公司信息披露分指数分控股股东性质比较分析　412
三、各控股股东性质中国上市公司信息披露指数具体分析　416

第三节　中国上市公司信息披露分区域和地区分析　426
一、中国上市公司信息披露指数分地区比较分析　426
二、中国上市公司信息披露分指数分地区比较分析　427
三、各区域和地区中国上市公司信息披露指数具体分析　430

第四节　中国上市公司信息披露分行业分析　448
一、中国上市公司信息披露指数分行业比较分析　448
二、中国上市公司信息披露分指数分行业比较分析　451
　　（一）真实性分指数分析　451
　　（二）相关性分指数分析　453
　　（三）及时性分指数分析　456
三、各行业中国上市公司信息披露指数具体分析　459
　　（一）金融业上市公司信息披露指数分析　459
　　（二）高科技行业上市公司信息披露指数分析　461
　　（三）房地产业上市公司信息披露指数分析　462
　　（四）制造业上市公司信息披露指数分析　464

第五节　中国上市公司信息披露分市场板块分析　467
一、中国上市公司信息披露指数分市场板块比较分析　467
二、中国上市公司信息披露分指数分市场板块比较分析　468
三、各市场板块中国上市公司信息披露指数具体分析　470

第六节　中国上市公司信息披露分析结论　477
一、中国上市公司信息披露总体分析结论　477
二、中国上市公司信息披露具体分析结论　478
　　（一）信息披露分控股股东性质比较分析结论　478
　　（二）信息披露分区域和地区比较分析结论　478
　　（三）信息披露分行业比较分析结论　478
　　（四）信息披露分市场板块比较分析结论　479

第九章　中国上市公司利益相关者治理分析　480

第一节　中国上市公司利益相关者治理趋势分析　480
一、中国上市公司利益相关者治理指数分析　480
二、中国上市公司利益相关者治理分指数分析　482

第二节　中国上市公司利益相关者治理分控股股东性质分析　484
一、中国上市公司利益相关者治理指数分控股股东性质比较分析　484
二、中国上市公司利益相关者治理分指数分控股股东性质比较分析　485
三、各控股股东性质中国上市公司利益相关者治理指数具体分析　489

第三节　中国上市公司利益相关者治理分区域和地区分析　498
一、中国上市公司利益相关者治理指数分地区比较分析　498
二、中国上市公司利益相关者治理分指数分地区比较分析　500
三、各区域和地区中国上市公司利益相关者治理指数具体分析　502

第四节　中国上市公司利益相关者治理分行业分析　521
一、中国上市公司利益相关者治理指数分行业比较分析　521
二、中国上市公司利益相关者治理分指数分行业比较分析　524
  （一）参与程度分指数分析　524
  （二）协调程度分指数分析　526
三、各行业中国上市公司利益相关者治理指数具体分析　529
  （一）金融业上市公司利益相关者治理指数分析　529
  （二）高科技行业上市公司利益相关者治理指数分析　531
  （三）房地产业上市公司利益相关者治理指数分析　533
  （四）制造业上市公司利益相关者治理指数分析　535

第五节　中国上市公司利益相关者治理分市场板块分析　538
一、中国上市公司利益相关者治理指数分市场板块比较分析　538
二、中国上市公司利益相关者治理分指数分市场板块比较分析　539
三、各市场板块中国上市公司利益相关者治理指数具体分析　542

第六节 中国上市公司利益相关者治理分析结论	549
一、中国上市公司利益相关者治理总体分析结论	549
二、中国上市公司利益相关者治理具体分析结论	549
（一）利益相关者治理分控股股东性质比较分析结论	549
（二）利益相关者治理分区域和地区比较分析结论	549
（三）利益相关者治理分行业比较分析结论	550
（四）利益相关者治理分市场板块比较分析结论	550

第十章 中国上市公司治理指数与绩效相关性　　552

第一节 公司绩效指标界定与相关性方法	552
一、公司治理与绩效关系研究相关文献	552
二、公司绩效指标界定	553
（一）公司盈利能力指标	554
（二）公司代理成本指标	554
（三）公司成长性指标	555
（四）公司分红指标	555
（五）公司价值指标	556
三、相关性具体方法	557
第二节 中国上市公司绩效指标统计分析	558
一、盈利能力指标	558
（一）净资产收益率	558
（二）总资产报酬率	561
（三）总资产净利率	563
（四）投入资本回报率	564
二、代理成本指标	566
（一）销售费用占营业总收入百分比	566
（二）管理费用占营业总收入百分比	567
（三）财务费用占营业总收入百分比	567
三、成长性指标	570
（一）营业收入同比增长率	570
（二）净利润同比增长率	572
（三）总资产同比增长率	573

（四）研发费用同比增长率	574
四、分红指标	575
五、价值指标	576
（一）内在价值指标	576
（二）市场价值指标——总市值	579
（三）市场价值指标——市盈率	581
（四）价值创造指标	583
第三节 中国上市公司治理总指数与绩效相关性	**586**
一、中国上市公司治理指数与盈利能力	586
（一）上市公司治理指数与当年盈利能力指标	586
（二）公司治理指数与 t+1 期一季度盈利能力指标	586
（三）公司治理指数与 t+1 期半年度盈利能力指标	588
二、上市公司治理指数与代理成本	588
（一）公司治理指数与当年代理成本指标	588
（二）公司治理指数与 t+1 期一季度代理成本指标	589
（三）公司治理指数与 t+1 期半年度代理成本指标	589
三、上市公司治理指数与成长性	590
（一）公司治理指数与当年成长性指标	590
（二）公司治理指数与 t+1 期一季度成长性指标	590
（三）公司治理指数与 t+1 期半年度成长性指标	591
四、上市公司治理指数与分红	592
五、上市公司治理指数与价值	592
（一）公司治理指数与当年价值指标	592
（二）公司治理指数与 t+1 期一季度价值指标	593
（三）公司治理指数与 t+1 期半年度价值指标	594
第四节 中国上市公司治理分指数与绩效相关性	**595**
一、上市公司治理分指数与盈利能力	595
（一）公司治理分指数与当年盈利能力指标	595
（二）公司治理分指数与 t+1 期一季度盈利能力指标	596
（三）公司治理分指数与 t+1 期半年度盈利能力指标	597
二、上市公司治理分指数与代理成本	598
（一）公司治理分指数与当年代理成本指标	598
（二）公司治理分指数与 t+1 期一季度代理成本指标	599

  （三）公司治理分指数与 t+1 期半年度代理成本指标　　600

三、上市公司治理分指数与成长性　　601
  （一）公司治理分指数与当年成长性指标　　601
  （二）公司治理分指数与 t+1 期一季度成长性指标　　602
  （三）公司治理分指数与 t+1 期半年度成长性指标　　603

四、上市公司治理分指数与分红　　604

五、上市公司治理分指数与价值　　604
  （一）公司治理分指数与当年价值指标　　604
  （二）公司治理分指数与 t+1 期一季度价值指标　　605
  （三）公司治理分指数与 t+1 期半年度价值指标　　605

第五节　中国上市公司治理指数与绩效相关性分析结论　　609

一、上市公司治理指数与绩效　　609
  （一）公司治理指数与盈利能力　　609
  （二）公司治理指数与代理成本　　609
  （三）公司治理指数与成长性　　609
  （四）公司治理指数与分红　　610
  （五）公司治理指数与价值指标　　610

二、公司治理分指数与绩效　　610
  （一）公司治理分指数与盈利能力　　610
  （二）公司治理分指数与代理成本　　610
  （三）公司治理分指数与成长性　　610
  （四）公司治理分指数与分红　　610
  （五）公司治理分指数与价值指标　　611

第十一章　中国上市公司治理总结与展望　　612

第一节　中国上市公司治理指数应用与社会反响　　612
一、中国上市公司治理指数的实践应用　　613
二、中国上市公司治理指数的学术应用　　614
三、中国上市公司治理指数的社会反响　　615

第二节　基于指数的中国上市公司治理总结　　615
一、中国上市公司治理总体状况总结　　615
二、中国上市公司六大治理维度发展总结　　616

三、中国上市公司治理的异质性分析总结 616
  (一) 股权性质 616
  (二) 行业差异 617
  (三) 地区差异 617
  (四) 板块差异 617

第三节 中国上市公司治理展望 618
一、公司治理理念升级 618
  (一) 创造内生动力：从强制性合规到自主性治理 618
  (二) 绿色发展趋势：绿色治理 618
  (三) 网络组织治理变革：网络治理 619
  (四) 数字时代治理转型：数据治理 620
  (五) 应对突发事件：从应急管理到应急治理 621
二、公司治理环境完善 621
  (一) 治理发展动力：从事件推动到规则引领转变 621
  (二) 治理监管转变：从入口治理向过程治理转变 622
  (三) 国有企业治理：进一步推进市场化改革 623
  (四) 金融机构治理：从治理者到被治理者 623
  (五) 绿色治理发展：制定上市公司绿色治理相关准则与规则 624

索引 626

参考文献 648

后记 662

第一章 公司治理评价的提出

本章主要分析了公司治理评价提出的理论基础和实践需要。首先，从内部治理和外部治理两大研究脉络中，呈现国内外公司治理的研究动态和发展方向，并结合我国公司治理研究的现状，将我国公司治理研究划分为探索研究、基础研究和深入研究三个阶段。其次，结合我国公司治理实践的发展，介绍了我国公司治理的发展阶段和脉络演进。我国公司治理的发展经历了观念导入、结构构建、机制建立和有效性提升四个阶段，脉络演进经历了从治理结构到治理机制、从治理原则到治理评价、从单法人治理到集团治理等过程。最后，系统梳理了国内外具有代表性的公司治理评价系统，以及基于公司治理评价开展的研究。

第一节 国内外治理研究动态

自公司治理作为一个科学问题被提出以来，伴随着公司治理的发展，学术界逐渐就公司治理展开相关研究。国内外期刊上发表的公司治理领域文献主要集中于具体治理要素。例如：Johnson、Boone、Breach 和 Friedman（2000）与 Eldenburg、Hermalin、Weisbach 和 Wosinska（2004）关注了董事会治理方面的研究；Shleifer 和 Vishny（1997）从投资者保护视角对公司治理领域的相关文献进行了综述，并重点关注了投资者的法律保护以及世界范围的公司股权集中度；Smith（2001）则关注了外部治理中的信息披露问题；Holderness（2003）关注了大股东治理的有关问题。因此，围绕着具体治理要素和治理主体，国内外治理研究可划分为内部治理和外部治理两大领域。

一、内部治理研究

（一）股东治理

上市公司与其控股股东之间存在着种种关联，控股股东对上市公司的行为往往超越了上市公司法人边界。中国转轨时期经济的复杂性决定了上市公司控股股东行为的复杂性，控股股东目标选择不再局限于对上市公司控制收益与成本的比较，而是更多地考虑集团整体利益。股东治理研究涉及股权结构与股东平等待遇、控股股东行为负外部性形成及制约机制、控制权配置等方面。

股权结构研究方面，早期研究多为直接探讨股权结构对公司单一结果性指标（绩效、业绩、价值等）的影响（Djankov 和 Murrell，2002；Megginson 和 Netter，2001；陈德萍和陈永圣，2011；顾露露、岑怡、郭三和张凯歌，2015；郭冰和刘坤，2022；郑志刚、朱光顺、李倩和黄继承，2021；祝继高、苏嘉莉和黄薇，2020）。还有学者从公司行为层面探讨股权结构的影响，发现低成本和稳定的投融资行为有利于企业绩效的改善。由于公司实际控制人比普通股股东有更强的决策能力和判断力，且管理层掌握企业控制权，能避免其他外部股东因为信息不对称而错误决策，因此，管理层不会去选择那些利润不高但效果显著的项目（DeAngelo 和 DeAngelo，1985）。优化股权结构能够满足异质化股东的多样化需求，促使公司致力于长期发展目标，有效避免敌意收购，保持公司业务稳定，进而提高其投融资的决策效率（郭雳和彭雨晨，2019）。已有研究还从管理层挪用资金等方面提出股权结构对企业投融资存在影响。同股不同权的公司管理层更有可能将其公开发行的收益进行挪用，而非用于新的投资为公司创造价值，具体可能用来收购公司或偿还债务（Arugaslan、Cook 和 Kieschnick，2010），因此双重股权结构下管理层可能并不重视企业的投资效率（Howell，2017；刘翔宇、邝诗慧、黄钰婷和梁嘉静，2020）。

随着研究的深入和我国公司治理改革实践的发展，研究者开始关注代理行为，实证研究了股权集中和股权职能对代理成本的影响（李寿喜，2007；尤华和李恩娟，2014）。例如，Shleifer 和 Vishny（1989）认为，控股股东与中小股东的利益存在一致性，控股股东有动机积极收集信息并有效监督管理层，也有能力控制经营管理层，避免股权高度分散情况下的分散股东"搭便车"问题，在追求公司价值最大化的同时实现自身利益。Demsetz 和 Lehn（1985）与 Porta、Lopez-de-Silanes、Shleifer 和 Vishny（1998）则指出，控股股东与中小股东存在利益不一致性，甚至利益冲突严重，大股东利用其控制地位追求自身利益，获得控制权私有收益，侵占小股东的利益。董志强（2010）通过构建理论模型，解释了公司治理模式选择行为、现象，认为公司治理模式是基于股权结构和投资者法律保护而做出的一种适应性反应，股权较集中的国家更适合采用双层制的公司治理模式。万丛颖和张楠楠（2013）通过实证分析发现，股权结构具有调节大股东治理和掏空效应的作用。在调节大股东治理效应时，国有股股东的调节作用高于非国有股股东；而在调节大股东掏空效应时，国有股股东的调节作用低于非国有股股东。尤华和李恩娟（2014）以 2011 年创业板上市公司为样本进行实证研究，结果表明，股权集中度既可以降低股东与经营层之间的代理成本（即第一类代理成本），又可以降低大股东与小股东之间的代理成本（即第二类代理成本），而股权制衡度可以降低第二类代理成本，但却提高了第一类代理成本。李寿喜（2007）通过考察政府管制较少、竞争比较充分的电子电器行业后得出结论，代理成本最高的为国有产权企业，其次为混合产权企业，个人产权企业的代理成本最低,说明产权改革和产权多元化能够改善公司治理。石大林、刘旭和路文静(2014)运用动态面板的系统 GMM(广义矩估计)方法进行实证检验,结果表明股权结构与代理成本之间的确存在动态内生关系,前期股权集中度与当期代理成本负相关,前期代理成本对当期股权结构具有反馈效应,当期股权集中度与当期代理成本负相关,股权结构与代理成本存在跨期内生关系。

大股东和控股股东的研究方面,学者们先后探讨了大股东或控股股东控制对公司的积极影响和消极影响。王斌、蔡安辉和冯洋(2013)认为控股股东参与股权质押可以缓解股东的融资约束,且当该融资额投入公司发展时,表明其对公司发展充满信心,且有利于充分发挥资源的杠杆作用,改善公司绩效。谢德仁、郑登津和崔宸瑜(2016)实证表明控股股东股权质押与股价崩盘风险表现为负相关关系,且民营控股上市公司的风险更低。另外,高比例质押的控股股东,其丧失公司控制权的机会成本加大,控股股东提升公司绩效的积极性和市值管理需求更为强烈,公司股价崩盘的风险更小,可能更受市场支持。更多的研究表明,当法治不健全、控股股东的控制权缺乏监督和制约时,在控制权私有收益的驱使下,控股股东会产生转移上市公司资源的"掏空"行为,从而侵占小股东的利益(Holderness,2003;Vanzo、Acquaviva 和 Di Criscienzo,2011)。Shleifer 和 Vishny(2003)认为,控制权收益仅由控制性股东独享,并非按股权比例在所有股东中分配。Claessens、Djankov、Fan 和 Lang(2002)指出,在世界大多数企业中,股权集中带来的主要问题是大股东对中小股东利益的侵占,而非管理者对外部所有者利益的侵占,控股股东通过金字塔式的股权结构进行资源性的投资扩张,取得了大量超过现金流价值的控制性资产,这些资产成为控股股东控制权收益的重要来源。袁淳、刘思淼和高雨(2010)对关联交易和现金股利两种利益输送方式的收益与成本进行分析,通过实证检验发现,大股东持股比例不同,对关联交易和现金股利两种利益输送方式的选择也不同,即在既定利益输送程度的限制下,两种利益输送方式存在替代关系。武晓玲和翟明磊(2013)通过分析 600 余家上市公司的统计数据,发现具有利益输送动机的大股东,往往派发现金股利从而侵占中小股东的利益。

机构投资者的研究方面,一部分学者关注了机构投资者对公司治理的意义和价值。有学者认为机构投资者是对董事会独立性不足的补充,能够对公司管理层施加影响(Boyd 和 Smith,1996;Parrino、Sias 和 Starks,2003)。董事会是缓解股东和公司管理层之间矛盾的主要力量,但如果董事会没有足够的独立性去监督和制约管理层的行为,机构投资者在一定程度上能够弥补董事会力量的不足。并且,机构投资者有动力和能力监督公司。Shleifer 和 Vishny(1989)认为,为了避免因信息不对称等造成的被动损失,机构投资者将通过其获得的相对比较集中的投票权来实现其监督并提高公司业绩的动机,并在适当的时候通过纠正和实施影响以获得相应的切身收益。他们认为相对于个人投资者,机构投资者由于拥有资金、信息和专业优势,有能力采取股东积极主义参与公司治理,有实力去监督公司管理者。但也有学者从自身内部约束的角度,认为机构投资者的行为取决于其投资经理的动机,而投资经理可能会因定期业绩等与自身薪酬挂钩的短期考核指标而导致相应的行为短期化,重点关注当期利润而并不关心被投资公司的长期经营和治理决策(Graves 和 Waddock,1990)。此外,机构投资者内部"搭便车"的行为也可能使其难以发挥公司治理作用(Webb、Beck 和 McKinnon,2003)。在公司行为和特征方面,唐松莲、林圣越和高亮亮(2015)发现:基金持股比非基金持股能更大程度地克服资金匮乏产生的投资不足问题;长线型基金比短线型基金更能够克服企业的非效率投资问题。也有部分学者得出结论，投资机构对企业的影响呈现负面作用或不确定作用。Bushee（1998）得出结论，专业机构者的频繁交易加剧企业追求短期利益性质的研发投资。此外，该研究创造性地指出了九个特征变量，以投资机构的历史行为偏好为划分依据，认为机构投资者包括准指数型、短暂型和勤勉型三种类型。Dennis 和 Strickland（2002）发现，投资机构参股比例变动会加重企业经营绩效的波动性。在股票市场不稳定时，投资机构出于保护自身利益的目的会维护企业的短期绩效，可能采取追涨杀跌的正反馈的交易机制，释放信号，进而引导市场走向更不稳定的状态，最终不利于企业的经营业绩。张敏和姜付秀（2010）对中国的民营企业和国有企业的研究结果表明，适配的治理环境才能保障机构投资者的治理效应。机构投资者的治理效应在民营企业内更显著，它能明显增加薪酬对业绩的敏感性，减少薪酬黏性；相反，上述治理效应并没有显现在国有产权性质的企业中。Edelen、Ince 和 Kadlec（2016）发现，机构投资者更偏好那些长期业绩相对更差的企业，有强烈的倾向去购买被分类为高估的股票，在这之后其持股行为通常会造成股价的波动。但是，机构投资者发挥作用的路径和机理还有待进一步研究。

随着治理改革的发展，学者也关注了中国情境下的治理问题。例如，在股东性质的研究方面，学者们首先关注了国有股的影响（胡芳肖和王育宝，2004），也有学者探讨了不同股权性质对公司特定行为的影响差异（袁振超、岳衡和谈文峰，2014）。还有学者关注了涉及股东治理的重大政策变动的影响，在股权分置改革方面，有学者关注了利益分配（赵俊强、廖士光和李湛，2006）、对价确定和对治理有效性的影响（郑志刚、孙艳梅、谭松涛和姜德增，2007）、改革中的锚定效应（许年行和吴世农，2007）以及对上市公司股利政策的影响（支晓强、胡聪慧、童盼和马俊杰，2014）等内容。

（二）董事会治理

董事会是公司治理的核心。作为股东和经理人连接的纽带，董事会既是股东的代理人，又是经理人员的委托人和监督者，是完善公司治理和优化治理机制的关键节点。如何完善董事会结构和提升董事胜任能力，规范董事会履职行为，激活董事会效能，是董事会治理研究的重点。

董事会规模与结构方面，部分学者集中于探究对企业经营绩效的影响。嵇尚洲和田思婷（2019）发现，董事会结构对企业绩效有促进作用。另有部分学者探讨了董事会治理与企业环境的关系，邹海亮、曾赛星、林翰和翟育明（2016）实证发现，董事会规模和董事会的独立性能够在一定程度上正向提高企业的环境绩效。而董事会持股比例的研究结论与发达国家相反，显著负向影响环境绩效，同时发现两职合一会正向影响环境绩效，但结果不显著，可能是董事长兼任 CEO（首席执行官）造成对董事会的操纵和提高董事会决策效率两种效果互相抵消导致的。余怒涛、杨培蓉和郑延（2017）实证表明，董事会规模与企业环境绩效呈正相关，两职兼任只有在国有企业中才能提高企业的环境绩效。在有关董事会治理与企业创新的研究中，林素燕和赖逸璇（2019）发现，在不对地区进行区分的情况下，董事长和总经理两职合一、第一大股东的持股比例、第二至第十大股东的持股比例等与企业技术创新成正相关关系。王思薇和牛倩颖（2020）等研究发现，董事会中独立董事的比例越高，越有利于提高企业的技术创新水平，而董事会规模越庞杂、董事长与总经理由同一人担任则不利于企业技术创新水平的提高。部分学者就董事会治理与投资效率、内部控制、分类转移等的关系进行了研究，进一步丰富了董事会治理领域的研究，为后续相关研究的展开奠定了基础（周婷婷，2014）。

董事特征方面，在以往研究中，董事特征一般指董事会成员在性别、年龄、种族、教育及职业背景等方面的差异程度。一般可将董事会成员的异质性特征划分为可观察的人口统计特征层面的异质性和潜在认知层面的异质性（Anderson、Reeb、Upadhyay 和 Zhao，2011；Kang、Cheng 和 Gray，2007），前者包括性别和年龄等，后者包括教育及职业经历等。也有学者将董事特征划分为社会异质性和职业异质性，其中社会异质性指性别、年龄和种族等，职业异质性包括职业经历、任期、教育经历等（李维安和姜涛，2007）。一般来说，人口统计特征层面的异质性（或称社会异质性）更容易被外部观察到，并成为董事异质性研究的主要内容。也有部分研究认为潜在认知层面的异质性（或称职业异质性）更容易激发讨论，提高治理和决策效率。具体来说，有关董事特征的研究较多集中在以下方面。Gul、Kim 和 Qiu（2010）认为，女性董事会成员能够带来更加丰富的信息和更加多元的观点，并提高决策质量。赵冰梅和吴会敏（2013）从固定资产投资、无形资产投资、长期股权投资三个方面进行考察，计算分析高管性别差异对这三个方面投资比率的影响，从而得出优秀的女性高管和男性高管一样，可以为上市公司做出正确的、适当的投资决策。Bantel 和 Jackson（1989）的研究表明，平均年龄较大的董事会较少做出战略变革决策。Tihanyi、Ellstrand、Daily 和 Dalton（2000）的研究表明，虽然董事会成员平均年龄低对企业的成长来说较为有利，但由于年轻董事缺乏经验、稳定性差，因此销售收入波动较大。董事职能及专业背景的多样化，有助于激发董事会对于不同观点的讨论（Simons 和 Chabris，1999）。Barkema 和 Shvyrkov（2007）认为，相较性别、年龄等显性的异质性特征，职能及专业背景等潜在的异质性更有助于形成创新决策。Anderson、Reeb、Upadhyay 和 Zhao（2011）持类似观点，认为董事职能异质性较高，则董事会讨论解决问题的方案将更为丰富。李小青（2012）将职能异质性和任期异质性定义为认知异质性，从创新战略中介作用的视角进行研究，发现董事会成员的职能异质性和任期异质性分别与创新战略成正相关和负相关关系，且创新战略部分中介了认知异质性对公司价值的影响。而部分研究得出不一致的结论。如 Tuggle、Sirmon、Reutzel 和 Bierman（2010）的研究就发现，董事专业背景异质性对董事会讨论决策并没有显著影响。周建、张文隆、刘琴和李小青（2012）的研究表明，董事职能异质性有助于促进企业实施创新战略，但董事专业背景异质性对创新战略没有显著影响。

（三）高管治理

传统经济学观点认为，高管是追求自身利益最大化的经济人。作为股东财富的受托人，高管履行受托责任必须进行一定的激励约束安排。随着研究发展，学者关注视角开始从管理层整体向管理者个人转变，研究视角更加倾向高管行为背后的复杂行为特征及其经济后果。中国行政经济型治理模式下，国企高管行政人和经济人的双重身份，催生了"好处吃两头、空子钻两个"的独特高管治理风险。

高管特质方面，早期的研究文献相对较少，2006 年之后，Fabrizio、van Liere 和 Pelto（2014）发现任期长的 CEO 为了个人业绩，倾向于用盈余管理来粉饰其过度投资的行为，从而助长了企业盈余管理现象的发生。在国内资本市场上，陈德球、雷光勇和肖童姝（2011）也证实了相关观点，即 CEO 任期促进盈余管理发生的概率，这在民营企业中尤为明显。但是，岑维和童娜琼（2015）指出了不同的观点，认为高管任期与盈余管理的关系并不是简单的直线关系，而是 U 形关系，并指出 CEO 和 CFO（首席财务官）最好的任期分别是 3 年和 5 年。李晓玲、胡欢和程雁蓉（2015）发现由于女性 CFO 的谨慎性和风险偏好等的影响，女性 CFO 所在的上市公司真实盈余管理水平显著低于男性 CFO 所在的上市公司。但同样，相比于年轻的 CFO，年长的 CFO 更加保守，注意对风险的规避，因此 CFO 年纪越大，其所在公司的盈余管理水平也越低。类似地，CFO 的学历水平和专业化程度也能抑制公司的盈余管理活动。董事会秘书在具备财会背景时，公司的盈余信息含量更高（姜付秀、石贝贝和马云飙，2016），降低了公司内外部之间的信息不对称。赵玉洁和崔玉倩（2019）则发现，高管的贫困经历导致其形成了风险规避的特征，所以降低了盈余操纵的概率。周冬华、黄雨秀和梁晓琴（2019）的研究发现，董事长们年轻时做知青上山下乡的经历，促使他们形成了风险规避的经营风格，降低了风险承担能力，提高了企业会计稳定性，即提高了会计信息质量。王元芳和徐业坤（2020）发现，有军队背景的高管与标准无保留意见存在正相关的关系，高管的军队生涯使其形成了正直自律和重视规则的价值观念，实施盈余管理行为的可能性小。

高管激励方面，早期文献直接关注高管激励对公司绩效的激励效用，产生了三种理论假说，即利益协同假说、管理层防御假说又称堑壕效应（Fama 和 Jensen，1983）、区间效应假说（McConnell 和 Servaes，1990）。Jensen 和 Meckling（2019）提出的利益协同假说，认为随着管理层持股比例增加，管理层目标与股东目标趋于一致，代理成本得到降低。他们认为代理成本是股东和管理层因为目标不一致所产生的效率损失。管理者不拥有企业股权，需要承担所有私人成本却只能获得部分利益。如果管理者增加在职消费，则可以获得全部利益，只承担部分成本。因此，随着管理者拥有的公司股份数量增加，管理者目标与股东目标趋于一致，代理成本得到控制。Aboody、Johnson 和 Kasznik（2010）研究股票期权激励再定价与公司业绩的关系，发现相对于未实施再定价的样本公司，再定价的样本公司业绩显著得到改善。虽然他们的研究支持线性关系，但是更多的文献认为高管激励与公司业绩存在非线性关系。Lian、Su 和 Gu（2011）的研究认为高管激励与公司业绩正相关。国内有关高管激励的研究也是遵循机会主义假设和有效契约假说的研究范式，检验利益协同假说、管理层防御假说以及区间效应假说。李增泉（2000）研究认为，管理层持股有助于企业业绩提升，支持利益协同假说。周仁俊、杨战兵和李礼（2010）的研究结论与此相同，并认为非国企的管理层持股与业绩之间的相关性更强。黄国良、董飞和李寒俏（2010）基于三次函数模型的检验结果，均支持两者之间"存在 N 形曲线关系"的结论，这表明当管理层持股比例较低或较高时，协同效应占主导地位，而当管理层持股比例在中等水平时，侵占效应发挥了主导作用。汤业国和徐向艺（2012）的研究支持区间效应假说。

二、外部治理研究

（一）投资者保护

投资者是企业物质资本的重要来源，企业永续发展离不开投资者的支持。投资者和企业构成了资本要素市场的供需双方。正如产品市场需要限制公司不正当竞争侵害消费者权益一样，为了实现资本市场的有效运行和企业可持续发展，也需要完善投资者保护机制。投资者与顾客共同构成了公司的两个"上帝"。

投资者保护相关的研究可以分为影响因素研究和经济后果研究。在影响因素研究方面，有学者发现公司内部治理和法律制度对投资者保护具有正向影响。La Porta、Lopez - de - Silanes、Shleifer 和 Vishny（2000）通过比较英、美等普通法系国家与德、法等大陆法系国家发现：在投资者保护程度较好的普通法系国家，公司的内部治理结构较为合理，资源在公司之间的配置更为有效，公司价值较高，该国证券市场发展也较快；反之，在投资者保护程度较差的大陆法系国家，公司的内部治理结构的缺陷较多，资源的配置效率较低，公司价值较低，该国证券市场发展也较滞后。郭春丽（2002）对所有制与集中程度两种含义上的股权结构和公司治理结构及中小股东权益保护之间的关系进行分析，认为与高度集中、高度分散两种股权结构相比，适度集中、有相对控股股东存在、有其他大股东与之相制衡，且第一大股东为法人的股权结构总体上有利于公司治理机制发挥作用。蒋铁柱和陈强（2004）认为我国上市公司独特的股权结构，造成了大股东操纵股东大会，肆意侵害中小股东权益的现象，可以通过集中中小股东表决权来抗拒大股东控制上市公司，维护中小股东的权益，促进证券市场健康发展。Reese Jr 和 Weisbach（2002）指出，当那些中小股东权益保护较差的国家的上市公司同时在美国市场上市时，对中小股东的保护得到了加强。王克敏和陈井勇（2004）将股权结构、中小股东权益保护与公司绩效置于一个统一的框架中进行研究，建立了在中小股东权益保护程度不同的条件下，股权结构分别对公司绩效与代理成本产生影响的模型。研究结果表明，股权结构对公司绩效作用的强弱受到中小股东保护程度的影响。当中小股东保护增强时，大股东对管理者的监督力度降低；当中小股东保护减弱时，情况则相反。这表明大股东的存在可以作为投资者保护的一种替代机制。李洪和张德明（2006）研究表明，合理的薪酬制度能对独立董事产生较大的激励作用，改善公司治理并提升公司业绩，从而有效地保护中小股东权益。李湛（2007）认为在公司治理结构中，引入独立董事，确保其外部性与独立身份是建立科学的治理结构、避免内部人控制、保护中小股东权益的有效手段。为完善该制度建设，避免独立董事制度流于形式，必须强化独立董事的甄选工作，明确独立董事的职能范围，才能有效保护中小股东权益。

在经济后果方面，Leuz、Nanda 和 Wysocki（2003）检验了世界31个国家盈余管理的系统差别，研究发现投资者保护与会计盈余质量之间具有非常重要的联系。投资者保护健全的国家，会计盈余信息质量更高；反之，则更低。完善的投资者保护能减少控制股东的盈余管理行为，因为完善的法律保护能够限制控制股东的掠夺动机和能力。Doidge、Karolyi 和 Stulz（2004）研究表明，投资者保护在很大程度上影响公司治理行为和信息披露行为。在投资者保护较弱的国家，法律与制度所提供的投资者保护比公司自身治理水平的改善更为有效。陈胜蓝和魏明海（2006）通过对2001—2004年中国A股上市公司的研究发现，投资者保护较高地区的上市公司的会计信息质量更低，并研究认为，较高的会计信息质量是弱投资者保护的替代机制。Bushman、Piotroski 和 Smith（2004）从司法体系的公正性、证券法的公众执法行为和私人执法行为等视角研究投资者保护对会计稳健性水平的影响。研究发现，在司法质量较高的国家，公司会计盈余反映坏消息更及时；在证券法的公众执行力度更强的国家，公司延迟确认了信息，但是，证券法的私人执行力度对会计稳健性没有显著影响；普通法系下，政府干预多的国家比政府干预少的国家会计稳健性更低，大陆法系国家正好相反，即政府干预多的国家比政府干预少的国家会计稳健性更高。Ball（2000）发现，源于普通法系的会计稳健性不高，因为司法管辖区的市场和政治力量的相互作用深刻影响了管理者与审计师的财务报告行为，从而说明投资者保护对会计信息质量的作用受制度环境的影响。董红星（2011）对不同阶段的会计稳健性进行了研究，发现2007年之前会计稳健性呈增长趋势，并将这一结果归因于投资者保护的加强。但是，研究并未直接检验投资者保护与会计稳健性之间的关系。当前，在大数据、人工智能背景下，投资者参与治理的途径和方式还有待进一步探索。

（二）债权人治理

公司的融资结构对公司治理具有重要的影响，在某种程度上是决定治理结构模式的重要因素。与欧美国家直接融资占较大比重不同，我国公司融资结构中间接融资占比较大，以银行为主的债权人在公司治理中发挥关键作用。我国金融体制特征使得债权人参与治理机制设计，成为化解债务风险和改善债权人保护的关键。

在非对称信息情况下，债权人与股东或者高管之间存在着资产替代风险和非效率投资等问题。从股东的角度来看，债权人利用债务契约设立各类障碍，如提高利率等手段，限制公司进行高风险投资项目，使公司最终放弃投资机会，反而会影响公司发展。Bushman、Piotroski 和 Smith（2004）的研究结果证明，债务比例提高，企业债权人将对公司的资产有更大的控制权，债权人具有更强的意识进行公司经营、投资行为的约束来降低自身的风险。Jense 和 Meckling（1976）认为，股东具有较强的动力投资风险更高的项目，原因是投资收益由股东享有，而风险由债权人承担。信息不对称也会因股东、高管的道德风险，导致公司的非效率投资。王纯（2013）认为，债权人是公司重要的外部利益相关者，能够为公司正常运营和战略发展提供流动资金。同时，债权人治理是公司改变单一内部治理的突破口，内外相互对应、相互支持监督可以增强公司的治理效率。但是《中华人民共和国公司法》并未将债权人纳入公司治理主体范围，债权人在公司治理中处于被动状态，存在信息不对称、代理成本高、抵御风险手段不足等问题。此外，有研究认为债权人会影响上市公司的投融资决策，债权人作为企业资金的重要来源，其贷款行为会对上市公司的融资、投资产生刺激或者约束。反过来说，上市公司的资本运作能力和投资能力也将直接影响债权人资本的信用风险。债权人为了保证盈利权和安全性，会对债务条款、期限以及利率等条件进行约束，以降低上市公司的风险投资。胡建雄和谈咏梅（2015）在对债权的异质性与投资过度问题的研究中得出了结论，即期限越长的债权占比越高，过度投资的问题就越严重。而债务结构的多元化则对自由现金流滥用问题具有很大的治理作用。黄新建和李孟珂（2020）在研究中也得出了债权结构的优化能够有效改善企业投资效率的结论。公司融资约束的减少和代理问题的控制，对于提升公司日常经营和资金周转的能力，改善投资效率，以及实现公司价值最大化起到不可或缺的作用。张亦春、李晚春和彭江（2015）认为，债权治理是债权人利用法律和契约赋予他们的对借款人投资和经营行为监督控制的权利，对举债公司的治理绩效产生影响。总之，在债务违约频发的背景下，还需要进一步关注如何保护债权人的利益。

（三）媒体治理

媒体关注作为外部监督力量，有利于规范公司治理行为，提升公司内在价值。实务界的许多案例表明，媒体的监督职能可能为约束和防范公司败德行为发挥了举足轻重的作用。

部分学者的研究肯定了媒体在公司治理方面发挥的积极作用。Miller（2006）发现，商业媒体更倾向于进行原创分析，商业期刊则主要关注转播。总体来看，媒体报道的主动调查和客观传播能够让投资者了解上市企业存在的问题。Dyck、Moss 和 Zingales（2013）认为，良好的声誉和社会地位能够带来经济利益，因而媒体能够通过信息披露等形式激励和约束企业经营者的行为，最终反映到企业经营效益上。Joe、Louis 和 Robinson（2009）则提出，媒体曝光有助于提高董事会效率。李培功和沈艺峰（2010）以我国评价较低的董事会为样本，发现媒体对于上市企业纠正违规行为和保护投资者权益具有正面的作用，并且不同的媒体导向产生的效果有差异。罗进辉（2012）研究发现，媒体能够发挥外部监督功能，改善企业的代理问题。杨德明和赵璨（2012）针对薪酬乱象进行了研究，认为媒体监督转化为媒体治理的必要条件是政府监管的存在，即媒体这种监督职能依赖于外部其他监督机制的辅助。Farrell 和 Whidbee（2003）研究发现，媒体通过披露企业经营状况的负面信息，不仅能够起到监督和约束的作用，还增加了高管的更替比率。徐莉萍、辛宇和祝继高（2011）以汶川地震捐款事件为依据，发现在更多的媒体报道下，股东要求的对价更低，媒体对于股权分置改革具有促进作用。此外，媒体的参与还可以增加企业的社会责任感。

最后，还有学者认为媒体的积极作用和负面效应是同时存在的。Azarmsa 和 Cong（2020）发现，媒体报道并不总是准确的，出于本身迎合大众的动机以及相关企业的利益往来限制，媒体报道在措辞和内容选择上具有倾向性。相关研究认为，作为传播介质的媒体，信息并不完全客观中立，甚至为了迎合大众需求而倾向于报道不实新闻，产生媒体报道的偏差。Bignon 和 Miscio（2010）以法国金融报纸为考察对象，发现媒体有偏的报道源于受上市企业影响的程度。媒体经营的资金受上市企业控制程度越大，越容易出现有偏的情况。Gurun 和 Butler（2012）从地域的角度研究了媒体报道有偏的情况，发现媒体在对本地和外地企业进行相关报道时，会出现区别对待。具体而言，由于企业一般在当地媒体投放的广告较多，因此会导致媒体对其报道时采用更有利的描述，而对外地企业进行报道时负面词汇出现得较多。媒体与企业之间的合谋行为源于两者的利益关联，媒体经营的收益中，广告费和赞助费占据了不小的比例，而上市企业良好的口碑与认可度能够为其带来产品市场和资本市场相当可观的收益。因此，可能存在这种利益输送导致的媒体报道偏差。Ahern 和 Sosyura（2014）在企业兼并收购的事件中就发现了这样的证据，与并购企业以往的水平相比，并购意向出现后直到完成之前的时间内，媒体报道的数据显著上升，并伴随着股票价格的短期上涨。在我国的资本市场上，上市企业倾向于进行股权再融资，而为了股权再融资的成功，上市企业会出现与媒体私下交易的情况，回避负面信息而主要引导正面信息。因此，媒体参与治理的功能和机制有待进一步探讨。

（四）外部监管

公司外部监管也是公司外部治理的重要内容，尤其对于上市公司而言，学者们主要关注了外部监管的治理效应。从监管部门角度，对公司治理进行监管有利于协调委托代理问题，降低信息不对称程度。从被监管企业角度，遵守监管规定的"合规"行为是公司权衡政府监管规定和自身得失之后的行为反应。由于业务的特殊性，外部监管对于金融机构而言更加重要。Kahane（1977）在研究中通过运用资产组合的 CAPM（资本资产定价模型），发现银行的资本成本随着资本监管趋严而会有所提高，成本的增加会使得银行从事更多风险高的业务行为，增加其风险承担水平。Shrieves 和 Dahl（1992）研究了美国部分银行的面板数据，结果表明银行风险资产占总资产的比重与具体资本监管的标准呈正相关。因为银行在增加资本总量的同时也会提高风险资产的占比，最后可能会偏离资本监管中降低风险承担的政策目标。Stiglitz（2002）使用道德风险模型研究了资本监管对于商业银行的影响，结果也显示银行风险资产占比会随着监管标准的提高而上升。Keeley 和 Furlong（1990）通过期权定价模型对银行资本进行研究，结果显示银行存款保险期权会随着其自有资本留存比例的提高而贬值，因此资本监管要求的提高会使得商业银行对于风险投资更加谨慎，风险承担带来的激励减少，他们称之为在险资本效应。Rochet（1992）的研究认为，如果商业银行的目标是达到资产组合的效用最大化，且配置风险资产的权重与系统性风险呈正相关，则监管部门设定的最低资本充足率的要求可以减少银行的风险行为。赵锡军和王胜邦（2007）认为，在国内引进《巴塞尔协议》之后，监管当局在管理信贷业务的过程中对于商业银行资本的约束作用会更加明显，从而对银行的风险行为实现有效控制。马蔚华（2005）认为，资本监管可以促使银行在风险事件来临时以自有资产承担风险损失，有效深化我国银行对风险的认知程度，达到抑制银行资产规模片面扩张的效果，保障金融系统的稳定。吴栋和周建平（2006）认为，银行业的资本监管可以有效限制其风险承担水平，但对其自身资本充足水平的提升并没有显著影响。各类监管措施的作用效果及其影响因素仍需要进一步研究。

三、我国公司治理研究进展

国外公司治理研究涉及治理模式、治理原则、治理结构与机制的有效性等多方面内容，而且研究内容日益深入，研究对象从早期的关注英美发达市场经济国家为主，拓展到今天的转轨和新兴市场经济体。需要说明的是，我国公司治理研究脉络与国际上公司治理研究并无显著的区别。我国公司治理的研究先后经历了探索研究、基础研究和深入研究三个阶段。

（一）公司治理探索研究阶段（1978—2000 年）

这一阶段的研究一方面集中于对公司治理概念领域和治理理论基础领域的研究。在治理概念领域，较多的学者关注了"公司治理模式"，而在治理理论基础领域，则更多关注的是"委托代理理论"。另一方面则主要关注内部治理的现状与合规性、治理经验的国际比较等相关内容。上述研究内容决定了这一阶段采用的研究方法主要以规范研究、调查研究等为主。

（二）公司治理基础研究阶段（2001—2008 年）

在第一阶段公司治理探索研究的基础上，第二阶段即公司治理基础研究阶段，实际上是我国公司治理研究的真正开始。在研究内容上，主要集中于对内部治理有效性的探索，研究方法则以大样本实证研究为主。由于股东治理是公司治理的基础，因此在内部治理研究中，学者们首先以股东治理作为研究重点，其次是高管治理，最后则是董事会治理。这与股权分散背景下的国外以董事会治理为核心的公司内部治理研究不同，我国独特的治理环境决定了我国公司治理研究的脉络和导向。

（三）公司治理深入研究阶段（2009 年至今）

公司治理研究的深入体现在研究内容、研究方法等多个方面。首先，公司治理是由内部治理和外部治理两方面构成的。深入研究阶段尽管仍以内部治理为主，但学者们对于外部治理的关注日益增多。2008 年金融危机的爆发，使得外部监管等外部治理机制的有效性开始受到关注。其次，研究方法上呈现出以实证研究为主、研究方法日益多元化的趋势，开始导入实验研究、准自然实验、数理模型等研究方法。

40 多年来，伴随着改革开放的进程和公司实践的发展，公司治理理论研究也得到不断拓展。但是，当前仍有许多理论问题有待进一步研究，需要挖掘各类组织治理的一般性与特殊性，分析和挖掘每一类组织的治理目标、结构与机制等方面的特殊性，构建起适应当前组织演化规律的多元治理模式。从优化评价标准、改善评价模式、改进评价方法和应用等角度完善公司治理评价的理论与方法。深化学科交叉融合的领域和关键问题，以加深对治理规律的认识，丰富公司治理理论体系，推动治理研究进一步发展。

第二节 我国公司治理发展阶段与脉络

从实践角度来看，改革开放以来我国公司治理建设大致经历了公司治理观念导入（1978—1992 年）、公司治理结构构建（1993—1998 年）、公司治理机制建立（1999—2012 年）和公司治理有效性提升（2013 年至今）四个阶段。相应地，我国公司治理研究脉络则呈现从治理结构到治理机制、从单法人治理到集团治理、从国内治理到跨国治理、从行政型治理到经济型治理、从公司治理到一般治理、从治理原则到治理评价的演进趋势。实际上，我国公司治理研究所遵循的从治理结构到治理机制、从治理原则到治理评价等脉络也是国际公司治理研究所倡导的。因此，本部分关于公司治理发展阶段与脉络的描述主要基于我国现实背景。

一、我国公司治理的发展阶段

始于 1978 年的中国企业改革，一直围绕着"减少政府干预，增强企业活力"的主线，以渐进的方式推行，40 多年来大体经历了观念导入、结构构建、机制建立和有效性提升四个阶段。伴随着现代企业制度的产生，中国公司治理也逐步发展起来。

（一）公司治理观念导入（1978—1992 年）

改变高度集中的计划体制，扩大企业经营自主权，实行利润留成，增强对企业的利润刺激，推动企业走向市场。颁布《中华人民共和国全民所有制工业企业法》，明确企业是相对独立的商品生产者和经营者。引入和推广承包经营责任制，建立新的激励和约束机制。贯彻《全民所有制工业企业转换经营机制条例》，划分政府与企业的责权，推动企业转换机制，政府转变职能。这一时期的企业改革以放权让利为主线，同时开始发展非国有企业。一方面实现了从政府经济单位向企业的回归，另一方面出现了明显的政企分开趋势，作为主要股东的国家和企业之间初步出现了控制权和经营权的分离，形成公司治理的萌芽。

（二）公司治理结构构建（1993—1998 年）

颁布《中华人民共和国公司法》（以下简称《公司法》），推动企业进行股份制改造，建立现代企业制度。国家明确大型国有企业的改革方向是建立公司制，并且提出"公司法人治理结构是公司制的核心"。在这一阶段，国家开始建立社会主义市场经济体制，让市场发挥对资源配置的基础性作用，并开始根据市场经济的要求，建立现代企业制度。这标志着公司治理结构正式导入国企改革。

（三）公司治理机制建立（1999—2012年）

发布《关于上市公司股权分置改革试点有关问题的通知》，积极稳妥解决股权分置问题；推出《上市公司治理准则》，加强制度指引；修订《公司法》，以法律形式对股东大会、董事会、监事会等治理结构和机制进行明确与完善。这一系列有关改进上市公司和企业治理的规则先后出台，强化了企业的"合规意识"，推动中国公司治理改革逐步进入治理机制建设的新阶段。

（四）公司治理有效性提升（2013年至今）

党的十八届三中全会要求，积极发展混合所有制经济，推动企业完善现代企业制度，鼓励有条件的私营企业建立现代企业制度，健全协调运转、有效制衡的公司法人治理结构，建立职业经理人制度和长效激励约束机制。各个层面的公司治理实践都越来越重视合规和规则引领，通过规则来完善公司治理。公司治理规则的完善既要适应资本市场监管和移动互联网时代变革的要求，又要不断与国际接轨。这种以市场为取向的渐进式改革取得了一定程度的成功。一方面，为适应竞争激烈、不断变化的市场环境，企业不得不在经营意识与观念、经营战略与战术、经营组织与管理等方面做出相应调整，涌现了一批机制灵活、绩效优良的企业；另一方面，在企业改革的推动下，现代化的市场体系逐步形成，适应市场经济要求的宏观经济管理体制、有中国特色的社会保障体制逐步建立。

二、我国公司治理的发展脉络

我国公司治理研究脉络的演进经历了从治理结构到治理机制、从单法人治理到集团治理、从国内治理到跨国治理、从行政型治理到经济型治理、从公司治理到一般治理、从治理原则到治理评价的过程，具体如下：

（一）从治理结构到治理机制

公司治理解决的是两方面问题：一是解决制度安排，即公司是谁的，向谁负责；二是治理机制，要使利益相关者互相制衡，保证决策科学。在改革之初，学者们对公司治理的认识局限于分权与制衡的治理结构层面，实现公司治理的"形似"。随着公司治理实践的演进，学者也逐渐认识到，仅仅依靠"三会一层"等公司治理结构远不能适应公司业务拓展、规模扩张和技术创新的需要。公司治理主体之间动态博弈、激励约束、信息沟通等，对治理有效性的发挥起到至关重要的作用。特别是伴随着科技型公司崛起，传统治理结构迎来巨大挑战。沿着提高治理有效性这一路径，公司治理研究也从公司治理结构深入具体治理机制，实现公司治理从"形似"向"神似"的转变。

(二) 从单法人治理到集团治理

近年来随着公司规模的扩大,治理逐渐超越单法人边界,集团治理问题随之产生。集团兼具企业和市场两种资源配置方式,相应的权责关系更为多样,既存在母子公司之间的垂直隶属关系,也存在关联企业之间的协作机制。由于企业集团的复杂性,公司治理研究的内容不仅仅是单个企业内的权责配置问题,还必须要关注企业集团中各企业间的利益关系。集团治理的核心在于平衡母子公司之间的利益关系,规范集团公司关联交易,实现集团公司协同效应。相应的企业集团治理机制有三种模式,即财务管控模式、战略管控模式和运营管控模式。需要指出,在企业集团的实际运营中,应根据不同的职能管控领域,有机地进行混合式规范治理结构设计。

(三) 从国内治理到跨国治理

公司治理模式的形成会受到不同政治、法律、经济和文化的影响,但随着全球经济一体化的发展,各国公司治理模式也在不同程度上相互交织和渗透。随着改革开放的推进,公司在日益激烈的市场竞争中优胜劣汰、发展壮大,并逐渐从国内经营走向跨国经营。中国企业运用自己的优势开展跨国经营时,仍然会碰到诸多的治理问题,造成难以弥补的损失。因此,实践迫切要求对跨国治理的原则与规律进行深入研究。伴随着我国企业"走出去"的深入,学者们的研究也从国内治理拓展到跨国治理。例如,从治理有效性影响因素的研究拓展到社会文化层面,更加关注文化落差、制度落差导致的治理规则落差及其中的治理风险等研究问题。当前,我国企业在跨国经营以及参与"一带一路"建设的过程中,更需要在符合国际通行规则的条件下,灵活把握不同国家与地区的经济、政治、历史和文化传统特点,做出适应性的治理安排。

(四) 从行政型治理到经济型治理

改革开放初期,我国企业的治理模式具有典型的"资源配置行政化、经营目标行政化、高管任免行政化"的行政型治理特点,由此造成"内部治理外部化,外部治理内部化"的现象。通过对中国公司治理文献发展历程的梳理和回顾可以发现,从行政型治理向经济型治理转型是一条鲜明的实践主线。基于这一主线,学者们开展了大量相关研究,例如治理模式转型研究、高管激励机制研究、政府补贴研究等。当前我国正处于行政型治理和经济型治理"胶着期",提升公司治理能力的关键在于尽快突破"胶着期",实现公司治理转型。在这一过程中,"行政型治理度"不断弱化,"经济型治理度"不断强化。

(五) 从公司治理到一般治理

国内公司治理的研究体现出从公司治理到一般治理的特点。从治理本质来说,不同组织机构都需要一套特定的利益相关者的利益协调机制,以保证组织决策的科学性。现代公司作为典型的以经济契约联合构成的组织,其治理模式和治理机制具有一定的借鉴意义。在治理思维上,公司治理思维首先是一种承认多元化的系统思维,并围绕着"规则、合规和问责"不断演进。它要求从系统观的角度出发,识别治理系统中各个主体的关联性,从整体角度综合考虑多元利益相关者的诉求,构建与之适应的治理结构和治理机制,实现公司治理的最终目的。在一般治理思维的指导下,公司治理的研究也逐渐将治理对象从公司拓展到大学,从营利组织拓展到非营利组织,从一般治理拓展到政府治理、社会治理以及国家治理等方面,实现治理体系的包容性发展。

(六)从治理原则到治理评价

市场经济是规则经济,科学的公司治理需要一套完善的公司制度框架,引导和规范公司治理行为。于是,借鉴成熟市场经济国家经验,倡导建立中国公司治理原则成为建立我国公司治理制度框架的首要选择。随着资本市场的发展和完善,投资者迫切需要了解公司治理的建设和运行情况,以便对公司绩效做出全面、客观的评价。公司治理评价对上市公司治理状况进行客观、定量的刻画,既便于公司之间的横向比较,也可以动态展示公司治理发展的趋势。从公司治理原则到公司治理评价的发展,实现了公司治理从定性研究到定量研究、从治理理念到行动指南的转变。公司治理评价的发展也进一步推动了公司治理理论、原则以及模式等的创新升级。

第三节 国内外主要公司治理评价系统

国内外对公司治理评价与指数的研究经历了公司治理的基础理论研究、公司治理原则与应用研究、公司治理评价系统与治理指数研究的过程,并由商业机构的公司治理评价发展到非商业性机构的公司治理评价。中外学者对公司治理评价的关注基于满足公司治理实务发展的需要,尤其是机构投资者的需要。

一、国内外主要的公司治理评价系统

(一)国外主要的公司治理评价系统

公司治理评价萌芽于 1950 年杰克逊·马丁德尔提出的董事会业绩分析,随后一些商业性的组织也推出了公司治理状况的评价系统。最早的、规范的公司治理评价研究是由美国机构投资者协会在 1952 年设计的正式评价董事会的程序,随后出现了公司治理诊断与评价的系列研究成果,如萨尔蒙(1993)提出诊断董事会的 22 个问题。1998 年标准普尔(Standard & Poor's)公司创立公司治理服务系统,并于 2000 年将公司治理评分拓展为商业化服务项目,对俄罗斯五家上市公司进行评价。该评价系统于 2004 进行了修订,自此面向全球上市公司,并分别从国家评价和公司评价两方面建立公司治理评分体系。1999 年欧洲戴米诺推出了针对 17 个欧洲国家的公司治理评价系统。与标准普尔公司的公司治理评价系统相似,戴米诺同时从宏观环境和微观环境视角评价公司治理情况。2000 年亚洲里昂证券利用与管制和制度环境有关的六个宏观公司治理因素,对亚洲 20~25 个新兴资本市场的公司治理进行了评价,以设置调查问卷的方式评价公司治理的情况。然而,因商业化导向,选取的公司治理指标有限,仅考察了公司治理的某些维度而未形成体系,缺乏持续性研究。穆迪公司于 2003 年开展公司治理评级业务,其业务范围集中在美国和加拿大,评价的内容主要包括董事会、审计委员会和关键审计功能、利益冲突、主管薪酬和管理层发展及评价、股东权利、所有权和治理透明度等,其中董事会是其评价的重点。此外,美国机构投资者服务(Institutional Shareholder Services, ISS)公司还建立了全球性的公司治理状况数据库,为其会员提供公司治理服务。另外还有布朗斯威克(Brunswick Warburg)、

公司法与公司治理机构（ICLCG，Institute of Corporate Law and Corporate Governance）、信息和信用评级代理机构（ICRA，Information and Credit Rating Agency）、世界银行公司评价系统、泰国公司治理评价系统、日本公司治理评价系统（CGS、JCGIndex）等。

（二）国内主要的公司治理评价系统

由于不同的公司治理评价系统中的评价内容、评价标准以及评价方法等与公司治理的环境密切相关，因此没有适应任何国家或地区的统一的评价系统。Bhagat、Bolton和Romano（2008）曾指出，现有公司治理指数的构建存在一些问题，由于治理环境的差异，不存在衡量公司治理状况的最佳方法，最有效的公司治理制度依赖于宏观环境和公司微观环境。构建中国上市公司治理指数，需结合中国上市公司治理环境的权变确定评价指标体系与评价标准。

北京连城国际理财顾问有限公司于2002年推出中国上市公司董事会治理考核指标体系，涉及经营效果、独立董事制度、信息披露、诚信与过失、决策效果五个方面。它主要从董事会治理效果角度对董事会治理进行评价，并没有考虑董事会自身的状况。2002年大鹏证券有限责任公司建立了中国上市公司的评价体系，涉及所有权结构及影响、股东权力、财务透明性和信息披露、董事会结构和运作四个方面的内容，包含第一大股东股权比例、董事会规模、独立董事所占比例、净资产收益率等18个指标。该指标体系主要考虑了公司治理内部机制的评价，没有考虑外部机制和环境对公司治理的影响。2003年南开大学中国公司治理研究院（原南开大学公司治理研究中心）的李维安率领的南开大学中国公司治理研究院公司治理评价课题组推出"中国公司治理评价指标体系"（中国第一个全面、系统的公司治理评价系统），2004年公布《中国公司治理评价报告》，同时发布中国上市公司治理指数（CCGI[NK]），第一次对中国上市公司治理情况进行大样本全面量化评价分析，并延续至今。此评价系统综合国内外实证研究与规范研究的成果，结合《上市公司治理准则》及其他有关公司管理法规的要求，充分考虑了中国公司治理环境的特殊性，借鉴国际经验，结合中国公司所处的法律环境、政治制度、市场条件以及公司本身的发展状况，设置具有中国特色的公司评价指标体系，并采用科学的方法对公司治理状况做出了评价。此外，香港大学、香港城市大学、台湾辅仁大学也推出了公司治理评价系统。详细情况见表1-1。

表1-1　国内外主要公司或个人治理评价系统

公司治理评价机构或个人	评价内容	评价情况
杰克逊·马丁德尔	社会贡献、对股东的服务、董事会绩效分析、公司财务政策	1950年提出董事会业绩分析
标准普尔（S&P）	所有权结构、利益相关者的权利和相互关系、财务透明度和信息披露、董事会结构和程序	1998年设立公司治理评价体系，2004年起对全球上市公司治理情况进行评价
戴米诺（Deminor）	股东权利与义务、接管防御的范围、信息披露透明度、董事会结构	1999年起推出公司治理评价系统，用以评价欧洲上市公司治理标准和实践

(续)

公司治理评价机构或个人	评价内容	评价情况
里昂证券（CLSA）	管理层的约束、公司透明度、小股东保护、董事会的独立性与问责性、核心业务、债务控制、股东现金回报以及公司社会责任	2000年起以调查问卷的方式面向新兴市场推出里昂公司治理评价系统
美国机构投资者服务公司（ISS）	董事会及其主要委员会的结构和组成、公司章程和制度、公司所属州的法律、管理层和董事会成员的薪酬、相关财务业绩、最佳公司治理实践、管理层持股比例、董事的受教育水平	2002年起建立全球性的上市公司治理评价系统
戴维斯和海德里克（DVFA）	股东权利、治理委员会、透明度、公司管理以及审计	2000年建立的公司治理评价系统
布朗斯威克（Brunswick Warburg）	透明度、股权分散程度、转移资产/价格、兼并/重组、破产、所有权与投标限制、对外部人员的管理态度、注册性质	2000年以惩罚性得分评价公司治理情况
公司法与公司治理机构（ICLCG）	信息披露、所有权结构、董事会和管理层结构、股东权利、侵吞（Expropriation）风险、公司的治理历史	2004年建立的公司治理评价系统
信息和信用评级代理机构（ICRA）	所有权结构、管理层结构（含各董事委员会的结构）、财务报告和其他披露的质量、股东利益的满足程度	2001年建立的印度公司治理评级系统
宫岛英昭、原村健二、稻垣健一等（CGS）	股东权利、董事会、信息披露及其透明性三方面，考察内部治理结构改革对企业绩效的影响	2003建立的日本本土非商业性公司治理评价系统
日本公司治理研究所（JCGIndex）	以股东主权为核心，从绩效目标和经营者责任体制、董事会的机能和构成、最高经营者的经营执行体制以及股东间的交流和透明性四方面评价	2002年起对东京证券交易所主板上市的企业进行问卷调查，并依据结果编成非商业性的评价指数
泰国董事协会	股东权利、董事品质、公司内部控制的有效性	2001年依据OECD（经济合作与发展组织）准则建立的泰国公司治理评价标准
国际治理标准公司（GMI）	透明度与披露（含内部监控）、董事会问责性、社会责任、股权结构与集中度、股东权利、管理人员薪酬、企业行为	2004年以OECD等发布的全球公司治理规范作为评价标准，确立20家在公司治理上得分最高的公司，以此建立公司治理评价系统

(续)

公司治理评价机构或个人	评价内容	评价情况
世界银行	公司治理的承诺、董事会的结果和职能、控制环境和程序、信息披露与透明度、小股东的待遇	针对五大洲不同国家建立的非商业性公司治理评价系统
北京连城国际理财顾问有限公司	经营效果、独立董事制度、信息披露、诚信与过失、决策效果	2002年推出的中国上市公司董事会治理考核指标体系
大鹏证券有限责任公司	所有权结构及影响、股东权力、财务透明性和信息披露、董事会结构和运作	2002年建立中国上市公司的评价体系
中国社会科学院世界经济与政治研究所公司治理研究中心	股东权利、对股东的平等待遇、公司治理中利益相关者的作用、信息披露和透明度、董事会职责、监事会职责	2005年起发布中国上市公司100强公司治理评价
南开大学中国公司治理研究院公司治理评价课题组	控股股东、董事会、监事会、经理层、信息披露、利益相关者	2003年起建立中国上市公司治理评价系统，并持续推出中国上市公司治理指数（CCGI^{NK}）。
香港城市大学	董事会结构、独立性或责任，对小股东的公平性，透明度及披露，利益相关者角色、权利及关系，股东权利	2000年针对中国上市公司推出衡量公司治理水平的非商业性指标
台湾辅仁大学	董（监）事会组成、股权结构、参与管理与次大股东、超额关系人交易、大股东介入股市的程度	2003年推出的非商业性公司治理评价系统，用以考核台湾地区上市公司治理状况

资料来源：李维安. 公司治理学 [M].3 版. 北京：高等教育出版社，2016.

二、已有公司治理评价系统共性与差异

一般而言，公司治理评价系统具有以下四个共同特征。一是评价系统均由一系列详细指标组成，且各个评价系统均包括了三个因素，即股东权利、董事会结构及信息披露。二是在所有的评价系统中，评分特点是相同的。总体而言，较低的分值意味着较差的治理水平，反之意味着较好的治理状况。但也有两个例外：一个例外是 ICRA 评价系统，它使用相反的评分方法，公司治理评价 CGR1 意味着最好的治理状况，公司治理评价 CGR6 意味着最低的治理水平；另一个例外是布朗斯威克的治理风险分析，它以惩罚得分的形式来计算，得分越高，公司的治理风险越大。三是绝大多数评价系统都使用了权重评级方法，根据治理各要素重要程度的不同赋予不同的权重，从而计算出公司治理评价值。四是获取评价所需信息的方法是一致的，主要来

自公开可获得信息，其他信息通过与公司关键员工的访谈而获得。不同评价系统的主要区别在于两个方面。

第一，一些评价系统用来评价个别国家的公司治理状况（例如 DVFA、布朗斯威克等），另一些评价系统则涉及多个国家的公司治理评价，如标准普尔、戴米诺和里昂证券评价系统包含了国家层次的分析。这些评价使用的标准都很相似。标准普尔提供了一个关于法律、管制和信息基础的有效程度的评估；戴米诺评价服务包括一个由法律分析和特定国家范围内的公司治理实务组成的国家分析报告，其服务范围涵盖了 17 个欧洲国家；里昂证券主要利用与管制和制度环境有关的六个宏观公司治理因素来对各个市场进行评价，涉及 20～25 个新兴市场；世界银行的研究也基于与公司治理有关的五个综合指标进行了国家层次上的比较；DVFA 比较了公司治理的国别差异，但采用了不同的方法，主要考虑了基于公司治理实务和单个公司治理状况的国家层次平均水平。

第二，各评价系统关注的重点、采用的标准以及评价指标体系的构成呈现出较大差别。如标准普尔以 OECD 公司治理准则、美国加州公共雇员养老基金（CalPERS）等提出的公司治理原则，以及国际上公认的对公司治理要求较高的指引、规则等制定评价指标体系，把公司治理评价分为国家评分与公司评分两部分。前者从法律基础、监管、信息披露制度以及市场基础四个方面予以考核，后者包括所有权结构及其影响、利益相关者关系、财务透明与信息披露、董事会的结构与运作四个维度的评价内容。其关注的是宏观层面上的外部力量以及公司内部治理结构与运作对于公司治理质量的影响。戴米诺则以 OECD 公司治理准则以及世界银行的公司治理指引为依据制定指标体系，从股东权利与义务、接管防御的范围、信息披露透明度以及董事会结构四个维度衡量公司治理状况，重视公司治理环境对公司治理质量的影响，特别强调接管防御措施对公司治理的影响。里昂证券评价系统则从公司透明度、管理层的约束、董事会的独立性与问责性、小股东保护、核心业务、债务控制、股东现金回报以及公司社会责任等八个方面评价公司治理的状况，注重公司透明度、董事会的独立性以及对小股东的保护，强调公司的社会责任。

公司治理评价的研究与应用，对公司治理实践具有指导意义。正如上述对不同评价系统的对比所看到的，不同的评价系统有不同的适用条件，中国公司的治理环境、治理结构和机制与国外有很大的差别，因而直接将国外评价系统移植到国内必将产生水土不服的现象。只有借鉴国际经验，结合中国公司所处的法律环境、政治制度、市场条件以及公司本身的发展状况，设置具有中国特色的公司评价指标体系，并采用科学的方法对公司治理状况做出评价，才能正确反映中国公司治理状况。中国上市公司治理指数（CCGI^{NK}）充分考虑了中国公司治理环境的特殊性。

第四节　基于公司治理评价开展的研究

公司治理评价的最终目的在于为公司治理研究和实践提供参考与指导。在理论界，国内外的学者应用不同的方法构建公司治理指数，并在此基础上对公司治理不同维度的指标及其影响进行了富有实际意义的描述和研究。

一、国内基于公司治理指数开展的相关研究

（一）基于公司治理总体评价指数的相关研究

南开大学中国公司治理研究院公司治理评价课题组（2003）的研究从公司治理实务需求的角度出发，追溯公司治理实务与理论研究发展历程，在此基础上对国际著名公司治理评价系统进行了比较，并提出了适合中国公司治理环境的公司治理评价指标体系，生成中国上市公司治理指数（CCGI^{NK}）。中国上市公司治理指数通过对公司治理影响因素的科学量化，全面、系统、连续地反映上市公司治理状况。在借鉴国外一流公司治理评价指标体系、充分考虑中国公司治理特殊环境的基础上，中国上市公司治理指数从股东治理、董事会治理、监事会治理、经理层治理、信息披露、利益相关者治理6个维度来对上市公司治理状况展开评价。

在中国上市公司治理指数（CCGI^{NK}）的基础上，学者展开了各种富有实际意义的研究。例如，南开大学中国公司治理研究院公司治理评价课题组（2004）在对模型的稳定性与可靠性检验的基础上，对中国上市公司治理状况进行了实证分析。研究结果表明：股权结构是决定公司治理质量的关键因素，国有股"一股独大"不利于公司治理机制的完善；良好的公司治理将使公司在未来具有较高的财务安全性，有利于公司盈利能力的提高，投资者愿意为治理状况好的公司支付溢价。

基于2003年的评价样本，李维安和唐跃军（2006）发现，上市公司治理指数对总资产收益率、每股净资产、加权每股收益、每股经营性现金流量、总资产周转率、总资产年度增长率、财务预警值均有显著的正面影响，这表明拥有良好的公司治理机制有助于提升企业的盈利能力、股本扩张能力、运营效率、成长能力，有助于增强财务弹性和财务安全性。公司治理中所涉及的控股股东治理、董事会治理、经理层治理、信息披露、利益相关者治理、监事会治理机制，在很大程度上决定了上市公司是否能够拥有一套科学的决策制定机制与决策执行机制，而这将对公司业绩和公司价值产生直接而深远的影响。李维安、张立党和张苏（2012）利用中国上市公司治理指数（CCGI^{NK}）的评价结果，通过实证分析发现，高水平的公司治理能够降低投资者的异质信念程度，从而降低股票的投资风险。郝臣、崔光耀、李浩波和王励祥（2016）利用中国上市公司治理指数（CCGI^{NK}）的评价结果对我国上市金融机构进行了实证研究，他们发现公司治理质量的提升对上市金融机构财务绩效的提升和风险承担的控制均有显著作用，但仅董事会治理分维度的指标体现出显著影响。

除了南开大学中国公司治理研究院的中国上市公司治理指数（CCGI^{NK}）之外，国内的其他学者也在公司治理指数构建和相关研究方面做了有益的尝试。例如，白重恩、刘俏、陆洲、宋敏和张俊喜（2005）综合考虑了公司治理内部、外部机制，运用主元因素分析法集合八个指标构建了公司治理指数（G指数），并通过实证研究发现：治理水平高的企业，其市场价值也高；投资者愿为治理良好的公司付出相当可观的溢价。郝臣（2006）聚焦于公司的股东、董事会、监事会、经理层的治理特征，构建了公司治理评价指标体系，并分别对民营上市公司样本进行了实证分析。结果表明，民营上市公司治理指数与公司绩效指标之间存在显著的正相关关系，并且公司治理指数对公司绩效指标有显著的解释力。郝臣（2009）在对上市公司总体样本治理状况评价的基础上进行实证研究，发现当期公司治理具有相对价值相关性和较低的增量价值相关性，而前期公司治理只具有相对价值相关性，ST公司的治理价值相关性原理与一般上市公司

存在差异，上述结论说明我国投资者在做投资决策时已经开始考虑公司治理因素。方红星和金玉娜（2013）则从监督和激励两个角度选取公司治理成分指标，发现公司治理对公司非效率投资具有明显的抑制作用，特别是对意愿性非效率投资的抑制效果更为显著。鲁桐等（2014）聚焦于中小板和创业板上市公司，综合股权结构与股东权利、董事会和监事会运作、信息披露与合规性以及激励机制四个方面对上市公司治理水平进行系统评估。他们发现公司治理与公司业绩存在正相关关系，其中激励约束机制特别是高管与核心技术人员的股权激励是影响上市公司绩效的重要因素（鲁桐和吴国鼎，2016）。韩少真、潘颖和张晓明（2015）构建了包括董事会治理、管理层治理、股东治理、会议治理四个维度的公司治理指标体系，并发现公司治理对公司绩效具有正向影响，这一影响在民营企业中更加显著。韩少真和潘颖（2016）的研究进一步表明，较高的治理水平不仅能显著提高公司的债务可得性和长期债务比例，还能显著降低公司的债务成本。傅传锐（2016）构建了包括股权治理、董事会治理和高管激励在内的公司治理综合指数，证明了公司治理机制对公司智力资本价值创造的积极作用。

（二）基于公司治理不同维度评价指数的相关研究

除公司治理总体指标外，国内学者对于国内公司的董事会、监事会、经理层、股权结构和利益相关者等有关治理指标进行了专门的研究。

李维安和王世权（2005）在对现有监事会评价理论与实践回顾的基础上，结合中国自身环境条件及改革进程，设计了中国上市公司监事会治理绩效评价指标体系，并且利用调研数据，对上市公司监事会治理水平进行了评价与实证研究。结果显示，监事会治理总体水平较低，不同行业、不同企业性质之间的治理水平存在很大差别，大股东的持股比例亦对监事会治理的有效性具有显著影响。

李维安和唐跃军（2005）设置了利益相关者治理评价指标，考察中国上市公司利益相关者参与公司治理和利益相关者权益的保护状况，并构建了利益相关者治理指数。进一步的实证研究表明，利益相关者治理指数对每股收益（EPS）、净资产收益率（ROE）、股本扩张能力（NAPS）均有显著的正面影响，这表明上市公司良好的利益相关者治理机制和较高的利益相关者治理水平有助于增强公司的盈利能力，进而提升包括股本扩张能力在内的企业成长与发展潜力。同时，利益相关者治理机制所涉及的5个方面对企业业绩和企业价值也存在重要影响。因此，他们建议在公司治理中考虑利益相关者的权益，鼓励利益相关者适当而有效地参与公司治理和管理。

沈艺峰、肖珉和林涛（2009）基于1432家上市公司2007年公布的"自查报告和整改计划"，从大股东、董事会和监事会、经理层以及投资者法律保护四个方面对上市公司治理情况进行归纳和整理，从中提取出有用信息，综合反映目前我国上市公司治理情况和问题。

王福胜和刘仕煜（2009）在对上市公司的股权结构、集中度、资本结构、董事会独立性等公司治理要素与公司成长、盈利能力之间关系的综合考量基础上，通过引入DEA（数据包络分析）模型来描述公司治理效率，进而构建了有关公司治理效率评价的指标体系。

柳建华、魏明海和刘峰（2010）从法律与证券市场监管、地区治理环境和公司治理三个层次综合衡量中国上市公司投资者保护水平。在法律与证券市场监管方面，分别从证券市场立法、证券市场监管以及法律和监管制度执行三个角度构造17项衡量指标；在地区治理环境上，分别从地方政府治理和中介组织发展两个角度构造6项衡量指标。

程新生、谭有超和刘建梅（2012）通过构建公司非财务信息披露质量的评价指标，探究了其与公司外部融资和投资效率的关系。他们发现，外部融资是非财务信息和投资效率之间的中介变量，但同时又受到了外部制度约束的影响。

高明华、苏然和方芳（2014）构建了董事会结构、独立董事独立性、董事会行为和董事激励与约束4个一级指标，以及37个二级指标的中国上市公司董事会治理评价指标体系，发现董事会治理对公司绩效、公司合规性、代理成本和盈余市场反应具有显著的正向影响，且非国有优于国有。高明华和谭玥宁（2014）利用上述指标进一步讨论了董事会治理与代理成本的关系，他们发现董事激励与约束是降低代理成本的关键因素，但是在国有控股公司中这一效应并不显著，且国有公司董事会结构的完善反而会提高代理成本。

王鹏程和李建标（2014）检验了利益相关者治理与企业融资约束的关系。他们发现企业利益相关者治理能够有效缓解企业融资约束，不同利益相关者治理行为对融资约束的影响存在差异，而且对国有企业和民营企业的影响也不同。

傅传锐和洪运超（2018）检验了公司治理水平与智力资本信息披露间的相关性，以及产品市场竞争对这种关系的调节效应。他们发现，无论是整体公司治理水平的提高，还是股权治理、董事会与监事会治理、管理层激励等分维度治理水平的提高，都能够显著提升企业智力资本自愿信息披露水平，但不同维度的公司治理机制与产品市场竞争间的关系存在异质性，即产品市场竞争与股权治理、管理层激励存在互补关系，和董事会与监事会治理存在替代关系。

王曙光、冯璐和徐余江（2019）检验了混合所有制改革背景下，企业不同股权占比与公司治理水平的关系。他们发现，国有股权占比与公司治理指数成U形关系，私营化或国有化程度与公司治理水平成正相关关系。在计算公司治理指数时，他们只考虑反应内部机制的三个主要方面，即股权结构治理水平、董事会治理水平与高管薪酬治理水平，并采用主成分分析法将这三个方面进行拟合。

张宁和才国伟（2021）探究了上海、深圳两地国资委与国有资本投资运营公司及其投资企业三层监管架构的双向治理路径。其结论表明：在自上而下的治理路径中，监管系统和战略系统的构建与层层传导是核心作用机制；在自下而上的治理路径中，国有资本投资运营公司会在内外部系统的动态平衡中构建自身的监管和战略系统，并将体制机制改革诉求与业务战略调整方向以向上反馈影响的方式参与治理。

祝继高、李天时和Yang Tianxia（2021）利用上市公司董事投票数据对非控股股东董事的监督动机和监督效果进行分析。他们通过检验非控股股东董事投非赞成票的监督效果发现，非控股股东董事投非赞成票能降低上市公司的代理成本，提高上市公司的经营效率和企业价值。同时，非控股股东董事的监督对独立董事履行监督职能具有溢出效应，且这一效应在经营风险较高的公司中，以及当独立董事和非控股股东董事的职业背景相似时更显著。

余汉、宋增基和宋慈笈（2021）构建了国有企业党委参与公司治理的综合指标评价体系，实证检验了国有企业党委会参与公司治理的效果。研究发现国有企业加强党建工作能够提升公司治理水平，同时对国有资产保值增值和履行社会责任具有积极的促进作用。

薛有志和西贝天雨（2022）探索了公司治理视角下企业社会责任行为的制度化问题。企业社会责任委员会的成立与发展异常重要，是CSR与公司治理活动在利益相关者纽带作用下相互融合的实践产物，是由企业高层设立并领导的，触及公司内部治理结构且具有外部治理职能的组织机构。CSR的提出，揭示了企业与利益相关者的互动活动在公司治理中的制度形式，强化了企业和研究者对企业中相关组织机构的理解与认知。

陈德球和胡晴（2022）拓展了传统公司治理的研究概念和研究范式，从大数据赋能资本市场治理、大数据驱动产品竞争市场治理和大数据重构控制权市场治理等维度，深入分析新时代下公司治理研究的新机制和新路径，推动新型治理生态模式构建，从内部公司治理结构和外部公司治理机制等方面提供切实可行的视角拓展与思路启发，创造性地探索公司治理研究新范式。

二、国外基于公司治理指数开展的相关研究

（一）基于学者构建的公司治理评价指数的相关研究

国外最早的公司治理评价研究可追溯到20世纪50年代。1950年，杰克逊·马丁德尔提出了董事会绩效分析。1952年，美国机构投资者协会设计出了第一套正式评价董事会的程序。但直到20世纪90年代末，公司治理评价研究才真正引起学术界和实务界的关注。

Gompers、Ishii和Metrick（2003）构建的G指数被认为在公司治理评价研究领域具有里程碑式的意义。他们把美国投资者责任研究中心（Investor Responsibility Research Center，IRRC）提出的24项公司治理条款，从延缓敌意收购的战术、投票权、董事／管理层保护、其他接管防御措施以及国家法律五个维度加以区分，并根据公司的实际情况对这些条款进行赋值，然后把每项条款的得分进行加总从而形成G指数。G指数越高表示股东权利越小。他们依据G指数对样本公司分组并进行了对比。实证结果表明，股东权利与公司价值呈现正相关关系。Liao和Lin（2017）的研究采用了相同的G指数，他们发现在股东权利保护好的公司中，R&D（研究与开发）投资计划的公布会带来更高的财富效应。

Bebchuk、Cohen和Ferrell（2004；2009）在深入分析G指数中24项公司治理条款的基础上，选出了能够充分反映股东投票权限制以及敌意收购防御的六项重要条款，并进行0或1的赋值，构建了壕沟指数（Entrenchment Index，E指数）。E指数主要涵盖交错选举董事条款（Staggered Board Provision）、股东修订公司章程的限制、毒丸计划、金色降落伞计划以及兼并和修订公司章程遵循绝对多数原则的规定等要素。他们利用IRRC的数据，证实了E指数与股票收益、公司价值（以托宾Q值来衡量）正相关。

Cremers和Ferrell（2009）利用G指数和E指数，以IRRC等提供的数据检验了公司治理对公司价值和股票收益率的影响。他们在控制公司固定效应和年度固定效应之后研究发现，G指数和E指数与公司价值之间存在显著的负相关性，也就是说良好的公司治理与股票收益率之间存在显著的正相关性。同时，随着市场对良好公司治理重要性的认知的增强，股票收益率有所下降。

Ammann、Oesch和Schmid（2011）利用国际治理标准公司（GMI）编制的64个公司治理特征，采用相加指数法和主成分分析法分别构建了公司治理指数，并在此基础上开展公司治理评价的跨国实证研究。

Bebchuk、Cohen和Wang（2013）的实证研究则显示，1991—1999年G指数和E指数与异常股票收益正相关，而2001—2008年两者并没有表现出直接的显著关系，最后他们提出"学习假说"（Learning Hypothesis）来解释相关性消失现象。

Black、Gledson、Carvalho 和 Sampaio（2014）构建了巴西公司治理指数（BCGI），并以之对 2004 年、2006 年和 2009 年巴西上市公司的治理质量进行了评价。他们的指标包括董事会结构、所有权结构、董事会运作、小股东权益保护、关联交易和信息披露 6 个维度。通过实证研究发现，他们的指标中与上市要求相同的部分会提升公司价值，上市要求中没有提及的则不会提升公司价值。

Fan 和 Yu（2011）构建了公司治理偏离指数（CGDI），他们通过观察一家公司在董事会特征、审计、反并购和高管薪酬与股权等方面与公司所在国其他公司相比所偏离的程度来评价公司治理的质量。他们发现，与传统公司治理评价方法相比，CGDI 更加适用于大陆法国家公司治理水平的评价。

Das（2012）针对印度公司的特点构建了公司治理指标，包括股权结构、董事会、经理层薪酬、监事会公司控制权市场、信息披露等相关指标，并将印度公司的数据与发达国家公司的数据进行了比较。

Fallatah 和 Dickins（2012）综合了董事会结构、高管激励等指标，构建了针对沙特阿拉伯上市公司的公司治理评价指数，并发现公司治理水平对公司绩效和公司价值具有显著的提升作用。

Al-Malkawi、Pillai 和 Bhatti（2014）的研究通过构建公司治理指数（CGI），评价和分析了海湾阿拉伯国家合作委员会成员国上市公司的治理质量。他们的指标包括信息披露、董事会有效性和股东权利 3 个维度共 30 个指标的内容。

Ararat、Black 和 Yurtoglu（2016）构建了土耳其公司治理指数。他们的指标包括董事会结构、董事会程序、信息披露、股权结构和股东权利 5 个维度。他们发现，公司治理指数高的土耳其上市公司具有更高的市场价值和盈利水平，而信息披露指数在其中占主导作用。

Li、Yang 和 Yu（2017）的研究构建了包括董事会责任、财务披露与内控、股东权利、高管薪酬和公司行为 5 个维度共 43 个指标在内的公司治理指数，并通过研究发现，在中国上市公司中，好的公司治理仅会提升竞争性行业公司的价值。

Nadarajah、Ali、Liu 和 Haung（2018）构建了包括 17 个指标在内的公司治理指数，并通过实证研究发现，公司治理质量与财务杠杆之间呈现负相关关系，并且只有在股票流动性高的公司中，这一关系才是显著的。

Wamba、Braune 和 Hikkerova（2018）对 2002—2014 年的 355 家总部设在欧洲的公司进行了抽样，评估了公司治理所涉及的各种指数与这些公司所支持的系统性风险之间的关系，探讨了公司治理机制对公司财务盈利能力波动的影响。研究结果表明，他们建立的综合治理指标仅在 10% 的阈值上有显著性。该变量对公司系统性风险的影响为 1/10。将这一指数分解为 5 个变量表明，管理层对股东的承诺以及董事会在执行其监督任务方面的有效性很可能会减少（在一定程度上）公司承担的风险。

Cosma、Mastroleo 和 Schwizer（2018）提出了一种不同的评价公司治理质量的方法，以克服以往评级体系在概念和方法上的局限性，为监测和决策提供一个简明的索引。该模型强调了行为特征和群体动态在公司治理中的重要性，并综合体现了与其他结构和组织要素的结合。该模型在实际和客观的决策过程中，代表了影响公司治理质量的所有因素（结构和行为），是支持"董事会审查"和评估与特定决定相关的提高公司治理质量的灵活和有用的管理工具。主管人员可以用董事和经理填写的访谈/问卷取代或综合专家的意见，或通过直接观察来评估公司治理是否适当。

Elvis、Yilmaz 和 Claudio（2019）引入了系统可靠性理论，以恰当地模拟企业在公司治理方面的行为。他们对公司治理框架进行评估，通过将其输入作为组件（无论是处于运行状态还是处于失败状态）与公司特征进行映射，以确定一个近似的结构函数。该函数能够交替地对系统的功能进行建模，量化其可靠性并检测关键组件。以 2002—2014 年 1109 家美国上市公司为样本，将财务和非财务信息作为公司治理体系的组成部分，并将资产收益率作为系统输出，研究结果印证了该映射方法的优势。此文所提议的方法也适用于其他非工程子系统的建模。

Nsour 和 Al-Rjoub（2022）利用董事会结构、董事会程序、董事会披露、所有权结构以及少数股东权利 5 个要素及 60 个分项指数构建了较为全面的公司治理指数。以约旦上市公司为例，研究发现，企业的董事会程序和董事会披露要素的治理最薄弱，所有权结构要素的治理最强。

Houcine、Zitouni 和 Srairi（2022）通过二分类方法构建了与董事会成员、股东权利、信息披露和透明度相关的 30 个项目的公司治理指数，对 2008—2017 年法国上市公司的样本进行研究，发现更好的公司治理水平有助于缓解信息不对称问题，提高投资决策效率。

Areneke、Adegbite 和 Tunyi（2022）利用 2011—2016 年手工收集的 85 家尼日利亚上市公司的数据，构建了尼日利亚上市公司治理指数，揭示了外国机构投资者如何在薄弱的制度环境中改善企业的公司治理实践，从而发展了公司治理的实践转移理论。

Sprenger 和 Lazareva（2022）通过对俄罗斯企业的大规模调查开发了股东保护指数和透明度指数，并实证发现更好的股东保护减少了投资的现金流敏感性，特别是在有外部控股人的公司中。相比之下，透明度方面并没有这样的影响。

（二）基于评价机构构建的公司治理评价指数的相关研究

国外的许多评价机构也构建和发布了各自的公司治理指数。例如，美国机构投资者服务公司（ISS）依据董事会及其主要委员会的结构和组成、公司章程和制度、公司所属州的法律、管理层和董事会成员薪酬、相关财务业绩、最佳公司治理实践、管理层持股比例、董事的受教育水平等指标构建了公司治理指数。国际治理标准公司（GMI）的公司治理指数则更加侧重于信息透明度与披露（含内部监控）、董事会问责制、企业社会责任、股权结构与股权集中度、股东权利、管理层薪酬、公司行为等因素。

Chhaochharia 和 Laeven（2009）利用 ISS 提供的公司治理评价得分，Ashbaugh-Skaife 和 Lafond（2006）、Derwall 和 Verwijmeren（2007）利用 GMI 提供的公司治理评价得分检验了公司治理与公司价值、股票收益、股权资本成本、财务风险等变量之间的关系，研究结果基本证实了公司治理对公司表现的积极作用。Balasubramaniam、Black 和 Khanna（2010）利用 2006 年印度公司治理调查，从董事会结构、信息披露、关联方交易、股东权利、董事会程序等方面对公司治理进行评价。Kara 和 Erdur（2014）利用土耳其伊斯坦布尔交易所发布的公司治理指数（XKURY）中的利益相关者分指标进行研究，他们发现企业社会责任对公司价值和财务绩效具有显著的积极影响。Kurt、Gungor 和 Gumus（2016）的研究则发现了 XKURY 指数与公司股票长期回报的正相关关系。Aydin 和 Ozcan（2015）使用 XKURY 数据的研究发现，财务绩效良好的公司表现出更高的公司治理水平。Balagobei（2020）考察了公司治理对斯里兰卡上市银行不良贷款的影响，发现董事会活动对斯里兰卡上市银行的不良贷款有显著影响，而董事会规模、董事会独立性和首席执行官双重性等其他公司治理变量对不良贷款没有显著影响。Parida 和 Vyas

（2022）利用标准普尔公司治理评价指数研究发现，良好的治理制度有助于投资者在投资决策过程中获得更高的回报，特别是在新兴市场中，有助于投资者获得资金保护和遏制市场欺诈活动。Handayati、Tham、Yuningsih、Rochayatun 和 Meldona（2022）利用印度尼西亚证券交易所提供的公司治理指数以及 GRI 指数考察了印尼四大会计师事务所、公司治理和企业特征对印尼大型上市公司社会责任信息披露的影响。结果发现声誉良好的公司、勤勉尽责的董事会和受四大会计师事务所审计的公司，与企业社会责任信息披露存在显著的正向关系。

三、基于公司治理指数研究小结

目前国外已经有众多的学者和机构构建了公司治理指数，并基于该指数开展了相关研究。用公司治理指数作为公司治理评价的工具并开展研究，已经成为国际理论界和实务界的共同趋势。

反观我国的公司治理指数研究，在研究的多样性上与发达国家有较大的差距。目前我国连续多年发布并得到广泛关注和应用的公司治理指数，仅有南开大学中国公司治理研究院发布的中国上市公司治理指数（$CCGI^{NK}$）。目前国内大部分基于公司治理指数的研究所采用的都是这一指数的数据。

在公司治理指数的应用方面，目前多数研究聚焦于公司治理指数与公司绩效指标之间的关系，多数研究观察到了公司治理指数与公司绩效之间的正相关关系。现有的许多研究已经开始关注公司治理指数的有效性以及公司治理的内生性问题，并采取了联立方程、工具变量等手段对这些问题进行控制。

第二章 中国上市公司治理指数研发

首先，本章以时间脉络为主线，概述了南开指数的传承，包含传统的南开指数和新时期的南开指数；其次，分别从研究并组织制定《中国公司治理原则》、构建并推出中国上市公司治理评价指标体系、发布公司治理指数与公司治理评价报告和中国上市公司治理指数应用四个阶段，描述了中国上市公司治理指数的发展历程；最后，对中国上市公司治理评价指标体系进行了具体的说明。

第一节 南开指数的传统

一、传统南开指数

南开指数是我国最早编制的指数之一。南开大学经济研究所成立于1927年，率先使用抽样法，在综合分析大量统计数据的基础上，于1928年发布了享誉中外的南开指数。这一非官方经济指数，长期以来为国际学术界提供了研究中国经济的权威数据，成为政府决策的重要参考，也为南开大学经济研究所带来了国际声誉，是研究我国近现代经济史、金融史、统计史，特别是研究物价史的重要资料。

南开指数涉及范围广、涵盖种类多、跨越年度长、成果丰富，在整个民国时期曾被称为"一枝独秀"，引起了国内外社会各界的广泛瞩目，至今荣享业界高度评价（孔敏，1988）。其编制工作始于1928年，并在全面抗日战争爆发前逐周发布于天津《大公报》、经济统计刊物和《南开统计周报》等刊物（南开大学经济研究所，1958）。南开指数经历了几十年的变迁，大体可以划分为以下三个阶段。

1928—1937年，南开大学经济研究所从创建的第二年至全面抗日战争爆发这十年间主要编制了五种指数：中国进出口贸易（物价、物量、物物交易率）指数、华北批发物价指数、天津工人生活费指数、天津外汇指数、上海外汇指数。

1937—1945年，南开大学经济研究所在重庆编制了三种指数：重庆市零售物价指数、重庆市生活费指数、重庆市公教人员收入指数。

1946—1952年，南开大学经济研究所自1946年迁回天津后，首先恢复了华北批发物价指数与天津工人生活费指数，并对1937—1946年这一时期敌伪机关所编指数加以整理选用。南开指数于1952年停编。其中，华北批发物价指数、天津工人生活费指数、天津外汇指数等物价指数的编制和发布一直持续至20世纪80年代末。

传统的南开指数，作为中国学术机构最早编制的经济指数，在国内外建立了广泛的声誉，并具有较强的权威性和影响力，不仅为国际学术界提供了研究中国宏观经济的准确数据，而且为政府决策提供了参考。

目前，关于南开指数的介绍比较权威和系统的著作主要有3部。一是南开大学经济研究所主编，中国统计出版社于1958年出版的《南开指数资料汇编》，其中仅收录了天津物价批发与天津工人生活消费两项指数；二是孔敏、彭贞媛等人编写，中国社会科学出版社于1987年出版的《南开经济指数资料汇编》，此书在1958年版本的基础上，增加了外贸、外汇、证券三种指数；三是陈宗胜领衔编制，南开大学出版社于2020年出版的《"南开指数"及相关经济资料汇刊》，全书包括20分册，弥补了之前出版物的不足，为相关研究提供了更加翔实可信的一手资料，也让当代经济学人以更加客观的视角，详细了解"南开指数"的完整历史沿革过程。

二、新时期南开指数

传统的南开指数曾享誉国内外，是南开几代优秀经济学人共同努力的结果，为世界了解中国以及科学发展、经济研究做出了杰出的贡献。而复兴南开指数一直是南开人的愿望，这既是对历史的传承，也是对官方的统计数据做出有益的补充和深化的分析。新时期的南开指数，实践了南开大学"允公允能，日新月异"的校训，"知中国，服务中国"的办学宗旨和"文以治国、理以强国、商以富国"的发展理念，传承了老一代南开人的奋斗精神和百折不回的毅力。

（一）中国上市公司治理指数

2003年4月27日，南开大学讲席教授、南开大学中国公司治理研究院院长李维安带领的南开大学中国公司治理研究院（原南开大学公司治理研究中心）公司治理评价课题组在多年理论研究的基础上，正式推出了国内第一个作为上市公司治理状况"晴雨表"的中国上市公司治理指数（该指数也称南开治理指数，英文缩写为$CCGI^{NK}$）。该指数基于中国上市公司面临的治理环境特点，以《上市公司治理准则》为基准，综合考虑《公司法》、《中华人民共和国证券法》（以下简称《证券法》）、《上市公司章程指引》（中国证券监督管理委员会公告〔2022〕2号）、《上海证券交易所股票上市规则》（上证发〔2019〕52号）、《关于在上市公司建立独立董事制度的指导意见》（证监发〔2001〕102号）、《上市公司信息披露管理办法》（中国证券监督管理委员会令第182号）等有关上市公司的法律法规及其相应的文件，同时借鉴国内外已有的公司治理评价指标体系，设计推出中国上市公司治理评价指标体系，涉及股东治理、董事会治理、监事会治理、经理层治理、信息披露和利益相关者治理等六个维度。

中国上市公司治理指数是以指数的形式，对公司治理影响因素科学量化，全面、系统、连续地反映上市公司治理状况。指标体系是公司治理指数的根本。与国外的评价体系相比，我国评价体系在上市公司独立性、股东权益保护、监事会以及利益相关者参与治理等方面更具中国特色。指标体系共设置了 6 个维度，19 个二级指标和 80 多个评价指标，对中国上市公司治理的状况做出全面、系统的评价，有利于政府监管，促进资本市场的完善与发展；有利于形成公司强有力的声誉制约，并促进证券市场质量的提高；有利于公司科学决策与监控机制的完善和诊断控制，为投资者提供鉴别工具并引导投资；有利于建立公司治理实证研究平台，提高公司治理研究水平。

中国上市公司治理指数在国内外产生了广泛影响，得到了国务院国资委、原中国银保监会和中国证监会等相关部门的充分肯定，并被学术界和实务界广泛应用。例如，基于该指数开发的央视 50 指数（指数代码：399550）、央视治理领先指数（指数代码：399554）先后于 2012 年 6 月 6 日和 2013 年 6 月 6 日在深圳证券交易所上市或上线。中国上市公司治理指数也应用于深圳等区域的公司治理评价中，实现了从科研成果向实践应用的转化。

（二）经济系列指数

2007 年，南开大学中国经济指数研究中心成立。在中断近 20 年后，南开指数在南开大学恢复发布。南开大学中国经济指数研究中心于 2007 年发布了一系列与经济相关的指数产品和研究报告，包括《南开经济景气指数研究报告》《政府管理成本指数研究报告》《中国房地产成本指数研究报告》和《南开 – 潇湘晨报指数》等。其中，中国经济景气与发展是南开指数的重要研究方向，它覆盖了金融、产业、区域、企业、消费等领域，涵盖了消费者价格指数、生产要素价格指数、金融资产价格指数、不动产价格指数、投资者信心指数、消费者信心指数、分类产业景气指数、分类产业竞争力指数和分地区发展指数等。其他重要研究方向包括了反映经济社会发展和谐程度的中国经济协调发展指数和中国民营经济发展指数等。

（三）绿色治理指数

2018—2022 年，南开大学讲席教授、中国公司治理研究院院长李维安带领的南开大学中国公司治理研究院绿色治理评价课题组连续五年发布了中国上市公司绿色治理指数（CGGI）。中国上市公司绿色治理指数是中国公司治理研究院在 2017 年发布全球首份《绿色治理准则》的基础上（李维安 等，2017），研发形成的绿色治理评价系统的应用，可以客观地反映作为绿色治理关键行动者的上市公司绿色治理的现状以及面临的挑战，对于理论创新和具体实践指导都具有重要意义。该评价指标体系以治理思维为统领，从绿色治理架构、绿色治理机制、绿色治理效能和绿色治理责任四个维度，设置了 12 个治理要素和 37 个子要素，对中国上市公司绿色治理的状况做出了全面、系统的评价（李维安 等，2019）。

（四）政府治理指数

2020—2022 年，南开大学网络社会治理研究中心主任、信息资源管理系王芳教授带领课题组连续三年发布了数据赋能政府治理指数。该指数评价指标包含了治理效果、治理能力、制度保障和公众参与 4 个一级指标，下设行政效率、数字经济、公共服务等 18 个二级指标和 24 个三级指标。

(五) 保险机构治理指数

在保险业高质量发展和治理能力现代化的背景下,保险机构治理质量备受关注。南开大学中国公司治理研究院金融机构治理研究室主任、南开大学商学院财务管理系副教授郝臣带领的南开大学中国保险机构治理评价课题组(NKU-CIIGET)立足我国现实背景,充分考虑保险机构治理的特殊性,在借鉴和参考公司治理评价领域的理论与方法的基础上,设计了包括六大治理维度,具体由 70 个指标构成的中国保险机构治理评价体系(CIIGES)。基于手工整理的 2016—2022 年我国保险机构公开披露的治理指标原始数据,对我国保险机构治理质量展开评价,并生成中国保险机构治理指数(China Insurance Institution Governance Index,CIIGI),该指数又称南开保险机构治理指数(Insurance Institution Governance Index of Nankai University,IIGI^{NK})。

第二节 中国上市公司治理指数发展阶段

一、中国上市公司治理指数发展阶段总体说明

中国公司治理的研究经历了从公司治理理论研究深入到公司治理原则与应用研究,之后从公司治理原则与应用研究进一步发展到公司治理评价指数的研究历程。中国上市公司治理指数的研究发展呈现为渐进式的动态优化过程。具体来说,中国上市公司治理指数(CCGI^{NK})的形成经历了四个阶段。

第一阶段:研究并组织制定《中国公司治理原则》。在中国经济体制改革研究会的支持下,李维安教授带领的南开大学中国公司治理原则研究课题组于 2001 年推出《中国公司治理原则》,该原则被中国证监会《上市公司治理准则》以及太平洋经济合作理事会(Pacific Economic Cooperation Council,PECC)组织制定的《东亚地区治理原则》吸收借鉴,为建立公司治理评价指标体系提供了参考性标准。

第二阶段:构建并推出中国上市公司治理评价指标体系。历时两年调研,2001 年 11 月,第一届公司治理国际研讨会提出《在华三资企业公司治理研究报告》。2003 年 4 月,经反复修正,提出"中国上市公司治理评价指标体系"。2003 年 11 月,第二届公司治理国际研讨会征求国内外专家意见,根据前期的研究结果和公司治理专家的建议,最终将公司治理指标体系确定为六个维度——股东治理、董事会治理、监事会治理、经理层治理、信息披露和利益相关者治理,合计 80 多个评价指标。

第三阶段:发布公司治理指数与公司治理评价报告。基于评价指标体系与评价标准,构筑中国上市公司治理指数(CCGI^{NK})。2004 年首次发布《中国公司治理评价报告》,报告应用上市公司治理指数,第一次对中国上市公司(2002 年的数据)进行大样本全面量化评价分析,之后逐年发布年度公司治理评价报告。

第四阶段:中国上市公司治理指数应用。在学术上,公司治理评价为课题、著作、文章等系列成果的研究提供了平台,获得国家自然科学基金重点项目和国家社会科学重大招标项目支持,公司治理报告在商务印书馆、高等教育出版社以及北京大学出版社等国内出版社出版,并在国外出版社出版英文版。此外,还为监管部门治理监管工作提供支持,为企业提升治理水平

提供指导。中国上市公司治理指数连续应用于"CCTV中国最具价值上市公司年度评选",应用于联合国贸易和发展会议对中国企业的公司治理状况抽样评价与世界银行招标项目,应用于国务院国资委国有独资央企董事会建设与评价等,以及国家发改委委托项目推出的"中国中小企业经济发展指数"研究。

二、中国上市公司治理指数发展阶段具体说明

(一) 研究并组织制定《中国公司治理原则》

随着现代公司制度的发展,公司治理不仅成为现代公司制度中最重要的架构,也是企业增强竞争力和提高经营绩效的必要条件。20世纪90年代兴起的公司治理原则是介于经济理论与法律之间的,不具有法律强制力的实务实施细则(李维安,2000)。各国企业活动的实践表明,良好的公司治理既需要国家对治理结构有强制性的法规规定,又应制定与市场环境变化相适应,且具有非约束性和灵活性的公司治理原则。1992年和1998年英国分别提出了《卡德伯利报告》(Cadbury Report)和《汉普尔报告》(Hampel Report);1997年美国制定了《商业圆桌会议公司治理原则》(The Business Roundtable Meeting Principles of Corporate Governance)和《加州公职人员退休基金会公司治理原则》(CalPERS Principles of Corporate Governance);1999年OECD制定了《公司治理原则》(Principles of Corporate Governance);日本于1999年公布了《日本公司治理原则》(Japan Principles of Corporate Governance);韩国、澳大利亚和俄罗斯等十几个国家也正准备出台各自的公司治理原则(李维安,2000)。

2000年,国务院发展研究中心、经济合作与发展组织(Organization for Economic Co-operation and Development,OECD)和亚洲开发银行(Asian Development Bank,ADB)合作召开了中国国有企业公司治理国际专家会。会议指出,虽然OECD的公司治理规则具有一定的普遍意义,但是和中国的经济现实有着不小的差距。因此,在吸收和借鉴国外发达国家公司治理理论与实践的基础上,结合中国企业的特性,及时制定出对公司治理实务具有重大指导作用的《中国公司治理原则》具有重大意义(李维安,2000)。仅仅把公司治理作为"三会"(股东大会、董事会、监事会)的治理结构来实践,有可能会出现现代企业制度改革中的新的"空洞化"结局,甚至有可能阻滞国企改革的步伐。同时,伴随改革的实践,在公司治理研究上,经济学者们正在提出或探索基于"委托代理关系"或"剩余索取权配置"的公司治理理论,法学学者们则在研究与探讨具有稳定性和强制性的公司法的完善与修改。但企业改革实践最需要的公司治理实务仍是一个空白。所以,如何防止出现现代企业制度改革中新的治理结构"空洞化",重视和完善公司治理实务,已经成为目前公司治理研究与实践的关键问题(李维安,2001)。

公司治理问题产生于所有权和经营权的分离,由于利益追求不同和公司规模的扩大,总体上,股东对公司的控制越来越弱,少数股东的利益得不到保证。因此,如何维护投资者的正当权益,保护以股东为主体的各利害相关者的利益成为公司治理的主要问题。公司治理原则就是通过一系列规则来谋求建立一套具体的公司治理运作机制,维护投资者和其他利害相关者的利益,促进公司健康发展。要实现有效的公司治理,必须全面保证股东、债权人、职工、社区等多元主体的利益。任何利益层失去制衡都将危及和损害其他利害相关者(李维安,2001)。

一套良好的公司治理结构和治理机制与提高经济效率直接相关。股东大会、董事会、监事

会、经理层之间权利、责任与制衡对于公司的稳定和成长极为重要。它不仅有助于公司权力制衡和科学决策，同时也可以形成良好的激励与监督机制。在公司治理中，公司治理结构的合理安排尤为重要。股东大会、董事会、监事会、经理层的权利与责任必须明确。股东大会有选任董事会成员、监事会成员及审计的责任；董事会负责确保公司治理的规则被遵守，向股东大会提出说明报告；监事会负责公司的监督、检查等职责；经理层具体组织实施公司的各种决议和政策，定期进行信息披露，以维系受托责任（李维安，2001）。

在公司治理机制上，随着资本市场的发展，投资形式和规模都发生了巨大变化，公司治理原则在信息披露方面提出了一些要求，并对信息披露的政策进行了必要的规范，这就非常有利于信息使用者进行公司价值判断和投资决策。此外需要说明的是，公司治理机制在一定程度上源于制度，并通过制度加以保证，公司的任何关于相互监督、相互制约的规则和制度都可以形成治理机制。由公司治理原则本身的性质所决定，公司治理原则是一种规范，虽然不具备强制性，但对各类型的公司均具有指导意义。公司治理原则并不谋求替代或否定有关的法律法规，而是与有关法律法规相辅相成，共同为建立有效的公司治理模式发挥作用。各公司可参照执行《中国公司治理原则》，也可根据公司特点，以此为基础制定自己的公司治理原则。鉴于公司治理原则的上述性质，其修改程序较为简便，能随时将公司运作机制的创新方式融入其中，具有充分的灵活性（李维安，2001）。

南开大学公司治理研究中心于2001年研究并制定了《中国公司治理原则（草案）》，被中国证监会的《上市公司治理准则》及太平洋经济合作理事会（PECC）的《东亚地区治理原则》吸收借鉴，并将研究成果应用于企业及地区公司治理实践，促进了我国公司治理水平的提升。2002年研发出包括6个一级指标、19个二级指标和80个三级指标在内的评价体系，并从2003年开始连续推出中国上市公司治理指数和《中国公司治理评价报告》，其前瞻性研究得到了政府决策部门和业界的广泛认可。

2018年8月11日，南开大学中国公司治理研究院在现行《上市公司治理准则》的基础上，对股东、董事会、监事会、绩效评估、利益相关者和信息披露等多个章节进行修改，同时新增涉及党建工作、绿色治理、机构投资者、敌意收购、董事多元化、交叉上市等内容的准则条款，共建议修改条款21条，增加条款49条，总计70条，有助于实现中国公司治理从"零敲碎打"到"通盘考虑"，从"临时喊话"到"依规问责"，从"引领中国"到"对接世界"，实现治理准则与国内外法律接轨，推动我国公司治理进入"规则引领"的新阶段。

（二）构建并推出中国上市公司治理评价指标体系

中国上市公司治理评价指标体系先后以调查问卷和公开信息收集的方法，分别从股东治理、董事会治理、监事会治理、经理层治理、信息披露和利益相关者治理6个维度对公司治理状况进行评价与分析。公布的公开信息来自公司网站、巨潮资讯网、中国证监会、上海证券交易所网站、深圳证券交易所网站、北京证券交易所网站、色诺芬（CCER）数据库、国泰安（CSMAR）数据库和万得（Wind）数据库。

2003年4月27日，南开大学中国公司治理研究院在多年理论研究的基础上，正式推出了国内第一个作为上市公司治理状况"晴雨表"的中国上市公司治理指数。指标体系刚刚推出，就引起了《经济日报》、香港《大公报》、中央电视台等50余家媒体的广泛关注与报道。围绕公司治理评价指标体系，在以"公司治理改革与管理创新"为主题的第二届公司治理国际研讨会上征求国内外专家意见。同行专家也给予了较高的评价，一致认为南开治理指数的推出不仅填补了我国公司治理状况评价研究领域的空白，也意味着中国公司治理评价研究领域已全面与国际接轨。

中国上市公司治理指数以指数的形式，通过对公司治理影响因素的科学量化，全面、系统、连续地反映上市公司治理状况。中国上市公司治理指数在借鉴了国外一流公司治理评价指标体系，充分考虑了中国公司治理特殊环境的基础上，从股东治理、董事会治理、监事会治理、经理层治理、信息披露和利益相关者治理6个维度，构建了包括6个一级指标、19个二级指标、80个三级指标的评价体系。指标体系设计与国外的评价体系相比，在上市公司独立性、股东权益保护、监事会以及利益相关者参与治理等方面更具中国特色、更有针对性。中国上市公司治理指数作为上市公司治理水平的显示信号，有利于上市公司进行自我评价，不断地发现问题，完善公司治理机制；有利于投资者选择投资对象，优化资本市场配置资源的有效性；有利于监管部门强化对上市公司治理的监管工作。

中国上市公司治理评价指标体系由南开大学中国公司治理研究院与中国证监会、上海证券交易所和深圳证券交易所，以及有关金融机构、上市公司等管理和实践部门的合作与研究形成。南开大学中国公司治理研究院长期致力于中国公司治理理论与实践的推动，其依托南开大学的整体学科优势，获得南开大学"211工程"和"教育振兴规划"的有力支持，在2004年正式成为教育部人文社科百所重点研究基地，努力成为中国公司治理的思想库和信息库。Science系列报道曾指出：南开大学中国公司治理研究院在借鉴经典的公司治理理论框架的基础上，紧紧依托中国改革发展现实背景，探索构建中国公司治理转型的理论体系；积极借鉴吸收国际先进的研究范式，开展大样本的实证研究与评价以及公司治理实验研究，推动了中国公司治理学科的建立和发展，以及公司治理转型的实践。

中国公司治理评价对于学术研究的贡献性或创新性，体现在数据上的贡献、问题上的贡献以及方法上的贡献三个方面。其中，数据上的贡献表现在两个方面：一是通过努力搜寻数据、及时利用最新的数据库或公告信息，获取相应的数据，对于过去无法或没有进行检验的某一实证问题进行了有效的分析；二是在前面研究的基础上，后来者利用更新（"新"主要是指前面的研究者未使用的数据）、更广的数据进行了更为深入的分析（李维安，2005）。

（三）发布公司治理指数与公司治理评价报告

由南开大学中国公司治理研究院研发，在国内最早发布并被誉为上市公司治理状况"晴雨表"的中国上市公司治理指数，从2003年起已连续发布了20年，先后累计对46982家次样本公司开展了治理评价。该指数在国内外产生广泛影响，得到了国务院国资委、中国证监会和原中国银保监会等相关部门的充分肯定，并被学术界和实务界广泛应用。经过多年的发展，公司治理改革历经结构建立、机制完善、有效性提升等阶段，取得了重要进展，并已经渗透到管理的重要职能环节，如营销治理、供应链治理、财务治理等。伴随着现代企业制度的建立，公司治理理念日益深入，公司治理实践探索推动了中国企业和经济的健康发展。

《2003中国公司治理评价报告》由南开大学中国公司治理研究院公司治理评价课题组，于2004年2月22日在北京人民大会堂公开发布，该年度指数报告对931家中国上市公司进行了深入的分析。发布后，社会各界给予了高度评价。这是中国企业实施现代企业制度以来，第一份对中国上市公司治理的状况进行全面系统评价的报告。

《2004中国公司治理评价报告》由南开大学中国公司治理研究院公司治理评价课题组，于2005年11月8日至9日在南开大学召开的第三届公司治理国际研讨会上公布。中国公司治理研究院公司治理评价课题组利用中国上市公司治理状况的调查数据，运行中国上市公司治理指数模型，对1149家中国上市公司总体治理状况进行了评价与分析。

《2005中国公司治理评价报告》和《2006中国公司治理评价报告》由南开大学中国公司治理研究院公司治理评价课题组，于2007年4月28日在北京人民大会堂召开，社会各界给予了高度评价。这两个年度指数报告的样本分别为1282家和1249家上市公司。

《2007中国公司治理评价报告》由南开大学中国公司治理研究院公司治理评价课题组，于2007年11月3日召开的第四届公司治理国际研讨会上发布。该报告对1162家中国上市公司治理状况进行了全面而深入的分析，表明中国上市公司整体治理水平呈现逐年提高的趋势。

《2008中国公司治理评价报告》由南开大学中国公司治理研究院公司治理评价课题组，于2008年10月26日在北京人民大会堂举行的2008中国公司治理评价报告发布与研讨会上发布，该年度指数报告包含了1127家上市公司样本。此次会议以"华尔街金融危机背景下公司治理风险的强化"为背景，在会上同时发布了中国上市公司治理100佳、中国上市公司治理状况区域排名、中国上市公司治理10佳、中国上市公司董事会治理10佳，并为获奖上市公司颁奖，以更好地服务于提高上市公司治理水平的目标。

《2009中国公司治理评价报告》由南开大学中国公司治理研究院公司治理评价课题组，于2009年9月5日主办的第五届公司治理国际研讨会上发布，该年度指数报告包含了1234家上市公司样本，分析了中国公司治理的最新发展趋势。

《2010中国公司治理评价报告》由南开大学中国公司治理研究院公司治理评价课题组，于2010年10月30日在北京人民大会堂举行的2010中国上市公司治理指数发布研讨会上发布。该年度指数报告包含了1559家上市公司样本，指数显示，中国上市公司总体治理水平连续八年呈提高趋势，我国公司治理建设已经进入阳光下治理新阶段。此次发布会还对当前备受关注的中国上市金融机构及中小板上市公司的治理状况评价结果进行独立发布。

《2011中国公司治理评价报告》由南开大学中国公司治理研究院公司治理评价课题组，于2011年8月20日在东北财经大学召开的第六届公司治理国际研讨会上发布。该报告由南开大学中国公司治理研究院公司治理评价课题组推出，以中国1950家上市公司的公开数据为依据，指出2011年我国上市公司治理指数平均值为60.28，较2010年的59.09提高1.19，达到历史最高水平。

《2012中国公司治理评价报告》由南开大学中国公司治理研究院公司治理评价课题组，于2012年11月25日在北京人民大会堂举行的2012中国上市公司治理指数发布与研讨会上发布。该年度指数报告以2328家中国上市公司的公开数据为依据，表明中国公司治理围绕规则、合规和问责进行的公司治理结构、机制建设使得治理合规性明显改善。

《2013中国公司治理评价报告》由南开大学中国公司治理研究院公司治理评价课题组，于2013年9月7日主办的第七届公司治理国际研讨会上发布。该年度指数报告以2470家中国上市公司的公开数据为依据，结果表明2013年中国上市公司治理指数为60.76，达到历史最高水平。

《2014中国公司治理评价报告》由南开大学中国公司治理研究院公司治理评价课题组，于2014年11月23日在天津财经大学举行的2014中国上市公司治理指数发布与研讨会上发布。该年度指数报告样本为2467家上市公司，且存在两个引人注目的特点：2013年高治理水平的上市公司主要集中在沿海经济发达地区，2014年则出现了由沿海经济发达地区向内陆推进的趋势；经济落后地区，其公司治理指数也较低，且低于平均值。

《2015中国公司治理评价报告》由南开大学中国公司治理研究院公司治理评价课题组，于2015年9月5日在天津财经大学举办的第八届公司治理国际研讨会暨2015中国上市公司治理指数发布会上发布，该年度指数报告样本为2590家上市公司。这次会议以"网络治理、混合所有制改革与治理能力现代化"为主题，300余位海内外专家学者就治理改革深化、互联网背景下公司治理变革，以及如何推进治理能力现代化进行了探讨。

《2016中国公司治理评价报告》由南开大学中国公司治理研究院公司治理评价课题组，于2016年10月22日举行的2016中国上市公司治理指数发布与研讨会上发布，该年度治理评价报告样本为2807家上市公司。200余位与会嘉宾围绕大会主题"公司治理改革深化与中国上市公司治理评价"进行了充分探讨。

《2017中国公司治理评价报告》由南开大学中国公司治理研究院公司治理评价课题组，于2017年7月22日至23日举行的第九届公司治理国际研讨会上发布，该年度指数报告样本为3031家上市公司。

《2018中国公司治理评价报告》由南开大学中国公司治理研究院公司治理评价课题组，于2018年9月16日在山东大学召开的2018绿色治理与中国上市公司治理评价研讨会上发布，该年度指数报告样本为3464家上市公司。会上同时还发布了首份中国上市公司绿色治理指数（CGGI）。

《2019中国公司治理评价报告》由南开大学中国公司治理研究院公司治理评价课题组，于2019年7月20日至21日举行的第十届公司治理国际研讨会上发布，该年度指数报告样本为3562家上市公司。治理评价结果显示，中国上市公司治理水平在2003—2019年总体上不断提高，在经历了2009年的回调、金融危机之后，出现逐年上升态势，并在2019年达到新高63.19，但较去年改善幅度有所放缓。会上同时发布了2019中国上市公司绿色治理指数（CGGI）。

《2020中国公司治理评价报告》由南开大学中国公司治理研究院公司治理评价课题组，于2020年12月5日在对外经济贸易大学召开的2020公司治理高端论坛与中国上市公司治理评价研讨会上发布。该年度指数报告样本为3753家上市公司，并针对我国上市公司的整体治理和绿色治理分别提出了具体建议。会上同时发布了2020中国上市公司绿色治理指数（CGGI）。

《2021中国公司治理评价报告》由南开大学中国公司治理研究院公司治理评价课题组，于2021年9月25日至26日举行的第十一届公司治理国际研讨会上发布，该年度指数报告样本为4134家上市公司。这次国际研讨会由中国上市公司协会作为指导单位，南开大学中国公司治理研究院、南开大学商学院主办。会上同时发布了2021中国上市公司绿色治理指数（CGGI）。

《2022中国公司治理评价报告》由南开大学中国公司治理研究院公司治理评价课题组，于2022年12月4日举行的2022中国上市公司治理指数发布暨学术研讨会上发布，该年度指数报告样本为4679家上市公司。指数报告显示，2022年上市公司治理指数平均值为64.40，较去年提高了0.35。会上同时发布了2022中国上市公司绿色治理指数（CGGI）。

2003—2022年中国公司治理评价报告发布情况见表2-1。

表 2-1 2003—2022 年中国公司治理评价报告发布情况

编号	报告名称	发布时间	发布地点	评价样本数量
1	《2003 中国公司治理评价报告》	2004 年 2 月 22 日	人民大会堂	931 家上市公司
2	《2004 中国公司治理评价报告》	2005 年 11 月 8 日至 9 日	南开大学	1149 家上市公司
3	《2005 中国公司治理评价报告》	2007 年 4 月 28 日	人民大会堂	1282 家上市公司
4	《2006 中国公司治理评价报告》	2007 年 4 月 28 日	人民大会堂	1249 家上市公司
5	《2007 中国公司治理评价报告》	2007 年 11 月 3 日	南开大学	1162 家上市公司
6	《2008 中国公司治理评价报告》	2008 年 10 月 26 日	人民大会堂	1127 家上市公司
7	《2009 中国公司治理评价报告》	2009 年 9 月 5 日	南开大学	1234 家上市公司
8	《2010 中国公司治理评价报告》	2010 年 10 月 30 日	人民大会堂	1559 家上市公司
9	《2011 中国公司治理评价报告》	2011 年 8 月 20 日	东北财经大学	1950 家上市公司
10	《2012 中国公司治理评价报告》	2012 年 11 月 25 日	人民大会堂	2328 家上市公司
11	《2013 中国公司治理评价报告》	2013 年 9 月 7 日	南开大学	2470 家上市公司
12	《2014 中国公司治理评价报告》	2014 年 11 月 23 日	天津财经大学	2467 家上市公司
13	《2015 中国公司治理评价报告》	2015 年 9 月 5 日	天津财经大学	2590 家上市公司
14	《2016 中国公司治理评价报告》	2016 年 10 月 22 日	南开大学	2807 家上市公司
15	《2017 中国公司治理评价报告》	2017 年 7 月 22 日至 23 日	南开大学	3031 家上市公司
16	《2018 中国公司治理评价报告》《2018 中国上市公司绿色治理评价报告》	2018 年 9 月 16 日	山东大学	3464 家上市公司；712 家上市公司

(续)

编号	报告名称	发布时间	发布地点	评价样本数量
17	《2019中国公司治理评价报告》《2019中国上市公司绿色治理评价报告》	2019年7月20日至21日	南开大学	3562家上市公司；888家上市公司
18	《2020中国公司治理评价报告》《2020中国上市公司绿色治理评价报告》	2020年12月5日	对外经济贸易大学	3753家上市公司；987家上市公司
19	《2021中国公司治理评价报告》《2021中国上市公司绿色治理评价报告》	2021年9月25日至26日	南开大学	4134家上市公司；1112家上市公司
20	《2022中国公司治理评价报告》《2022中国上市公司绿色治理评价报告》	2022年12月4日	南开大学	4679家上市公司；1366家上市公司

资料来源：作者整理。

（四）中国上市公司治理指数应用

中国上市公司治理指数在国内外产生广泛影响，得到国务院国资委、原中国银保监会、中国证监会、中国上市公司协会等相关部门的充分肯定，并被学术界和实务界广泛应用。

在实践中，基于中国公司治理评价指数开发的央视50指数（指数代码：399550）、央视治理领先指数（指数代码：399554）、公司治理研究院绿色治理指数（指数代码：980058）先后于2012年6月6日、2013年6月6日、2020年9月28日在深圳证券交易所挂牌上市或上线，验证了"搞好公司治理能够带来什么"这一大家普遍关心的问题，为投资者价值投资发挥引领作用。该指数也被应用于粤港澳大湾区、福建省泉州市等区域公司治理评价，实现从科研成果向实践应用的转化。

在学术上，公司治理评价指数的持续编制为公司治理的研究提供了平台，在国家自然科学基金重点项目和国家社科重大招标项目等支持下，带动国内众多高校和机构陆续研究开发出多个公司治理相关指数，形成了公司治理指数家族。基于该指数，中国公司治理研究院相继出版了《中国上市公司治理评价研究报告》系列、《中国上市公司绿色治理评价研究报告》系列和《国有控股上市公司发展报告》系列等，产生了较大的社会影响，详见表2-2。

表2-2 中国上市公司治理指数的应用

作者	著作名称	出版社	出版时间
李维安等	2003中国上市公司治理评价研究报告	商务印书馆	2007年4月

(续)

作者	著作名称	出版社	出版时间
李维安等	2004 中国上市公司治理评价研究报告	商务印书馆	2007 年 7 月
李维安等	2005 中国上市公司治理评价研究报告	商务印书馆	2012 年 12 月
李维安等	2006 中国上市公司治理评价研究报告	商务印书馆	2012 年 9 月
李维安等	2007 中国上市公司治理评价研究报告	商务印书馆	2014 年 3 月
李维安等	2008 中国上市公司治理评价研究报告	商务印书馆	2011 年 6 月
李维安等	2009 中国上市公司治理评价研究报告	商务印书馆	2019 年 4 月
李维安等	2010 中国上市公司治理评价研究报告	商务印书馆	2019 年 4 月
李维安等	2011 中国上市公司治理评价研究报告	商务印书馆	2019 年 4 月
李维安等	2012 中国上市公司治理评价研究报告	商务印书馆	2018 年 6 月
李维安等	2013 中国上市公司治理评价研究报告	商务印书馆	2018 年 6 月
李维安等	2014 中国上市公司治理评价研究报告	商务印书馆	2017 年 8 月
李维安等	2015 中国上市公司治理评价研究报告	商务印书馆	2016 年 8 月
李维安等	2016 中国上市公司治理评价研究报告	商务印书馆	2021 年 9 月
李维安等	2017 中国上市公司治理评价研究报告	商务印书馆	2021 年 10 月
李维安等	2018 中国上市公司治理评价研究报告	商务印书馆	2021 年 10 月
李维安等	2019 中国上市公司治理评价研究报告	商务印书馆	2022 年 12 月
李维安等	2020 中国上市公司治理评价研究报告	商务印书馆	2022 年 12 月
李维安等	2021 中国上市公司治理评价研究报告	商务印书馆	2022 年 12 月
李维安等	公司治理评价与指数研究	高等教育出版社	2005 年 8 月
李维安等	中国公司治理与发展报告 2012	北京大学出版社	2012 年 11 月
李维安等	中国公司治理与发展报告 2013	北京大学出版社	2014 年 10 月
李维安等	中国公司治理与发展报告 2014	北京大学出版社	2016 年 4 月
李维安等	中国公司治理与发展报告 2015	北京大学出版社	2020 年 12 月
李维安、郝臣等	国有控股金融机构治理研究	科学出版社	2018 年 3 月
李维安、郝臣等	国有控股上市公司发展报告	经济管理出版社	2022 年 5 月
李维安等	中国上市公司绿色治理评价研究报告（2020—2021）	经济科学出版社	2022 年 11 月

资料来源：作者整理。

第三节 中国上市公司治理评价指标体系

一、中国上市公司治理评价指标体系总体说明

中国转轨时期经济的复杂性决定了上市公司控股股东行为的复杂性，控股股东的目标选择不再局限于对上市公司控制收益与成本的比较，而更多的是考虑集团整体利益。对于中国上市公司控股股东行为外部性的分析，控制权的范围从上市子公司拓展到控股股东及其他关联公司甚至整个集团，体现为控股股东对集团资源的控制程度。

二、中国上市公司股东治理评价指标体系说明

（一）股东治理评价相关研究

上市公司与其控股股东之间存在着种种关联，控股股东对上市公司的行为往往超越了上市公司的法人边界。从保护中小股东利益的视角来看，我们可以从四个层次来反映控股股东行为与股东治理状况。

1. 股东的平等待遇

遵循"资本多数"的原则，控股股东往往能够对股东大会加以控制。控股股东通过制定股东大会程序、股东参与条件来提高中小股东参加股东大会的成本，限制了中小股东的参与程度，难以保障所有股东得到足够和及时的信息。通过衡量股东大会投票制度、股东的参与度，可以对控股股东是否存在影响股东大会的行为加以判断。

2. 引发控股股东行为负外部性的体制性诱因

在我国国有企业股份制改造过程中，上市公司与其控股股东之间往往存在着"资产混同"，模糊了上市公司的法人财产边界，为控股股东滥用上市公司资源、损害中小股东等其他利益相关者的利益创造了条件。上市公司相对于控股股东独立与否，可以反映出引发控股股东侵害小股东行为的体制性诱因程度。

3. 控股股东行为负外部性的制约机制

各国对中小股东权益的保护，主要是通过在股东大会上强化中小股东对股东大会召集、提议等的影响力，来限制控股股东的权利的。2002年中国证监会和国家经济贸易委员会（现为中华人民共和国商务部）联合颁布的《上市公司治理准则》在保护股东权益、平等对待所有股东方面，做出了一些原则性的规定，成为《公司法》的有益补充。保护中小股东的制度是否健全、是否得到有效的实施，可以衡量上市公司是否形成制约控股股东行为、降低负外部性的有效机制。

4. 控股股东行为负外部性的现实表现

上市公司的控股股东通过调动各子公司、关联公司的资源，可以实现集团整体利益的最大化。各公司间的有机协调、资源的互补，也可以发挥整个集团的"联合经济效应"，增强集团整体的竞争能力。但是，目前中国上市公司的控股股东存在着集团资源滥用的行为，体现在运营层面上具有较强的负外部性，损害了中小股东的利益。

(二) 中国上市公司股东治理评价指标体系设计思路

基于对股东行为特征的分析，我们构建了中国上市公司控股股东行为评价指标体系，主要包括三个方面：

1. 独立性

由于法律法规的推出、监管的强化，以及上市公司自主治理水平的提高，上市公司在人员、业务、财务、资产、机构等方面的独立性得到了加强，但这种独立性大都停留在表面层次，上市公司相对股东单位的独立性仍需加强。我们对以下几个方面进行评价。第一，通过上市公司董事是否在控股股东处兼职来反映人员独立性情况。第二，通过主营业务是否重叠交叉来度量同业竞争，判断业务独立性情况。第三，通过计算从最终控制人到上市公司的控制链条层级的长度，来判断现金流权与控制权分离程度。控制链条层级越长，最终控制人就越有可能通过金字塔式持股结构侵害中小股东利益。第四，通过观察控股股东是否将主业资产装入上市公司实现整体上市，来进一步判断上市公司在人员、财务、经营上的独立性。

2. 中小股东权益保护

本部分重点判断上市公司对中小股东保护相关法律、法规及原则的实施情况，是否根据法律法规建立了相应的实施细则，并是否通过实际行动有效维护中小股东的权益。通过上市公司是否建立了累积投票权制度、制定了相关实施细则，股东大会是否提供了网络投票渠道，来衡量中小股东能否以较低的成本参与公司重大决策；通过股东大会出席股份比例来衡量股东参与公司治理的积极性；通过募集资金是否变更、变更程序是否经股东大会批准、是否说明变更原因，来度量上市公司使用募集资金的规范性；大股东股权质押会造成现金流权和控制权的分离，增加了上市公司控制权变更和被"掏空"的概率，放大了上市公司的违规风险，设置通过大股东股权质押或冻结来衡量上市公司潜在的风险；通过公司章程是否对中小股东提名选举董事施加严格的持股比例和持股时间限制，是否设置董事轮换制（Staggered Board Election）来度量中小股东投票选举董事的权利；通过公司章程中现金分红政策是否清晰，是否制定了差异化的分红政策，实际分红是否与承诺一致，来度量现金分红政策的清晰性和一致性；通过现金股利派发的规模和连续性来度量上市公司是否为股东提供长期稳定的回报。

3. 关联交易

本部分通过控股股东是否无偿地占用上市公司资金，上市公司是否为控股股东及其他关联方提供贷款担保，控股股东与上市公司间关联交易的规模等三个指标反映控股股东滥用关联交易的情况。

中国上市公司控股股东评价指标体系见表2-3。

表2-3 中国上市公司控股股东评价指标体系

主因素层	子因素层	说明
独立性	高管独立性	考察董事在股东单位兼职比例，分析上市公司决策层和管理层相对于控股股东的独立性，其在处理股东利益冲突时能否保持平衡

(续)

主因素层	子因素层	说明
独立性	同业竞争	考察上市公司与控股股东公司在主营业务上是否存在重叠交叉
	控制层级	考察从最终控制人到上市公司的控制链条层级的长度，控制链条层级越长，导致现金流权与控制权分离，最终控制人就越有可能通过金字塔式持股结构侵害中小股东利益
	整体上市	考察上市公司控股股东是否实现了整体上市，可以起到避免同业竞争、理顺上市公司上下游产业关系、大量减少关联交易的积极效应
中小股东权益保护	股东大会参与积极性	考察股东参与公司治理的积极性，上市公司是否让尽可能多的股东参加大会，剔除了第一大股东持股比例
	股东大会投票制度	考察上市公司是否建立了累积投票权制度，制定了实施细则；是否提供了网络投票渠道
	中小股东投票选举董事权利	公司章程是否对中小股东提名选举董事施加严格的持股比例和持股时间限制，是否限制一次性更换所有董事
	募集资金使用情况	考察募集资金是否变更，变更程序是否经股东大会批准，是否说明原因
	大股东股权冻结和质押	设置通过大股东股权质押或股权被冻结来衡量上市公司潜在的违规和掏空风险
	现金分红政策的清晰性	考察公司章程中现金分红政策是否清晰，是否制定了差异化的分红政策；实际分红是否与承诺一致
	现金股利分配规模和连续性	考察上市公司通过现金股利给予投资者回报的规模及长期连续性
关联交易	关联方资金占用	考察关联方是否通过占用上市公司货币资金、欠付上市公司应收货款等手段损害中小股东利益
	关联担保	考察上市公司是否为大股东或其附属企业解决债务融资问题，以上市公司的名义为其贷款提供担保
	经营类和资产类关联交易	考察上市公司及控股股东是否通过日常经营类、股权类和资产类关联交易进行利润操作，获取控制权收益

资料来源：历年《中国公司治理评价报告》。

三、中国上市公司董事会治理评价指标体系说明

董事会是公司治理的核心。作为股东和经理之间的连接纽带，董事会既是股东的代理人，又是经理人员的委托人和监督者，在公司的战略发展、重大决策方面发挥着至关重要的作用，是完善治理结构、优化治理机制的关键环节。董事会治理水平直接决定着公司潜在的治理风险和长远发展。国内外相继爆发的安然、世通、德隆、创维等公司治理丑闻也验证了这一点。因此，董事会一方面要积极领导公司为投资者创造更多的财富，在资本市场上争取到充足的资本，服务好投资者。另一方面还要关注消费者的利益和需求，在产品市场上获取消费者的支持和信任，服务好消费者，从而实现公司的持续发展。对上市公司的董事会治理进行评价，无疑会推动中国上市公司董事会治理的改善与优化，从而为董事会建设提供系统性的制度保障。

（一）董事会治理评价相关研究

董事会治理评价研究的开展可以从董事会履职基础层面，延伸至董事会结构完善及机制优化层面，最终体现在董事会在公司行为和治理风险防范中发挥的重要作用。

1. **董事会职能边界及权利配属研究**

在现代公司的双重委托代理问题下，董事会是否能够抑制管理层对股东利益偏离的机会主义行为，是否能够克制控股股东的利益攫取行为从而实现全部股东的财富最大化，在一定程度上取决于董事会职能边界及权利配属等基本理论问题的明晰化。在实践层面，董事会的薪酬制定权利、提名权利、针对董事会议案的异议权利等在很多情况下也被"剥夺"，造成董事职能的虚化问题。董事会的履职基础需进一步夯实。

2. **董事会结构建设向董事会机制优化的转型研究**

董事会结构建设是董事会治理提升的基础，但仅具有完善的董事会治理结构还远不能实现董事会的高效运作，结构建设向机制优化的转型是提升现阶段我国上市公司董事会治理质量的关键环节。从关注董事会规模、董事会会议次数、董事会专业委员会设立情况、董事的专业背景等角度，转向董事会议案决议、独立董事意见内容、董事会会议质量、董事团队氛围、董事会专业委员会履职状况等方面，是现有研究面临的较大挑战。

3. **董事会治理与公司行为研究**

科学决策是董事会治理的重要目标。董事会在对公司行为的影响中扮演了重要的角色。完善的董事会治理结构、高效的董事会治理机制推动了公司科学的投融资决策和生产经营决策，并保证了公司财务质量的高水平。

4. **嵌入治理风险的董事会治理研究**

董事会作为公司治理的核心，其关键职责在于防范各种可能的治理风险。董事会应以治理风险防范为导向，建立适当的风险控制结构和机制，有效识别和控制公司运营中面临的各种治理风险，防止治理风险的累积和爆发。探讨治理风险导向的董事会治理机制和风险防控机制，搭建嵌入治理风险的董事会治理分析框架对于董事会治理研究具有重要的意义。

（二）中国上市公司董事会治理评价指标体系设计思路

在已有评价指标体系和有关评价研究成果的基础上，结合我国上市公司董事会治理现状，

以董事诚信、勤勉义务为核心,董事会治理评价指标体系从董事权利与义务、董事会运作效率、董事会组织结构、董事薪酬、独立董事制度五个维度,构筑了一套董事会治理评价指标体系,并以此为标准对上市公司董事会治理状况进行评价分析。

1. 董事权利与义务

董事在公司的权利结构中具有特定的法律地位,同时还需承担特定的法律责任和义务。董事的来源、履职状况等会对董事权利与义务的履行状况产生重要影响,从而在一定程度上决定了董事会治理水平。对董事权利与义务状况进行的评价有助于提升董事会治理质量。

董事权利与义务主要考察董事的来源、履职的诚信勤勉情况等。董事权利与义务的评价指标主要包括:董事权利与义务状态、董事损害赔偿责任制度、股东董事比例、董事年龄构成、董事专业背景、董事在外单位的任职情况等。

2. 董事会运作效率

董事会作为公司的核心决策机构,承担着制定公司战略并对经理层实施有效监督的责任。董事会运作效率直接决定着董事会职责的履行状况以及公司目标的实现程度。高效率的董事会运作有助于董事会更好地履行职责,制定更科学的公司发展规划,更有效率地监督管理人员,从而提升公司的持续价值创造能力。

董事会运作效率主要考察董事会运作状况,以反映董事会功能与作用的实现状态。董事会运作效率的评价指标主要包括:董事会规模、董事长与总经理的两权分离状态、董事与高管的职位重合情况、董事会成员的性别构成、董事会会议情况等。

3. 董事会组织结构

董事会组织结构界定了董事会内部分工与协作的方式、途径等。董事会专业委员会的设立情况会影响到董事会的运作。只有董事会内部权责分明、组织健全,才能保证董事会职责的履行。合理的董事会组织结构是董事会高效运转的前提。

董事会组织结构主要考察董事会专业委员会运行状况。董事会组织结构的评价指标主要包括:董事会战略委员会、审计委员会、薪酬与考核委员会、提名委员会、其他专业委员会的设置情况等。

4. 董事薪酬

公司的董事承担着制定公司战略决策和监督管理人员的责任,并且要履行勤勉义务和诚信义务。在赋予董事责任和义务的同时,给予董事合适的薪酬至关重要。具有激励效果的薪酬组合能够促使董事提高自身的努力程度,提高董事履职的积极性,促使董事与股东利益的趋同,并最终提升公司的核心竞争力。

董事薪酬主要考察董事激励约束状况,包括短期激励和长期激励。董事薪酬的评价指标主要包括:董事薪酬水平、董事薪酬形式、董事绩效评价标准的建立情况。

5. 独立董事制度

独立董事制度为上市公司的董事会引入了具有客观立场的独立董事。这些独立董事独立于上市公司,与上市公司之间没有利益关联,在一定程度上能够客观地发表见解,从而保护公司投资者的利益。在中国"一股独大"的股权结构下,需要建立独立董事制度来保证董事会的独立性以及决策的科学性。

独立董事制度主要考察公司董事会的独立性及独立董事的职能发挥状况。独立董事制度的评价指标主要包括:独立董事比例、独立董事的专业背景、独立董事兼任情况、独立董事履职情况、独立董事激励等。

中国上市公司董事会治理评价指标体系见表2-4。

表2-4 中国上市公司董事会治理评价指标体系

主因素层	子因素层	说明
董事权利与义务	董事权利与义务状态	评价董事权利与义务的清晰界定程度
	董事损害赔偿责任制度	考核董事的责任履行情况
	股东董事比例	考核具有股东背景的董事比例
	董事年龄构成	考核董事年龄情况，尤其是大龄董事
	董事专业背景	考核董事的专业背景
	董事在外单位的任职情况	考核董事义务履行的时间保障
董事会运作效率	董事会规模	考核董事会人数情况
	董事长与总经理的两权分离状态	考核董事长与总经理的兼任情况
	董事与高管的职位重合情况	考核董事与高管的兼任情况
	董事会成员的性别构成	考核董事会中女性董事的比例情况
	董事会会议情况	考核董事会会议及工作效率
董事会组织结构	战略委员会的设置情况	考核战略委员会的设置
	审计委员会的设置情况	考核审计委员会的设置
	薪酬与考核委员会的设置情况	评价薪酬与考核委员会的设置
	提名委员会的设置情况	考核提名委员会的设置
	其他专业委员会的设置情况	考核其他专业委员会的设置
董事薪酬	董事薪酬水平	衡量董事薪酬水平以及薪酬结构的激励约束状况
	董事薪酬形式	
	董事绩效评价标准的建立情况	衡量董事的绩效标准设立
独立董事制度	独立董事的专业背景	考核独立董事的专业背景
	独立董事兼任情况	考核独立董事在外单位的任职情况
	独立董事比例	考核董事会独立性
	独立董事激励	考核独立董事激励约束状况
	独立董事履职情况	考核独立董事参加会议情况

资料来源：历年《中国公司治理评价报告》。

四、中国上市公司监事会治理评价指标体系说明

监事会是上市公司的专设监督机关，完善监事会的监督机制是提高公司治理质量、降低治

理风险的关键。从各国公司立法看，尽管对监事会这一履行监督职责的机构称谓不同，有的称之为监察人，也有的称之为监察役等，但在本质和功能上并无大的差别。我国《公司法》规定，监事会是由股东会选举产生的，履行监督公司业务执行状况以及检查公司财务状况的权力机关。监事会主要职权包括：①检查公司财务；②对董事、高级管理人员执行公司职务的行为进行监督，对违反法律、行政法规、公司章程或者股东会决议的董事、高级管理人员提出罢免的建议；③当董事、高级管理人员的行为损害公司的利益时，要求董事、高级管理人员予以纠正；④提议召开临时股东会会议，在董事会不履行本法规定的召集和主持股东会会议职责时召集和主持股东会会议；⑤向股东会会议提出提案；⑥依照本法第一百五十一条的规定，对董事、高级管理人员提起诉讼；⑦公司章程规定的其他职权。监事会作为公司内部专门行使监督权的常设监督机构，是公司内部治理结构与机制的一个重要组成部分。监事会监督权的合理安排及有效行使，是防止董事和高管独断专行、保护股东投资权益和公司债权人权益的重要措施。但目前我国上市公司的现状是监事会功能不彰、效力不显、监事不独立，未能发挥应有的监督作用，致使监事会在现实中成为花瓶。因此，有必要对上市公司的监事会治理状况进行评价，使我国监事会逐步健全与完善。

（一）监事会治理评价相关研究

对于监事会治理评价问题的研究，目前国内外基本上处于空白阶段，造成这种现状的原因是多方面的。

第一，以英美为代表的公司治理模式中没有监事会。在以处于国际主流地位的英、美为代表的"一元模式"的公司治理结构中，没有设置监事会，但这并不意味着没有监督机制，其监控主要是通过董事会中下设相关委员会和其中的外部独立董事以及外部市场来实现的。这是与英、美国家公众持股公司的股东人数众多、股权高度分散的现状相适应的，由于不可能由各个股东分别或共同监督，大量股东使得代理成本成为一个严重的问题，而且由于"搭便车"问题的存在，单个股东进行监督的动力不足。因此借助"外脑"力量，即引入外部独立董事，对于克服内部利益掣肘不失为明智的选择。同时，英、美两个国家的经理人市场也比较发达，能够对经营者实施较强的外部监督。因此，尽管国际上一些知名治理评价公司，如标准普尔、戴米诺、里昂证券等都已推出了自身的公司治理评价体系，但其中均未单独涉及监事会评价问题。

第二，我国上市公司治理模式的现实状况。从公司治理结构的角度看，我国公司治理模式更接近于大陆法系的"二元模式"，即在股东大会之下设立与董事会相独立的监事会。在国际上，以"二元模式"为典型代表的德、日等国的监事会，与两国证券市场不是很发达、管理层在企业中居于支配性地位的公司治理状况相适应。德国实行董事会和监事会分设的双层制，其中监事会具有较强的监督职能。德国《股份法》规定，公司必须有双层制的董事会结构，即管理委员会和监事会。前者负责公司的日常事务，由担任公司实际职务的经理人员组成；后者是公司的控制主体，负责任命管理委员会的成员，审批公司的重大决策，并监督其行为，但不履行具体的管理职能。日本的监事会制度既不同于美、英的单层制，也与德国的双层制有些许不同。在日本，董事会与监事会是并列的机构，二者均由股东大会选举产生，后者对前者进行监督。这些与我国监事会在性质和职权上有着诸多差异，使得来自"二元模式"国家的监事会评价的参考价值也极为有限。

第三，监事会治理评价没有得到足够重视。国内一些证券机构（如海通证券、大鹏证券）在进行中国上市公司治理评价体系研究过程中，主要集中在股东大会治理评价研究（反映在股权结构、股权集中度和股东大会召开情况等方面）、董事会治理评价研究（反映在董事会规模、董事会运作和董事的激励约束等方面），以及信息披露状况方面的评价研究（反映在信息披露的完整性、准确性和有效性等方面），对监事会的评价几乎没有涉及。

对监事会运行状况评价研究的欠缺，使我们难以判断作为上市公司治理架构三会之一的监事会在公司治理中是否发挥了应有的作用，其治理状况的改进与完善对于提高上市公司治理水平是否发挥着重要的作用，是否如有些专家认为的那样，在嫁接了国外的独立董事制度后，监事会已不再重要甚至是多余的。源于此，考虑到监事会在我国公司治理结构中的特殊地位，充分借鉴国际上不同公司治理模式中的内部监督经验，结合中国上市公司自身环境条件及改革进程，设计出一套能够客观评价上市公司监事会治理状况的指标体系具有重要的理论与现实意义。

（二）中国上市公司监事会治理评价指标体系的设计思路

在我国上市公司中，监事会作为公司内部的专职监督机构，以出资人代表的身份行使监督权力，对股东大会负责。公司监事会的性质决定了它不得进行公司业务活动，对外也不代表公司开展业务。例如：德国《股份法》规定，监事会成员不得"同时隶属于董事会和监事会"；我国《公司法》规定，董事、高级管理人员不得兼任监事，也是为了实现公司权责明确、管理科学、激励和约束相结合的内部管理体制。这种规定是为了保证监事会行使监督权的专一目标。监事会的基本职能是以董事会和总经理为主要监督对象，监督公司的一切经营活动和财务状况。在监督过程中，随时要求董事会和经理人员纠正违反公司章程的越权行为。对监事会治理的评价，我们以"有效监督"为目标，遵循科学性、可行性和全面性的原则，从监事会运行状况、监事会规模结构，以及监事胜任能力三个方面，设计了导入独立董事制度补充后的包括11个指标在内的中国上市公司监事会治理评价指标体系。

1. 运行状况

监事会是否真正发挥作用以及发挥作用的程度是我们关注的焦点，即监事会是否召开过监事会会议，召开过多少次，其次数高于、等于还是低于我国《公司法》所规定的召开次数。据此，我们设计了监事会会议次数来衡量监事会运行状况。

2. 规模结构

良好的监事会规模结构是监事会有效运行的前提条件。为了保证监事会行使监督权的有效性，首先监事会在规模上应该是有效的，其次监事会在成员的构成上也应该有效。为此，我们设计了监事会人数和职工监事设置情况来反映监事会规模结构状况。

3. 胜任能力

有了结构与机制后，没有具体的要素，整个监事会系统也无法正常运转。监事胜任能力包括监事会主席胜任能力和其他监事胜任能力两个方面。由于上市公司是一个占有庞大经济资源的复杂利益集团，因此监事应具有法律、财务、会计等方面的专业知识或工作经验，具有与股东、职工和其他利益相关者进行广泛交流的能力。监事的学历和年龄等对其相应工作的胜任能力也具有重要的影响。监事持股有利于调动其履职的积极性。依据上述思路，我们设置了监事会主席职业背景、监事会主席学历、监事会主席年龄、监事会主席持股状况来评价监事会主席胜任能力，设置了其他监事职业背景、其他监事年龄、其他监事学历以及其他监事持股状况指标来评价其他监事胜任能力。

中国上市公司监事会治理评价指标体系见表2-5。

表2-5 中国上市公司监事会治理评价指标体系

主因素层	子因素层	说明
运行状况	监事会会议次数	考核监事会履行工作职能的基本状况
规模结构	监事会人数	考核监事会履行监督职能的人员基础
	职工监事设置情况	考核监事会代表职工行使监督权力的情况
胜任能力	监事会主席职业背景	考核监事会主席职业背景对其胜任能力的影响
	监事会主席学历	考核监事会主席学历对其胜任能力的影响
	监事会主席年龄	考核监事会主席年龄对其胜任能力的影响
	监事会主席持股状况	考核监事会主席持股状况对其胜任能力的影响
	其他监事职业背景	考核监事职业背景对其胜任能力的影响
	其他监事学历	考核监事学历对其胜任能力的影响
	其他监事年龄	考核监事年龄对其胜任能力的影响
	其他监事持股状况	考核监事持股状况对其胜任能力的影响

资料来源：历年《中国公司治理评价报告》。

五、中国上市公司经理层治理评价指标体系说明

经理层治理是从客体视角对上市公司治理状况进行评价。本部分从经理层的任免制度、执行保障以及激励约束机制三个方面，从不同行业、第一大股东的性质等视角对中国上市公司经理层的治理状况进行评价。

（一）经理层治理评价相关研究

国际上大多数公司治理评价系统都将经理层治理方面的评价指标分列于不同的评价结构中。标准普尔公司治理服务系统（2004）将管理层成员的任命、薪酬结构及人员更换状况作为董事会治理状况进行了反映（Standard & Poor's, 2004）。美国机构投资者服务公司（ISS）、公司法与公司治理机构（ICLCG），以及信息和信用评级代理机构（ICRA）在对跨国公司全球评价标度与内部评价标度上都分别有专门的高管层结构及管理层薪酬与股权状况的评价，经理层的薪酬也一直作为国际治理标准公司（GMI）考察公司治理的核心因素。戴米诺（Deminor）公司治理评价系统（CGA）则注重公司期权和董事长与CEO两职关系情况的测评。里昂证券（CLSA）公

司治理评价系统将管理者的高股份激励及股东现金流分配等列入重要的评价范畴。南开大学中国公司治理研究院在设置上市公司治理评价指标系统的初期，将经理层评价作为一个重要维度，中国上市公司治理指数主要从任免制度、执行保障和激励约束机制三个维度评价中国上市公司高管层治理状况，进行经理层治理指数与绩效指数的回归分析（李维安和张国萍，2005）。随着公司治理评价的深入与优化，公司高管层的监督、约束、变更及效率保障逐渐成为研究重点。

（二）中国上市公司经理层治理评价指标体系设计思路

经理层治理评价指数由以下三个维度构成。

1. 任免制度

在经理层治理评价系统中，我们选择总经理的选聘方式、其他高管人员的选聘方式、高管人员的行政度、董事长与总经理的两职设置状况，以及高管稳定性构建了评价公司经理层任免制度的指标。随着上市公司高管人员选聘制度化程度的提高以及高管变更频度的加大，我们强化了高管稳定性的指标评价。

2. 执行保障

经理层的执行保障评价包括总经理及其他高管人员学历指标对经理层的支持保障、学识胜任能力、经理层对日常经营的控制程序、经理层内部控制程度，以及高层经理人员在股东单位或股东单位的关联单位兼职情况等内容。特别地，高层经理人员的兼职情况受到重视。

3. 激励约束机制

经理层的激励约束机制包括薪酬水平、薪酬结构和持股比例三个方面，以考察经理层薪酬激励水平、动态性和长期激励情况。

中国上市公司经理层治理评价指标体系见表2-6。

表2-6 中国上市公司经理层治理评价指标体系

主因素层	子因素层	说明
任免制度	高管层行政度	考察经理层任免行政程度
	两职设置	考察总经理与董事长的兼职状况
	高管稳定性	考察经理层的变更状况
执行保障	高管构成	考察经理层资格学历状况
	双重任职	考察经理层成员的兼职状况
	CEO设置	考察经理层中CEO设置状况
激励约束机制	薪酬水平	考察经理层薪酬激励水平
	薪酬结构	考察经理层激励的动态性
	持股比例	考察经理层长期激励状况

资料来源：历年《中国公司治理评价报告》。

六、中国上市公司信息披露评价指标体系说明

(一) 信息披露相关研究

"阳光是最有效的消毒剂,电灯是最有效的警察"。资本市场的信息透明度越高,其有效性就越强,投资者就越容易做出有效的投资决策。如果信息是透明的,投资者就可以在事前进行合理的判断,事后进行更好的监督,选择合适的投资或者融资项目,而管理人员也可以得到他们所需的资金。但如果投资者和经理人之间信息不对称,则会使投资者的闲置资金与投资机会之间的配置无法实现,使资本市场的配置功能失效。

由于信息不完备,投资者往往根据市场的平均水平估计公司投资项目的投资收益,对于优质项目来说,融资成本过高,这将造成公司的融资约束。Myers 和 Majluf(1984)认为当投资者低估企业的融资证券价值,而管理者无法将一个好的投资机会正确传递给外部投资者时,投资项目将被搁置。在更为极端的情况下,债券市场上还会出现"信贷配给",即借款人愿意以市场平均利率支付利息,但仍然无法筹集到所需要的全部资金(Stiglitz 和 Weiss,1981;Gale 和 Hellwig,1985)。通过信息披露缓解信息不对称,投资者能够更加准确地估计证券价值和项目的风险。对于有良好的投资机会的公司,投资者在购买证券时会要求一个较低的风险溢价,从而降低公司的融资成本;而对于项目风险较高的公司来说,投资者在购买证券时会要求一个较高的风险溢价来弥补其可能遭受的损失,从而提高公司的融资成本。

信息披露还有利于投资者在投资后对管理层进行监督。投资者所处的信息劣势使得一般投资者难以掌握企业内部充分而真实的信息,或者无力支付了解这些信息所需的成本而难以实现对代理问题的有效监督。于是,当投资者不能对自己的投资做到完全的监督,而他们又意识到经理人员会有代理问题时,他们对投资将保持谨慎的态度。这也会导致资本市场的运行低效。

(二) 中国上市公司信息披露评价指标体系设计思路

南开大学公司治理评价系统中的信息披露评价体系针对信息披露真实性、相关性、及时性进行评价,在借鉴相关研究成果的基础上,以科学性、系统性和信息披露评价的可行性等原则为指导,以国际公认的公司治理原则、准则为基础,借鉴、综合考虑我国《公司法》《证券法》《上市公司治理准则》,比照《公开发行证券的公司信息披露内容与格式准则第 2 号——年度报告的内容与格式(2015 年修订)》《企业会计准则》《公开发行股票公司信息披露实施细则》《公开发行证券的公司信息披露编报规则》《上市公司信息披露管理办法》等有关上市公司的法律法规,设计评价指标体系。

1. 真实性

真实性指一项计量或叙述与其所要表达的现象或状况的一致性。真实性是信息的生命,要求公司所公开的信息能够准确反映客观事实或经济活动的发展趋势,而且能够按照一定的标准予以检验。但信息的真实性具有相对性和动态性,相对真实性体现了历史性,而且相对真实性向绝对真实性靠近。一般情况下,作为外部人员仅通过公开信息是无法完全判断上市公司资料真实性的,但是可以借助上市公司及其相关人员违规历史记录等评价信息的披露判断真实性。从信息传递角度讲,监管机构和中介组织搜集、分析信息,并验证信息真实性,这种检验结果用于评价信息披露真实性是可行的、合理的。信息披露真实性的评价指标主要包括:年度财务

报告是否被出具非标准无保留意见；近三年公司是否有违规行为；公司是否有负面报道；近一年是否有关于当期及前期的财务重述；当年是否因虚假陈述被处罚；内部控制的有效性鉴证情况等。

2. 相关性

信息披露相关性则要求上市公司必须公开所有法定项目的信息，不得忽略、隐瞒重要信息，使信息使用者了解公司治理结构、财务状况、经营成果、现金流量、经营风险及风险程度等，从而了解公司全貌、事项的实质和结果。信息披露的相关性包括形式上的完整和内容上的齐全。信息披露相关性的评价指标主要包括：公司战略是否充分披露；竞争环境是否充分披露；产品和服务市场特征是否充分披露；研发信息是否充分披露；经营风险和财务风险是否充分披露；公司社会责任方面是否充分披露；对外投资项目是否充分披露；取得或处置子公司情况是否充分披露；控股公司及参股公司经营情况是否充分披露；关联交易是否充分披露；内部控制缺陷是否充分披露等。

3. 及时性

信息披露的及时性是指在信息失去影响决策的功能之前，将其提供给决策者。信息除了具备真实完整的特征之外，还要有时效性。由于投资者、监管机构和社会公众与公司内部管理人员在掌握信息的时间上存在差异，为解决获取信息的时间不对称性可能产生的弊端，信息披露制度要求公司管理当局在规定的时期内依法披露信息，减少有关人员利用内幕信息进行内幕交易的可能性，增强公司透明度，降低监管难度，规范公司管理层经营行为，保护投资者利益。从公众投资者来看，及时披露的信息可以使投资者做出理性的价值判断和投资决策；从上市公司本身来看，及时披露信息使公司股价及时调整，保证交易的连续和有效，减少市场盲动。信息披露及时性评价指标主要通过上市公司年度报告获得，包括年度报告公布的时滞、当年是否有延迟披露处罚等。

中国上市公司信息披露评价指标体系见表2-7。

表 2-7　中国上市公司信息披露评价指标体系

主因素层	子因素层	说明
真实性	年度财务报告是否被出具非标准无保留意见	考察公司财务报告的合法性和公允性
	是否有违规行为	考察公司近三年是否有违规行为
	有无负面报道	考察是否有媒体对公司进行负面报道
	有无财务重述	考察公司近一年是否有关于当期及前期的财务重述
	虚假陈述被处罚	考察公司当年是否有虚假陈述被处罚
	内部控制的有效性鉴证情况	考察公司内部控制的有效性
相关性	公司战略	考察公司是否充分披露了有关公司战略的信息
	公司竞争环境分析	考察公司是否充分披露了有关公司竞争环境的信息

(续)

主因素层	子因素层	说明
相关性	产品和服务市场特征	考察公司是否充分披露了有关产品和服务市场特征的信息
	研发信息	考察公司是否充分披露了有关研发方面的信息
	公司风险	考察公司是否充分披露了有关公司的经营风险和财务风险的信息
	公司社会责任	考察公司是否充分披露了有关公司社会责任的信息
	对外投资项目	考察公司是否充分披露了有关对外投资项目的信息
	取得或处置子公司情况	考察公司是否充分披露了有关取得或处置子公司情况的信息
	控股及参股公司经营情况	考察公司是否充分披露了有关控股及参股公司经营情况的信息
	关联交易	考察公司是否充分披露了有关关联交易的信息
	内部控制缺陷披露	考察公司是否充分披露了有关内部控制缺陷的信息
及时性	年度报告公布的时滞	反映信息披露是否及时
	延迟披露处罚	考察公司是否有延迟披露

资料来源：历年《中国公司治理评价报告》。

七、中国上市公司利益相关者治理评价指标体系说明

20 世纪 80 年代之前，企业的经营宗旨是实现股东利益最大化，公司治理研究的问题主要是围绕如何建立合理的激励和约束机制，将代理人的道德风险问题降至最低限度，最终达到公司价值最大化。20 世纪 80 年代以来，随着企业经营环境的变化，股东、债权人、雇员、消费者、供应商、政府、社区居民等利益相关者的权益受到企业经营者的关注，公司治理也转变为利益相关者的"共同治理"（Blair 和 Kruse, 1999）模式。李维安（2005）指出，所谓公司治理是指通过一套正式或非正式的、内部或外部的制度或机制来协调公司与所有利益相关者之间的利益关系，以保证公司决策的科学化，从而最终维护公司各方面利益的一种制度安排。公司治理的主体是包括股东、债权人、雇员、顾客、供应商、政府、社区等在内的广大公司利益相关者。对利益相关者治理的评价有利于我们了解目前中国上市公司利益相关者参与治理的状况，以及公司与利益相关者的协调状况。根据利益相关者在公司治理中的地位与作用，并且考虑到评价指标的科学性、可行性，我们设置了利益相关者治理评价指标体系，主要考察利益相关者参与公司治理程度和公司与利益相关者之间的协调程度。

（一）利益相关者治理评价相关研究

目前，在公司治理中充分考虑利益相关者的权益，鼓励利益相关者适当参与公司治理已经

成为广为接受的观点。1963年，斯坦福大学的一个研究小组（SRI）提出了"Stakeholders（利益相关者）"，指那些没有其支持，组织就无法生存的群体（Freeman和Reed，1983）。但在当时并未引起管理学界足够的重视。20世纪80年代以后，随着企业经营环境的变化，股东、债权人、员工、消费者、供应商、政府、社区居民等利益相关者的权益受到企业经营者的关注，公司在经营管理中对利益相关者的关注日益提高，消费者维权运动、环境保护主义及其他社会活动产生了很大的影响，公司对员工、社区及公共事业的关注程度大大提高，公司治理也由传统的股东至上的"单边治理"模式演化为利益相关者"共同治理"模式。Blair（1995）认为，公司应该是一个有社会责任的组织，公司的存在是为社会创造财富。公司治理改革的要点在于：不应把更多的权利和控制权交给股东，"公司管理层应从股东的压力中分离出来，将更多的权利交给其他的利益相关者"。

英国的《哈姆佩尔报告（1998）》、经济合作与发展组织（OECD）于1999年6月推出的《OECD公司治理原则》（OECD Principles of Corporate Governance）、美国商业圆桌会议（The Business Roundtable）公司治理声明等重要的公司治理原则，都把利益相关者放在相当重要的位置。2006年3月，欧盟委员会在布鲁塞尔发起"欧洲企业社会责任联盟"的倡议，联盟由企业主导，对欧洲所有企业开放，旨在促进和鼓励企业社会责任实践，并为企业的社会责任行为提供相关支持。2006年4月27日，联合国全球契约组织（UN Global Compact）在纽约发布了"责任投资原则"（Principles for Responsible Investment）。来自16个国家，代表着世界领先的、拥有超过2万亿美元资产的投资机构的领导者在纽约证券交易所正式签署了该项原则。依据该原则，机构投资者承诺在受托人职责范围内，将把环境、社会和公司治理（ESG）因素引入到投资分析和决策过程中，促进该原则在投资领域的认同和应用，共同努力提高本原则的有效性，各自报告履行该原则所采取的行动和有关进展情况。2004年6月，ISO（国际标准化组织）在瑞典召开会议研究制定ISO 26000，它是适用于包括政府在内的所有社会组织的"社会责任"指导性文件（标准），标准包括社会责任的7个方面内容，即组织治理、人权、劳工权益保护、环境保护、公平经营、消费者权益保护以及参与社区发展。

虽然目前利益相关者问题在公司治理研究中居于重要地位，但国内外涉及并强调利益相关者的公司治理评价体系并不多。1998年标准普尔公司（Standards and Poor's Company）治理评价指标体系中涉及了"金融相关者"，但仅仅指股东，并未涉及其他利益相关者。里昂证券（亚洲）公司的评价体系主要关注公司透明度、对管理层的约束、董事会的独立性和问责、对中小股东的保护等方面，涉及债务规模的合理控制以及公司的社会责任，在一定程度上注意到了利益相关者问题。而戴米诺（Deminor）公司和国内的海通证券的公司治理评价体系则没有具体涉及利益相关者问题。南开大学中国公司治理原则研究课题组于2001年在《〈中国公司治理原则（草案）〉及其解说》一文中指出，中国公司必须构筑以股东、经营者、职工、债权人、供应商、客户、社区等利益相关者为主体的共同治理机制，保证各利益相关者作为平等的权利主体享受平等待遇，并在构建中国公司治理评价体系中，将利益相关者治理引入。利益相关者治理这一维度包括利益相关者参与公司治理的程度和公司与利益相关者的协调程度，它为我们研究公司治理问题提供了坚实的基础。

（二）中国上市公司利益相关者治理评价指标体系设计思路

根据利益相关者在公司治理中的地位与作用，并且考虑到评价指标的科学性、可行性、完整性，我们设置包括利益相关者参与程度指标和协调程度指标两大部分在内的利益相关者评价指标体系。其中利益相关者参与程度指标分为员工参与程度和投资者关系管理。利益相关者协调程度指标分为社会责任履行、违规与处罚、诉讼与仲裁。下面具体介绍一下各指标的含义。

1. 参与程度

利益相关者参与程度指标主要评价利益相关者参与公司治理的程度和能力，较高的利益相关者参与程度和能力意味着公司对利益相关者权益保护程度和决策科学化程度的提高。员工参与程度：员工是公司极其重要的利益相关者，在如今人力资本日益受到关注的情况下，为员工提供参与公司重大决策和日常经营管理的有效途径有利于增强员工的归属感，提高员工忠诚度并激励员工不断实现更高的个人目标和企业目标。我们用职工持股计划这个指标来考察职工的持股情况，这是公司员工参与公司治理的货币资本和产权基础，也是对员工进行产权激励的重要举措。我国《公司法》明确规定，监事会应当包括股东代表和适当比例的公司职工代表，其中职工代表的比例不得低于三分之一。职工监事有利于强化对公司董事及高管的权力约束，维护职工权益。我们通过职工持股计划和职工监事比例来考察公司员工参与公司治理的程度。投资者关系管理：公司通过及时的信息披露，加强与投资者之间的沟通和交流，从而形成公司与投资者之间良好的关系，实现公司价值最大化。在我国，上市公司投资者关系管理体系还处于发展阶段。我们设置如下指标考察上市公司的投资者关系管理状况：公司网站的建立与更新状况，考察公司投资者关系管理信息的披露和交流渠道的建立与通畅状况；投资者关系管理制度建设与执行情况，考察公司投资者关系管理制度建设情况，以及是否由专人或专门的部门负责投资者关系管理。设有专门的投资者关系管理制度和投资者关系管理部门，有利于促进投资者关系管理工作的持续有效开展。

2. 协调程度

利益相关者协调程度指标考察公司与由各利益相关者构成的企业生存和成长环境的关系状况与协调程度，它包括社会责任履行、违规与处罚、诉讼与仲裁三个分指标。社会责任履行：重视企业社会责任，关注自然环境的保护和正确处理与上下游合作方的关系，是企业追求长远发展的必备条件。在此，主要通过如下七个指标考察公司社会责任的履行状况：公益性捐赠支出，可以考察上市公司对社会及所处社区的贡献；是否披露社会责任报告，可以考察公司对社会责任工作的重视程度和履行成效；社会责任报告是否经第三方机构审验，反映社会责任报告披露的可靠性；债权人权益保护，考察公司对于债权人权益的保护程度；供应商权益保护，考察公司对于供应商权益的保护程度；客户及消费者权益保护，考察公司对于客户及消费者权益的保护程度；环境保护措施，反映上市公司对所处自然环境的关注与保护状况。违规与处罚：企业从事合法经营，必须履行相应的法律责任，因此协调并正确处理公司和其监管部门的关系至关重要。我们通过公司受到上海证券交易所、深圳证券交易所、中国证监会、财政部等监管部门的违规和处罚情况，考察上市公司和其所处的监督管理环境的和谐程度。诉讼与仲裁：通过考察公司诉讼、仲裁事项的数目及其性质，可以在一定程度上考察上市公司与特定利益相关者之间的关系紧张程度。

中国上市公司利益相关者治理评价指标体系见表 2-8。

表2-8 中国上市公司利益相关者治理评价指标体系

主因素层	子因素层	说明
参与程度	员工参与程度	考察职工持股计划与职工监事配置情况
	投资者关系管理	考察公司网站的建立与更新状况、投资者关系管理制度建设与执行情况
协调程度	社会责任履行	考察公司社会责任的履行与披露情况,考察公司对主要利益相关者的关注与保护情况
	违规与处罚	考察公司与其所处监管环境的和谐程度
	诉讼与仲裁	考察公司与特定利益相关者之间的关系紧张程度

资料来源:历年《中国公司治理评价报告》。

第三章 中国上市公司治理总体分析

南开大学中国公司治理研究院公司治理评价课题组2003年开发了首个中国上市公司治理评价指标体系,并利用该体系独立、持续地针对中国上市公司开展大样本公司治理评价,发布被称为上市公司治理状况"晴雨表"的中国上市公司治理指数(CCGI^{NK})。该指数从股东治理、董事会治理、监事会治理、经理层治理、信息披露和利益相关者治理六个维度对上市公司治理状况进行深入分析,为刻画我国公司治理演进趋势提供了一套定量分析工具。本章对2003—2022年我国上市公司治理状况进行了总体分析,以及分控股股东性质、分行业、分区域和地区、分市场板块的比较分析。总体来看,我国上市公司治理水平整体上稳步提升,上市公司治理结构不断改善;但近年来治理指数增长幅度放缓,治理有效性有待进一步提升。

第一节 中国上市公司治理评价样本介绍

一、中国上市公司治理评价样本总体说明

上市公司质量是资本市场可持续发展的基石(宋志平,2020),而公司治理质量又是上市公司质量的重要方面。为更好地发挥资本市场服务经济高质量发展的重要功能(易会满,2022),提高上市公司质量应聚焦于提升公司治理有效性。从2003年起,南开大学中国公司治理研究院发布的中国上市公司治理指数先后累计对46982家样本公司开展了治理评价,如图3-1所示。评价样本数量总体呈现上升趋势,从2003年的931家增长至2022年的4679家,2014年以后保持稳定的逐年增长趋势。其中,2003年的指数是基于问卷调查的评价结果,2004年及以后的指数是基于上市公司公开披露信息的评价结果。评价样本为截至当年年底在我国A股市场上市的公司,样本及其基础信息数据来源于公司网站、巨潮资讯网、中国证监会官网、上海证券交

易所网站、深圳证券交易所网站、北京证券交易所网站等披露的公开信息，以及从万得（Wind）数据库、国泰安（CSMAR）数据库和色诺芬（CCER）数据库下载的公开信息。

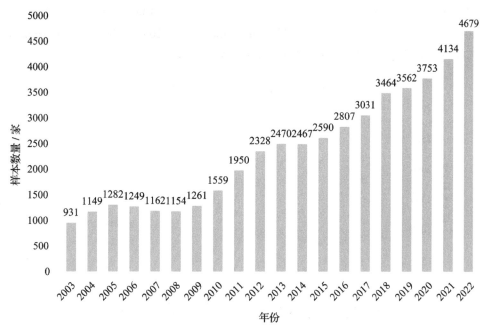

图 3-1　2003—2022 年中国上市公司治理评价样本数量

资料来源：南开大学公司治理数据库。

二、中国上市公司治理评价样本分控股股东性质说明

按控股股东性质分组的样本中，国有控股和民营控股上市公司占有较大的比例，二者合计占比最高的为 2010 年和 2013 年（均为 97.37%），最低的为 2022 年（88.27%）。就国有控股和民营控股上市公司数量与所占比例的变化趋势来看，如图 3-2 所示，2004—2010 年国有控股上市公司数量领先于民营控股上市公司数量，2011 年之后民营控股上市公司数量超过国有控股上市公司数量，2011 年至今国有控股上市公司的比例均不足 50%。就其他股东性质来说，外资控股、集体控股、社会团体控股和职工持股会控股的上市公司样本所占比例较低，其他类型上市公司数量近年来增长较快。中国上市公司治理评价样本控股股东性质分布见表 3-1。

三、中国上市公司治理评价样本分行业说明

2001 年 4 月，中国证监会发布《上市公司行业分类指引》，将上市公司的经济活动分为农、林、牧、渔业，采掘业，制造业，电力、煤气及水的生产和供应业，建筑业，交通运输、仓储业，信息技术业，批发和零售贸易，金融、保险业，房地产业，社会服务业，传播与文化产业，综合类共 13 个门类。2012 年 10 月，中国证监会公布《上市公司行业分类指引》（2012 年修订），将上市公司行业调整为 19 个门类：农、林、牧、渔业，采矿业，制造业，电力、热力、燃气及水生产和供应业，建筑业，批发和零售业，交通运输、仓储和邮政业，住宿和餐饮业，信息传

输、软件和信息技术服务业，金融业，房地产业，租赁和商务服务业，科学研究和技术服务业，水利、环境和公共设施管理业，居民服务、修理和其他服务业，教育，卫生和社会工作，文化、体育和娱乐业，综合。为保持不同年度之间分析的可比性，将评价样本分析划分为2003—2008年、2009—2015年、2016—2022年三个阶段进行比较，其中2003—2008年、2009—2015年使用修订前的行业分类标准，2016—2022年使用修订后的行业分类标准。

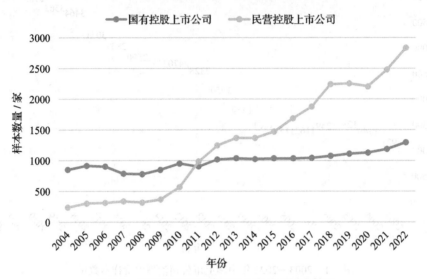

图 3-2 国有控股和民营控股上市公司样本数量

资料来源：南开大学公司治理数据库。

表 3-1 中国上市公司治理评价样本控股股东性质分布（家）

年份	评价样本数量	国有控股	民营控股	集体控股	社会团体控股	外资控股	职工持股会控股	其他类型
2003	931	—	—	—	—	—	—	—
2004	1149	850	238	25	5	7	9	15
2005	1282	914	304	22	20	9	11	2
2006	1249	901	313	13	4	6	12	—
2007	1162	787	337	10	4	7	14	3
2008	1154	779	320	20	4	13	13	5
2009	1261	852	368	4	3	24	4	6
2010	1559	950	568	12	3	16	10	—
2011	1950	900	983	32	3	26	6	—
2012	2328	1019	1246	25	1	24	7	6
2013	2470	1038	1367	25	1	25	7	7
2014	2467	1027	1367	21	5	31	8	8

(续)

年份	评价样本数量	国有控股	民营控股	集体控股	社会团体控股	外资控股	职工持股会控股	其他类型
2015	2590	1034	1471	21	6	37	9	12
2016	2807	1034	1687	17	13	33	4	19
2017	3031	1044	1877	18	13	45	4	30
2018	3464	1075	2243	16	17	66	4	43
2019	3562	1112	2256	16	13	121	4	40
2020	3753	1129	2208	20	16	187	3	190
2021	4134	1188	2480	24	15	198	3	226
2022	4679	1296	2834	24	14	182	3	326

资料来源：南开大学公司治理数据库。

从样本行业分布情况来看，2003—2008年，制造业、批发和零售贸易、信息技术业等行业样本数量较多，而采掘业，金融、保险业，传播与文化产业等行业样本数量较少。其中增加数量最多的是制造业，样本数量从2003年的524家增加到2008年的649家；提升幅度最大的是金融、保险业，样本数量从2003年的7家提升至2008年的27家。2003—2008年中国上市公司治理评价样本行业分布见表3-2。

表3-2 中国上市公司治理评价样本行业分布：2003—2008年（家）

行业	2003年	2004年	2005年	2006年	2007年	2008年
采掘业	11	20	21	21	19	18
传播与文化产业	8	8	10	9	9	7
电力、煤气及水的生产和供应业	42	48	56	57	51	55
房地产业	36	40	51	52	51	55
建筑业	16	22	25	25	23	27
交通运输、仓储业	38	49	55	54	55	49
金融、保险业	7	9	10	1	8	27
农、林、牧、渔业	25	27	34	31	27	26
批发和零售贸易	70	80	89	89	78	82
社会服务业	32	36	37	37	35	33
信息技术业	56	70	81	81	70	68
制造业	524	668	733	714	665	649
综合类	66	72	80	78	71	58

资料来源：南开大学公司治理数据库。

从 2009—2015 年的样本行业分布情况来看，制造业、信息技术业、批发和零售贸易等行业样本数量较多，而农、林、牧、渔业，金融、保险业，传播与文化产业等行业样本数量较少。就变化趋势而言，在 2009—2015 年的评价中，除综合类的样本数量出现下降趋势外，其他各行业的样本数量均呈现显著上升趋势外。其中增加数量最多的是制造业，样本数量从 2009 年的 694 家增加到 2015 年的 1554 家，增加了 860 家；信息技术业的上市公司数量也有显著增加，样本数量从 2009 年的 78 家增加到 2015 年的 220 家，增加了 142 家；提升幅度最大的是传播与文化产业，样本数量从 2009 年的 10 家提升至 2015 年的 43 家，增加了 33 家。2009—2015 年中国上市公司治理评价样本行业分布见表 3-3。

表 3-3 中国上市公司治理评价样本行业分布：2009—2015 年（家）

行业	2009 年	2010 年	2011 年	2012 年	2013 年	2014 年	2015 年
采掘业	23	34	44	59	62	66	67
传播与文化产业	10	10	17	34	38	37	43
电力、煤气及水的生产和供应业	59	64	68	74	75	76	79
房地产业	69	75	115	129	129	125	122
建筑业	26	34	39	48	52	53	58
交通运输、仓储业	55	64	74	75	78	76	77
金融、保险业	27	27	35	41	42	42	44
农、林、牧、渔业	28	37	42	42	45	46	47
批发和零售贸易	87	91	102	123	127	132	134
社会服务业	37	48	56	75	81	79	91
信息技术业	78	96	146	181	201	200	220
制造业	694	910	1159	1396	1489	1485	1554
综合类	68	69	53	51	51	50	54

资料来源：南开大学公司治理数据库。

从 2016—2022 年的样本行业分布情况来看，制造业，信息传输、软件和信息技术服务业，批发和零售业等行业样本数量较多，而住宿和餐饮业，教育，居民服务、修理和其他服务业等行业样本数量较少。就变化趋势而言，在 2016—2022 年的评价中，房地产业、综合、住宿和餐饮业的样本数量出现下降趋势，其他各行业的样本数量均呈现上升趋势。其中增加数量最多的是制造业，样本数量从 2016 年的 1779 家增加到 2022 年的 3043 家，增加了 1264 家；信息传输、软件和信息技术服务业的上市公司数量也有显著增加，样本数量从 2016 年的 162 家增加到 2022 年的 381 家，增加了 219 家；金融业的上市公司数量从 2016 年的 50 家增加到 2022 年的 127 家；科学研究和技术服务业的上市公司数量从 2016 的 21 家增加到 2022 年的 90 家。2016—2022 年中国上市公司治理评价样本行业分布见表 3-4。

表3-4 中国上市公司治理评价样本行业分布：2016—2022年（家）

行业	2016年	2017年	2018年	2019年	2020年	2021年	2022年
采矿业	74	75	75	74	77	77	77
电力、热力、燃气及水生产和供应业	92	97	107	110	108	117	129
房地产业	134	125	126	126	124	121	115
建筑业	76	88	97	100	94	99	108
交通运输、仓储和邮政业	84	89	95	99	103	107	108
教育	1	3	3	3	8	8	12
金融业	50	67	78	88	108	122	127
居民服务、修理和其他服务业	—	—	—	—	1	1	1
科学研究和技术服务业	21	27	45	48	58	58	90
农、林、牧、渔业	44	45	42	42	41	42	47
批发和零售业	151	156	163	164	165	168	186
水利、环境和公共设施管理业	32	33	44	46	51	72	90
卫生和社会工作	5	7	9	9	12	12	14
文化、体育和娱乐业	37	45	58	58	59	59	62
信息传输、软件和信息技术服务业	162	203	246	254	296	340	381
制造业	1779	1895	2196	2260	2363	2647	3043
住宿和餐饮业	11	11	9	9	9	10	9
综合	25	23	24	24	22	16	14
租赁和商务服务业	74	75	75	74	77	77	77

资料来源：南开大学公司治理数据库。

四、中国上市公司治理评价样本分区域和地区说明

（一）七大地理区域上市公司治理评价样本说明

七大地理区域包括：东北地区（黑龙江省、吉林省、辽宁省）、华北地区（北京市、天津市、河北省、山西省、内蒙古自治区）、华中地区（河南省、湖北省、湖南省）、华东地区（山东省、

江苏省、安徽省、上海市、浙江省、江西省、福建省）、华南地区（广东省、广西壮族自治区、海南省）、西北地区（陕西省、甘肃省、宁夏回族自治区、青海省、新疆维吾尔自治区）、西南地区（四川省、贵州省、云南省、重庆市、西藏自治区）。

从样本地理区域分布来看，2003—2022年上市公司的地区分布比例没有太大变化，华东、华南和华北等经济发达地区上市公司数量较多，华中地区和西南地区上市公司数量居中，而东北地区和西北地区上市公司数量较少，反映出地区经济发展水平与上市公司数量存在一定的关系。从上市公司数量的变化趋势来看：华东地区上市公司数量提升幅度最大，样本数量从2003年的321家增加到2022年的2200家，增加了1879家；华南地区和华北地区的上市公司数量也有显著增长，2003—2022年分别增加了689家和506家；华中地区、西南地区和西北地区的上市公司数量变化相对较少，分别增加了268家、218家和114家；东北地区上市公司数量提升幅度最小，从2003年的97家增加到2022年166家，仅增加了69家。中国上市公司治理评价样本地理区域分布见表3-5。

表3-5 中国上市公司治理评价样本地理区域分布（家）

年份	东北地区	华北地区	华中地区	华东地区	华南地区	西北地区	西南地区
2003	97	115	91	321	146	67	94
2004	100	163	113	407	165	82	119
2005	117	176	128	464	175	91	131
2006	109	173	126	456	170	86	129
2007	102	167	115	405	175	76	122
2008	94	169	114	439	150	76	112
2009	101	184	126	458	181	88	123
2010	105	214	141	616	239	100	144
2011	113	280	175	785	325	108	164
2012	130	329	210	961	395	121	182
2013	137	358	221	1020	424	125	185
2014	135	362	221	1019	420	125	185
2015	142	386	225	1074	445	129	189
2016	149	421	241	1172	483	135	206
2017	149	441	252	1285	535	147	222
2018	153	473	275	1534	633	156	240
2019	150	483	285	1583	653	160	248
2020	154	515	291	1680	683	167	263
2021	157	565	318	1895	743	173	280
2022	166	621	359	2200	835	181	312

资料来源：南开大学公司治理数据库。

东北地区的评价样本在七大地理区域中相对最少，2003—2022 年间增长缓慢，上市公司数量从 97 家增加到 166 家，占全国上市公司的比例呈现明显的下降趋势。从区域内部省份之间的比较来看：辽宁上市公司数量相对最多，从 2003 年的 44 家增长至 2022 年的 80 家；吉林上市公司数量相对较少，从 2003 年的 24 家增长至 2022 年的 48 家；黑龙江上市公司数量相对最少，从 2003 年的 29 家增长至 2022 年的 38 家，仅增加 9 家。东北地区上市公司治理评价样本分布见表 3-6。

表 3-6 东北地区上市公司治理评价样本分布（家）

年份	全国	东北地区	黑龙江	吉林	辽宁
2003	931	97	29	24	44
2004	1149	100	25	30	45
2005	1282	117	33	33	51
2006	1249	109	30	32	47
2007	1162	102	26	30	46
2008	1154	94	23	29	42
2009	1261	101	24	32	45
2010	1559	105	24	33	48
2011	1950	113	27	32	54
2012	2328	130	31	37	62
2013	2470	137	31	38	68
2014	2467	135	31	38	66
2015	2590	142	32	40	70
2016	2807	149	35	40	74
2017	3031	149	35	41	73
2018	3464	153	36	42	75
2019	3562	150	36	41	73
2020	3753	154	38	43	73
2021	4134	157	39	44	74
2022	4679	166	38	48	80

资料来源：南开大学公司治理数据库。

华北地区的评价样本在七大地理区域中相对较多，从 2003 年的 115 家增长至 2022 年的 621 家，总体数量仅次于华东地区和华南地区。从区域内部省份之间的比较来看，北京上市公司数量最多，占华北地区上市公司的比例超过 50%，同时增长最为显著，从 2003 年的 49 家增加到 2022 年的 421 家，增加了 372 家。天津和河北上市公司数量次之，2003—2022 年间分别增加了

51家和45家。山西和内蒙古上市公司数量较少且变动较小，2003—2022年间分别增加了27家和11家。华北地区上市公司治理评价样本分布见表3-7。

表3-7 华北地区上市公司治理评价样本分布（家）

年份	全国	华北地区	北京	天津	河北	山西	内蒙古
2003	931	115	49	12	24	14	16
2004	1149	163	74	22	29	23	15
2005	1282	176	79	23	33	22	19
2006	1249	173	78	22	32	22	19
2007	1162	167	77	21	30	22	17
2008	1154	169	83	22	26	22	16
2009	1261	184	90	23	29	26	16
2010	1559	214	111	27	32	26	18
2011	1950	280	158	34	40	30	18
2012	2328	329	192	37	45	34	21
2013	2470	358	217	38	46	34	23
2014	2467	362	218	38	47	35	24
2015	2590	386	235	42	49	35	25
2016	2807	421	265	42	52	37	25
2017	3031	441	282	45	51	38	25
2018	3464	473	306	49	55	38	25
2019	3562	483	314	50	56	38	25
2020	3753	515	342	54	57	37	25
2021	4134	565	379	60	61	40	25
2022	4679	621	421	63	69	41	27

资料来源：南开大学公司治理数据库。

华中地区的上市公司数量占全国上市公司数量的比重相对较低，评价样本从2003年的91家增长至2022年的359家。从区域内部省份之间的比较来看，河南、湖北和湖南的上市公司数量分布较为均衡，且呈现出稳定的增长趋势。湖南上市公司数量相对最多，从2003年的32家增加到2022年的133家；湖北上市公司数量相对较多，从2003年的39家增加到2022年的129家；河南上市公司数量相对最少，但增长幅度较大，从2003年的20家增长至2022年的97家。华中地区上市公司治理评价样本分布见表3-8。

表 3-8 华中地区上市公司治理评价样本分布（家）

年份	全国	华中地区	河南	湖北	湖南
2003	931	91	20	39	32
2004	1149	113	28	50	35
2005	1282	128	28	59	41
2006	1249	126	28	57	41
2007	1162	115	30	50	35
2008	1154	114	26	52	36
2009	1261	126	28	57	41
2010	1559	141	36	59	46
2011	1950	175	51	69	55
2012	2328	210	62	79	69
2013	2470	221	66	82	73
2014	2467	221	66	83	72
2015	2590	225	67	83	75
2016	2807	241	73	86	82
2017	3031	252	74	94	84
2018	3464	275	78	96	101
2019	3562	285	79	101	105
2020	3753	291	82	104	105
2021	4134	318	87	114	117
2022	4679	359	97	129	133

资料来源：南开大学公司治理数据库。

华东地区的评价样本在七大地理区域中相对最多，2003—2022 年增长显著，从 321 家增加到 2200 家。从区域内部省份之间的比较来看，浙江和江苏上市公司数量相对较多且增长显著，浙江样本数量从 2003 年的 46 家增加到 2022 年的 602 家，江苏样本数量从 2003 年的 51 家增加到 2022 年的 570 家。上海上市公司数量也较多，从 2003 年的 104 家增加到 2022 年的 385 家。2003—2010 年上海上市公司数量在华东地区位居第一，2011 年浙江上市公司数量超过上海上市公司数量，2012 年江苏上市公司数量超过上海上市公司数量。山东、江西和安徽上市公司数量相对较少，在 2003—2022 年间分别增加了 218 家、144 家和 128 家。福建上市公司数量最少，从 2003 年的 33 家变化为 2022 年的 66 家，仅增加了 33 家。华东地区上市公司治理评价样本分布见表 3-9。

表 3-9 华东地区上市公司治理评价样本分布（家）

年份	全国	华东地区	山东	江苏	安徽	上海	浙江	江西	福建
2003	931	321	49	51	21	104	46	17	33
2004	1149	407	62	75	35	117	65	37	16
2005	1282	464	72	80	41	137	71	41	22
2006	1249	456	71	81	42	132	70	38	22
2007	1162	405	63	74	36	118	62	34	18
2008	1154	439	66	74	40	135	71	33	20
2009	1261	458	68	79	43	136	74	37	21
2010	1559	616	93	114	55	148	127	53	26
2011	1950	785	116	161	65	161	183	70	29
2012	2328	961	143	216	76	191	224	80	31
2013	2470	1020	150	233	78	197	243	86	33
2014	2467	1019	150	232	77	195	246	87	32
2015	2590	1074	152	253	80	201	265	91	32
2016	2807	1172	160	275	88	218	298	98	35
2017	3031	1285	169	316	93	237	327	106	37
2018	3464	1534	194	380	102	274	414	131	39
2019	3562	1583	195	398	103	284	430	132	41
2020	3753	1680	210	425	105	301	457	138	44
2021	4134	1895	227	479	126	338	518	151	56
2022	4679	2200	267	570	149	385	602	161	66

资料来源：南开大学公司治理数据库。

华南地区的评价样本在七大地理区域中相对较多，从 2003 年的 146 家增长至 2022 年的 835 家，在全国上市公司中的占比仅次于华东地区。从区域内部省份之间的比较来看，广东上市公司数量最多且增长最为显著，从 2003 年的 108 家增加到 2022 年的 762 家，2022 年占华南地区上市公司的比例超过 90%。广西和海南上市公司数量较少且变动较小，广西上市公司从 2003 年的 18 家增加到 2022 年的 39 家，海南上市公司从 2003 年 20 家增加到 2022 年的 34 家，分别增加了 21 和 14 家。华南地区上市公司治理评价样本分布见表 3-10。

表 3-10 华南地区上市公司治理评价样本分布（家）

年份	全国	华南地区	广东	广西	海南
2003	931	146	108	18	20
2004	1149	165	127	20	18

(续)

年份	全国	华南地区	广东	广西	海南
2005	1282	175	135	20	20
2006	1249	170	129	21	20
2007	1162	175	136	21	18
2008	1154	150	115	18	17
2009	1261	181	139	22	20
2010	1559	239	194	25	20
2011	1950	325	281	24	20
2012	2328	395	341	29	25
2013	2470	424	368	30	26
2014	2467	420	364	30	26
2015	2590	445	386	32	27
2016	2807	483	420	35	28
2017	3031	535	471	36	28
2018	3464	633	567	36	30
2019	3562	653	586	37	30
2020	3753	683	614	38	31
2021	4134	743	673	37	33
2022	4679	835	762	39	34

资料来源：南开大学公司治理数据库。

西北地区的评价样本在七大地理区域中相对较少，从 2003 年的 67 家增长至 2022 年的 181 家。从区域内部省份之间的比较来看，陕西和新疆上市公司数量相对较多，分别增加了 45 家和 40 家。陕西上市公司从 2003 年的 21 家增加到 2022 年的 66 家，新疆上市公司从 2003 年的 16 家增加到 2022 年的 56 家。甘肃上市公司 2003 年有 13 家，2022 年增长至 33 家。宁夏上市公司 2003 年有 8 家，2022 年增长至 15 家。青海上市公司数量最少，从 2003 年的 9 家变化为 2022 年 11 家，仅增加了 2 家。西北地区上市公司治理评价样本分布见表 3-11。

表 3-11 西北地区上市公司治理评价样本分布（家）

年份	全国	西北地区	陕西	甘肃	宁夏	青海	新疆
2003	931	67	21	13	8	9	16
2004	1149	82	26	16	11	7	22
2005	1282	91	26	19	11	9	26
2006	1249	86	23	18	11	9	25

(续)

年份	全国	西北地区	陕西	甘肃	宁夏	青海	新疆
2007	1162	76	21	16	11	7	21
2008	1154	76	20	15	10	6	25
2009	1261	88	25	17	11	9	26
2010	1559	100	29	19	10	10	32
2011	1950	108	34	20	10	8	36
2012	2328	121	38	24	12	10	37
2013	2470	125	40	24	12	10	39
2014	2467	125	39	25	12	10	39
2015	2590	129	42	25	12	10	40
2016	2807	135	43	27	12	10	43
2017	3031	147	45	30	12	12	48
2018	3464	156	47	33	13	12	51
2019	3562	160	47	33	13	12	55
2020	3753	167	53	33	14	12	55
2021	4134	173	58	33	14	11	57
2022	4679	181	66	33	15	11	56

资料来源：南开大学公司治理数据库。

西南地区的评价样本从2003年的94家增长至2022年的312家，在全国上市公司中占比不高但增长较快。从区域内部省份之间的比较来看，四川上市公司数量最多，从2003年的45家增长至2022年的155家。重庆上市公司数量较多，从2003年的16家增加到2022年的62家。云南和贵州上市公司数量相对较少，云南上市公司从2003年的18家增长至2022年的41家，贵州上市公司从2003年的11家增长至2022年33家，分别增加了23家和22家。西藏上市公司数量最少，从2003年的4家增长至2022年的21家，增加了17家。西南地区上市公司治理评价样本分布见表3-12。

表3-12 西南地区上市公司治理评价样本分布（家）

年份	全国	西南地区	四川	贵州	云南	重庆	西藏
2003	931	94	45	11	18	16	4
2004	1149	119	56	11	18	27	7
2005	1282	131	62	14	21	26	8
2006	1249	129	61	14	20	26	8
2007	1162	122	59	12	19	25	7

(续)

年份	全国	西南地区	四川	贵州	云南	重庆	西藏
2008	1154	112	51	13	21	21	6
2009	1261	123	56	14	20	25	8
2010	1559	144	65	17	27	27	8
2011	1950	164	78	19	28	30	9
2012	2328	182	89	20	28	35	10
2013	2470	185	90	21	28	36	10
2014	2467	185	90	21	28	36	10
2015	2590	189	91	20	29	39	10
2016	2807	206	103	20	30	42	11
2017	3031	222	110	23	32	43	14
2018	3464	240	115	27	34	49	15
2019	3562	248	120	29	33	49	17
2020	3753	263	126	29	36	53	19
2021	4134	280	135	31	38	56	20
2022	4679	312	155	33	41	62	21

资料来源：南开大学公司治理数据库。

（二）四大经济区域上市公司治理评价样本说明

为科学反映我国不同区域的社会经济发展状况，为党中央、国务院制定区域发展政策提供依据，根据《中共中央 国务院关于促进中部地区崛起的若干意见》《关于西部大开发若干政策措施的实施意见》，以及党的十六大报告精神，统计中经济地带划分为东部、中部、西部和东北四大地区。东部地区包括：北京市、天津市、河北省、上海市、江苏省、浙江省、福建省、山东省、广东省和海南省。中部地区包括：山西省、安徽省、江西省、河南省、湖北省和湖南省。西部地区包括：内蒙古自治区、广西壮族自治区、重庆市、四川省、贵州省、云南省、西藏自治区、陕西省、甘肃省、青海省、宁夏回族自治区和新疆维吾尔自治区。东北地区包括：辽宁省、吉林省和黑龙江省。

从样本经济区域分布来看，2003—2022年上市公司的地区分布比例没有太大变化。东部经济区域上市公司数量最多，中部经济区域和西部经济区域上市公司数量相对较少，而东北经济区域上市公司数量最少，反映出地区经济发展水平与上市公司数量存在一定的关系。上市公司数量的变化趋势如图3-3所示。东部经济区域上市公司数量提升幅度最大，从2003年的496家增加到2022年的3334家，增加了2838家；中部经济区域上市公司数量增长也较为显著，从2003年的143家增长至2022年的615家，增加了472家；西部经济区域上市公司数量增加相对较少，从2003年的196家增加到2022年的559家，增加了363家；东北经济区域上市公司数量提升幅度最小，从2003年的97家增长至2022年的166家，仅增加了69家。中国上市公司治理评价样本经济区域分布见表 3-13。

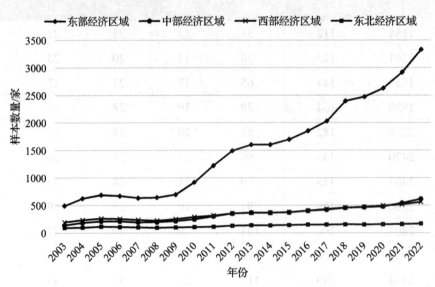

图 3-3　四大经济区域样本数量变化趋势

资料来源：南开大学公司治理数据库。

表 3-13　中国上市公司治理评价样本经济区域分布（家）

年份	东部经济区域	中部经济区域	西部经济区域	东北经济区域
2003	496	143	196	97
2004	626	187	236	100
2005	691	213	261	117
2006	673	212	255	109
2007	633	191	236	102
2008	642	196	222	94
2009	695	216	249	101
2010	919	248	287	105
2011	1224	299	314	113
2012	1494	351	353	130
2013	1604	366	363	137
2014	1603	365	364	135
2015	1701	372	375	142
2016	1856	401	401	149
2017	2032	420	430	149

(续)

年份	东部经济区域	中部经济区域	西部经济区域	东北经济区域
2018	2400	454	457	153
2019	2475	467	470	150
2020	2629	477	493	154
2021	2919	540	515	157
2022	3334	615	559	166

资料来源：南开大学公司治理数据库。

五、中国上市公司治理评价样本分市场板块说明

2004年6月我国中小企业板（简称"中小板"）揭幕，中小板是深圳证券交易所为了鼓励自主创新而专门设置的中小型公司聚集板块；2021年2月5日，经中国证监会批准，深圳证券交易所启动了主板和中小板的合并工作，合并后中小板将不再作为单独的市场板块存在；2022年评价中的主板上市公司口径与以往年度评价略有不同，除了传统的主板上市公司，还包括合并过来的中小板上市公司。2009年10月我国创业板正式启动，创业板是主板之外的专为暂时无法上市的中小企业和新兴公司提供融资途径与成长空间的证券交易市场，是对主板市场的有效补充，在资本市场中占据着重要的位置。2019年6月13日，科创板正式开板，2020年度评价中首次导入该板块的评价样本。2021年11月15日，北京证券交易所（简称"北交所"）正式揭牌开市，2022年度评价中首次导入该板块的评价样本。如图3-4所示，主板上市公司的分析年份为2003—2022年，评价样本从931家增长至3131家；中小板上市公司的分析年份为2010—2021年，评价样本从272家增长至965家；创业板上市公司的分析年份为2011—2022年，评价样本从152家增长至1089家；科创板上市公司的分析年份为2020—2022年，评价样本从70家增长至377家；北交所上市公司的分析年份为2022年，评价样本为82家。中国上市公司治理评价样本市场板块分布见表3-14。

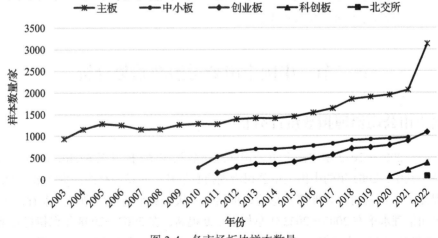

图3-4 各市场板块样本数量

资料来源：南开大学公司治理数据库。

表 3-14 中国上市公司治理评价样本市场板块分布

年份	主板	中小板	创业板	科创板	北交所
2003	931	—	—	—	—
2004	1149	—	—	—	—
2005	1282	—	—	—	—
2006	1249	—	—	—	—
2007	1150	—	—	—	—
2008	1153	—	—	—	—
2009	1260	—	—	—	—
2010	1287	272	—	—	—
2011	1275	523	152	—	—
2012	1391	651	286	—	—
2013	1414	701	355	—	—
2014	1411	701	355	—	—
2015	1452	732	406	—	—
2016	1539	776	492	—	—
2017	1639	822	570	—	—
2018	1851	903	710	—	—
2019	1903	921	738	—	—
2020	1951	943	789	70	—
2021	2062	965	892	215	—
2022	3131	—	1089	377	82

资料来源：南开大学公司治理数据库。

第二节　中国上市公司治理趋势分析

一、中国上市公司治理指数统计分析

总体来看，2003—2022 年中国上市公司治理指数从 49.62 提升至 64.40，增加 14.78，呈缓慢提升态势。其中，2003 年的中国上市公司治理指数是基于问卷调查的评价结果，2004 年及以后的指数是基于上市公司公开披露信息的评价结果。从指数平均值变动趋势来看，如图 3-5 所示，上市公司治理水平在 2003—2022 年总体上不断提高，在 2003—2008 年保持稳定增长趋势，经历了 2009 年的回调，金融危机之后趋于逐年上升态势，并在 2022 年达到新高 64.40。从指数平均值的变动幅度来看，2004—2015 年变化幅度相对较大，最大提升幅度为 1.47（2010 年）；

2016年以来，指数提升相对趋缓，"天花板"效应显现。从标准差的变化来看，2003—2022年上市公司治理指数之间的差异呈现缓慢下降趋势，从5.33下降到3.41，表明在经历了多年的公司治理改革后，上市公司的治理水平得到普遍提升，公司之间的差距进一步缩小。中国上市公司治理总指数统计分析见表3-15。

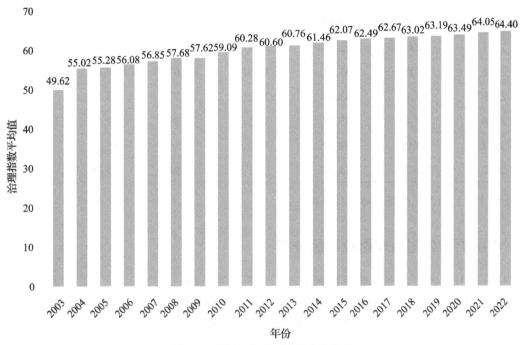

图 3-5 中国上市公司治理指数趋势

资料来源：南开大学公司治理数据库。

表 3-15 中国上市公司治理总指数统计分析

年份	平均值	中位数	标准差	全距	最小值	最大值
2003	49.62	—	5.33	48.02	30.79	78.81
2004	55.02	54.76	4.93	31.91	41.89	73.80
2005	55.28	55.20	4.89	31.52	40.73	72.25
2006	56.08	56.15	5.23	31.95	41.16	73.11
2007	56.85	57.09	3.97	26.84	43.66	70.50
2008	57.68	57.80	3.55	23.16	47.10	70.26
2009	57.62	57.56	3.93	25.47	44.76	70.23
2010	59.09	59.21	4.10	26.82	45.40	72.22
2011	60.28	60.53	3.92	27.04	46.57	73.61
2012	60.60	60.72	3.95	23.73	48.09	71.82
2013	60.76	60.97	3.67	22.28	48.07	70.35

(续)

年份	平均值	中位数	标准差	全距	最小值	最大值
2014	61.46	61.56	3.87	23.89	48.20	72.09
2015	62.07	62.14	3.53	22.23	49.85	72.08
2016	62.49	62.88	3.98	24.25	48.12	72.37
2017	62.67	62.77	3.29	20.53	51.37	71.90
2018	63.02	63.22	3.35	23.07	49.25	72.32
2019	63.19	63.39	3.02	24.75	48.15	72.90
2020	63.49	63.78	3.43	22.81	49.78	72.59
2021	64.05	64.32	3.60	23.31	51.66	74.97
2022	64.40	64.77	3.41	22.88	50.95	73.83

资料来源：南开大学公司治理数据库。

二、中国上市公司治理指数等级分析

对中国上市公司治理指数等级频数进行分析，在2003—2022年期间，均没有公司达到$CCGI^{NK}$ Ⅰ和$CCGI^{NK}$ Ⅱ；达到$CCGI^{NK}$ Ⅲ水平的公司较少，从2004年的11家增长至2022年的145家，特别是自2020年以来增长较为明显；达到$CCGI^{NK}$ Ⅳ的公司呈现上升趋势，从2004年的119家增加到2022年的4026家，增加了3907家；处于$CCGI^{NK}$ Ⅴ的公司在2004年为867家，2004—2011年基本保持稳定，2012年达到峰值（996家），2013年以来呈现下降趋势，2022年为508家；处于$CCGI^{NK}$ Ⅵ的公司数量呈现出显著的下降趋势，从2004年的152家降至2020年的2家，2021年和2022年均没有该等级上市公司。中国上市公司治理指数等级频数分析见表3-16。

表 3-16 中国上市公司治理指数等级频数分析（家）

年份	$CCGI^{NK}$ Ⅰ	$CCGI^{NK}$ Ⅱ	$CCGI^{NK}$ Ⅲ	$CCGI^{NK}$ Ⅳ	$CCGI^{NK}$ Ⅴ	$CCGI^{NK}$ Ⅵ
2003	—	—	—	—	—	—
2004	—	—	11	119	867	152
2005	—	—	2	194	899	187
2006	—	—	8	272	802	167
2007	—	—	2	238	862	60
2008	—	—	3	290	841	20
2009	—	—	1	346	878	36
2010	—	—	5	652	873	29
2011	—	—	8	1070	859	13
2012	—	—	3	1324	996	5

(续)

年份	CCGI^{NK} I	CCGI^{NK} II	CCGI^{NK} III	CCGI^{NK} IV	CCGI^{NK} V	CCGI^{NK} VI
2013	—	—	2	1475	989	4
2014	—	—	17	1596	851	3
2015	—	—	18	1828	743	1
2016	—	—	36	2039	727	5
2017	—	—	21	2370	640	—
2018	—	—	21	2825	615	3
2019	—	—	20	3026	514	2
2020	—	—	57	3137	557	2
2021	—	—	136	3409	589	—
2022	—	—	145	4026	508	—

资料来源：南开大学公司治理数据库。

对中国上市公司治理指数等级比例进行分析，在 2003—2022 年期间，均没有公司达到 CCGI^{NK} I 和 CCGI^{NK} II；达到 CCGI^{NK} III 水平的公司比例较低，自 2020 年以来增长较为明显，在 2020 年、2021 年和 2022 年分别达到 1.52%、3.29% 和 3.10%；达到 CCGI^{NK} IV 的公司比例呈现显著的上升趋势，从 2004 年的 10.36% 提升至 2022 年的 86.04%，自 2011 年以来占比均超过 50%；处于 CCGI^{NK} V 的公司比例则呈现下降趋势，从 2004 年的 75.46% 下降至 2022 年的 10.86%，自 2011 年以来占比降至 50% 以下；处于 CCGI^{NK} VI 的公司比例同样呈现下降趋势，从 2004 年的 13.23% 降至 2020 年的 0.05%，2021 年和 2022 年均没有该等级上市公司。中国上市公司治理指数等级比例分析见表 3-17。

表 3-17 中国上市公司治理指数等级比例分析（%）

年份	CCGI^{NK} I	CCGI^{NK} II	CCGI^{NK} III	CCGI^{NK} IV	CCGI^{NK} V	CCGI^{NK} VI
2003	—	—	—	—	—	—
2004	—	—	0.96	10.36	75.46	13.23
2005	—	—	0.16	15.13	70.12	14.59
2006	—	—	0.64	21.78	64.21	13.37
2007	—	—	0.17	20.48	74.18	5.16
2008	—	—	0.26	25.13	72.88	1.73
2009	—	—	0.08	27.44	69.63	2.85
2010	—	—	0.32	41.82	56.00	1.86
2011	—	—	0.41	54.87	44.05	0.67
2012	—	—	0.13	56.87	42.78	0.21

(续)

年份	CCGI^{NK} I	CCGI^{NK} II	CCGI^{NK} III	CCGI^{NK} IV	CCGI^{NK} V	CCGI^{NK} VI
2013	—	—	0.08	59.72	40.04	0.16
2014	—	—	0.69	64.69	34.50	0.12
2015	—	—	0.69	70.58	28.69	0.04
2016	—	—	1.28	72.64	25.90	0.18
2017	—	—	0.69	78.19	21.12	0.00
2018	—	—	0.61	81.55	17.75	0.09
2019	—	—	0.56	84.95	14.43	0.06
2020	—	—	1.52	83.59	14.84	0.05
2021	—	—	3.29	82.46	14.25	0.00
2022	—	—	3.10	86.04	10.86	0.00

资料来源：南开大学公司治理数据库。

从治理等级分布来看，如图 3-6 所示，2004—2022 年我国上市公司治理能力呈现出显著提升态势。处于 CCGI^{NK} III 和 CCGI^{NK} VI 的上市公司相对较少，大多数上市公司集中分布于 CCGI^{NK} IV 和 CCGI^{NK} V 这两个等级。从变化趋势来看，2004—2022 年达到 CCGI^{NK} IV 的上市公司数量显著增加，占全样本的比例进一步提升，而处于 CCGI^{NK} V 的上市公司数量明显减少，占全样本的比例也相对下降。

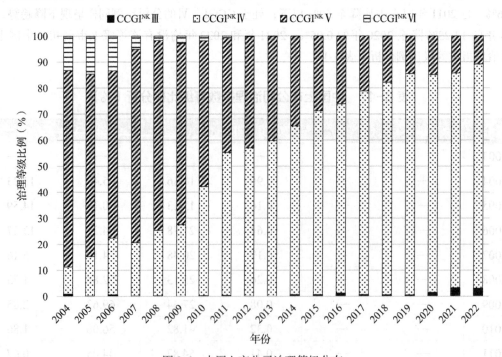

图 3-6 中国上市公司治理等级分布

资料来源：南开大学公司治理数据库。

三、中国上市公司治理分指数趋势分析

从六大维度来看,在2003—2022年期间,信息披露和股东治理维度表现相对较好,而监事会治理和经理层治理维度始终为短板。从2003—2022年各维度治理指数平均值来看,信息披露指数最高,其后依次为股东治理指数、董事会治理指数、利益相关者治理指数、经理层治理指数,监事会治理指数相对最低。从各分指数变化趋势来看,考虑可比性因素,我们对2004—2022年期间的六大维度分指数进行对比。如图3-7所示,2004—2022年中国上市公司利益相关者治理指数改善最为明显,从2004年的51.12提升至2022年的68.13,提高了17.01;其次为董事会治理指数,从2004年的52.60提高到2022年65.02,提高了12.42;股东治理指数也表现出较为显著的提升,从2004年的56.47提高到2022年的68.69,提高了12.22;监事会治理指数提升相对较少,从2004年的50.48提高到2022年的59.49,提高了9.01;经理层治理指数提升亦不明显,从2004年的54.60提高到2022年的59.78,提高了5.18;提升幅度最小的为信息披露指数,从2004年的62.20提高到2022年的65.74,仅提高了3.54。中国上市公司治理分指数统计分析见表3-18。

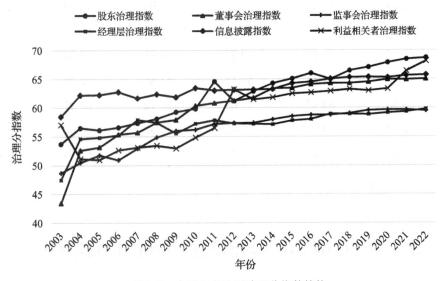

图3-7 中国上市公司治理分指数趋势

资料来源:南开大学公司治理数据库。

表3-18 中国上市公司治理分指数统计分析

年份	股东治理指数	董事会治理指数	监事会治理指数	经理层治理指数	信息披露指数	利益相关者治理指数
2003	53.70	43.40	48.64	47.44	58.44	57.04
2004	56.47	52.60	50.48	54.60	62.20	51.12
2005	56.10	53.15	51.75	54.80	62.25	50.95
2006	56.57	55.35	50.93	55.22	62.76	52.61

(续)

年份	股东治理指数	董事会治理指数	监事会治理指数	经理层治理指数	信息披露指数	利益相关者治理指数
2007	57.32	55.67	52.93	57.88	61.66	53.08
2008	58.06	57.43	54.84	57.40	62.36	53.43
2009	59.23	57.88	55.97	55.53	61.85	52.94
2010	59.81	60.33	56.17	57.21	63.43	54.83
2011	64.56	60.81	57.17	57.81	63.02	56.47
2012	61.20	61.21	57.35	57.27	63.14	63.22
2013	62.89	61.74	57.38	57.21	63.18	61.46
2014	64.28	63.38	57.99	57.12	63.29	61.84
2015	65.08	63.48	58.54	57.80	64.27	62.51
2016	66.04	64.11	58.76	58.01	64.53	62.68
2017	65.00	64.28	58.78	58.92	65.04	62.92
2018	66.47	64.28	59.05	58.91	65.31	63.26
2019	67.06	64.51	59.55	58.85	65.35	63.00
2020	67.86	64.95	59.65	59.12	65.27	63.32
2021	68.45	64.93	59.65	59.32	65.60	66.42
2022	68.69	65.02	59.49	59.78	65.74	68.13

资料来源：南开大学公司治理数据库。

第三节　中国上市公司治理分控股股东性质分析

一、中国上市公司治理指数分控股股东性质比较分析

不同类型控股上市公司治理指数呈现上升态势。从细分控股股东性质来看，2004—2022年国有控股上市公司治理指数从55.36提升至64.31，提升幅度为16.17%。民营控股上市公司治理指数从53.86提升至64.46，提升幅度为19.68%。集体控股上市公司治理指数从55.93提升至63.97，提升幅度为14.38%。外资控股上市公司治理指数从53.63提升至64.27，提升幅度为19.84%。社会团体控股上市公司治理指数从56.07提升至60.61，提升幅度为8.10%。职工持股会控股上市公司治理指数从53.66提升至64.09，提升幅度为19.44%。其他类型上市公司治理指数从54.12提升至64.46，提升幅度为19.11%。

总体来看，民营控股上市公司治理指数提升幅度高于国有控股上市公司，如图3-8所示。二者在2004—2022年期间交替领先，2004—2010年国有控股上市公司治理指数领先民营控股

上市公司，2011年民营控股上市公司治理指数首次超过国有控股上市公司，2011—2018年民营控股上市公司治理指数高于国有控股上市公司，2019年和2020年国有控股上市公司治理指数再度领先民营控股上市公司，而2021年和2022年民营控股上市公司治理指数高于国有控股上市公司。除国有控股上市公司和民营控股上市公司外，外资控股上市公司治理指数改善幅度为19.84%，高于职工持股会控股上市公司、其他类型上市公司、集体控股上市公司和社会团体控股上市公司。中国上市公司治理指数分控股股东比较分析见表3-19。

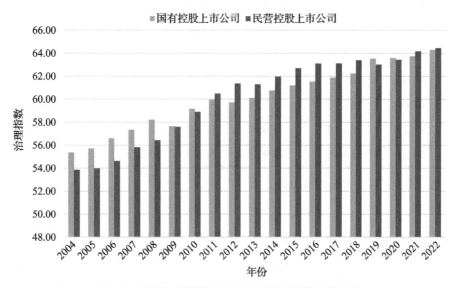

图3-8　国有和民营控股上市公司治理指数比较分析

资料来源：南开大学公司治理数据库。

表3-19　中国上市公司治理指数分控股股东比较分析

年份	国有控股	民营控股	集体控股	外资控股	社会团体控股	职工持股会控股	其他类型
2003	—	—	—	—	—	—	—
2004	55.36	53.86	55.93	53.63	56.07	53.66	54.12
2005	55.71	53.98	57.59	54.21	55.58	53.92	43.50
2006	56.61	54.62	55.54	53.57	58.22	55.00	—
2007	57.35	55.81	54.68	55.77	57.37	55.07	56.35
2008	58.23	56.45	56.72	60.12	55.58	56.27	54.30
2009	57.66	57.61	56.37	56.94	58.70	56.47	56.25
2010	59.17	58.90	60.79	60.72	55.91	59.59	—
2011	59.96	60.49	62.67	60.86	58.07	59.91	—
2012	59.72	61.36	60.08	60.80	64.46	54.29	58.91
2013	60.11	61.29	60.04	60.93	61.09	57.62	59.81

(续)

年份	国有控股	民营控股	集体控股	外资控股	社会团体控股	职工持股会控股	其他类型
2014	60.76	61.97	62.91	61.76	59.29	58.48	62.83
2015	61.19	62.72	62.45	61.47	59.79	58.09	64.36
2016	61.53	63.11	61.42	63.40	58.03	63.75	62.09
2017	61.88	63.12	61.92	62.85	58.14	60.52	63.97
2018	62.23	63.41	63.63	63.29	58.54	61.28	63.72
2019	63.54	63.03	62.45	63.02	60.95	60.65	64.53
2020	63.60	63.45	63.25	63.12	60.54	61.11	64.10
2021	63.75	64.18	63.60	63.99	59.58	63.18	64.55
2022	64.31	64.46	63.97	64.27	60.61	64.09	64.46

资料来源：南开大学公司治理数据库。

二、各控股股东性质中国上市公司治理指数具体分析

从平均值变化趋势来看，2004—2022 年国有控股上市公司治理指数平均值从 55.36 增长至 64.31，增长幅度为 16.17%，平均每年提升约 0.50。2004—2022 年期间，除 2009 年和 2012 年出现一定程度的下降外，国有控股上市公司治理指数平均值总体呈现平稳增长趋势，其中，提升幅度最高的为 2010 年（1.51），提升幅度最低的为 2020 年（0.06）。从标准差的变化趋势来看，2004—2022 年国有控股上市公司治理指数的标准差从 4.96 降低至 3.24，表明国有控股上市公司治理水平内部差异有所降低。国有控股上市公司治理指数统计分析见表 3-20。

表 3-20　国有控股上市公司治理指数统计分析

年份	平均值	中位数	标准差	全距	最小值	最大值
2003	—	—	—	—	—	—
2004	55.36	54.98	4.96	31.91	41.89	73.80
2005	55.71	55.56	4.85	28.06	44.19	72.25
2006	56.61	56.61	5.06	31.42	41.69	73.11
2007	57.35	57.48	3.79	26.84	43.66	70.50
2008	58.23	58.24	3.38	21.88	48.38	70.26
2009	57.66	57.70	3.97	25.47	44.76	70.23
2010	59.17	59.30	3.96	24.51	46.48	70.99
2011	59.96	60.04	3.73	25.13	46.57	71.70

(续)

年份	平均值	中位数	标准差	全距	最小值	最大值
2012	59.72	59.69	3.51	21.66	48.09	69.75
2013	60.11	60.26	3.45	20.83	49.33	70.16
2014	60.76	60.85	3.69	21.33	50.06	71.39
2015	61.19	60.96	3.32	21.27	50.81	72.08
2016	61.53	61.71	3.71	23.02	48.91	71.93
2017	61.88	61.82	3.16	19.48	51.69	71.17
2018	62.23	62.25	3.32	21.43	49.70	71.13
2019	63.54	63.63	2.86	19.37	53.53	72.90
2020	63.60	63.60	3.14	18.59	53.73	72.32
2021	63.75	63.89	3.45	20.72	53.09	73.81
2022	64.31	64.48	3.24	22.34	50.95	73.29

资料来源：南开大学公司治理数据库。

从平均值变化趋势来看，2004—2022年民营控股上市公司治理指数平均值从53.86增长至64.46，平均每年提升约0.59，改善幅度高于国有控股上市公司。2004—2022年民营控股上市公司治理指数变化趋势可以分为两个阶段。第一阶段为2004—2015年，该阶段民营控股上市公司治理指数平均值呈加速上升趋势，指数从53.86增长到62.72，多数年份的提升幅度超过0.50。2016—2022年民营控股上市公司治理指数平均值进入相对平稳的增长阶段，指数从63.11增长到64.46，仅提升1.35。从标准差的变化趋势来看，2004—2022年民营控股上市公司治理指数的标准差从4.79降低至3.40，略高于国有控股上市公司治理指数的标准差。民营控股上市公司治理指数统计分析见表3-21。

表3-21 民营控股上市公司治理指数统计分析

年份	平均值	中位数	标准差	全距	最小值	最大值
2003	—	—	—	—	—	—
2004	53.86	53.48	4.79	26.27	42.98	69.25
2005	53.98	54.28	4.74	25.94	42.69	68.63
2006	54.62	54.96	5.44	29.48	41.16	70.64
2007	55.81	56.31	4.21	23.36	45.08	68.44
2008	56.45	56.58	3.60	22.03	47.10	69.13
2009	57.61	57.41	3.83	21.45	46.66	68.11
2010	58.90	59.07	4.32	26.82	45.40	72.22
2011	60.49	61.01	4.07	27.02	46.59	73.61

（续）

年份	平均值	中位数	标准差	全距	最小值	最大值
2012	61.36	61.84	4.10	21.76	48.54	70.30
2013	61.29	61.58	3.75	22.28	48.07	70.35
2014	61.97	62.22	3.88	23.89	48.20	72.09
2015	62.72	63.06	3.53	21.64	49.85	71.49
2016	63.11	63.64	4.02	24.25	48.12	72.37
2017	63.12	63.34	3.25	20.53	51.37	71.90
2018	63.41	63.72	3.29	23.07	49.25	72.32
2019	63.03	63.21	3.07	23.34	48.15	71.49
2020	63.45	63.85	3.49	22.08	49.78	71.86
2021	64.18	64.50	3.60	23.31	51.66	74.97
2022	64.46	64.91	3.40	21.34	51.26	72.60

资料来源：南开大学公司治理数据库。

从平均值变化趋势来看，2004—2022年集体控股上市公司治理指数平均值呈波动上升趋势，从55.93增长至63.97，增长幅度为14.38%，平均每年提升约0.45。从标准差的变化趋势来看，2004—2022年集体控股上市公司治理指数的标准差从4.57下降至3.75，表明集体控股上市公司治理水平内部差异有所降低。集体控股上市公司治理指数统计分析见表3-22。

表3-22 集体控股上市公司治理指数统计分析

年份	平均值	中位数	标准差	全距	最小值	最大值
2003	—	—	—	—	—	—
2004	55.93	55.52	4.57	22.65	47.83	70.48
2005	57.59	57.17	5.03	15.38	49.67	65.05
2006	55.54	56.56	5.34	15.20	47.92	63.12
2007	54.68	55.41	3.77	13.81	47.59	61.40
2008	56.72	56.45	3.15	11.43	50.56	61.99
2009	56.37	56.46	1.96	4.75	53.91	58.66
2010	60.79	60.00	4.36	16.49	52.34	68.83
2011	62.67	62.93	3.16	13.96	55.26	69.22
2012	60.08	59.65	4.05	15.78	52.92	68.70
2013	60.04	60.49	3.79	14.31	52.58	66.89
2014	62.91	62.00	4.21	17.47	53.02	70.49

(续)

年份	平均值	中位数	标准差	全距	最小值	最大值
2015	62.45	62.22	3.05	11.55	56.51	68.06
2016	61.42	61.92	3.67	12.71	54.07	66.78
2017	61.92	61.45	3.78	15.97	55.24	71.21
2018	63.63	63.56	3.17	11.56	57.02	68.58
2019	62.45	62.98	3.32	12.22	56.84	69.06
2020	63.25	63.63	2.98	11.73	56.41	68.14
2021	63.60	62.99	3.73	13.15	57.46	70.61
2022	63.97	63.62	3.75	12.98	57.74	70.72

资料来源：南开大学公司治理数据库。

从平均值变化趋势来看，2004—2022 年外资控股上市公司治理指数平均值呈波动上升趋势，从 53.63 增长至 64.27，增长幅度为 19.84%，平均每年提升约 0.59。从标准差的变化趋势来看，2004—2022 年外资控股上市公司治理指数的标准差从 5.93 下降至 3.34，下降幅度较为显著。外资控股上市公司治理指数统计分析见表 3-23。

表 3-23　外资控股上市公司治理指数统计分析

年份	平均值	中位数	标准差	全距	最小值	最大值
2003	—	—	—	—	—	—
2004	53.63	51.20	5.93	16.70	44.86	61.56
2005	54.21	51.64	6.33	21.33	46.88	68.21
2006	53.57	55.18	5.81	13.98	45.89	59.87
2007	55.77	56.58	3.08	8.84	49.84	58.68
2008	60.12	60.77	3.46	12.02	52.14	64.16
2009	56.94	56.86	4.38	15.75	49.76	65.51
2010	60.72	60.09	3.49	10.26	55.39	65.65
2011	60.86	61.22	4.36	18.85	49.14	67.99
2012	60.80	61.06	3.48	15.27	54.36	69.63
2013	60.93	60.36	4.05	16.49	53.50	69.99
2014	61.76	61.73	4.07	19.82	50.66	70.48
2015	61.47	60.54	3.58	16.76	53.50	70.26
2016	63.40	64.11	3.42	12.38	56.67	69.05
2017	62.85	63.03	2.96	14.90	54.34	69.24

(续)

年份	平均值	中位数	标准差	全距	最小值	最大值
2018	63.29	63.33	3.08	14.58	55.80	70.38
2019	63.02	63.44	3.00	14.50	55.55	70.05
2020	63.12	63.65	3.57	15.88	53.94	69.82
2021	63.99	64.57	3.51	17.39	54.69	72.08
2022	64.27	64.76	3.34	18.32	52.55	70.87

资料来源：南开大学公司治理数据库。

从平均值变化趋势来看，2004—2022 年社会团体控股上市公司治理指数平均值整体变化幅度较小但波动较为明显，从 56.07 增长至 60.61，平均每年提升约 0.25。2004—2011 年呈现缓慢增长趋势，2012 年增长显著，达到最大值 64.46，自 2013 年以来呈现下降趋势。从标准差的变化趋势来看，2004—2022 年社会团体控股上市公司治理指数的标准差从 2.45 提升至 4.88，表明社会团体控股上市公司治理水平内部差异进一步扩大。社会团体控股上市公司治理指数统计分析见表 3-24。

表 3-24　社会团体控股上市公司治理指数统计分析

年份	平均值	中位数	标准差	全距	最小值	最大值
2003	—	—	—	—	—	—
2004	56.07	56.52	2.45	6.12	52.27	58.39
2005	55.58	55.04	3.85	14.27	48.67	62.94
2006	58.22	56.71	6.31	14.71	52.37	67.08
2007	57.37	57.36	2.03	4.19	55.28	59.47
2008	55.58	57.06	3.19	6.60	50.80	57.40
2009	58.70	57.62	6.89	13.65	52.41	66.06
2010	55.91	54.91	2.70	5.11	53.86	58.97
2011	58.07	58.27	2.32	4.63	55.65	60.28
2012	64.46	64.46	0.00	0.00	64.46	64.46
2013	61.09	61.09	0.00	0.00	61.09	61.09
2014	59.29	56.61	6.95	17.57	52.86	70.43
2015	59.79	59.52	2.32	6.14	57.01	63.15
2016	58.03	57.46	3.73	12.42	52.66	65.08
2017	58.14	58.81	3.46	11.78	51.56	63.34
2018	58.54	57.86	3.01	10.67	54.31	64.98

(续)

年份	平均值	中位数	标准差	全距	最小值	最大值
2019	60.95	60.85	3.67	12.39	55.63	68.02
2020	60.54	59.81	3.60	13.76	54.74	68.50
2021	59.58	58.04	4.14	12.05	54.39	66.44
2022	60.61	58.94	4.88	15.34	53.89	69.23

资料来源：南开大学公司治理数据库。

从平均值变化趋势来看，2004—2022年职工持股会控股上市公司治理指数平均值呈现显著增长趋势，从53.66增长至64.09，平均每年提升约0.58。2004—2011年呈现平稳增长趋势，2012—2017年出现较大幅度的波动，2018年以来再度呈现稳定增长态势。从标准差的变化趋势来看，2004—2022年职工持股会控股上市公司治理指数的标准差呈现明显波动，2018年最低，为0.70，2004年最高，为4.77。职工持股会控股上市公司治理指数统计分析见表3-25。

表3-25　职工持股会控股上市公司治理指数统计分析

年份	平均值	中位数	标准差	全距	最小值	最大值
2003	—	—	—	—	—	—
2004	53.66	51.76	4.77	15.95	48.29	64.24
2005	53.92	53.73	2.46	7.22	49.47	56.69
2006	55.00	56.20	4.62	17.81	43.33	61.14
2007	55.07	55.27	3.09	11.96	48.05	60.01
2008	56.27	57.17	3.63	11.99	49.50	61.49
2009	56.47	56.45	1.07	2.58	55.21	57.79
2010	59.59	58.86	4.00	11.16	54.80	65.96
2011	59.91	59.44	2.56	6.62	56.21	62.83
2012	54.29	53.72	1.92	4.80	51.87	56.67
2013	57.62	58.31	3.26	9.42	53.10	62.52
2014	58.48	58.27	4.30	13.32	52.15	65.47
2015	58.09	58.31	3.13	8.64	52.87	61.51
2016	63.75	63.10	4.75	11.16	58.83	69.99
2017	60.52	59.72	3.09	6.77	57.93	64.70
2018	61.28	61.40	0.70	1.49	60.42	61.91
2019	60.65	61.10	3.27	7.82	56.28	64.10
2020	61.11	61.36	2.90	5.79	58.09	63.88

(续)

年份	平均值	中位数	标准差	全距	最小值	最大值
2021	63.18	62.94	0.63	1.18	62.71	63.89
2022	64.09	62.72	4.06	7.77	60.89	68.66

资料来源：南开大学公司治理数据库。

从平均值变化趋势来看，2004—2022年其他类型控股上市公司治理指数平均值总体呈现增长趋势，从54.12增长至64.46，2012年以来均保持稳定增长。从标准差的变化趋势来看，2004—2022年其他类型控股上市公司治理指数标准差整体较高，波动趋势较为明显，2017年最低，为3.36，2012年最高，为7.77。其他类型控股上市公司治理指数统计分析见表3-26。

表3-26 其他类型控股上市公司治理指数统计分析

年份	平均值	中位数	标准差	全距	最小值	最大值
2003	—	—	—	—	—	—
2004	54.12	55.67	3.72	10.96	47.31	58.27
2005	43.50	43.50	3.91	5.53	40.73	46.26
2006	—	—	—	—	—	—
2007	56.35	55.69	6.12	12.18	50.59	62.77
2008	54.30	53.47	3.71	8.26	50.78	59.04
2009	56.25	57.09	4.28	10.12	50.66	60.78
2010	—	—	—	—	—	—
2011	—	—	—	—	—	—
2012	58.91	57.82	7.77	20.82	51.00	71.82
2013	59.81	60.64	4.36	14.36	50.95	65.31
2014	62.83	64.20	3.51	9.86	57.41	67.27
2015	64.36	64.69	3.70	11.93	57.34	69.27
2016	62.09	61.92	3.91	14.47	54.37	68.84
2017	63.97	64.02	3.36	13.66	55.85	69.51
2018	63.72	64.65	3.77	18.75	50.68	69.43
2019	64.53	65.00	3.50	14.49	55.53	70.02
2020	64.10	64.47	4.05	22.50	50.09	72.59
2021	64.55	65.11	4.12	20.24	54.33	74.57
2022	64.46	64.66	4.01	21.26	52.57	73.83

资料来源：南开大学公司治理数据库。

第四节　中国上市公司治理分区域和地区分析

一、中国上市公司治理指数分区域和地区比较分析

（一）七大地理区域治理指数比较分析

从公司治理发展状况来看，七大地区上市公司治理指数均呈上升趋势。从指数平均值来看：2003—2022年七大地区中治理指数平均值较高的地区为华南地区（60.09）、华东地区（60.05）、华北地区（59.96）、华中地区（59.80）、西南地区（59.30），上述五个地区公司治理指数均在59以上；西北地区（58.73）和东北地区（58.48）公司治理指数较低，在七大地区中排名靠后。从指数变化趋势来看，2003—2022年上市公司治理指数增长幅度从高到低依次为西南地区（31.73%）、华北地区（31.50%）、华东地区（31.26%）、东北地区（27.75%）、西北地区（27.08%）、华中地区（26.74%）、华南地区（25.05%）。总体而言，华南地区上市公司治理指数最高但变化幅度最小，华东地区和华北地区公司治理水平较高且提升幅度较大，西南地区上市公司治理水平较低但提升幅度最大。中国上市公司治理指数分地区比较分析见表3-27。

表 3-27　中国上市公司治理指数分地区比较分析

年份	东北地区	华北地区	华中地区	华东地区	华南地区	西北地区	西南地区
2003	49.19	48.92	50.89	49.20	51.53	50.04	48.92
2004	53.98	55.74	54.40	55.90	54.10	54.82	53.90
2005	53.93	56.23	55.14	55.94	54.93	54.01	54.38
2006	54.54	57.24	55.88	56.71	55.06	54.85	55.92
2007	55.81	57.29	57.13	57.40	56.40	55.93	56.19
2008	57.00	58.10	57.85	57.70	58.24	56.36	57.54
2009	56.69	58.15	57.41	58.18	57.62	56.37	56.58
2010	58.18	58.99	59.25	59.36	59.79	57.59	58.52
2011	58.33	60.59	60.43	60.42	60.95	59.00	59.79
2012	58.92	60.66	60.48	60.90	61.23	58.98	59.97
2013	59.28	61.00	60.48	60.95	61.23	59.54	60.44
2014	59.65	61.33	61.32	61.85	61.78	60.60	60.83
2015	60.99	62.09	61.66	62.32	62.66	60.75	61.42
2016	60.77	62.32	62.25	62.74	63.40	60.91	61.85
2017	61.30	62.48	62.90	62.75	63.44	61.44	62.14
2018	61.75	62.77	63.32	63.11	63.66	61.95	62.47

(续)

年份	东北地区	华北地区	华中地区	华东地区	华南地区	西北地区	西南地区
2019	62.09	63.35	63.40	63.16	63.45	62.53	63.26
2020	61.99	63.65	63.44	63.58	63.81	62.32	63.52
2021	62.34	64.04	63.96	64.30	64.17	62.98	63.90
2022	62.84	64.33	64.50	64.58	64.44	63.59	64.44

资料来源：南开大学公司治理数据库。

（二）四大经济区域治理指数比较分析

从经济区域分布来看，上市公司治理水平总体呈现东部和中部较强、西部和东北偏弱的特点，2003—2022年四大经济区域上市公司治理指数平均值从高到低依次为东部经济区域（60.13）、中部经济区域（59.74）、西部经济区域（59.05）、东北经济区域（58.48）。从不同区域上市公司治理水平变化趋势来看，西部经济区域上市公司治理改善最为显著。如图3-9所示，2003—2022年，东部经济区域上市公司治理指数从49.88提升到64.52，提升幅度为29.35%；中部经济区域上市公司治理指数从49.95提升到64.55，提升幅度为29.23%；西部经济区域上市公司治理指数从49.38提升到64.02，提升幅度为29.65%；东北经济区域上市公司治理指数从49.19提升到62.84，提升幅度为27.75%。中国上市公司治理指数分经济区域比较分析见表3-28。

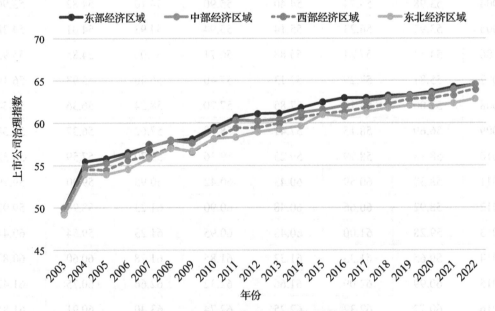

图3-9 四大经济区域上市公司治理指数趋势

资料来源：南开大学公司治理数据库。

表 3-28　中国上市公司治理指数分经济区域比较分析

年份	东部经济区域	中部经济区域	西部经济区域	东北经济区域
2003	49.88	49.95	49.38	49.19
2004	55.45	54.78	54.53	53.98
2005	55.83	55.27	54.44	53.93
2006	56.49	56.16	55.59	54.54
2007	57.20	57.16	56.08	55.81
2008	57.88	57.97	57.16	57.00
2009	58.12	57.65	56.56	56.69
2010	59.48	59.18	58.13	58.18
2011	60.67	60.33	59.42	58.33
2012	61.10	60.25	59.44	58.92
2013	61.15	60.40	59.98	59.28
2014	61.83	61.24	60.68	59.65
2015	62.48	61.59	61.09	60.99
2016	62.98	62.02	61.35	60.77
2017	62.98	62.56	61.79	61.30
2018	63.26	62.98	62.22	61.75
2019	63.32	63.23	62.85	62.09
2020	63.69	63.49	62.95	61.99
2021	64.28	63.99	63.38	62.34
2022	64.52	64.55	64.02	62.84

资料来源：南开大学公司治理数据库。

二、各区域和地区中国上市公司治理指数具体分析

（一）七大地理区域治理指数具体分析

从东北地区和全国上市公司治理指数对比来看，2003—2022年东北地区上市公司治理指数平均值为58.48，低于全国上市公司治理指数平均值59.79。2003—2022年东北地区上市公司治理指数始终低于全国上市公司。从区域内部省份之间的比较来看，2003—2022年东北地区三省治理指数平均值从高到低依次为辽宁（58.78）、吉林（58.45）、黑龙江（57.90）。2003—2022年东北地区三省上市公司治理指数均呈上升趋势，其中增长幅度最大的吉林，从2003年的48.42

增长至 2022 年的 63.21，增长幅度为 30.55%；其次为辽宁，从 2003 年的 48.74 增长至 2022 年的 62.51，增长幅度为 28.25%；变化最小的为黑龙江，从 2003 年的 50.42 增长至 2022 年的 63.05，增长幅度为 25.05%。东北地区上市公司治理指数分析见表 3-29。

表 3-29 东北地区上市公司治理指数分析

年份	全国	东北地区	黑龙江	吉林	辽宁
2003	49.62	49.19	50.42	48.42	48.74
2004	55.02	53.98	54.19	53.66	54.08
2005	55.28	53.93	53.87	53.35	54.35
2006	56.08	54.54	53.24	54.64	55.31
2007	56.85	55.81	54.88	55.59	56.49
2008	57.68	57.00	57.06	56.12	57.57
2009	57.62	56.69	54.99	57.37	57.12
2010	59.09	58.18	56.45	58.41	58.89
2011	60.28	58.33	58.02	57.76	58.82
2012	60.60	58.92	57.71	59.15	59.38
2013	60.76	59.28	58.18	58.92	59.98
2014	61.46	59.65	59.04	59.39	60.10
2015	62.07	60.99	60.04	61.31	61.25
2016	62.49	60.77	60.50	60.40	61.10
2017	62.67	61.30	60.31	61.47	61.68
2018	63.02	61.75	61.38	62.32	61.60
2019	63.19	62.09	61.29	62.91	62.02
2020	63.49	61.99	61.60	61.68	62.37
2021	64.05	62.34	61.87	62.91	62.25
2022	64.40	62.84	63.05	63.21	62.51

资料来源：南开大学公司治理数据库。

从华北地区和全国上市公司治理指数对比来看，2003—2022 年华北地区上市公司治理指数平均值为 59.96，高于全国上市公司治理指数平均值 59.79。2003—2022 年期间，2003 年、2010 年、2014 年、2016—2018 年、2021—2022 年华北地区上市公司治理指数低于全国上市公司治理指数，其他年度华北地区上市公司治理指数均高于全国上市公司治理指数。进一步从区域内部省份之间的比较来看，2003—2022 年北京上市公司治理指数平均值高于华北地区治理指数平均值，而河北、天津、内蒙古和山西上市公司治理指数平均值低于华北地区治理指数平均值。

2003—2022年华北地区上市公司治理指数均呈上升趋势，内蒙古上市公司治理指数变动幅度最大，从2003年的47.74增长至2022年的63.72；河北、天津、北京上市公司治理指数分别增加了15.85、15.75和14.05；山西上市公司治理指数变动幅度最小，从2003年的49.22增长至2022年的62.50，仅增加了13.28。华北地区上市公司治理指数分析见表3-30。

表3-30　华北地区上市公司治理指数分析

年份	全国	华北地区	北京	天津	河北	山西	内蒙古
2003	49.62	48.92	50.48	48.60	48.55	49.22	47.74
2004	55.02	55.74	56.49	54.28	55.88	54.95	55.16
2005	55.28	56.23	56.68	56.45	56.79	54.49	55.19
2006	56.08	57.24	58.05	57.53	56.67	56.19	55.72
2007	56.85	57.29	57.83	56.42	57.13	57.66	55.71
2008	57.68	58.10	58.63	57.57	57.55	57.47	57.90
2009	57.62	58.15	58.65	58.16	57.22	57.90	57.46
2010	59.09	58.99	59.99	59.03	57.65	57.42	57.36
2011	60.28	60.59	61.39	59.71	60.72	59.18	57.40
2012	60.60	60.66	61.48	59.74	60.22	59.28	57.89
2013	60.76	61.00	61.87	59.88	60.16	58.99	59.40
2014	61.46	61.33	62.10	60.06	60.61	59.65	60.24
2015	62.07	62.09	63.01	60.81	61.15	59.81	60.67
2016	62.49	62.32	63.19	61.29	61.87	59.26	60.24
2017	62.67	62.48	63.01	61.77	62.88	59.81	61.03
2018	63.02	62.77	63.20	62.79	62.92	60.05	61.38
2019	63.19	63.35	63.56	63.79	63.20	61.74	62.63
2020	63.49	63.65	63.95	63.27	63.51	62.43	62.51
2021	64.05	64.04	64.47	63.52	63.88	62.18	62.23
2022	64.40	64.33	64.53	64.35	64.40	62.50	63.72

资料来源：南开大学公司治理数据库。

从华中地区和全国上市公司治理指数对比来看，2003—2022年华中地区上市公司治理指数平均值为59.80，略高于全国上市公司治理指数平均值59.79。2003—2022年期间，2004—2006年、2009年、2012—2016年、2020—2021年华中地区上市公司治理指数低于全国上市公司，其余年份高于全国上市公司。从区域内部省份之间的比较来看，2003—2022年华中地区三省治理指数平均值从高到低依次为河南（60.47）、湖南（59.67）、湖北（59.45）。2003—2022年华中地区上市公司治理指数均呈平稳上升趋势。其中增长幅度最大的河南，从2003年的50.51增长至2022年的65.16，增长幅度为29.00%；其次为湖南，从2003年的50.85增长至2022年的64.25，增长幅度为26.35%；变化最小的为湖北，从2003年的51.31增长至2022年的64.28，增长幅度为25.28%。华中地区上市公司治理指数分析见表3-31。

表3-31 华中地区上市公司治理指数分析

年份	全国	华中地区	河南	湖北	湖南
2003	49.62	50.89	50.51	51.31	50.85
2004	55.02	54.40	55.46	53.98	54.15
2005	55.28	55.14	56.08	55.37	54.17
2006	56.08	55.88	57.33	55.59	55.29
2007	56.85	57.13	57.93	56.98	56.67
2008	57.68	57.85	58.13	57.67	57.91
2009	57.62	57.41	57.96	57.40	57.03
2010	59.09	59.25	59.68	59.34	58.79
2011	60.28	60.43	60.98	60.10	60.33
2012	60.60	60.48	61.26	59.93	60.41
2013	60.76	60.48	61.43	59.56	60.66
2014	61.46	61.32	62.49	60.42	61.27
2015	62.07	61.66	62.00	61.11	61.96
2016	62.49	62.25	63.28	61.13	62.52
2017	62.67	62.90	63.36	62.47	62.98
2018	63.02	63.32	63.56	63.02	63.42
2019	63.19	63.40	64.15	62.92	63.29
2020	63.49	63.44	63.96	62.95	63.51
2021	64.05	63.96	64.64	63.38	64.01
2022	64.40	64.50	65.16	64.28	64.25

资料来源：南开大学公司治理数据库。

从华东地区和全国上市公司治理指数的对比来看，2003—2022年华东地区上市公司治理指数平均值为60.05，高于全国上市公司治理指数平均值59.79。2003—2022年中，除2003年和2019年外，其他年度华东地区上市公司治理指数均高于全国上市公司治理指数。进一步从区域内部省份之间的比较来看，2003—2022年江苏、浙江和安徽上市公司治理指数平均值高于华东地区治理指数平均值，而福建、山东、江西和上海上市公司治理指数平均值低于华东地区治理指数平均值。江西上市公司的治理水平提升最为显著，指数从2003年的48.38提升至2022年的64.64，增长幅度达到33.61%；山东、浙江、安徽、上海上市公司的治理指数也增长较快，2003—2022年增长幅度均超过30%；福建和江苏上市公司治理指数提升相对较少，增长幅度分别为28.87%和28.67%。华东地区上市公司治理指数分析见表3-32。

表3-32 华东地区上市公司治理指数分析

年份	全国	华东地区	山东	江苏	安徽	上海	浙江	江西	福建
2003	49.62	49.20	48.92	50.33	49.43	48.72	48.81	48.38	49.81
2004	55.02	55.90	55.39	57.29	55.67	56.35	55.68	55.29	53.44
2005	55.28	55.94	55.35	56.93	56.62	55.74	56.93	54.29	54.25
2006	56.08	56.71	55.98	56.92	56.57	57.38	56.19	56.94	56.30
2007	56.85	57.40	57.00	57.23	56.99	57.50	58.09	57.04	57.53
2008	57.68	57.70	57.80	57.77	58.28	57.32	57.50	58.54	58.15
2009	57.62	58.18	57.69	58.89	57.68	57.65	58.85	58.77	58.41
2010	59.09	59.36	58.99	59.18	59.80	58.48	60.39	59.25	59.96
2011	60.28	60.42	60.21	60.36	60.88	59.71	61.14	59.67	60.52
2012	60.60	60.90	60.78	61.20	60.31	59.72	61.82	59.57	61.57
2013	60.76	60.95	60.64	61.32	60.65	60.16	61.48	60.70	61.14
2014	61.46	61.85	61.40	62.32	61.94	61.14	62.26	60.79	62.09
2015	62.07	62.32	61.89	62.50	61.84	61.62	62.91	62.42	62.82
2016	62.49	62.74	62.64	62.95	62.38	61.98	63.31	62.46	62.75
2017	62.67	62.75	62.73	63.09	62.83	61.98	63.09	62.35	62.58
2018	63.02	63.11	63.01	63.46	63.37	62.65	63.14	62.44	63.03
2019	63.19	63.16	63.56	63.26	63.07	62.87	63.04	63.83	63.21
2020	63.49	63.58	63.44	63.77	63.87	63.27	63.62	63.77	63.47
2021	64.05	64.30	64.29	64.46	64.55	64.29	64.15	64.20	64.15
2022	64.40	64.58	64.70	64.76	65.20	64.25	64.53	64.64	64.19

资料来源：南开大学公司治理数据库。

从华南地区和全国上市公司治理指数对比来看，2003—2022年华南地区上市公司治理指数平均值为60.09，高于全国上市公司治理指数平均值59.79。2003—2022年期间，仅2004—

2007年华南地区上市公司治理指数低于全国上市公司，其余年份均高于全国上市公司。从区域内部省份之间的比较来看，2003—2022年华南地区三省治理指数平均值从高到低依次为广东（60.35）、海南（59.80）、广西（59.08）。2003—2022年华南地区上市公司治理指数均呈平稳上升趋势，其中：提升最显著的是广东，从2003年的51.16提升至2022年的64.65，增长幅度为26.37%；其次为广西，从2003年的50.03提升至2022年的62.82，增长幅度为25.56%；变化最小的为海南，从2003年53.39提升至2022年的64.25，增长幅度为20.34%。华南地区上市公司治理指数分析见表3-33。

表3-33 华南地区上市公司治理指数分析

年份	全国	华南地区	广东	广西	海南
2003	49.62	51.53	51.16	50.03	53.39
2004	55.02	54.10	53.60	56.62	54.15
2005	55.28	54.93	55.17	56.10	54.17
2006	56.08	55.06	55.33	56.46	55.29
2007	56.85	56.40	56.60	56.27	56.67
2008	57.68	58.24	58.80	57.45	57.91
2009	57.62	57.62	58.09	56.59	57.03
2010	59.09	59.79	60.36	58.56	58.79
2011	60.28	60.95	61.24	60.31	60.33
2012	60.60	61.23	61.66	59.24	60.41
2013	60.76	61.23	61.63	59.34	60.66
2014	61.46	61.78	62.08	60.47	61.27
2015	62.07	62.66	62.99	60.83	61.96
2016	62.49	63.40	63.84	60.87	62.52
2017	62.67	63.44	63.77	61.61	62.98
2018	63.02	63.66	63.89	62.35	63.42
2019	63.19	63.45	63.67	61.61	63.29
2020	63.49	63.81	64.06	62.04	63.51
2021	64.05	64.17	64.46	62.07	64.01
2022	64.40	64.44	64.65	62.82	64.25

资料来源：南开大学公司治理数据库。

从西北地区和全国上市公司治理指数对比来看，2003—2022年西北地区上市公司治理指数平均值为58.73，低于全国上市公司治理指数平均值59.79。2003—2022年中，除2003年外，其他年度西北地区上市公司治理指数均低于全国平均值。进一步从区域内部省份之间的比较来看，

2003—2022年新疆和陕西上市公司治理指数平均值高于西北地区上市公司治理指数平均值，而甘肃、青海和宁夏上市公司治理指数平均值低于西北地区上市公司治理指数平均值。宁夏上市公司的治理水平提升最为显著，指数从2003年的48.62提升至2022年的63.46，增长幅度达到30.52%；新疆、甘肃和陕西上市公司治理指数增长相对较快，2003—2022年增长幅度分别为27.84%、26.63%和24.40%；青海上市公司治理指数提升最为缓慢，从2003年的50.00提升至2022年的60.06，提升幅度为20.12%。西北地区上市公司治理指数分析见表3-34。

表3-34 西北地区上市公司治理指数分析

年份	全国	西北地区	陕西	甘肃	宁夏	青海	新疆
2003	49.62	50.04	51.48	50.21	48.62	50.00	49.90
2004	55.02	54.82	56.21	53.72	51.96	54.42	55.52
2005	55.28	54.01	55.29	52.65	53.50	54.58	53.74
2006	56.08	54.85	55.26	53.52	54.15	53.01	56.41
2007	56.85	55.93	55.52	54.98	55.35	55.52	57.50
2008	57.68	56.36	56.09	55.18	56.02	58.07	57.00
2009	57.62	56.37	55.13	56.53	56.37	55.27	57.84
2010	59.09	57.59	57.36	57.23	55.70	57.01	58.78
2011	60.28	59.00	59.34	58.54	60.15	58.15	58.80
2012	60.60	58.98	59.33	58.31	57.92	58.25	59.59
2013	60.76	59.54	59.64	59.20	57.67	58.16	60.58
2014	61.46	60.60	61.11	60.21	57.56	60.44	61.32
2015	62.07	60.75	60.69	61.37	59.06	61.20	60.83
2016	62.49	60.91	61.56	61.19	58.35	58.72	61.31
2017	62.67	61.44	61.94	61.71	59.89	60.03	61.55
2018	63.02	61.95	62.14	62.16	60.97	60.55	62.21
2019	63.19	62.53	62.54	62.73	61.56	61.13	62.93
2020	63.49	62.32	62.47	62.61	62.14	60.62	62.41
2021	64.05	62.98	63.56	62.87	62.84	61.63	62.75
2022	64.40	63.59	64.04	63.58	63.46	60.06	63.79

资料来源：南开大学公司治理数据库。

从西南地区和全国上市公司治理指数对比来看，2003—2022年西南地区上市公司治理指数平均值为59.30，低于全国上市公司平均值59.79。2003—2022年中，2019年、2020年和2022年西南地区上市公司治理指数略高于全国上市公司治理指数，其他年度西南地区上市公司治理指数均低于全国上市公司治理指数。进一步从区域内部省份之间的比较来看，2003—2022年云南和贵州上市公司治理指数平均值高于西南地区上市公司治理指数平均值，而四川、重庆和西藏上市公司治理指数平均值低于西南地区上市公司治理指数平均值。云南上市公司的治理水平提升最为显著，指数从2003年的47.47提升至2022年的63.87，增长幅度达到34.55%；四川和西藏上市公司治理指数增长相对较快，增长幅度均在30%以上，分别为32.52%和31.68%；贵州和重庆上市公司治理指数提升相对较小，分别为29.88%和27.54%。西南地区上市公司治理指数分析见表3-35。

表3-35　西南地区上市公司治理指数分析

年份	全国	西南地区	四川	贵州	云南	重庆	西藏
2003	49.62	48.92	48.92	49.60	47.47	50.29	48.33
2004	55.02	53.90	54.16	53.40	55.62	51.95	55.61
2005	55.28	54.38	53.84	54.17	57.27	53.64	53.72
2006	56.08	55.92	54.83	56.60	59.23	55.57	55.85
2007	56.85	56.19	55.77	57.27	56.51	56.43	56.24
2008	57.68	57.54	57.37	57.44	58.71	57.65	54.83
2009	57.62	56.58	56.40	57.54	58.46	55.53	54.76
2010	59.09	58.52	58.51	59.50	60.04	56.96	56.60
2011	60.28	59.79	59.91	59.70	61.85	58.63	56.39
2012	60.60	59.97	60.16	59.75	60.85	59.33	58.47
2013	60.76	60.44	60.56	60.68	60.50	60.53	58.42
2014	61.46	60.83	60.79	61.40	60.61	60.78	60.83
2015	62.07	61.42	61.17	61.30	61.97	62.00	60.11
2016	62.49	61.85	61.86	62.47	61.11	62.38	60.70
2017	62.67	62.14	62.18	62.37	62.46	61.83	61.65
2018	63.02	62.47	62.52	62.55	62.72	62.39	61.72
2019	63.19	63.26	63.36	63.37	63.74	62.72	63.01
2020	63.49	63.52	63.77	63.25	63.75	63.04	63.20
2021	64.05	63.90	64.11	63.63	63.90	63.63	63.64
2022	64.40	64.44	64.83	64.42	63.87	64.14	63.64

资料来源：南开大学公司治理数据库。

（二）长三角与珠三角地区治理指数具体分析

根据中共中央、国务院印发的《长江三角洲区域一体化发展规划纲要》，长三角城市群包括上海市，江苏省南京、无锡、常州、苏州、南通、扬州、镇江、盐城、泰州，浙江省杭州、宁波、温州、湖州、嘉兴、绍兴、金华、舟山、台州，安徽省合肥、芜湖、马鞍山、铜陵、安庆、滁州、池州、宣城27个城市。珠三角城市群包括广州、深圳、珠海、佛山、江门、东莞、中山、肇庆、惠州9个主要城市。

作为我国经济增长活力较高的两大经济区域，2004—2022年长三角上市公司数量从276家增加到1634家，珠三角上市公司数量从114家增加到691家，相对而言珠三角上市公司数量增长更快。从上市公司治理水平变化来看，2004—2022年长三角上市公司治理指数从56.23增长到64.59，增幅为14.87%；珠三角上市公司治理指数从53.34增长到64.76，增幅高达21.41%。珠三角上市公司不仅数量增速更快，治理水平较长三角上市公司也更优。如图3-10所示，2004—2007年，长三角上市公司治理指数领先珠三角上市公司；2010—2022年珠三角上市公司治理指数均超过同期长三角上市公司；2016年以来，珠三角和长三角上市公司在治理指数上的差异呈现出缩小趋势，从2016年的1.20缩小为2022年的0.17。中国上市公司治理指数特定区域分析见表3-36。

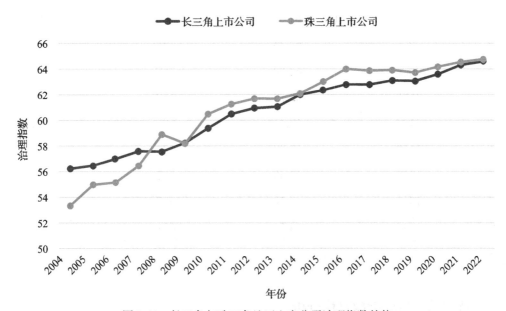

图3-10　长三角与珠三角地区上市公司治理指数趋势

资料来源：南开大学公司治理数据库。

表3-36　中国上市公司治理指数特定区域分析

年份	长三角上市公司样本数量	长三角上市公司治理指数	珠三角上市公司样本数量	珠三角上市公司治理指数
2003	—	—	—	—
2004	276	56.23	114	53.34
2005	311	56.47	121	54.97
2006	307	57.00	115	55.14

(续)

年份	长三角上市公司样本数量	长三角上市公司治理指数	珠三角上市公司样本数量	珠三角上市公司治理指数
2007	273	57.59	123	56.45
2008	303	57.57	101	58.89
2009	314	58.25	124	58.19
2010	418	59.38	172	60.48
2011	541	60.49	245	61.25
2012	674	60.95	300	61.68
2013	714	61.06	325	61.67
2014	714	62.00	322	62.09
2015	762	62.35	343	63.02
2016	835	62.80	369	64.00
2017	929	62.79	418	63.87
2018	1122	63.11	505	63.91
2019	1168	63.08	524	63.72
2020	1239	63.60	552	64.17
2021	1403	64.32	607	64.54
2022	1634	64.59	691	64.76

资料来源：南开大学公司治理数据库。

（三）特定城市治理指数具体分析

从特定城市治理指数平均值来看，广州市和北京市上市公司治理表现较好，上海市上市公司治理指数偏低。考虑可比性因素，我们对2004—2022年期间五大城市的公司治理指数进行对比。2004—2022年五大城市上市公司治理指数平均值从高到低依次为广州市（61.25）、北京市（61.16）、杭州市（60.69）、深圳市（60.65）、上海市（60.21）。从治理指数平均值的变化趋势来看，深圳市和杭州市上市公司治理水平显著提升，提升幅度超过20%；北京市和上海市上市公司治理改善幅度较小，提升幅度低于15%。如图3-11所示，2004—2022年，深圳市上市公司治理指数平均值从52.16增长到64.65，增幅达到23.95%；杭州市上市公司治理指数平均值从53.58提升至64.59，增幅为20.55%；广州市上市公司治理指数平均值从56.19提升到65.05，提升幅度为15.77%；北京市上市公司治理指数平均值从56.49提升到64.53，提升幅度为14.23%；上海市上市公司治理指数平均值从56.35提升到64.25，提升幅度为14.02%。中国上市公司治理指数特定城市分析见表3-37。

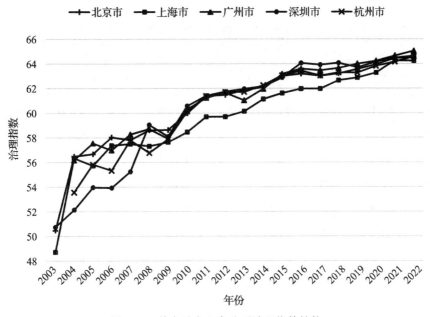

图 3-11 特定城市上市公司治理指数趋势

资料来源：南开大学公司治理数据库。

表 3-37 中国上市公司治理指数特定城市分析

年份	北京市		上海市		广州市		深圳市		杭州市	
	样本数量	平均值	样本数量	平均值	样本数量	平均值	样本数量	平均值	样本数量	平均值
2003	49	50.48	104	48.72	—	—	59	50.75	—	—
2004	74	56.49	117	56.35	19	56.19	70	52.16	24	53.58
2005	79	56.68	137	55.74	23	57.56	75	53.98	25	55.84
2006	78	58.05	132	57.38	22	56.99	71	53.95	24	55.35
2007	77	57.83	118	57.50	23	58.28	76	55.26	21	57.80
2008	83	58.63	135	57.32	21	58.73	57	59.07	24	56.79
2009	90	58.65	136	57.65	24	57.95	75	58.12	25	57.89
2010	111	59.99	148	58.48	36	60.31	98	60.59	37	60.17
2011	158	61.39	161	59.71	47	61.25	142	61.42	58	61.39
2012	192	61.48	191	59.72	53	61.67	177	61.74	69	61.71
2013	217	61.87	197	60.16	62	61.04	186	61.96	73	61.72
2014	218	62.10	195	61.14	60	61.97	184	62.17	76	62.27
2015	235	63.01	201	61.62	61	63.17	190	62.89	79	63.06

(续)

年份	北京市 样本数量	北京市 平均值	上海市 样本数量	上海市 平均值	广州市 样本数量	广州市 平均值	深圳市 样本数量	深圳市 平均值	杭州市 样本数量	杭州市 平均值
2016	265	63.19	218	61.98	68	63.58	202	64.07	87	63.43
2017	282	63.01	237	61.98	78	63.46	233	63.93	101	63.03
2018	306	63.20	274	62.65	97	63.64	271	64.08	127	63.28
2019	314	63.56	284	62.87	98	64.01	284	63.70	130	63.28
2020	342	63.95	301	63.27	107	64.24	298	64.17	145	63.82
2021	379	64.47	338	64.29	116	64.67	331	64.50	160	64.18
2022	421	64.53	385	64.25	131	65.05	372	64.65	197	64.59

资料来源：南开大学公司治理数据库。

第五节　中国上市公司治理分行业分析

一、中国上市公司治理指数分行业比较分析

就平均值而言，2003—2008年，采掘业，交通运输、仓储业，电力、煤气及水的生产和供应业等行业公司治理指数较高，农、林、牧、渔业，传播与文化产业，综合类等行业公司治理指数较低。就变化趋势而言，2003—2008年各行业的公司治理指数均呈现显著上升趋势，其中：提升幅度最大的是金融、保险业，公司治理指数从2003年的49.15提升至2008年的61.47，增幅达到25.07%；提升幅度最小的为综合类上市公司，公司治理指数从2003年的50.47提升至2008年的56.27，增幅仅为11.49%。2003—2008年中国上市公司治理指数分行业比较分析见表3-38。

表3-38　中国上市公司治理指数分行业比较分析：2003—2008年

行业	2003年	2004年	2005年	2006年	2007年	2008年
采掘业	50.52	55.32	58.04	61.06	56.91	57.95
传播与文化产业	47.26	53.48	55.12	55.50	56.85	56.78
电力、煤气及水的生产和供应业	51.10	54.83	57.20	58.56	57.99	58.49
房地产业	50.01	53.19	54.04	54.86	56.89	57.53
建筑业	49.35	55.38	55.32	56.73	56.94	57.58
交通运输、仓储业	50.51	57.13	56.22	57.74	58.47	59.03
金融、保险业	49.15	56.26	55.94	52.37	59.09	61.47
农、林、牧、渔业	49.81	53.85	53.25	54.99	56.49	56.75

(续)

行业	2003年	2004年	2005年	2006年	2007年	2008年
批发和零售贸易	48.61	55.03	55.41	56.49	56.60	57.08
社会服务业	50.19	55.79	55.93	56.60	56.82	58.29
信息技术业	50.94	54.66	55.25	55.13	55.49	56.93
制造业	49.07	55.10	55.28	55.95	56.99	57.67
综合类	50.47	54.24	53.80	54.34	54.81	56.27

资料来源：南开大学公司治理数据库。

就平均值而言，2009—2015年，金融、保险业，信息技术业，建筑业等行业公司治理指数较高。农、林、牧、渔业，房地产业，综合类等行业公司治理指数较低。就变化趋势而言，2009—2015年各行业的公司治理指数均呈现平稳上升趋势，其中：提升幅度最高的是信息技术业，公司治理指数从2009年的57.02提升至2015年的62.98，增幅达到10.45%；提升幅度最小的为交通运输、仓储业上市公司，公司治理指数从2009年的59.53提升至2015年的61.46，增幅仅为3.24%。2009—2015年中国上市公司治理指数分行业比较分析见表3-39。

表3-39 中国上市公司治理指数分行业比较分析：2009—2015年

行业	2009年	2010年	2011年	2012年	2013年	2014年	2015年
采掘业	59.17	60.58	60.20	60.10	60.32	61.62	61.28
传播与文化产业	56.47	60.13	61.06	60.34	59.51	60.42	60.85
电力、煤气及水的生产和供应业	58.49	59.95	60.01	59.65	60.21	60.23	60.51
房地产业	57.53	58.66	58.24	57.87	59.40	59.67	60.55
建筑业	58.59	59.61	60.67	60.55	61.71	62.08	62.72
交通运输、仓储业	59.53	60.86	59.83	60.50	60.39	61.51	61.46
金融、保险业	61.41	63.76	63.34	63.44	61.81	64.27	64.30
农、林、牧、渔业	56.20	56.94	59.16	60.03	60.30	60.52	60.91
批发和零售贸易	56.63	58.18	58.97	59.58	59.67	61.00	61.46
社会服务业	57.48	59.39	60.23	60.34	60.72	61.04	61.70
信息技术业	57.02	58.98	61.37	62.24	62.02	61.91	62.98
制造业	57.55	58.97	60.54	60.85	60.92	61.68	62.33
综合类	56.49	58.08	58.05	58.24	58.87	59.32	60.14

资料来源：南开大学公司治理数据库。

就平均值而言，2016—2022年，金融业，科学研究和技术服务业，信息传输、软件和信息技术服务业等行业公司治理指数较高，房地产业，居民服务、修理和其他服务业，综合等行业公司治理指数较低。就变化趋势而言，2016—2022 年各行业的公司治理指数排名发生了一定的变化，个别行业（教育，卫生和社会工作，信息传输、软件和信息技术服务业）出现了一定程度的下降。其中，提升幅度最高的是住宿和餐饮业，公司治理指数从 2016 年的 60.28 提升至 2022 年的 63.86，增幅为 5.94%；下降幅度最为明显的是教育行业上市公司，公司治理指数从 2016 年的 65.72 下降至 2022 年的 62.58，降低了 4.78%。2016—2022 年中国上市公司治理指数分行业比较分析见表 3-40。

表 3-40 中国上市公司治理指数分行业比较分析：2016—2022 年

行业	2016 年	2017 年	2018 年	2019 年	2020 年	2021 年	2022 年
采矿业	60.58	60.70	60.40	62.76	62.63	62.59	63.53
电力、热力、燃气及水生产和供应业	61.63	61.98	61.38	62.84	63.16	63.44	63.29
房地产业	60.37	60.99	61.40	62.78	62.28	62.53	62.32
建筑业	62.32	62.19	61.62	63.44	63.30	63.23	63.02
交通运输、仓储和邮政业	62.49	62.07	62.02	63.13	63.46	63.65	64.13
教育	65.72	62.82	62.27	63.23	62.65	61.65	62.58
金融业	63.07	63.62	62.46	65.03	65.64	65.42	65.05
居民服务、修理和其他服务业	—	—	—	—	61.24	61.07	61.73
科学研究和技术服务业	64.71	63.74	63.51	63.07	64.24	65.01	65.77
农、林、牧、渔业	61.27	61.89	62.40	62.02	62.52	62.40	62.44
批发和零售业	61.09	61.47	62.27	62.84	62.56	62.84	63.23
水利、环境和公共设施管理业	62.54	62.57	63.26	63.40	63.37	63.79	63.49
卫生和社会工作	65.37	64.00	63.06	63.55	60.87	63.24	63.18
文化、体育和娱乐业	61.64	62.21	62.72	62.76	63.10	63.01	63.07
信息传输、软件和信息技术服务业	63.95	63.72	63.91	63.08	63.44	64.00	63.91
制造业	62.83	62.96	63.40	63.29	63.66	64.37	64.81
住宿和餐饮业	60.28	61.83	63.43	63.47	63.48	62.35	63.86
综合	59.64	60.96	61.31	60.73	60.41	60.74	62.05
租赁和商务服务业	61.84	61.43	62.55	61.96	62.56	61.98	62.81

资料来源：南开大学公司治理数据库。

二、各行业中国上市公司治理指数具体分析

（一）金融业上市公司治理指数分析

就平均值而言，金融业上市公司治理指数总体较高，如图3-12所示，2008—2022年总体呈现波动上升趋势，公司治理指数从61.47提升至65.05，增加了3.58，增幅为5.82%。从标准差的变化趋势来看，2008—2022年金融业上市公司治理指数标准差整体较低且变化幅度较小，呈现稳定下降趋势。其中，2012年标准差最低，为2.43，2008年标准差最高，为4.43。金融业上市公司治理指数统计分析见表3-41。

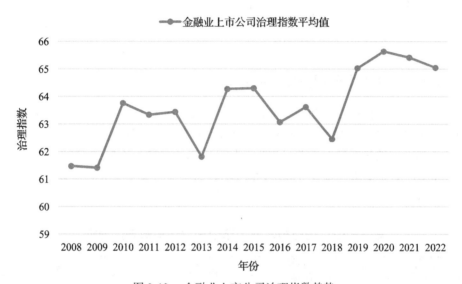

图3-12 金融业上市公司治理指数趋势

资料来源：南开大学公司治理数据库。

表3-41 金融业上市公司治理指数统计分析

年份	平均值	中位数	标准差	全距	最小值	最大值
2008	61.47	61.35	4.43	19.27	50.80	70.07
2009	61.41	61.80	3.08	13.82	52.41	66.23
2010	63.76	64.83	3.77	14.29	53.86	68.15
2011	63.34	63.32	3.30	16.07	54.37	70.44
2012	63.44	63.27	2.43	13.10	56.53	69.63
2013	61.81	62.20	3.46	17.76	50.95	68.71
2014	64.27	64.78	2.65	11.99	57.41	69.40
2015	64.30	64.79	3.01	13.99	56.30	70.29

（续）

年份	平均值	中位数	标准差	全距	最小值	最大值
2016	63.07	63.88	2.85	14.71	54.28	68.99
2017	63.62	63.60	3.18	12.31	57.20	69.51
2018	62.46	62.35	2.96	15.13	55.25	70.38
2019	65.03	65.26	2.91	14.54	55.63	70.17
2020	65.64	66.08	3.48	18.04	54.55	72.59
2021	65.42	66.09	3.78	21.88	52.69	74.57
2022	65.05	65.16	4.04	22.57	51.26	73.83

资料来源：南开大学公司治理数据库。

（二）高科技行业上市公司治理指数分析

就平均值而言，高科技行业上市公司治理指数呈现稳定增长态势，从2003年的50.94提升至2022年的63.91，增加了12.97，增幅为25.46%。从标准差的变化趋势来看，2003—2022年高科技行业上市公司治理指数标准差呈现先增加后下降的趋势，从2003年的0.53增加到2006年的最大值6.10，此后逐步下降至2022年的3.47。高科技行业上市公司治理指数统计分析见表3-42和表3-43。

表3-42　信息技术业上市公司治理指数统计分析

年份	平均值	中位数	标准差	全距	最小值	最大值
2003	50.94	51.37	0.53	36.84	30.79	67.63
2004	54.66	54.67	4.64	26.95	44.35	71.30
2005	55.25	55.29	5.48	25.97	42.69	68.66
2006	55.13	56.14	6.10	27.78	42.86	70.64
2007	55.49	56.93	5.28	22.22	43.66	65.88
2008	56.93	57.22	3.30	14.22	48.38	62.60
2009	57.02	57.37	4.73	22.48	45.63	68.11
2010	58.98	59.48	4.42	23.11	49.11	72.22
2011	61.37	62.02	4.18	23.22	50.39	73.61
2012	62.24	62.74	4.33	20.82	51.00	71.82
2013	62.02	62.34	3.59	18.67	51.12	69.79
2014	61.91	62.06	3.76	19.78	51.63	71.41
2015	62.98	63.35	3.26	15.01	53.77	68.78

资料来源：南开大学公司治理数据库。

表 3-43　信息传输、软件和信息技术服务业上市公司治理指数统计分析

年份	平均值	中位数	标准差	全距	最小值	最大值
2016	63.95	64.28	3.71	17.67	54.04	71.71
2017	63.72	64.01	3.03	15.48	54.30	69.78
2018	63.91	64.34	3.25	17.74	52.84	70.58
2019	63.08	63.38	3.09	17.76	52.67	70.43
2020	63.44	63.91	3.65	20.36	51.43	71.79
2021	64.00	64.38	3.81	18.18	54.25	72.43
2022	63.91	64.13	3.47	20.00	52.38	72.38

资料来源：南开大学公司治理数据库。

（三）房地产业上市公司治理指数分析

就平均值而言，如图 3-13 所示，房地产业上市公司治理指数呈现稳定增长态势，从 2003 年的 50.01 提升至 2022 年的 62.32，增加了 12.31，增幅为 24.62%。从标准差的变化趋势来看，2003—2022 年房地产业上市公司治理指数标准差整体变化较小，说明房地产业上市公司治理水平的行业内差异基本保持稳定。房地产业上市公司治理指数统计分析见表 3-44。

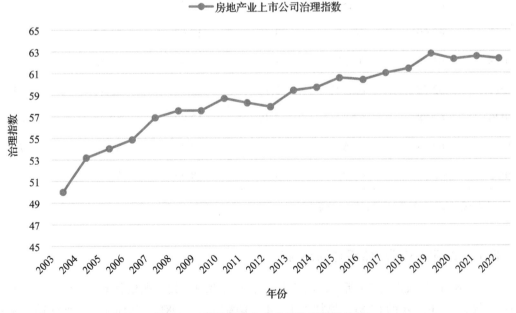

图 3-13　房地产业上市公司治理指数趋势

资料来源：南开大学公司治理数据库。

表 3-44 房地产业上市公司治理指数统计分析

年份	平均值	中位数	标准差	全距	最小值	最大值
2003	50.01	51.04	0.53	23.33	37.84	61.17
2004	53.19	53.13	4.19	23.78	46.15	69.93
2005	54.04	54.13	4.37	18.16	45.14	63.30
2006	54.86	54.36	4.93	22.02	44.23	66.25
2007	56.89	57.05	3.40	15.14	48.12	63.26
2008	57.53	57.94	3.88	17.20	49.46	66.66
2009	57.53	56.92	4.11	20.96	46.78	67.74
2010	58.66	58.16	4.95	23.58	47.41	70.99
2011	58.24	58.02	3.92	23.33	48.20	71.53
2012	57.87	57.67	3.41	17.56	50.45	68.01
2013	59.40	59.16	3.90	19.19	48.07	67.26
2014	59.67	59.40	3.83	19.46	49.21	68.67
2015	60.55	60.59	3.20	16.50	54.15	70.65
2016	60.37	60.54	3.73	22.72	48.12	70.84
2017	60.99	60.48	3.28	17.60	51.37	68.97
2018	61.40	61.58	3.40	15.96	52.88	68.84
2019	62.78	63.04	3.15	13.74	55.41	69.15
2020	62.28	62.42	3.39	17.98	50.09	68.07
2021	62.53	62.58	3.86	19.33	52.40	71.73
2022	62.32	62.93	3.81	18.49	51.73	70.22

资料来源：南开大学公司治理数据库。

（四）制造业上市公司治理指数分析

就平均值而言，如图 3-14 所示，制造业上市公司治理指数呈现显著增长趋势，从 2003 年的 49.07 提升至 2022 年的 64.81，增加了 15.74，增幅达到 32.08%。从标准差的变化趋势来看，制造业上市公司治理指数标准差总体呈现下降趋势，从 2004 年的 5.01 下降至 2022 年的 3.25，说明制造业上市公司治理水平得到普遍提升，行业内差距进一步缩小。制造业上市公司治理指数统计分析见表 3-45。

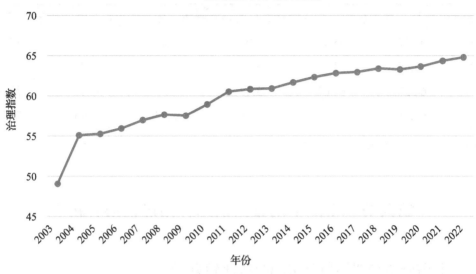

图 3-14 制造业上市公司治理指数趋势

资料来源：南开大学公司治理数据库。

表 3-45 制造业上市公司治理指数统计分析

年份	平均值	中位数	标准差	全距	最小值	最大值
2003	49.07	48.62	0.56	37.03	38.01	75.04
2004	55.10	54.63	5.01	28.58	42.98	71.56
2005	55.28	55.18	4.74	24.01	44.62	68.63
2006	55.95	55.99	5.01	30.58	41.16	71.74
2007	56.99	57.12	3.85	25.30	45.20	70.50
2008	57.67	57.78	3.51	23.11	47.10	70.21
2009	57.55	57.48	3.82	20.95	47.31	68.26
2010	58.97	59.13	3.97	25.51	45.40	70.91
2011	60.54	60.81	3.83	25.23	46.59	71.82
2012	60.85	60.96	3.90	22.21	48.09	70.30
2013	60.92	61.21	3.66	21.02	49.33	70.35
2014	61.68	61.80	3.85	23.37	48.20	71.57
2015	62.33	62.51	3.54	21.27	50.81	72.08
2016	62.83	63.30	3.99	23.71	48.66	72.37
2017	62.96	63.17	3.29	19.78	52.12	71.90
2018	63.40	63.64	3.27	22.62	49.70	72.32

(续)

年份	平均值	中位数	标准差	全距	最小值	最大值
2019	63.29	63.46	2.99	23.08	49.82	72.90
2020	63.66	63.95	3.34	21.91	49.95	71.86
2021	64.37	64.67	3.43	21.35	51.66	73.01
2022	64.81	65.11	3.25	22.34	50.95	73.29

资料来源：南开大学公司治理数据库。

第六节 中国上市公司治理分市场板块分析

一、中国上市公司治理指数分市场板块比较分析

就 2003—2022 年间的平均值而言，科创板上市公司治理指数相对较高，其次为创业板和中小板上市公司，主板上市公司治理指数相对较低。就变化趋势而言，如图 3-15 所示，2003—2022 年各市场板块的公司治理指数均呈现上升趋势，其中：提升幅度最高的是主板上市公司，公司治理指数从 2003 年的 49.62 提升至 2022 年的 64.06，增幅达到 29.10%；中小板上市公司提升幅度较高，从 2010 年的 61.41 提升至 2021 年的 64.29，提升幅度为 4.69%；创业板上市公司从 2011 年的 63.29 提升至 2022 年的 65.02，提高了 2.73%；科创板上市公司从 2020 年的 64.24 提升至 2022 年的 65.48，提高了 1.93%。2022 年评价首次纳入北交所上市公司，公司治理指数平均值为 64.25。中国上市公司治理指数分市场板块比较分析见表 3-46。

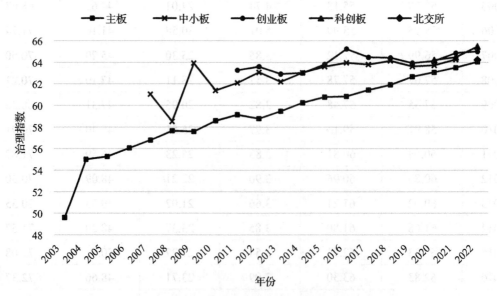

图 3-15 各市场板块上市公司治理指数趋势

资料来源：南开大学公司治理数据库。

表 3-46　中国上市公司治理指数分市场板块比较分析

年份	主板	中小板	创业板	科创板	北交所
2003	49.62	—	—	—	—
2004	55.02	—	—	—	—
2005	55.28	—	—	—	—
2006	56.08	—	—	—	—
2007	56.80	—	—	—	—
2008	57.68	—	—	—	—
2009	57.61	—	—	—	—
2010	58.61	61.41	—	—	—
2011	59.17	62.12	63.29	—	—
2012	58.81	63.09	63.63	—	—
2013	59.49	62.22	62.93	—	—
2014	60.27	63.05	63.03	—	—
2015	60.79	63.63	63.84	—	—
2016	60.86	63.99	65.26	—	—
2017	61.45	63.82	64.49	—	—
2018	61.93	64.16	64.44	—	—
2019	62.68	63.64	63.96	—	—
2020	63.09	63.75	64.14	64.24	—
2021	63.53	64.29	64.88	64.49	—
2022	64.06	—	65.02	65.48	64.25

资料来源：南开大学公司治理数据库。

二、各市场板块中国上市公司治理指数具体分析

就平均值而言，主板上市公司治理指数呈现显著增长趋势，从 2003 年的 49.62 提升至 2022 年的 64.06，增加了 14.44，增幅达到 29.10%。如图 3-16 所示，2003—2022 年期间，主板上市公司治理指数仅在 2009 年和 2012 年出现一定程度的下降，其余年份均保持增长趋势。从标准差的变化趋势来看，主板上市公司治理指数标准差呈现下降趋势，从 2003 年的 5.33 下降至 2022 年的 3.53，说明主板上市公司之间的治理水平差距进一步缩小。主板上市公司治理指数统计分析见表 3-47。

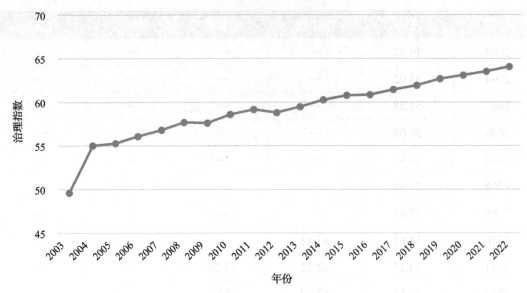

图 3-16 主板上市公司治理指数趋势

资料来源：南开大学公司治理数据库。

表 3-47 主板上市公司治理指数统计分析

年份	平均值	中位数	标准差	全距	最小值	最大值
2003	49.62	—	5.33	37.38	30.79	78.81
2004	55.02	54.76	4.93	31.91	41.89	73.80
2005	55.28	55.20	4.89	31.52	40.73	72.25
2006	56.08	56.15	5.23	31.95	41.16	73.11
2007	56.80	56.99	3.96	26.84	43.66	70.50
2008	57.68	57.80	3.55	23.16	47.10	70.26
2009	57.61	57.56	3.93	25.47	44.76	70.23
2010	58.61	58.64	4.11	26.82	45.40	72.22
2011	59.17	59.25	3.91	27.04	46.57	73.61
2012	58.81	58.73	3.53	21.54	48.09	69.63
2013	59.49	59.60	3.56	22.09	48.07	70.16
2014	60.27	60.36	3.82	22.91	48.20	71.11
2015	60.79	60.73	3.38	20.80	49.85	70.65
2016	60.86	61.16	3.83	23.81	48.12	71.93
2017	61.45	61.48	3.16	19.80	51.37	71.17

(续)

年份	平均值	中位数	标准差	全距	最小值	最大值
2018	61.93	62.09	3.34	21.37	49.25	70.62
2019	62.68	62.84	3.08	24.75	48.15	72.90
2020	63.09	63.30	3.47	22.81	49.78	72.59
2021	63.53	63.83	3.72	22.15	51.66	73.81
2022	64.06	64.37	3.53	22.88	50.95	73.83

资料来源：南开大学公司治理数据库。

就平均值而言，中小板上市公司治理指数呈现稳定增长趋势，从2010年的61.41提升至2021年的64.29，增加了2.88，增幅为4.69%。如图3-17所示，2010—2021年期间，中小板上市公司治理指数在2013年、2017年和2019年出现不同程度的下降，其余年份均保持增长趋势。从标准差的变化趋势来看，中小板上市公司治理指数标准差基本保持稳定，最低为2017年的2.89，最高为2021年的3.53。中小板上市公司治理指数统计分析见表3-48。

图3-17 中小板上市公司治理指数趋势

资料来源：南开大学公司治理数据库。

表3-48 中小板上市公司治理指数统计分析

年份	平均值	中位数	标准差	全距	最小值	最大值
2010	61.41	61.54	3.15	19.17	51.74	70.91
2011	62.12	62.06	3.05	18.90	52.92	71.82
2012	63.09	62.85	3.00	16.39	53.91	70.30

（续）

年份	平均值	中位数	标准差	全距	最小值	最大值
2013	62.22	62.32	3.21	18.93	51.42	70.35
2014	63.05	63.04	3.39	21.89	50.20	72.09
2015	63.63	63.79	3.14	20.82	51.26	72.08
2016	63.99	64.28	3.21	20.59	51.45	72.04
2017	63.82	63.93	2.89	16.62	55.28	71.90
2018	64.16	64.44	3.01	17.57	54.11	71.68
2019	63.64	63.78	2.99	20.37	51.24	71.61
2020	63.75	64.03	3.51	20.98	50.82	71.80
2021	64.29	64.64	3.53	21.88	52.69	74.57

资料来源：南开大学公司治理数据库。

就平均值而言，创业板上市公司治理指数呈现波动上升趋势，从 2011 年的 63.29 提升至 2022 年的 65.02，增加了 1.73，增幅为 2.73%。如图 3-18 所示，创业板上市公司治理指数在 2011—2016 年呈现上升趋势，在 2016 年达到最大值 65.26，在 2017—2019 年出现一定程度的下降，自 2020 年以来继续提升，达到 2022 年的 65.02。从标准差的变化趋势来看，创业板上市公司治理指数标准差基本保持稳定，最低为 2011 年的 2.41，最高为 2021 年的 3.35。创业板上市公司治理指数统计分析见表 3-49。

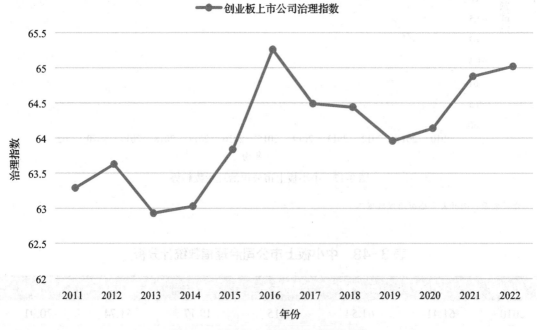

图 3-18 创业板上市公司治理指数趋势

资料来源：南开大学公司治理数据库。

表 3-49　创业板上市公司治理指数统计分析

年份	平均值	中位数	标准差	全距	最小值	最大值
2011	63.29	63.43	2.41	11.23	56.61	67.84
2012	63.63	63.77	2.68	15.78	56.04	71.82
2013	62.93	63.13	2.80	15.05	54.74	69.79
2014	63.03	63.09	3.19	16.33	55.08	71.41
2015	63.84	64.03	2.76	17.28	53.60	70.88
2016	65.26	65.57	2.94	17.02	55.35	72.37
2017	64.49	64.52	2.69	16.22	55.17	71.39
2018	64.44	64.51	2.73	17.79	54.53	72.32
2019	63.96	64.08	2.66	15.64	55.30	70.94
2020	64.14	64.34	3.18	21.91	49.95	71.86
2021	64.88	65.09	3.35	20.01	54.96	74.97
2022	65.02	65.29	3.21	20.62	51.98	72.60

资料来源：南开大学公司治理数据库。

就平均值而言，科创板上市公司治理指数呈现逐年增加趋势，2020年、2021年和2022年治理指数平均值分别为64.24、64.49和65.48，三年间增加了1.24，增幅为1.93%。从标准差来看，科创板上市公司之间治理指数差异较小，2020年、2021年和2022年治理指数标准差分别为2.06、2.84和2.52。科创板上市公司治理指数统计分析见表3-50。

表 3-50　科创板上市公司治理指数统计分析

年份	平均值	中位数	标准差	全距	最小值	最大值
2020	64.24	64.34	2.06	10.14	59.98	70.12
2021	64.49	64.39	2.84	18.38	53.87	72.25
2022	65.48	65.70	2.52	18.56	52.70	71.26

资料来源：南开大学公司治理数据库。

2022年评级中首次纳入北交所上市公司，治理指数平均值为64.25，中位数为64.28，标准差为2.75，说明北交所上市公司治理水平总体较高，且上市公司之间治理水平差异较小。北交所上市公司治理指数统计分析见表3-51。

表 3-51　北交所上市公司治理指数统计分析

年份	平均值	中位数	标准差	全距	最小值	最大值
2022	64.25	64.28	2.75	16.31	56.00	72.31

资料来源：南开大学公司治理数据库。

第七节　中国上市公司治理分析结论

一、中国上市公司治理总体分析结论

从整体来看，用公司治理指数反映公司治理质量并基于该指数开展相关研究，已经成为理论界和实务界的共同趋势。在国内，南开大学中国公司治理研究院公司治理评价课题组构建了适合中国公司治理环境的公司治理评价指标体系，从 2003 年起每年开展中国上市公司治理评价，发布中国上市公司治理指数（CCGI^{NK}），全面系统连续地反映中国上市公司治理状况（南开大学中国公司治理研究院公司治理评价课题组，2004；2006；2007；2008；2010），并基于该指数开展了一系列相关研究（李维安和李滨，2008；唐跃军和李维安，2009；郝臣等，2016）。国内也有其他学者在公司治理指数的构建和研究方面做出了有益的尝试（施东晖和司徒大年，2004；白重恩等，2005；鲁桐等，2010；高明华和谭玥宁，2014）。

本章对 2003—2022 年中国上市公司治理指数进行了总体分析，揭示了中国上市公司治理的整体发展状况和变化趋势。评价结果表明，中国公司治理总体呈现逐年上升趋势，但近年来上市公司治理改善幅度放缓。2003—2022 年中国上市公司治理指数从 49.62 提升至 64.40，增加 14.78，总体呈提升态势。2003—2008 年保持稳定增长趋势，经历了 2009 年的回调、金融危机之后趋于逐年上升态势，并在 2022 年达到新高。2004—2015 年变化幅度相对较大，最大提升幅度为 1.47（2010 年）；自 2016 年以来，公司治理指数提升相对趋缓，"天花板"效应显现。

从六大维度来看，股东治理指数总体表现最佳，利益相关者治理指数增幅最高，信息披露指数相对稳定。股东治理长期处于六大维度的领先水平，并从 2018 年开始在六个维度中始终居于首位。利益相关者治理指数改善最为明显，由 2004 年的 51.12 提升至 2022 年的 68.13，提高了 17.01；其次为董事会治理指数，提高了 12.42；股东治理指数和监事会治理指数也表现出较为明显的提升，分别提高了 12.22 和 9.01；经理层治理指数和信息披露指数相对稳定，分别提高了 5.18 和 3.54。

以上结果表明，上市公司治理水平显著提升，但治理有效性仍存在短板。我国上市公司引进了现代企业制度、董事会、股东会、监事会、外部董事、独立董事都做了大量治理工作，但上市公司总体上治理水平还偏低（宋志平，2019）。上市公司提升治理有效性任重道远，尤其在全面推行注册制改革的背景下，上市公司不仅要更加注重以投资者需求为导向，真实、准确、完整地披露信息（易会满，2020），更要适应从入口治理向过程治理转变的要求，进一步强化自主治理能力。

二、中国上市公司治理具体分析结论

（一）上市公司治理分控股股东性质比较分析结论

从控股股东性质比较来看，国有控股上市公司和民营控股上市公司治理交替领先，民营控股上市公司治理指数的提升幅度更高。2004—2010年国有控股上市公司治理指数领先民营控股上市公司，2011年民营控股上市公司治理指数首次超过国有控股上市公司，2011—2018年民营控股上市公司治理指数高于国有控股上市公司，2019年和2020年国有控股上市公司治理指数再度领先民营控股上市公司，而2021年和2022年民营控股上市公司治理指数高于国有控股上市公司。民营控股上市公司治理指数的提升幅度高于国有控股上市公司。2004—2022年国有控股上市公司治理指数从55.36提升至64.31，提升了16.17%；民营控股上市公司治理指数从53.86提升至64.46，提升了19.68%。

（二）上市公司治理分区域和地区比较分析结论

从区域和地区比较来看，经济发达地区治理水平优于其他地区，治理水平地区间不平衡性减弱。从整体来看，在七大地理区域中，华南地区、华东地区和华北地区治理水平较高，而西北地区和东北地区上市公司治理指数偏低；在四大经济区域中，东部经济区域和中部经济区域上市公司治理指数明显优于西部经济区域和东北经济区域。从指数变化趋势来看，西南地区上市公司治理水平偏低但提升幅度显著，西部经济区域上市公司治理指数在四大经济区域中提升幅度最大，公司治理水平相对落后的地区呈现出较快提升，地区之间的不平衡性进一步缩小。

（三）上市公司治理分行业比较分析结论

从行业比较来看，金融业上市公司治理优势显著，高科技行业和制造业上市公司治理指数增长较快。从整体来看，金融业和高科技行业治理水平相对较高，2008—2022年在各行业中均居于领先地位，而农、林、牧、渔业，房地产业，综合等行业上市公司治理水平偏低。从占样本比例最高的制造业来看，上市公司治理指数从2003年的49.07提升至2022年的64.81，增长较为显著；2003—2015年间制造业上市公司治理水平的优势尚不明显，2016—2022年制造业上市公司治理相较其他行业表现较好。

（四）上市公司治理分市场板块比较分析结论

从市场板块比较来看，科创板上市公司治理居于领先地位，主板上市公司治理指数提升较为明显。从整体来看，科创板上市公司治理指数相对较高，且在2020—2022年保持稳定增长，设立科创板并试点注册制成效初显，高标准和严监管保证了科创板的平稳起步与风险防控，推高了科创板上市公司的治理水平。主板上市公司治理指数相对较低，但提升幅度较为显著，公司治理指数从2003年的49.62提升至2022年的64.06，增幅达到29.10%。

第四章 中国上市公司股东治理分析

本章主要分析了2003—2022年中国上市公司股东治理状况。首先，分析了2003—2022年这二十年间股东治理指数的总体趋势，以及股东治理独立性分指数、中小股东权益保护和关联交易分指数的趋势。其次，分别按照控股股东性质、区域和地区、行业和市场板块详细分析了不同情况下股东治理指数及三个分指数的差异。最后，根据上述分析归纳总结了本章的主要结论。总体来看，中国上市公司股东治理指数平均值在2003—2022年间呈现出较为稳定的上升趋势；从股东治理的三个分指数来看，独立性分指数在2003—2011年间出现较大波动，2011年以后逐渐趋于稳定，中小股东权益保护分指数整体呈逐年增长状态，关联交易分指数虽有波动但近年来整体呈稳步下降趋势。

第一节 中国上市公司股东治理趋势分析

一、中国上市公司股东治理指数分析

我国上市公司"强控股股东"现象、"滥用关联交易"倾向、股东大会参与性低等都是股东治理中存在的问题（南开大学中国公司治理研究院公司治理评价课题组，2004）。随着大股东制衡、累积投票等治理机制的引入，我国上市公司治理日益完善（唐跃军、李维安和谢仍明，2006），股东治理指数也逐渐提升。从表4-1可以看出，中国上市公司股东治理指数平均值在2003—2022年间呈现出较为稳定的上升趋势，从2003年的53.70上升至2022年的68.69。虽然股东治理指数的平均值在2017年有所回落，降低至65.00，但自2018年起逐渐回升，上升至2022年的68.69。图4-1显示了中国上市公司股东治理指数趋势。从标准差来看，2004年中国上市公司股东治理指数的标准差为15.78，说明公司间差别较大（南开大学中国公司治理研究院

公司治理评价课题组，2006）；2022 年，股东治理指数的标准差为 6.82，说明不同公司间的差距有所缩小。

表 4-1 中国上市公司股东治理指数统计分析

年份	平均值	中位数	标准差	全距	最小值	最大值
2003	53.70	—	10.95	72.93	10.40	83.33
2004	56.47	55.60	15.78	71.26	20.67	91.93
2005	56.10	55.22	14.23	78.62	19.45	98.07
2006	56.57	57.68	14.19	73.54	19.31	92.85
2007	57.32	57.92	8.99	56.37	26.58	82.95
2008	58.06	57.48	8.81	53.32	28.13	81.45
2009	59.23	59.80	10.12	62.80	24.20	87.00
2010	59.81	60.20	9.47	63.60	23.20	86.80
2011	64.56	65.10	8.65	52.80	33.20	86.00
2012	61.20	61.40	10.24	59.40	28.80	88.20
2013	62.89	63.51	9.24	53.38	31.04	84.42
2014	64.28	64.53	9.03	53.47	32.77	86.24
2015	65.08	65.45	8.74	52.59	32.24	84.83
2016	66.04	66.97	8.37	54.52	32.87	87.39
2017	65.00	65.64	7.68	49.41	36.49	85.90
2018	66.47	67.27	7.47	51.07	34.82	85.89
2019	67.06	67.83	7.27	48.42	36.70	85.12
2020	67.86	68.75	8.63	50.50	36.16	86.66
2021	68.45	69.64	8.68	53.19	34.14	87.33
2022	68.69	69.45	6.82	45.44	41.02	86.46

资料来源：南开大学公司治理数据库。

二、中国上市公司股东治理分指数分析

从股东治理三个分指数来看，独立性分指数在 2003—2011 年间出现较大波动，2011 年以后逐渐趋于稳定。累积投票制等方式能帮助中小股东形成一致行动，并通过中小股东提案和委派董事提高中小股东权益保护（郑志刚、李邈、雍红艳和黄继承，2022）。孔东民和刘莎莎（2017）指出，在赋予中小投资者参与公司治理权利的同时，必须加强投资者保护。从股东治理评价 20 年的趋势来看（见表 4-2），中小股东权益保护分指数在 2003—2012 年之间呈现波动式增长，自 2012 年之后逐渐开始较快地增长。关联交易分指数在 2003—2004 年间有所增长，在 2004—

2007 年波动下降，在 2007—2009 年快速增长，在 2010 年再次出现下降，虽然在 2011 年有所回升，但在 2011 年以后整体呈现稳步下降趋势。图 4-2 显示了中国上市公司股东治理分指数趋势。总体来看，股东治理近年来逐渐放缓，这也表明当前我国上市公司治理水平改进可能面临"天花板效应"的挑战（李维安、孟乾坤和李惠，2019）。

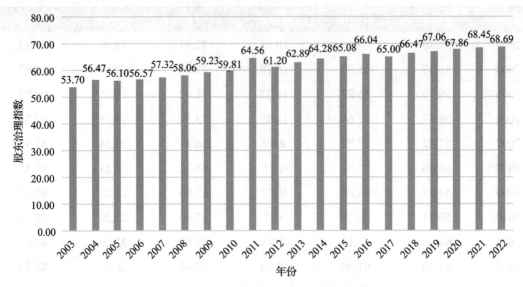

图 4-1 中国上市公司股东治理指数趋势

资料来源：南开大学公司治理数据库。

表 4-2 中国上市公司股东治理分指数统计分析

年份	股东治理指数	独立性	中小股东权益保护	关联交易
2003	53.70	78.02	7.19	54.43
2004	56.47	89.24	37.50	59.04
2005	56.10	66.26	50.37	56.75
2006	56.57	65.33	51.78	56.98
2007	57.32	89.24	50.39	48.28
2008	58.06	87.24	48.43	53.10
2009	59.23	61.53	46.85	70.45
2010	59.81	63.81	50.55	67.06
2011	64.56	66.27	53.55	74.70
2012	61.20	63.37	50.93	70.39
2013	62.89	63.43	56.05	69.47
2014	64.28	63.38	58.21	70.81
2015	65.08	63.47	61.95	69.02

(续)

年份	股东治理指数	独立性	中小股东权益保护	关联交易
2016	66.04	63.55	63.89	69.43
2017	65.00	66.63	62.77	66.41
2018	66.47	67.64	66.69	65.66
2019	67.06	66.36	67.68	66.80
2020	67.86	66.77	70.02	66.23
2021	68.45	67.61	71.10	66.20
2022	68.69	67.45	71.15	66.85

资料来源：南开大学公司治理数据库。

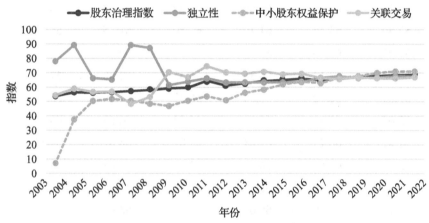

图 4-2 中国上市公司股东治理分指数趋势

资料来源：南开大学公司治理数据库。

第二节　中国上市公司股东治理分控股股东性质分析

一、中国上市公司股东治理指数分控股股东性质比较分析

上市公司的不同产权性质主要体现在终极控股股东的差异上，这也直接影响着不同控股类型上市公司的股东治理能力（唐跃军和左晶晶，2014）。上市公司大股东对公司治理的作用迥异，对不同的公司治理机制选择也存在差异（唐跃军和李维安，2009）。表 4-3 列出了 2003—2022 年间不同类型控股股东性质上市公司的股东治理指数，本部分重点对国有控股和民营控股上市公司的股东治理情况进行分析。国有控股上市公司股东治理指数在 2004—2009 年呈平缓上升趋势，在 2010 年略有下降，虽然在 2011 年有所上升，但在 2012 年再次下降，在此之后基本呈现较为平稳的上升趋势。民营控股上市公司在 2004—2022 年间虽略有波动，但总体呈现上升趋势。图 4-3 显示了不同类型控股股东性质上市公司股东治理指数趋势。

表4-3 中国上市公司股东治理指数分控股股东比较分析

年份	国有控股	民营控股	集体控股	社会团体控股	外资控股	职工持股会控股	其他类型
2003	—	—	—	—	—	—	—
2004	56.55	56.35	55.64	66.74	54.66	49.39	56.77
2005	56.98	53.63	59.05	55.16	53.21	48.72	58.19
2006	57.35	54.78	52.60	62.81	46.31	52.24	—
2007	57.84	56.19	58.01	60.62	50.88	56.57	58.88
2008	58.97	55.90	57.15	52.90	62.87	55.78	55.83
2009	59.55	58.68	55.50	60.89	56.57	56.15	60.98
2010	58.94	61.19	64.65	48.60	64.07	54.60	—
2011	62.73	66.11	69.09	51.00	65.98	60.43	—
2012	57.40	64.36	61.10	67.80	61.15	50.03	64.27
2013	59.97	65.20	62.92	73.68	59.25	51.46	69.51
2014	60.52	67.14	66.35	56.55	62.80	57.00	71.53
2015	60.83	68.10	66.04	58.87	64.46	55.47	71.00
2016	63.04	67.92	65.31	55.74	66.59	65.22	68.79
2017	61.87	66.79	63.81	52.81	66.52	57.15	66.44
2018	63.70	67.81	66.99	55.86	67.64	59.34	68.59
2019	64.48	68.30	66.09	58.20	67.74	60.66	71.08
2020	64.70	69.30	66.63	59.04	68.97	57.14	69.75
2021	64.86	70.03	65.81	60.58	69.88	59.62	69.56
2022	65.85	69.96	67.80	61.80	69.20	62.61	69.06

资料来源：南开大学公司治理数据库。

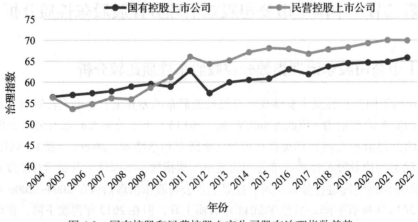

图4-3 国有控股和民营控股上市公司股东治理指数趋势

资料来源：南开大学公司治理数据库。

二、中国上市公司股东治理分指数分控股股东性质比较分析

表 4-4 列出了 2003—2022 年间不同类型控股股东性质上市公司的独立性分指数。2004—2006 年，国有控股上市公司独立性分指数急剧下降，2007 年快速回升，2009 年又出现严重下跌，2009—2022 年国有控股上市公司股东治理独立性分指数呈现不同程度的波动，但总体仍是上升趋势。民营控股上市公司独立性分指数在 2004—2005 年急剧下降，在 2005—2007 年间出现较快回升，在 2007—2009 年之间再次出现较为严重的下滑，在 2009—2022 年呈现较为平稳的上升趋势。图 4-4 显示了国有控股和民营控股上市公司独立性分指数趋势。

表 4-4 中国上市公司股东治理独立性分指数分控股股东比较分析

年份	国有控股	民营控股	集体控股	社会团体持股	外资控股	职工持股会控股	其他类型
2003	—	—	—	—	—	—	—
2004	89.05	89.82	89.14	88.39	94.23	91.10	87.63
2005	67.86	62.26	60.72	66.41	66.53	58.15	44.00
2006	65.48	64.83	67.53	87.08	51.28	64.57	—
2007	88.71	90.56	89.50	94.19	87.42	88.05	83.60
2008	86.22	89.61	87.95	88.72	86.86	88.61	87.50
2009	61.29	61.60	67.00	80.00	61.29	74.75	69.67
2010	62.98	65.48	66.67	57.33	59.13	54.00	—
2011	64.29	68.21	68.25	57.33	61.77	60.83	—
2012	57.79	68.03	63.96	64.00	58.08	54.43	73.33
2013	56.92	68.40	65.76	63.00	58.52	51.86	78.14
2014	57.17	68.02	69.06	50.21	61.11	55.23	79.10
2015	56.49	68.41	69.52	52.40	61.11	50.31	71.58
2016	56.36	68.09	65.74	51.37	60.03	57.00	65.58
2017	60.99	69.93	69.25	53.22	63.60	62.58	66.06
2018	61.75	70.46	69.80	56.20	67.66	62.32	72.19
2019	59.58	69.69	62.30	51.12	65.07	58.84	78.22
2020	59.67	70.10	61.83	49.78	64.31	59.76	74.75
2021	61.09	70.39	61.90	54.06	66.91	58.43	73.51
2022	60.21	70.51	61.04	58.40	67.08	55.54	70.84

资料来源：南开大学公司治理数据库。

表 4-5 列出了不同类型控股股东性质上市公司的中小股东权益保护分指数。国有控股上市公司中小股东权益保护分指数在 2004—2022 年之间呈现波动式上升趋势。具体而言，国有控股

上市公司中小股东权益保护分指数在2004—2006年间快速上升，在2006—2009年波动下降，在2009—2011年有所回升，但在2012年又出现下降，在2012—2022年之间呈稳步上升趋势。民营控股上市公司中小股东权益保护分指数在2004—2007年呈增长趋势，在2008年出现较大幅度下降，在2008—2011年又逐渐上升，在2012年略有下降，在2012—2016年再次稳步增加，虽然在2017年有所回落，但在2018—2022年仍保持上升趋势。图4-5显示了国有控股和民营控股上市公司中小股东权益保护分指数趋势。

图4-4　国有控股和民营控股上市公司独立性分指数趋势

资料来源：南开大学公司治理数据库。

表 4-5　中国上市公司股东治理中小股东权益保护分指数分控股股东比较分析

年份	国有控股	民营控股	集体控股	社会团体控股	外资控股	职工持股会控股	其他类型
2003	—	—	—	—	—	—	—
2004	37.28	37.79	39.93	42.67	40.95	27.31	44.44
2005	51.72	46.98	51.12	43.68	50.31	41.36	58.47
2006	52.87	48.82	52.35	44.73	54.29	47.07	—
2007	50.98	49.22	46.28	49.46	52.78	47.41	50.39
2008	51.01	42.84	44.30	31.82	55.96	39.43	38.24
2009	47.21	46.55	35.25	44.90	41.70	42.00	46.28
2010	51.22	49.20	59.96	36.17	55.61	48.69	—
2011	51.35	55.25	62.03	42.17	57.08	50.67	—
2012	48.56	52.85	52.38	70.50	54.67	41.57	43.50
2013	57.59	54.97	56.09	72.70	56.78	33.44	55.99
2014	58.28	58.14	62.49	54.46	57.82	49.26	62.78

（续）

年份	国有控股	民营控股	集体控股	社会团体控股	外资控股	职工持股会控股	其他类型
2015	59.70	63.55	60.20	59.47	63.12	52.19	67.95
2016	61.88	65.19	60.27	51.87	67.43	53.54	64.63
2017	62.80	62.76	60.22	51.14	66.98	53.68	63.87
2018	68.11	66.03	68.50	56.58	68.54	59.53	66.67
2019	69.21	66.91	66.23	63.16	68.61	61.33	67.93
2020	71.49	69.34	69.96	62.07	71.13	56.61	69.06
2021	72.35	70.63	70.36	62.55	71.74	53.96	70.08
2022	72.33	70.72	72.45	67.26	72.30	64.36	69.66

资料来源：南开大学公司治理数据库。

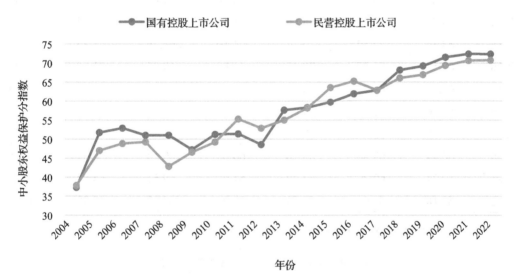

图 4-5　国有控股和民营控股上市公司中小股东权益保护分指数趋势

资料来源：南开大学公司治理数据库。

表 4-6 列出了不同类型控股股东性质上市公司的关联交易分指数。图 4-6 报告了国有控股和民营控股上市公司的关联交易分指数趋势，总体上呈现出较大的波动。国有控股上市公司关联交易分指数在 2004—2005 年、2006—2007 年、2009—2010 年、2011—2013 年、2014—2015 年、2016—2018 年、2019—2021 年都出现了不同程度的下降，在 2007—2009 年、2010—2011 年、2015—2016 年、2018—2019 年、2021—2022 年则有所上升。民营控股上市公司关联交易分指数在 2004—2007 年有所下降，在 2007—2011 年逐渐回升，在 2011—2013 年再次下滑，虽然在 2014 年略有上升，但此后基本呈下降趋势。

表 4-6　中国上市公司股东治理关联交易分指数分控股股东比较分析

年份	国有控股	民营控股	集体控股	社会团体控股	外资控股	职工持股会控股	其他类型
2003	—	—	—	—	—	—	—
2004	59.57	58.17	54.60	80.00	48.57	50.56	53.67
2005	56.81	55.95	66.14	61.00	49.44	51.36	65.00
2006	57.75	55.72	45.38	68.75	35.83	51.25	—
2007	49.26	45.96	54.00	55.00	30.71	50.00	55.00
2008	53.31	52.10	54.60	56.06	57.79	55.71	57.58
2009	71.02	69.34	70.00	67.33	69.08	61.00	71.33
2010	64.64	71.04	68.33	56.67	75.00	60.80	—
2011	73.33	75.92	76.56	56.67	77.00	70.00	—
2012	66.04	74.04	68.40	67.00	69.17	56.29	80.50
2013	63.86	73.83	68.32	80.00	62.08	69.29	78.71
2014	64.44	75.70	68.86	61.80	68.61	65.63	76.50
2015	64.14	72.50	70.14	61.50	67.46	61.33	73.75
2016	67.53	70.57	70.15	61.80	69.03	81.00	74.57
2017	61.38	69.25	64.69	54.26	67.53	57.92	69.21
2018	60.26	68.26	64.07	54.96	66.74	57.66	68.70
2019	62.18	68.99	67.84	56.77	68.19	60.90	70.65
2020	60.44	68.86	65.70	60.65	69.13	56.37	67.95
2021	59.24	69.25	63.20	61.87	69.51	65.88	67.06
2022	62.18	68.94	66.53	58.04	67.17	64.39	67.57

资料来源：南开大学公司治理数据库。

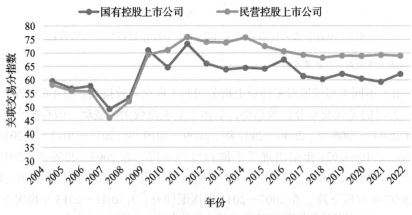

图 4-6　国有控股和民营控股上市公司关联交易分指数趋势

资料来源：南开大学公司治理数据库。

三、各控股股东性质中国上市公司股东治理指数具体分析

国有企业由行政型治理向经济型治理转变（李维安和郝臣，2009；李维安、侯文涤和柳志南，2021），不断完善了公司内外部治理机制，也使得国有企业的股东治理水平逐渐提高。表4-7列出了2003—2022年国有控股上市公司的股东治理指数。国有控股上市公司的股东治理指数平均值从2004年的56.55上升到2022年的65.85，上升了9.30，说明股东治理指数有较为明显的提升。从标准差来看，2004年国有控股上市公司股东治理指数的标准差为16.06，而2022年的标准差为6.81，表明不同公司在股东治理方面的差距有所缩小。

表4-7 国有控股上市公司股东治理指数统计分析

年份	平均值	中位数	标准差	全距	最小值	最大值
2003	—					
2004	56.55	55.65	16.06	71.26	20.67	91.93
2005	56.98	55.97	14.44	78.62	19.45	98.07
2006	57.35	58.72	14.03	73.54	19.31	92.85
2007	57.84	58.40	9.07	56.37	26.58	82.95
2008	58.97	58.46	8.77	46.02	35.43	81.45
2009	59.55	60.00	10.17	59.40	27.60	87.00
2010	58.94	59.20	9.36	53.80	27.80	81.60
2011	62.73	62.80	7.99	51.40	33.20	84.60
2012	57.40	57.80	9.13	59.40	28.80	88.20
2013	59.97	60.63	8.58	45.84	35.04	80.88
2014	60.52	61.10	8.19	49.35	32.77	82.12
2015	60.83	61.22	7.92	50.33	32.24	82.57
2016	63.04	63.65	8.47	47.44	35.85	83.29
2017	61.87	62.15	7.53	45.70	36.49	82.19
2018	63.70	64.06	7.62	46.01	38.70	84.71
2019	64.48	64.71	7.22	43.35	40.89	84.24
2020	64.70	65.48	8.72	49.10	36.16	85.26
2021	64.86	65.36	8.83	53.19	34.14	87.33
2022	65.85	66.35	6.81	42.96	41.02	83.98

资料来源：南开大学公司治理数据库。

表4-8列出了2003—2022年国有控股上市公司股东治理分指数。国有控股上市公司的独立性分指数有所下降，从2004年的89.05下降为2022年的60.21，2004—2009年间独立性分指数

的波动较大，2009年以后逐渐趋于稳定变化。中小股东权益保护分指数有显著提升，从2004年的37.28上升为2022年的72.33，总体呈现出较为平稳的增长趋势。关联交易分指数在2006—2007年、2008—2009年、2009—2010年、2010—2011年以及2016—2017年间变化幅度较大，其余年份基本处于较为平稳的变化状态。

表4-8 国有控股上市公司股东治理分指数统计分析

年份	股东治理指数	独立性	中小股东权益保护	关联交易
2003	—	—	—	—
2004	56.55	89.05	37.28	59.57
2005	56.98	67.86	51.72	56.81
2006	57.35	65.48	52.87	57.75
2007	57.84	88.71	50.98	49.26
2008	58.97	86.22	51.01	53.31
2009	59.55	61.29	47.21	71.02
2010	58.94	62.98	51.22	64.64
2011	62.73	64.29	51.35	73.33
2012	57.40	57.79	48.56	66.04
2013	59.97	56.92	57.59	63.86
2014	60.52	57.17	58.28	64.44
2015	60.83	56.49	59.70	64.14
2016	63.04	56.36	61.88	67.53
2017	61.87	60.99	62.80	61.38
2018	63.70	61.75	68.11	60.26
2019	64.48	59.58	69.21	62.18
2020	64.70	59.67	71.49	60.44
2021	64.86	61.09	72.35	59.24
2022	65.85	60.21	72.33	62.18

资料来源：南开大学公司治理数据库。

民营企业也在经历治理转型（李维安和邱艾超，2010），不断提高治理能力。表4-9列出了2003—2022年民营控股上市公司的股东治理指数。民营控股上市公司的股东治理指数平均值从2004年的56.35增长为2022年的69.96，增加了13.61，较国有控股上市公司提升更为明显。从历年股东治理指数的标准差来看，民营控股上市公司股东治理指数的标准差从2004年的15.40下降为2022年的6.42，说明不同公司在股东治理方面的差距逐渐缩小。

表 4-9　民营控股上市公司股东治理指数统计分析

年份	平均值	中位数	标准差	全距	最小值	最大值
2003	48.99	—	—	—	—	—
2004	56.35	53.60	15.40	68.97	20.96	89.93
2005	53.63	52.75	13.54	66.09	23.79	89.88
2006	54.78	54.35	14.45	66.12	24.80	90.92
2007	56.19	57.07	8.64	42.45	31.37	73.82
2008	55.90	55.49	8.67	52.74	28.13	80.87
2009	58.68	59.50	10.12	60.60	24.20	84.80
2010	61.19	62.00	9.38	63.60	23.20	86.80
2011	66.11	67.20	8.82	50.20	33.20	83.40
2012	64.36	65.70	10.07	53.40	33.00	86.40
2013	65.20	66.24	9.05	53.38	31.04	84.42
2014	67.14	67.79	8.64	50.75	35.49	86.24
2015	68.10	68.94	8.06	47.06	37.77	84.83
2016	67.92	68.81	7.75	54.52	32.87	87.39
2017	66.79	67.61	7.17	43.85	42.05	85.90
2018	67.81	68.58	6.96	42.79	43.10	85.89
2019	68.30	69.13	6.96	43.19	41.93	85.12
2020	69.30	70.41	8.14	46.40	40.26	86.66
2021	70.03	71.40	8.18	45.65	40.31	85.96
2022	69.96	70.76	6.42	45.25	41.21	86.46

资料来源：南开大学公司治理数据库。

表 4-10 列出了 2003—2022 年民营控股上市公司股东治理分指数。民营控股上市公司的独立性分指数有所下降，从 2004 年的 89.82 下降为 2022 年的 70.51，降低了 19.31。与国有控股上市公司类似，民营控股上市公司在 2004—2009 年间独立性分指数的波动较大，在 2009 年以后逐渐趋于稳定变化。中小股东权益保护分指数从 2004 年的 37.79 上升为 2022 年的 70.72，总体表现出较为平稳的上升态势。关联交易分指数在 2004—2007 年之间有所下降，在 2007—2011 年间逐年上升，2012 年以后趋于稳定。

表 4-10　民营控股上市公司股东治理分指数统计分析

年份	股东治理指数	独立性	中小股东权益保护	关联交易
2003	48.99	—	—	—

(续)

年份	股东治理指数	独立性	中小股东权益保护	关联交易
2004	56.35	89.82	37.79	58.17
2005	53.63	62.26	46.98	55.95
2006	54.78	64.83	48.82	55.72
2007	56.19	90.56	49.22	45.96
2008	55.90	89.61	42.84	52.10
2009	58.68	61.60	46.55	69.34
2010	61.19	65.48	49.20	71.04
2011	66.11	68.21	55.25	75.92
2012	64.36	68.03	52.85	74.04
2013	65.20	68.40	54.97	73.83
2014	67.14	68.02	58.14	75.70
2015	68.10	68.41	63.55	72.50
2016	67.92	68.09	65.19	70.57
2017	66.79	69.93	62.76	69.25
2018	67.81	70.46	66.03	68.26
2019	68.30	69.69	66.91	68.99
2020	69.30	70.10	69.34	68.86
2021	70.03	70.39	70.63	69.25
2022	69.96	70.51	70.72	68.94

资料来源：南开大学公司治理数据库。

表 4-11 列出了 2003—2022 年集体控股上市公司的股东治理指数。集体控股上市公司的股东治理指数平均值从 2004 年的 55.64 上升为 2022 年的 67.80，提高了 12.16，低于民营控股上市公司的提升幅度。从历年股东治理指数的标准差来看，集体控股上市公司股东治理指数的标准差从 2004 年的 13.98 下降为 2022 年的 5.23，说明不同公司在股东治理方面的差距也在逐渐缩小。

表 4-11 集体控股上市公司股东治理指数统计分析

年份	平均值	中位数	标准差	全距	最小值	最大值
2003	—	—	—	—	—	—
2004	55.64	50.27	13.98	52.97	32.96	85.93
2005	59.05	58.02	15.95	49.80	33.42	83.22
2006	52.60	52.03	14.76	46.42	32.45	78.87

（续）

年份	平均值	中位数	标准差	全距	最小值	最大值
2007	58.01	59.25	11.21	35.74	32.97	68.71
2008	57.15	55.20	9.206	37.52	41.30	78.82
2009	55.50	56.00	3.31	7.60	51.20	58.80
2010	64.65	65.50	11.34	40.80	39.80	80.60
2011	69.09	70.20	9.03	35.00	51.00	86.00
2012	61.10	63.40	9.41	36.60	42.40	79.00
2013	62.92	64.24	8.30	30.00	46.44	76.44
2014	66.35	67.62	8.50	36.99	44.70	81.69
2015	66.04	67.08	8.27	29.38	50.26	79.64
2016	65.31	67.27	7.46	23.31	54.10	77.41
2017	63.81	64.16	6.56	23.53	50.04	73.57
2018	66.99	68.20	5.57	16.37	58.18	74.55
2019	66.09	66.27	6.47	22.18	54.35	76.53
2020	66.63	68.20	6.10	25.74	49.64	75.38
2021	65.81	66.55	6.59	25.06	54.31	79.37
2022	67.80	68.46	5.23	21.21	54.74	75.95

资料来源：南开大学公司治理数据库。

表 4-12 列出了 2003—2022 年社会团体控股上市公司的股东治理指数。社会团体控股上市公司的股东治理指数平均值从 2004 年的 66.74 下降为 2022 年的 61.80，下降了 4.94。从历年股东治理指数的标准差来看，2022 年社会团体控股上市公司股东治理指数的标准差为 8.31，高于 2004 年的 7.38，说明当前不同公司在股东治理方面的差距仍然较大。

表 4-12 社会团体控股上市公司股东治理指数统计分析

年份	平均值	中位数	标准差	全距	最小值	最大值
2003	—	—	—	—	—	—
2004	66.74	66.28	7.38	53.32	30.28	83.60
2005	55.16	54.57	8.17	45.49	34.40	79.89
2006	62.81	63.82	18.85	34.41	26.78	61.19
2007	60.62	62.12	6.46	15.15	41.45	56.60
2008	52.90	53.51	4.52	29.32	45.16	74.48
2009	60.89	63.28	13.46	38.40	33.80	72.20

(续)

年份	平均值	中位数	标准差	全距	最小值	最大值
2010	48.60	44.60	10.77	30.68	46.00	76.68
2011	51.00	49.40	8.32	38.20	43.40	81.60
2012	67.80	67.80	0.00	0.00	46.80	76.00
2013	73.68	73.68	0.00	0.00	38.04	76.04
2014	56.55	57.05	4.11	26.76	51.25	78.01
2015	58.87	57.03	7.09	32.08	44.90	76.98
2016	55.74	54.06	7.90	31.69	49.00	80.69
2017	52.81	52.73	6.52	26.28	52.69	78.97
2018	55.86	56.45	10.21	28.74	49.89	78.63
2019	58.20	57.12	8.77	29.94	51.67	81.61
2020	59.04	59.68	8.64	38.47	44.66	83.13
2021	60.58	61.22	10.11	38.32	45.14	83.46
2022	61.80	62.01	8.31	36.77	45.45	82.22

资料来源：南开大学公司治理数据库。

表 4-13 列出了外资控股上市公司的股东治理指数。外资控股上市公司的股东治理指数平均值从 2004 年的 54.66 上升为 2022 年的 69.20，提高了 14.54，增幅大于国有控股（9.30）和集体控股上市公司（12.16）。从历年股东治理指数的标准差来看，外资控股上市公司股东治理指数的标准差从 2004 年的 19.00 下降为 2022 年的 6.67，说明不同外资控股上市公司在股东治理方面的差距有明显缩小。

表 4-13 外资控股上市公司股东治理指数统计分析

年份	平均值	中位数	标准差	全距	最小值	最大值
2003	—	—	—	—	—	—
2004	54.66	47.63	19.00	33.00	39.60	72.60
2005	53.21	52.03	17.00	32.04	35.99	68.03
2006	46.31	45.70	13.45	40.94	28.67	69.61
2007	50.88	50.63	5.41	31.91	37.35	69.26
2008	62.87	63.71	7.61	22.11	43.87	65.98
2009	56.57	55.54	9.28	12.20	49.00	61.00
2010	64.07	63.50	8.86	26.60	43.80	70.40
2011	65.98	66.70	9.36	22.20	50.40	72.60

(续)

年份	平均值	中位数	标准差	全距	最小值	最大值
2012	61.15	62.50	7.50	23.60	41.60	65.20
2013	59.25	61.24	9.84	22.22	43.02	65.24
2014	62.80	60.60	6.75	17.14	49.44	66.58
2015	64.46	66.83	7.05	12.63	48.69	61.32
2016	66.59	65.97	7.38	5.64	61.92	67.56
2017	66.52	67.51	6.21	22.57	46.10	68.67
2018	67.64	68.24	6.26	19.82	49.26	69.08
2019	67.74	68.61	6.55	15.30	51.56	66.86
2020	68.97	70.00	8.67	12.86	49.46	62.32
2021	69.88	70.93	7.92	11.05	53.61	64.66
2022	69.20	69.84	6.67	23.90	53.89	77.79

资料来源：南开大学公司治理数据库。

表 4-14 列出了职工持股会控股上市公司的股东治理指数。职工持股会控股上市公司的股东治理指数平均值从 2004 年的 49.39 上升为 2022 年的 62.61，提高了 13.22，增幅大于国有控股、民营控股和集体控股上市公司。从历年标准差来看，职工持股会控股上市公司股东治理指数的标准差从 2004 年的 9.42 上升为 2022 年的 13.20，说明当前不同职工持股会控股上市公司在股东治理方面的差距有所拉大。

表 4-14 职工持股会控股上市公司股东治理指数统计分析

年份	平均值	中位数	标准差	全距	最小值	最大值
2003	—	—	—	—	—	—
2004	49.39	47.60	9.42	44.33	37.96	82.29
2005	48.72	45.80	9.64	25.50	45.44	70.94
2006	52.24	52.97	11.73	27.32	45.05	72.37
2007	56.57	56.72	10.01	10.09	51.39	61.48
2008	55.78	53.77	6.80	26.20	48.80	75.00
2009	56.15	57.30	5.60	28.40	56.80	85.20
2010	54.60	56.20	8.49	21.88	57.40	79.28
2011	60.43	59.70	8.95	15.67	61.03	76.70
2012	50.03	48.80	8.53	18.12	59.70	77.82
2013	51.46	48.04	8.98	25.21	53.54	78.75

(续)

年份	平均值	中位数	标准差	全距	最小值	最大值
2014	57.00	57.11	5.25	20.74	54.58	75.32
2015	55.47	55.73	4.37	33.88	46.49	80.37
2016	65.22	65.69	2.51	20.34	59.93	80.27
2017	57.15	56.92	10.76	36.10	48.52	84.62
2018	59.34	59.51	9.04	39.56	43.98	83.54
2019	60.66	62.12	6.94	37.84	48.34	86.18
2020	57.14	59.66	6.79	44.33	37.96	82.29
2021	59.62	60.60	5.59	25.50	45.44	70.94
2022	62.61	56.14	13.20	27.32	45.05	72.37

资料来源：南开大学公司治理数据库。

表4-15列出了其他类型控股上市公司的股东治理指数。其他类型控股上市公司的股东治理指数平均值从2004年的56.77上升为2022年的58.88，提高了2.11，增幅相对较小。从历年标准差来看，其他类型控股上市公司股东治理指数的标准差从2004年的11.89上升为2022年的13.66，说明当前不同的其他类型控股上市公司在股东治理方面的差距仍然较大。

表4-15 其他类型控股上市公司股东治理指数统计分析

年份	平均值	中位数	标准差	全距	最小值	最大值
2003	—	—	—	—	—	—
2004	56.77	55.63	11.89	20.01	58.27	78.28
2005	58.19	58.19	18.03	26.05	43.05	69.10
2006	58.88	59.22	13.66	45.74	38.93	84.67
2007	55.83	55.52	3.61	15.23	51.51	66.74
2008	60.98	59.10	9.14	10.09	47.24	57.33
2009	64.27	60.50	10.91	26.60	46.40	73.00
2010	69.51	71.40	7.25	20.40	40.40	60.80
2011	71.53	73.06	5.46	16.4	43.60	60.00
2012	70.99	72.45	6.07	0.00	67.80	67.80
2013	68.79	69.71	6.73	0.00	73.68	73.68
2014	66.44	68.09	6.53	11.27	49.91	61.18
2015	68.59	68.84	7.40	17.59	52.34	69.93
2016	71.08	70.55	5.90	26.99	46.53	73.52

(续)

年份	平均值	中位数	标准差	全距	最小值	最大值
2017	69.75	71.57	8.25	25.07	40.90	65.97
2018	69.56	71.11	8.10	35.87	34.82	70.69
2019	69.06	69.50	6.72	35.15	36.70	71.85
2020	56.77	55.63	11.89	33.76	41.94	75.70
2021	58.19	58.19	18.03	28.50	45.54	74.04
2022	58.88	59.22	13.66	28.86	45.22	74.08

资料来源：南开大学公司治理数据库。

第三节 中国上市公司股东治理分区域和地区分析

一、中国上市公司股东治理指数分地区比较分析

表4-16列出了中国上市公司股东治理指数分地区比较的结果。总体来看，各地区上市公司股东治理指数均呈现上升趋势。2004—2010年间，不同地区上市公司的股东治理指数呈交替式波动趋势。自2011年以后，华南地区上市公司股东治理指数高于其他几个地区，华东地区上市公司仅次于华南地区，西北地区上市公司的股东治理指数相对处于较低水平。

表4-16 中国上市公司股东治理指数分地区比较分析

年份	东北地区	华北地区	华中地区	华东地区	华南地区	西北地区	西南地区
2003	—	—	—	—	—	—	—
2004	56.77	56.74	55.96	55.72	58.59	56.74	55.74
2005	53.05	57.78	55.50	58.49	53.49	52.19	54.88
2006	53.83	60.17	54.86	58.88	51.02	54.28	56.41
2007	57.58	59.61	57.30	57.31	54.58	56.52	58.43
2008	56.28	58.15	58.02	58.81	58.88	54.55	57.79
2009	58.29	59.49	58.90	60.21	59.04	57.33	57.90
2010	57.96	58.98	59.93	60.85	60.41	57.60	58.36
2011	62.25	64.13	64.77	65.32	65.36	61.39	63.48
2012	59.24	60.45	60.46	62.04	63.06	56.29	59.66
2013	60.92	62.18	62.05	63.69	64.35	59.45	61.35

(续)

年份	东北地区	华北地区	华中地区	华东地区	华南地区	西北地区	西南地区
2014	62.31	63.44	63.71	65.18	65.92	60.72	61.80
2015	62.84	63.78	64.01	66.01	67.15	61.63	62.89
2016	63.62	64.86	65.30	66.83	67.52	63.43	64.77
2017	62.75	63.62	64.85	65.72	66.58	62.79	62.93
2018	63.59	64.91	66.23	67.25	67.78	64.01	64.76
2019	64.09	65.75	66.91	67.71	68.39	64.52	65.58
2020	65.36	66.59	67.13	68.47	69.25	64.52	67.17
2021	65.53	67.13	68.40	69.15	69.54	64.89	67.32
2022	65.90	67.57	68.41	69.25	69.57	66.04	68.06

资料来源：南开大学公司治理数据库。

二、中国上市公司股东治理分指数分地区比较分析

表 4-17 列出了中国上市公司股东治理独立性分指数分地区比较的结果。从总体趋势来看，所有地区上市公司独立性分指数在 2004—2005 年都有所下降，在 2005—2007 年有所回升，在 2007—2009 年又再次回跌，在 2009—2011 年逐渐上升。2011 年以后，7 个地区上市公司独立性分指数趋于平稳变化。从不同地区的比较来看，2011—2022 年间华南地区上市公司的独立性分指数高于其他地区，华东地区次之，西北地区上市公司的独立性分指数则处于较低水平。

表 4-17 中国上市公司股东治理独立性分指数分地区比较分析

年份	东北地区	华北地区	华中地区	华东地区	华南地区	西北地区	西南地区
2003	—	—	—	—	—	—	—
2004	88.34	88.64	89.06	88.90	92.34	89.58	87.61
2005	66.99	69.42	66.10	66.87	63.68	63.49	64.71
2006	67.01	64.92	65.01	65.24	63.36	66.03	67.26
2007	89.47	88.62	89.25	89.64	88.99	89.62	88.68
2008	87.47	85.27	87.51	87.52	88.53	86.73	87.28
2009	63.18	61.49	62.10	61.88	59.72	62.59	60.22
2010	63.03	62.50	63.84	64.51	63.90	63.74	63.20
2011	65.75	66.64	66.33	66.10	66.58	65.90	66.42
2012	63.38	61.26	63.48	64.24	64.88	59.79	61.60
2013	62.39	61.06	64.41	64.30	65.29	59.92	60.95

(续)

年份	东北地区	华北地区	华中地区	华东地区	华南地区	西北地区	西南地区
2014	61.26	61.29	63.72	64.37	65.71	59.64	60.45
2015	61.96	62.09	63.44	64.12	65.69	59.75	61.04
2016	60.50	62.01	63.69	64.28	66.04	58.19	62.26
2017	64.35	65.63	66.47	67.23	68.18	63.35	65.29
2018	65.07	65.90	67.13	68.60	68.80	63.53	66.79
2019	62.92	64.82	66.23	66.98	68.25	62.28	65.32
2020	62.26	65.38	65.75	67.60	68.81	61.98	65.63
2021	63.07	66.73	67.52	68.27	69.23	62.65	66.11
2022	62.88	66.82	67.29	68.27	68.26	62.19	66.19

资料来源：南开大学公司治理数据库。

表 4-18 列出了中国上市公司股东治理中小股东权益保护分指数分地区比较的结果。从总体趋势来看，2004—2006 年间所有地区上市公司中小股东权益保护分指数都有所上升。2006—2008 年间除东北地区和华南地区外，其他地区上市公司的中小股东权益保护分指数均有所下降。中国上市公司中小股东权益保护分指数在 2008—2011 年基本呈上升趋势，在 2012 年略有下降。自 2012 年以来，不同地区上市公司的中小股东权益保护分指数总体呈现上升态势。

表 4-18 中国上市公司股东治理中小股东权益保护分指数分地区比较分析

年份	东北地区	华北地区	华中地区	华东地区	华南地区	西北地区	西南地区
2003	—	—	—	—	—	—	—
2004	38.97	37.15	38.35	37.24	36.71	35.63	39.27
2005	47.56	53.36	49.91	51.05	48.70	48.89	50.16
2006	49.23	55.66	51.31	52.05	50.24	50.07	51.39
2007	50.19	52.76	49.02	50.52	48.55	49.65	51.28
2008	43.72	50.42	48.34	49.61	48.69	43.25	47.99
2009	43.01	46.36	46.83	48.04	48.29	43.85	46.34
2010	46.86	50.79	50.15	51.80	51.44	46.81	49.05
2011	49.11	52.76	52.41	55.26	55.07	47.91	51.70
2012	46.97	50.57	49.56	52.27	52.38	44.93	49.80
2013	53.03	57.10	54.94	56.69	56.30	50.63	57.13
2014	54.46	59.39	56.40	59.11	58.88	53.72	57.39
2015	58.10	61.35	60.25	62.99	63.94	56.80	61.02

(续)

年份	东北地区	华北地区	华中地区	华东地区	华南地区	西北地区	西南地区
2016	59.67	62.89	62.89	64.59	66.81	58.85	62.58
2017	58.91	62.17	61.96	63.58	64.17	59.89	61.36
2018	63.30	66.23	66.25	67.45	67.24	64.47	65.31
2019	63.53	67.16	68.46	68.26	68.16	65.27	66.87
2020	65.47	69.33	70.04	70.71	70.51	68.09	69.63
2021	66.48	70.37	70.93	71.86	71.46	69.23	70.68
2022	68.17	70.26	71.25	71.52	71.89	69.39	71.10

资料来源：南开大学公司治理数据库。

表4-19列出了中国上市公司股东治理关联交易分指数分地区比较的结果。从变动趋势来看，2004—2011年间不同地区上市公司关联交易分指数呈现交替式波动态势。2012年以来，华南地区上市公司的关联交易分指数总体高于其他地区，西南地区上市公司的关联交易分指数处于较低水平，表现不如其他几个地区。

表4-19　中国上市公司股东治理关联交易分指数分地区比较分析

年份	东北地区	华北地区	华中地区	华东地区	华南地区	西北地区	西南地区
2003	—	—	—	—	—	—	—
2004	58.80	60.38	57.04	57.61	63.61	61.43	56.26
2005	51.58	56.39	55.78	61.73	53.17	49.84	54.69
2006	51.83	62.31	53.33	62.52	45.65	52.62	56.01
2007	49.02	51.95	49.61	47.93	43.40	46.84	50.45
2008	53.24	52.31	52.96	53.66	54.24	49.77	52.85
2009	71.13	71.62	69.37	71.54	69.44	68.18	68.31
2010	66.53	65.40	67.76	68.06	67.64	65.32	65.25
2011	73.65	74.23	76.35	75.00	75.04	72.61	73.79
2012	69.43	69.92	69.86	70.71	72.82	65.91	68.54
2013	68.07	67.82	67.98	70.38	71.92	68.03	65.78
2014	70.69	68.56	71.02	71.66	73.08	68.26	66.89
2015	68.03	67.06	68.04	69.97	71.09	67.40	65.68
2016	69.14	68.26	68.52	70.34	68.98	70.62	68.21
2017	65.80	64.06	66.92	67.09	68.20	65.39	63.32
2018	63.14	63.08	65.76	66.37	67.81	63.80	63.20
2019	65.23	64.80	65.70	67.53	68.69	64.90	64.41

(续)

年份	东北地区	华北地区	华中地区	华东地区	华南地区	西北地区	西南地区
2020	66.79	64.44	64.90	66.67	68.21	62.22	65.48
2021	65.79	64.08	66.30	66.89	67.77	61.68	64.56
2022	65.13	65.26	66.13	67.47	67.91	64.62	65.95

资料来源：南开大学公司治理数据库。

三、各区域和地区中国上市公司股东治理指数具体分析

表4-20列出了东北地区上市公司股东治理指数。总体来看，东北地区上市公司的股东治理指数呈现波动式上升趋势。从不同省份上市公司的比较来看，辽宁上市公司的股东治理指数高于黑龙江、吉林、东北地区和全国的平均水平，而黑龙江和吉林上市公司的股东治理指数低于全国平均水平。

表4-20 东北地区上市公司股东治理指数分析

年份	全国	东北地区	黑龙江	吉林	辽宁
2003	53.70	—	57.16	—	—
2004	56.47	56.77	61.53	54.34	57.79
2005	56.10	53.05	53.38	51.29	60.26
2006	56.57	53.83	52.01	54.68	58.42
2007	57.32	57.58	55.84	58.61	57.04
2008	58.06	56.28	58.39	55.36	60.36
2009	59.23	58.29	55.78	60.29	62.92
2010	59.81	57.96	54.97	58.81	62.38
2011	64.56	62.25	63.01	61.79	66.28
2012	61.20	59.24	58.59	61.18	64.05
2013	62.89	60.92	61.01	60.52	64.91
2014	64.28	62.31	61.59	63.10	66.76
2015	65.08	62.84	63.23	63.92	67.81
2016	66.04	63.62	64.49	63.64	67.46
2017	65.00	62.75	64.84	62.35	66.73
2018	66.47	63.59	64.88	64.93	68.51
2019	67.06	64.09	65.55	65.47	68.77
2020	67.86	65.36	66.87	64.81	69.41

(续)

年份	全国	东北地区	黑龙江	吉林	辽宁
2021	68.45	65.53	66.11	66.87	70.52
2022	68.69	65.90	67.06	65.39	70.35

资料来源：南开大学公司治理数据库。

表4-21列出了华北地区上市公司股东治理指数。总体来看，华北地区上市公司的股东治理指数波动较大，北京上市公司的股东治理指数水平相对较高。2004—2011年华北地区上市公司股东治理指数呈现交替式波动趋势，自2010年起，华北地区上市公司的股东治理指数低于全国平均水平。具体来看，天津、河北、山西和内蒙古上市公司的股东治理指数均低于全国，山西上市公司在股东治理方面的表现最差。

表4-21 华北地区上市公司股东治理指数分析

年份	全国	华北地区	北京	天津	河北	山西	内蒙古
2003	53.70	—	—	46.20	—	—	—
2004	56.47	56.74	57.04	52.24	57.93	56.53	59.90
2005	56.10	57.78	59.57	55.21	60.15	54.34	53.35
2006	56.57	60.17	61.60	60.27	58.99	57.22	59.61
2007	57.32	59.61	61.23	56.71	58.47	64.28	51.82
2008	58.06	58.15	59.86	57.79	56.58	55.98	55.33
2009	59.23	59.49	60.56	56.57	59.27	60.73	56.06
2010	59.81	58.98	60.62	58.44	56.72	56.97	56.56
2011	64.56	64.13	65.11	63.40	64.65	61.34	60.37
2012	61.20	60.45	61.58	58.22	60.80	58.35	56.66
2013	62.89	62.18	64.64	60.20	59.92	56.10	55.76
2014	64.28	63.44	65.45	60.92	61.97	57.96	60.02
2015	65.08	63.78	65.47	61.22	62.01	59.19	62.11
2016	66.04	64.86	66.21	62.29	63.05	62.87	61.57
2017	65.00	63.62	64.44	63.16	63.46	59.23	62.14
2018	66.47	64.91	65.64	64.32	64.76	60.13	64.68
2019	67.06	65.75	66.76	65.44	64.85	60.14	64.27
2020	67.86	66.59	67.72	65.02	64.98	60.54	67.08
2021	68.45	67.13	68.19	65.76	65.34	63.54	64.46
2022	68.69	67.57	68.02	68.43	67.22	63.05	66.35

资料来源：南开大学公司治理数据库。

表4-22列出了华中地区上市公司股东治理指数。从变动趋势来看，华中地区上市公司的股东治理指数除在2010—2012年有较大波动，总体呈现上升趋势。具体来看，河南上市公司的股东治理指数高于湖南、湖北、华中地区和全国平均水平。2004—2007年，湖南上市公司的股东治理指数最低。2010年以来，湖北上市公司的股东治理指数低于河南和湖南上市公司。

表4-22　华中地区上市公司股东治理指数分析

年份	全国	华中地区	河南	湖北	湖南
2003	53.70	—	—	57.07	—
2004	56.47	55.96	54.09	57.60	55.13
2005	56.10	55.50	59.13	56.62	51.39
2006	56.57	54.86	60.21	54.15	52.20
2007	57.32	57.30	60.19	56.81	55.52
2008	58.06	58.02	59.02	57.34	58.28
2009	59.23	58.90	59.74	58.89	58.33
2010	59.81	59.93	61.48	58.77	60.21
2011	64.56	64.77	67.04	63.59	64.15
2012	61.20	60.46	63.00	58.73	60.17
2013	62.89	62.05	63.70	60.55	62.24
2014	64.28	63.71	66.34	61.36	64.01
2015	65.08	64.01	66.06	62.14	64.23
2016	66.04	65.30	67.48	63.08	65.69
2017	65.00	64.85	65.59	63.66	65.51
2018	66.47	66.23	66.78	65.06	66.91
2019	67.06	66.91	67.67	65.79	67.42
2020	67.86	67.13	68.44	65.68	67.53
2021	68.45	68.40	69.65	67.10	68.73
2022	68.69	68.41	68.47	68.21	68.55

资料来源：南开大学公司治理数据库。

表4-23列出了华东地区上市公司股东治理指数。从变动趋势来看，华东地区上市公司的股东治理指数总体呈现波动式上升趋势。具体来看，浙江和江苏上市公司的股东治理指数较高，而安徽、上海和江西上市公司的股东治理指数自2011年开始低于华东地区的平均水平。

表 4-23　华东地区上市公司股东治理指数分析

年份	全国	华东地区	山东	江苏	安徽	上海	浙江	江西	福建
2003	53.70	—	—	—	—	—	—	47.04	—
2004	56.47	55.72	57.86	57.79	56.16	53.81	54.76	58.68	53.96
2005	56.10	58.49	54.26	60.26	62.09	59.61	59.85	54.67	54.82
2006	56.57	58.88	56.96	58.42	59.48	61.07	57.91	56.61	58.22
2007	57.32	57.31	58.08	57.04	56.46	58.19	55.59	58.59	56.75
2008	58.06	58.81	58.05	60.36	60.38	57.58	59.01	58.57	59.75
2009	59.23	60.21	59.50	62.92	60.75	58.02	62.38	57.71	60.22
2010	59.81	60.85	59.07	62.38	61.03	58.77	63.69	59.07	60.30
2011	64.56	65.32	65.99	66.28	65.26	62.06	67.49	62.96	64.91
2012	61.20	62.04	62.63	64.05	60.75	57.98	63.89	59.86	62.16
2013	62.89	63.69	63.35	64.91	62.59	62.09	64.50	58.86	65.20
2014	64.28	65.18	64.42	66.76	63.36	63.19	66.34	62.46	66.10
2015	65.08	66.01	65.57	67.81	63.93	62.57	67.35	64.71	67.69
2016	66.04	66.83	66.48	67.46	65.46	66.02	67.73	63.41	67.16
2017	65.00	65.72	65.45	66.73	64.67	64.10	66.53	63.29	65.98
2018	66.47	67.25	67.06	68.51	66.23	65.46	67.75	64.40	67.70
2019	67.06	67.71	67.69	68.77	66.81	65.86	68.25	66.43	67.89
2020	67.86	68.47	68.37	69.41	67.14	67.19	69.22	65.46	68.04
2021	68.45	69.15	68.09	70.52	68.46	67.97	69.66	67.15	68.64
2022	68.69	69.25	68.39	70.35	68.85	68.14	69.81	67.82	68.27

资料来源：南开大学公司治理数据库。

表 4-24 列出了华南地区上市公司股东治理指数。从变动趋势来看，虽然略有波动，但华南地区上市公司的股东治理指数总体呈现上升趋势。具体来看，广东上市公司的股东治理指数整体较高，自 2012 年以来，广西和海南上市公司的股东治理指数平均水平低于华南地区的平均水平，海南上市公司在股东治理方面的表现尤为欠佳。

表 4-24　华南地区上市公司股东治理指数分析

年份	全国	华南地区	广东	广西	海南
2003	53.70	—	57.01	—	57.34
2004	56.47	58.59	58.05	61.15	59.62
2005	56.10	53.49	54.36	53.06	48.01

(续)

年份	全国	华南地区	广东	广西	海南
2006	56.57	51.02	51.61	53.81	44.30
2007	57.32	54.58	53.81	57.09	57.43
2008	58.06	58.88	60.18	57.13	51.93
2009	59.23	59.04	59.76	57.70	55.50
2010	59.81	60.41	60.77	61.15	55.98
2011	64.56	65.36	65.62	66.16	60.70
2012	61.20	63.06	63.51	62.89	57.12
2013	62.89	64.35	64.97	63.26	56.86
2014	64.28	65.92	66.52	63.58	60.33
2015	65.08	67.15	67.76	65.24	60.69
2016	66.04	67.52	68.29	64.55	59.71
2017	65.00	66.58	67.15	65.16	58.81
2018	66.47	67.78	68.29	65.38	61.09
2019	67.06	68.39	68.94	66.00	60.58
2020	67.86	69.25	69.82	65.55	62.43
2021	68.45	69.54	70.13	65.81	61.57
2022	68.69	69.57	70.13	65.34	61.95

资料来源：南开大学公司治理数据库。

表4-25列出了西北地区上市公司股东治理指数。从总体趋势来看，西北地区上市公司的股东治理指数波动较大，呈交替增长趋势，且自2005年以来低于全国上市公司的平均水平。西北地区的五个省份中，宁夏上市公司的股东治理指数相对较低。

表 4-25　西北地区上市公司股东治理指数分析

年份	全国	西北地区	陕西	甘肃	宁夏	青海	新疆
2003	53.70	—	—	—	—	49.03	—
2004	56.47	56.74	61.64	55.70	47.89	55.14	56.64
2005	56.10	52.19	55.03	49.54	48.91	58.04	50.63
2006	56.57	54.28	51.38	54.34	49.84	53.96	58.97
2007	57.32	56.52	55.85	57.99	59.40	50.05	56.72
2008	58.06	54.55	52.24	52.09	53.19	60.60	56.98
2009	59.23	57.33	54.17	56.64	54.09	56.10	62.62
2010	59.81	57.60	56.64	53.17	52.20	58.45	62.52

(续)

年份	全国	西北地区	陕西	甘肃	宁夏	青海	新疆
2011	64.56	61.39	61.91	60.36	60.94	59.55	62.00
2012	61.20	56.29	57.41	56.95	51.92	55.64	56.32
2013	62.89	59.45	59.22	60.56	52.59	55.97	62.01
2014	64.28	60.72	60.73	62.19	53.73	59.93	62.11
2015	65.08	61.63	62.08	63.09	55.70	65.29	61.11
2016	66.04	63.43	64.27	65.16	58.54	66.34	62.18
2017	65.00	62.79	62.56	63.68	59.70	62.83	63.20
2018	66.47	64.01	62.97	65.42	63.78	62.81	64.40
2019	67.06	64.52	63.80	66.53	63.64	62.31	64.63
2020	67.86	64.52	64.85	67.22	62.40	62.60	63.53
2021	68.45	64.89	65.46	67.22	63.98	64.03	63.36
2022	68.69	66.04	66.83	66.82	64.62	61.34	65.97

资料来源：南开大学公司治理数据库。

表4-26列出了西南地区上市公司股东治理指数。从总体趋势来看，西南地区上市公司的股东治理指数呈波动增长趋势，但大多数省份低于全国上市公司股东治理指数的平均水平。西南地区的五个省份中，西藏上市公司的股东治理指数波动幅度较大，四川和重庆上市公司的股东治理指数相对较低。

表4-26　西南地区上市公司股东治理指数分析

年份	全国	西南地区	四川	贵州	云南	重庆	西藏
2003	53.70	—	—	—	—	—	—
2004	56.47	55.74	57.96	49.46	59.17	50.56	58.91
2005	56.10	54.88	53.97	59.01	59.31	51.55	53.94
2006	56.57	56.41	53.93	59.39	62.19	54.68	61.32
2007	57.32	58.43	57.98	60.02	57.90	58.92	59.17
2008	58.06	57.79	56.84	60.30	61.02	57.80	49.12
2009	59.23	57.90	56.20	56.59	62.82	60.70	51.13
2010	59.81	58.36	57.57	58.88	61.58	56.86	57.93
2011	64.56	63.48	63.06	62.71	67.46	62.55	59.51
2012	61.20	59.66	59.26	60.30	59.63	60.01	60.72
2013	62.89	61.35	61.82	61.61	59.86	60.82	62.73

(续)

年份	全国	西南地区	四川	贵州	云南	重庆	西藏
2014	64.28	61.80	61.78	63.05	59.03	62.13	66.04
2015	65.08	62.89	62.98	62.70	61.10	63.63	64.71
2016	66.04	64.77	64.85	64.16	63.41	65.74	65.10
2017	65.00	62.93	62.48	63.59	62.82	63.35	64.37
2018	66.47	64.76	64.37	66.93	63.42	64.67	67.15
2019	67.06	65.58	65.58	66.01	64.93	65.50	66.26
2020	67.86	67.17	67.69	66.39	65.01	66.67	70.46
2021	68.45	67.32	67.53	66.78	67.34	66.44	69.16
2022	68.69	68.06	68.30	67.49	67.18	68.12	68.66

资料来源：南开大学公司治理数据库。

表4-27列出了不同经济区域上市公司的股东治理指数。从总体来看，4个经济区域上市公司股东治理指数的走势相对一致，总体呈上升趋势，但均在2012年和2017年出现下降。从不同经济区域的比较来看，东部经济区域上市公司的股东治理指数总体偏高，中部经济区域上市公司次之，西部经济区域和东北经济区域上市公司的股东治理指数呈交替状态。图4-7显示了不同经济区域上市公司股东治理指数趋势。

表4-27 中国上市公司股东治理指数分经济区域比较分析

年份	东部经济区域	中部经济区域	西部经济区域	东北经济区域
2003	—	—	—	—
2004	56.34	56.30	56.81	56.77
2005	57.38	56.56	53.69	53.05
2006	57.45	56.20	55.72	53.83
2007	57.08	58.07	57.22	57.58
2008	58.80	58.33	56.45	56.28
2009	59.91	59.37	57.57	58.29
2010	60.52	59.78	58.23	57.96
2011	65.27	64.36	62.79	62.25
2012	62.21	60.27	58.59	59.24
2013	63.96	61.32	60.50	60.92
2014	65.39	62.98	61.46	62.31
2015	66.14	63.60	62.60	62.84
2016	66.89	64.95	64.10	63.62

(续)

年份	东部经济区域	中部经济区域	西部经济区域	东北经济区域
2017	65.76	64.16	63.02	62.75
2018	67.19	65.56	64.55	63.59
2019	67.74	66.29	65.18	64.09
2020	68.58	66.46	66.14	65.36
2021	69.09	67.92	66.26	65.53
2022	69.21	68.09	67.13	65.90

资料来源：南开大学公司治理数据库。

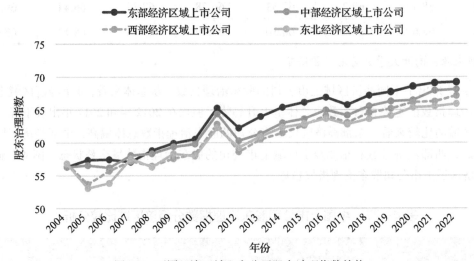

图 4-7 不同经济区域上市公司股东治理指数趋势

资料来源：南开大学公司治理数据库。

表 4-28 列出了长三角和珠三角这两个特定区域上市公司的样本量和股东治理指数。从数量来看，长三角地区上市公司的数量远高于珠三角地区。从两个地区的比较来看，2004 年，珠三角上市公司的股东治理指数高于长三角上市公司。2005—2007 年、2009—2010 年，长三角上市公司股东治理指数均超过了珠三角上市公司。但自 2011 年以后，珠三角上市公司的股东治理指数始终高于长三角上市公司。2022 年珠三角上市公司股东治理指数为 70.26，比长三角上市公司（69.54）高出 0.72。

表 4-28 中国上市公司股东治理指数特定区域分析

年份	长三角上市公司样本量	长三角上市公司股东治理指数	珠三角上市公司样本量	珠三角上市公司股东治理指数
2003	—	—	—	—
2004	276	54.69	114	57.73

(续)

年份	长三角上市公司样本量	长三角上市公司股东治理指数	珠三角上市公司样本量	珠三角上市公司股东治理指数
2005	311	60.37	121	53.96
2006	307	59.73	115	51.35
2007	273	57.29	123	53.61
2008	303	58.83	101	59.94
2009	314	60.44	124	59.51
2010	418	61.51	172	60.63
2011	541	65.35	245	65.36
2012	674	62.06	300	63.43
2013	714	63.89	325	64.79
2014	714	65.45	322	66.34
2015	762	66.02	343	67.79
2016	835	67.03	369	68.31
2017	929	65.86	418	67.28
2018	1122	67.35	505	68.54
2019	1168	67.76	524	69.15
2020	1239	68.68	552	69.82
2021	1403	69.47	607	70.09
2022	1634	69.54	691	70.26

资料来源：南开大学公司治理数据库。

表4-29列出了特定城市上市公司的股东治理指数。在2004—2015年间，五个城市上市公司股东治理指数呈交替式波动。自2016年起，深圳市上市公司股东治理指数总体优于其他四个城市，而上海市上市公司的股东治理指数总体偏低。从2022年的股东治理指数比较来看，深圳市上市公司的股东治理指数最高，为70.20，其后依次是杭州市（70.01）、广州市（69.78）、上海市（68.14）和北京市（68.02）。图4-8显示了特定城市上市公司股东治理指数趋势。

表4-29 中国上市公司股东治理指数特定城市分析

年份	北京市	上海市	广州市	深圳市	杭州市
2003	—	—	—	—	—
2004	57.04	53.81	58.09	57.68	49.59
2005	59.57	59.61	59.67	52.74	56.22
2006	61.60	61.07	56.89	49.84	54.89

(续)

年份	北京市	上海市	广州市	深圳市	杭州市
2007	61.23	58.19	56.41	51.90	57.05
2008	59.86	57.58	64.17	59.33	57.80
2009	60.56	58.02	62.55	57.91	62.65
2010	60.62	58.77	62.37	60.11	63.91
2011	65.11	62.06	65.82	65.06	67.82
2012	61.58	57.98	61.48	63.76	62.76
2013	64.64	62.09	64.38	64.30	64.16
2014	65.45	63.19	65.95	66.02	66.17
2015	65.47	62.57	66.09	67.30	67.66
2016	66.21	66.02	66.85	68.10	67.76
2017	64.44	64.10	66.36	67.26	66.78
2018	65.64	65.46	68.25	68.56	67.41
2019	66.76	65.86	68.95	68.95	68.01
2020	67.72	67.19	68.98	69.97	68.44
2021	68.19	67.97	68.93	70.00	69.16
2022	68.02	68.14	69.78	70.20	70.01

资料来源：南开大学公司治理数据库。

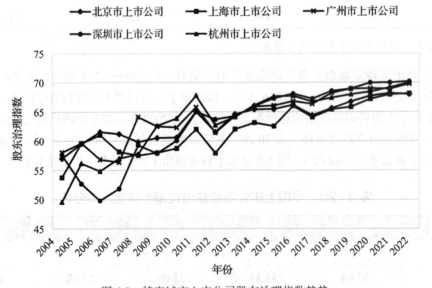

图 4-8　特定城市上市公司股东治理指数趋势

资料来源：南开大学公司治理数据库。

表 4-30 列出了北京市上市公司的股东治理分指数。北京市上市公司独立性分指数在 2004—2006 年之间出现较大幅度的下滑，在 2007 年又快速回升，在 2007—2009 年再次回跌，在 2010 年以后逐渐趋于平稳。但总体来看，北京市上市公司独立性分指数呈下降趋势，从 2004 年的 87.90 下降为 2022 年的 68.40。中小股东权益保护分指数总体呈上升趋势，从 2004 年的 37.74 上升为 2022 年的 70.39，提高了 32.65。关联交易分指数在 2004—2011 年间波动较大，在 2011 年后逐渐出现平稳下降趋势，在 2019 年和 2022 年略有回升。图 4-9 显示了北京市上市公司股东治理分指数趋势。

表 4-30 北京市上市公司股东治理分指数统计分析

年份	股东治理指数	独立性	中小股东权益保护	关联交易
2003	—	—	—	—
2004	57.04	87.90	37.74	60.91
2005	59.57	68.86	54.32	60.19
2006	61.60	61.72	57.31	65.83
2007	61.23	88.22	54.02	54.94
2008	59.86	84.52	53.30	54.08
2009	60.56	63.04	48.68	71.20
2010	60.62	63.34	53.30	66.58
2011	65.11	68.06	53.81	74.92
2012	61.58	62.67	51.46	71.16
2013	64.64	62.69	59.32	70.93
2014	65.45	63.20	61.99	70.03
2015	65.47	64.21	63.20	68.37
2016	66.21	63.87	64.06	69.54
2017	64.44	67.20	62.79	64.71
2018	65.64	67.65	66.56	63.71
2019	66.76	66.96	67.35	66.06
2020	67.72	67.60	69.74	65.76
2021	68.19	68.78	71.22	64.86
2022	68.02	68.40	70.39	65.47

资料来源：南开大学公司治理数据库。

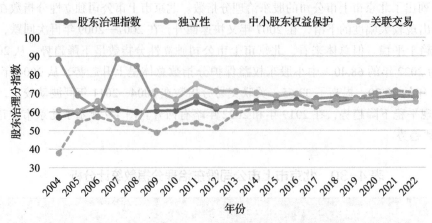

图 4-9　北京市上市公司股东治理分指数趋势

资料来源：南开大学公司治理数据库。

表 4-31 列出了上海市上市公司的股东治理分指数。上海市上市公司独立性分指数在 2004—2006 年之间从 88.97 下滑至 63.25，在 2007 年又上升为 90.03，在 2007—2009 年再次回跌，在 2009 年以后逐渐平稳且略有上升，从 2009 年的 61.04 上升为 2022 年的 69.04。中小股东权益保护分指数总体呈上升趋势，从 2004 年的 32.27 上升为 2022 年的 69.30，提高了 37.03，涨幅超过了北京市（32.65）。关联交易分指数在 2004—2012 年间有较大的波动，在 2012 年以后逐渐趋于平稳（除在 2016 年有较大提升）。图 4-10 显示了上海市上市公司股东治理分指数趋势。

表 4-31　上海市上市公司股东治理分指数统计分析

年份	股东治理指数	独立性	中小股东权益保护	关联交易
2003	—	—	—	—
2004	53.81	88.97	32.27	57.78
2005	59.61	67.82	50.07	65.04
2006	61.07	63.25	51.24	69.81
2007	58.19	90.03	51.32	49.15
2008	57.58	86.46	47.31	53.41
2009	58.02	61.04	44.45	70.09
2010	58.77	62.91	49.02	66.46
2011	62.06	63.16	49.62	73.95
2012	57.98	63.20	45.69	67.66
2013	62.09	62.16	55.74	68.40
2014	63.19	62.51	56.97	69.74
2015	62.57	62.19	58.16	67.18

(续)

年份	股东治理指数	独立性	中小股东权益保护	关联交易
2016	66.02	62.45	61.03	72.80
2017	64.10	66.39	61.70	65.36
2018	65.46	67.81	64.91	64.84
2019	65.86	65.53	65.45	66.44
2020	67.19	67.41	69.11	65.17
2021	67.97	67.72	70.21	65.85
2022	68.14	69.04	69.30	66.52

资料来源：南开大学公司治理数据库。

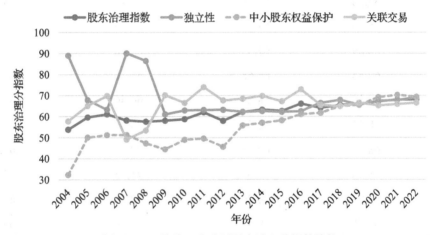

图 4-10　上海市上市公司股东治理分指数趋势

资料来源：南开大学公司治理数据库。

表 4-32 列出了广州市上市公司的股东治理分指数。广州市上市公司独立性分指数在 2004—2006 年之间从 88.87 下滑至 69.48，在 2007 年又上升为 89.74，在 2007—2010 年连续下降，从 2007 年的 89.74 下降为 2010 年的 68.47，在 2011 年略有回升，但在 2012 年再次下滑，在 2012 年后基本趋于平稳。中小股东权益保护分指数在 2004—2012 年不断波动，在 2012 年后呈较为稳定的上升趋势，从 2012 年的 53.04 上升为 2022 年的 73.69。关联交易分指数在 2004—2007 年间有较大的下降，在 2007—2009 年逐渐回升，在 2012 年后逐渐呈平稳下降态势。图 4-11 显示了广州市上市公司股东治理分指数趋势。

表 4-32　广州市上市公司股东治理分指数统计分析

年份	股东治理指数	独立性	中小股东权益保护	关联交易
2003	—	—	—	—
2004	58.09	88.87	36.05	64.74

(续)

年份	股东治理指数	独立性	中小股东权益保护	关联交易
2005	59.67	67.74	54.64	60.65
2006	56.89	69.48	54.31	53.18
2007	56.41	89.74	52.45	43.70
2008	64.17	88.64	59.02	57.09
2009	62.55	68.92	49.66	72.25
2010	62.37	68.47	55.03	66.67
2011	65.82	69.81	55.21	74.43
2012	61.48	63.57	53.04	68.89
2013	64.38	65.90	59.45	68.55
2014	65.95	67.23	61.75	69.50
2015	66.09	67.35	63.48	68.07
2016	66.85	66.68	66.30	67.50
2017	66.36	68.80	66.46	65.03
2018	68.25	70.52	70.00	65.37
2019	68.95	69.15	70.70	67.08
2020	68.98	70.07	71.75	65.66
2021	68.93	70.20	72.10	65.14
2022	69.78	69.47	73.69	66.03

资料来源：南开大学公司治理数据库。

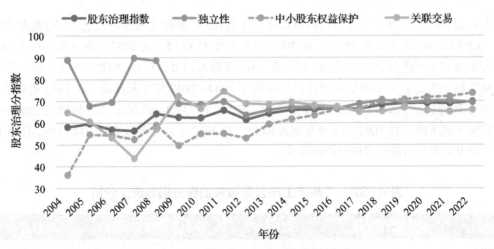

图 4-11　广州市上市公司股东治理分指数趋势

资料来源：南开大学公司治理数据库。

表 4-33 列出了深圳市上市公司的股东治理分指数。深圳市上市公司独立性分指数在 2004—2006 年之间出现较大幅度的下滑,在 2007 年有所回升,在 2007—2009 年再次回跌,在 2012 年以后逐渐呈平稳上升趋势,从 2012 年的 63.55 上升为 2021 年的 69.73,在 2022 年又略有下降。中小股东权益保护分指数总体呈上升趋势,从 2004 年的 37.00,上升为 2022 年的 72.14。关联交易分指数在 2004—2007 年间连续下降,在 2007—2012 年间又快速回升,在 2012 年后逐渐出现平稳下降趋势,在 2022 年又略有回升。图 4-12 显示了深圳市上市公司股东治理分指数趋势。

表 4-33 深圳市上市公司股东治理分指数统计分析

年份	股东治理指数	独立性	中小股东权益保护	关联交易
2003	—	—	—	—
2004	57.68	95.56	37.00	59.43
2005	52.74	65.00	49.55	49.80
2006	49.84	63.84	51.70	40.99
2007	51.90	87.44	48.66	37.37
2008	59.33	85.68	52.61	52.88
2009	57.91	58.13	48.82	66.88
2010	60.11	63.43	52.49	66.08
2011	65.06	66.32	55.43	74.06
2012	63.76	63.55	53.23	74.41
2013	64.30	64.40	56.19	72.37
2014	66.02	65.05	57.86	74.67
2015	67.30	65.82	63.54	71.79
2016	68.10	67.08	67.16	69.55
2017	67.26	68.82	64.35	69.39
2018	68.56	68.95	67.77	69.14
2019	68.95	69.00	67.90	69.96
2020	69.97	69.69	70.76	69.31
2021	70.00	69.73	71.83	68.30
2022	70.20	68.81	72.14	68.96

资料来源:南开大学公司治理数据库。

表 4-34 列出了杭州市上市公司的股东治理分指数。杭州市上市公司独立性分指数在 2004—2005 年之间从 88.57 下滑至 60.65,在 2005—2007 年逐渐回升至 91.48,在 2007—2009 年再次下跌,在 2009 年以后逐渐平稳。中小股东权益保护分指数总体呈上升趋势,从 2004 年的 31.35 上升为 2022 年的 74.20,提高了 42.85。关联交易分指数在 2004—2005 年有所上升,在 2005—

2007 年有所下降,在 2007—2009 年快速回升,在 2012 年以后逐渐呈较为平稳的下降趋势。图 4-13 显示了杭州市上市公司股东治理分指数趋势。

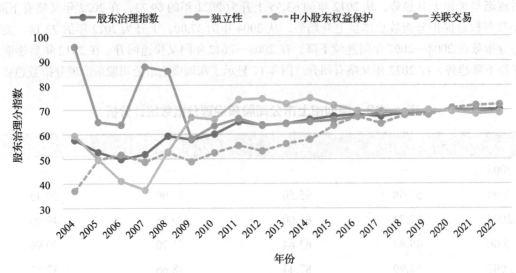

图 4-12 深圳市上市公司股东治理分指数趋势

资料来源:南开大学公司治理数据库。

表 4-34 杭州市上市公司股东治理分指数统计分析

年份	股东治理指数	独立性	中小股东权益保护	关联交易
2003	—	—	—	—
2004	49.59	88.57	31.35	48.33
2005	56.22	60.65	50.41	59.80
2006	54.89	70.15	50.68	51.46
2007	57.05	91.48	52.59	44.29
2008	57.80	89.26	47.10	52.78
2009	62.65	66.04	50.72	72.88
2010	63.91	67.73	56.13	69.78
2011	67.82	67.84	59.94	75.69
2012	62.76	65.78	53.77	70.23
2013	64.16	66.64	56.67	70.41
2014	66.17	65.77	59.90	72.63
2015	67.66	65.35	65.57	70.90
2016	67.76	65.44	67.81	68.87

(续)

年份	股东治理指数	独立性	中小股东权益保护	关联交易
2017	66.78	67.63	65.93	67.20
2018	67.41	68.75	68.53	65.63
2019	68.01	66.86	69.16	67.43
2020	68.44	68.57	71.49	65.34
2021	69.16	68.74	73.21	65.32
2022	70.01	68.17	74.20	66.75

资料来源：南开大学公司治理数据库。

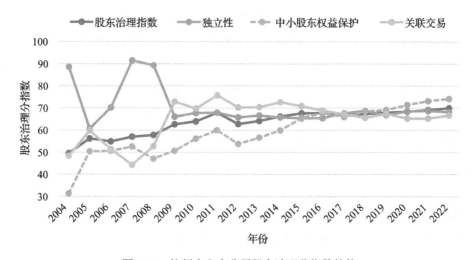

图 4-13　杭州市上市公司股东治理分指数趋势

资料来源：南开大学公司治理数据库。

第四节　中国上市公司股东治理分行业分析

一、中国上市公司股东治理指数分行业比较分析

表 4-35 列出了 2003—2008 年不同行业上市公司的股东治理指数。考虑可比性，仅对 2004—2022 年期间的数据进行对比分析。2004 年，建筑业上市公司的股东治理指数最高，传播与文化产业上市公司的股东治理指数居末位。2005—2006 年，采掘业上市公司的股东治理指数居行业首位。2007—2008 年，金融、保险业和采掘业上市公司的股东治理指数居行业前两位，综合类上市公司的股东治理指数最低。

表4-35 中国上市公司股东治理指数分行业比较分析：2003—2008年

行业	2003年	2004年	2005年	2006年	2007年	2008年
采掘业	56.36	53.21	63.84	69.44	61.39	63.86
传播与文化产业	—	51.12	56.28	50.42	57.11	56.20
电力、煤气及水的生产和供应业	57.35	54.90	59.97	61.21	58.41	60.25
房地产业	—	53.75	55.87	55.66	56.19	57.21
建筑业	—	60.89	56.93	57.33	56.72	57.95
交通运输、仓储业	—	58.49	58.16	59.76	59.89	62.56
金融、保险业	55.83	57.51	58.87	66.65	61.54	66.87
农、林、牧、渔业	—	59.26	50.17	54.42	55.23	55.74
批发和零售贸易	—	55.11	56.77	60.14	57.89	57.50
社会服务业	57.28	58.86	54.99	58.12	56.43	58.65
信息技术业	—	55.92	56.69	56.70	56.05	56.43
制造业	—	56.72	55.99	55.65	57.47	57.85
综合类	—	55.16	52.16	52.77	54.46	53.15

资料来源：南开大学公司治理数据库。

表4-36列出了2009—2015年不同行业上市公司的股东治理指数。2009—2014年，金融、保险业上市公司的股东治理指数居行业首位。2010—2012年，综合类上市公司的股东治理指数最低。2013—2014年，电力、煤气及水的生产和供应业上市公司股东治理指数排名最后。2015年，信息技术业上市公司股东治理指数最高，综合类表现相对欠佳。

表4-36 中国上市公司股东治理指数分行业比较分析：2009—2015年

行业	2009年	2010年	2011年	2012年	2013年	2014年	2015年
采掘业	62.33	58.80	64.31	59.18	60.37	62.15	61.50
传播与文化产业	54.06	61.58	66.02	61.55	61.71	62.80	62.78
电力、煤气及水的生产和供应业	62.83	60.24	62.28	57.68	60.02	60.41	60.85
房地产业	61.23	60.41	61.72	56.97	61.46	61.80	63.23
建筑业	59.25	58.87	62.74	59.30	62.70	64.81	67.25
交通运输、仓储业	63.18	62.80	64.08	60.95	62.96	61.55	62.22
金融、保险业	72.58	69.00	69.42	69.47	67.29	67.48	66.40
农、林、牧、渔业	58.79	59.26	63.76	59.33	62.85	64.06	64.60
批发和零售贸易	59.09	60.17	62.05	57.82	61.88	64.35	64.93

(续)

行业	2009年	2010年	2011年	2012年	2013年	2014年	2015年
社会服务业	59.74	62.70	65.45	62.63	63.06	64.39	65.41
信息技术业	56.64	59.79	67.42	64.79	65.77	67.09	67.57
制造业	58.56	59.41	64.99	61.72	62.94	64.55	65.51
综合类	55.08	56.15	59.26	55.42	60.84	61.97	60.13

资料来源：南开大学公司治理数据库。

表4-37列出了2016—2022年不同行业上市公司的股东治理指数。2016—2017年，信息传输、软件和信息技术服务业上市公司的股东治理指数居行业首位（68.85和67.25），而教育行业上市公司的股东治理指数居行业末位（61.77和59.85）。2018年，住宿和餐饮业以及信息传输、软件和信息技术服务业上市公司的股东治理指数居行业前两位（67.61和67.34）。2019年，股东治理指数排在行业前两位的分别是信息传输、软件和信息技术服务业以及金融业（68.31和68.12）。2018年和2019年，综合和采矿业上市公司股东治理指数居行业后两位。2020—2021年，金融业以及信息传输、软件和信息技术服务业上市公司的股东治理指数排名前两位，教育和综合上市公司排名后两位。2022年，上市公司股东治理指数排名居行业前三位的分别是金融业（69.98）、制造业（69.27）与科学研究和技术服务业（68.99），排名后三位的是居民服务、修理和其他服务业（62.49）、综合（63.36）以及采矿业（63.91）。

表4-37 中国上市公司股东治理指数分行业比较分析：2016—2022年

行业	2016年	2017年	2018年	2019年	2020年	2021年	2022年
采矿业	63.63	60.24	62.40	62.89	65.82	63.72	63.91
电力、热力、燃气及水生产和供应业	62.74	61.19	64.23	64.64	64.93	64.71	65.13
房地产业	63.15	61.25	62.86	63.94	63.32	63.60	65.25
建筑业	67.55	66.05	67.23	67.55	66.54	67.07	67.93
交通运输、仓储和邮政业	64.87	63.07	65.12	65.43	66.08	65.96	66.47
教育	61.77	59.85	66.52	64.45	60.22	60.94	68.55
金融业	67.56	64.86	66.82	68.12	71.59	71.79	69.98
居民服务、修理和其他服务业	—	—	—	69.03	66.08	62.49	
科学研究和技术服务业	67.59	66.40	65.89	66.83	69.08	68.18	68.99
农、林、牧、渔业	65.67	64.54	65.85	65.06	65.04	66.34	67.57
批发和零售业	65.43	64.68	65.43	65.97	65.30	65.88	68.17

(续)

行业	2016年	2017年	2018年	2019年	2020年	2021年	2022年
水利、环境和公共设施管理业	63.28	63.65	65.54	65.79	66.17	67.64	68.41
卫生和社会工作	67.91	64.96	64.86	67.46	61.55	62.76	67.10
文化、体育和娱乐业	63.61	63.15	64.83	65.38	67.10	66.73	67.08
信息传输、软件和信息技术服务业	68.85	67.25	67.34	68.31	69.66	70.44	68.91
制造业	66.39	65.60	67.05	67.63	68.44	69.14	69.27
住宿和餐饮业	63.49	61.87	67.61	67.04	67.07	64.95	65.03
综合	63.46	60.51	61.88	61.28	60.86	59.34	63.36
租赁和商务服务业	67.10	65.04	66.63	66.16	66.48	66.36	67.59

资料来源：南开大学公司治理数据库。

二、中国上市公司股东治理分指数分行业比较分析

（一）独立性分指数分析

表4-38列出了2003—2008年不同行业上市公司的股东治理独立性分指数。2004—2005年，采掘业上市公司股东治理的独立性分指数居行业首位。2004年，批发和零售贸易行业上市公司股东治理的独立性分指数居行业末位（84.22）。2005年，传播与文化产业上市公司的独立性分指数最差（59.96）。2006—2007年，金融、保险业和农、林、牧、渔业上市公司独立性分指数最高，分别为90.00和91.03。2006年，在独立性方面表现最差的行业是信息技术业；2007年，社会服务业的独立性分指数最低。2008年，批发和零售贸易业上市公司的独立性分指数最高，为89.37；而传播与文化产业上市公司独立性表现最差，指数为83.62。

表4-38 中国上市公司股东治理独立性分指数分行业比较分析：2003—2008年

行业	2003年	2004年	2005年	2006年	2007年	2008年
采掘业	—	92.39	75.61	75.27	88.84	87.97
传播与文化产业	—	90.58	59.96	71.57	87.88	83.62
电力、煤气及水的生产和供应业	81.14	87.57	66.14	65.18	89.61	84.50
房地产业	—	91.54	65.27	66.90	89.26	88.33
建筑业	—	91.40	62.07	71.27	86.60	86.91
交通运输、仓储业	—	85.65	71.52	62.89	88.86	86.31
金融、保险业	—	89.20	74.08	90.00	88.97	87.22
农、林、牧、渔业	83.16	89.62	60.50	69.47	91.03	86.73

(续)

行业	2003年	2004年	2005年	2006年	2007年	2008年
批发和零售贸易	—	84.22	67.49	69.35	89.61	89.37
社会服务业	81.13	91.30	66.19	68.06	84.45	86.89
信息技术业	—	90.00	66.61	59.97	89.14	87.58
制造业	—	89.72	66.07	64.40	89.41	87.18
综合类	—	89.04	64.49	67.10	90.27	87.69

资料来源：南开大学公司治理数据库。

表4-39列出了2009—2015年不同行业上市公司的股东治理独立性分指数。2009—2010年，金融、保险业上市公司的股东治理指数最高，分别为75.81和74.30；2009年，传播与文化产业和综合类上市公司在独立性方面表现较差，分别为50.60和59.34；2010年，建筑业以及电力、煤气及水的生产和供应业上市公司的独立性分指数较低，分别为59.76和60.23。2011年，传播与文化产业上市公司的独立性分指数最高，为74.47，电力、煤气及水的生产和供应业上市公司最低，为60.00。2012年，独立性分指数排名第一位的是信息技术业上市公司，而电力、煤气及水的生产和供应业上市公司仍为最低。2013—2015年，金融、保险业上市公司的独立性分指数均居行业首位，而电力、煤气及水的生产和供应业以及房地产业上市公司则居行业后两位。

表4-39 中国上市公司股东治理独立性分指数分行业比较分析：2009—2015年

行业	2009年	2010年	2011年	2012年	2013年	2014年	2015年
采掘业	67.78	66.94	68.77	61.34	61.37	62.15	61.78
传播与文化产业	50.60	65.50	74.47	63.79	61.13	61.39	62.15
电力、煤气及水的生产和供应业	64.51	60.23	60.00	56.89	56.39	57.16	58.12
房地产业	64.52	64.11	63.18	58.02	56.53	57.15	55.34
建筑业	60.62	59.76	60.95	61.77	65.88	65.66	66.35
交通运输、仓储业	65.29	66.50	67.58	63.36	61.09	62.91	60.97
金融、保险业	75.81	74.30	71.40	68.49	72.43	75.03	69.94
农、林、牧、渔业	67.82	66.97	72.26	66.62	66.89	64.28	63.76
批发和零售贸易	60.11	61.79	62.82	57.45	57.28	58.24	58.92
社会服务业	60.73	64.52	67.64	63.25	62.46	62.22	63.27
信息技术业	59.72	62.32	70.59	68.53	68.49	67.92	68.03
制造业	60.49	64.00	66.40	64.03	64.24	63.96	64.23
综合类	59.34	60.52	60.92	61.24	59.29	59.48	58.80

资料来源：南开大学公司治理数据库。

表 4-40 列出了 2016—2022 年不同行业上市公司的股东治理独立性分指数。2016 年，信息传输、软件和信息技术服务业上市公司独立性分指数最高，为 70.70，房地产业上市公司最低，为 55.19。2017 年，独立性分指数居行业前两位的分别是教育（71.88）以及信息传输、软件和信息技术服务业（71.44），居行业后两位的分别是综合（56.87）和房地产业（58.66）。2018 年，卫生和社会工作以及信息传输、软件和信息技术服务业上市公司的独立性分指数较高，分别为 73.32 和 71.43，综合与房地产业上市公司独立性表现较差，分别为 58.85 和 60.02。2019 年，独立性分指数排名前三位的行业分别是卫生和社会工作（74.11）、金融业（73.25）以及信息传输、软件和信息技术服务业（71.43），排名后三位的分别是教育（51.65）、综合（55.88）以及房地产业（57.18）。2020—2021 年，金融业以及信息传输、软件和信息技术服务业上市公司独立性分指数居行业前两位，综合上市公司居行业末位。2022 年，金融业上市公司的独立性分指数最高，为 72.33，房地产业最低，仅为 57.96。

表 4-40 中国上市公司股东治理独立性分指数分行业比较分析：2016—2022 年

行业	2016 年	2017 年	2018 年	2019 年	2020 年	2021 年	2022 年
采矿业	59.82	65.17	65.97	65.00	65.05	64.51	62.90
电力、热力、燃气及水生产和供应业	57.21	62.60	63.75	60.56	61.31	62.11	61.01
房地产业	55.19	58.66	60.02	57.18	58.14	60.09	57.96
建筑业	66.57	69.21	68.96	67.09	67.79	66.82	66.82
交通运输、仓储和邮政业	60.95	64.58	65.54	63.98	63.38	64.17	64.17
教育	55.86	71.88	70.14	51.65	62.51	68.03	69.56
金融业	67.86	68.89	71.18	73.25	72.93	73.14	72.33
居民服务、修理和其他服务业	—	—	—	—	68.95	56.95	64.57
科学研究和技术服务业	69.35	71.14	70.25	67.31	68.32	69.50	70.89
农、林、牧、渔业	63.98	68.62	67.43	63.60	63.48	65.64	67.21
批发和零售业	58.35	62.85	62.99	61.05	60.65	61.87	62.32
水利、环境和公共设施管理业	62.00	65.14	67.79	64.96	65.82	67.71	67.06
卫生和社会工作	68.04	70.09	73.32	74.11	69.32	68.42	68.92
文化、体育和娱乐业	60.46	64.15	68.17	64.67	65.00	66.54	65.94
信息传输、软件和信息技术服务业	70.70	71.44	71.43	71.43	71.39	71.70	70.50

(续)

行业	2016年	2017年	2018年	2019年	2020年	2021年	2022年
制造业	64.41	67.14	68.11	67.07	67.35	68.15	68.05
住宿和餐饮业	63.98	65.66	66.57	65.11	63.82	62.43	62.14
综合	55.97	56.87	58.85	55.88	57.84	53.91	61.55
租赁和商务服务业	65.14	68.85	69.99	64.32	67.79	67.55	66.95

资料来源：南开大学公司治理数据库。

（二）中小股东权益保护分指数分析

表4-41列出了2003—2008年不同行业上市公司的股东治理中小股东权益保护分指数。2004年，农、林、牧、渔业上市公司的中小股东权益保护分指数最高，为43.15，传播与文化产业上市公司的中小股东权益保护分指数最低，仅为25.00。2005—2007年，采掘业上市公司中小股东权益保护分指数均居行业首位，综合类上市公司的表现则相对较差。2008年，金融、保险业上市公司的中小股东权益保护分指数最高，为61.36，综合类最低，仅为37.22。

表4-41 中国上市公司股东治理中小股东权益保护分指数分行业比较分析：2003—2008年

行业	2003年	2004年	2005年	2006年	2007年	2008年
采掘业	—	35.58	61.33	65.50	55.37	60.72
传播与文化产业	3.00	25.00	50.72	50.28	50.50	41.90
电力、煤气及水的生产和供应业	—	35.66	55.61	55.69	53.76	55.37
房地产业	—	32.98	47.74	49.25	49.37	45.79
建筑业	—	39.92	50.68	54.69	54.82	52.16
交通运输、仓储业	—	40.54	53.74	58.69	51.94	58.72
金融、保险业	18.14	30.28	46.14	31.64	54.99	61.36
农、林、牧、渔业	—	43.15	47.97	51.31	46.81	46.56
批发和零售贸易	4.37	36.53	46.34	48.77	50.10	45.56
社会服务业	—	38.10	50.88	52.76	52.41	50.33
信息技术业	—	36.52	50.72	49.80	46.69	44.51
制造业	—	38.20	50.88	52.00	50.53	48.08
综合类	—	34.41	43.84	44.72	47.22	37.22

资料来源：南开大学公司治理数据库。

表4-42列出了2009—2015年不同行业上市公司的股东治理中小股东权益保护分指数。2009—2012年，金融、保险业上市公司的中小股东权益保护分指数均为最高，综合类均为最低。

2013年，交通运输、仓储业以及金融、保险业上市公司中小股东权益保护分指数居行业前两位。2014年，金融、保险业以及信息技术业上市公司排名前两位。2014—2015年，农、林、牧、渔业以及综合类上市公司均居行业后两位。2015年，信息技术业上市公司的中小股东权益保护分指数最高，为65.17，综合类最低，为52.59。

表4-42　中国上市公司股东治理中小股东权益保护分指数分行业比较分析：2009—2015年

行业	2009年	2010年	2011年	2012年	2013年	2014年	2015年
采掘业	48.29	52.12	53.75	50.79	56.79	59.39	61.02
传播与文化产业	44.84	52.01	51.71	48.18	54.92	58.20	61.35
电力、煤气及水的生产和供应业	51.65	55.73	53.43	51.43	57.62	58.77	58.73
房地产业	48.88	49.29	50.75	46.60	53.52	55.23	60.85
建筑业	50.04	53.89	52.83	48.19	55.55	58.21	64.51
交通运输、仓储业	53.67	54.95	51.76	51.52	59.28	60.57	63.51
金融、保险业	60.07	57.79	60.07	56.44	58.83	61.32	62.03
农、林、牧、渔业	45.64	47.81	48.94	45.02	51.60	53.02	59.08
批发和零售贸易	48.21	52.57	52.16	48.92	55.98	58.27	60.20
社会服务业	48.59	52.99	52.60	50.62	56.33	58.25	62.40
信息技术业	42.91	51.19	56.68	52.62	58.29	60.76	65.17
制造业	45.70	49.76	54.07	51.70	55.90	58.14	62.16
综合类	42.51	44.23	46.34	43.76	52.68	53.49	52.59

资料来源：南开大学公司治理数据库。

表4-43列出了2016—2022年不同行业上市公司的股东治理中小股东权益保护分指数。2016—2017年，信息传输、软件和信息技术服务业上市公司的中小股东权益保护分指数均为最高。2018—2022年，交通运输、仓储和邮政业上市公司表现最好。2016—2019年，教育和综合上市公司均居行业后两位。2020—2022年，居民服务、修理和其他服务业以及综合上市公司的中小股东权益保护分指数较低。

表4-43　中国上市公司股东治理中小股东权益保护分指数分行业比较分析：2016—2022年

行业	2016年	2017年	2018年	2019年	2020年	2021年	2022年
采矿业	61.05	59.60	64.28	66.19	68.73	69.00	68.28
电力、热力、燃气及水生产和供应业	61.97	61.39	67.63	68.21	70.67	70.16	70.03
房地产业	62.22	60.78	65.26	66.67	68.92	70.50	69.72

(续)

行业	2016年	2017年	2018年	2019年	2020年	2021年	2022年
建筑业	65.04	64.23	68.04	67.94	70.98	71.79	70.73
交通运输、仓储和邮政业	63.80	63.87	69.61	69.08	71.62	72.40	73.87
教育	44.50	48.54	60.24	61.69	65.00	63.74	67.07
金融业	61.26	61.60	67.63	68.17	70.40	70.86	71.26
居民服务、修理和其他服务业	—	—	—	—	59.10	57.50	52.40
科学研究和技术服务业	64.23	62.87	64.33	67.58	70.04	70.15	71.41
农、林、牧、渔业	62.55	59.73	64.86	64.52	65.76	68.25	67.93
批发和零售业	61.06	61.54	64.44	66.20	68.18	69.53	69.92
水利、环境和公共设施管理业	61.64	62.18	66.12	66.97	68.07	70.93	71.42
卫生和社会工作	65.76	61.54	65.90	66.12	65.96	66.96	65.38
文化、体育和娱乐业	61.58	61.17	66.16	66.57	69.90	70.04	70.70
信息传输、软件和信息技术服务业	67.90	64.67	66.35	67.29	69.66	71.04	70.62
制造业	64.42	63.21	66.99	68.08	70.43	71.52	71.56
住宿和餐饮业	58.99	58.17	68.76	67.74	70.13	65.93	69.72
综合	55.03	57.46	60.85	59.55	60.90	61.44	63.45
租赁和商务服务业	63.25	60.42	65.65	64.50	68.48	69.73	68.55

资料来源：南开大学公司治理数据库。

（三）关联交易分指数分析

表4-44列出了2003—2008年不同行业上市公司的股东治理关联交易分指数。2004年，金融、保险业，建筑业以及社会服务业上市公司的关联交易分指数居行业前三位，采掘业、房地产业以及传播与文化产业居行业后三位。2005—2008年，金融、保险业上市公司的关联交易分指数最高，分别为64.00、90.00、54.38和62.21。2005年，农、林、牧、渔业上市公司的关联交易分指数最低。2006年，传播与文化产业上市公司的关联交易分指数居行业末位。2007—2008年，建筑业上市公司的关联交易分指数均为最低。

表 4-44 中国上市公司股东治理关联交易分指数分行业比较分析：2003—2008 年

行业	2003 年	2004 年	2005 年	2006 年	2007 年	2008 年
采掘业	54.82	51.25	60.48	70.48	53.68	54.93
传播与文化产业	44.71	57.50	60.00	40.00	48.33	56.79
电力、煤气及水的生产和供应业	—	57.81	61.25	64.74	47.45	53.02
房地产业	—	55.63	59.31	56.44	46.47	53.07
建筑业	—	66.59	60.60	53.00	43.70	49.26
交通运输、仓储业	—	62.86	55.91	59.26	53.36	54.53
金融、保险业	56.36	68.89	64.00	90.00	54.38	62.21
农、林、牧、渔业	—	60.19	47.21	50.00	45.74	49.42
批发和零售贸易	47.69	59.13	61.85	66.91	49.81	53.52
社会服务业	55.88	63.40	53.51	58.51	46.43	52.85
信息技术业	—	58.29	57.72	61.98	48.86	52.78
制造业	—	58.73	56.05	54.92	48.43	52.95
综合类	—	58.96	54.31	53.65	43.80	51.81

资料来源：南开大学公司治理数据库。

表 4-45 列出了 2009—2015 年不同行业上市公司的股东治理关联交易分指数。2009—2013 年，金融、保险业上市公司的关联交易分指数居行业首位。2009 年，传播与文化产业以及综合类上市公司居后两位。2010 年，采掘业和建筑业上市公司的关联交易分指数较低。2011—2012 年，综合类上市公司的关联交易分指数居行业末位。2013 年，采掘业上市公司在关联交易方面表现最差。2014 年，农、林、牧、渔业上市公司的关联交易分指数最高，为 75.00，交通运输、仓储业上市公司的关联交易分指数最低，为 61.86。2015 年，批发和零售贸易行业以及农、林、牧、渔业上市公司的关联交易分指数居行业前两位，交通运输、仓储业以及采掘业上市公司居行业后两位。

表 4-45 中国上市公司股东治理关联交易分指数分行业比较分析：2009—2015 年

行业	2009 年	2010 年	2011 年	2012 年	2013 年	2014 年	2015 年
采掘业	73.65	61.41	72.64	66.49	63.44	64.91	61.84
传播与文化产业	65.00	69.20	76.12	73.79	68.79	68.11	64.53
电力、煤气及水的生产和供应业	73.19	64.75	72.26	64.32	64.23	63.67	64.33
房地产业	71.94	69.68	71.97	66.81	71.88	70.70	69.54
建筑业	67.77	63.41	73.54	69.19	68.27	70.98	70.45
交通运输、仓储业	71.64	68.81	74.65	69.17	67.59	61.86	61.56
金融、保险业	83.48	77.56	77.77	83.00	73.17	69.86	69.00

(续)

行业	2009年	2010年	2011年	2012年	2013年	2014年	2015年
农、林、牧、渔业	67.43	66.86	74.33	70.00	72.09	75.00	70.53
批发和零售贸易	69.47	66.97	71.57	66.91	70.08	73.48	72.67
社会服务业	70.38	71.50	77.21	74.33	70.10	71.62	69.49
信息技术业	68.82	67.13	76.56	75.10	71.89	73.01	69.75
制造业	70.46	66.77	75.21	70.58	69.32	71.25	69.49
综合类	65.53	65.88	71.36	64.18	69.76	71.70	68.33

资料来源：南开大学公司治理数据库。

表4-46列出了2016—2022年不同行业上市公司的股东治理关联交易分指数。2016年，教育、综合以及金融业上市公司的关联交易分指数居行业前三位，水利、环境和公共设施管理业，电力、热力、燃气及水生产和供应业以及文化、体育和娱乐业上市公司居行业后三位。2017—2018年，批发和零售业与教育行业上市公司关联交易分指数最高，分别为68.73和70.99。2019年教育行业上市公司关联交易分指数居行业首位，为73.61。2017—2019年，采矿业上市公司的关联交易分指数均为最低。2020年，居民服务、修理和其他服务业，金融业以及信息传输、软件和信息技术服务业上市公司关联交易分指数居行业前三位，卫生和社会工作、教育以及房地产业居行业后三位。2021年，居民服务、修理和其他服务业（79.21）、金融业（72.04）以及信息传输、软件和信息技术服务业（69.20）上市公司排在前三位，教育（54.60）、卫生和社会工作（55.74）以及采矿业（58.04）排在后三位。2022年，居民服务、修理和其他服务业上市公司的关联交易分指数仍然最高，为71.54；采矿业上市公司最低，为60.05。

表4-46 中国上市公司股东治理关联交易分指数分行业比较分析：2016—2022年

行业	2016年	2017年	2018年	2019年	2020年	2021年	2022年
采矿业	68.10	58.41	58.72	58.55	63.29	58.04	60.05
电力、热力、燃气及水生产和供应业	66.26	60.27	61.08	63.11	61.01	60.56	62.28
房地产业	68.05	63.01	61.88	64.59	60.30	58.45	64.41
建筑业	70.54	66.29	65.56	67.38	61.48	62.47	65.69
交通运输、仓储和邮政业	67.89	61.52	60.42	62.51	61.90	60.41	60.21
教育	82.00	65.15	70.99	73.61	54.29	54.60	69.53
金融业	73.69	66.10	63.84	65.50	72.12	72.04	67.52
居民服务、修理和其他服务业	—	—	—	—	79.00	79.21	71.54

(续)

行业	2016年	2017年	2018年	2019年	2020年	2021年	2022年
科学研究和技术服务业	70.07	67.55	65.26	65.84	68.49	65.54	65.62
农、林、牧、渔业	69.64	67.32	66.05	66.33	65.11	64.79	67.38
批发和零售业	73.33	68.73	67.63	68.20	64.74	64.24	69.33
水利、环境和公共设施管理业	65.57	64.38	63.84	65.03	64.44	64.30	66.07
卫生和社会工作	69.99	65.82	59.59	65.48	53.25	55.74	67.92
文化、体育和娱乐业	67.21	64.62	61.84	64.54	65.34	63.51	64.03
信息传输、软件和信息技术服务业	68.87	67.73	66.27	67.78	68.79	69.20	66.39
制造业	69.36	67.22	66.58	67.45	66.99	67.24	67.58
住宿和餐饮业	67.74	63.68	66.98	67.30	65.63	65.24	61.80
综合	75.64	65.37	64.43	65.70	62.34	59.96	64.17
租赁和商务服务业	71.94	67.75	65.92	68.74	63.83	62.40	66.94

资料来源：南开大学公司治理数据库。

三、各行业中国上市公司股东治理指数具体分析

（一）金融业上市公司股东治理指数分析

研究金融机构作为"被治理者"的公司治理问题，对于我国金融机构公司治理改革至关重要（李维安和曹廷求，2004）。表4-47列出了金融业上市公司股东治理指数。2004—2006年，金融业上市公司股东治理指数平均值从2004年的57.51上升为2006年的66.65，在2007年有所下降，在2008年和2009年连续回升至72.58，在2010年又出现下降，在2011—2012年逐渐上升，在2013—2016年交替波动，在2017—2021年平稳上升，在2022年再次下滑。从标准差来看，不同金融业上市公司之间的差距有所缩小。

表4-47 金融业上市公司股东治理指数统计分析

年份	平均值	中位数	标准差	全距	最小值	最大值
2003	55.83	—	—	—	—	—
2004	57.51	61.60	10.86	23.68	44.96	68.64
2005	58.87	61.12	15.60	40.08	34.40	74.49
2006	66.65	66.65	0.00	0.00	66.65	66.65

(续)

年份	平均值	中位数	标准差	全距	最小值	最大值
2007	61.54	65.29	10.21	28.65	41.45	70.10
2008	66.87	68.10	7.16	31.69	47.95	79.64
2009	72.58	74.20	7.17	34.88	46.40	81.28
2010	69.00	71.00	8.57	37.80	40.40	78.20
2011	69.42	71.00	7.18	36.20	43.60	79.80
2012	69.47	69.60	5.66	28.20	50.00	78.20
2013	67.29	68.64	8.22	39.60	39.44	79.04
2014	67.48	67.94	6.95	35.99	44.70	80.68
2015	66.40	68.16	7.21	30.83	46.99	77.82
2016	67.56	68.78	7.88	34.54	44.82	79.36
2017	64.86	65.84	6.61	27.18	50.16	77.34
2018	66.82	67.44	6.97	28.96	50.68	79.63
2019	68.12	69.03	6.91	29.43	50.84	80.27
2020	71.59	73.44	7.31	37.81	44.86	82.67
2021	71.79	73.38	7.20	34.52	49.90	84.42
2022	69.98	70.78	6.70	29.51	54.29	83.80

资料来源：南开大学公司治理数据库。

表4-48列出了金融业上市公司股东治理分指数。2004—2008年，独立性分指数均高于中小股东权益保护分指数和关联交易分指数；2009—2013年，关联交易分指数逐渐超过独立性分指数，中小股东权益保护分指数也呈交替波动趋势，并低于其他两个分指数；2017年后，独立性分指数又逐渐回升，高于其他两个分指数。图4-14显示了金融业上市公司股东治理分指数趋势。

表4-48 金融业上市公司股东治理分指数统计分析

年份	股东治理指数	独立性	中小股东权益保护	关联交易
2003	55.83	—	18.14	56.36
2004	57.51	89.20	30.28	68.89
2005	58.87	74.08	46.14	64.00
2006	66.65	90.00	31.64	90.00
2007	61.54	88.97	54.99	54.38
2008	66.87	87.22	61.36	62.21

(续)

年份	股东治理指数	独立性	中小股东权益保护	关联交易
2009	72.58	75.81	60.07	83.48
2010	69.00	74.30	57.79	77.56
2011	69.42	71.40	60.07	77.77
2012	69.47	68.49	56.44	83.00
2013	67.29	72.43	58.83	73.17
2014	67.48	75.03	61.32	69.86
2015	66.40	69.94	62.03	69.00
2016	67.56	67.86	61.26	73.69
2017	64.86	68.89	61.60	66.10
2018	66.82	71.18	67.63	63.84
2019	68.12	73.25	68.17	65.50
2020	71.59	72.93	70.40	72.12
2021	71.79	73.14	70.86	72.04
2022	69.98	72.33	71.26	67.52

资料来源：南开大学公司治理数据库。

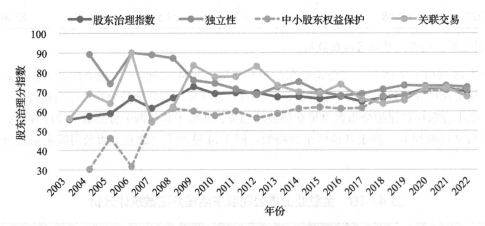

图 4-14 金融业上市公司股东治理分指数趋势

资料来源：南开大学公司治理数据库。

（二）高科技行业上市公司股东治理指数分析

表 4-49 列出了信息技术业上市公司股东治理指数。信息技术业上市公司的股东治理指数平均值在 2004—2006 年从 55.92 上升至 56.70，在 2007 年略有下降，在 2008—2011 年逐渐增加至 67.42，在 2012 年下降至 64.79，在 2013—2015 年三年间上升到 67.57。从标准差来看，在股东治理方面，信息技术业上市公司之间仍然存在较大差距。

表 4-49　信息技术业上市公司股东治理指数统计分析

年份	平均值	中位数	标准差	全距	最小值	最大值
2003	—	—	—	—	—	—
2004	55.92	55.55	13.87	70.90	24.70	95.60
2005	56.69	58.44	14.28	61.02	24.88	85.90
2006	56.70	57.55	9.74	39.13	33.78	72.90
2007	56.05	54.57	9.15	39.02	39.19	78.21
2008	56.43	56.20	9.29	48.00	31.20	79.20
2009	56.64	59.74	9.88	53.08	29.60	82.68
2010	59.79	68.00	8.62	50.00	33.20	83.20
2011	67.42	66.20	10.51	47.00	38.40	85.40
2012	64.79	67.02	9.46	48.64	35.04	83.68
2013	65.77	68.07	9.47	48.67	36.85	85.52
2014	67.09	68.93	8.28	39.37	43.73	83.09
2015	67.57	56.95	15.00	65.00	20.96	85.96

资料来源：南开大学公司治理数据库。

表 4-50 列出了信息传输、软件和信息技术服务业上市公司股东治理指数。股东治理指数平均值在 2016 年为 68.85，在 2017 年下降为 67.25，在 2017—2021 年从 67.25 上升为 70.44，在 2022 年下降为 68.91。

表 4-50　信息传输、软件和信息技术服务业上市公司股东治理指数统计分析

年份	平均值	中位数	标准差	全距	最小值	最大值
2016	68.85	69.63	8.72	47.14	35.87	83.01
2017	67.25	68.58	7.58	44.52	36.49	81.01
2018	67.34	68.02	7.33	42.96	39.39	82.35
2019	68.31	69.20	6.76	34.00	48.83	82.83
2020	69.66	71.37	7.85	42.14	40.89	83.03
2021	70.44	71.82	7.81	38.84	46.23	85.07
2022	68.91	69.54	6.40	37.72	48.46	86.18

资料来源：南开大学公司治理数据库。

(三) 房地产业上市公司股东治理指数分析

表 4-51 列出了房地产业上市公司股东治理指数的描述性统计结果。总体来看，2004—2022

年房地产业上市公司股东治理指数呈上升趋势。股东治理指数平均值在2004—2005年从53.75上升为55.87，在2006年略有下降，在2007—2009年持续上升，在2010—2022年波动式上升，在2022年达到65.25。从标准差来看，房地产业不同上市公司之间的股东治理指数差距有所缩小。

表4-51 房地产业上市公司股东治理指数统计分析

年份	平均值	中位数	标准差	全距	最小值	最大值
2003	—	—	—	—	—	—
2004	53.75	50.27	14.20	61.33	27.27	88.60
2005	55.87	51.94	14.09	52.05	28.82	80.87
2006	55.66	52.33	12.71	46.25	31.12	77.37
2007	56.19	56.54	8.77	37.78	34.89	72.67
2008	57.21	56.04	7.17	30.32	44.76	75.08
2009	61.23	60.40	9.07	40.88	41.00	81.88
2010	60.41	61.00	9.37	43.60	35.20	78.80
2011	61.72	62.20	9.39	50.20	33.20	83.40
2012	56.97	56.60	8.35	45.80	34.60	80.40
2013	61.46	61.64	7.62	41.48	39.40	80.88
2014	61.80	62.20	6.62	35.41	43.79	79.20
2015	63.23	63.98	7.01	32.44	45.12	77.57
2016	63.15	63.80	7.95	32.98	46.53	79.52
2017	61.25	62.38	8.49	38.46	40.16	78.62
2018	62.86	63.88	8.28	46.91	34.82	81.73
2019	63.94	64.14	7.58	34.34	44.42	78.77
2020	63.32	63.25	8.45	37.29	45.09	82.38
2021	63.60	64.07	8.98	41.12	38.69	79.81
2022	65.25	66.87	7.65	36.84	44.27	81.11

资料来源：南开大学公司治理数据库。

表4-52列出了房地产业上市公司股东治理分指数。2004—2022年，房地产业上市公司独立性分指数总体呈下降趋势；关联交易分指数在2007—2009年快速上升，在2009—2021年总体有所下降，在2022年又有所上升；2004—2022年，中小股东权益保护分指数总体呈上升趋势。2004—2008年，房地产业上市公司独立性分指数高于中小股东权益保护分指数和关联交易分指数。2009—2017年，关联交易分指数逐渐超过独立性分指数。而2004—2014年间，中小股东权益保护分指数虽然逐渐上升，但仍低于其他两个分指数。2018—2022年，中小股东权益保护分指数超过其他两个分指数，在股东治理三个维度方面表现最优。图4-15显示了房地产业上市公司股东治理分指数趋势。

表4-52　房地产业上市公司股东治理分指数统计分析

年份	股东治理指数	独立性	中小股东权益保护	关联交易
2003	—	—	—	—
2004	53.75	91.54	32.98	55.63
2005	55.87	65.27	47.74	59.31
2006	55.66	66.90	49.25	56.44
2007	56.19	89.26	49.37	46.47
2008	57.21	88.33	45.79	53.07
2009	61.23	64.52	48.88	71.94
2010	60.41	64.11	49.29	69.68
2011	61.72	63.18	50.75	71.97
2012	56.97	58.02	46.60	66.81
2013	61.46	56.53	53.52	71.88
2014	61.80	57.15	55.23	70.70
2015	63.23	55.34	60.85	69.54
2016	63.15	55.19	62.22	68.05
2017	61.25	58.66	60.78	63.01
2018	62.86	60.02	65.26	61.88
2019	63.94	57.18	66.67	64.59
2020	63.32	58.14	68.92	60.30
2021	63.60	60.09	70.50	58.45
2022	65.25	57.96	69.72	64.41

资料来源：南开大学公司治理数据库。

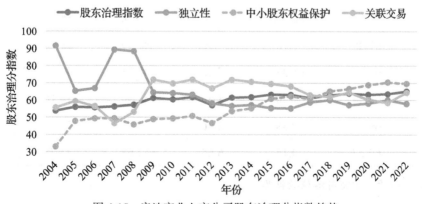

图4-15　房地产业上市公司股东治理分指数趋势

资料来源：南开大学公司治理数据库。

(四)制造业上市公司股东治理指数分析

表 4-53 列出了制造业上市公司股东治理指数的描述性统计结果。制造业上市公司股东治理指数平均值在 2004—2006 年从 56.72 下降为 55.65，在 2007—2011 年从 57.47 上升至 64.99，在 2012 年有所下滑，在 2013—2016 年又逐渐上升至 66.39，虽然在 2017 年再次下滑，但自 2018 年以后逐年上升，增加到 2022 年的 69.27。从标准差来看，制造业上市公司在股东治理方面的差距有所缩小。

表 4-53 制造业上市公司股东治理指数统计分析

年份	平均值	中位数	标准差	全距	最小值	最大值
2003	—	—	—	—	—	—
2004	56.72	55.63	15.99	70.97	20.96	91.93
2005	55.99	55.14	13.88	76.07	19.45	95.52
2006	55.65	57.10	14.13	71.61	19.31	90.92
2007	57.47	58.27	8.88	56.37	26.58	82.95
2008	57.85	57.26	8.58	52.73	28.13	80.87
2009	58.56	59.40	10.02	62.60	24.20	86.80
2010	59.41	59.88	9.61	63.60	23.20	86.80
2011	64.99	65.60	8.60	50.20	33.20	83.40
2012	61.72	62.40	10.56	59.40	28.80	88.20
2013	62.94	63.64	9.61	53.38	31.04	84.42
2014	64.55	64.98	9.38	51.58	34.66	86.24
2015	65.51	65.81	9.01	51.25	33.58	84.83
2016	66.39	67.29	8.33	53.53	33.86	87.39
2017	65.60	66.30	7.56	49.28	36.63	85.90
2018	67.05	67.98	7.36	47.19	38.70	85.89
2019	67.63	68.37	7.22	44.23	40.89	85.12
2020	68.44	69.30	8.56	50.50	36.16	86.66
2021	69.14	70.38	8.46	51.81	34.14	85.96
2022	69.27	70.15	6.65	42.68	43.78	86.46

资料来源：南开大学公司治理数据库。

表 4-54 列出了制造业上市公司股东治理分指数。2004—2022 年，制造业上市公司独立性分

指数总体呈下降趋势；关联交易分指数在2007—2009年上升较快，在2009—2020年总体有所下降，在2021—2022年又略有回升；2004—2022年，中小股东权益保护分指数总体呈上升趋势。2004—2009年，制造业上市公司独立性分指数高于中小股东权益保护分指数和关联交易分指数；2009—2017年，关联交易分指数超过了独立性分指数，而2004—2017年间中小股东权益保护分指数虽然逐渐上升，但仍低于其他两个分指数；2019—2022年，中小股东权益保护分指数超过其他两个分指数，在股东治理三个维度方面表现最优。图4-16显示了制造业上市公司股东治理分指数趋势。

表4-54 制造业上市公司股东治理分指数统计分析

年份	股东治理指数	独立性	中小股东权益保护	关联交易
2003	—	—	—	—
2004	56.72	89.72	38.20	58.73
2005	55.99	66.07	50.88	56.05
2006	55.65	64.40	52.00	54.92
2007	57.47	89.41	50.53	48.43
2008	57.85	87.18	48.08	52.95
2009	58.56	60.49	45.70	70.46
2010	59.41	64.00	49.76	66.77
2011	64.99	66.40	54.07	75.21
2012	61.72	64.03	51.70	70.58
2013	62.94	64.24	55.90	69.32
2014	64.55	63.96	58.14	71.25
2015	65.51	64.23	62.16	69.49
2016	66.39	64.41	64.42	69.36
2017	65.60	67.14	63.21	67.22
2018	67.05	68.11	66.99	66.58
2019	67.63	67.07	68.08	67.45
2020	68.44	67.35	70.43	66.99
2021	69.14	68.15	71.52	67.24
2022	69.27	68.05	71.56	67.58

资料来源：南开大学公司治理数据库。

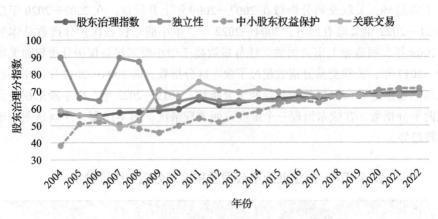

图 4-16 制造业上市公司股东治理分指数趋势

资料来源：南开大学公司治理数据库。

第五节 中国上市公司股东治理分市场板块分析

一、中国上市公司股东治理指数分市场板块比较分析

表 4-55 列出了不同市场板块上市公司的股东治理指数。考虑可比性因素，我们对 2004—2022 年间的股东治理指数进行分市场板块对比。总体来看，主板上市公司的股东治理指数呈上升趋势，从 2004 年的 56.47 上升为 2022 年的 67.79，提高了 11.32。中小板上市公司股东治理指数自 2010 年以来基本呈现较为平稳的趋势。创业板上市公司股东治理指数总体波动不大，在 2011—2022 年涨幅最大为 3.19。科创板上市公司股东治理指数在 2020—2022 年连续下降，从 74.59 下降为 69.67。2022 年北交所上市公司股东治理指数为 69.49。

表 4-55 中国上市公司股东治理指数分市场板块比较分析

年份	主板	中小板	创业板	科创板	北交所
2003	53.70	—	—	—	—
2004	56.47	—	—	—	—
2005	56.10	—	—	—	—
2006	56.57	—	—	—	—
2007	57.29	—	—	—	—
2008	58.05	—	—	—	—
2009	59.21	—	—	—	—
2010	58.66	65.22	—	—	—
2011	61.71	69.45	71.63	—	—

(续)

年份	主板	中小板	创业板	科创板	北交所
2012	56.77	66.41	70.94	—	—
2013	59.34	66.61	69.71	—	—
2014	60.42	68.50	71.32	—	—
2015	61.37	69.13	71.05	—	—
2016	63.76	68.59	69.15	—	—
2017	62.63	67.34	68.44	—	—
2018	64.71	68.18	68.87	—	—
2019	65.45	68.31	69.67	—	—
2020	66.37	68.32	70.39	74.59	—
2021	66.54	68.91	71.40	72.37	—
2022	67.79	—	70.87	69.67	69.49

资料来源：南开大学公司治理数据库。

二、中国上市公司股东治理分指数分市场板块比较分析

表4-56列出了不同市场板块上市公司的股东治理独立性分指数。主板上市公司独立性分指数在2003—2004年有所上升，在2004—2006年有较大下滑，从2004年的89.24下降为2006年的65.33，在2007年有所回升，在2008年和2009年连续两年再次下降，从2010年以来呈现较为平稳的趋势且略有增加，从2010年的61.69上升为2022年的64.63。中小板上市公司独立性分指数在2010—2021年总体呈下降趋势，从2010年的73.85下降为2021年的68.46。创业板上市公司独立性分指数在2010—2021年变化较为平稳，但略有下降，在2022年又有所回升。科创板上市公司独立性分指数在2020—2021年稍有下降，从75.38降低为74.13，在2022年又上升为74.50。北交所上市公司2022年的独立性分指数为77.86。

表4-56 中国上市公司股东治理独立性分指数分市场板块比较分析

年份	主板	中小板	创业板	科创板	北交所
2003	78.02	—	—	—	—
2004	89.24	—	—	—	—
2005	66.26	—	—	—	—
2006	65.33	—	—	—	—
2007	89.21	—	—	—	—
2008	87.24	—	—	—	—
2009	61.51	—	—	—	—

(续)

年份	主板	中小板	创业板	科创板	北交所
2010	61.69	73.85	76.61	—	—
2011	62.23	73.12	76.43	—	—
2012	58.06	68.99	75.31	—	—
2013	57.67	69.04	74.96	—	—
2014	57.84	68.67	75.01	—	—
2015	57.61	68.68	73.69	—	—
2016	58.01	68.11	74.26	—	—
2017	62.41	69.77	73.56	—	—
2018	64.10	70.24	74.17	—	—
2019	62.40	68.29	73.86	—	—
2020	62.93	68.13	72.95	75.38	—
2021	64.22	68.46	72.35	74.13	—
2022	64.63	—	76.61	74.50	77.86

资料来源：南开大学公司治理数据库。

表 4-57 列出了不同市场板块上市公司的股东治理中小股东权益保护分指数。主板上市公司中小股东权益保护分指数总体呈上升趋势，从 2004 年的 37.50 上升为 2022 年的 71.19。中小板上市公司中小股东权益保护分指数在 2010—2011 年有所增加，在 2012 年略有下降，在 2012 年以后总体呈增长趋势。创业板上市公司中小股东权益保护分指数在 2011—2022 年总体波动幅度不大且有所上升，从 2011 年的 62.00 上升为 2022 年的 72.06。科创板上市公司中小股东权益保护分指数在 2020—2021 年略有下降，从 2020 年的 70.77 下降为 2021 年的 69.09。2022 年北交所上市公司中小股东权益保护分指数为 66.81。

表 4-57 中国上市公司股东治理中小股东权益保护分指数分市场板块比较分析

年份	主板	中小板	创业板	科创板	北交所
2003	7.19	—	—	—	—
2004	37.50	—	—	—	—
2005	50.37	—	—	—	—
2006	51.78	—	—	—	—
2007	50.37	—	—	—	—
2008	48.40	—	—	—	—
2009	46.83	—	—	—	—

(续)

年份	主板	中小板	创业板	科创板	北交所
2010	49.99	53.22	—	—	—
2011	50.04	59.66	62.00	—	—
2012	47.15	55.93	57.95	—	—
2013	54.06	58.84	58.45	—	—
2014	55.27	62.23	61.98	—	—
2015	58.28	66.76	66.40	—	—
2016	60.36	69.25	66.46	—	—
2017	61.08	65.04	64.38	—	—
2018	66.05	68.04	66.64	—	—
2019	67.29	68.28	67.93	—	—
2020	69.77	70.68	69.80	70.77	—
2021	70.70	71.38	72.23	69.09	—
2022	71.19	—	72.06	69.10	66.81

资料来源：南开大学公司治理数据库。

表4-58列出了不同市场板块上市公司的股东治理关联交易分指数。主板上市公司关联交易分指数在2003—2004年有所增加，在2004—2007年间连续下降，从59.04降低为48.24；在2007—2009年逐渐回升，上升为2009年的70.44；在2011年以后总体呈较为平稳的下降趋势，从2011年的73.11下降为2022年的65.98。中小板上市公司关联交易分指数在2010—2011年有所上升，在2011年以后总体也是较为平稳的下降趋势，从2011年的77.40下降为2021年的66.66。创业板上市公司关联交易分指数在2011—2022年间总体呈下降趋势，从2011年的78.76下降为2022年的68.94。科创板上市公司关联交易分指数从2020年的78.01下降为2022年的67.83。2022年北交所上市公司关联交易分指数为67.98。

表4-58 中国上市公司股东治理关联交易分指数分市场板块比较分析

年份	主板	中小板	创业板	科创板	北交所
2003	54.43	—	—	—	—
2004	59.04	—	—	—	—
2005	56.75	—	—	—	—
2006	56.98	—	—	—	—
2007	48.24	—	—	—	—
2008	53.09	—	—	—	—

(续)

年份	主板	中小板	创业板	科创板	北交所
2009	70.44	—	—	—	—
2010	65.83	72.91	—	—	—
2011	73.11	77.40	78.76	—	—
2012	65.73	75.60	81.19	—	—
2013	65.45	73.17	78.17	—	—
2014	66.86	74.68	78.84	—	—
2015	66.34	71.72	73.71	—	—
2016	70.02	68.17	69.57	—	—
2017	64.28	68.44	69.60	—	—
2018	63.68	67.30	68.74	—	—
2019	65.13	68.34	69.16	—	—
2020	64.68	66.05	69.24	78.01	—
2021	63.54	66.66	69.80	74.77	—
2022	65.98	—	68.94	67.83	67.98

资料来源：南开大学公司治理数据库。

三、各市场板块中国上市公司股东治理指数具体分析

表4-59列出了主板上市公司股东治理指数的描述性统计结果。主板上市公司的股东治理指数平均值总体呈上升趋势，从2004年的56.47增加为2022年的67.79，提高了11.32。从标准差来看，主板上市公司股东治理指数在不同公司之间的差距有所缩小，标准差从2004年的15.78下降为2022年的7.14。

表4-59 主板上市公司股东治理指数统计分析

年份	平均值	中位数	标准差	全距	最小值	最大值
2003	53.70	—	—	—	—	—
2004	56.47	55.60	15.78	71.27	20.67	91.93
2005	56.10	55.22	14.23	78.62	19.45	98.07
2006	56.57	57.68	14.19	73.54	19.31	92.85
2007	57.29	57.92	8.98	56.37	26.58	82.95
2008	58.05	57.48	8.80	53.32	28.13	81.45
2009	59.21	59.80	10.11	62.80	24.20	87.00

(续)

年份	平均值	中位数	标准差	全距	最小值	最大值
2010	58.66	59.00	9.43	63.60	23.20	86.80
2011	61.71	62.00	8.18	51.40	33.20	84.60
2012	56.77	57.00	9.02	59.40	28.80	88.20
2013	59.34	59.64	8.51	51.84	31.04	82.88
2014	60.42	61.02	8.17	50.55	32.77	83.32
2015	61.37	61.47	8.25	49.58	32.24	81.83
2016	63.76	64.40	8.69	51.44	32.87	84.31
2017	62.63	63.20	7.89	48.40	36.49	84.89
2018	64.71	65.40	7.84	49.89	34.82	84.71
2019	65.45	65.73	7.58	47.54	36.70	84.24
2020	66.37	67.06	8.97	50.50	36.16	86.66
2021	66.54	67.35	9.21	53.18	34.14	87.33
2022	67.79	68.43	7.14	45.44	41.02	86.46

资料来源：南开大学公司治理数据库。

表 4-60 列出了主板上市公司股东治理分指数。2004—2008 年间，主板上市公司独立性分指数较高，中小股东权益保护分指数相对较低。2009—2017 年，关联交易分指数高于其他两个维度，中小股东权益保护分指数仍然处于较低水平。2017 年以后，中小股东权益保护分指数稳步上升，并超过了独立性分指数和关联交易分指数。图 4-17 显示了主板上市公司股东治理分指数趋势。

表 4-60 主板上市公司股东治理分指数统计分析

年份	股东治理指数	独立性	中小股东权益保护	关联交易
2003	53.70	78.02	7.19	54.43
2004	56.47	89.24	37.50	59.04
2005	56.10	66.26	50.37	56.75
2006	56.57	65.33	51.78	56.98
2007	57.29	89.21	50.37	48.24
2008	58.05	87.24	48.40	53.09
2009	59.21	61.51	46.83	70.44
2010	58.66	61.69	49.99	65.83
2011	61.71	62.23	50.04	73.11

(续)

年份	股东治理指数	独立性	中小股东权益保护	关联交易
2012	56.77	58.06	47.15	65.73
2013	59.34	57.67	54.06	65.45
2014	60.42	57.84	55.27	66.86
2015	61.37	57.61	58.28	66.34
2016	63.76	58.01	60.36	70.02
2017	62.63	62.41	61.08	64.28
2018	64.71	64.10	66.05	63.68
2019	65.45	62.40	67.29	65.13
2020	66.37	62.93	69.77	64.68
2021	66.54	64.22	70.70	63.54
2022	67.79	64.63	71.19	65.98

资料来源：南开大学公司治理数据库。

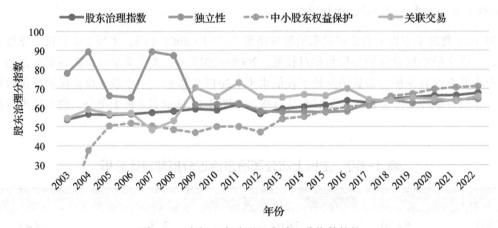

图 4-17　主板上市公司股东治理分指数趋势

资料来源：南开大学公司治理数据库。

表 4-61 列出了中小板上市公司股东治理指数的描述性统计结果。2010—2021 年间，中小板上市公司股东治理指数平均值总体呈上升趋势，从 2010 年的 65.22 上升为 2021 年的 68.91。从标准差来看，中小板上市公司在股东治理方面的差距小于主板上市公司。

表 4-61　中小板上市公司股东治理指数统计分析

年份	平均值	中位数	标准差	全距	最小值	最大值
2010	65.22	65.80	7.58	41.32	43.48	84.80

(续)

年份	平均值	中位数	标准差	全距	最小值	最大值
2011	69.45	70.20	7.06	42.80	43.20	86.00
2012	66.41	67.00	8.47	51.00	35.40	86.40
2013	66.61	67.69	8.19	49.02	35.40	84.42
2014	68.50	69.44	7.57	38.23	46.90	85.12
2015	69.13	69.63	7.09	38.83	46.01	84.83
2016	68.59	69.23	7.31	43.29	43.16	86.45
2017	67.34	67.97	6.56	40.15	42.72	82.87
2018	68.18	68.65	6.65	42.03	43.86	85.89
2019	68.31	69.08	6.65	38.99	45.70	84.70
2020	68.32	68.90	8.21	47.17	38.93	86.10
2021	68.91	69.64	7.98	42.43	43.53	85.96

资料来源：南开大学公司治理数据库。

表 4-62 列出了中小板上市公司股东治理分指数。2011—2015 年关联交易分指数高于其他两个维度，而中小股东权益保护分指数相对较低。2019 年以后，中小股东权益保护分指数高于独立性分指数和关联交易分指数。图 4-18 显示了中小板上市公司股东治理分指数趋势。

表 4-62 中小板上市公司股东治理分指数统计分析

年份	股东治理指数	独立性	中小股东权益保护	关联交易
2010	65.22	73.85	53.22	72.91
2011	69.45	73.12	59.66	77.40
2012	66.41	68.99	55.93	75.60
2013	66.61	69.04	58.84	73.17
2014	68.50	68.67	62.23	74.68
2015	69.13	68.68	66.76	71.72
2016	68.59	68.11	69.25	68.17
2017	67.34	69.77	65.04	68.44
2018	68.18	70.24	68.04	67.30
2019	68.31	68.29	68.28	68.34
2020	68.32	68.13	70.68	66.05
2021	68.91	68.46	71.38	66.66

资料来源：南开大学公司治理数据库。

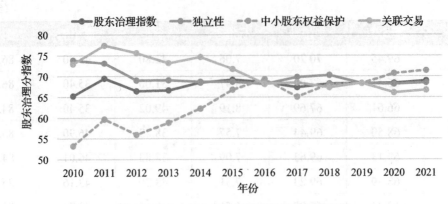

图 4-18　中小板上市公司股东治理分指数趋势

资料来源：南开大学公司治理数据库。

表 4-63 列出了创业板上市公司股东治理指数的描述性统计结果。创业板上市公司股东治理指数总体较为平稳。从标准差来看，创业板上市公司的股东治理指数在不同公司之间的差距小于主板和中小板上市公司。

表 4-63　创业板上市公司股东治理指数统计分析

年份	平均值	中位数	标准差	全距	最小值	最大值
2011	71.63	72.60	5.23	28.60	53.20	81.80
2012	70.94	71.00	6.51	34.80	50.40	85.20
2013	69.71	70.44	7.04	44.84	39.44	84.28
2014	71.32	72.35	6.65	39.18	47.06	86.24
2015	71.05	71.58	6.27	36.78	47.31	84.09
2016	69.15	69.69	6.55	48.23	39.16	87.39
2017	68.44	69.27	6.09	39.03	46.87	85.90
2018	68.87	69.35	6.19	34.97	47.70	82.68
2019	69.67	70.17	6.02	36.73	48.40	85.12
2020	70.39	71.50	7.53	43.97	42.20	86.17
2021	71.40	72.74	7.40	42.70	41.54	84.24
2022	70.87	71.53	5.83	37.11	49.12	86.23

资料来源：南开大学公司治理数据库。

表 4-64 列出了创业板上市公司股东治理分指数。2011—2014 年，关联交易分指数高于其他两个分指数，其中，中小股东权益保护分指数相对较低；2015—2020 年间，关联交易分指数持续下降，独立性分指数高于其他两个分指数。2020 年后，关联交易分指数低于独立性分指数和中小股东权益保护分指数。图 4-19 显示了创业板上市公司股东治理分指数趋势。

表 4-64　创业板上市公司股东治理分指数统计分析

年份	股东治理指数	独立性	中小股东权益保护	关联交易
2011	71.63	76.61	62.00	78.76
2012	70.94	76.43	57.95	81.19
2013	69.71	75.31	58.45	78.17
2014	71.32	74.96	61.98	78.84
2015	71.05	75.01	66.40	73.71
2016	69.15	73.69	66.46	69.57
2017	68.44	74.26	64.38	69.60
2018	68.87	73.56	66.64	68.74
2019	69.67	74.17	67.93	69.16
2020	70.39	73.86	69.80	69.24
2021	71.40	72.95	72.23	69.80
2022	70.87	72.35	72.06	68.94

资料来源：南开大学公司治理数据库。

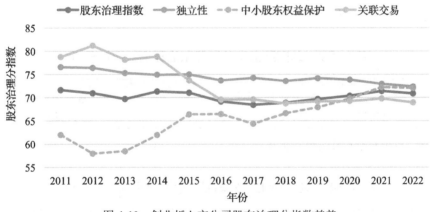

图 4-19　创业板上市公司股东治理分指数趋势

资料来源：南开大学公司治理数据库。

表 4-65 列出了科创板上市公司股东治理指数的描述性统计结果。科创板上市公司股东治理指数总体呈下降趋势。从标准差来看，科创板上市公司的股东治理指数在不同公司之间的差距相对较小。

表 4-65　科创板上市公司股东治理指数统计分析

年份	平均值	中位数	标准差	全距	最小值	最大值
2020	74.59	74.96	4.35	25.01	59.83	84.84
2021	72.37	73.15	6.00	34.56	49.87	84.43

年份	平均值	中位数	标准差	全距	最小值	最大值
2022	69.67	70.53	5.41	37.14	45.45	82.58

资料来源：南开大学公司治理数据库。

表4-66列出了科创板上市公司股东治理分指数。在股东治理的三个分指数中，中小股东权益保护分指数相对较低，在2020—2021年低于其他两个分指数。在2020年和2021年，关联交易分指数高于独立性分指数和中小股东权益保护分指数，而在2022年关联交易分指数低于其他两个分指数。

表4-66 科创板上市公司股东治理分指数统计分析

年份	股东治理指数	独立性	中小股东权益保护	关联交易
2020	74.59	75.38	70.77	78.01
2021	72.37	74.13	69.09	74.77
2022	69.67	74.50	69.10	67.83

资料来源：南开大学公司治理数据库。

表4-67和表4-68分别列出了北交所上市公司的股东治理指数及分指数。在三个分指数中，独立性分指数相对较高，而中小股东权益保护分指数较低。

表4-67 北交所上市公司股东治理指数统计分析

年份	平均值	中位数	标准差	全距	最小值	最大值
2022	69.49	69.71	5.08	21.95	56.84	78.80

资料来源：南开大学公司治理数据库。

表4-68 北交所上市公司股东治理分指数统计分析

年份	股东治理指数	独立性	中小股东权益保护	关联交易
2022	69.49	77.86	66.81	67.98

资料来源：南开大学公司治理数据库。

第六节 中国上市公司股东治理分析结论

一、中国上市公司股东治理总体分析结论

中国上市公司股东治理指数平均值在2003—2022年间呈现出较为稳定的上升趋势，从2003

年的 53.70 上升至 2022 年的 68.69。虽然股东治理指数的平均值在 2017 年有所回落，但自 2018 年起逐渐回升。

从股东治理的三个分指数来看，独立性分指数在 2003 年到 2011 年间出现较大波动，2011 年以后逐渐趋于稳定。中小股东权益保护分指数在 2003 年和 2004 年处于较低水平，2005 年到 2012 年之间呈现波动式增长，自 2012 年之后逐渐开始较快地增长。关联交易分指数在 2004 年到 2007 年连续下降，2008 年至 2009 年快速增长，2010 年再次出现下降，虽然 2011 年有所回升，但 2011 年以后呈现稳步下降趋势。

二、中国上市公司股东治理具体分析结论

（一）股东治理分控股股东性质比较分析结论

从分控股股东性质来看，2004—2022 年之间，不同控股股东性质上市公司的股东治理指数总体均呈上升趋势。国有控股上市公司的股东治理指数从 2004 年的 56.55 上升到 2022 年的 65.85，上升了 9.30，说明股东治理指数有较为明显的提升。国有控股上市公司的独立性分指数有所下降，从 2004 年的 89.05 下降为 2022 年的 60.21。中小股东权益保护分指数有显著提升，从 2004 年的 37.28 上升为 2022 年的 72.33。关联交易分指数在 2004—2011 年间呈波动式增长趋势，在 2012 年后总体呈下降趋势。民营控股上市公司在 2010 年以后，在独立性分指数和关联交易分指数上均高于国有控股上市公司，在中小股东权益保护方面民营控股上市公司仍需提升。自 2014 年以来，外资控股上市公司在股东治理的三个分指数上均高于国有控股上市公司。

（二）股东治理分区域和地区比较分析结论

从不同地区来看，华南地区上市公司在股东治理方面总体优于其他地区。在三个分指数方面，华南地区上市公司的独立性分指数和中小股东权益保护分指数高于其他地区，华东地区次之，西北地区上市公司的这两个分指数则均处于较低水平。在关联交易方面，华南地区上市公司总体高于其他地区，西南地区上市公司的关联交易分指数处于较低水平。具体来看，在东北地区，辽宁上市公司的股东治理指数相对较高，黑龙江和吉林的较低；在华北地区，北京上市公司的股东治理指数水平相对较高，山西上市公司在股东治理方面的表现最差；在华中地区，河南上市公司的股东治理指数高于湖南、湖北、华中地区和全国平均水平，湖北上市公司的股东治理指数相对较低；在华东地区，浙江和江苏上市公司的股东治理指数较高，而安徽、上海和江西上市公司的股东治理指数低于华东地区的平均水平；在华南地区，广东上市公司的股东治理指数整体较高，海南上市公司在股东治理方面表现尤为欠佳；西北地区股东治理总体水平较低，宁夏上市公司在股东治理方面表现最差；在西南地区，西藏上市公司的股东治理指数波动幅度较大，四川和重庆上市公司的股东治理指数相对较低。

从不同经济区域来看，东部、中部、西部和东北经济区域股东治理指数总体呈上升趋势。比较来看，东部经济区域上市公司的股东治理指数总体偏高，中部经济区域上市公司次之，西部经济区域和东北经济区域上市公司的股东治理指数呈交替状态。从长三角和珠三角这两个特定区域来看，2005—2007 年、2009—2010 年长三角上市公司股东治理指数均高于珠三角上市公司，但自 2011 年以后，珠三角上市公司在股东治理方面的表现始终优于长三角地区。具体比较

北京市、上海市、广州市、深圳市和杭州市五个城市上市公司的股东治理指数发现，自2016年起，深圳市上市公司股东治理指数总体优于其他四个城市，而上海市上市公司的股东治理指数总体偏低。

（三）股东治理分行业比较分析结论

从不同行业来看，金融业以及信息传输、软件和信息技术服务业上市公司股东治理指数总体表现较好，教育以及综合上市公司表现相对较差。从独立性分指数来看，2016年以前，不同行业上市公司的独立性分指数波动较大。2016年以后，金融业与信息传输、软件和信息技术服务业上市公司在独立性方面的表现相对较好且较为稳定，综合与房地产业上市公司则多次排名比较靠后。从中小股东权益保护分指数来看，2005—2007年采掘业上市公司表现较好。2008—2015年，金融、保险业上市公司的中小股东权益保护分指数较高。2016—2017年，信息传输、软件和信息技术服务业上市公司居行业首位。2018—2022年，交通运输、仓储和邮政业上市公司的中小股东权益保护分指数为行业首位，而综合上市公司总体表现较差。从关联交易方面来看，2004—2013年，金融、保险业上市公司关联交易分指数均居行业首位。2013—2017年间，不同行业上市公司在关联交易方面的波动较大。2020—2021年，居民服务、修理和其他服务业上市公司表现较好，而采矿业表现欠佳。

（四）股东治理分市场板块比较分析结论

从不同市场板块来看，主板上市公司的股东治理指数呈上升趋势，科创板连续两年下降。主板上市公司的股东治理指数从2004年的56.47上升为2022年的67.79，提高了11.32。中小板上市公司股东治理指数自2010年以来基本呈现较为平稳的趋势。创业板上市公司股东治理指数总体波动不大。科创板上市公司股东治理指数在2020—2022年连续下降。在独立性方面，主板上市公司独立性分指数在2004—2006年有较大下滑，在2007年有所回升，在2008年和2009年连续两年再次下降，自2010年以来呈现较为平稳的趋势且略有增加；中小板上市公司独立性分指数在2010—2021年总体呈下降趋势；创业板上市公司独立性分指数在2010—2021年间变化较为平稳，但略有下降，在2022年又有所回升。科创板上市公司独立性分指数在2020—2021年稍有下降，在2022年又上升为74.50。在中小股东权益保护方面，主板上市公司中小股东权益保护分指数总体呈上升趋势；中小板上市公司中小股东权益保护分指数在2010—2011年有所增加，在2012年略有下降，在2012年以后总体呈增长趋势；创业板上市公司中小股东权益保护分指数在2011—2022年间总体波动幅度不大且略有上升；科创板上市公司中小股东权益保护分指数在2020—2021年有所下降，在2022年略有回升。在关联交易方面，主板上市公司关联交易分指数在2004—2007年间连续下降，在2007—2009年逐渐回升，在2011年以后总体呈较为平稳的下降趋势；中小板上市公司关联交易分指数在2010—2011年有所上升，自2011年以来总体也是较为平稳的下降趋势；创业板上市公司关联交易分指数在2011—2022年间总体呈下降趋势；科创板上市公司关联交易分指数在2020—2022年逐渐下降。

第五章　中国上市公司董事会治理分析

本章主要分析了2003—2022年中国上市公司董事会治理状况。首先，分析了2003—2022年这20年间董事会治理指数的总体趋势，以及董事会治理董事权利与义务分指数、董事会运作效率分指数、董事会组织结构分指数、董事薪酬分指数和独立董事制度分指数的趋势。其次，分别按照控股股东性质、区域和地区、行业和市场板块详细分析了不同情况下董事会治理指数及五个分指数的差异。最后，根据上述分析归纳总结了本章的主要结论。从整体来看，中国上市公司董事会治理水平在2003—2022年总体上持续提升，在2021年出现过微小的下降，之后又重新上升，并在2022年达到65.02。

第一节　中国上市公司董事会治理趋势分析

一、中国上市公司董事会治理指数分析

董事会是公司治理的核心，其核心职能在于决策和监督。在股权相对集中的背景下，如何充分发挥董事会职能至关重要。鉴于董事会在公司治理中的重要性，国内外学者从不同角度对董事会的构成、规模、独立性等问题进行了探讨（Peasnell、Pope和Young，2003；Raheja，2005），并考察了董事会特征与公司绩效间的关系（Ghosh和Sirmans，2003；王华和黄之骏，2006）。研究表明，从整体上看，良好的董事会治理对提升公司绩效具有显著的促进作用（Bhagat和Black，1999；Gompers、Ishii和Metrick，2003）。随着公司治理改革的深入，中国已经出台了一系列加强董事会建设的法规条例，对完善董事会治理提出了更高的要求。在当前的环境下，对董事会治理质量及其影响因素等进行定量评价至关重要（南开大学中国公司治理研究院公司治理评价课题组和李维安，2006）。根据上海证券交易所、深圳证券交易所上市公司披

露的年报和其他有关的公开信息，在已有评价指标体系和有关评价研究成果的基础上（李维安和张耀伟，2004；南开大学中国公司治理研究院公司治理评价课题组和李维安，2007），本章从价值创造和社会责任两个关键视角，以董事诚信、勤勉意识为核心，从董事权利与义务、董事会运作效率、董事会组织结构、董事薪酬和独立董事制度五个维度构筑了一套董事会治理评价指标体系。通过对董事会治理状况进行持续客观的评价，探究影响董事会治理的主要因素，从而为改善董事会治理提供理论指导。

表 5-1 列示了 2003—2022 年中国上市公司董事会治理状况与趋势特征。考虑可比性因素，我们对 2004—2022 年间的数据进行对比。从时间角度分析，2022 年董事会治理指数平均值最高，为 65.02，2004 年董事会治理指数平均值最低，为 52.60。同时，如图 5-1 所示，中国上市公司董事会治理指数数据显示，从平均值的角度来看，中国上市公司董事会治理水平在 2004—2022 年总体上一直保持提升，其间在 2021 年出现过微小的下降，之后又重新上升，并在 2022 年创下了 65.02 的历史新高，较 2021 年的 64.93 提升了 0.09，较 2004 年的 52.60 提高了 12.42。从增长速度来看，各年增速呈现逐渐放缓的趋势，并在 2020 年后基本趋于平缓。从标准差分析，2004—2022 年董事会治理指数标准差的平均值为 2.92，2004 年的标准差最大，为 5.07，2012 年的标准差最小，为 1.79，表明各年度上市公司董事会治理水平有一定差距。同时，我们也可以从历年标准差数据中看出，2004—2022 年，中国上市公司董事会治理水平的差异性呈现由高到低，再略有提高，最终在中等偏低水平且趋于稳定的状态。从全距分析，2004—2022 年董事会治理指数全距 2004 年最高，为 32.66，2012 年最低，为 12.27。从最大值与最小值分析，2004—2022 年间，上市公司董事会治理指数最大值为 77.32，最小值为 38.21，相差 39.11，各年度董事会治理最好和最差的公司存在较大差距。

表 5-1 中国上市公司董事会治理指数分析

年份	平均值	中位数	标准差	全距	最小值	最大值
2003	43.41	—	10.37	72.95	1.56	74.51
2004	52.60	52.76	5.07	32.66	38.21	70.87
2005	53.15	52.70	4.60	31.07	38.29	69.36
2006	55.35	55.37	4.75	28.78	39.71	68.49
2007	55.67	55.59	4.78	28.87	42.38	71.25
2008	57.43	57.23	2.53	27.44	46.26	73.70
2009	57.88	57.27	2.34	16.16	49.91	66.07
2010	60.33	60.26	4.29	25.54	47.71	73.25
2011	60.81	60.74	1.83	13.34	53.50	66.84
2012	61.21	61.14	1.79	12.27	55.84	68.11
2013	61.74	61.78	2.09	13.72	54.53	68.25
2014	63.38	63.52	2.47	17.78	54.38	72.16
2015	63.48	63.67	2.39	21.45	49.73	71.18

(续)

年份	平均值	中位数	标准差	全距	最小值	最大值
2016	64.11	64.24	2.30	21.49	50.13	71.62
2017	64.28	64.38	2.34	29.73	47.59	77.32
2018	64.28	64.44	2.31	22.69	51.26	73.95
2019	64.51	64.76	2.40	23.14	50.81	73.95
2020	64.95	65.02	2.26	25.20	50.94	76.14
2021	64.93	65.05	2.25	26.06	49.39	75.45
2022	65.02	65.22	2.62	24.66	48.29	72.95

资料来源：南开大学公司治理数据库。

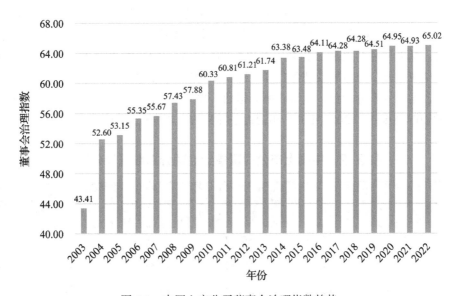

图 5-1　中国上市公司董事会治理指数趋势

资料来源：南开大学公司治理数据库。

二、中国上市公司董事会治理分指数分析

董事会治理评价是公司治理评价的重点。根据上海证券交易所、深圳证券交易所上市公司披露的年报和其他有关的公开信息，在已有评价指标体系和有关评价研究成果（李维安和张耀伟，2004；南开大学中国公司治理研究院公司治理评价课题组，2007）的基础上，本研究从价值创造和社会责任两个关键视角，以董事诚信、勤勉意识为核心，从董事权利与义务、董事会运作效率、董事会组织结构、董事薪酬和独立董事制度五个维度构筑了一套董事会治理评价指标体系。

表 5-2 和图 5-2 列示了 2003—2022 年连续 20 年间中国上市公司董事会治理分指数状况与趋势特征，我们取 2004—2022 年的数据进行分析。五个分指数中，董事权利与义务分指数在 2014

年最高，为 67.17，在 2004 年最低，为 44.38，董事权利与义务分指数从 2004 年的 44.38 大幅提升至 2014 年的 67.17。董事权利与义务分指数在 2015—2022 年波动较小，在 2015 年降至 61.73，此后稳定在附近水平。董事会运作效率分指数在 2015 年最高，为 67.51；在 2012 年最低，为 57.19。董事会运作效率分指数在 2004—2014 年出现轻微波动，在 2015 年大幅上升后各年基本保持稳定。董事会组织结构分指数在 2021 年最高，为 69.34；在 2005 年最低，为 46.29。董事会组织结构分指数在 2004—2010 年间呈现出整体快速上升的趋势，从 2004 年的 47.81 提高到 2010 年的 67.94，提高了 20.13，此后各年基本保持稳定。董事薪酬分指数在 2022 年最高，为 63.68；在 2006 年最低，为 44.79。董事薪酬分指数在 2004—2010 年间呈现较强的波动性，2010—2022 年间除在个别年份轻微下降外，整体保持平稳且慢速上升。独立董事制度分指数在 2014 年最高，为 63.05，2005 年最低，为 56.59。独立董事制度分指数在 2004—2022 年间整体保持平稳且慢速上升趋势。

从五个分指数横向对比的角度，我们对 2004—2022 年间上市公司董事会治理状况作进一步分析后发现，如图 5-2 所示，考虑近年的情况，五个分指数在 2016—2022 年共同呈现波动性小、稳定的状态。在稳定状态下，各指数由大到小呈现董事会组织结构分指数、董事会运作效率分指数、董事权利与义务分指数、董事薪酬分指数、独立董事制度分指数的排序。而在 2004—2016 年间，五个分指数波动性各异，但整体均呈上升态势。其中值得关注的是，2004—2005 年董事会运作效率分指数、董事薪酬分指数、独立董事制度分指数均出现了下降，以及董事薪酬分指数在 2008 年和 2009 年先后出现近乎异常的大幅度上升与下降。

表 5-2 中国上市公司董事会治理分指数统计分析

年份	董事会治理指数	董事权利与义务	董事会运作效率	董事会组织结构	董事薪酬	独立董事制度
2003	43.41	34.24	59.17	42.19	41.32	53.59
2004	52.60	44.38	62.42	47.81	48.49	59.37
2005	53.15	46.04	59.17	46.29	45.86	56.59
2006	55.35	53.26	59.41	55.83	44.79	57.03
2007	55.67	53.62	59.74	55.80	45.76	57.17
2008	57.43	60.06	58.24	56.05	56.60	57.33
2009	57.88	61.63	63.16	60.36	47.55	57.38
2010	60.33	65.09	57.66	67.94	55.56	58.82
2011	60.81	66.43	57.40	68.38	57.14	58.88
2012	61.21	65.17	57.19	68.52	58.50	59.97
2013	61.74	63.71	58.44	68.70	59.30	60.63
2014	63.38	67.17	60.74	69.03	59.56	63.05
2015	63.48	61.73	67.51	68.45	57.92	60.61
2016	64.11	61.73	66.79	68.77	60.57	61.49

(续)

年份	董事会治理指数	董事权利与义务	董事会运作效率	董事会组织结构	董事薪酬	独立董事制度
2017	64.28	62.94	66.97	68.89	60.81	61.21
2018	64.28	61.81	66.96	69.00	61.56	60.96
2019	64.51	62.88	66.99	68.60	61.82	61.54
2020	64.95	63.18	67.31	69.33	62.62	61.64
2021	64.93	63.14	67.20	69.34	62.94	61.41
2022	65.02	63.91	67.39	68.76	63.68	61.19

资料来源：南开大学公司治理数据库。

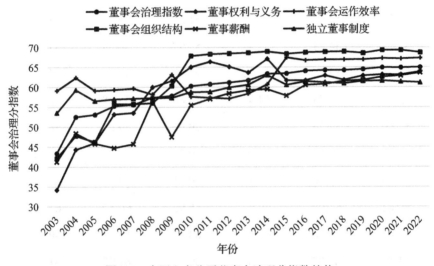

图 5-2　中国上市公司董事会治理分指数趋势

资料来源：南开大学公司治理数据库。

第二节　中国上市公司董事会治理分控股股东性质分析

一、中国上市公司董事会治理指数分控股股东性质比较分析

董事会治理本身是一项系统工程，影响其治理有效性的因素众多，公司特征、行业属性和地区特征等均是影响董事会治理的重要因素（张耀伟，2008）。

表 5-3 和图 5-3 列示了 2003—2022 年连续 20 年中国上市公司董事会治理分控股股东状况与趋势特征，我们取 2004—2022 年度区间进行分析。从整体上看，各控股股东类型上市公司董事会治理指数呈现上升趋势。民营控股上市公司整体表现最好，平均值为 60.84；其他类型上市

公司次之，平均值为60.83；社会团体控股上市公司整体表现最差，平均值为60.15。通过综合分析，上市公司董事会治理指数最高为其他类型上市公司在2020年的值65.93，上市公司董事会治理指数最低为其他类型上市公司在2005年的值44.20。最高值与最低值相差21.73，差距较大。

从横向对比的角度，如图5-3所示，国有控股和民营控股上市公司各年度董事会治理指数基本吻合，并均呈现逐年上涨的趋势，可以看出二者的董事会治理水平相当，并都随着时间在发展进步。

表5-3 中国上市公司董事会治理指数分控股股东比较分析

年份	国有控股	集体控股	民营控股	社会团体控股	外资控股	职工持股会控股	其他类型
2003	—	—	—	—	—	—	—
2004	52.73	52.44	52.25	51.24	50.25	54.86	51.00
2005	53.23	54.81	52.94	52.97	50.99	53.60	44.20
2006	55.48	55.24	54.96	57.32	55.61	55.15	—
2007	55.99	52.83	54.97	54.80	55.88	56.41	55.68
2008	57.40	57.24	57.35	60.06	59.29	58.32	57.86
2009	57.84	56.67	57.91	59.29	58.91	56.21	58.23
2010	60.10	59.66	60.75	50.61	59.97	62.67	—
2011	60.64	61.03	60.97	58.96	60.67	61.59	—
2012	60.85	60.76	61.51	64.16	61.32	60.47	61.04
2013	61.56	62.07	61.87	60.23	61.90	61.26	60.70
2014	63.32	63.04	63.46	62.83	62.67	62.99	63.33
2015	63.20	62.99	63.71	61.21	62.49	62.60	63.67
2016	63.77	62.89	64.35	63.01	63.95	61.34	64.28
2017	64.03	63.61	64.42	63.41	63.99	60.99	65.77
2018	63.87	63.74	64.47	63.63	64.04	61.41	65.35
2019	64.11	63.46	64.72	64.36	64.03	61.31	65.43
2020	64.61	63.51	65.08	64.63	64.64	64.77	65.93
2021	64.56	64.18	65.09	64.71	64.44	63.71	65.59
2022	64.73	63.75	65.15	65.48	64.86	63.61	65.27

资料来源：南开大学公司治理数据库。

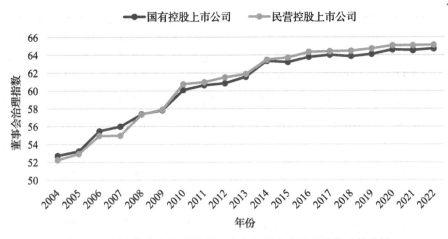

图 5-3　国有控股和民营控股上市公司董事会治理指数比较分析

资料来源：南开大学公司治理数据库。

二、中国上市公司董事会治理分指数分控股股东性质比较分析

表 5-4 和图 5-4 列示了 2003—2022 年连续 20 年中国上市公司董事会治理董事权利与义务分指数分控股股东状况与趋势特征，我们取 2004—2022 年度区间进行分析。从整体上看，各控股股东类型上市公司董事会治理董事权利与义务分指数呈现先上升，后略有下降并趋于稳定的趋势。民营控股上市公司、国有控股上市公司整体表现较好，平均值分别为 60.68、60.11；外资控股上市公司、职工持股会控股上市公司整体表现较差，平均值分别为 58.68、59.47。其最高值与最低值相差 2。上市公司董事会治理董事权利与义务分指数最高为职工持股会控股上市公司在 2014 年的值 68.91；上市公司董事会治理董事权利与义务分指数最低为其他类型上市公司在 2004 年的值 39.59。二者相差 29.32，差距较大。

表 5-4　中国上市公司董事会治理董事权利与义务分指数分控股股东比较分析

年份	国有控股	集体控股	民营控股	社会团体控股	外资控股	职工持股会控股	其他类型
2003	—	—	—	—	—	—	—
2004	44.41	45.47	44.49	43.30	45.13	44.19	39.59
2005	46.19	48.58	45.47	45.46	47.58	45.21	42.07
2006	53.53	52.13	52.59	54.05	52.19	52.40	—
2007	53.96	52.69	52.90	53.35	51.86	53.06	55.81
2008	59.85	59.74	60.74	60.64	59.13	58.54	58.46
2009	61.50	64.18	61.96	59.30	61.21	63.77	60.01
2010	64.53	64.48	66.09	55.50	64.34	66.90	—

(续)

年份	国有控股	集体控股	民营控股	社会团体控股	外资控股	职工持股会控股	其他类型
2011	65.93	66.91	66.93	63.92	64.95	66.08	—
2012	64.31	64.53	65.89	64.25	63.18	67.79	68.46
2013	62.79	61.81	64.48	61.61	61.84	65.18	61.90
2014	67.87	66.69	66.73	67.45	64.06	68.91	65.81
2015	60.93	61.51	62.37	58.46	58.86	64.97	61.46
2016	60.77	59.69	62.41	61.79	58.25	58.50	61.93
2017	62.42	61.47	63.31	63.31	59.36	61.06	64.28
2018	61.48	60.16	62.02	61.60	59.49	60.69	62.97
2019	62.42	61.64	63.25	63.52	60.18	59.00	63.57
2020	63.23	61.15	63.30	64.34	61.11	59.58	63.74
2021	62.75	61.73	63.50	64.30	60.89	56.42	63.28
2022	63.13	62.15	64.51	64.29	61.33	57.67	63.36

资料来源：南开大学公司治理数据库。

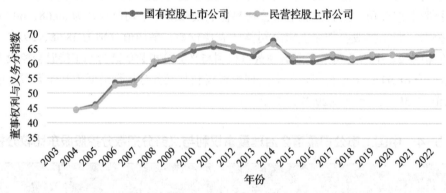

图 5-4　国有控股和民营控股上市公司董事会治理董事权利与义务分指数比较分析

资料来源：南开大学公司治理数据库。

表 5-5 和图 5-5 列示了 2003—2022 年连续 20 年中国上市公司董事会治理董事会运作效率分指数分控股股东状况与趋势特征，我们取 2004—2022 年度区间进行分析。从整体上看，各控股股东类型上市公司董事会治理董事会运作效率分指数呈现两次谷形波动后稳定并较初始值有上升的趋势。其他类型上市公司、职工持股会控股上市公司整体表现较好，平均值分别为 63.79、63.41；民营控股上市公司、外资控股上市公司整体表现较差，平均值分别为 62.33、62.63。其最高值与最低值相差 1.46。上市公司董事会治理董事会运作效率分指数最高为职工持股会控股上市公司在 2021 年和 2022 年的值 71.78；上市公司董事会治理董事会运作效率分指数最低为社会团体控股上市公司在 2010 年的值 46.67。二者相差 25.11，差距较大。

表 5-5　中国上市公司董事会治理董事会运作效率分指数分控股股东比较分析

年份	国有控股	集体控股	民营控股	社会团体控股	外资控股	职工持股会控股	其他类型
2003	—	—	—	—	—	—	—
2004	62.32	63.14	62.59	63.20	60.71	64.33	63.63
2005	59.23	61.67	58.94	59.57	54.32	59.29	57.30
2006	59.29	60.66	59.73	60.97	58.21	58.55	—
2007	59.70	60.23	59.84	58.88	58.59	59.26	60.90
2008	58.16	58.20	58.35	58.19	59.73	59.04	57.90
2009	63.10	65.55	63.21	63.65	63.69	63.77	63.41
2010	57.83	56.56	57.38	46.67	58.42	59.85	—
2011	57.95	56.46	56.91	56.75	57.82	56.58	—
2012	57.86	57.04	56.64	61.00	58.18	56.21	56.42
2013	59.28	58.62	57.78	61.61	59.10	58.65	57.79
2014	60.64	60.90	60.79	61.64	61.03	60.34	62.82
2015	68.37	67.01	66.91	66.94	67.96	66.28	67.54
2016	67.74	65.72	66.21	66.17	67.88	67.20	66.23
2017	68.22	67.87	66.22	67.10	67.89	66.34	67.97
2018	68.08	68.08	66.38	66.90	67.65	67.20	68.15
2019	68.18	65.37	66.39	67.21	67.13	68.86	67.89
2020	68.51	66.37	66.71	67.31	66.90	69.48	67.56
2021	68.42	66.90	66.58	67.68	67.08	71.78	67.66
2022	68.78	67.33	66.70	69.29	67.69	71.78	67.50

资料来源：南开大学公司治理数据库。

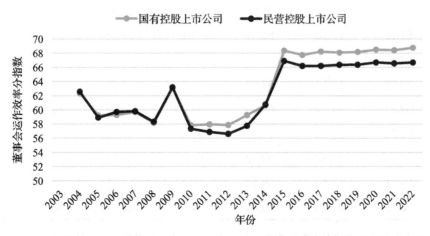

图 5-5　国有控股和民营控股上市公司董事会治理董事会运作效率分指数比较分析

资料来源：南开大学公司治理数据库。

表 5-6 和图 5-6 列示了 2003—2022 年连续 20 年中国上市公司董事会治理董事会组织结构分指数分控股股东状况与趋势特征,我们取 2004—2022 年度区间进行分析。从整体上看,除职工持股会控股上市公司先上升后呈现谷形波动,再相对于初始值稍高的值趋于平缓外,各控股股东类型上市公司董事会治理董事会组织结构分指数基本呈现稳定上升并趋于平缓的趋势。国有控股上市公司、民营控股上市公司整体表现较好,平均值分别为 64.26、63.73;职工持股会控股上市公司、集体控股上市公司整体表现较差,平均值分别为 56.88、62.49。最高值与最低值相差 7.38。上市公司董事会治理董事会组织结构分指数最高为社会团体控股上市公司在 2022 年的值 71.93;上市公司董事会治理董事会组织结构分指数最低为其他类型上市公司在 2005 年的值 36.50。二者相差 35.43,差距较大。

表 5-6 中国上市公司董事会治理董事会组织结构分指数分控股股东比较分析

年份	国有控股	集体控股	民营控股	社会团体控股	外资控股	职工持股会控股	其他类型
2003	—	—	—	—	—	—	—
2004	47.88	43.74	48.25	46.35	45.12	46.47	45.77
2005	46.60	48.00	44.99	47.83	49.33	50.00	36.50
2006	56.13	56.38	55.00	53.25	51.83	56.75	—
2007	56.23	53.20	55.00	56.00	47.86	57.00	52.67
2008	56.37	57.63	55.04	60.63	59.23	53.65	58.75
2009	60.26	47.50	60.67	60.80	62.38	56.05	58.58
2010	67.96	67.10	68.03	61.50	65.25	67.83	—
2011	68.44	68.13	68.38	67.50	67.16	65.42	—
2012	68.62	68.30	68.49	68.75	66.61	66.25	66.88
2013	69.11	70.40	68.39	56.65	69.01	65.29	64.38
2014	69.16	69.05	68.99	66.20	67.95	65.25	68.75
2015	68.62	65.86	68.44	64.17	67.66	63.22	66.38
2016	68.98	68.53	68.72	67.31	68.97	48.13	66.34
2017	69.08	67.61	68.82	67.31	68.47	48.13	70.73
2018	69.27	67.31	68.90	69.00	68.69	48.13	70.29
2019	68.71	67.84	68.62	68.69	67.26	48.13	70.54
2020	69.65	66.53	69.02	69.50	68.84	58.33	71.90
2021	69.68	67.10	69.13	69.47	68.55	58.33	70.98
2022	70.27	67.10	68.04	71.93	68.37	58.33	69.32

资料来源:南开大学公司治理数据库。

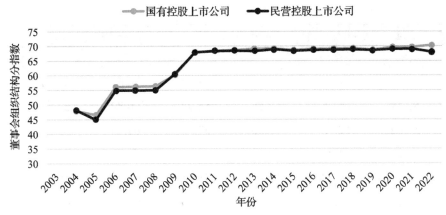

图 5-6 国有控股和民营控股上市公司董事会治理董事会组织结构分指数比较分析

资料来源：南开大学公司治理数据库。

表 5-7 和图 5-7 列示了 2003—2022 年连续 20 年中国上市公司董事会治理董事薪酬分指数分控股股东状况与趋势特征，我们取 2004—2022 年度区间进行分析。从整体上看，各控股股东类型上市公司董事会治理董事薪酬分指数基本呈现稳定上升的趋势。职工持股会控股上市公司、民营控股上市公司整体表现较好，平均值分别为 57.92、57.22；国有控股上市公司、社会团体控股上市公司整体表现较差，平均值分别为 54.63、55.09。最高值与最低值相差 3.29。上市公司董事会治理董事薪酬分指数最高为职工持股会控股上市公司在 2020 年的值 66.50；上市公司董事会治理董事薪酬分指数最低为其他类型上市公司在 2005 年的值 30.50。二者相差 36.00，差距较大。

表 5-7 中国上市公司董事会治理董事薪酬分指数分控股股东比较分析

年份	国有控股	集体控股	民营控股	社会团体控股	外资控股	职工持股会控股	其他类型
2003	—	—	—	—	—	—	—
2004	48.67	47.50	47.80	44.70	48.50	55.44	47.83
2005	46.22	47.68	45.10	43.73	41.17	43.91	30.50
2006	44.93	44.12	44.03	51.00	52.25	48.83	—
2007	46.43	40.55	44.05	50.25	51.64	50.00	42.33
2008	56.48	55.38	56.64	62.88	58.31	61.42	55.50
2009	47.56	50.71	47.21	56.21	50.01	42.99	53.44
2010	54.73	55.08	56.92	46.00	56.56	58.50	—
2011	55.58	59.33	58.45	54.50	58.02	59.92	—
2012	56.22	59.50	60.34	61.50	58.71	57.00	57.33
2013	57.34	59.51	60.79	60.60	59.39	57.57	59.09
2014	59.56	59.12	59.66	57.30	57.66	57.88	56.00
2015	55.53	58.24	59.62	54.50	57.12	55.83	61.08

(续)

年份	国有控股	集体控股	民营控股	社会团体控股	外资控股	职工持股会控股	其他类型
2016	58.03	61.26	62.12	57.50	60.61	63.50	62.29
2017	57.48	61.25	62.65	55.92	60.89	64.88	62.67
2018	57.80	62.72	63.35	57.18	61.49	63.88	63.76
2019	58.23	61.22	63.61	57.31	61.63	64.88	62.76
2020	58.76	61.48	64.50	58.75	63.35	66.50	63.31
2021	59.17	61.92	64.70	57.80	63.33	65.00	63.48
2022	59.30	60.77	65.58	59.04	64.34	62.50	64.57

资料来源：南开大学公司治理数据库。

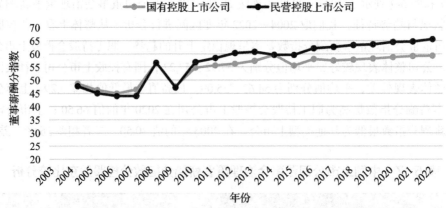

图 5-7 国有控股和民营控股上市公司董事会治理董事薪酬分指数比较分析

资料来源：南开大学公司治理数据库。

表 5-8 和图 5-8 列示了 2003—2022 年连续 20 年中国上市公司董事会治理独立董事制度分指数分控股股东状况与趋势特征，我们取 2004—2022 年度区间进行分析。从整体上看，各控股股东类型上市公司董事会治理独立董事制度分指数基本呈现缓慢上升并趋于稳定的趋势。职工持股会控股上市公司、国有控股上市公司整体表现较好，平均值分别为 61.46、59.88；集体控股上市公司、其他类型上市公司整体表现较差，平均值分别为 58.88、59.59。最高值与最低值相差 2.58。上市公司董事会治理独立董事制度分指数最高为职工持股会控股上市公司在 2020 年的值 65.92；上市公司董事会治理独立董事制度分指数最低为其他类型上市公司在 2005 年的值 42.50。二者相差 23.42，差距较大。

表 5-8 中国上市公司董事会治理独立董事制度分指数分控股股东比较分析

年份	国有控股	集体控股	民营控股	社会团体控股	外资控股	职工持股会控股	其他类型
2003	—	—	—	—	—	—	—

(续)

年份	国有控股	集体控股	民营控股	社会团体控股	外资控股	职工持股会控股	其他类型
2004	59.61	61.94	58.50	59.70	53.64	60.28	57.23
2005	56.38	57.01	57.32	56.07	54.53	57.34	42.50
2006	57.26	55.87	56.43	59.94	57.71	55.04	—
2007	57.62	51.45	56.23	52.88	60.64	57.59	58.58
2008	57.23	56.45	57.42	59.00	59.76	58.75	58.75
2009	57.42	56.88	57.32	56.19	57.53	56.32	55.89
2010	58.59	58.52	59.20	47.58	58.28	63.03	—
2011	59.03	58.92	58.73	55.92	58.73	63.08	—
2012	59.95	57.96	59.98	65.75	61.57	59.96	61.00
2013	60.70	60.99	60.55	60.85	61.04	62.01	61.50
2014	62.51	62.04	63.43	63.90	63.52	65.56	64.38
2015	60.74	61.07	60.54	59.58	58.63	62.89	60.60
2016	61.42	58.13	61.56	61.33	60.96	65.44	63.21
2017	61.70	58.90	60.94	62.65	60.84	62.81	62.20
2018	61.17	58.78	60.88	62.01	60.56	64.56	60.81
2019	61.74	60.58	61.41	64.02	61.79	62.38	61.77
2020	61.89	60.80	61.46	62.86	61.45	65.92	62.29
2021	61.62	61.90	61.31	63.62	60.83	61.83	61.63
2022	61.21	60.50	61.20	62.14	61.03	62.92	61.11

资料来源：南开大学公司治理数据库。

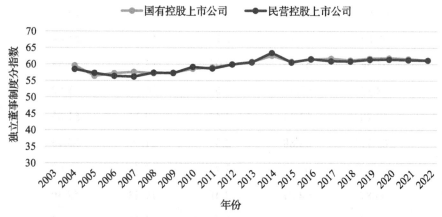

图 5-8 国有控股和民营控股上市公司董事会治理独立董事制度分指数比较分析

资料来源：南开大学公司治理数据库。

三、各控股股东性质中国上市公司董事会治理指数具体分析

表5-9列示了2003—2022年连续20年国有控股上市公司董事会治理状况与趋势特征，我们取2004—2022年度区间进行分析。从时间角度分析：2022年董事会治理指数平均值最高，为64.73；2004年董事会治理指数平均值最低，为52.73。除个别年份轻微下降外，2004—2022年19年间董事会治理指数整体呈现稳步上升趋势，从52.73提高至64.73。2004—2022年国有控股上市公司董事会治理指数中位数的平均值为60.62，小于历年平均值的平均值60.63，表明就整体而言，一半以上的国有控股上市公司董事会治理水平低于其平均水平。从标准差分析，2004—2022年国有控股上市公司董事会治理标准差的平均值为2.94。2004年的标准差最大，为5.11；2012年的标准差最小，为1.75。这表明各年度上市公司董事会治理水平有一定差距。从全距分析：国有控股上市公司董事会治理指数在2004年全距最高，为32.66；在2012年全距最低，为10.41。从最大值与最小值分析，国有控股上市公司董事会治理指数最大值为74.67，最小值为38.21，相差36.46，表明各年度国有控股上市公司董事会治理最好和最差的公司存在较大差距。

表5-9 国有控股上市公司董事会治理指数统计分析

年份	平均值	中位数	标准差	全距	最小值	最大值
2003	—	—	—	—	—	—
2004	52.73	52.91	5.11	32.66	38.21	70.87
2005	53.23	52.68	4.66	31.07	38.29	69.36
2006	55.48	55.43	4.68	26.11	42.38	68.49
2007	55.99	55.80	4.75	28.87	42.38	71.25
2008	57.40	57.18	2.62	27.44	46.26	73.70
2009	57.84	57.29	2.27	13.63	52.44	66.07
2010	60.10	60.11	4.23	25.54	47.71	73.25
2011	60.64	60.56	1.85	13.09	53.50	66.59
2012	60.85	60.78	1.75	10.41	55.84	66.25
2013	61.56	61.56	2.07	13.72	54.53	68.25
2014	63.32	63.43	2.67	16.39	55.52	71.91
2015	63.20	63.43	2.43	19.33	51.85	71.18
2016	63.77	63.88	2.41	21.49	50.13	71.62
2017	64.03	64.16	2.41	20.59	51.03	71.62
2018	63.87	64.07	2.48	19.43	52.30	71.73
2019	64.11	64.32	2.54	21.92	51.15	73.07
2020	64.61	64.71	2.28	22.28	52.39	74.67

(续)

年份	平均值	中位数	标准差	全距	最小值	最大值
2021	64.56	64.62	2.31	23.05	50.70	73.75
2022	64.73	64.79	2.40	23.51	49.01	72.52

资料来源：南开大学公司治理数据库。

表 5-10 列示了 2003—2022 年连续 20 年国有控股上市公司董事会治理分指数状况与趋势特征，我们取 2004—2022 年度区间进行分析。董事权利与义务分指数在 2014 年最高，为 67.87；在 2004 年最低，为 44.41。董事权利与义务分指数从 2004 年的 44.41 大幅提升至 2011 年的 65.93，2011—2022 年董事权利与义务分指数略有下降，整体波动较小，一直保持在较高水平。董事会运作效率分指数在 2010 年最低，为 57.83；在 2022 年最高，为 68.78。董事会运作效率分指数在 2004—2014 年间轻微上下波动，经 2015 年大幅上升，此后在 2015—2022 年间稳定维持较高水平。董事会组织结构分指数在 2006 年最低，为 44.93，在 2014 年最高，为 59.56，在 2004—2009 年大幅上下波动，此后在 2010—2022 年基本维持稳定。董事薪酬分指数在 2005 年最低，为 56.38；在 2014 年最高，为 62.51。董事薪酬分指数在 2004—2022 年间整体保持稳定趋势。独立董事制度分指数在 2005 年最低，为 46.60；在 2022 年最高，为 70.27。独立董事制度分指数在 2004—2010 年间快速上升，此后在 2011—2022 年间维持稳步增长。

从各分指数的横向比较来看，考虑近年稳定水平，国有控股上市公司在独立董事制度分指数方面做得最好，在董事会组织结构分指数方面做得最差。

表 5-10 国有控股上市公司董事会治理分指数统计分析

年份	董事会治理指数	董事权利与义务	董事会运作效率	董事会组织结构	董事薪酬	独立董事制度
2003	—	—	—	—	—	—
2004	52.73	44.41	62.32	48.67	59.61	47.88
2005	53.23	46.19	59.23	46.22	56.38	46.60
2006	55.48	53.53	59.29	44.93	57.26	56.13
2007	55.99	53.96	59.70	46.43	57.62	56.23
2008	57.40	59.85	58.16	56.48	57.23	56.37
2009	57.84	61.50	63.10	47.56	57.42	60.26
2010	60.10	64.53	57.83	54.73	58.59	67.96
2011	60.64	65.93	57.95	55.58	59.03	68.44
2012	60.85	64.31	57.86	56.22	59.95	68.62
2013	61.56	62.79	59.28	57.34	60.70	69.11
2014	63.32	67.87	60.64	59.56	62.51	69.16
2015	63.20	60.93	68.37	55.53	60.74	68.62

(续)

年份	董事会治理指数	董事权利与义务	董事会运作效率	董事会组织结构	董事薪酬	独立董事制度
2016	63.77	60.77	67.74	58.03	61.42	68.98
2017	64.03	62.42	68.22	57.48	61.70	69.08
2018	63.87	61.48	68.08	57.80	61.17	69.27
2019	64.11	62.42	68.18	58.23	61.74	68.71
2020	64.61	63.23	68.51	58.76	61.89	69.65
2021	64.56	62.75	68.42	59.17	61.62	69.68
2022	64.73	63.13	68.78	59.30	61.21	70.27

资料来源：南开大学公司治理数据库。

表 5-11 列示了 2003—2022 年连续 20 年民营控股上市公司董事会治理状况与趋势特征，我们取 2004—2022 年度区间进行分析。从时间角度分析：2022 年董事会治理指数平均值最高，为 65.15；2004 年董事会治理指数平均值最低，为 52.25。董事会治理指数平均值在 2004—2022 年稳步上升，从 52.25 提高至最高值 65.15。2004—2022 年民营控股上市公司董事会治理指数中位数的平均值为 60.86，大于其历年平均值的平均值 60.84，表明一半以上的民营控股上市公司董事会治理水平高于其平均水平。从标准差分析，2004—2022 年民营控股上市公司董事会治理指数标准差的平均值为 2.84。2004 年的标准差最大，为 5.00；2012 年的标准差最小，为 1.76。这表明各年度上市公司董事会治理水平有一定差距。从全距分析：2004—2022 年民营控股上市公司董事会治理指数全距在 2006 年最高，为 26.43；在 2012 年最低，为 11.51。从最大值与最小值分析，民营控股上市公司董事会治理指数最大值为 73.13，最小值为 39.71，相差 33.42，各年度董事会治理水平最好和最差的公司存在较大差距。

表 5-11 民营控股上市公司董事会治理指数统计分析

年份	平均值	中位数	标准差	全距	最小值	最大值
2003	45.39	—	10.50	45.15	20.85	66.00
2004	52.25	52.37	5.00	23.46	40.58	64.04
2005	52.94	52.66	4.36	23.12	43.59	66.71
2006	54.96	55.07	4.94	26.43	39.71	66.14
2007	54.97	55.14	4.74	22.00	44.05	66.05
2008	57.35	57.30	2.29	18.22	52.88	71.10
2009	57.91	57.17	2.42	14.19	49.91	64.10
2010	60.75	60.48	4.30	23.60	49.53	73.13
2011	60.97	60.86	1.79	11.73	55.11	66.84

(续)

年份	平均值	中位数	标准差	全距	最小值	最大值
2012	61.51	61.50	1.76	11.51	56.60	68.11
2013	61.87	61.94	2.07	12.64	54.95	67.59
2014	63.46	63.59	2.27	17.19	54.97	72.16
2015	63.71	63.90	2.30	19.72	49.73	69.45
2016	64.35	64.51	2.16	19.02	52.11	71.13
2017	64.42	64.50	2.20	23.20	47.59	70.79
2018	64.47	64.62	2.18	20.79	51.26	72.05
2019	64.72	64.97	2.26	21.49	50.81	72.30
2020	65.08	65.16	2.12	19.78	50.94	70.72
2021	65.09	65.23	2.08	21.23	49.39	70.62
2022	65.15	65.44	2.69	22.82	48.29	71.11

资料来源：南开大学公司治理数据库。

表 5-12 列示了 2003—2022 年连续 20 年民营控股上市公司董事会治理分指数状况与趋势特征，我们取 2004—2022 年度区间进行分析。董事权利与义务分指数在 2011 年最高，为 66.93；在 2004 年最低，为 44.49。董事权利与义务分指数从 2004 年的 44.49 逐步提升至 2011 年的 66.93，在 2011—2015 年波动性回落至 62.37，在 2016—2022 年稳步上升，在 2022 年为 64.51。董事会运作效率分指数在 2004 年为 62.59，在 2004—2009 年与 2009—2015 年间经历两次谷形波动，在 2016—2022 年间稳定维持在 66.50 左右的水平。董事会组织结构分指数在 2004—2006 年间逐年下降至 2006 年最低值 44.03，经过 2007—2010 年间剧烈上下波动后，此后在 2011—2022 年间基本呈现稳步上升趋势。董事薪酬分指数在 2014 年最高，为 63.43；在 2007 年最低，为 56.23。就整体而言，董事薪酬分指数在各年度基本维持稳定上升。独立董事制度分指数在 2021 年最高，为 69.13；在 2005 年最低，为 44.99。独立董事制度分指数在 2004 年为 48.25，经历 2005 年下滑后，在 2006—2010 年间快速上升，此后在 2011—2022 年各年度基本维持稳定水平。

从董事会治理分指数的横向比较来看，考虑近年稳定水平，民营控股上市公司在董事会治理独立董事制度分指数方面做得最好，在董事薪酬分指数方面做得最差。

表 5-12 民营控股上市公司董事会治理分指数统计分析

年份	董事会治理指数	董事权利与义务	董事会运作效率	董事会组织结构	董事薪酬	独立董事制度
2003	45.39	—	—	—	—	—
2004	52.25	44.49	62.59	47.80	58.50	48.25
2005	52.94	45.47	58.94	45.10	57.32	44.99

(续)

年份	董事会治理指数	董事权利与义务	董事会运作效率	董事会组织结构	董事薪酬	独立董事制度
2006	54.96	52.59	59.73	44.03	56.43	55.00
2007	54.97	52.90	59.84	44.05	56.23	55.00
2008	57.35	60.74	58.35	56.64	57.42	55.04
2009	57.91	61.96	63.21	47.21	57.32	60.67
2010	60.75	66.09	57.38	56.92	59.20	68.03
2011	60.97	66.93	56.91	58.45	58.73	68.38
2012	61.51	65.89	56.64	60.34	59.98	68.49
2013	61.87	64.48	57.78	60.79	60.55	68.39
2014	63.46	66.73	60.79	59.66	63.43	68.99
2015	63.71	62.37	66.91	59.62	60.54	68.44
2016	64.35	62.41	66.21	62.12	61.56	68.72
2017	64.42	63.31	66.22	62.65	60.94	68.82
2018	64.47	62.02	66.38	63.35	60.88	68.90
2019	64.72	63.25	66.39	63.61	61.41	68.62
2020	65.08	63.30	66.71	64.50	61.46	69.02
2021	65.09	63.50	66.58	64.70	61.31	69.13
2022	65.15	64.51	66.70	65.58	61.20	68.04

资料来源：南开大学公司治理数据库。

表5-13列示了2003—2022年连续20年集体控股上市公司董事会治理状况与趋势特征，我们取2004—2022年度区间进行分析。从时间角度分析：2021年董事会治理指数平均值最高，为64.18；2004年董事会治理指数平均值最低，为52.44。董事会治理指数平均值在2004—2022年间基本呈现稳步上升趋势，从52.44提高至2021年最高值64.18，2022年轻微下降至63.75。2004—2022年集体控股上市公司董事会治理指数中位数的平均值为60.25，大于其历年平均值的平均值60.21，表明一半以上的集体控股上市公司董事会治理水平高于其平均水平。从标准差分析，2004—2022年集体控股上市公司董事会治理指数标准差的平均值为3.26，2005年的标准差最大，为5.42，2008年的标准差最小，为1.74，表明各年度集体控股上市公司董事会治理水平有一定差距。从全距分析：2004—2022年集体控股上市公司董事会治理指数全距在2005年最高，为18.44；在2009年最低，为5.48。从最大值与最小值分析，集体控股上市公司董事会治理指数最大值为70.59，最小值为44.85，相差25.74，各年度董事会治理水平最好和最差的公司存在较大差距。

表 5-13 集体控股上市公司董事会治理指数统计分析

年份	平均值	中位数	标准差	全距	最小值	最大值
2003	42.12	—	9.92	37.91	28.34	66.25
2004	52.44	52.52	4.72	15.91	44.85	60.76
2005	54.81	53.65	5.42	18.44	46.63	65.07
2006	55.24	54.59	5.21	15.45	47.98	63.43
2007	52.83	50.86	5.23	14.83	48.59	63.42
2008	57.24	56.97	1.74	7.33	53.89	61.22
2009	56.67	57.36	2.55	5.48	53.24	58.72
2010	59.66	59.92	4.61	17.66	51.59	69.25
2011	61.03	60.87	1.78	7.45	57.38	64.83
2012	60.76	60.49	1.98	7.81	57.38	65.19
2013	62.07	61.89	2.28	8.89	58.01	66.90
2014	63.04	63.56	2.89	11.47	54.38	65.85
2015	62.99	63.64	3.37	12.20	55.44	67.64
2016	62.89	63.44	2.64	11.22	55.90	67.12
2017	63.61	64.08	3.53	15.33	55.26	70.59
2018	63.74	64.35	2.89	10.50	56.99	67.49
2019	63.46	63.81	2.29	8.35	59.52	67.87
2020	63.51	64.00	2.93	12.26	56.39	68.65
2021	64.18	64.75	3.00	12.52	55.89	68.41
2022	63.75	63.93	2.86	12.15	56.53	68.68

资料来源：南开大学公司治理数据库。

表 5-14 列示了 2003—2022 年连续 20 年外资控股上市公司董事会治理指数状况与趋势特征，我们取 2004—2022 年度区间进行分析。从时间角度分析：2022 年董事会治理指数平均值最高，为 64.86；2004 年董事会治理指数平均值最低，为 50.25。2010—2022 年间外资控股上市公司董事会治理指数稳步提升。2004—2022 年外资控股上市公司董事会治理指数中位数的平均值为 60.55，大于其历年平均值的平均值 60.52，表明一半以上的外资控股上市公司董事会治理水平高于其平均水平。从标准差分析，2004—2022 年外资控股上市公司董事会治理指数标准差的平均值为 3.04，2005 年的标准差最大，为 6.01，2012 年的标准差最小，为 1.94，表明各年度外资控股上市公司董事会治理水平有一定差距。从全距分析，2004—2022 年外资控股上市公司董事会治理指数全距在 2010 年最高，为 21.34；在 2012 年最低，为 6.12。从最大值与最小值分析，外资控股上市公司董事会治理指数最大值为 72.83，最小值为 42.22，相差 30.61，各年度董事会治理水平最好和最差的公司存在较大差距。

表 5-14 外资控股上市公司董事会治理指数统计分析

年份	平均值	中位数	标准差	全距	最小值	最大值
2003	39.37	—	10.83	32.42	21.96	54.38
2004	50.25	50.35	4.08	12.72	42.72	55.44
2005	50.99	50.16	6.01	20.85	42.22	63.07
2006	55.61	55.94	2.53	7.31	51.24	58.55
2007	55.88	55.07	4.36	13.38	51.24	64.62
2008	59.29	58.68	3.49	14.43	54.95	69.38
2009	58.91	59.03	3.23	11.26	53.38	64.64
2010	59.97	60.18	4.69	21.34	51.49	72.83
2011	60.67	60.96	2.05	7.09	56.95	64.04
2012	61.32	61.37	1.94	6.12	58.73	64.85
2013	61.90	62.45	2.95	11.33	56.78	68.11
2014	62.67	63.13	3.03	15.73	54.55	70.28
2015	62.49	62.30	2.47	11.58	55.93	67.51
2016	63.95	64.31	2.60	12.72	56.35	69.07
2017	63.99	63.84	2.31	11.17	57.96	69.13
2018	64.04	64.06	2.48	14.97	53.38	68.35
2019	64.03	64.40	2.70	16.07	52.91	68.98
2020	64.64	64.89	2.27	15.57	53.77	69.34
2021	64.44	64.55	2.17	13.70	55.92	69.62
2022	64.86	64.75	2.43	17.85	54.07	71.92

资料来源：南开大学公司治理数据库。

表 5-15 列示了 2003—2022 年连续 20 年职工持股会控股上市公司董事会治理指数状况与趋势特征，我们取 2004—2022 年度区间进行分析。从时间角度分析：2020 年董事会治理指数平均值最高，为 64.77；2005 年董事会治理指数平均值最低，为 53.60。就整体而言，2004—2022 年间，职工持股会控股上市公司董事会治理指数平均值呈现阶梯式增长，其中在 2004—2009 年、2010—2019 年间基本保持稳定，在 2010 年、2020 年两个时点有明显增长，在 2021—2022 年轻微下降。2004—2022 年职工持股会控股上市公司董事会治理指数中位数的平均值为 60.44，大于其历年平均值的平均值 60.17，表明一半以上的职工持股会控股上市公司董事会治理水平高于其平均水平。从标准差分析，2004—2022 年职工持股会控股上市公司董事会治理指数标准差的平均值为 3.79，2004 年的标准差最大，为 5.80，2012 年的标准差最小，为 0.91，表明各年度职工持股会控股上市公司董事会治理水平有一定差距。从全距分析，2004—2022 年职工持股会控股上市公司董事会治理指数全距 2007 年最高，为 19.06，2012 年最低，为 2.52。从最大值与

最小值分析，职工持股会控股上市公司董事会治理指数最大值为70.83，最小值为42.66，相差28.17，各年度董事会治理水平最好和最差的公司存在较大差距。

表5-15 职工持股会控股上市公司董事会治理指数统计分析

年份	平均值	中位数	标准差	全距	最小值	最大值
2003	—	—	—	—	—	—
2004	54.86	57.20	5.80	17.42	42.66	60.08
2005	53.60	53.48	2.28	9.17	48.73	57.90
2006	55.15	54.08	5.49	18.78	45.62	64.40
2007	56.41	55.30	5.72	19.06	45.62	64.68
2008	58.32	57.42	2.51	7.78	54.72	62.50
2009	56.21	55.64	2.14	4.77	54.39	59.16
2010	62.67	61.46	4.03	11.20	59.63	70.83
2011	61.59	60.73	2.16	5.64	60.24	65.88
2012	60.47	60.50	0.91	2.52	59.41	61.93
2013	61.26	61.33	1.64	5.09	58.42	63.51
2014	62.99	63.60	2.65	7.43	58.63	66.06
2015	62.60	63.85	3.72	10.46	56.06	66.52
2016	61.34	62.08	4.98	10.94	55.12	66.06
2017	60.99	61.32	4.89	11.61	54.87	66.48
2018	61.41	62.14	5.20	11.68	54.84	66.52
2019	61.31	60.60	4.70	9.60	57.22	66.82
2020	64.77	67.65	5.39	9.57	58.55	68.12
2021	63.71	64.83	4.54	8.87	58.72	67.59
2022	63.61	65.10	3.30	6.06	59.83	65.89

资料来源：南开大学公司治理数据库。

表5-16列示了2003—2022年连续20年社会团体控股上市公司董事会治理指数状况与趋势特征，我们取2004—2022年度区间进行分析。从时间角度分析，2022年董事会治理指数平均值最高，为65.48，2010年董事会治理指数平均值最低，为50.61。2004—2022年间，就整体而言，社会团体控股上市公司董事会治理指数平均值呈现上升趋势，在2004—2015年间表现为波动性增长趋势，其中在2010年大幅下降至50.61，此后在2015—2022年呈现稳步增长态势。2004—2022年社会团体控股上市公司董事会治理指数中位数的平均值为60.14，小于其历年平均值的平均值60.15，表明一半以上的集体控股上市公司董事会治理水平低于其平均水平。从标准差分析，2004—2022年社会团体控股上市公司董事会治理指数标准差的平均值为2.24，2006年的标

准差最大,为 4.41,2010 年的标准差最小,为 0.96,表明各年度社会团体控股上市公司董事会治理水平有一定差距。从全距分析,2004—2022 年社会团体控股上市公司董事会治理指数全距在 2005 年最高,为 13.44;在 2010 年最低,为 1.90。从最大值与最小值分析,社会团体控股上市公司董事会治理指数最大值为 68.94,最小值为 45.90,相差 23.04,各年度董事会治理水平最好和最差的公司存在较大差距。

表 5-16 社会团体控股上市公司董事会治理指数统计分析

年份	平均值	中位数	标准差	全距	最小值	最大值
2003	—	—	—	—	—	—
2004	51.24	51.01	3.77	9.02	46.86	55.88
2005	52.97	52.55	3.55	13.44	45.90	59.34
2006	57.32	58.68	4.41	9.72	51.09	60.81
2007	54.80	53.65	4.35	9.72	51.09	60.81
2008	60.06	59.88	1.09	2.62	58.93	61.55
2009	59.29	58.15	2.93	5.52	57.10	62.62
2010	50.61	50.46	0.96	1.90	49.74	51.64
2011	58.96	58.16	1.43	2.51	58.10	60.61
2012	64.16	64.16	0.00	0.00	64.16	64.16
2013	60.23	60.23	0.00	0.00	60.23	60.23
2014	62.83	62.59	3.38	8.98	59.42	68.40
2015	61.21	62.18	2.08	5.02	57.88	62.90
2016	63.01	63.29	2.02	7.79	57.79	65.58
2017	63.41	63.67	1.81	7.84	58.44	66.28
2018	63.63	63.78	2.01	8.29	58.54	66.83
2019	64.36	64.80	2.18	8.75	57.48	66.23
2020	64.63	64.75	2.49	10.31	57.54	67.85
2021	64.71	65.53	2.78	10.61	56.64	67.25
2022	65.48	65.07	1.40	5.19	63.75	68.94

资料来源:南开大学公司治理数据库。

表 5-17 列示了 2003—2022 年连续 20 年其他类型控股上市公司董事会治理指数状况与趋势特征,我们取 2004—2022 年度区间进行分析。从时间角度分析:2020 年董事会治理指数平均值最高,为 65.93;2005 年董事会治理指数平均值最低,为 44.20。除在 2005 年有较大幅度的下降

外，各年度董事会治理指数整体上呈上升趋势。2004—2022年其他类型控股上市公司董事会治理指数中位数的平均值为60.59，小于其历年平均值的平均值60.83，表明一半以上的其他类型控股上市公司董事会治理水平低于其平均水平。从标准差分析，2004—2022年其他类型控股上市公司董事会治理指数标准差的平均值为3.32，2007年的标准差最大，为5.03；2008年的标准差最小，为1.35，表明各年度上市公司董事会治理水平有一定差距。从全距分析，2004—2022年其他类型控股上市公司董事会治理指数全距在2017年最高，为26.59；在2008年最低，为2.89。从最大值与最小值分析，其他类型控股上市公司董事会治理指数最大值为77.32，最小值为40.91，相差36.41，各年度董事会治理水平最好和最差的公司存在较大差距。

表 5-17 其他类型控股上市公司董事会治理指数统计分析

年份	平均值	中位数	标准差	全距	最小值	最大值
2003	—	—	—	—	—	—
2004	51.00	50.20	4.28	17.14	45.45	62.59
2005	44.20	44.20	4.65	6.57	40.91	47.48
2006	—	—	—	—	—	—
2007	55.68	52.80	5.03	8.73	52.75	61.48
2008	57.86	57.07	1.35	2.89	56.55	59.44
2009	58.23	58.15	2.54	6.46	55.18	61.64
2010	—	—	—	—	—	—
2011	—	—	—	—	—	—
2012	61.04	60.84	2.65	7.38	57.45	64.83
2013	60.70	61.67	3.11	8.80	55.43	64.23
2014	63.33	63.72	3.65	12.71	55.57	68.28
2015	63.67	63.83	3.04	11.74	55.83	67.57
2016	64.28	64.53	3.35	13.24	56.45	69.69
2017	65.77	65.52	4.64	26.59	50.73	77.32
2018	65.35	65.43	2.72	17.13	56.82	73.95
2019	65.43	65.10	3.12	15.63	58.32	73.95
2020	65.93	65.75	3.02	22.14	54.00	76.14
2021	65.59	65.42	3.13	25.50	49.95	75.45
2022	65.27	65.22	2.84	22.81	50.14	72.95

资料来源：南开大学公司治理数据库。

第三节　中国上市公司董事会治理分区域和地区分析

一、中国上市公司董事会治理指数分地区比较分析

表 5-18 列示了 2003—2022 年连续 20 年中国上市公司董事会治理指数分地区状况与趋势特征，考虑可比性，我们取 2004—2022 年度区间进行分析。从整体上看，各地区上市公司董事会治理指数呈现稳步上升趋势。华东地区上市公司、华北地区上市公司整体表现较好，各年度平均值分别为 60.93 和 60.92；西北地区上市公司、东北地区上市公司整体表现较差，各年度平均值分别为 60.30 和 60.40。其最高值与最低值相差 0.63。上市公司董事会治理指数分地区最高为西南地区上市公司在 2021 年的值 65.16；上市公司董事会治理指数分地区最低为华南地区上市公司在 2004 年的值 48.41。二者相差 16.75，差距较大。

表 5-18　中国上市公司董事会治理指数分地区比较分析

年份	东北地区	华北地区	华中地区	华东地区	华南地区	西北地区	西南地区
2003	44.67	41.40	43.33	42.71	45.00	44.60	42.40
2004	52.76	52.90	51.67	54.41	48.41	52.15	52.84
2005	51.71	53.47	53.08	53.38	54.25	52.03	52.60
2006	54.39	55.58	55.21	55.79	56.08	54.18	54.25
2007	54.30	56.23	55.05	56.20	56.65	54.34	54.28
2008	57.18	57.81	57.16	57.40	57.67	57.17	57.27
2009	57.89	57.85	57.84	58.09	58.00	57.32	57.39
2010	60.16	60.61	60.37	60.04	61.35	59.72	59.94
2011	60.55	60.87	60.63	60.75	61.38	60.30	60.61
2012	60.95	61.29	60.99	61.19	61.67	60.70	60.96
2013	61.34	61.79	61.47	61.71	62.15	61.40	61.67
2014	63.26	63.30	63.52	63.40	63.18	63.59	63.67
2015	63.21	63.40	63.51	63.49	63.62	63.41	63.46
2016	64.02	64.21	64.01	64.06	64.23	63.81	64.29
2017	64.04	64.27	64.36	64.25	64.38	64.11	64.37
2018	63.92	64.27	64.26	64.26	64.44	64.02	64.35
2019	64.38	64.51	64.60	64.50	64.56	64.09	64.61
2020	64.50	65.09	65.08	64.89	65.10	64.48	65.01
2021	64.45	64.97	65.06	64.89	65.09	64.32	65.16
2022	64.59	65.00	65.02	65.04	65.14	64.55	65.09

资料来源：南开大学公司治理数据库。

二、中国上市公司董事会治理分指数分地区比较分析

表 5-19 列示了 2003—2022 年连续 20 年中国上市公司董事会治理董事权利与义务分指数分地区状况与趋势特征，考虑可比性，我们取 2004—2022 年度区间进行分析。从整体上看，各地区上市公司董事会治理董事权利与义务分指数呈现先上升，后略微下降并趋于稳定的趋势。西北地区上市公司、华南地区上市公司整体表现较好，平均值分别为 60.89、60.68。华东地区上市公司、华北地区上市公司整体表现较差，平均值分别为 60.21、60.40。最高值与最低值相差 0.68。上市公司董事会治理董事权利与义务分指数分地区最高为西北地区上市公司在 2014 年的值 68.31；上市公司董事会治理董事权利与义务分指数分地区最低为华南地区上市公司在 2004 年的值 41.63。最高值与最低值相差 26.68，差距较大。

表 5-19　中国上市公司董事会治理董事权利与义务分指数分地区比较分析

年份	东北地区	华北地区	华中地区	华东地区	华南地区	西北地区	西南地区
2003	37.00	31.00	33.00	34.29	35.50	39.40	35.80
2004	44.02	43.83	42.28	45.70	41.63	44.18	46.86
2005	45.43	46.27	46.96	46.08	45.65	45.93	45.85
2006	52.70	53.69	54.08	53.01	54.26	52.83	52.21
2007	52.87	54.20	53.92	53.48	54.90	52.89	52.28
2008	60.23	59.80	59.95	59.69	60.62	60.93	60.57
2009	62.64	61.03	61.92	61.29	61.76	62.98	61.50
2010	65.98	64.41	65.81	64.85	65.89	65.14	64.44
2011	67.06	65.90	66.70	66.33	66.54	66.65	66.78
2012	65.32	64.29	65.81	64.88	65.89	65.84	65.37
2013	63.33	63.32	64.07	63.69	63.83	64.34	63.70
2014	67.65	67.25	67.47	66.77	67.04	68.31	68.04
2015	61.59	61.80	62.43	61.30	62.37	62.22	61.55
2016	61.84	61.84	61.86	61.46	62.18	61.91	61.60
2017	62.86	63.33	63.17	62.60	63.14	63.81	62.89
2018	62.01	62.24	61.81	61.31	62.37	62.91	61.78
2019	63.24	63.25	62.81	62.49	63.31	63.80	62.81
2020	64.25	63.43	63.64	62.73	63.54	63.95	63.02
2021	63.75	63.45	63.40	62.70	63.72	63.65	63.03
2022	64.11	64.21	64.45	63.55	64.25	64.65	63.76

资料来源：南开大学公司治理数据库。

表 5-20 列示了 2003—2022 年连续 20 年中国上市公司董事会治理董事会运作效率分指数分地区状况与趋势特征，考虑可比性，我们取 2004—2022 年度区间进行分析。从整体上看，各地区上市公司董事会治理董事会运作效率分指数呈现两次谷形波动后在高于初始值的水平趋于稳定。西北地区上市公司、西南地区上市公司整体表现较好，平均值分别为 63.25、62.84。华南地区上市公司、东北地区上市公司整体表现较差，平均值分别为 62.43、62.49。最高值与最低值相差 0.82。上市公司董事会治理董事会运作效率分指数分地区最高为西北地区上市公司在 2015 年的值 68.85；上市公司董事会治理董事会运作效率分指数分地区最低为东北地区上市公司在 2011 年的值 56.69。最高值与最低值相差 12.16，差距较大。

表 5-20 中国上市公司董事会治理董事会运作效率分指数分地区比较分析

年份	东北地区	华北地区	华中地区	华东地区	华南地区	西北地区	西南地区
2003	60.00	58.60	58.00	56.57	63.50	55.80	58.80
2004	62.10	62.16	62.50	63.24	61.06	62.23	62.21
2005	57.97	59.77	58.74	59.29	59.70	58.95	58.92
2006	59.15	60.13	59.37	58.91	59.93	59.63	59.64
2007	59.22	60.70	59.34	59.31	60.43	59.49	59.79
2008	57.72	58.41	57.77	58.46	58.11	58.40	58.08
2009	62.57	62.98	62.85	63.45	62.87	63.74	63.15
2010	57.00	58.27	57.64	57.52	57.84	57.88	57.35
2011	56.69	57.75	57.32	57.28	57.33	58.11	57.57
2012	56.91	57.45	56.85	57.19	56.93	57.94	57.46
2013	58.08	58.74	58.37	58.18	58.36	59.44	59.14
2014	60.56	60.76	60.49	60.47	61.43	60.75	60.99
2015	67.79	67.29	67.31	67.56	67.25	68.85	67.41
2016	66.89	66.75	66.65	66.87	66.23	67.82	67.16
2017	67.43	66.69	67.54	67.09	66.04	68.04	67.37
2018	66.90	66.78	67.33	67.10	66.14	68.09	67.51
2019	67.09	66.86	67.72	67.04	66.42	67.76	67.12
2020	67.48	67.32	67.85	67.26	66.82	68.38	67.46
2021	67.80	67.08	67.88	67.15	66.58	67.99	67.83
2022	68.00	67.66	67.69	67.34	66.72	68.19	67.79

资料来源：南开大学公司治理数据库。

表 5-21 列示了 2003—2022 年连续 20 年中国上市公司董事会治理董事会组织结构分指数分地区状况与趋势特征，考虑可比性，我们取 2004—2022 年度区间进行分析。从整体上看，各区

域上市公司董事会治理董事会组织结构分指数呈现先迅速上升后趋于稳定的趋势。西南地区上市公司、西北地区上市公司整体表现较好，平均值分别为64.41、64.40。华南地区上市公司、东北地区上市公司整体表现较差，平均值分别为63.23、63.63。最高值与最低值相差1.18。上市公司董事会治理董事会组织结构分指数分地区最高为西南地区上市公司在2021年的值70.16；上市公司董事会治理董事会组织结构分指数分地区最低为华南地区上市公司在2004年的值43.29。最高值与最低值相差26.87，差距较大。

表5-21 中国上市公司董事会治理董事会组织结构分指数分地区比较分析

年份	东北地区	华北地区	华中地区	华东地区	华南地区	西北地区	西南地区
2003	37.00	39.80	45.67	42.14	41.75	50.60	41.40
2004	49.91	47.62	46.79	49.95	43.29	45.30	47.92
2005	43.54	46.00	46.67	46.76	47.62	46.80	44.98
2006	55.54	55.43	56.17	56.08	54.22	58.59	55.64
2007	55.48	55.79	55.71	56.32	53.96	58.42	55.40
2008	55.32	57.94	55.95	55.52	55.97	55.53	56.43
2009	60.89	61.69	61.18	60.05	58.73	60.26	60.68
2010	67.50	68.73	68.16	67.55	68.07	67.97	68.31
2011	68.37	68.63	68.56	68.24	68.20	68.56	68.65
2012	68.61	68.65	68.75	68.42	68.28	68.74	68.85
2013	68.34	68.32	68.03	69.03	68.34	68.88	69.35
2014	68.81	69.01	69.33	69.07	68.32	69.79	69.77
2015	68.29	68.02	69.06	68.43	67.68	69.48	69.89
2016	68.96	68.83	69.27	68.63	67.97	69.70	69.95
2017	68.84	68.58	69.30	68.95	68.38	69.36	69.56
2018	68.29	68.96	69.01	69.22	68.33	69.57	69.48
2019	68.61	68.33	68.71	68.73	68.05	68.59	69.61
2020	68.13	69.66	69.55	69.41	68.81	69.18	70.00
2021	68.28	69.66	69.72	69.36	68.82	69.37	70.16
2022	67.27	68.37	69.42	68.90	68.38	69.45	69.17

资料来源：南开大学公司治理数据库。

表5-22列示了2003—2022年连续20年中国上市公司董事会治理董事薪酬分指数分地区状况与趋势特征，考虑可比性，我们取2004—2022年度区间进行分析。从整体上看，各地区上市公司董事会治理董事薪酬分指数呈现上升趋势，其中值得关注的是2009年共同出现的大幅下降。华南地区上市公司、华东地区上市公司整体表现较好，平均值分别为57.92、57.01。西北

地区上市公司、东北地区上市公司整体表现较差，平均值分别为53.00、54.50。最高值与最低值相差4.92。上市公司董事会治理董事薪酬分指数分地区最高为华南地区上市公司在2022年的值64.95；上市公司董事会治理董事薪酬分指数分地区最低为西北地区上市公司在2006年的值35.55。最高值与最低值相差29.40，差距较大。

表 5-22　中国上市公司董事会治理董事薪酬分指数分地区比较分析

年份	东北地区	华北地区	华中地区	华东地区	华南地区	西北地区	西南地区
2003	49.67	35.40	40.67	41.57	41.00	38.80	37.40
2004	48.25	49.17	48.12	49.83	44.91	47.95	48.88
2005	42.67	46.60	45.41	46.68	47.72	42.70	45.00
2006	41.63	45.34	44.16	46.75	49.29	35.55	40.60
2007	41.48	46.42	44.41	47.93	50.94	37.26	40.41
2008	55.77	56.56	55.83	57.14	57.60	55.23	55.61
2009	46.95	47.37	46.12	48.72	49.82	44.60	44.16
2010	55.27	55.44	54.83	55.68	57.67	53.34	54.18
2011	55.88	56.96	56.61	57.44	58.86	54.55	55.70
2012	56.62	58.44	57.92	58.91	60.20	55.39	56.75
2013	57.72	59.51	58.77	59.53	61.02	56.11	57.64
2014	59.13	59.24	60.28	60.06	58.33	59.72	59.64
2015	56.09	58.08	57.22	58.37	59.39	54.78	55.99
2016	59.17	60.71	60.06	60.72	61.87	57.63	59.93
2017	59.05	60.85	60.09	61.04	62.43	57.55	59.56
2018	59.17	61.00	60.92	61.87	63.35	58.13	60.45
2019	59.57	61.39	61.15	62.18	63.28	58.60	60.76
2020	59.97	62.07	62.01	62.92	64.31	59.01	61.91
2021	60.24	62.44	62.03	63.31	64.55	59.14	62.12
2022	60.85	63.05	62.78	64.17	64.95	59.72	62.91

资料来源：南开大学公司治理数据库。

表 5-23 列示了 2003—2022 年连续 20 年中国上市公司董事会治理独立董事制度分指数分地区状况与趋势特征，考虑可比性，我们取 2004—2022 年度区间进行分析。从整体上看，各地区上市公司董事会治理独立董事制度分指数先大幅下降后稳步上升，并在下降后于相对于初始值较高的水平趋于稳定。东北地区上市公司、华北地区上市公司整体表现较好，平均值分别为 60.03、60.02。西北地区上市公司、华中地区上市公司整体表现较差，平均值分别为 59.31、59.61。最高值与最低值相差 0.72。上市公司董事会治理独立董事制度分指数分地区最高为华南

地区上市公司在 2014 年的值 63.16；上市公司董事会治理独立董事制度分指数分地区最低为华南地区上市公司在 2004 年的值 53.37。最高值与最低值相差 9.79，差距较小。

表 5-23　中国上市公司董事会治理独立董事制度分指数分地区比较分析

年份	东北地区	华北地区	华中地区	华东地区	华南地区	西北地区	西南地区
2003	56.00	50.00	52.33	51.57	56.75	55.60	50.80
2004	58.98	60.08	57.99	61.93	53.37	60.22	58.95
2005	56.15	56.76	56.51	56.57	58.27	54.41	56.14
2006	56.00	56.85	56.45	57.98	57.17	56.29	55.69
2007	55.68	57.55	56.12	58.08	57.67	56.17	55.80
2008	58.03	57.32	57.48	57.14	57.47	57.32	57.15
2009	57.66	56.75	57.88	57.38	57.60	56.44	57.92
2010	59.03	59.08	59.12	58.11	60.62	57.88	58.65
2011	59.29	58.90	58.38	58.67	59.93	57.94	58.66
2012	60.57	60.33	59.44	59.74	60.62	59.24	59.74
2013	61.10	60.82	60.45	60.35	61.21	60.44	60.47
2014	63.07	62.96	62.91	63.14	63.16	62.66	62.94
2015	60.93	60.71	60.72	60.42	60.64	60.48	61.08
2016	61.93	61.74	61.17	61.31	61.95	60.78	61.46
2017	61.27	61.52	61.13	60.88	61.58	61.33	61.67
2018	61.99	61.43	61.05	60.55	61.31	60.65	61.26
2019	62.58	62.11	61.67	61.25	61.43	61.31	61.91
2020	62.34	62.25	61.78	61.34	61.67	61.43	61.82
2021	61.69	61.72	61.59	61.17	61.62	61.02	61.74
2022	62.21	61.54	60.84	60.95	61.49	60.82	61.41

资料来源：南开大学公司治理数据库。

三、各区域和地区中国上市公司董事会治理指数具体分析

表 5-24 列示了 2003—2022 年连续 20 年东北地区上市公司董事会治理指数状况与趋势特征，考虑可比性，我们取 2004—2022 年度区间进行分析。从整体上看，东北地区上市公司董事会治理指数呈现上升趋势，但略低于全国上市公司董事会治理指数水平。辽宁上市公司整体表现较好，平均值为 60.43；吉林上市公司整体表现次之，平均值为 60.42；黑龙江上市公司整体表现最差，平均值为 60.34。最高值与最低值相差 0.09。东北地区上市公司董事会治理指数最高

为黑龙江上市公司在 2022 年的值 65.07，最低为黑龙江上市公司在 2005 年的值 51.51，两者相差 13.56。

表 5-24 东北地区上市公司董事会治理指数分析

年份	全国	东北地区	黑龙江	吉林	辽宁
2003	43.23	44.67	46.00	45.00	43.00
2004	52.60	52.76	53.53	52.94	52.22
2005	53.15	51.71	51.51	51.68	51.86
2006	55.35	54.39	53.45	53.80	55.39
2007	55.67	54.30	53.42	53.43	55.37
2008	57.43	57.18	57.59	56.90	57.14
2009	57.88	57.89	56.78	58.35	58.16
2010	60.33	60.16	60.71	60.30	59.79
2011	60.81	60.55	60.70	60.39	60.57
2012	61.21	60.95	60.68	60.90	61.11
2013	61.74	61.34	61.00	61.45	61.44
2014	63.38	63.26	63.77	63.06	63.14
2015	63.48	63.21	63.01	63.20	63.31
2016	64.11	64.02	64.01	64.02	64.02
2017	64.28	64.04	64.23	64.18	63.87
2018	64.28	63.92	63.62	64.49	63.73
2019	64.51	64.38	64.03	64.68	64.37
2020	64.95	64.50	64.40	64.79	64.38
2021	64.93	64.45	64.89	64.62	64.11
2022	65.02	64.59	65.07	64.76	64.26

资料来源：南开大学公司治理数据库。

表 5-25 列示了 2003—2022 年连续 20 年华北地区上市公司董事会治理指数状况与趋势特征，考虑可比性，我们取 2004—2022 年度区间进行分析。从整体上看，华北地区上市公司董事会治理指数呈现上升趋势，且高于全国上市公司董事会治理指数水平。北京上市公司、天津上市公司整体表现较好，平均值分别为 61.27、60.91。山西上市公司、河北上市公司整体表现较差，平均值分别为 60.10、60.51。最高值与最低值相差 1.17。华北地区上市公司董事会治理指数最高为内蒙古上市公司在 2022 年的值 65.57，最低为山西上市公司在 2005 年的值 51.83，两者相差 13.74。

表 5-25 华北地区上市公司董事会治理指数分析

年份	全国	华北地区	北京	天津	河北	山西	内蒙古
2003	43.23	41.40	43.00	43.00	45.00	36.00	40.00
2004	52.60	52.90	53.40	52.91	52.30	52.32	52.46
2005	53.15	53.47	53.55	53.75	54.20	51.83	53.47
2006	55.35	55.58	57.16	55.31	54.65	53.42	53.47
2007	55.67	56.23	57.40	56.54	55.29	54.36	54.58
2008	57.43	57.81	58.53	57.46	56.69	56.93	57.61
2009	57.88	57.85	58.08	58.78	57.10	57.21	57.59
2010	60.33	60.61	61.35	60.44	59.66	58.77	60.72
2011	60.81	60.87	61.21	61.07	60.45	60.05	59.82
2012	61.21	61.29	61.65	61.07	60.72	60.66	60.65
2013	61.74	61.79	62.07	61.71	61.05	61.04	61.86
2014	63.38	63.30	63.29	63.76	62.87	63.20	63.73
2015	63.48	63.40	63.48	63.21	63.04	63.48	63.51
2016	64.11	64.21	64.33	63.99	64.14	63.73	64.25
2017	64.28	64.27	64.40	64.15	64.10	63.75	64.19
2018	64.28	64.27	64.29	64.19	64.36	64.10	64.23
2019	64.51	64.51	64.65	64.28	64.34	64.19	64.20
2020	64.95	65.09	65.20	65.03	64.83	64.59	64.95
2021	64.93	64.97	65.07	64.71	65.03	64.39	64.85
2022	65.02	65.00	65.09	64.93	64.94	63.97	65.57

资料来源：南开大学公司治理数据库。

表 5-26 列示了 2003—2022 年连续 20 年华中地区上市公司董事会治理指数状况与趋势特征，考虑可比性，我们取 2004—2022 年度区间进行分析。从整体上看，华中地区上市公司董事会治理指数呈现上升趋势，但低于全国上市公司董事会治理指数水平。河南上市公司整体表现较好，平均值为 60.79；湖南上市公司整体表现次之，平均值为 60.75；湖北上市公司整体表现最差，平均值为 60.53。最高值与最低值相差 0.26。华中地区上市公司董事会治理指数最高为湖南上市公司在 2020 年的值 65.39，最低为湖南上市公司在 2004 年的值 50.93，两者相差 14.46。

表 5-26 华中地区上市公司董事会治理指数分析

年份	全国	华中地区	河南	湖北	湖南
2003	43.23	43.33	42.00	44.00	44.00

(续)

年份	全国	华中地区	河南	湖北	湖南
2004	52.60	51.67	53.49	51.17	50.93
2005	53.15	53.08	52.74	53.39	52.88
2006	55.35	55.21	55.41	55.28	54.96
2007	55.67	55.05	55.23	55.10	54.82
2008	57.43	57.16	57.40	56.86	57.44
2009	57.88	57.84	57.71	58.04	57.64
2010	60.33	60.37	60.78	60.04	60.46
2011	60.81	60.63	60.47	60.66	60.74
2012	61.21	60.99	61.21	60.85	60.95
2013	61.74	61.47	61.51	61.28	61.65
2014	63.38	63.52	63.42	63.75	63.34
2015	63.48	63.51	63.56	63.17	63.83
2016	64.11	64.01	64.43	63.42	64.24
2017	64.28	64.36	64.12	64.29	64.66
2018	64.28	64.26	64.00	64.06	64.65
2019	64.51	64.60	64.52	64.23	65.02
2020	64.95	65.08	65.04	64.81	65.39
2021	64.93	65.06	65.02	64.76	65.38
2022	65.02	65.02	64.89	64.93	65.20

资料来源：南开大学公司治理数据库。

表 5-27 列示了 2003—2022 年连续 20 年华东地区上市公司董事会治理指数状况与趋势特征，考虑可比性，我们取 2004—2022 年度区间进行分析。从整体上看，华东地区上市公司董事会治理指数呈现上升趋势，且高于全国上市公司董事会治理指数水平。浙江上市公司、上海上市公司整体表现较好，平均值分别为 61.31、61.14。江西上市公司、安徽上市公司整体表现较差，平均值分别为 60.19、60.48。最高值与最低值相差 1.12。华东地区上市公司董事会治理指数最高为江苏上市公司在 2021 年的值 65.17，最低为江西上市公司在 2005 年的值 51.82，两者相差 13.35。

表 5-27 华东地区上市公司董事会治理指数分析

年份	全国	华东地区	山东	江苏	安徽	上海	浙江	江西	福建
2003	43.23	42.71	43.00	42.00	44.00	42.00	43.00	40.00	45.00
2004	52.60	54.41	52.83	54.17	52.85	56.33	54.56	53.30	53.20
2005	53.15	53.38	53.40	54.13	53.33	53.03	54.19	51.82	52.55

(续)

年份	全国	华东地区	山东	江苏	安徽	上海	浙江	江西	福建
2006	55.35	55.79	54.77	55.86	54.37	56.73	57.07	53.51	54.79
2007	55.67	56.20	55.35	55.92	54.47	57.50	57.41	53.47	54.98
2008	57.43	57.40	57.52	57.02	56.48	57.60	58.00	56.91	57.31
2009	57.88	58.09	57.93	58.60	57.69	57.93	58.64	57.68	57.51
2010	60.33	60.04	60.30	59.48	60.27	59.94	60.66	58.40	60.15
2011	60.81	60.75	60.51	60.50	60.47	60.88	61.06	60.20	61.16
2012	61.21	61.19	60.88	61.13	61.00	61.18	61.48	60.77	61.44
2013	61.74	61.71	61.12	61.67	61.38	61.80	62.03	61.51	62.12
2014	63.38	63.40	63.04	63.29	63.26	63.64	63.50	63.34	63.70
2015	63.48	63.49	63.26	63.40	63.13	63.30	63.90	63.89	63.45
2016	64.11	64.06	64.05	64.02	63.78	63.90	64.41	63.84	63.84
2017	64.28	64.25	64.27	64.29	64.23	64.25	64.36	64.10	63.86
2018	64.28	64.26	64.06	64.37	64.03	64.37	64.37	63.51	64.12
2019	64.51	64.50	64.40	64.71	64.18	64.36	64.58	63.90	64.53
2020	64.95	64.89	64.89	65.11	64.73	64.98	64.77	64.45	64.73
2021	64.93	64.89	64.82	65.17	64.58	64.85	64.87	64.40	64.69
2022	65.02	65.04	64.91	65.16	64.94	65.08	65.06	64.54	65.02

资料来源：南开大学公司治理数据库。

表 5-28 列示了 2003—2022 年连续 20 年华南地区上市公司董事会治理指数状况与趋势特征，考虑可比性，我们取 2004—2022 年度区间进行分析。从整体上看，华南地区上市公司董事会治理指数呈现上升趋势，且高于全国上市公司董事会治理指数水平。广东上市公司整体表现较好，平均值为 61.06；广西上市公司整体表现次之，平均值为 60.76；海南上市公司整体表现最差，平均值为 59.70。最高值与最低值相差 1.36。华南地区上市公司董事会治理指数最高为广东上市公司在 2022 年的值 65.18，最低为广东上市公司在 2004 年的值 47.66，两者相差 17.52。

表 5-28 华南地区上市公司董事会治理指数分析

年份	全国	华南地区	广东	广西	海南
2003	43.23	45.00	46.00	42.00	47.00
2004	52.60	48.41	47.66	51.87	49.86
2005	53.15	54.25	54.70	54.15	51.34
2006	55.35	56.08	56.86	55.31	51.89
2007	55.67	56.65	57.47	55.09	52.29

(续)

年份	全国	华南地区	广东	广西	海南
2008	57.43	57.67	57.82	57.69	56.66
2009	57.88	58.00	58.06	58.31	57.24
2010	60.33	61.35	61.80	60.52	58.05
2011	60.81	61.38	61.44	61.15	60.88
2012	61.21	61.67	61.81	60.90	60.71
2013	61.74	62.15	62.23	61.73	61.39
2014	63.38	63.18	63.17	63.75	62.63
2015	63.48	63.62	63.70	63.29	62.86
2016	64.11	64.23	64.28	64.16	63.62
2017	64.28	64.38	64.48	63.79	63.48
2018	64.28	64.44	64.49	64.44	63.48
2019	64.51	64.56	64.59	64.54	63.97
2020	64.95	65.10	65.15	64.74	64.47
2021	64.93	65.09	65.16	64.31	64.55
2022	65.02	65.14	65.18	64.63	64.89

资料来源：南开大学公司治理数据库。

表 5-29 列示了 2003—2022 年连续 20 年西北地区上市公司董事会治理指数状况与趋势特征，考虑可比性，我们取 2004—2022 年度区间进行分析。从整体上看，西北地区上市公司董事会治理指数呈现上升趋势，但低于全国上市公司董事会治理指数水平。新疆上市公司、青海上市公司整体表现较好，平均值分别为 60.66、60.57；宁夏上市公司、甘肃上市公司整体表现较差，平均值分别为 59.66、59.91。最高值与最低值相差 1.00。西北地区上市公司董事会治理指数最高为青海上市公司在 2022 年的值 65.80，最低为甘肃上市公司在 2005 年的值 49.41，两者相差 16.39。

表 5-29 西北地区上市公司董事会治理指数分析

年份	全国	西北地区	陕西	甘肃	宁夏	青海	新疆
2003	43.23	44.60	47.00	49.00	43.00	43.00	41.00
2004	52.60	52.15	52.30	52.52	50.82	51.32	52.63
2005	53.15	52.03	53.31	49.41	52.58	51.27	52.68
2006	55.35	54.18	54.04	53.36	53.04	53.75	55.57
2007	55.67	54.34	53.62	53.35	53.67	54.60	56.06
2008	57.43	57.17	57.07	58.01	57.29	57.41	56.66

(续)

年份	全国	西北地区	陕西	甘肃	宁夏	青海	新疆
2009	57.88	57.32	57.37	57.26	58.46	56.21	57.21
2010	60.33	59.72	59.27	60.36	58.70	60.86	59.70
2011	60.81	60.30	60.28	60.34	59.85	60.20	60.45
2012	61.21	60.70	60.75	60.10	60.33	61.09	61.08
2013	61.74	61.40	61.57	61.31	60.35	61.52	61.59
2014	63.38	63.59	63.77	63.13	62.30	64.23	63.93
2015	63.48	63.41	63.51	63.20	62.58	64.13	63.49
2016	64.11	63.81	63.94	63.26	63.42	64.63	63.93
2017	64.28	64.11	64.50	63.60	63.12	64.63	64.17
2018	64.28	64.02	64.04	63.64	63.28	64.42	64.33
2019	64.51	64.09	64.22	63.73	64.38	64.94	63.93
2020	64.95	64.48	64.59	63.77	63.21	64.95	65.04
2021	64.93	64.32	64.23	63.73	63.01	64.94	64.96
2022	65.02	64.55	64.27	64.21	63.14	65.80	65.22

资料来源：南开大学公司治理数据库。

表5-30列示了2003—2022年连续20年西南地区上市公司董事会治理指数状况与趋势特征，考虑可比性，我们取2004—2022年度区间进行分析。从整体上看，西南地区上市公司董事会治理指数呈现上升趋势，但低于全国上市公司董事会治理指数水平。西藏上市公司、云南上市公司整体表现较好，平均值分别为60.94、60.92；重庆上市公司、四川上市公司整体表现较差，平均值分别为60.47、60.49。最高值与最低值相差0.47。西南地区上市公司董事会治理指数最高为贵州上市公司在2022年的值65.80，最低为重庆上市公司在2005年的值51.51，两者相差14.29。

表5-30 西南地区上市公司董事会治理指数分析

年份	全国	西南地区	四川	贵州	云南	重庆	西藏
2003	43.23	42.40	44.00	45.00	39.00	43.00	41.00
2004	52.60	52.84	52.66	52.66	54.12	51.74	55.53
2005	53.15	52.60	52.32	51.98	55.07	51.51	52.96
2006	55.35	54.25	53.67	52.78	56.46	54.56	54.79
2007	55.67	54.28	53.74	53.40	56.25	54.34	54.72
2008	57.43	57.27	57.20	56.57	57.45	57.68	57.35
2009	57.88	57.39	57.46	58.04	56.83	57.38	57.15
2010	60.33	59.94	59.92	60.92	60.89	58.35	60.23

(续)

年份	全国	西南地区	四川	贵州	云南	重庆	西藏
2011	60.81	60.61	60.63	60.23	61.11	60.46	60.15
2012	61.21	60.96	60.98	61.21	61.13	60.64	60.87
2013	61.74	61.67	61.76	61.52	62.09	61.19	61.75
2014	63.38	63.67	63.44	64.33	63.69	63.87	63.51
2015	63.48	63.46	63.24	64.34	63.17	63.62	63.87
2016	64.11	64.29	64.20	65.36	63.62	64.29	65.02
2017	64.28	64.37	64.17	65.20	63.94	64.63	64.78
2018	64.28	64.35	64.11	64.72	64.34	64.58	64.85
2019	64.51	64.61	64.49	65.77	63.93	64.67	64.69
2020	64.95	65.01	65.01	65.48	64.32	65.09	65.46
2021	64.93	65.16	65.12	65.68	64.72	65.25	65.18
2022	65.02	65.09	65.14	65.80	64.40	65.11	64.95

资料来源：南开大学公司治理数据库。

表5-31和图5-9展示了2003—2022年连续20年中国上市公司董事会治理指数分经济区域状况与趋势特征，考虑可比性，我们取2004—2022年度区间进行分析。从整体上看，各经济区域上市公司董事会治理指数均呈现上升趋势。东部经济区域上市公司整体表现较好，平均值为61.00，从2004年的52.76逐步提升至2022年的65.09，提升23.37%。中部经济区域上市公司次之，平均值为60.53，从2004年的52.11逐步提升至2022年的64.88，提升24.51%。再次是西部经济区域上市公司，平均值为60.52，从2004年的52.49逐步提升至2022年的64.91，提升23.66%。东北经济区域上市公司整体表现较差，平均值为60.40，从2004年的52.76逐步提升至2022年的64.59，提升22.42%。

表5-31 中国上市公司董事会治理指数分经济区域比较分析

年份	东部经济区域	中部经济区域	西部经济区域	东北经济区域
2003	43.90	41.67	43.08	44.67
2004	52.76	52.11	52.49	52.76
2005	53.70	52.87	52.58	51.71
2006	56.13	54.68	54.26	54.39
2007	56.65	54.71	54.39	54.30
2008	57.65	56.97	57.30	57.18
2009	58.08	57.72	57.46	57.89
2010	60.56	59.97	59.96	60.16

(续)

年份	东部经济区域	中部经济区域	西部经济区域	东北经济区域
2011	61.00	60.49	60.50	60.55
2012	61.38	60.94	60.85	60.95
2013	61.88	61.42	61.59	61.34
2014	63.32	63.42	63.65	63.26
2015	63.51	63.46	63.43	63.21
2016	64.16	63.92	64.11	64.02
2017	64.31	64.25	64.22	64.04
2018	64.33	64.13	64.24	63.92
2019	64.55	64.41	64.41	64.38
2020	65.00	64.91	64.81	64.50
2021	64.99	64.83	64.80	64.45
2022	65.09	64.88	64.91	64.59

资料来源：南开大学公司治理数据库。

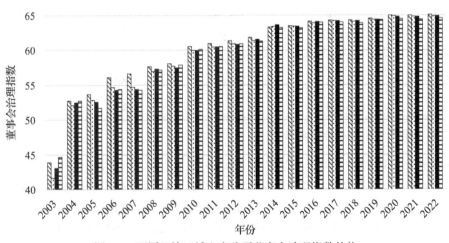

图 5-9 不同经济区域上市公司董事会治理指数趋势

资料来源：南开大学公司治理数据库。

表 5-32 列示了 2003—2022 年连续 20 年长三角与珠三角上市公司董事会治理指数状况与趋势特征，考虑可比性，我们取 2004—2022 年度区间进行分析。从整体上看，长三角与珠三角上市公司董事会治理指数呈现上升趋势。珠三角上市公司数量较少，平均值为 61.05，从 2004 年的 47.36 逐步提升至 2022 年的 65.19，提升 37.65%。长三角上市公司数量较多，平均值为 61.09，从 2004 年的 55.04 逐步提升至 2022 年的 65.10，提升 18.28%。

表 5-32 中国上市公司董事会治理指数特定区域分析

年份	长三角上市公司样本量	长三角上市公司治理指数	珠三角上市公司样本量	珠三角上市公司治理指数
2003	—	—	—	—
2004	276	55.04	114	47.36
2005	311	53.62	121	54.44
2006	307	56.40	115	56.91
2007	273	56.83	123	57.59
2008	303	57.46	101	57.90
2009	314	58.25	124	58.13
2010	418	60.09	172	61.81
2011	541	60.79	245	61.49
2012	674	61.23	300	61.84
2013	714	61.82	325	62.24
2014	714	63.48	322	63.14
2015	762	63.51	343	63.70
2016	835	64.10	369	64.32
2017	929	64.29	418	64.50
2018	1122	64.34	505	64.49
2019	1168	64.54	524	64.59
2020	1239	64.93	552	65.17
2021	1403	64.94	607	65.19
2022	1634	65.10	691	65.19

资料来源：南开大学公司治理数据库。

表 5-33 和图 5-10 展示了 2003—2022 年连续 20 年北京市、上海市、广州市、深圳市、杭州市上市公司董事会治理指数状况与趋势特征，考虑可比性，我们取 2004—2022 年度区间进行分析。从整体上看，各地区上市公司董事会治理指数均呈现上升趋势。杭州市上市公司整体表现最好，平均值为 61.56，从 2004 年的 54.18 逐步提升至 2022 年的 65.22。深圳市上市公司整体表现最差，平均值为 60.83，从 2004 年的 45.06 逐步提升至 2022 年的 65.13。

表 5-33 中国上市公司董事会治理指数特定城市分析

年份	北京市	上海市	广州市	深圳市	杭州市
2003	43.00	42.00	—	46.00	—
2004	53.40	56.33	51.69	45.06	54.18

(续)

年份	北京市	上海市	广州市	深圳市	杭州市
2005	53.55	53.03	55.80	54.22	54.10
2006	57.16	56.73	59.10	55.89	57.28
2007	57.40	57.50	59.81	56.77	58.04
2008	58.53	57.60	57.69	58.06	58.04
2009	58.08	57.93	57.35	58.07	58.67
2010	61.35	59.94	60.73	62.72	61.41
2011	61.21	60.88	61.28	61.53	61.38
2012	61.65	61.18	61.74	61.88	61.76
2013	62.07	61.80	61.97	62.40	62.40
2014	63.29	63.64	63.39	62.97	64.18
2015	63.48	63.30	63.95	63.69	64.20
2016	64.33	63.90	64.37	64.26	64.50
2017	64.40	64.25	64.75	64.29	64.58
2018	64.29	64.37	64.80	64.34	64.57
2019	64.65	64.36	64.87	64.48	64.90
2020	65.20	64.98	65.28	64.93	65.04
2021	65.07	64.85	65.16	65.08	65.20
2022	65.09	65.08	65.05	65.13	65.22

资料来源：南开大学公司治理数据库。

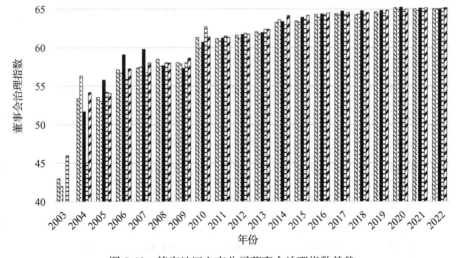

图 5-10　特定地区上市公司董事会治理指数趋势

资料来源：南开大学公司治理数据库。

表 5-34 和图 5-11 展示了 2003—2022 年连续 20 年北京市上市公司董事会治理分指数状况与趋势特征，考虑可比性，我们取 2004—2022 年度区间进行分析。董事权利与义务分指数从 2004 年的最低值 44.06 逐步提升至 2014 年的最高值 67.33，在 2015 年回落至 62.05，在 2016—2022 年波动上升至 64.48。董事会运作效率分指数在 2012 年最低，为 57.48；在 2022 年最高，为 67.33。董事会运作效率分指数在 2004—2009 年间上下波动，在 2010—2015 年呈谷形波动，此后在 2015—2022 年基本维持稳定。董事会组织结构分指数在 2005 年最低，为 46.42；在 2021 年最高，为 69.63。董事会组织结构分指数在 2004—2010 年间快速上升，在 2011—2022 年间基本维持稳定。董事薪酬分指数在 2009 年最低，为 49.63；在 2022 年最高，为 63.72。董事薪酬分指数在 2004—2022 年间整体稳步上升。独立董事制度分指数在 2005 年最低，为 56.20；在 2014 年最高，为 63.39。独立董事制度分指数在 2004—2014 年间整体稳步上升，此后在 2014—2022 年间略微下降并趋于稳定。

从董事会治理分指数的横向比较来看，考虑近年稳定情况，北京市上市公司在董事会治理董事会组织结构分指数方面做得最好，在独立董事制度分指数方面做得最差。

表 5-34　北京市上市公司董事会治理分指数统计分析

年份	董事会治理指数	董事权利与义务	董事会运作效率	董事会组织结构	董事薪酬	独立董事制度
2003	43.00	31.00	61.00	40.00	44.00	52.00
2004	53.40	44.06	63.18	48.69	50.12	59.68
2005	53.55	46.83	59.99	46.42	46.98	56.20
2006	57.16	55.63	61.41	55.88	49.88	57.70
2007	57.40	55.74	61.96	56.17	49.86	57.79
2008	58.53	59.83	58.78	59.24	57.45	58.05
2009	58.08	60.42	62.88	61.05	49.63	56.74
2010	61.35	64.82	58.50	69.53	56.71	59.96
2011	61.21	65.64	57.77	68.73	58.24	59.26
2012	61.65	64.05	57.48	68.69	59.85	60.68
2013	62.07	63.40	58.77	68.30	60.76	60.89
2014	63.29	67.33	60.72	68.91	58.72	63.39
2015	63.48	62.05	67.05	67.40	59.03	60.91
2016	64.33	62.13	66.32	68.62	61.45	62.09
2017	64.40	63.38	66.32	68.40	61.85	61.71
2018	64.29	62.50	66.44	68.60	61.67	61.49
2019	64.65	63.42	66.75	68.20	61.97	62.33

(续)

年份	董事会治理指数	董事权利与义务	董事会运作效率	董事会组织结构	董事薪酬	独立董事制度
2020	65.20	63.59	67.15	69.56	62.92	62.22
2021	65.07	63.64	66.77	69.63	63.23	61.74
2022	65.09	64.48	67.33	68.34	63.72	61.59

资料来源：南开大学公司治理数据库。

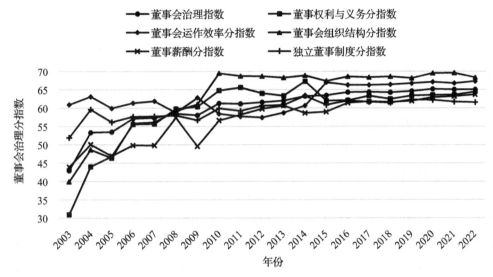

图 5-11　北京市上市公司董事会治理分指数趋势

资料来源：南开大学公司治理数据库。

表 5-35 和图 5-12 展示了 2003—2022 年连续 20 年上海市上市公司董事会治理分指数状况与趋势特征，考虑可比性，我们取 2004—2022 年度区间进行分析。董事权利与义务分指数在 2014 年最高，为 67.55，在 2005 年最低，为 43.71，董事权利与义务分指数从 2004 年的 47.20 逐步提升至 2014 年的最大值 67.55，在 2015 年回落至 61.53，在 2015—2022 年基本维持稳定。董事会运作效率分指数在 2004 年为 63.43，在 2004—2009 年与 2009—2015 年间经历两次谷形波动，在 2015—2022 年间稳定维持在 67.00 左右的水平。董事会组织结构分指数在 2013 年最高，为 69.85；在 2005 年最低，为 47.31。董事会组织结构分指数在 2004—2010 年间快速上升，此后在 2010—2022 年间呈现稳定上下波动态势。董事薪酬分指数在 2022 年最高，为 63.77，在 2005 年最低，为 46.10。就整体而言，除 2005 年、2009 年、2015 年三次明显下降外，董事薪酬分指数在各年度基本维持稳定上升态势。独立董事制度分指数在 2004 年最高，为 64.67，在 2005 年最低，为 55.66。独立董事制度分指数在经历 2005 年大幅下降后，2006—2022 年间维持小幅稳定增长态势。

从董事会治理分指数的横向比较来看，考虑近年来的稳定水平，上海市上市公司在董事会治理董事会组织结构分指数方面做得最好，在独立董事制度分指数方面做得最差。

表 5-35 上海市上市公司董事会治理分指数统计分析

年份	董事会治理指数	董事权利与义务	董事会运作效率	董事会组织结构	董事薪酬	独立董事制度
2003	42.00	34.00	56.00	42.00	39.00	52.00
2004	56.33	47.20	63.43	51.38	51.98	64.67
2005	53.03	43.71	59.82	47.31	46.10	55.66
2006	56.73	54.45	59.85	55.83	50.14	58.12
2007	57.50	55.27	60.28	56.18	51.65	59.06
2008	57.60	59.72	58.46	55.21	57.79	57.67
2009	57.93	60.85	63.61	59.18	48.91	57.29
2010	59.94	65.04	57.82	67.36	54.93	58.09
2011	60.88	66.36	57.68	67.89	56.43	59.82
2012	61.18	65.18	57.35	68.25	57.80	60.45
2013	61.80	64.40	58.27	69.85	58.51	60.48
2014	63.64	67.55	60.35	68.60	61.19	63.37
2015	63.30	61.53	67.95	67.28	57.75	60.62
2016	63.90	61.71	66.91	67.73	59.66	62.11
2017	64.25	63.22	67.01	68.40	60.23	61.81
2018	64.37	61.96	67.54	68.62	61.26	61.25
2019	64.36	62.62	66.99	67.87	61.41	61.97
2020	64.98	63.40	67.14	69.10	62.49	62.16
2021	64.85	62.70	67.06	69.20	62.97	61.53
2022	65.08	63.34	67.51	68.62	63.77	61.57

资料来源：南开大学公司治理数据库。

表 5-36 和图 5-13 展示了 2003—2022 年连续 20 年广州市上市公司董事会治理分指数状况与趋势特征，考虑可比性，我们取 2004—2022 年度区间进行分析。董事权利与义务分指数在 2014 年最高，为 66.24；在 2004 年最低，为 44.06。董事权利与义务分指数从 2004 年的 44.06 逐步提升至 2014 年的最大值 66.24，在 2015 年回落至 62.06，在 2015—2022 年呈现稳定小幅增长态势。董事会运作效率分指数在 2004 年为 64.37，在 2004—2009 年与 2009—2015 年间经历两次谷形波动，在 2015—2022 年间呈现稳定小幅下降态势。董事会组织结构分指数在 2020 年最高，为 69.63；在 2004 年最低，为 46.80。董事会组织结构分指数在 2004—2010 年间快速上升，此后在 2010—2022 年间呈现稳定上下波动态势。董事薪酬分指数在 2022 年最高，为 64.75；在 2005 年最低，为 48.17。就整体而言，除 2009 年出现明显下降外，董事薪酬分指数在各年度基本维持稳定上升。独立董事制度分指数在 2014 年最高，为 62.66；在 2004 年最低，为 55.61。

独立董事制度分指数在 2005 年快速增长，此后在 2006—2022 年间维持稳定轻微上下波动态势。

从董事会治理分指数的横向比较来看，考虑近年来的稳定水平，广州市上市公司在董事会治理董事会组织结构分指数方面做得最好，在独立董事制度分指数方面做得最差。

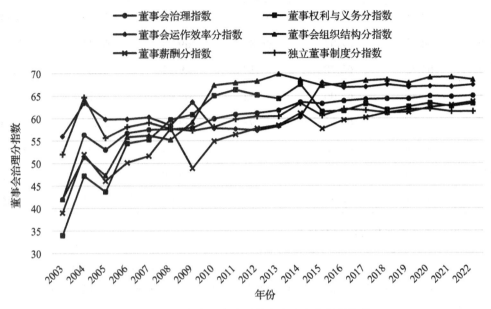

图 5-12　上海市上市公司董事会治理分指数趋势

资料来源：南开大学公司治理数据库。

表 5-36　广州市上市公司董事会治理分指数统计分析

年份	董事会治理指数	董事权利与义务	董事会运作效率	董事会组织结构	董事薪酬	独立董事制度
2003	—	—	—	—	—	—
2004	51.69	44.06	64.37	46.80	49.34	55.61
2005	55.80	46.69	59.82	49.33	48.17	61.86
2006	59.10	57.46	61.99	58.41	53.89	59.70
2007	59.81	58.48	61.80	58.87	57.24	60.01
2008	57.69	60.35	58.62	54.82	57.66	58.01
2009	57.35	61.29	63.57	55.18	49.06	57.94
2010	60.73	64.71	57.19	68.01	57.61	59.33
2011	61.28	65.85	57.18	68.54	58.59	59.90
2012	61.74	64.94	57.36	68.89	60.63	60.00
2013	61.97	63.16	58.57	68.05	61.29	60.56
2014	63.39	66.24	61.98	68.78	59.25	62.66

(续)

年份	董事会治理指数	董事权利与义务	董事会运作效率	董事会组织结构	董事薪酬	独立董事制度
2015	63.95	62.06	68.09	68.16	59.75	60.54
2016	64.37	62.03	66.84	69.38	62.11	60.63
2017	64.75	62.78	67.19	69.13	62.69	61.25
2018	64.80	62.00	67.52	69.04	63.24	61.05
2019	64.87	63.01	66.93	68.60	63.74	61.46
2020	65.28	63.72	66.75	69.63	64.42	61.64
2021	65.16	63.70	66.52	69.50	64.35	61.55
2022	65.05	64.87	66.75	68.56	64.75	60.86

资料来源：南开大学公司治理数据库。

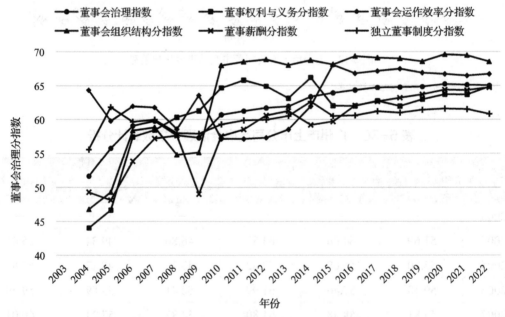

图 5-13 广州市上市公司董事会治理分指数趋势

资料来源：南开大学公司治理数据库。

表 5-37 和图 5-14 展示了 2003—2022 年连续 20 年深圳市上市公司董事会治理分指数状况与趋势特征，考虑可比性，我们取 2004—2022 年度区间进行分析。董事权利与义务分指数在 2014 年最高，为 67.20；在 2004 年最低，为 40.85。董事权利与义务分指数从 2004 年的 40.85 逐步提升至 2014 年的最大值 67.20，在 2015 年回落至 62.89，在 2015—2022 年呈现稳定小幅增长态势。董事会运作效率分指数在 2004 年为 58.94，在 2004—2007 年间慢速增长，在 2007—2009 年与 2009—2015 年间经历两次谷形波动，在 2015—2022 年间呈现稳定小幅下降态势。董

事会组织结构分指数在 2010 年最高，为 69.08；在 2004 年最低，为 40.96。董事会组织结构分指数在 2004—2010 年间快速上升，此后在 2010—2022 年间呈现稳定小幅下降态势。董事薪酬分指数在 2022 年最高，为 65.40；在 2004 年最低，为 42.11。就整体而言，除 2009 年、2014 年出现明显下降外，董事薪酬分指数在各年度基本维持稳定上升。独立董事制度分指数在 2014 年最高，为 63.26；在 2004 年最低，为 47.51。独立董事制度分指数在 2005 年快速增长，此后在 2006—2022 年间慢速增长并趋于稳定。

从董事会治理分指数的横向比较来看，考虑近年来的稳定水平，深圳市上市公司在董事会治理董事会组织结构分指数方面做得最好，在独立董事制度分指数方面做得最差。

表 5-37　深圳市上市公司董事会治理分指数统计分析

年份	董事会治理指数	董事权利与义务	董事会运作效率	董事会组织结构	董事薪酬	独立董事制度
2003	46.00	33.00	73.00	45.00	41.00	58.00
2004	45.06	40.85	58.94	40.96	42.11	47.51
2005	54.22	44.57	60.14	48.43	48.37	57.34
2006	55.89	53.84	60.05	52.28	50.92	56.71
2007	56.77	54.77	60.83	52.79	52.30	57.59
2008	58.06	60.45	58.03	57.01	58.40	57.71
2009	58.07	61.02	62.72	58.47	50.94	57.64
2010	62.72	66.84	59.03	69.08	59.22	62.46
2011	61.53	66.14	57.63	68.20	59.57	59.84
2012	61.88	66.07	56.65	68.22	60.97	61.08
2013	62.40	63.90	58.16	68.57	61.80	61.58
2014	62.97	67.20	61.45	68.11	57.27	63.26
2015	63.69	62.89	67.03	66.75	60.19	61.02
2016	64.26	62.54	66.24	66.95	62.38	62.33
2017	64.29	63.27	65.87	67.66	62.96	61.48
2018	64.34	62.63	65.69	67.77	64.12	61.11
2019	64.48	63.17	66.30	67.53	63.81	61.29
2020	64.93	63.47	66.39	68.12	64.91	61.50
2021	65.08	63.67	66.29	68.25	65.19	61.82
2022	65.13	64.23	66.56	68.00	65.40	61.55

资料来源：南开大学公司治理数据库。

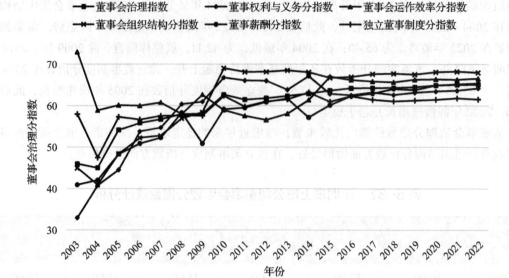

图 5-14 深圳市上市公司董事会治理分指数趋势

资料来源：南开大学公司治理数据库。

表 5-38 和图 5-15 展示了 2003—2022 年连续 20 年杭州市上市公司董事会治理分指数状况与趋势特征，考虑可比性，我们取 2004—2022 年度区间进行分析。董事权利与义务分指数在 2014 年最高，为 66.93；在 2004 年最低，为 40.68。董事权利与义务分指数从 2004 年的 40.68 逐步提升至 2014 年的最大值 66.93，在 2015 年回落至 62.18，在 2015—2022 年呈现轻微波动性增长态势。董事会运作效率分指数在 2004 年为 62.98，在 2004—2009 年与 2009—2015 年间经历两次谷形波动，在 2015—2022 年间呈现稳定态势。董事会组织结构分指数在 2021 年最高，为 70.29；在 2005 年最低，为 47.48。董事会组织结构分指数在 2004—2010 年间快速上升，此后在 2010—2022 年间呈现稳定上下小幅波动态势。董事薪酬分指数在 2022 年最高，为 65.01；在 2004 年最低，为 49.19。就整体而言，除在 2009 年出现明显下降外，董事薪酬分指数在各年度基本维持稳定上升。独立董事制度分指数在 2004 年最高，为 63.75；在 2005 年最低，为 56.62。独立董事制度分指数在 2005 年明显下降，此后在 2006—2022 年间呈现波动性小幅增长态势。

从董事会治理分指数的横向比较来看，考虑近年来的稳定水平，杭州市上市公司在董事会治理董事会组织结构分指数方面做得最好，在独立董事制度分指数方面做得最差。

表 5-38 杭州市上市公司董事会治理分指数统计分析

年份	董事会治理指数	董事权利与义务	董事会运作效率	董事会组织结构	董事薪酬	独立董事制度
2003	—	—	—	—	—	—
2004	54.18	40.68	62.98	49.65	49.19	63.75
2005	54.10	45.00	59.36	47.48	51.24	56.62
2006	57.28	53.12	59.07	56.63	53.50	59.08

（续）

年份	董事会治理指数	董事权利与义务	董事会运作效率	董事会组织结构	董事薪酬	独立董事制度
2007	58.04	53.63	59.35	58.24	55.31	59.48
2008	58.04	60.47	59.38	56.35	57.63	57.43
2009	58.67	62.46	63.14	60.50	50.94	57.39
2010	61.41	65.97	58.25	67.98	59.11	59.34
2011	61.38	66.27	57.54	68.30	60.12	58.74
2012	61.76	65.06	57.45	68.64	61.59	59.38
2013	62.40	64.24	58.35	69.17	62.22	60.44
2014	64.18	66.93	61.15	70.01	61.40	63.65
2015	64.20	62.18	67.59	69.35	60.54	60.41
2016	64.50	61.97	66.05	69.81	62.59	61.24
2017	64.58	62.54	67.19	69.92	62.24	60.40
2018	64.57	60.98	66.92	70.08	63.25	60.30
2019	64.90	62.42	67.44	69.68	63.42	60.73
2020	65.04	62.01	67.56	70.08	63.66	60.80
2021	65.20	62.61	67.01	70.29	64.38	61.00
2022	65.22	63.32	67.37	69.58	65.01	60.51

资料来源：南开大学公司治理数据库。

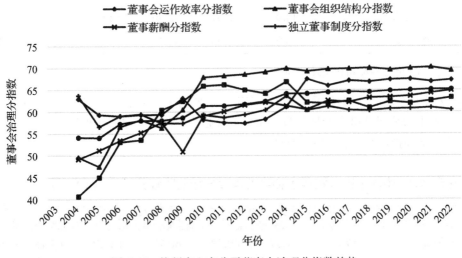

图 5-15 杭州市上市公司董事会治理分指数趋势

资料来源：南开大学公司治理数据库。

第四节 中国上市公司董事会治理分行业分析

一、中国上市公司董事会治理指数分行业比较分析

表 5-39 列示了 2003—2008 年连续 6 年中国上市公司董事会治理指数分行业特征，考虑可比性，我们取 2004—2008 年度区间进行分析。从整体上看，各行业上市公司董事会治理指数呈现增长趋势。通过纵向比较可知，金融、保险业上市公司董事会治理指数增长幅度最大，其 2004 年董事会治理指数为 49.75，2008 年提升至 65.10，增长 15.35。

表 5-39 中国上市公司董事会治理指数分行业比较分析：2003—2008 年

行业	2003 年	2004 年	2005 年	2006 年	2007 年	2008 年
采掘业	44.00	52.55	55.02	55.86	55.17	57.33
传播与文化产业	44.00	53.96	54.17	56.92	56.76	58.29
电力、煤气及水的生产和供应业	45.00	52.72	52.99	57.43	57.48	56.65
房地产业	46.00	49.97	53.97	56.44	56.99	57.66
建筑业	44.00	52.64	53.11	56.62	57.20	57.29
交通运输、仓储业	43.00	54.34	53.12	55.81	56.30	57.73
金融、保险业	42.00	49.75	54.87	60.81	59.89	65.10
农、林、牧、渔业	41.00	52.99	51.78	53.93	53.60	57.14
批发和零售贸易	46.00	53.48	54.22	55.74	56.10	57.36
社会服务业	45.00	51.64	54.23	57.10	57.65	57.37
信息技术业	44.00	52.35	53.60	55.22	55.44	57.14
制造业	43.00	52.67	52.90	54.91	55.28	57.20
综合类	46.00	51.94	52.71	55.43	55.10	57.27

资料来源：南开大学公司治理数据库。

表 5-40 列示了 2009—2015 年连续 7 年中国上市公司董事会治理指数分行业特征，从整体上看，各行业上市公司董事会治理指数均呈现上升趋势。通过纵向比较可知，金融、保险业上市公司董事会治理指数波动情况最为明显。

表 5-40 中国上市公司董事会治理指数分行业比较分析：2009—2015 年

行业	2009 年	2010 年	2011 年	2012 年	2013 年	2014 年	2015 年
采掘业	57.62	61.57	60.58	60.70	61.19	63.18	63.32
传播与文化产业	57.66	61.04	61.36	61.46	61.23	63.74	63.46

(续)

行业	2009年	2010年	2011年	2012年	2013年	2014年	2015年
电力、煤气及水的生产和供应业	57.67	59.39	60.07	60.47	61.13	63.16	63.35
房地产业	57.62	61.28	61.43	61.73	62.37	64.03	63.56
建筑业	58.00	60.07	61.21	61.96	62.46	63.46	63.60
交通运输、仓储业	57.74	59.89	60.76	60.91	61.45	62.90	62.75
金融、保险业	58.96	66.28	63.34	63.00	64.11	66.29	65.97
农、林、牧、渔业	57.12	59.46	60.15	60.90	61.52	63.59	63.13
批发和零售贸易	58.58	61.05	61.32	61.49	62.26	63.54	63.88
社会服务业	58.23	59.56	61.04	61.01	62.01	62.75	62.67
信息技术业	58.03	60.85	61.01	61.73	62.04	63.42	63.44
制造业	57.80	60.05	60.63	61.09	61.56	63.29	63.47
综合类	57.89	60.66	61.43	60.93	62.20	63.44	63.52

资料来源：南开大学公司治理数据库。

表5-41列示了2016—2022年连续7年中国上市公司董事会治理指数分行业特征，从整体上看，除教育与居民服务、修理和其他服务业外，各行业上市公司董事会治理指数均呈现波动上升趋势。教育与居民服务、修理和其他服务业呈现波动下降趋势。

表5-41 中国上市公司董事会治理指数分行业比较分析：2016—2022年

行业	2016年	2017年	2018年	2019年	2020年	2021年	2022年
采矿业	64.19	64.32	64.05	64.44	65.21	64.45	64.91
电力、热力、燃气及水生产和供应业	63.77	64.23	63.42	63.96	64.43	64.38	64.68
房地产业	64.10	64.20	64.26	64.48	64.82	64.73	64.96
建筑业	64.32	64.25	64.25	64.53	64.82	64.75	64.97
交通运输、仓储和邮政业	63.11	63.34	63.21	63.39	64.04	64.33	64.26
教育	66.59	64.94	65.05	64.34	64.84	64.78	65.06
金融业	66.36	66.33	66.35	66.66	67.43	66.82	67.23
居民服务、修理和其他服务业	—	—	—	—	66.67	66.07	64.31
科学研究和技术服务业	64.44	64.44	64.51	64.71	65.26	65.17	64.79

(续)

行业	2016年	2017年	2018年	2019年	2020年	2021年	2022年
农、林、牧、渔业	64.27	64.26	64.09	64.17	64.61	64.48	64.88
批发和零售业	64.14	64.56	64.53	64.55	64.90	64.92	65.15
水利、环境和公共设施管理业	63.74	63.62	64.03	64.46	65.00	64.79	64.70
卫生和社会工作	65.02	63.71	64.69	64.96	65.60	66.17	65.09
文化、体育和娱乐业	63.97	64.16	64.32	64.05	64.68	64.33	64.93
信息传输、软件和信息技术服务业	64.39	64.70	64.48	64.69	64.91	65.07	65.12
制造业	64.09	64.21	64.25	64.50	64.92	64.93	64.99
住宿和餐饮业	63.42	64.33	64.80	63.76	65.34	64.64	64.86
综合	63.49	64.09	64.09	63.65	64.41	64.18	64.44
租赁和商务服务业	63.82	63.97	64.37	64.42	64.45	64.50	64.84

资料来源：南开大学公司治理数据库。

二、中国上市公司董事会治理分指数分行业比较分析

（一）董事权利与义务分指数分析

表5-42列示了2003—2008年连续6年中国上市公司董事会治理董事权利与义务分指数分行业特征，考虑可比性，我们取2004—2008年度区间进行分析。从整体上看，各行业上市公司董事会治理董事权利与义务分指数均呈现稳定上升趋势。综合类上升幅度最为明显，其2008年的数值60.29较2004年的数值41.84上升了18.45。

表5-42 中国上市公司董事会治理董事权利与义务分指数分行业比较分析：2003—2008年

行业	2003年	2004年	2005年	2006年	2007年	2008年
采掘业	33.00	45.81	47.63	53.61	53.55	57.15
传播与文化产业	41.00	55.36	45.33	55.96	54.03	61.17
电力、煤气及水的生产和供应业	34.00	44.79	45.81	54.62	54.44	59.15
房地产业	35.00	42.35	45.30	55.56	56.30	60.69
建筑业	40.00	45.61	46.54	53.81	55.11	60.23
交通运输、仓储业	34.00	48.74	46.18	54.49	54.83	58.80
金融、保险业	32.00	49.48	45.95	54.25	55.53	66.62

(续)

行业	2003年	2004年	2005年	2006年	2007年	2008年
农、林、牧、渔业	34.00	49.84	43.58	50.76	50.77	60.78
批发和零售贸易	34.00	42.44	46.20	54.25	54.63	60.74
社会服务业	29.00	45.02	45.49	54.01	54.95	59.74
信息技术业	36.00	43.18	47.29	53.45	53.99	59.23
制造业	34.00	44.25	46.12	52.73	53.08	59.94
综合类	37.00	41.84	45.22	53.41	53.45	60.29

资料来源：南开大学公司治理数据库。

表5-43列示了2009—2015年连续7年中国上市公司董事会治理董事权利与义务分指数分行业特征。从整体上看，各行业上市公司董事会治理董事权利与义务分指数呈现波动下降趋势。农、林、牧、渔业下降幅度最为明显，2015年较2009年下降了1.26；交通运输、仓储业波动幅度最大，且在2015年下降到60.07，为各行业中最低水平。

表5-43 中国上市公司董事会治理董事权利与义务分指数分行业比较分析：2009—2015年

行业	2009年	2010年	2011年	2012年	2013年	2014年	2015年
采掘业	61.72	65.26	66.10	65.52	64.14	68.34	61.65
传播与文化产业	61.70	66.43	66.81	66.12	63.87	67.29	61.37
电力、煤气及水的生产和供应业	60.76	63.25	65.29	64.00	62.91	68.24	61.51
房地产业	61.90	66.42	66.92	65.72	63.75	69.16	62.20
建筑业	61.84	63.86	65.14	63.44	63.13	66.73	61.03
交通运输、仓储业	60.25	63.98	65.34	63.19	62.08	68.25	60.07
金融、保险业	62.44	68.16	66.24	64.15	63.29	67.89	63.84
农、林、牧、渔业	63.22	64.47	66.99	66.19	64.86	67.51	61.96
批发和零售贸易	61.53	66.22	67.01	65.08	63.93	67.61	62.61
社会服务业	60.82	63.32	66.40	65.42	63.85	67.09	62.49
信息技术业	61.34	65.74	67.01	65.92	65.24	67.28	62.78
制造业	61.67	65.02	66.39	65.19	63.56	66.72	61.48
综合类	62.65	65.68	67.54	65.51	64.14	68.89	62.20

资料来源：南开大学公司治理数据库。

表5-44列示了2016—2022年连续7年中国上市公司董事会治理董事权利与义务分指数分行业特征。从整体上看，除居民服务、修理和其他服务业外，各行业上市公司董事会治理董事

权利与义务分指数都呈现波动上升趋势。居民服务、修理和其他服务业在2022年出现大幅下降，降至58.75，为各行业中最低水平。同时，居民服务、修理和其他服务业董事会治理董事权利与义务分指数的波动性也最大。

表5-44 中国上市公司董事会治理董事权利与义务分指数分行业比较分析：2016—2022年

行业	2016年	2017年	2018年	2019年	2020年	2021年	2022年
采矿业	62.14	64.33	62.73	64.26	64.56	63.38	64.50
电力、热力、燃气及水生产和供应业	60.62	62.15	60.80	62.89	63.53	62.57	63.66
房地产业	61.66	62.86	62.37	62.76	63.63	63.54	63.75
建筑业	62.07	62.67	61.50	62.95	63.16	63.04	64.18
交通运输、仓储和邮政业	60.65	61.99	60.05	61.17	61.88	61.61	62.53
教育	60.50	62.92	59.75	60.83	63.28	64.06	63.33
金融业	62.35	63.59	63.66	62.45	63.78	63.21	62.96
居民服务、修理和其他服务业	—	—	—	—	64.75	65.50	58.75
科学研究和技术服务业	61.65	63.82	62.71	63.42	63.17	63.11	64.73
农、林、牧、渔业	62.34	63.05	62.29	63.78	63.40	63.32	65.15
批发和零售业	61.84	63.06	62.18	62.91	63.76	63.45	63.65
水利、环境和公共设施管理业	60.91	61.92	62.53	62.89	63.48	64.04	64.55
卫生和社会工作	62.25	63.57	64.14	62.00	63.54	64.31	63.63
文化、体育和娱乐业	60.18	61.06	60.53	62.25	62.77	62.35	62.72
信息传输、软件和信息技术服务业	63.08	64.48	62.94	64.06	63.93	64.13	65.32
制造业	61.66	62.79	61.60	62.76	62.97	63.01	63.78
住宿和餐饮业	62.45	63.82	61.25	63.06	63.47	64.68	63.33
综合	61.46	63.62	62.27	63.84	64.00	63.61	63.79
租赁和商务服务业	63.20	64.64	63.82	63.81	63.71	64.00	64.40

资料来源：南开大学公司治理数据库。

（二）董事会运作效率分指数分析

表5-45列示了2003—2008年连续6年中国上市公司董事会治理董事会运作效率分指数分

行业特征，考虑可比性，我们取 2004—2008 年度区间进行分析。从整体上看，各行业上市公司董事会治理董事会运作效率分指数均呈现稳定下降趋势。采掘业的下降幅度最为明显，其 2008 年的数值 57.79 较 2004 年的数值 63.43 下降了 5.64。

表 5-45　中国上市公司董事会治理董事会运作效率分指数分行业比较分析：2003—2008 年

行业	2003 年	2004 年	2005 年	2006 年	2007 年	2008 年
采掘业	56.00	63.43	61.66	59.81	59.41	57.79
传播与文化产业	59.00	59.63	62.01	61.18	61.77	58.50
电力、煤气及水的生产和供应业	57.00	63.30	58.87	60.45	60.22	57.87
房地产业	66.00	62.83	59.31	61.01	61.25	57.84
建筑业	54.00	63.55	59.14	59.94	60.95	59.65
交通运输、仓储业	65.00	62.78	58.04	60.05	60.65	58.64
金融、保险业	54.00	61.28	57.46	63.85	59.28	60.37
农、林、牧、渔业	49.00	62.11	57.69	59.64	59.31	58.90
批发和零售贸易	63.00	62.49	60.81	60.05	60.41	58.61
社会服务业	63.00	62.60	60.49	61.57	61.96	58.27
信息技术业	61.00	62.39	59.64	58.85	58.63	57.79
制造业	58.00	62.32	58.96	58.83	59.29	58.09
综合类	62.00	62.19	58.95	60.61	60.63	58.41

资料来源：南开大学公司治理数据库。

表 5-46 列示了 2009—2015 年连续 7 年中国上市公司董事会治理董事会运作效率分指数分行业特征。从整体上看，各行业上市公司董事会治理董事会运作效率分指数呈现稳定的先下降后上升趋势。金融、保险业最终上升幅度最为明显，2015 年较 2009 年上升了 5.59。

表 5-46　中国上市公司董事会治理董事会运作效率分指数分行业比较分析：2009—2015 年

行业	2009 年	2010 年	2011 年	2012 年	2013 年	2014 年	2015 年
采掘业	62.61	58.54	56.99	56.43	57.90	60.04	67.59
传播与文化产业	62.63	56.85	58.03	57.33	58.52	61.54	66.83
电力、煤气及水的生产和供应业	63.38	57.33	58.35	58.15	59.56	60.82	69.08
房地产业	63.26	58.24	58.77	58.27	59.48	61.89	66.79
建筑业	63.31	56.78	58.20	57.35	58.74	60.28	66.85
交通运输、仓储业	62.95	57.53	58.41	58.46	59.18	60.77	68.26
金融、保险业	62.55	61.86	58.85	58.24	59.64	61.45	68.14

(续)

行业	2009年	2010年	2011年	2012年	2013年	2014年	2015年
农、林、牧、渔业	63.11	57.94	57.19	57.53	59.18	60.87	66.91
批发和零售贸易	63.94	59.04	58.04	57.91	59.01	60.95	68.38
社会服务业	63.76	56.93	57.63	56.99	58.63	61.06	66.44
信息技术业	62.69	57.95	56.61	56.39	57.83	60.91	66.84
制造业	63.13	57.34	57.08	56.99	58.20	60.59	67.55
综合类	63.03	58.18	58.01	57.78	59.21	60.35	68.14

资料来源：南开大学公司治理数据库。

表5-47列示了2016—2022年连续7年中国上市公司董事会治理董事会运作效率分指数分行业特征。从整体上看，除电力、热力、燃气及水生产和供应业、教育与居民服务、修理和其他服务业外，各行业上市公司董事会治理董事会运作效率分指数均呈现波动上升趋势。居民服务、修理和其他服务业在2022年出现大幅下降，降至60.38，为各行业中最低水平。同时，居民服务、修理和其他服务业董事会治理董事会运作效率分指数的波动性也最大。

表5-47　中国上市公司董事会治理董事会运作效率分指数分行业比较分析：2016—2022年

行业	2016年	2017年	2018年	2019年	2020年	2021年	2022年
采矿业	66.78	67.01	67.13	67.08	68.11	67.42	68.16
电力、热力、燃气及水生产和供应业	68.40	68.80	68.54	68.56	68.83	68.46	68.29
房地产业	65.89	66.46	66.73	66.59	67.01	67.46	67.66
建筑业	66.04	65.59	66.26	66.43	66.69	66.26	67.00
交通运输、仓储和邮政业	67.25	68.35	68.34	67.37	67.87	68.39	68.43
教育	70.15	70.25	69.67	66.80	66.56	66.56	69.17
金融业	67.56	68.70	68.33	69.63	69.19	68.47	68.91
居民服务、修理和其他服务业	—	—	—	66.41	66.13	60.38	
科学研究和技术服务业	67.36	66.36	67.61	67.49	67.34	67.40	67.51
农、林、牧、渔业	66.70	66.52	66.69	66.82	67.61	67.54	68.38
批发和零售业	67.67	68.10	67.90	67.76	68.04	67.85	68.47
水利、环境和公共设施管理业	66.48	67.00	66.71	66.24	67.29	67.49	67.87

(续)

行业	2016年	2017年	2018年	2019年	2020年	2021年	2022年
卫生和社会工作	64.06	64.56	65.49	66.00	68.09	67.99	66.88
文化、体育和娱乐业	66.58	67.82	67.83	67.16	68.52	67.61	68.50
信息传输、软件和信息技术服务业	65.35	65.98	65.87	66.03	66.43	66.36	66.74
制造业	66.85	66.88	66.84	66.94	67.18	67.10	67.17
住宿和餐饮业	67.41	66.57	67.37	68.01	67.82	67.51	68.52
综合	66.15	65.73	67.28	66.18	67.55	67.99	67.50
租赁和商务服务业	65.91	66.73	67.03	65.71	66.44	66.69	67.96

资料来源：南开大学公司治理数据库。

(三) 董事会组织结构分指数分析

表5-48列示了2003—2008年连续6年中国上市公司董事会治理董事会组织结构分指数分行业特征，考虑可比性，我们取2004—2008年度区间进行分析。从整体上看，各行业上市公司董事会治理董事会组织结构分指数均呈现波动上升趋势。金融、保险业上升幅度最为明显，其2008年的数值75.51较2004年的数值42.86上升了32.65。

表5-48　中国上市公司董事会治理董事会组织结构分指数分行业比较分析：2003—2008年

行业	2003年	2004年	2005年	2006年	2007年	2008年
采掘业	52.00	47.82	49.43	55.48	53.21	57.36
传播与文化产业	63.00	47.12	47.05	57.44	57.11	56.25
电力、煤气及水的生产和供应业	43.00	47.14	47.78	57.56	57.57	55.25
房地产业	41.00	46.82	45.81	55.75	55.78	55.25
建筑业	45.00	46.02	47.18	56.76	56.48	55.51
交通运输、仓储业	35.00	51.52	47.10	54.85	55.09	56.30
金融、保险业	43.00	42.86	53.15	63.00	59.88	75.51
农、林、牧、渔业	40.00	49.91	48.41	54.61	53.81	55.14
批发和零售贸易	46.00	48.87	47.88	57.13	56.65	54.91
社会服务业	46.00	46.12	46.26	58.49	58.97	56.29
信息技术业	47.00	47.93	45.83	54.33	54.93	55.55
制造业	40.00	47.78	45.77	55.74	55.74	55.69
综合类	47.00	46.56	45.57	54.87	54.55	54.59

资料来源：南开大学公司治理数据库。

表5-49列示了2009—2015年连续7年中国上市公司董事会治理董事会组织结构分指数分行业特征。从整体上看，各行业上市公司董事会治理董事会组织结构分指数呈现波动上升趋势。金融、保险业的上升幅度最为明显，2015年较2009年上升了18.88，但同时金融、保险业董事会治理董事会组织结构分指数的波动幅度也最大。

表5-49 中国上市公司董事会治理董事会组织结构分指数分行业比较分析：2009—2015年

行业	2009年	2010年	2011年	2012年	2013年	2014年	2015年
采掘业	61.79	69.78	68.47	68.45	67.78	68.96	68.75
传播与文化产业	63.84	68.48	67.79	68.53	66.14	69.03	68.80
电力、煤气及水的生产和供应业	62.73	67.35	68.01	68.41	68.01	69.32	68.58
房地产业	56.69	68.48	68.41	68.80	70.29	69.38	68.95
建筑业	61.53	67.48	68.91	68.80	68.73	69.49	68.66
交通运输、仓储业	62.04	68.02	67.85	68.22	68.68	67.50	66.18
金融、保险业	59.60	77.13	73.61	73.54	76.12	80.35	78.48
农、林、牧、渔业	59.58	66.68	67.86	68.15	68.21	68.68	69.09
批发和零售贸易	60.52	68.43	68.44	68.52	70.16	68.74	68.52
社会服务业	60.34	67.05	67.83	67.78	69.21	67.33	65.01
信息技术业	60.99	68.01	68.02	68.30	67.66	68.00	67.18
制造业	60.45	67.62	68.35	68.45	68.43	69.02	68.57
综合类	57.95	68.21	68.28	68.09	70.38	68.24	67.92

资料来源：南开大学公司治理数据库。

表5-50列示了2016—2022年连续7年中国上市公司董事会治理董事会组织结构分指数分行业特征。从整体上看，各行业上市公司董事会治理董事会组织结构分指数均呈现平稳趋势。其中住宿和餐饮业董事会治理董事会组织结构分指数波动幅度最大。

表5-50 中国上市公司董事会治理董事会组织结构分指数分行业比较分析：2016—2022年

行业	2016年	2017年	2018年	2019年	2020年	2021年	2022年
采矿业	70.05	69.59	69.35	68.99	70.51	70.06	70.30
电力、热力、燃气及水生产和供应业	69.17	69.57	69.20	68.82	69.45	69.65	69.76
房地产业	68.86	68.49	69.40	69.33	69.46	69.67	69.73
建筑业	68.74	68.91	68.29	67.91	68.89	69.04	69.20
交通运输、仓储和邮政业	66.29	66.99	67.65	67.14	68.87	68.75	68.36

(续)

行业	2016年	2017年	2018年	2019年	2020年	2021年	2022年
教育	70.00	70.00	70.00	70.00	70.00	70.00	67.08
金融业	79.06	78.66	79.50	79.07	80.63	79.13	81.02
居民服务、修理和其他服务业	—	—	—	—	70.00	70.00	70.00
科学研究和技术服务业	69.19	69.04	68.27	67.28	68.81	68.66	66.99
农、林、牧、渔业	70.02	70.02	70.24	69.82	69.80	69.81	69.45
批发和零售业	68.75	69.18	69.11	68.26	69.39	69.50	69.27
水利、环境和公共设施管理业	67.55	68.68	68.61	69.05	69.83	69.40	67.67
卫生和社会工作	70.00	65.00	68.06	68.06	70.00	70.00	70.00
文化、体育和娱乐业	69.78	70.01	69.72	67.91	70.03	70.03	70.60
信息传输、软件和信息技术服务业	68.23	67.72	68.01	67.60	68.26	68.41	66.58
制造业	68.59	68.68	68.78	68.41	68.93	69.01	68.42
住宿和餐饮业	68.45	71.64	72.00	67.11	73.00	72.70	73.00
综合	68.96	69.26	68.92	67.46	68.82	68.38	69.39
租赁和商务服务业	65.17	66.46	67.40	67.65	67.42	67.29	67.49

资料来源：南开大学公司治理数据库。

(四) 董事薪酬分指数分析

表5-51列示了2003—2008年连续6年中国上市公司董事会治理董事薪酬分指数分行业特征，考虑可比性，我们取2004—2008年度区间进行分析。从整体上看，各行业上市公司董事会治理董事薪酬分指数均呈现波动上升趋势。金融、保险业上升幅度最为明显，其2008年的数值64.77较2004年的数值43.94上升了20.83，同时也是行业董事会治理董事薪酬分指数最大值。

表5-51　中国上市公司董事会治理董事薪酬分指数分行业比较分析：2003—2008年

行业	2003年	2004年	2005年	2006年	2007年	2008年
采掘业	30.00	47.18	48.02	45.98	47.74	55.67
传播与文化产业	31.00	51.50	42.10	45.94	46.72	57.21
电力、煤气及水的生产和供应业	48.00	48.09	44.78	47.10	48.28	55.25
房地产业	43.00	45.88	46.97	46.31	47.47	57.73

(续)

行业	2003年	2004年	2005年	2006年	2007年	2008年
建筑业	37.00	48.18	47.52	46.42	47.04	55.99
交通运输、仓储业	38.00	49.24	46.13	46.38	46.94	57.42
金融、保险业	37.00	43.94	48.00	65.00	60.00	64.77
农、林、牧、渔业	43.00	45.80	43.24	40.79	43.19	54.44
批发和零售贸易	43.00	49.88	47.13	47.56	48.41	57.54
社会服务业	44.00	47.78	46.11	50.07	50.79	56.42
信息技术业	37.00	48.53	46.96	44.86	46.41	57.17
制造业	41.00	48.66	45.57	43.58	44.53	56.11
综合类	41.00	48.67	46.06	46.60	45.70	57.35

资料来源：南开大学公司治理数据库。

表5-52列示了2009—2015年连续7年中国上市公司董事会治理董事薪酬分指数分行业特征。从整体上看，各行业上市公司董事会治理董事薪酬分指数呈现波动上升趋势。传播与文化产业上升幅度最为明显，2015年较2009年上升了13.38，但同时传播与文化产业董事会治理董事薪酬分指数的波动幅度也最大。

表5-52　中国上市公司董事会治理董事薪酬分指数分行业比较分析：2009—2015年

行业	2009年	2010年	2011年	2012年	2013年	2014年	2015年
采掘业	45.95	55.65	55.63	56.32	57.82	59.08	55.87
传播与文化产业	44.56	57.70	58.32	58.13	59.01	60.03	57.94
电力、煤气及水的生产和供应业	45.26	53.41	54.05	54.55	56.22	58.95	54.86
房地产业	48.93	57.25	56.77	58.15	58.99	59.17	56.97
建筑业	48.83	56.24	58.36	60.89	61.79	59.37	59.45
交通运输、仓储业	45.97	54.38	56.01	56.11	57.30	58.68	55.61
金融、保险业	53.32	62.50	59.63	59.76	60.46	62.71	59.03
农、林、牧、渔业	46.16	54.07	56.46	56.94	57.37	59.95	55.50
批发和零售贸易	50.07	56.90	57.67	58.97	59.03	60.56	57.43
社会服务业	48.96	54.85	57.11	58.02	59.88	58.15	58.46
信息技术业	48.37	56.76	59.15	61.37	61.73	59.83	60.10
制造业	46.93	55.22	57.10	58.58	59.31	59.52	58.09
综合类	49.54	55.71	56.65	56.45	57.73	60.31	56.67

资料来源：南开大学公司治理数据库。

表5-53列示了2016—2022年连续7年中国上市公司董事会治理董事薪酬分指数分行业特征。从整体上看，除卫生和社会工作、租赁和商务服务业外，各行业上市公司董事会治理董事薪酬分指数均呈现波动上升趋势。其中，教育的董事会治理董事薪酬分指数波动幅度最大。

表5-53 中国上市公司董事会治理董事薪酬分指数分行业比较分析：2016—2022年

行业	2016年	2017年	2018年	2019年	2020年	2021年	2022年
采矿业	58.22	57.85	57.67	58.50	58.60	58.16	59.71
电力、热力、燃气及水生产和供应业	57.26	56.85	56.64	57.37	57.89	58.41	59.34
房地产业	60.34	60.14	60.71	61.23	61.54	61.05	61.15
建筑业	61.49	61.61	62.44	62.57	62.74	62.61	62.39
交通运输、仓储和邮政业	57.67	57.17	57.53	58.49	59.26	59.43	59.25
教育	60.00	57.50	58.17	55.83	60.94	59.56	60.58
金融业	60.05	59.22	59.54	59.27	59.85	60.61	60.64
居民服务、修理和其他服务业	—	—	—	—	72.00	69.00	72.00
科学研究和技术服务业	62.67	62.83	63.99	64.49	65.10	65.00	65.32
农、林、牧、渔业	58.60	58.69	59.08	58.82	59.41	59.69	59.50
批发和零售业	59.58	59.55	60.63	60.96	61.21	61.68	62.24
水利、环境和公共设施管理业	60.58	59.64	60.73	60.99	61.53	61.28	62.30
卫生和社会工作	64.30	61.79	62.11	63.89	64.42	66.42	63.79
文化、体育和娱乐业	60.12	59.52	60.30	60.16	60.18	60.07	60.51
信息传输、软件和信息技术服务业	63.43	64.03	64.03	63.79	64.56	65.20	66.18
制造业	60.84	61.23	62.08	62.34	63.25	63.56	64.33
住宿和餐饮业	55.68	57.23	56.44	56.94	57.39	59.20	57.89
综合	58.02	58.72	58.46	57.60	59.20	59.72	60.64
租赁和商务服务业	63.33	61.15	61.99	62.61	63.47	62.73	63.29

资料来源：南开大学公司治理数据库。

（五）独立董事制度分指数分析

表5-54列示了2003—2008年连续6年中国上市公司董事会治理独立董事制度分指数分行

业特征，考虑可比性，我们取 2004—2008 年度区间进行分析。从整体上看，除传播与文化产业和金融、保险业外，各行业上市公司董事会治理独立董事制度分指数均呈现波动下降趋势。批发和零售贸易下降幅度最为明显，其 2008 年的数值 56.56 较 2004 年的数值 60.83 下降了 4.27。

表 5-54　中国上市公司董事会治理独立董事制度分指数分行业比较分析：2003—2008 年

行业	2003 年	2004 年	2005 年	2006 年	2007 年	2008 年
采掘业	60.00	59.70	57.13	57.79	56.16	58.24
传播与文化产业	54.00	58.63	58.88	58.22	57.50	59.43
电力、煤气及水的生产和供应业	56.00	60.19	56.22	60.46	60.31	56.67
房地产业	62.00	54.43	59.09	57.56	58.32	58.16
建筑业	56.00	60.23	55.02	59.25	59.60	56.21
交通运输、仓储业	54.00	60.38	57.03	57.19	57.73	57.78
金融、保险业	53.00	56.39	59.56	56.75	61.91	61.15
农、林、牧、渔业	43.00	60.24	54.56	55.49	53.93	57.66
批发和零售贸易	63.00	60.83	57.01	55.33	55.85	56.56
社会服务业	59.00	57.75	58.93	56.50	57.00	57.17
信息技术业	54.00	58.81	56.85	57.79	57.50	56.89
制造业	51.00	59.54	56.34	56.97	57.16	57.28
综合类	60.00	58.76	55.86	55.61	55.10	56.99

资料来源：南开大学公司治理数据库。

表 5-55 列示了 2009—2015 年连续 7 年中国上市公司董事会治理独立董事制度分指数分行业特征。从整体上看，各行业上市公司董事会治理独立董事制度分指数呈现波动上升趋势。农、林、牧、渔业上升幅度最为明显，2015 年较 2009 年上升了 5.66，但同时农、林、牧、渔业董事会治理独立董事制度分指数的波动幅度也最大。

表 5-55　中国上市公司董事会治理独立董事制度分指数分行业比较分析：2009—2015 年

行业	2009 年	2010 年	2011 年	2012 年	2013 年	2014 年	2015 年
采掘业	57.00	61.29	59.60	60.33	60.70	62.89	61.34
传播与文化产业	56.61	59.80	59.81	60.72	60.72	63.28	61.06
电力、煤气及水的生产和供应业	56.61	58.32	58.16	59.75	60.43	61.92	60.97
房地产业	57.95	59.72	60.02	60.82	61.06	63.71	61.84
建筑业	55.67	58.98	58.78	61.36	61.43	63.77	60.67
交通运输、仓储业	57.50	58.50	59.42	60.43	61.01	62.60	61.27

(续)

行业	2009年	2010年	2011年	2012年	2013年	2014年	2015年
金融、保险业	57.97	64.29	61.44	61.46	62.21	62.11	60.20
农、林、牧、渔业	55.48	57.53	57.17	59.51	60.51	63.59	61.14
批发和零售贸易	57.29	58.43	59.54	60.02	61.09	62.74	61.33
社会服务业	57.40	58.48	60.03	60.24	60.59	62.73	60.48
信息技术业	57.39	59.33	58.88	60.41	60.72	63.60	59.98
制造业	57.52	58.57	58.52	59.68	60.43	63.04	60.41
综合类	57.49	59.03	60.77	60.09	61.45	63.00	61.39

资料来源：南开大学公司治理数据库。

表5-56列示了2016—2022年连续7年中国上市公司董事会治理独立董事制度分指数分行业特征。从整体上看，各行业上市公司董事会治理独立董事制度分指数均呈现波动下降趋势。其中，教育的董事会治理独立董事制度分指数的波动幅度最大。

表5-56　中国上市公司董事会治理独立董事制度分指数分行业比较分析：2016—2022年

行业	2016年	2017年	2018年	2019年	2020年	2021年	2022年
采矿业	62.50	62.57	62.36	62.99	63.64	62.45	61.69
电力、热力、燃气及水生产和供应业	61.31	62.13	60.14	61.16	61.59	61.56	61.68
房地产业	62.49	62.29	61.30	61.78	62.01	61.49	61.96
建筑业	62.24	61.93	61.52	62.13	62.02	62.23	61.91
交通运输、仓储和邮政业	61.76	60.90	60.34	61.22	61.01	61.73	61.51
教育	68.00	62.33	64.08	65.58	62.75	63.28	63.60
金融业	61.66	60.68	60.36	61.35	62.25	61.33	61.50
居民服务、修理和其他服务业	—	—	—	—	60.75	60.75	59.75
科学研究和技术服务业	60.25	60.36	59.54	60.55	61.29	61.13	59.89
农、林、牧、渔业	62.56	62.31	61.28	61.44	62.11	61.43	61.90
批发和零售业	61.50	61.92	61.56	61.89	61.56	61.50	61.47
水利、环境和公共设施管理业	61.61	60.04	60.93	62.39	62.24	61.52	61.12
卫生和社会工作	63.70	63.43	63.50	63.47	61.35	61.83	61.00
文化、体育和娱乐业	61.29	60.78	61.24	61.69	60.94	60.69	61.26

(续)

行业	2016年	2017年	2018年	2019年	2020年	2021年	2022年
信息传输、软件和信息技术服务业	61.66	61.64	61.25	61.98	61.37	61.36	61.40
制造业	61.30	60.92	60.85	61.37	61.57	61.34	61.06
住宿和餐饮业	61.98	62.14	64.58	62.56	63.86	59.68	60.86
综合	61.63	62.80	62.27	62.83	62.07	60.80	60.73
租赁和商务服务业	61.28	61.19	61.40	62.26	61.18	61.68	61.03

资料来源：南开大学公司治理数据库。

三、各行业中国上市公司董事会治理指数具体分析

（一）金融业上市公司董事会治理指数分析

金融业上市公司2004—2022年董事会治理指数平均值整体而言保持在50～70之间，最低为2004年的49.75，最高为2020年的67.43（见表5-57）。平均值的变动趋势与中位数大致相同，标准差也基本保持在1～6之间。全距大致保持在5～25之间，2021年的全距最大，为25.50。最小值为2004年的38.21，最大值为2017年的77.32。

表5-57　金融业上市公司董事会治理指数统计分析

年份	平均值	中位数	标准差	全距	最小值	最大值
2003	42.00	—	16.00	47.00	23.00	70.00
2004	49.75	50.28	5.47	17.67	38.21	55.88
2005	54.87	55.08	3.71	10.92	49.65	60.57
2006	60.81	60.81	0.00	0.00	60.81	60.81
2007	59.89	60.44	2.59	9.16	55.07	64.23
2008	65.10	65.88	5.13	16.47	57.23	73.70
2009	58.96	57.72	2.85	10.92	53.72	64.64
2010	66.28	69.00	5.20	23.09	49.74	72.83
2011	63.34	66.14	1.55	7.69	58.16	65.85
2012	63.00	63.08	1.46	6.28	59.31	65.59
2013	64.11	64.30	1.56	5.80	61.10	66.90
2014	66.29	66.63	2.46	11.58	59.68	71.26
2015	65.97	66.17	2.78	13.28	57.90	71.18

(续)

年份	平均值	中位数	标准差	全距	最小值	最大值
2016	66.36	66.25	2.60	10.84	60.78	71.62
2017	66.33	66.39	3.40	22.06	55.26	77.32
2018	66.35	66.06	2.55	13.26	60.69	73.95
2019	66.66	66.82	3.05	17.88	56.07	73.95
2020	67.43	67.11	3.23	17.47	58.67	76.14
2021	66.82	66.63	3.49	25.50	49.95	75.45
2022	67.23	67.13	2.75	11.98	60.97	72.95

资料来源：南开大学公司治理数据库。

金融业上市公司2004—2022年董事会治理指数整体而言保持在40～80之间，董事权利与义务分指数、董事会运作效率分指数、董事会组织结构分指数、董事薪酬分指数和独立董事制度分指数的最高值分别为2010年的68.16、2019年的69.63、2022年的81.02、2006年的65.00和2010年的64.29，最低值分别为2005年的45.95、2005年的57.46、2004年的42.86、2004年的43.94和2004年的56.39，具体见表5-58。图5-16展示了金融业上市公司董事会治理分指数趋势。

表5-58 金融业上市公司董事会治理分指数统计分析

年份	董事会治理指数	董事权利与义务	董事会运作效率	董事会组织结构	董事薪酬	独立董事制度
2003	42.00	32.00	54.00	43.00	37.00	53.00
2004	49.75	49.48	61.28	42.86	43.94	56.39
2005	54.87	45.95	57.46	53.15	48.00	59.56
2006	60.81	54.25	63.85	63.00	65.00	56.75
2007	59.89	55.53	59.28	59.88	60.00	61.91
2008	65.10	66.62	60.37	75.51	64.77	61.15
2009	58.96	62.44	62.55	59.60	53.32	57.97
2010	66.28	68.16	61.86	77.13	62.50	64.29
2011	63.34	66.24	58.85	73.61	59.63	61.44
2012	63.00	64.15	58.24	73.54	59.76	61.46
2013	64.11	63.29	59.64	76.12	60.46	62.21
2014	66.29	67.89	61.45	80.35	62.71	62.11
2015	65.97	63.84	68.14	78.48	59.03	60.20

(续)

年份	董事会治理指数	董事权利与义务	董事会运作效率	董事会组织结构	董事薪酬	独立董事制度
2016	66.36	62.35	67.56	79.06	60.05	61.66
2017	66.33	63.59	68.70	78.66	59.22	60.68
2018	66.35	63.66	68.33	79.50	59.54	60.36
2019	66.66	62.45	69.63	79.07	59.27	61.35
2020	67.43	63.78	69.19	80.63	59.85	62.25
2021	66.82	63.21	68.47	79.13	60.61	61.33
2022	67.23	62.96	68.91	81.02	60.64	61.50

资料来源：南开大学公司治理数据库。

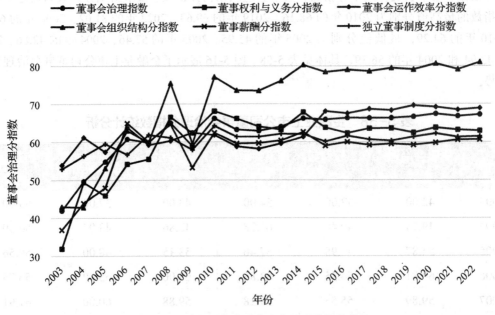

图 5-16 金融业上市公司董事会治理分指数趋势

资料来源：南开大学公司治理数据库。

（二）高科技行业上市公司董事会治理指数分析

信息技术业上市公司 2004—2015 年董事会治理指数平均值逐年稳步增长，最低为 2004 年的 52.35，最高为 2015 年的 63.44。平均值变动趋势与中位数大致相同，标准差基本保持在 2～5（见表 5-59）。全距大概保持在 10～25，2004 年全距最大，为 23.45。最小值为 2004 年的 40.75，最大值为 2010 年的 71.36。

表 5-59　信息技术业上市公司董事会治理指数统计分析

年份	平均值	中位数	标准差	全距	最小值	最大值
2003	44.00	—	11.00	64.00	2.00	66.00
2004	52.35	52.43	5.21	23.45	40.75	64.20
2005	53.60	52.83	4.83	20.95	45.35	66.30
2006	55.22	55.05	4.91	21.05	44.91	65.96
2007	55.44	55.14	4.99	20.89	45.07	65.96
2008	57.14	56.79	2.19	12.64	50.91	63.55
2009	58.03	57.14	2.53	9.68	54.04	63.72
2010	60.85	60.47	4.03	21.32	50.04	71.36
2011	61.01	60.93	1.92	9.34	56.29	65.63
2012	61.73	61.74	1.89	9.60	57.21	66.81
2013	62.04	62.04	2.25	12.35	55.90	68.25
2014	63.42	63.62	2.63	13.51	56.17	69.68
2015	63.44	63.71	2.47	16.06	53.12	69.18

资料来源：南开大学公司治理数据库。

信息传输、软件和信息技术服务业上市公司 2016—2022 年董事会治理指数平均值整体而言保持在 65 左右，呈波动式小幅增长，最低为 2016 年的 64.39，最高为 2022 年的 65.12（见表 5-60）。平均值变动趋势与中位数大致相同，标准差基本保持在 2～3.5 之间。全距保持在 10～22，2022 年的全距最大，为 21.36。最小值为 2022 年的 49.68，最大值为 2022 年的 71.04。

表 5-60　信息传输、软件和信息技术服务业上市公司董事会治理指数统计分析

年份	平均值	中位数	标准差	全距	最小值	最大值
2016	64.39	64.60	2.35	12.82	56.13	68.95
2017	64.70	64.96	2.25	15.78	54.34	70.12
2018	64.48	64.78	2.38	14.70	55.29	69.99
2019	64.69	65.14	2.39	17.53	52.44	69.97
2020	64.91	64.99	2.24	13.79	55.75	69.54
2021	65.07	65.37	2.22	19.03	50.70	69.73
2022	65.12	65.69	3.19	21.36	49.68	71.04

资料来源：南开大学公司治理数据库。

(三) 房地产业上市公司董事会治理指数分析

房地产业上市公司 2004—2022 年董事会治理指数平均值整体而言保持波动式增长,最低为 2004 年的 49.97,最高为 2022 年的 64.96（见表 5-61）。平均值变动趋势与中位数大致相同,标准差基本保持在 2~6 之间。全距保持在 10~25 之间,2010 年的全距最大,为 23.04。最小值为 2004 年的 39.61,最大值为 2010 年的 73.25。

表 5-61　房地产业上市公司董事会治理指数统计分析

年份	平均值	中位数	标准差	全距	最小值	最大值
2003	46.00	—	8.00	34.00	30.00	64.00
2004	49.97	49.90	6.39	21.20	39.61	60.81
2005	53.97	53.01	4.66	22.54	46.82	69.36
2006	56.44	56.54	4.96	17.29	47.30	64.59
2007	56.99	57.09	5.02	17.62	47.30	64.92
2008	57.66	57.56	2.20	9.11	53.15	62.26
2009	57.62	56.79	2.18	8.46	54.45	62.91
2010	61.28	60.45	5.17	23.04	50.21	73.25
2011	61.43	61.28	1.86	9.18	56.85	66.03
2012	61.73	61.58	1.87	8.89	57.39	66.28
2013	62.37	62.38	1.98	9.58	57.90	67.48
2014	64.03	64.10	2.50	13.85	57.39	71.24
2015	63.56	63.66	2.20	13.88	56.07	69.95
2016	64.10	64.21	2.50	15.55	54.55	70.10
2017	64.20	64.54	2.59	17.85	52.58	70.43
2018	64.26	64.39	2.25	15.48	53.38	68.86
2019	64.48	64.62	1.94	9.80	59.03	68.83
2020	64.82	64.85	1.95	12.27	57.53	69.80
2021	64.73	64.86	1.79	11.79	58.84	70.63
2022	64.96	64.82	1.83	9.29	60.03	69.32

资料来源：南开大学公司治理数据库。

房地产业上市公司 2004—2022 年董事会治理指数整体而言在 40~70 之间波动,董事权利与义务分指数、董事会运作效率分指数、董事会组织结构分指数、董事薪酬分指数和独立董事制度分指数的最高值分别为 2014 年的 69.16、2022 年的 67.66、2013 年的 70.29、2020 年的 61.54 和 2014 年的 63.71,最低值分别为 2004 年的 42.35、2008 年的 57.84、2005 年的 45.81、

2004 年的 45.88 和 2004 年的 54.43（见表 5-62）。图 5-17 展示了房地产业上市公司董事会治理分指数趋势。

表 5-62　房地产业上市公司董事会治理分指数统计分析

年份	董事会治理指数	董事权利与义务	董事会运作效率	董事会组织结构	董事薪酬	独立董事制度
2003	46.00	35.00	66.00	41.00	43.00	62.00
2004	49.97	42.35	62.83	46.82	45.88	54.43
2005	53.97	45.30	59.31	45.81	46.97	59.09
2006	56.44	55.56	61.01	55.75	46.31	57.56
2007	56.99	56.30	61.25	55.78	47.47	58.32
2008	57.66	60.69	57.84	55.25	57.73	58.16
2009	57.62	61.90	63.26	56.69	48.93	57.95
2010	61.28	66.42	58.24	68.48	57.25	59.72
2011	61.43	66.92	58.77	68.41	56.77	60.02
2012	61.73	65.72	58.27	68.80	58.15	60.82
2013	62.37	63.75	59.48	70.29	58.99	61.06
2014	64.03	69.16	61.89	69.38	59.17	63.71
2015	63.56	62.20	66.79	68.95	56.97	61.84
2016	64.10	61.66	65.89	68.86	60.34	62.49
2017	64.20	62.86	66.46	68.49	60.14	62.29
2018	64.26	62.37	66.73	69.40	60.71	61.30
2019	64.48	62.76	66.59	69.33	61.23	61.78
2020	64.82	63.63	67.01	69.46	61.54	62.01
2021	64.73	63.54	67.46	69.67	61.05	61.49
2022	64.96	63.75	67.66	69.73	61.15	61.96

资料来源：南开大学公司治理数据库。

（四）制造业上市公司董事会治理指数分析

制造业上市公司 2004—2022 年董事会治理指数平均值逐年增长，最低为 2004 年的 52.67，最高为 2022 年的 64.99（见表 5-63）。平均值变动趋势与中位数大致相同，标准差基本保持在 1.5～5 之间。全距保持在 10～30 之间，2004 年的全距最大，为 29.99。最小值为 2006 年的 39.71，最大值为 2014 年的 72.16。

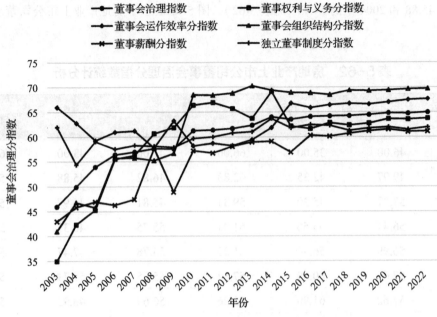

图 5-17 房地产业上市公司董事会治理分指数趋势

资料来源：南开大学公司治理数据库。

表 5-63 制造业上市公司董事会治理指数统计分析

年份	平均值	中位数	标准差	全距	最小值	最大值
2003	43.00	—	10.00	71.00	2.00	73.00
2004	52.67	52.67	4.78	29.99	40.22	70.21
2005	52.90	52.43	4.56	25.16	41.55	66.71
2006	54.91	55.07	4.70	28.78	39.71	68.49
2007	55.28	55.35	4.70	25.79	44.05	69.84
2008	57.20	57.13	2.08	19.99	46.26	66.25
2009	57.80	57.15	2.35	13.63	52.44	66.07
2010	60.05	60.20	4.10	23.33	47.71	71.04
2011	60.63	60.54	1.75	11.73	55.11	66.84
2012	61.09	60.96	1.75	11.66	55.84	67.50
2013	61.56	61.59	2.07	13.58	54.53	68.11
2014	63.29	63.40	2.30	17.78	54.38	72.16
2015	63.47	63.64	2.29	18.25	51.20	69.45
2016	64.09	64.20	2.21	18.69	52.11	70.80
2017	64.21	64.30	2.28	23.20	47.59	70.79

(续)

年份	平均值	中位数	标准差	全距	最小值	最大值
2018	64.25	64.41	2.25	19.37	51.26	70.63
2019	64.50	64.74	2.29	19.61	50.86	70.47
2020	64.92	65.04	2.18	20.08	50.94	71.02
2021	64.93	65.07	2.19	22.48	49.39	71.87
2022	64.99	65.21	2.57	23.63	48.29	71.92

资料来源：南开大学公司治理数据库。

制造业上市公司 2004—2022 年董事会治理指数整体而言保持在 40～70 之间。董事权利与义务分指数、董事会运作效率分指数、董事会组织结构分指数、董事薪酬分指数和独立董事制度分指数的最高值分别为 2014 年的 66.72、2015 年的 67.55、2014 年的 69.02、2022 年的 64.33 和 2014 年的 63.04，最低值分别为 2004 年的 44.25、2012 年的 56.99、2005 年的 45.77、2006 年的 43.58 和 2005 年的 56.34（见表 5-64）。图 5-18 展示了制造业上市公司董事会治理分指数趋势。

表 5-64　制造业上市公司董事会治理分指数统计分析

年份	董事会治理指数	董事权利与义务	董事会运作效率	董事会组织结构	董事薪酬	独立董事制度
2003	43.00	34.00	58.00	40.00	41.00	51.00
2004	52.67	44.25	62.32	47.78	48.66	59.54
2005	52.90	46.12	58.96	45.77	45.57	56.34
2006	54.91	52.73	58.83	55.74	43.58	56.97
2007	55.28	53.08	59.29	55.74	44.53	57.16
2008	57.20	59.94	58.09	55.69	56.11	57.28
2009	57.80	61.67	63.13	60.45	46.93	57.52
2010	60.05	65.02	57.34	67.62	55.22	58.57
2011	60.63	66.39	57.08	68.35	57.10	58.52
2012	61.09	65.19	56.99	68.45	58.58	59.68
2013	61.56	63.56	58.20	68.43	59.31	60.43
2014	63.29	66.72	60.59	69.02	59.52	63.04
2015	63.47	61.48	67.55	68.57	58.09	60.41
2016	64.09	61.66	66.85	68.59	60.84	61.30
2017	64.21	62.79	66.88	68.68	61.23	60.92
2018	64.25	61.60	66.84	68.78	62.08	60.85

(续)

年份	董事会治理指数	董事权利与义务	董事会运作效率	董事会组织结构	董事薪酬	独立董事制度
2019	64.50	62.76	66.94	68.41	62.34	61.37
2020	64.92	62.97	67.18	68.93	63.25	61.57
2021	64.93	63.01	67.10	69.01	63.56	61.34
2022	64.99	63.78	67.17	68.42	64.33	61.06

资料来源：南开大学公司治理数据库。

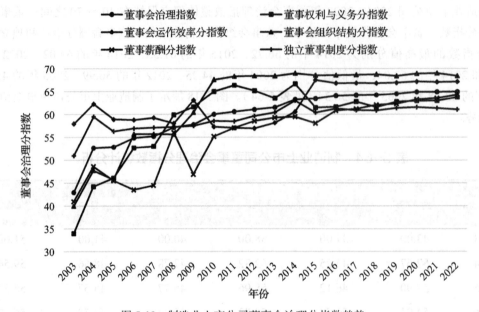

图 5-18　制造业上市公司董事会治理分指数趋势

资料来源：南开大学公司治理数据库。

第五节　中国上市公司董事会治理分市场板块分析

一、中国上市公司董事会治理指数分市场板块比较分析

2004—2022 年，主板上市公司董事会治理指数除 2015 年略微下降外，均呈现平稳上升趋势，由 2004 年的 52.60 上升至 2022 年的 65.14，上升 23.84%（见表 5-65）。中小板上市公司董事会治理指数基本呈现稳定上升趋势，在 2010—2020 年间维持逐年上升趋势，在 2021 年略微下降。创业板上市公司董事会治理指数在 2011—2020 年快速上升，2020—2022 年基本在 65 左右波动。科创板公司董事会治理指数在 2020—2022 年逐年上升。北交所因 2021 年 9 月 3 日才注册成立，所以只有 2022 年的数据信息。

表 5-65　中国上市公司董事会治理指数分市场板块比较分析

年份	主板	中小板	创业板	科创板	北交所
2003	43.41	—	—	—	—
2004	52.60	—	—	—	—
2005	53.15	—	—	—	—
2006	55.35	—	—	—	—
2007	55.63	—	—	—	—
2008	57.42	—	—	—	—
2009	57.87	—	—	—	—
2010	60.27	60.60	—	—	—
2011	60.76	60.91	60.90	—	—
2012	60.98	61.49	61.69	—	—
2013	61.66	62.01	61.50	—	—
2014	63.56	63.06	63.31	—	—
2015	63.30	63.93	63.29	—	—
2016	63.94	64.20	64.52	—	—
2017	64.13	64.31	64.65	—	—
2018	64.17	64.36	64.45	—	—
2019	64.35	64.57	64.83	—	—
2020	64.80	65.16	65.13	64.07	—
2021	64.77	65.14	65.10	64.67	—
2022	65.14	—	65.13	65.34	57.55

资料来源：南开大学公司治理数据库。

二、中国上市公司董事会治理分指数分市场板块比较分析

2004—2022 年，主板上市公司董事会治理董事权利与义务分指数基本呈现平稳上升趋势，由 2004 年的 44.38 上升至 2022 年的 63.60，上升 43.31%（见表 5-66）。中小板上市公司波动幅度较大，2011 年中小板上市公司董事会治理董事权利与义务分指数取得最大值 66.52，此后在 2011—2018 年间呈现波动式下降，其中在 2018 年下降至 61.30，较 2011 年下降 7.85%，自 2018 年之后恢复上升趋势。创业板上市公司董事会治理董事权利与义务分指数在 2012—2022 年呈现谷形波动，在 2018 年下降至最小值 62.85，在 2018—2022 年呈现回升趋势。科创板上市公司董事会治理董事权利与义务分指数在 2020—2022 年呈现小幅度波动的平稳状态。北交所因 2021 年 9 月 3 日才注册成立，所以只有 2022 年的数据信息。

表 5-66　中国上市公司董事会治理董事权利与义务分指数分市场板块比较分析

年份	主板	中小板	创业板	科创板	北交所
2003	34.24	—	—	—	—
2004	44.38	—	—	—	—
2005	46.04	—	—	—	—
2006	53.26	—	—	—	—
2007	53.55	—	—	—	—
2008	60.06	—	—	—	—
2009	61.63	—	—	—	—
2010	65.01	65.52	—	—	—
2011	66.29	66.52	67.31	—	—
2012	64.80	64.67	68.06	—	—
2013	63.16	63.36	66.58	—	—
2014	68.40	65.09	66.40	—	—
2015	61.07	61.83	63.93	—	—
2016	60.92	61.98	63.83	—	—
2017	62.69	62.43	64.41	—	—
2018	61.66	61.30	62.85	—	—
2019	62.73	62.49	63.78	—	—
2020	62.99	63.39	63.42	62.83	—
2021	62.36	63.67	64.52	62.49	—
2022	63.60	—	64.80	62.88	68.54

资料来源：南开大学公司治理数据库。

2004—2022 年，主板上市公司董事会治理董事会运作效率分指数整体呈现波动式增长，于 2004—2009 年间、2009—2015 年间经历两个谷形波动后，在 2015—2022 年间基本保持稳定，就整体而言，由 2004 年的 62.42 上升至 2022 年的 67.70，上升 8.46%（见表 5-67）。中小板上市公司董事会治理董事会运作效率分指数也呈现波动式增长，于 2010—2015 年间经历谷形波动后，在 2015—2022 年间基本保持稳定，就整体而言，由 2010 年的 56.56 上升至 2021 年的 67.14，上升 18.71%。创业板上市公司董事会治理董事会运作效率分指数在 2011—2015 年呈现快速上升趋势，在 2015—2022 年呈现先降后升趋势，就整体而言，2011—2022 年从 56.07 上升到 66.65，上升 18.87%。科创板上市公司董事会治理董事会运作效率分指数在 2020—2022 年呈现小幅度波动的平稳状态。北交所因 2021 年 9 月 3 日才注册成立，所以只有 2022 年的数据信息。

表 5-67 中国上市公司董事会治理董事会运作效率分指数分市场板块比较分析

年份	主板	中小板	创业板	科创板	北交所
2003	59.17	—	—	—	—
2004	62.42	—	—	—	—
2005	59.17	—	—	—	—
2006	59.41	—	—	—	—
2007	59.72	—	—	—	—
2008	58.24	—	—	—	—
2009	63.16	—	—	—	—
2010	57.89	56.56	—	—	—
2011	57.92	56.50	56.07	—	—
2012	57.59	56.88	55.96	—	—
2013	59.11	57.82	56.98	—	—
2014	60.74	60.65	60.88	—	—
2015	67.97	67.13	66.54	—	—
2016	67.28	66.31	66.03	—	—
2017	67.59	66.43	65.93	—	—
2018	67.43	66.87	65.88	—	—
2019	67.39	66.72	66.33	—	—
2020	67.65	67.28	66.54	66.77	—
2021	67.66	67.14	66.33	66.67	—
2022	67.70	—	66.65	66.96	66.96

资料来源：南开大学公司治理数据库。

2004—2022 年，主板上市公司董事会治理董事会组织结构分指数整体呈现先增长后趋于稳定的状态，于 2004—2010 年间整体快速增长，在 2010—2022 年间基本保持稳定，就整体而言，由 2004 年的 47.81 上升至 2022 年的 69.88，上升 46.16%（见表 5-68）。中小板上市公司董事会治理董事会组织结构分指数呈现基本稳定的状态，在 2010—2021 年间基本保持稳定，就整体而言，由 2010 年的 67.74 上升至 2021 年的 69.46，上升 2.54%。创业板上市公司董事会治理董事会组织结构分指数也呈现先波动后稳定的态势，2011—2015 年上下剧烈波动，2015—2022 年间整体稳步增长，就整体而言，2011—2022 年从 67.82 上升到 68.20，上升 0.56%。科创板上市公司董事会治理董事会组织结构分指数在 2020—2022 年呈现小幅度波动的平稳状态。北交所因 2021 年 9 月 3 日才注册成立，所以只有 2022 年的数据信息。

表 5-68　中国上市公司董事会治理董事会组织结构分指数分市场板块比较分析

年份	主板	中小板	创业板	科创板	北交所
2003	42.19	—	—	—	—
2004	47.81	—	—	—	—
2005	46.29	—	—	—	—
2006	55.83	—	—	—	—
2007	55.91	—	—	—	—
2008	56.03	—	—	—	—
2009	60.36	—	—	—	—
2010	67.98	67.74	—	—	—
2011	68.43	68.42	67.82	—	—
2012	68.61	68.57	67.96	—	—
2013	68.89	70.04	65.26	—	—
2014	69.16	69.36	67.87	—	—
2015	68.54	69.14	66.86	—	—
2016	68.94	69.25	67.46	—	—
2017	69.04	69.38	67.71	—	—
2018	69.28	69.53	67.60	—	—
2019	68.64	69.14	67.82	—	—
2020	69.75	69.56	68.06	68.63	—
2021	69.78	69.46	68.24	69.23	—
2022	69.88	—	68.20	69.70	29.24

资料来源：南开大学公司治理数据库。

2004—2022 年，主板上市公司董事会治理董事薪酬分指数整体呈现稳定增长态势，就整体而言，由 2004 年的 48.49 上升至 2022 年的 62.75，上升 29.41%（见表 5-69）。中小板上市公司董事会治理董事薪酬分指数呈现先波动后稳定增长的状态，在 2010—2014 年间上下波动后，在 2014—2021 年间逐年增长，就整体而言，由 2010 年的 58.03 上升至 2021 年的 63.81，上升 9.96%。创业板上市公司董事会治理董事薪酬分指数也呈现先波动后稳定增长的态势，在 2011—2014 年上下剧烈波动，之后在 2014—2022 年间整体保持增长，就整体而言，在 2011—2022 年，从 60.24 上升到 65.44，上升 8.63%。科创板上市公司董事会治理董事薪酬分指数在 2020—2022 年呈现逐年增长的态势。北交所因 2021 年 9 月 3 日才注册成立，因此只有 2022 年的数据信息。

表 5-69　中国上市公司董事会治理董事薪酬分指数分市场板块比较分析

年份	主板	中小板	创业板	科创板	北交所
2003	41.32	—	—	—	—
2004	48.49	—	—	—	—
2005	45.86	—	—	—	—
2006	44.79	—	—	—	—
2007	45.63	—	—	—	—
2008	56.60	—	—	—	—
2009	47.53	—	—	—	—
2010	55.04	58.03	—	—	—
2011	55.86	59.33	60.24	—	—
2012	56.65	60.88	62.03	—	—
2013	57.82	60.82	62.18	—	—
2014	59.83	58.93	59.76	—	—
2015	56.18	59.62	61.07	—	—
2016	59.09	61.89	63.11	—	—
2017	58.94	62.34	63.95	—	—
2018	59.90	62.88	64.21	—	—
2019	60.32	62.94	64.30	—	—
2020	60.98	63.79	65.40	61.32	—
2021	61.34	63.81	65.16	65.18	—
2022	62.75	—	65.44	66.34	63.49

资料来源：南开大学公司治理数据库。

2004—2022 年，主板上市公司董事会治理独立董事制度分指数在 2005 年大幅下降，在 2005—2014 年整体呈现稳定增长态势，在 2015 年大幅下降，在 2016—2018 年、2018—2022 年间呈现升降波动，就整体而言，由 2004 年的 59.37 上升至 2022 年的 61.32，上升 3.28%（见表 5-70）。中小板上市公司董事会治理独立董事制度分指数在 2010—2014 年、2014—2021 年间呈现两次谷形波动状态，就整体而言，由 2010 年的 59.01 上升至 2021 年的 61.33，上升 3.93%。创业板上市公司董事会治理独立董事制度分指数呈现先波动后稳定下降的态势，在 2011—2016 年上下剧烈波动，之后在 2016—2022 年间整体保持下降，就整体而言，在 2011—2022 年从 58.17 上升到 61.05，上升 4.95%。科创板上市公司董事会治理独立董事制度分指数在 2020—2022 年呈现小幅度波动的平稳状态。北交所因 2021 年 9 月 3 日才注册成立，所以只有 2022 年的数据信息。

表 5-70　中国上市公司董事会治理独立董事制度分指数分市场板块比较分析

年份	主板	中小板	创业板	科创板	北交所
2003	53.59	—	—	—	—
2004	59.37	—	—	—	—
2005	56.59	—	—	—	—
2006	57.03	—	—	—	—
2007	57.11	—	—	—	—
2008	57.32	—	—	—	—
2009	57.38	—	—	—	—
2010	58.78	59.01	—	—	—
2011	59.18	58.35	58.17	—	—
2012	60.20	59.65	59.60	—	—
2013	60.90	60.19	60.44	—	—
2014	62.95	62.94	63.69	—	—
2015	61.00	60.87	58.72	—	—
2016	61.66	60.80	62.06	—	—
2017	61.47	60.46	61.58	—	—
2018	61.23	60.12	61.34	—	—
2019	61.76	60.89	61.77	—	—
2020	61.76	61.31	61.82	60.43	—
2021	61.58	61.33	61.54	59.50	—
2022	61.32	—	61.05	60.43	61.63

资料来源：南开大学公司治理数据库。

三、各市场板块中国上市公司董事会治理指数具体分析

　　主板上市公司 2004—2022 年董事会治理指数平均值整体维持稳定增长，最低为 2004 年的 52.60，最高为 2022 年的 65.14（见表 5-71）。平均值变动趋势与中位数大致相同，标准差基本保持在 1～5。全距保持在 10～30，2004 年全距最大，为 32.66。最小值为 2004 年的 38.21，最大值为 2020 年的 74.67。

　　主板上市公司 2004—2022 年董事会治理指数整体而言保持在 40～70 之间（见表 5-72）。董事权利与义务分指数、董事会运作效率分指数、董事会组织结构分指数、董事薪酬分指数和独立董事制度分指数的最高值分别为 2014 年的 68.40、2015 年的 67.97、2022 年的 69.88、2022 年的 62.75 和 2014 年的 62.95，最低值分别为 2004 年的 44.38、2012 年的 57.59、2005 年的

46.29、2006 年的 44.79 和 2005 年的 56.59。图 5-19 展示了主板上市公司董事会治理分指数趋势。

表 5-71 主板上市公司董事会治理指数统计分析

年份	平均值	中位数	标准差	全距	最小值	最大值
2003	43.41	—	10.37	72.95	1.56	43.41
2004	52.60	52.76	5.07	32.66	38.21	70.87
2005	53.15	52.70	4.60	31.07	38.29	69.36
2006	55.35	55.37	4.75	28.78	39.71	68.49
2007	55.63	55.56	4.77	28.87	42.38	71.25
2008	57.42	57.23	2.53	27.44	46.26	73.70
2009	57.87	57.26	2.34	16.16	49.91	66.07
2010	60.27	60.24	4.27	24.97	48.28	73.25
2011	60.76	60.65	1.88	13.34	53.50	66.84
2012	60.98	60.89	1.80	10.97	55.84	66.81
2013	61.66	61.68	2.15	13.72	54.53	68.25
2014	63.56	63.66	2.62	17.78	54.38	72.16
2015	63.30	63.51	2.43	19.98	51.20	71.18
2016	63.94	64.09	2.38	21.49	50.13	71.62
2017	64.13	64.24	2.45	26.66	47.59	74.25
2018	64.17	64.33	2.37	20.47	51.26	71.73
2019	64.35	64.65	2.53	22.69	50.86	73.55
2020	64.80	64.89	2.28	22.45	52.22	74.67
2021	64.77	64.91	2.32	24.41	49.39	73.80
2022	65.14	65.22	2.29	24.66	48.29	72.95

资料来源：南开大学公司治理数据库。

表 5-72 主板上市公司董事会治理分指数统计分析

年份	董事会治理指数	董事权利与义务	董事会运作效率	董事会组织结构	董事薪酬	独立董事制度
2003	43.41	34.24	59.17	42.19	41.32	53.59
2004	52.60	44.38	62.42	47.81	48.49	59.37
2005	53.15	46.04	59.17	46.29	45.86	56.59
2006	55.35	53.26	59.41	55.83	44.79	57.03

(续)

年份	董事会治理指数	董事权利与义务	董事会运作效率	董事会组织结构	董事薪酬	独立董事制度
2007	55.63	53.55	59.72	55.91	45.63	57.11
2008	57.42	60.06	58.24	56.03	56.60	57.32
2009	57.87	61.63	63.16	60.36	47.53	57.38
2010	60.27	65.01	57.89	67.98	55.04	58.78
2011	60.76	66.29	57.92	68.43	55.86	59.18
2012	60.98	64.80	57.59	68.61	56.65	60.20
2013	61.66	63.16	59.11	68.89	57.82	60.90
2014	63.56	68.40	60.74	69.16	59.83	62.95
2015	63.30	61.07	67.97	68.54	56.18	61.00
2016	63.94	60.92	67.28	68.94	59.09	61.66
2017	64.13	62.69	67.59	69.04	58.94	61.47
2018	64.17	61.66	67.43	69.28	59.90	61.23
2019	64.35	62.73	67.39	68.64	60.32	61.76
2020	64.80	62.99	67.65	69.75	60.98	61.76
2021	64.77	62.36	67.66	69.78	61.34	61.58
2022	65.14	63.60	67.70	69.88	62.75	61.32

资料来源：南开大学公司治理数据库。

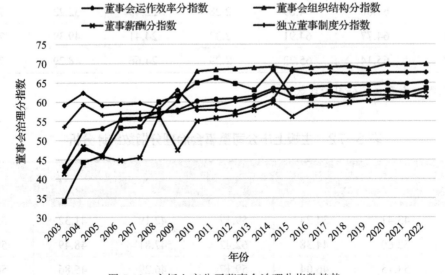

图 5-19　主板上市公司董事会治理分指数趋势

资料来源：南开大学公司治理数据库。

中小板上市公司董事会治理指数平均值在2010—2021年间整体维持稳定增长，最低为2010年的60.60，最高为2020年的65.16（见表5-73）。平均值变动趋势与中位数大致相同，标准差基本保持在1.5～5。全距保持在0～25，2017年全距最大，为24.38。最小值为2010年47.71，最大值为2017年77.32。

表5-73 中小板上市公司董事会治理指数统计分析

年份	平均值	中位数	标准差	全距	最小值	最大值
2010	60.60	60.40	4.38	23.33	47.71	71.04
2011	60.91	60.84	1.75	9.78	55.50	65.28
2012	61.49	61.45	1.78	12.12	55.99	68.11
2013	62.01	61.95	1.88	10.76	56.83	67.59
2014	63.06	63.11	2.07	13.30	56.38	69.68
2015	63.93	64.01	2.16	16.77	52.68	69.45
2016	64.20	64.26	2.10	16.12	54.68	70.80
2017	64.31	64.35	2.07	24.38	52.94	77.32
2018	64.36	64.42	2.17	20.80	53.15	73.95
2019	64.57	64.69	2.18	23.14	50.81	73.95
2020	65.16	65.20	2.08	22.37	53.77	76.14
2021	65.14	65.22	2.12	20.61	54.84	75.45

资料来源：南开大学公司治理数据库。

中小板上市公司2010—2021年董事会治理指数整体而言保持在55～70之间。董事权利与义务分指数、董事会运作效率分指数、董事会组织结构分指数、董事薪酬分指数和独立董事制度分指数的最高值分别为2011年的66.52、2020年的67.28、2013年的70.04、2021年的63.81和2014年的62.94，最低值分别为2018年的61.30、2011年的56.50、2010年的67.74、2010年的58.03和2011年的58.35（见表5-74）。图5-20展示了中小板上市公司董事会治理分指数趋势。

表5-74 中小板上市公司董事会治理分指数统计分析

年份	董事会治理指数	董事权利与义务分指数	董事会运作效率分指数	董事会组织结构分指数	董事薪酬分指数	独立董事制度分指数
2010	60.60	65.52	56.56	67.74	58.03	59.01
2011	60.91	66.52	56.50	68.42	59.33	58.35
2012	61.49	64.67	56.88	68.57	60.88	59.65
2013	62.01	63.36	57.82	70.04	60.82	60.19
2014	63.06	65.09	60.65	69.36	58.93	62.94

（续）

年份	董事会治理指数	董事权利与义务分指数	董事会运作效率分指数	董事会组织结构分指数	董事薪酬分指数	独立董事制度分指数
2015	63.93	61.83	67.13	69.14	59.62	60.87
2016	64.20	61.98	66.31	69.25	61.89	60.80
2017	64.31	62.43	66.43	69.38	62.34	60.46
2018	64.36	61.30	66.87	69.53	62.88	60.12
2019	64.57	62.49	66.72	69.14	62.94	60.89
2020	65.16	63.39	67.28	69.56	63.79	61.31
2021	65.14	63.67	67.14	69.46	63.81	61.33

资料来源：南开大学公司治理数据库。

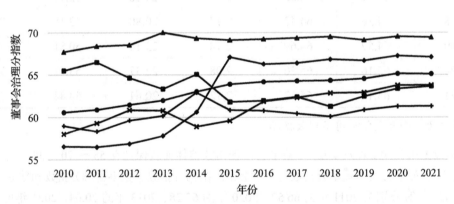

图 5-20　中小板上市公司董事会治理分指数趋势

资料来源：南开大学公司治理数据库。

创业板上市公司 2011—2022 年董事会治理指数平均值整体而言保持稳步上升，最低为 2011 年的 60.90，最高为 2020 年和 2022 年的 65.13（见表 5-75）。平均值变动趋势与中位数大致相同，标准差基本保持在 1.5～2.5 之间。全距在 2011—2022 年间大致维持在 10～20，2015 年全距最大，为 19.24。最小值为 2015 年的 49.73，最大值为 2022 年的 71.92。

表 5-75　创业板上市公司董事会治理指数统计分析

年份	平均值	中位数	标准差	全距	最小值	最大值
2011	60.90	60.81	1.65	8.30	57.33	65.63
2012	61.69	61.78	1.60	9.08	56.70	65.78

(续)

年份	平均值	中位数	标准差	全距	最小值	最大值
2013	61.50	61.63	2.17	11.23	55.34	66.57
2014	63.31	63.63	2.51	12.87	55.57	68.44
2015	63.29	63.64	2.54	19.24	49.73	68.97
2016	64.52	64.71	2.29	15.69	54.65	70.34
2017	64.65	64.86	2.33	15.47	54.65	70.12
2018	64.45	64.68	2.34	17.42	52.37	69.79
2019	64.83	65.16	2.26	16.84	53.35	70.19
2020	65.13	65.35	2.37	16.48	54.00	70.48
2021	65.10	65.26	2.22	16.07	53.70	69.77
2022	65.13	65.25	2.32	17.98	53.94	71.92

资料来源：南开大学公司治理数据库。

创业板上市公司2011—2022年董事会治理指数整体而言保持在56～68之间。董事权利与义务分指数、董事会运作效率分指数、董事会组织结构分指数、董事薪酬分指数和独立董事制度分指数的最高值分别为2012年的68.06、2022年的66.65、2021年的68.24、2022年的65.44和2014年的63.69，最低值分别为2018年的62.85、2012年的55.96、2013年的65.26、2014年的59.76和2011年的58.17（见表5-76）。图5-21展示了创业板上市公司董事会治理分指数趋势。

表5-76 创业板上市公司董事会治理分指数统计分析

年份	董事会治理指数	董事权利与义务	董事会运作效率	董事会组织结构	董事薪酬	独立董事制度
2011	60.90	67.31	56.07	67.82	60.24	58.17
2012	61.69	68.06	55.96	67.96	62.03	59.60
2013	61.50	66.58	56.98	65.26	62.18	60.44
2014	63.31	66.40	60.88	67.87	59.76	63.69
2015	63.29	63.93	66.54	66.86	61.07	58.72
2016	64.52	63.83	66.03	67.46	63.11	62.06
2017	64.65	64.41	65.93	67.71	63.95	61.58
2018	64.45	62.85	65.88	67.60	64.21	61.34
2019	64.83	63.78	66.33	67.82	64.30	61.77
2020	65.13	63.42	66.54	68.06	65.40	61.82
2021	65.10	64.52	66.33	68.24	65.16	61.54
2022	65.13	64.80	66.65	68.20	65.44	61.05

资料来源：南开大学公司治理数据库。

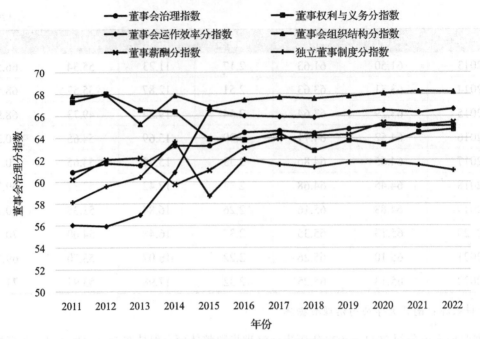

图 5-21 创业板上市公司董事会治理分指数趋势

资料来源：南开大学公司治理数据库。

科创板上市公司 2020—2022 年董事会治理指数平均值逐年上升，最低为 2020 年的 64.07，最高为 2022 年的 65.34（见表 5-77）。平均值变动趋势与中位数大致相同，标准差保持在 2 左右。全距 2020—2022 年间维持在 15～20 之间，2021 年全距最大，为 18.33。最小值为 2021 年的 50.70，最大值为 2022 年的 70.42。

表 5-77 科创板上市公司董事会治理指数统计分析

年份	平均值	中位数	标准差	全距	最小值	最大值
2020	64.07	64.33	2.31	17.39	50.94	68.33
2021	64.67	64.77	2.22	18.33	50.70	69.03
2022	65.34	65.32	1.88	16.82	53.60	70.42

资料来源：南开大学公司治理数据库。

科创板上市公司 2020—2022 年董事会治理指数整体而言保持在 60～70 之间（见表 5-78）。董事权利与义务分指数、董事会运作效率分指数、董事会组织结构分指数、董事薪酬分指数和独立董事制度分指数的最高值分别为 2022 年的 62.88、2022 年的 66.96、2022 年的 69.70、2022 年的 66.34 和 2022 年的 60.43，最低值分别为 2021 年的 62.49、2021 年的 66.67、2020 年的 68.63、2020 年的 61.32 和 2021 年的 59.50。

北交所上市公司 2022 年董事会治理指数平均值为 57.55（见表 5-79）。中位数与平均值较为接近，为 53.66。标准差为 6.93，全距为 20.51，最小值为 49.01，最大值为 69.52。

表5-78 科创板上市公司董事会治理分指数统计分析

年份	董事会治理指数	董事权利与义务	董事会运作效率	董事会组织结构	董事薪酬	独立董事制度
2020	64.07	62.83	66.77	68.63	61.32	60.43
2021	64.67	62.49	66.67	69.23	65.18	59.50
2022	65.34	62.88	66.96	69.70	66.34	60.43

资料来源：南开大学公司治理数据库。

表5-79 北交所上市公司董事会治理指数统计分析

年份	平均值	中位数	标准差	全距	最小值	最大值
2022	57.55	53.66	6.93	20.51	49.01	69.52

资料来源：南开大学公司治理数据库。

北交所上市公司2022年董事会治理分指数中，董事权利与义务分指数和董事会运作效率分指数较高，分别为68.54和66.96（见表5-80）。董事会组织结构分指数较低，为29.24。

表5-80 北交所上市公司董事会治理分指数统计分析

年份	董事会治理指数	董事权利与义务	董事会运作效率	董事会组织结构	董事薪酬	独立董事制度
2022	57.55	68.54	66.96	29.24	63.49	61.63

资料来源：南开大学公司治理数据库。

第六节 中国上市公司董事会治理分析结论

一、中国上市公司董事会治理总体分析结论

中国上市公司董事会治理指数数据显示，中国上市公司董事会治理水平从2003年到2022年总体上持续提升，其间在2021年出现过微小的下降，并在2022年创下了65.02的历史新高，较2021年64.93提升了0.09，较2004年52.60提高了12.42。从增长速度来看，各年增速呈现逐渐放缓的趋势，并在2020年后基本趋于平缓。五个分指数中，董事权利与义务分指数从2003年的34.24提升至2014年的67.17，2015—2022年董事权利与义务分指数波动较小，在2015年降至61.73，此后稳定在附近水平。董事会运作效率分指数在2015年最高，为67.51；在2012年最低，为57.19。2004—2014年间董事会运作效率分指数上下轻微波动，在2015年大幅上升，此后各年基本保持稳定。董事会组织结构分指数在2021年最高，为69.34；在2005年最低，为

46.29。董事会组织结构分指数在 2004—2010 年间呈现出整体快速上升的趋势，从 2004 年的 47.81 提高到 2010 年的 67.94，提高了 20.13，此后各年基本保持稳定。董事薪酬分指数在 2022 年最高，为 63.68；在 2006 年最低，为 44.79。董事薪酬分指数在 2004—2010 年间呈现较强的波动性，2010—2022 年间除在个别年份轻微下降外，整体维持平稳慢速上升趋势。独立董事制度分指数在 2014 年最高，为 63.05；在 2005 年最低，为 56.59。独立董事制度分指数在 2003—2022 年间整体维持平稳慢速上升趋势。

二、中国上市公司董事会治理具体分析结论

（一）董事会治理分控股股东性质比较分析结论

从控股股东性质看，整体上，各控股股东类型上市公司董事会治理指数呈现上升趋势。民营控股上市公司整体表现最好，平均值为 60.84；其他类型上市公司次之，平均值为 60.83；社会团体控股上市公司整体表现最差，平均值为 60.15。综合分析，上市公司董事会治理指数最高为其他类型上市公司在 2020 年的值 65.93，最低为其他类型上市公司在 2005 年的值 44.20，两者相差 21.73，差距较大。从横向对比的角度，国有控股和民营控股上市公司各年度董事会治理指数较为接近，并均呈现逐年上涨的趋势，2009 年后民营控股上市公司董事会治理领先国有控股上市公司。

（二）董事会治理分区域和地区比较分析结论

从区域和地区分析，整体上，各地区上市公司董事会治理指数呈现稳步上升趋势。华东地区上市公司、华北地区上市公司整体表现较好，各年度平均值分别为 60.93、60.92；西北地区上市公司、东北地区上市公司整体表现较差，各年度平均值分别为 60.30、60.40。最高值与最低值相差 0.63。各经济区域上市公司董事会治理指数呈现稳步上升趋势。东部经济区域上市公司整体表现最好，各年度平均值为 61.00。东北经济区域上市公司整体表现最差，各年度平均值为 60.40。最高值与最低值相差 0.60。

（三）董事会治理分行业比较分析结论

从行业角度来看，2004—2008 年，整体上，各行业上市公司董事会治理指数呈现增长趋势。通过纵向比较可知，金融、保险业上市公司董事会治理指数增长幅度最大，其 2004 年董事会治理指数为 49.75，2008 年提升至 65.10，增长 15.35。2009—2015 年，整体上各行业上市公司董事会治理指数均呈现上升趋势。通过纵向比较可知，金融、保险业上市公司董事会治理指数波动情况最为明显。2016—2022 年，除教育与居民服务、修理和其他服务业外，各行业上市公司董事会治理指数均呈现波动上升趋势。教育与居民服务、修理和其他服务业呈现波动下降趋势。

重点来看金融业、高科技行业、房地产业和制造业几个行业。金融业上市公司 2004—2022 年董事会治理指数平均值整体而言保持在 50～70 之间，最低为 2004 年的 49.75，最高为 2020 年的 67.43，平均值变动趋势与中位数大致相同。信息技术业上市公司 2004—2015 年董事会治理指数平均值逐年稳步增长，最低为 2004 年的 52.35，最高为 2015 年的 63.44，平均值变动趋

势与中位数大致相同，标准差基本保持在 2～5，全距保持在 10～25。信息传输、软件和信息技术服务业上市公司 2016—2022 年董事会治理指数平均值整体而言保持在 65 左右，呈波动式小幅增长，最低为 2016 年的 64.39，最高为 2022 年的 65.12，平均值变动趋势与中位数大致相同。房地产业上市公司 2004—2022 年董事会治理指数平均值整体而言保持波动式增长，最低为 2004 年的 49.97，最高为 2022 年的 64.96。制造业上市公司 2004—2022 年董事会治理指数平均值逐年增长，最低为 2004 年的 52.67，最高为 2022 年的 64.99，平均值变动趋势与中位数大致相同，标准差基本保持在 1.5～5 之间，全距保持在 10～30 之间。2004 年全距最大，为 29.99。最小值为 2006 年的 39.71，最大值为 2014 年的 72.16。

（四）董事会治理分市场板块比较分析结论

从板块角度来看：2004—2022 年，主板上市公司董事会治理指数除 2015 年略微下降外，均呈现平稳上升趋势，由 2004 年的 52.60 上升至 2022 年的 65.14，上升 23.84%；中小板上市公司董事会治理指数基本呈现稳定上升趋势，在 2010—2020 年间维持逐年上升趋势，在 2021 年略微下降；创业板上市公司董事会治理指数在 2011—2020 年快速上升，2020—2022 年基本在 65 左右波动；科创板上市公司董事会治理指数在 2020—2022 年逐年上升；北交所因 2021 年 9 月 3 日才注册成立，所以只有 2022 年的数据信息。

从主板、中小板、创业板、科创板和北交所几个主要板块来看，主板上市公司 2004—2022 年董事会治理指数平均值整体维持稳定增长，最低为 2004 年的 52.60，最高为 2022 年的 65.14。平均值变动趋势与中位数大致相同，标准差基本保持在 1～5，全距保持在 10～30。2004 年全距最大，为 32.66。最小值为 2004 年的 38.21，最大值为 2020 年的 74.67。中小板上市公司 2010—2021 年董事会治理指数整体而言保持在 55～70 之间。董事权利与义务分指数、董事会运作效率分指数、董事会组织结构分指数、董事薪酬分指数和独立董事制度分指数的最高值分别为 2011 年的 66.52、2020 年的 67.28、2013 年的 70.04、2021 年的 63.81 和 2014 年的 62.94，最低值分别为 2018 年的 61.30、2011 年的 56.50、2010 年的 67.74、2010 年的 58.03 和 2011 年的 58.35。创业板上市公司 2011—2022 年董事会治理指数平均值整体而言保持稳步上升，最低为 2011 年的 60.90，最高为 2020 和 2022 年的 65.13。平均值变动趋势与中位数大致相同，标准差基本保持在 1.5～2.5 之间。全距在 2011—2022 年间大致维持在 10～20，2015 年全距最大，为 19.24。最小值为 2015 年的 49.73，最大值为 2022 年的 71.92。科创板上市公司 2020—2022 年董事会治理指数平均值逐年上升，最低为 2020 年的 64.07，最高为 2022 年的 65.34。平均值变动趋势与中位数大致相同，标准差保持在 2 左右。全距 2020—2022 年间维持在 15～20 之间，2021 年全距最大，为 18.33。最小值为 2021 年的 50.70，最大值为 2022 年的 70.42。北交所 2022 年董事会治理指数平均值为 57.55。中位数与平均值较为接近，为 53.66。标准差为 6.93，全距为 20.51，最小值为 49.01，最大值为 69.52。

第六章　中国上市公司监事会治理分析

本章主要分析了2003—2022年中国上市公司监事会治理状况。首先，分析了2003—2022年这二十年间监事会治理指数的总体趋势，以及监事会治理运行状况、规模结构和胜任能力分指数的趋势。其次，分别按照控股股东性质、区域和地区、行业和市场板块详细分析了不同情况下监事会治理指数及三个分指数的差异。最后，根据上述分析归纳总结了本章的主要结论。总体来看，中国上市公司监事会治理指数平均值在2003—2020年间呈现出较为稳定的上升趋势。从监事会治理的三个分指数来看，运行状况先下降后上升，上升明显且表现较好；规模结构先波动上升，后波动下降，下降明显且表现较差；胜任能力上升较为平稳且幅度不大。

第一节　中国上市公司监事会治理趋势分析

一、中国上市公司监事会治理指数分析

公司内部监督机制的完善是提高公司治理质量、降低治理风险的关键。监事会作为内部的专职监督机构，其基本职能是以董事会和总经理为主要监督对象，监督公司的经营活动和财务状况（李维安和王世权，2005）。随着2005年修订的《公司法》强化了监事会监督职能（李维安和郝臣，2006），监事会治理逐步提升。从表6-1可以看出，中国上市公司监事会治理指数平均值在2003—2020年间呈现较为稳定的上升趋势，从2003年的48.64上升到2020年的59.65，但在2022年小幅下降到59.49。图6-1展示了中国上市公司监事会治理指数趋势。

表 6-1　中国上市公司监事会治理指数统计分析

年份	平均值	中位数	标准差	全距	最小值	最大值
2003	48.64	47.53	11.25	65.84	11.90	77.74
2004	50.48	50.34	6.08	42.32	35.43	77.75
2005	51.75	51.07	7.63	49.07	31.42	80.49
2006	50.93	50.69	7.24	44.37	27.86	72.23
2007	52.93	53.09	6.42	46.19	25.94	72.14
2008	54.84	55.16	6.54	41.36	31.66	73.03
2009	55.97	55.73	6.54	41.77	34.27	76.03
2010	56.17	55.35	6.60	46.56	30.87	77.43
2011	57.17	56.33	6.50	42.79	35.33	78.12
2012	57.35	56.48	6.59	41.59	35.84	77.43
2013	57.38	56.30	7.16	38.81	38.75	77.56
2014	57.99	56.94	7.04	49.22	29.42	78.64
2015	58.54	57.23	6.80	47.17	30.24	77.41
2016	58.76	57.63	6.76	46.20	31.40	77.60
2017	58.78	57.24	5.86	35.67	42.50	78.17
2018	59.05	57.81	6.15	46.96	29.82	76.78
2019	59.55	57.84	5.80	38.46	40.47	78.92
2020	59.65	57.98	5.77	35.13	42.91	78.04
2021	59.65	58.02	5.86	78.23	0.00	78.23
2022	59.49	58.03	6.02	79.15	0.00	79.15

资料来源：南开大学公司治理数据库。

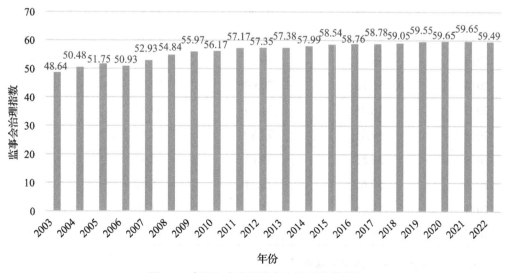

图 6-1　中国上市公司监事会治理指数趋势

资料来源：南开大学公司治理数据库。

二、中国上市公司监事会治理分指数分析

从监事会治理的三个分指数来看,运行状况分指数在2004—2006年呈现下降趋势,但自2007年以后呈现稳定上升趋势(见表6-2)。规模结构分指数呈现波动下降趋势,自2004年的53.06波动上升至2009年的54.32,随后波动下降至2022年的46.61。多数上市公司监事会规模及职工监事设置仅符合《公司法》的强制合规底线要求(李维安等,2019)。胜任能力分指数呈现较为稳定的上升趋势,自2004年的41.32上升至2022年的58.36。图6-2展示了中国上市公司监事会治理分指数趋势。总体来看,监事会治理近年来逐渐稳定,这也表明当前我国上市公司监事会治理出现"天花板效应",需要通过结构性完善进一步推动监事会治理水平的整体提升(李维安等,2019)。

表6-2 中国上市公司监事会治理分指数统计分析

年份	监事会治理	运行状况	规模结构	胜任能力
2003	48.64	—	—	—
2004	50.48	58.16	53.06	41.32
2005	51.75	55.02	52.11	48.60
2006	50.93	50.48	43.05	59.21
2007	52.93	59.50	51.52	48.71
2008	54.84	62.44	51.85	51.33
2009	55.97	64.65	54.32	50.19
2010	56.17	64.74	52.56	52.44
2011	57.17	65.92	50.94	55.90
2012	57.35	67.80	49.86	55.88
2013	57.38	67.90	49.85	55.88
2014	57.99	68.45	50.52	56.48
2015	58.54	70.51	49.93	56.90
2016	58.76	70.99	50.32	56.70
2017	58.78	71.79	49.59	56.82
2018	59.05	73.80	48.85	56.62
2019	59.55	75.83	48.44	56.72
2020	59.65	75.71	48.66	56.89
2021	59.65	75.88	47.18	58.21
2022	59.49	75.85	46.61	58.36

资料来源:南开大学公司治理数据库。

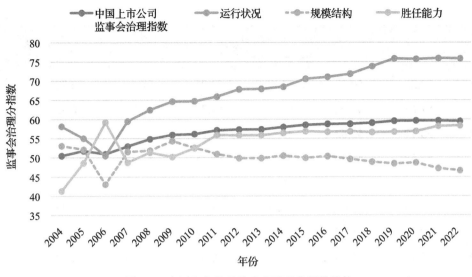

图 6-2　中国上市公司监事会治理分指数趋势

资料来源：南开大学公司治理数据库。

第二节　中国上市公司监事会治理分控股股东性质分析

一、中国上市公司监事会治理指数分控股股东性质比较分析

我国监事会设置受控股股东性质影响较为明显，国资委"外派监事"是国有控股上市公司中独特的制度设置（李维安，2010）。表 6-3 列出了 2004—2022 年间不同类型控股股东性质上市公司的监事会治理指数。由于集体控股、职工持股会控股、其他类型控股和社会团体控股上市公司的样本数量相对较少，因此本部分重点对国有控股、民营控股和外资控股上市公司的监事会治理情况进行分析。2004—2021 年间，国有控股上市公司监事会治理指数呈现上升趋势，其在 2022 年有所下降。民营控股上市公司监事会治理指数在 2004—2021 年间呈现上升趋势，在 2022 年同样有所下降。外资控股上市公司监事会治理指数在 2004—2022 年间波动较大，在 2016 年达到近 20 年的峰值 58.25。国有控股上市公司监事会治理指数一直高于民营控股上市公司监事会治理指数，可见，政府适当和积极的参与对监事会的治理起到了积极的作用（李维安和郝臣，2006）。图 6-3 展示了国有控股和民营控股上市公司监事会治理指数趋势。

表 6-3　中国上市公司监事会治理指数分控股股东比较分析

年份	国有控股	民营控股	集体控股	社会团体控股	外资控股	职工持股会控股	其他类型
2003	—	—	—	—	—	—	—
2004	51.03	48.88	48.67	48.27	50.39	48.91	49.59

(续)

年份	国有控股	民营控股	集体控股	社会团体控股	外资控股	职工持股会控股	其他类型
2005	52.22	50.37	51.58	52.85	52.60	50.82	39.95
2006	51.62	49.06	50.90	53.70	48.78	48.33	—
2007	53.19	52.62	46.56	54.19	55.60	49.90	49.58
2008	55.58	53.32	50.88	55.18	57.48	52.56	52.05
2009	56.15	55.62	56.19	56.91	56.29	56.08	51.04
2010	57.60	53.91	54.56	53.35	55.08	53.43	—
2011	59.00	55.56	56.30	59.28	55.88	55.84	—
2012	59.75	55.45	55.83	56.94	57.19	54.12	53.56
2013	59.47	55.82	55.72	56.94	57.57	57.09	55.02
2014	59.95	56.57	56.13	54.45	58.08	54.30	58.78
2015	61.44	56.59	58.67	58.94	56.39	57.71	55.56
2016	61.17	57.32	58.33	56.45	58.25	55.56	58.61
2017	62.16	56.91	59.58	59.37	56.72	61.17	60.89
2018	62.51	57.41	59.46	58.41	57.66	59.09	60.97
2019	63.42	57.74	58.73	58.52	57.23	59.52	62.08
2020	63.20	57.88	58.67	59.87	57.23	61.38	61.68
2021	63.37	57.90	60.05	57.97	57.37	62.07	61.40
2022	63.22	57.86	59.41	57.71	58.02	62.18	59.69

资料来源：南开大学公司治理数据库。

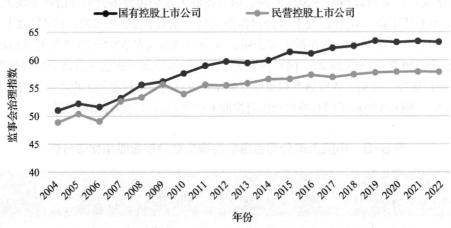

图 6-3 国有控股和民营控股上市公司监事会治理指数趋势

资料来源：南开大学公司治理数据库。

二、中国上市公司监事会治理分指数分控股股东性质比较分析

表 6-4 列出了 2004—2022 年间不同类型控股股东性质上市公司的运行状况分指数。国有控股上市公司运行状况分指数在 2004—2006 年急剧下降，在 2007—2022 年波动上升至 75.25。民营控股上市公司运行状况分指数在 2004—2006 年大幅下降，在 2007—2019 年稳定上升，在 2019 年以后呈现稳定状态小幅波动。2004—2022 年间，外资控股上市公司运行状况呈现波动上升趋势。图 6-4 展示了国有控股和民营控股上市公司监事会治理运行状况分指数趋势。

表 6-4 中国上市公司监事会治理运行状况分指数分控股股东比较分析

年份	国有控股	民营控股	集体控股	社会团体控股	外资控股	职工持股会控股	其他类型
2004	58.29	57.58	58.40	54.00	55.71	60.56	60.67
2005	54.87	55.36	55.68	55.43	55.93	58.00	43.00
2006	51.21	48.45	50.77	50.00	48.33	49.17	—
2007	59.47	60.18	46.00	60.00	62.86	54.29	53.33
2008	62.23	63.13	58.00	60.00	66.15	63.08	60.00
2009	64.69	64.57	55.00	73.33	66.67	65.00	56.67
2010	64.71	65.04	60.00	60.00	61.25	64.00	—
2011	64.87	66.92	66.25	73.33	63.85	63.33	—
2012	66.40	69.07	64.80	80.00	66.67	62.86	63.33
2013	65.21	70.10	61.60	80.00	66.40	70.00	62.86
2014	64.77	71.26	61.90	64.00	71.29	61.25	76.25
2015	69.05	71.58	73.27	73.50	66.48	72.96	69.42
2016	67.91	72.90	71.76	69.23	72.42	60.00	70.00
2017	70.43	72.59	73.33	72.31	70.44	72.50	70.00
2018	72.15	74.68	75.63	68.82	72.73	72.50	72.79
2019	74.87	76.34	75.00	73.85	75.62	75.00	75.50
2020	75.14	76.03	74.00	75.63	75.24	76.67	76.00
2021	75.18	76.25	75.00	72.67	75.51	76.67	76.19
2022	75.25	76.09	73.33	72.14	75.82	76.67	76.44

资料来源：南开大学公司治理数据库。

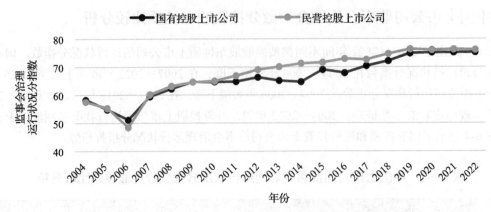

图6-4 国有控股和民营控股上市公司监事会治理运行状况分指数趋势

资料来源：南开大学公司治理数据库。

表6-5列出了2004—2022年间不同类型控股股东性质上市公司的规模结构分指数。国有控股上市公司规模结构分指数在2004—2006年急剧下降，在2007—2017年呈现波动上升趋势，在2020年后逐年下降。在2004—2022年间，民营控股上市公司规模结构分指数呈现波动下降趋势。在2004—2022年间，外资控股上市公司规模结构分指数呈现波动下降趋势。图6-5展示了国有控股和民营控股上市公司监事会治理规模结构分指数趋势。

表6-5 中国上市公司监事会治理规模结构分指数分控股股东比较分析

年份	国有控股	民营控股	集体控股	社会团体控股	外资控股	职工持股会控股	其他类型
2004	54.16	49.89	51.40	51.00	56.43	45.00	47.67
2005	53.22	49.20	52.36	51.43	53.55	43.45	33.00
2006	44.17	39.94	44.62	50.00	41.67	36.67	—
2007	52.33	49.97	45.00	55.00	54.29	47.14	46.67
2008	53.56	48.20	45.75	57.25	56.08	44.46	47.60
2009	54.89	53.26	62.50	46.67	52.08	51.25	47.50
2010	55.69	47.43	52.50	46.67	53.44	47.00	—
2011	55.33	47.07	48.28	50.00	49.81	45.83	—
2012	55.47	45.36	48.80	40.00	50.63	44.29	41.67
2013	55.49	45.57	50.00	40.00	52.00	45.71	45.71
2014	56.49	46.14	51.43	40.00	50.48	43.75	45.00
2015	56.26	45.66	50.00	43.33	48.11	43.33	41.67
2016	56.41	46.71	48.82	43.85	48.18	45.00	50.00

(续)

年份	国有控股	民营控股	集体控股	社会团体控股	外资控股	职工持股会控股	其他类型
2017	57.00	45.50	50.56	47.69	45.56	50.00	54.00
2018	56.28	45.24	49.38	50.00	47.27	47.50	53.02
2019	56.63	44.64	46.88	41.54	43.55	45.00	53.13
2020	55.69	45.22	46.50	44.38	43.82	46.67	52.18
2021	54.71	43.72	48.75	41.00	42.37	46.67	50.00
2022	54.24	43.42	47.92	41.07	42.91	46.67	46.21

资料来源：南开大学公司治理数据库。

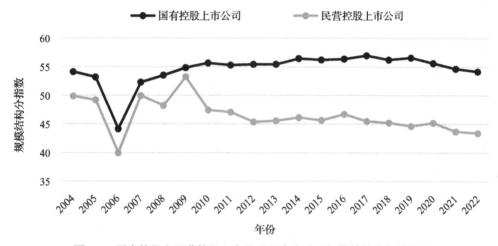

图6-5　国有控股和民营控股上市公司监事会治理规模结构分指数趋势

资料来源：南开大学公司治理数据库。

表6-6列出了2004—2022年间不同类型控股股东性质上市公司的胜任能力分指数。国有控股上市公司胜任能力分指数在2004—2010年之间呈波动上升趋势，在2011—2022年上升趋势较为稳定。在2004—2022年之间，民营控股上市公司胜任能力分指数呈现波动上升趋势。在2004—2022年间，外资控股上市公司胜任能力分指数呈现上升趋势。图6-6展示了国有控股和民营控股上市公司监事会治理胜任能力分指数趋势。

表6-6　中国上市公司监事会治理胜任能力分指数分控股股东比较分析

年份	国有控股	民营控股	集体控股	社会团体控股	外资控股	职工持股会控股	其他类型
2004	41.67	40.40	37.60	40.62	39.79	42.84	42.01
2005	48.96	47.27	47.27	52.07	48.81	52.04	44.30

（续）

年份	国有控股	民营控股	集体控股	社会团体控股	外资控股	职工持股会控股	其他类型
2006	59.43	58.71	57.29	60.57	56.27	59.27	—
2007	48.67	48.78	48.59	48.41	50.69	48.91	49.29
2008	51.90	50.05	49.92	48.97	51.45	51.63	49.68
2009	50.07	50.30	50.91	53.09	51.60	53.25	49.77
2010	53.42	50.85	51.95	54.33	51.43	50.81	—
2011	57.63	54.31	55.80	56.52	55.12	59.42	—
2012	58.35	53.88	55.18	54.10	55.63	56.46	57.07
2013	58.53	53.85	56.39	54.10	55.58	57.40	57.60
2014	59.27	54.41	55.88	60.72	54.35	58.91	57.59
2015	60.10	54.67	54.83	62.07	56.01	59.02	57.58
2016	60.15	54.57	56.33	58.10	56.17	62.31	57.45
2017	60.22	54.87	56.82	59.95	56.13	62.64	59.96
2018	60.47	54.77	55.69	57.90	55.13	59.19	58.79
2019	60.39	54.90	56.65	62.35	55.14	60.78	59.53
2020	60.48	54.97	57.69	61.87	55.19	63.00	58.89
2021	61.90	56.35	58.54	62.35	56.82	64.97	60.13
2022	61.89	56.69	58.97	61.96	57.86	65.29	58.81

资料来源：南开大学公司治理数据库。

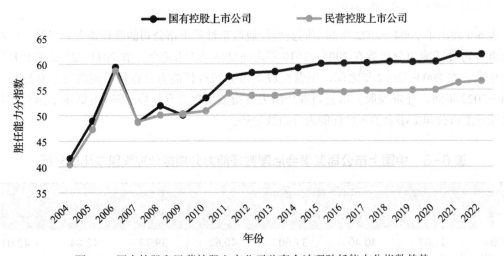

图 6-6　国有控股和民营控股上市公司监事会治理胜任能力分指数趋势

资料来源：南开大学公司治理数据库。

三、各控股股东性质中国上市公司监事会治理指数具体分析

表 6-7 列出了 2004—2022 年国有控股上市公司的监事会治理指数。国有控股上市公司的监事会治理指数平均值从 2004 年的 51.03 上升到 2022 年的 63.22，上升了 12.19，说明监事会治理指数有较为明显的提升。从标准差来看，2004—2022 年国有控股上市公司监事会治理指数的标准差变化不大，表明不同公司在监事会治理方面的变化方向趋同。

表 6-7　国有控股上市公司监事会治理指数统计分析

年份	平均值	中位数	标准差	全距	最小值	最大值
2004	51.03	50.83	6.23	42.32	35.43	77.75
2005	52.22	51.49	7.88	49.07	31.42	80.49
2006	51.62	51.32	7.09	44.23	28.00	72.23
2007	53.19	53.37	6.43	40.01	29.75	69.76
2008	55.58	55.87	6.55	41.36	31.66	73.03
2009	56.15	55.85	6.58	41.77	34.27	76.03
2010	57.60	57.74	6.68	36.84	40.59	77.43
2011	59.00	59.58	6.59	41.29	36.83	78.12
2012	59.75	59.97	6.77	38.08	39.35	77.43
2013	59.47	58.53	7.93	38.81	38.75	77.56
2014	59.95	59.38	8.04	43.90	32.13	76.03
2015	61.44	61.74	7.17	42.97	34.44	77.41
2016	61.17	61.52	7.39	42.18	35.42	77.60
2017	62.16	62.68	6.20	33.81	44.36	78.17
2018	62.51	63.08	6.73	39.92	36.72	76.64
2019	63.42	64.59	6.26	38.46	40.47	78.92
2020	63.20	62.78	6.25	35.09	42.91	78.00
2021	63.37	62.34	6.54	78.23	0.00	78.23
2022	63.22	61.26	6.80	77.80	0.00	77.80

资料来源：南开大学公司治理数据库。

表 6-8 列出了 2004—2022 年国有控股上市公司监事会治理分指数。国有控股上市公司的运行状况分指数上升幅度较大，从 2004 年的 58.29 上升为 2022 年的 75.25。规模结构分指数变化不明显，从 2004 年的 54.16 波动上升至 2017 年的 57.00，随后下降至 2022 年的 54.24。胜任能力分指数上升幅度较大，从 2004 年的 41.67 上升至 2022 年的 61.89。

表 6-8　国有控股上市公司监事会治理分指数统计分析

年份	监事会治理	运行状况	规模结构	胜任能力
2004	51.03	58.29	54.16	41.67
2005	52.22	54.87	53.22	48.96
2006	51.62	51.21	44.17	59.43
2007	53.19	59.47	52.33	48.67
2008	55.58	62.23	53.56	51.90
2009	56.15	64.69	54.89	50.07
2010	57.60	64.71	55.69	53.42
2011	59.00	64.87	55.33	57.63
2012	59.75	66.40	55.47	58.35
2013	59.47	65.21	55.49	58.53
2014	59.95	64.77	56.49	59.27
2015	61.44	69.05	56.26	60.10
2016	61.17	67.91	56.41	60.15
2017	62.16	70.43	57.00	60.22
2018	62.51	72.15	56.28	60.47
2019	63.42	74.87	56.63	60.39
2020	63.20	75.14	55.69	60.48
2021	63.37	75.18	54.71	61.90
2022	63.22	75.25	54.24	61.89

资料来源：南开大学公司治理数据库。

表 6-9 列出了 2004—2022 年民营控股上市公司的监事会治理指数。民营控股上市公司的监事会治理指数平均值从 2004 年的 48.88 上升到 2022 年的 57.86，上升了 8.98，说明监事会治理指数有较为明显的提升。从标准差来看，2004—2022 年民营控股上市公司监事会治理指数的标准差变化不大，表明不同公司在监事会治理方面的变化方向趋同。

表 6-9　民营控股上市公司监事会治理指数统计分析

年份	平均值	中位数	标准差	全距	最小值	最大值
2004	48.88	49.05	5.39	31.67	35.94	67.61
2005	50.37	50.06	6.90	37.93	33.20	71.13

(续)

年份	平均值	中位数	标准差	全距	最小值	最大值
2006	49.06	49.66	7.39	40.73	27.86	68.59
2007	52.62	52.73	6.29	41.49	25.94	67.43
2008	53.32	53.03	6.06	34.77	33.06	67.82
2009	55.62	55.20	6.42	35.85	35.85	71.70
2010	53.91	52.19	5.77	39.26	30.87	70.13
2011	55.56	54.80	5.99	37.48	35.33	72.81
2012	55.45	55.12	5.78	39.80	35.84	75.64
2013	55.82	55.44	6.05	36.78	38.89	75.67
2014	56.57	56.06	5.74	44.66	29.42	74.07
2015	56.59	55.97	5.79	44.27	30.24	74.51
2016	57.32	56.73	5.92	44.00	31.40	75.39
2017	56.91	55.95	4.72	30.63	42.50	73.13
2018	57.41	56.80	5.08	45.27	29.82	75.09
2019	57.74	56.82	4.54	31.20	42.39	73.59
2020	57.88	56.97	4.54	31.59	46.45	78.04
2021	57.90	57.15	4.42	74.82	0.00	74.82
2022	57.86	57.25	4.66	74.36	0.00	74.36

资料来源：南开大学公司治理数据库。

表 6-10 列出了 2004—2022 年民营控股上市公司监事会治理分指数。民营控股上市公司的运行状况分指数上升幅度较大，从 2004 年的 57.58 上升为 2022 年的 76.09。规模结构分指数变化不明显，从 2004 年的 49.89 波动下降至 2022 年的 43.42。胜任能力分指数上升幅度较大，从 2004 年的 40.40 上升至 2022 年的 56.69。

表 6-10 民营控股上市公司监事会治理分指数统计分析

年份	监事会治理	运行状况	规模结构	胜任能力
2004	48.88	57.58	49.89	40.40
2005	50.37	55.36	49.20	47.27
2006	49.06	48.45	39.94	58.71
2007	52.62	60.18	49.97	48.78
2008	53.32	63.13	48.20	50.05

(续)

年份	监事会治理	运行状况	规模结构	胜任能力
2009	55.62	64.57	53.26	50.30
2010	53.91	65.04	47.43	50.85
2011	55.56	66.92	47.07	54.31
2012	55.45	69.07	45.36	53.88
2013	55.82	70.10	45.57	53.85
2014	56.57	71.26	46.14	54.41
2015	56.59	71.58	45.66	54.67
2016	57.32	72.90	46.71	54.57
2017	56.91	72.59	45.50	54.87
2018	57.41	74.68	45.24	54.77
2019	57.74	76.34	44.64	54.90
2020	57.88	76.03	45.22	54.97
2021	57.90	76.25	43.72	56.35
2022	57.86	76.09	43.42	56.69

资料来源：南开大学公司治理数据库。

表6-11列出了2004—2022年集体控股上市公司的监事会治理指数。集体控股上市公司的监事会治理指数平均值从2004年的48.67上升到2022年的59.41，上升了10.74，说明监事会治理指数有较为明显的提升。从标准差来看，2004—2022年集体控股上市公司监事会治理指数的标准差变化不大，表明不同公司在监事会治理方面的变化方向趋同。

表6-11 集体控股上市公司监事会治理指数统计分析

年份	平均值	中位数	标准差	全距	最小值	最大值
2004	48.67	49.54	5.67	23.82	35.64	59.46
2005	51.58	50.23	5.88	22.14	42.62	64.76
2006	50.90	52.93	7.32	23.30	36.87	60.17
2007	46.56	48.95	7.64	23.20	30.99	54.19
2008	50.88	51.27	7.85	27.87	36.82	64.69
2009	56.19	55.62	4.41	9.13	52.20	61.33
2010	54.56	54.46	6.58	20.51	42.77	63.27
2011	56.30	55.36	5.27	19.77	49.33	69.10

(续)

年份	平均值	中位数	标准差	全距	最小值	最大值
2012	55.83	54.94	6.57	29.62	36.84	66.45
2013	55.72	55.27	8.31	31.47	39.77	71.23
2014	56.13	55.51	9.47	33.91	41.52	75.43
2015	58.67	57.54	4.64	16.19	51.59	67.78
2016	58.33	57.84	6.56	26.26	43.09	69.35
2017	59.58	58.62	5.86	21.41	49.51	70.92
2018	59.46	58.76	4.02	13.78	52.13	65.91
2019	58.73	57.66	4.40	15.36	52.13	67.48
2020	58.67	57.90	5.03	17.34	52.44	69.78
2021	60.05	59.08	5.01	16.58	53.87	70.44
2022	59.41	58.98	6.01	25.91	43.69	69.59

资料来源：南开大学公司治理数据库。

表 6-12 列出了 2004—2022 年社会团体控股上市公司的监事会治理指数。社会团体控股上市公司的监事会治理指数平均值从 2004 年的 48.27 上升到 2017 年的 59.37，又下降到 2022 年的 57.71，说明监事会治理指数有较为明显的提升。从标准差来看，2004—2022 年社会团体控股上市公司监事会治理指数的标准差下降幅度较大，表明不同公司在监事会治理方面的差距逐渐缩小。

表 6-12 社会团体控股上市公司监事会治理指数统计分析

年份	平均值	中位数	标准差	全距	最小值	最大值
2004	48.27	47.58	7.89	21.86	38.64	60.50
2005	52.85	53.28	4.26	14.07	43.93	58.00
2006	53.70	54.14	9.44	19.19	43.66	62.85
2007	54.19	53.03	4.62	10.68	50.02	60.70
2008	55.18	55.77	2.51	5.78	51.69	57.47
2009	56.91	57.01	4.36	8.72	52.51	61.23
2010	53.35	51.49	3.58	6.40	51.08	57.48
2011	59.28	59.56	6.95	13.89	52.20	66.09
2012	56.94	56.94	0.00	0.00	56.94	56.94
2013	56.94	56.94	0.00	0.00	56.94	56.94

(续)

年份	平均值	中位数	标准差	全距	最小值	最大值
2014	54.45	56.14	6.49	16.96	43.27	60.23
2015	58.94	59.45	3.43	10.23	53.45	63.68
2016	56.45	57.39	4.83	19.12	43.79	62.91
2017	59.37	57.29	5.43	18.28	51.37	69.65
2018	58.41	57.32	6.79	29.33	41.65	70.98
2019	58.52	57.12	4.02	14.27	52.78	67.05
2020	59.87	59.28	4.51	15.71	55.20	70.90
2021	57.97	57.37	1.97	6.85	54.39	61.24
2022	57.71	57.02	1.91	6.47	54.81	61.28

资料来源：南开大学公司治理数据库。

表 6-13 列出了 2004—2022 年外资控股上市公司的监事会治理指数。外资控股上市公司的监事会治理指数平均值从 2004 年的 50.39 上升到 2022 年的 58.02，说明监事会治理指数有较大的提升。从标准差来看，2004—2022 年外资控股上市公司监事会治理指数的标准差有一定幅度的波动，整体变化不大。

表 6-13　外资控股上市公司监事会治理指数统计分析

年份	平均值	中位数	标准差	全距	最小值	最大值
2004	50.39	50.59	4.01	11.04	45.40	56.44
2005	52.60	52.19	10.01	36.49	32.69	69.18
2006	48.78	47.83	6.64	17.34	40.35	57.69
2007	55.60	56.70	9.27	29.97	42.17	72.14
2008	57.48	56.14	8.01	23.85	48.54	72.39
2009	56.29	54.26	7.08	21.34	47.44	68.78
2010	55.08	51.86	7.70	27.13	45.08	72.21
2011	55.88	52.30	7.69	33.61	43.85	77.46
2012	57.19	55.90	6.55	28.48	48.41	76.90
2013	57.57	56.03	7.57	32.71	41.83	74.54
2014	58.08	57.25	7.23	36.60	42.04	78.64
2015	56.39	55.37	7.78	34.81	38.74	73.56
2016	58.25	57.53	6.63	33.35	40.43	73.78

(续)

年份	平均值	中位数	标准差	全距	最小值	最大值
2017	56.72	54.56	5.97	24.25	49.79	74.04
2018	57.66	56.59	6.43	37.30	39.48	76.78
2019	57.23	56.34	4.99	33.29	44.78	78.06
2020	57.23	56.45	4.41	24.66	49.05	73.70
2021	57.37	56.67	3.89	25.43	45.75	71.18
2022	58.02	57.74	4.38	32.53	41.23	73.77

资料来源：南开大学公司治理数据库。

表 6-14 列出了 2004—2022 年职工持股会控股上市公司的监事会治理指数。职工持股会控股上市公司的监事会治理指数平均值从 2004 年的 48.91 上升到 2022 年的 62.18，上升了 13.27，说明监事会治理指数有较为明显的提升。从标准差来看，2004—2022 年职工持股会控股上市公司监事会治理指数的标准差有所下降，表明不同公司在监事会治理方面的差距逐渐缩小。

表 6-14　职工持股会控股上市公司监事会治理指数统计分析

年份	平均值	中位数	标准差	全距	最小值	最大值
2004	48.91	50.58	4.96	15.46	38.82	54.28
2005	50.82	48.83	6.07	20.34	42.62	62.96
2006	48.33	46.53	5.61	17.88	38.62	56.50
2007	49.90	49.66	4.58	16.47	40.00	56.47
2008	52.56	52.66	5.75	22.15	38.11	60.26
2009	56.08	56.80	4.40	10.59	50.06	60.65
2010	53.43	50.64	5.52	15.59	48.45	64.04
2011	55.84	55.43	4.68	14.04	49.29	63.33
2012	54.12	51.95	4.33	10.52	50.02	60.54
2013	57.09	54.49	4.56	11.53	53.09	64.63
2014	54.30	54.86	7.64	20.98	43.65	64.63
2015	57.71	58.59	2.46	6.84	54.42	61.27
2016	55.56	57.66	9.45	22.21	42.35	64.56
2017	61.17	60.36	4.94	11.30	56.33	67.64
2018	59.09	56.77	6.86	14.62	54.11	68.73
2019	59.52	59.75	2.73	6.45	56.07	62.52

(续)

年份	平均值	中位数	标准差	全距	最小值	最大值
2020	61.38	60.58	4.62	9.12	57.23	66.35
2021	62.07	61.80	1.14	2.22	61.10	63.32
2022	62.18	60.85	2.52	4.48	60.61	65.09

资料来源：南开大学公司治理数据库。

表 6-15 列出了 2004—2022 年其他类型控股上市公司的监事会治理指数。其他类型控股上市公司的监事会治理指数平均值从 2004 年的 49.59 上升到 2019 年的 62.08，在 2022 年下降到 59.69，说明监事会治理指数整体有较为明显的提升。从标准差来看，2004—2022 年其他类型控股上市公司监事会治理指数的标准差有所上升，表明不同公司在监事会治理方面的差距逐渐增大。

表 6-15 其他类型控股上市公司监事会治理指数统计分析

年份	平均值	中位数	标准差	全距	最小值	最大值
2004	49.59	48.26	4.93	17.05	42.88	59.93
2005	39.95	39.95	1.56	2.21	38.85	41.06
2007	49.58	51.28	5.71	11.03	43.22	54.25
2008	52.05	50.14	7.26	18.34	46.19	64.53
2009	51.04	49.88	9.20	20.84	41.40	62.24
2012	53.56	53.25	3.69	11.25	48.70	59.95
2013	55.02	58.20	6.36	16.68	43.20	59.88
2014	58.78	59.73	2.62	6.57	55.20	61.77
2015	55.56	55.83	4.87	18.20	43.68	61.88
2016	58.61	56.77	5.20	20.07	52.85	72.92
2017	60.89	60.17	5.24	20.22	52.53	72.75
2018	60.97	60.44	5.87	26.57	49.42	76.00
2019	62.08	61.27	5.50	22.54	53.59	76.13
2020	61.68	59.31	6.50	29.21	47.57	76.78
2021	61.40	59.70	7.59	77.04	0.00	77.04
2022	59.69	58.51	7.37	79.15	0.00	79.15

资料来源：南开大学公司治理数据库。

第三节　中国上市公司监事会治理分区域和地区分析

一、中国上市公司监事会治理指数分地区比较分析

表6-16列出了中国上市公司监事会治理指数分地区比较的结果。出于可比性考虑，我们选取2004—2022年的数据进行对比分析。总体来看，各地区上市公司监事会治理指数均呈现上升趋势。2004—2022年间，不同地区上市公司的监事会治理指数呈现波动上升趋势，西北地区上市公司监事会治理指数高于其他几个地区，华北地区公司次之，华东地区上市公司的监事会治理指数相对处于较低水平。

表6-16　中国上市公司监事会治理指数分地区比较分析

年份	东北地区	华北地区	华中地区	华东地区	华南地区	西北地区	西南地区
2003	43.61	44.73	48.40	45.06	47.85	48.70	44.45
2004	49.72	51.69	50.21	50.51	49.79	51.05	50.20
2005	49.65	52.48	51.98	51.91	52.00	51.29	51.87
2006	49.75	51.13	52.10	50.65	50.24	52.02	51.72
2007	51.29	52.99	53.77	53.49	52.01	52.11	53.43
2008	53.30	55.60	55.33	54.54	54.89	55.56	55.17
2009	54.89	57.02	56.07	55.61	55.99	56.52	56.12
2010	55.37	56.68	57.55	55.65	55.11	58.28	57.17
2011	56.82	58.35	58.65	56.42	56.42	58.80	57.79
2012	56.41	58.76	58.20	56.63	56.84	58.79	58.45
2013	55.42	58.36	58.46	56.54	57.06	59.61	59.46
2014	56.36	59.33	59.18	57.03	58.18	59.31	59.01
2015	57.94	59.66	59.06	57.97	57.61	60.59	60.16
2016	58.63	59.29	58.92	58.26	58.37	60.44	60.23
2017	58.69	59.68	59.63	58.15	58.32	60.38	59.83
2018	59.89	60.01	60.11	58.27	58.55	61.10	60.43
2019	59.55	60.92	60.48	58.85	58.84	61.15	61.16
2020	59.63	61.04	60.65	58.93	59.00	62.05	60.64
2021	60.10	61.10	60.78	59.01	58.93	61.53	60.95
2022	60.10	60.71	60.41	58.88	59.06	62.06	60.60

资料来源：南开大学公司治理数据库。

二、中国上市公司监事会治理分指数分地区比较分析

表 6-17 列出了中国上市公司监事会治理运行状况分指数分地区比较的结果。从总体趋势来看，所有地区上市公司运行状况分指数在 2004—2006 年间都有所下降，在 2006—2022 年呈现波动上升趋势。从不同地区的比较来看，华南地区上市公司的运行状况分指数高于其他地区，其他地区之间相差不大。

表 6-17 中国上市公司监事会治理运行状况分指数分地区比较分析

年份	东北地区	华北地区	华中地区	华东地区	华南地区	西北地区	西南地区
2003	—	—	—	—	—	—	—
2004	56.80	58.62	57.17	58.23	59.03	57.26	58.82
2005	53.14	54.59	54.19	55.49	56.15	54.65	55.23
2006	49.54	51.04	51.31	50.21	48.79	51.57	52.13
2007	57.06	59.40	59.30	60.69	58.51	57.11	60.82
2008	60.43	63.43	61.58	61.69	64.13	62.89	63.93
2009	64.95	65.00	64.44	64.15	65.64	63.64	65.20
2010	64.38	63.60	64.96	64.46	65.02	65.00	67.01
2011	64.42	65.93	65.60	65.81	67.45	64.63	65.61
2012	66.46	68.88	66.10	67.64	69.27	66.94	67.03
2013	61.31	67.49	66.74	67.71	70.35	69.04	69.68
2014	63.26	68.84	68.19	67.93	71.95	67.28	67.46
2015	67.98	70.55	69.86	70.89	70.21	70.96	71.30
2016	70.00	69.64	68.51	71.64	72.01	70.67	71.55
2017	71.21	71.75	71.90	71.39	72.71	71.70	72.34
2018	74.31	73.40	74.22	73.49	74.80	73.59	73.29
2019	74.93	75.92	75.26	75.57	76.77	75.56	76.21
2020	75.39	75.71	75.50	75.40	76.31	75.93	76.39
2021	75.61	76.05	75.97	75.62	76.80	76.01	75.64
2022	75.72	75.56	75.68	75.73	77.11	75.97	75.29

资料来源：南开大学公司治理数据库。

表 6-18 列出了中国上市公司监事会治理规模结构分指数分地区比较的结果。从总体趋势来看，2004—2022 年间所有地区上市公司规模结构分指数呈现波动下降趋势。从不同地区的比较来看，西北地区上市公司的规模结构分指数高于其他地区，华南地区上市公司的规模结构分指数相对处于较低水平。

表 6-18 中国上市公司监事会治理规模结构分指数分地区比较分析

年份	东北地区	华北地区	华中地区	华东地区	华南地区	西北地区	西南地区
2003	—	—	—	—	—	—	—
2004	51.55	54.88	53.89	53.19	50.06	56.52	52.39
2005	48.83	52.90	54.15	51.97	50.51	53.85	53.40
2006	40.64	42.66	45.00	43.28	41.03	46.69	43.10
2007	48.33	52.16	53.74	52.07	49.66	51.84	51.89
2008	49.71	52.28	54.61	51.38	50.43	54.18	52.32
2009	51.04	55.79	56.07	53.47	53.67	57.73	54.72
2010	50.43	53.60	56.21	51.50	50.48	57.85	53.33
2011	50.40	52.55	55.06	49.84	47.83	56.11	52.16
2012	48.19	50.87	53.24	48.88	47.35	54.55	52.83
2013	49.31	50.96	53.73	48.74	47.10	54.32	52.84
2014	49.78	52.13	53.39	49.28	48.38	54.44	53.59
2015	49.96	51.05	51.53	49.08	47.70	54.53	52.62
2016	50.57	51.39	52.39	49.28	48.49	54.85	52.82
2017	49.56	50.74	51.73	48.81	47.67	54.01	51.10
2018	49.74	49.94	51.09	47.87	46.92	54.01	51.52
2019	48.97	50.13	51.12	47.58	45.95	51.97	51.53
2020	49.09	50.77	50.95	47.60	46.66	54.34	50.04
2021	48.50	49.17	49.48	46.26	44.79	52.17	49.82
2022	48.01	48.66	48.97	45.49	44.75	52.29	49.39

资料来源：南开大学公司治理数据库。

表 6-19 列出了中国上市公司监事会治理胜任能力分指数分地区比较的结果。从变动趋势来看，2004—2011 年间不同地区上市公司胜任能力分指数呈现交替式波动态势。自 2011 年以来，华北地区上市公司胜任能力分指数总体高于其他地区，华东地区上市公司的胜任能力分指数处于较低水平，表现不如其他几个地区。

表 6-19 中国上市公司监事会治理胜任能力分指数分地区比较分析

年份	东北地区	华北地区	华中地区	华东地区	华南地区	西北地区	西南地区
2003	—	—	—	—	—	—	—
2004	41.82	42.56	40.55	41.21	41.61	40.27	40.61
2005	47.47	50.26	47.91	48.79	49.95	45.84	47.45

(续)

年份	东北地区	华北地区	华中地区	华东地区	华南地区	西北地区	西南地区
2006	59.05	59.69	59.87	58.40	60.69	57.73	59.99
2007	49.31	48.33	49.06	48.73	48.79	48.08	48.65
2008	50.78	52.21	50.70	51.56	51.43	50.64	50.50
2009	50.11	51.41	48.90	50.43	50.05	49.23	49.73
2010	52.60	53.83	52.53	52.25	51.24	52.95	52.57
2011	56.71	57.66	56.29	54.96	55.55	56.48	56.70
2012	56.02	58.00	56.41	54.93	55.67	56.06	56.71
2013	56.49	57.94	56.08	54.76	55.63	56.83	57.32
2014	57.04	58.39	57.25	55.45	56.19	57.35	57.18
2015	57.31	58.92	57.33	55.78	56.74	57.76	58.16
2016	56.93	58.32	57.22	55.76	56.56	57.26	57.93
2017	57.07	58.29	56.99	56.14	56.63	57.04	57.82
2018	57.68	58.59	57.05	55.63	56.24	57.49	58.31
2019	56.93	58.85	57.17	55.79	56.36	57.97	57.90
2020	56.65	58.73	57.62	56.14	56.50	57.86	57.73
2021	58.40	60.20	59.06	57.52	57.75	58.49	59.49
2022	58.80	60.05	58.77	57.84	57.89	59.89	59.22

资料来源：南开大学公司治理数据库。

三、各区域和地区中国上市公司监事会治理指数具体分析

表 6-20 列出了东北地区上市公司监事会治理指数。从总体来看，东北地区上市公司的监事会治理指数呈现较为稳定的上升趋势。从不同省份上市公司的比较来看，辽宁上市公司的监事会治理指数总体上高于黑龙江、吉林、东北地区和全国平均水平，而黑龙江上市公司的监事会治理指数总体上低于全国平均水平。

表 6-20　东北地区上市公司监事会治理指数分析

年份	全国	东北地区	黑龙江	吉林	辽宁
2003	48.64	43.61	48.24	43.68	38.91
2004	50.48	49.72	49.38	48.66	50.62
2005	51.75	49.65	48.63	49.06	50.69
2006	50.93	49.75	48.65	50.14	50.19

(续)

年份	全国	东北地区	黑龙江	吉林	辽宁
2007	52.93	51.29	51.57	50.16	51.88
2008	54.84	53.30	51.57	51.86	55.25
2009	55.97	54.89	52.32	54.40	56.60
2010	56.17	55.37	53.89	55.96	55.71
2011	57.17	56.82	55.71	56.18	57.74
2012	57.35	56.41	55.52	56.25	56.96
2013	57.38	55.42	53.90	56.50	55.51
2014	57.99	56.36	55.53	55.96	56.98
2015	58.54	57.94	57.41	56.91	58.77
2016	58.76	58.63	57.96	58.52	59.00
2017	58.78	58.69	57.12	58.90	59.31
2018	59.05	59.89	59.53	59.52	60.27
2019	59.55	59.55	58.52	59.07	60.32
2020	59.65	59.63	57.84	60.04	60.31
2021	59.65	60.10	59.17	59.94	60.68
2022	59.49	60.10	59.70	60.56	60.02

资料来源：南开大学公司治理数据库。

表 6-21 列出了华北地区上市公司监事会治理指数。从总体来看，华北地区上市公司的监事会治理指数呈现较为稳定的上升趋势。从不同省份上市公司的比较来看，山西上市公司的监事会治理指数高于北京、天津、河北、内蒙古、华北地区和全国平均水平，而内蒙古上市公司的监事会治理指数相对较低。

表 6-21 华北地区上市公司监事会治理指数分析

年份	全国	华北地区	北京	天津	河北	山西	内蒙古
2003	48.64	44.73	45.24	47.72	40.06	46.64	43.96
2004	50.48	51.69	52.06	52.95	50.47	51.29	50.97
2005	51.75	52.48	52.63	53.97	51.64	52.05	52.04
2006	50.93	51.13	51.94	51.71	48.61	51.05	51.52
2007	52.93	52.99	52.10	51.88	53.88	55.22	53.97
2008	54.84	55.60	55.61	55.81	55.16	56.79	54.36
2009	55.97	57.02	56.58	57.11	57.38	57.89	57.27
2010	56.17	56.68	56.55	56.53	56.79	58.02	55.60

(续)

年份	全国	华北地区	北京	天津	河北	山西	内蒙古
2011	57.17	58.35	58.37	57.18	58.16	59.60	58.76
2012	57.35	58.76	58.91	57.81	58.03	59.70	59.15
2013	57.38	58.36	58.83	56.97	56.43	60.27	57.31
2014	57.99	59.33	59.47	58.20	59.93	60.82	56.59
2015	58.54	59.66	59.53	59.29	59.65	62.04	58.16
2016	58.76	59.29	59.59	58.07	58.86	60.51	57.26
2017	58.78	59.68	59.51	59.35	60.52	60.56	59.18
2018	59.05	60.01	60.01	59.34	60.29	61.67	58.11
2019	59.55	60.92	60.86	60.93	59.90	62.90	60.89
2020	59.65	61.04	61.04	60.21	60.45	63.71	60.11
2021	59.65	61.10	60.89	60.87	61.34	62.88	61.25
2022	59.49	60.71	60.72	59.90	59.88	64.31	59.17

资料来源：南开大学公司治理数据库。

表 6-22 列出了华中地区上市公司监事会治理指数。从总体来看，华中地区上市公司的监事会治理指数呈现较为稳定的上升趋势。从不同省份上市公司的比较来看，河南上市公司的监事会治理指数表现较好，而湖南上市公司的监事会治理指数相对较低。

表 6-22　华中地区上市公司监事会治理指数分析

年份	全国	华中地区	河南	湖北	湖南
2003	48.64	48.40	44.57	50.84	49.79
2004	50.48	50.21	50.52	50.17	50.01
2005	51.75	51.98	50.86	52.67	51.74
2006	50.93	52.10	50.94	52.54	52.27
2007	52.93	53.77	54.05	52.86	54.84
2008	54.84	55.33	55.48	55.57	54.89
2009	55.97	56.07	55.07	57.07	55.37
2010	56.17	57.55	56.23	58.33	57.57
2011	57.17	58.65	58.77	58.68	58.51
2012	57.35	58.20	57.40	58.65	58.42
2013	57.38	58.46	58.45	58.65	58.25
2014	57.99	59.18	59.33	59.46	58.72
2015	58.54	59.06	59.27	59.18	58.75

(续)

年份	全国	华中地区	河南	湖北	湖南
2016	58.76	58.92	59.25	59.20	58.31
2017	58.78	59.63	59.57	59.91	59.36
2018	59.05	60.11	60.94	60.72	58.90
2019	59.55	60.48	61.69	60.67	59.39
2020	59.65	60.65	60.95	61.16	59.90
2021	59.65	60.78	61.53	60.88	60.13
2022	59.49	60.41	61.41	60.17	59.92

资料来源：南开大学公司治理数据库。

表6-23列出了华东地区上市公司监事会治理指数。从总体来看，华东地区上市公司的监事会治理指数呈现较为稳定的上升趋势。从不同省份上市公司的比较来看，江西上市公司的监事会治理指数表现较好，而江苏和浙江上市公司的监事会治理指数相对较低。

表6-23 华东地区上市公司监事会治理指数分析

年份	全国	华东地区	山东	江苏	安徽	上海	浙江	江西	福建
2003	48.64	45.06	45.36	46.06	36.99	44.71	45.92	49.64	46.72
2004	50.48	50.51	51.36	49.76	48.76	51.93	49.77	50.24	49.20
2005	51.75	51.91	52.11	52.34	51.11	52.73	51.32	52.31	49.60
2006	50.93	50.65	49.60	49.94	49.99	52.42	49.04	51.18	51.33
2007	52.93	53.49	51.84	52.67	51.45	54.64	54.53	53.57	54.54
2008	54.84	54.54	54.72	53.78	53.68	55.70	53.45	54.99	54.20
2009	55.97	55.61	55.11	55.13	53.95	56.62	55.35	57.53	55.21
2010	56.17	55.65	55.96	54.54	55.90	56.70	54.44	58.74	55.71
2011	57.17	56.42	56.74	55.49	57.19	57.46	55.88	58.33	55.60
2012	57.35	56.63	56.78	55.29	57.13	57.59	56.41	59.21	56.80
2013	57.38	56.54	56.90	55.67	56.70	56.97	56.15	60.68	56.61
2014	57.99	57.03	57.81	56.47	57.52	56.86	56.45	59.24	57.96
2015	58.54	57.97	58.59	56.27	58.80	60.03	57.05	60.37	58.20
2016	58.76	58.26	58.22	57.10	58.65	59.67	57.75	60.98	58.61
2017	58.78	58.15	58.13	57.48	58.90	59.50	57.21	60.83	58.48
2018	59.05	58.27	58.54	57.23	60.09	59.49	57.35	61.42	58.96
2019	59.55	58.85	59.17	58.27	59.91	60.00	57.87	61.68	59.13
2020	59.65	58.93	59.60	58.37	60.11	59.81	57.99	60.87	59.34

(续)

年份	全国	华东地区	山东	江苏	安徽	上海	浙江	江西	福建
2021	59.65	59.01	59.72	58.65	60.12	59.95	57.87	60.76	59.30
2022	59.49	58.88	59.59	58.43	60.15	59.85	57.86	60.68	58.92

资料来源：南开大学公司治理数据库。

表 6-24 列出了华南地区上市公司监事会治理指数。从总体来看，华南地区上市公司的监事会治理指数呈现较为稳定的上升趋势。从不同省份上市公司的比较来看，海南上市公司的监事会治理指数上升较快，从较为落后变为较为领先；而广东上市公司的监事会治理指数变化较为平缓，逐渐落后于华南地区其他省份和自治区。

表 6-24 华南地区上市公司监事会治理指数分析

年份	全国	华南地区	广东	广西	海南
2003	48.64	47.85	44.81	44.93	53.80
2004	50.48	49.79	49.54	50.74	50.49
2005	51.75	52.00	52.08	52.22	51.25
2006	50.93	50.24	50.31	50.75	49.26
2007	52.93	52.01	52.13	51.75	51.42
2008	54.84	54.89	55.37	53.44	53.18
2009	55.97	55.99	56.21	54.56	56.05
2010	56.17	55.11	55.50	53.16	53.79
2011	57.17	56.42	56.39	56.76	56.34
2012	57.35	56.84	56.98	55.89	56.07
2013	57.38	57.06	57.14	56.01	57.12
2014	57.99	58.18	58.10	59.32	58.10
2015	58.54	57.61	57.55	57.45	58.79
2016	58.76	58.37	58.40	57.77	58.68
2017	58.78	58.32	58.12	59.25	60.44
2018	59.05	58.55	58.31	59.80	61.57
2019	59.55	58.84	58.67	59.68	61.17
2020	59.65	59.00	58.81	59.82	61.66
2021	59.65	58.93	58.78	60.41	60.36
2022	59.49	59.06	58.93	60.04	60.90

资料来源：南开大学公司治理数据库。

表 6-25 列出了西北地区上市公司监事会治理指数。从总体来看,西北地区上市公司的监事会治理指数呈现较为稳定的上升趋势。从不同省份上市公司的比较来看,新疆上市公司的监事会治理指数表现较好,而甘肃上市公司的监事会治理指数波动较大,在 2010 年以后下降较大,逐渐落后于西北地区其他省份和自治区。

表 6-25 西北地区上市公司监事会治理指数分析

年份	全国	西北地区	陕西	甘肃	宁夏	青海	新疆
2003	48.64	48.70	47.62	47.76	50.73	48.59	48.79
2004	50.48	51.05	51.81	51.53	49.20	49.82	51.13
2005	51.75	51.29	52.92	51.10	50.12	50.70	50.48
2006	50.93	52.02	51.81	52.24	51.91	49.05	53.16
2007	52.93	52.11	51.26	50.73	51.69	52.48	54.09
2008	54.84	55.56	53.58	56.01	55.28	54.87	57.14
2009	55.97	56.52	54.14	58.47	56.13	56.35	57.77
2010	56.17	58.28	55.79	61.21	56.96	55.04	60.22
2011	57.17	58.80	56.70	59.42	60.59	57.01	60.32
2012	57.35	58.79	57.30	57.99	57.40	57.99	61.51
2013	57.38	59.61	58.30	57.57	58.02	60.08	62.59
2014	57.99	59.31	58.42	58.43	59.27	58.66	60.95
2015	58.54	60.59	60.07	58.36	59.52	61.01	62.74
2016	58.76	60.44	60.37	57.69	58.07	58.95	63.24
2017	58.78	60.38	59.89	58.82	60.70	60.58	61.68
2018	59.05	61.10	61.11	59.37	60.92	60.06	62.51
2019	59.55	61.15	60.09	60.23	60.78	60.89	62.75
2020	59.65	62.05	61.21	61.67	61.63	61.50	63.31
2021	59.65	61.53	61.32	61.15	61.14	60.18	62.33
2022	59.49	62.06	61.61	61.73	60.49	60.03	63.59

资料来源:南开大学公司治理数据库。

表 6-26 列出了西南地区上市公司监事会治理指数。从总体来看,西南地区上市公司的监事会治理指数呈现较为稳定的上升趋势。从不同省份上市公司的比较来看,云南上市公司的监事会治理指数表现较好,而西藏上市公司的监事会治理指数波动较大且落后于西北地区其他省份。

表 6-26 西南地区上市公司监事会治理指数分析

年份	全国	西南地区	四川	贵州	云南	重庆	西藏
2003	48.64	44.45	45.46	40.15	46.66	49.36	40.63
2004	50.48	50.20	50.24	47.67	50.40	51.25	49.33
2005	51.75	51.87	52.13	47.76	54.24	53.37	45.96
2006	50.93	51.72	51.93	47.47	53.07	53.94	46.98
2007	52.93	53.43	53.88	52.89	52.56	54.21	50.24
2008	54.84	55.17	55.41	51.15	57.14	57.22	47.66
2009	55.97	56.12	56.87	52.15	57.21	57.38	51.12
2010	56.17	57.17	56.14	54.30	59.09	59.50	57.29
2011	57.17	57.79	57.05	55.59	60.13	59.66	55.25
2012	57.35	58.45	57.75	57.09	60.96	59.63	56.27
2013	57.38	59.46	59.19	58.08	61.41	60.71	54.80
2014	57.99	59.01	58.88	58.41	60.51	60.24	52.78
2015	58.54	60.16	59.03	58.24	63.40	62.49	55.80
2016	58.76	60.23	59.00	58.84	62.81	62.36	59.02
2017	58.78	59.83	59.21	58.07	62.70	61.32	56.38
2018	59.05	60.43	59.99	57.28	63.29	62.29	56.93
2019	59.55	61.16	60.38	60.89	63.45	62.27	59.53
2020	59.65	60.64	60.20	60.71	63.09	61.01	57.71
2021	59.65	60.95	60.56	60.69	63.28	61.61	57.72
2022	59.49	60.60	60.07	60.36	63.15	61.03	58.62

资料来源：南开大学公司治理数据库。

表 6-27 列出了分经济区域上市公司监事会治理指数。从总体来看，西部经济区域和中部经济区域监事会治理指数呈较为稳定的上升趋势，且表现较好。而东部经济区域上市公司监事会治理指数上升较为平缓，逐渐落后于其他地区。东北经济区域上市公司监事会治理指数波动较大，且上升较快。图 6-7 展示了不同经济区域上市公司监事会治理指数趋势。

表 6-27 中国上市公司监事会治理指数分经济区域比较分析

年份	东部经济区域	中部经济区域	西部经济区域	东北经济区域
2003	46.04	46.41	46.22	43.61
2004	50.68	50.07	50.59	49.72
2005	52.10	51.85	51.70	49.65

(续)

年份	东部经济区域	中部经济区域	西部经济区域	东北经济区域
2006	50.65	51.48	51.73	49.75
2007	53.05	53.48	52.89	51.29
2008	54.90	55.12	55.10	53.30
2009	56.04	56.01	56.20	54.89
2010	55.65	57.36	57.11	55.37
2011	56.66	58.40	58.11	56.82
2012	56.98	58.21	58.40	56.41
2013	56.91	58.45	59.09	55.42
2014	57.67	58.99	58.98	56.36
2015	58.10	59.40	59.94	57.94
2016	58.43	59.18	59.90	58.63
2017	58.37	59.66	59.93	58.69
2018	58.48	60.35	60.48	59.89
2019	59.07	60.66	61.03	59.55
2020	59.19	60.79	61.03	59.63
2021	59.22	60.78	61.12	60.10
2022	59.09	60.64	60.96	60.10

资料来源：南开大学公司治理数据库。

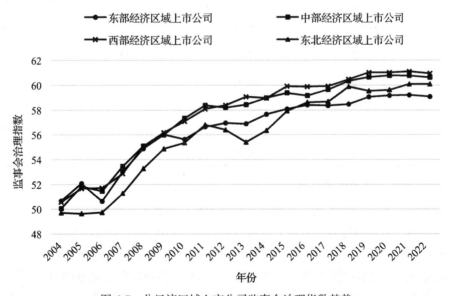

图 6-7 分经济区域上市公司监事会治理指数趋势

资料来源：南开大学公司治理数据库。

表 6-28 列出了长三角和珠三角上市公司监事会治理指数。从总体来看，珠三角和长三角区域监事会治理指数呈较为稳定的上升趋势。珠三角上市公司监事会治理指数表现略好于长三角上市公司。

表 6-28 中国特定区域上市公司监事会治理指数分析

年份	长三角上市公司样本量	长三角上市公司治理指数	珠三角上市公司样本量	珠三角上市公司治理指数
2003	—	—	—	—
2004	276	50.62	114	49.59
2005	311	52.19	121	51.93
2006	307	50.80	115	50.33
2007	273	53.87	123	52.15
2008	303	54.48	101	55.63
2009	314	55.71	124	56.31
2010	418	55.42	172	55.67
2011	541	56.32	245	56.51
2012	674	56.45	300	57.25
2013	714	56.27	325	57.41
2014	714	56.64	322	58.39
2015	762	57.73	343	57.68
2016	835	58.13	369	58.82
2017	929	57.98	418	58.46
2018	1122	57.99	505	58.39
2019	1168	58.62	524	58.83
2020	1239	58.67	552	59.03
2021	1403	58.78	607	58.98
2022	1634	58.66	691	59.05

资料来源：南开大学公司治理数据库。

表 6-29 列出了特定城市上市公司监事会治理指数。北京市上市公司监事会治理指数呈较为稳定的上升趋势，且表现较好。上海市上市公司监事会治理指数在 2015 年有较大幅度的提升，之后较为平稳。广州市上市公司监事会治理指数在 2012 年之前上升趋势较为明显，但 2013 年有较大幅度的下降，之后缓慢上升。深圳市上市公司监事会治理指数在 2008 年有较大幅度的上升，此后上升趋势较为平缓。杭州市上市公司监事会治理指数的波动幅度较大，且表现相对较差。图 6-8 展示了特定地区上市公司监事会治理指数趋势。

表 6-29　中国特定城市上市公司监事会治理指数分析

年份	北京市	上海市	广州市	深圳市	杭州市
2003	45.24	44.71	—	—	—
2004	52.06	51.93	50.53	49.49	51.20
2005	52.63	52.73	52.70	51.79	53.06
2006	51.94	52.42	53.17	50.33	50.94
2007	52.10	54.64	53.12	51.77	54.66
2008	55.61	55.70	54.76	56.55	55.05
2009	56.58	56.62	55.85	56.90	55.66
2010	56.55	56.70	56.36	55.89	54.22
2011	58.37	57.46	57.81	57.05	55.65
2012	58.91	57.59	59.37	57.06	56.23
2013	58.83	56.97	57.75	57.64	56.28
2014	59.47	56.86	57.96	59.08	55.28
2015	59.53	60.03	58.60	57.83	57.79
2016	59.59	59.67	58.79	59.02	58.25
2017	59.51	59.50	58.61	58.80	57.19
2018	60.01	59.49	58.34	58.85	57.83
2019	60.86	60.00	59.08	59.43	58.27
2020	61.04	59.81	59.53	59.38	58.59
2021	60.89	59.95	59.78	59.21	58.21
2022	60.72	59.85	60.05	59.07	58.04

资料来源：南开大学公司治理数据库。

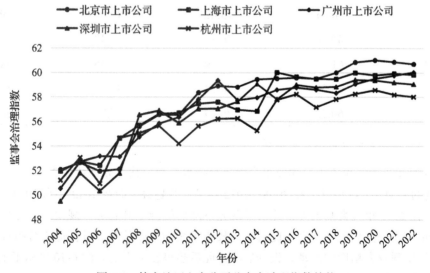

图 6-8　特定地区上市公司监事会治理指数趋势

资料来源：南开大学公司治理数据库。

表 6-30 列出了北京市上市公司监事会治理分指数。运行状况分指数呈现较为明显的上升趋势。规模结构分指数在 2006 年和 2007 年出现较大幅度的波动，此后呈现较为平缓的下降趋势。胜任能力分指数也在 2006 年和 2007 年出现较大幅度的波动，此后至 2012 年呈现上升趋势，2012 年后趋势较为平稳。图 6-9 展示了北京市上市公司监事会治理指数趋势。

表 6-30　北京市上市公司监事会治理分指数统计分析

年份	监事会治理	运行状况	规模结构	胜任能力
2003	45.24	—	—	—
2004	52.06	58.51	54.73	43.85
2005	52.63	55.29	51.41	51.57
2006	51.94	52.18	42.31	61.36
2007	52.10	57.40	50.78	48.87
2008	55.61	63.61	51.11	53.24
2009	56.58	66.00	52.89	52.20
2010	56.55	63.51	52.52	54.60
2011	58.37	66.46	51.14	58.67
2012	58.91	69.58	49.51	59.18
2013	58.83	69.35	49.79	58.84
2014	59.47	69.72	51.08	59.06
2015	59.53	70.56	49.91	59.69
2016	59.59	70.87	50.79	58.73
2017	59.51	72.20	49.54	58.62
2018	60.01	73.82	49.07	59.11
2019	60.86	76.37	49.43	59.01
2020	61.04	75.79	50.45	58.99
2021	60.89	76.28	48.17	60.43
2022	60.72	76.29	47.85	60.25

资料来源：南开大学公司治理数据库。

表 6-31 列出了上海市上市公司监事会治理分指数。运行状况分指数在 2006 年和 2007 年出现较大幅度的波动，先降后升，在 2008—2012 年呈上升趋势，而在 2013 年和 2014 年出现较大幅度下降，在 2015 年又大幅上升，此后呈现先下降后缓慢上升趋势。规模结构分指数在 2006 年和 2007 年出现较大幅度的波动，此后呈现较为平缓的下降趋势。胜任能力分指数也在 2006 年和 2007 年出现较大幅度的波动，先升后降，此后趋势较为平稳。图 6-10 展示了上海市上市公司监事会治理指数趋势。

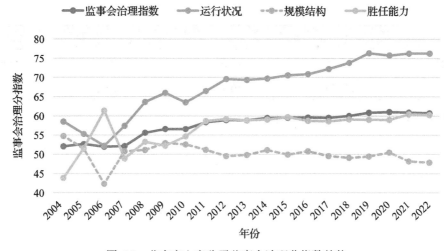

图 6-9　北京市上市公司监事会治理分指数趋势

资料来源：南开大学公司治理数据库。

表 6-31　上海市上市公司监事会治理分指数统计分析

年份	监事会治理	运行状况	规模结构	胜任能力
2003	44.71	—	—	—
2004	51.93	58.50	55.09	43.13
2005	52.73	56.50	51.85	50.38
2006	52.42	53.30	44.13	59.96
2007	54.64	62.37	53.39	49.27
2008	55.70	62.52	52.15	53.39
2009	56.62	64.56	53.49	52.94
2010	56.70	64.26	51.89	55.03
2011	57.46	65.47	50.53	57.53
2012	57.59	66.49	49.92	57.63
2013	56.97	64.67	49.49	57.84
2014	56.86	63.69	49.69	58.18
2015	60.03	72.74	50.17	58.99
2016	59.67	71.24	50.32	59.10
2017	59.50	71.18	49.96	59.02
2018	59.49	72.41	49.18	58.71
2019	60.00	74.47	48.94	58.64
2020	59.81	74.88	48.06	58.65

（续）

年份	监事会治理	运行状况	规模结构	胜任能力
2021	59.95	75.53	46.89	59.66
2022	59.85	76.16	46.21	59.50

资料来源：南开大学公司治理数据库。

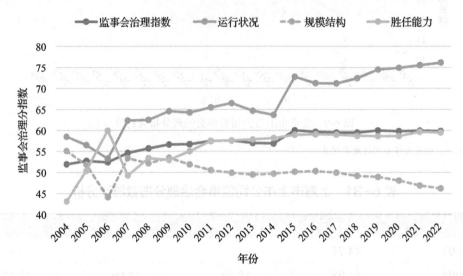

图6-10 上海市上市公司监事会治理分指数趋势

资料来源：南开大学公司治理数据库。

表 6-32 列出了广州市上市公司监事会治理分指数。运行状况分指数在 2012 年和 2013 年出现较大幅度的波动，先升后降，此后呈现缓慢上升趋势。规模结构分指数在 2006 年和 2007 年出现较大幅度的波动，此后呈现较为平缓的下降趋势。胜任能力分指数也在 2006 年和 2007 年出现较大幅度的波动，先升后降，此后至 2012 年呈现上升趋势，2012 年后趋势较为平稳。图 6-11 展示了广州市上市公司监事会治理指数趋势。

表 6-32 广州市上市公司监事会治理分指数统计分析

年份	监事会治理	运行状况	规模结构	胜任能力
2003	—	—	—	—
2004	50.53	60.00	52.89	40.05
2005	52.70	55.21	51.51	51.73
2006	53.17	56.14	43.41	60.38
2007	53.12	58.26	53.48	48.34
2008	54.76	61.90	52.81	50.60
2009	55.85	63.33	54.79	50.48

(续)

年份	监事会治理	运行状况	规模结构	胜任能力
2010	56.36	65.56	52.08	52.76
2011	57.81	67.23	49.79	57.74
2012	59.37	73.21	49.06	57.82
2013	57.75	70.65	47.74	56.69
2014	57.96	70.50	48.50	56.67
2015	58.60	70.85	49.26	57.44
2016	58.79	71.62	49.34	57.26
2017	58.61	72.44	47.76	57.61
2018	58.34	73.92	46.60	56.72
2019	59.08	76.63	46.53	56.57
2020	59.53	76.36	47.66	56.98
2021	59.78	76.81	46.21	58.77
2022	60.05	76.49	46.91	59.11

资料来源：南开大学公司治理数据库。

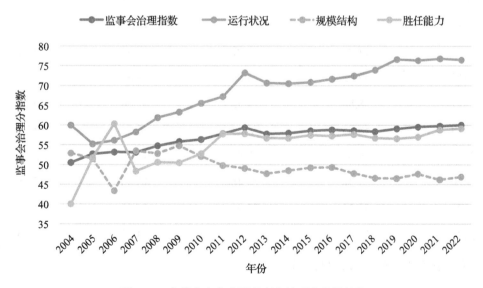

图6-11　广州市上市公司监事会治理分指数趋势

资料来源：南开大学公司治理数据库。

表6-33列出了深圳市上市公司监事会治理分指数。运行状况分指数在2004—2006年大幅下降，在2007年出现较大幅度上升，此后到2014年呈现平稳上升趋势，在2015年小幅下降，此后缓慢上升。规模结构分指数在2006年出现大幅下降，在2007—2009年大幅上升，此后呈

现稳定下降趋势。胜任能力分指数在2004—2006年大幅上升,在2007年出现较大幅度下降,此后至2011年波动较大,2012年后趋势较为平稳。图6-12展示了深圳市上市公司监事会治理指数趋势。

表6-33 深圳市上市公司监事会治理分指数统计分析

年份	监事会治理	运行状况	规模结构	胜任能力
2003	—	—	—	—
2004	49.49	60.29	46.29	43.45
2005	51.79	57.11	48.48	50.55
2006	50.33	48.45	40.00	62.27
2007	51.77	58.16	48.42	49.64
2008	56.55	66.67	50.81	53.62
2009	56.90	67.73	54.47	50.05
2010	55.89	67.14	50.51	51.63
2011	57.05	68.87	47.75	56.21
2012	57.06	69.60	47.34	56.03
2013	57.64	72.26	46.61	56.15
2014	59.08	74.13	48.37	56.88
2015	57.83	70.97	47.03	57.36
2016	59.02	72.87	48.61	57.55
2017	58.80	73.52	47.60	57.37
2018	58.85	75.24	46.64	57.01
2019	59.43	77.54	45.99	57.35
2020	59.38	76.48	46.58	57.52
2021	59.21	77.01	44.55	58.62
2022	59.07	77.07	44.38	58.34

资料来源:南开大学公司治理数据库。

表6-34列出了杭州市上市公司监事会治理分指数。运行状况分指数在2004—2006年大幅下降,在2007年出现较大幅度上升,此后呈现波动上升趋势。规模结构分指数在2006年出现大幅下降,在2007—2009年波动上升,此后呈现稳定下降趋势。胜任能力分指数在2004—2006年大幅上升,在2007年出现较大幅度下降,此后至2011年波动较大,2012年后趋势较为平稳。图6-13展示了杭州市上市公司监事会治理指数趋势。

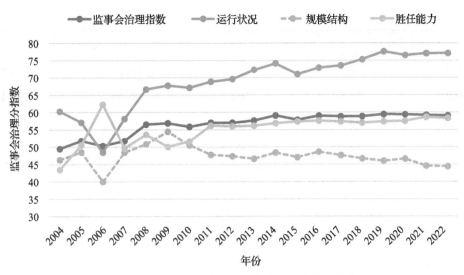

图 6-12 深圳市上市公司监事会治理分指数趋势

资料来源：南开大学公司治理数据库。

表 6-34 杭州市上市公司监事会治理分指数统计分析

年份	监事会治理	运行状况	规模结构	胜任能力
2003	—	—	—	—
2004	51.20	61.04	52.50	41.47
2005	53.06	56.27	52.47	50.89
2006	50.94	49.58	43.75	59.29
2007	54.66	64.76	51.90	48.75
2008	55.05	63.33	50.75	52.24
2009	55.66	65.60	53.40	49.41
2010	54.22	64.86	47.97	51.35
2011	55.65	64.83	48.88	54.56
2012	56.23	69.28	46.67	54.60
2013	56.28	70.96	46.44	53.53
2014	55.28	66.71	46.18	54.56
2015	57.79	73.44	47.22	54.96
2016	58.25	74.60	47.59	54.91
2017	57.19	71.29	46.63	55.67
2018	57.83	73.94	46.46	55.39

(续)

年份	监事会治理	运行状况	规模结构	胜任能力
2019	58.27	76.62	45.23	55.58
2020	58.59	76.62	45.69	56.04
2021	58.21	75.75	44.31	57.07
2022	58.04	75.03	44.16	57.35

资料来源：南开大学公司治理数据库。

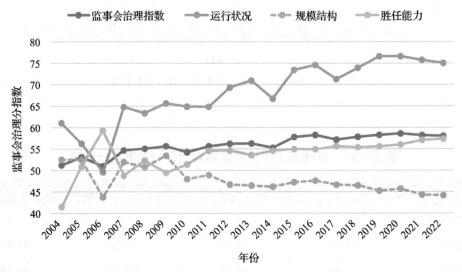

图 6-13　杭州市上市公司监事会治理分指数趋势

资料来源：南开大学公司治理数据库。

第四节　中国上市公司监事会治理分行业分析

一、中国上市公司监事会治理指数分行业比较分析

表 6-35 列出了 2003—2008 年不同行业上市公司的监事会治理指数。出于可比性考虑，我们选取 2004—2022 年的数据进行对比分析。2004—2008 年，金融、保险业上市公司监事会治理指数均最高。2004 年，传播与文化产业上市公司的监事会治理指数最低，为 47.88。2005 年，农、林、牧、渔业上市公司的监事会治理指数居行业末位。2006 年，社会服务业上市公司的监事会治理指数最低，为 49.78。2007 年，建筑业以及农、林、牧、渔业上市公司在监事会治理方面表现较差。2008 年，社会服务业，房地产业以及农、林、牧、渔业上市公司监事会治理指数排名后三位。从总体来看，金融、保险业上市公司的监事会治理表现较好，而农、林、牧、渔业上市公司则表现相对欠佳。

表6-35　中国上市公司监事会治理指数分行业比较分析：2003—2008年

行业	2003年	2004年	2005年	2006年	2007年	2008年
采掘业	46.40	52.78	56.39	54.00	53.09	54.62
传播与文化产业	46.52	47.88	53.99	54.74	55.25	54.31
电力、煤气及水的生产和供应业	46.59	51.61	54.69	52.38	54.09	57.12
房地产业	42.47	48.43	49.64	51.47	52.46	53.57
建筑业	44.03	51.08	52.89	51.28	50.03	56.56
交通运输、仓储业	47.68	52.58	52.44	52.75	54.54	56.54
金融、保险业	43.04	59.18	59.36	62.85	57.73	62.89
农、林、牧、渔业	39.74	49.55	49.38	51.30	51.76	53.59
批发和零售贸易	42.49	50.97	52.15	52.49	53.20	54.56
社会服务业	46.81	51.40	52.63	49.78	52.89	53.53
信息技术业	45.55	48.97	52.11	50.26	52.40	54.19
制造业	56.30	50.25	51.31	50.43	52.82	54.54
综合类	45.78	50.81	51.58	50.67	53.02	53.93

资料来源：南开大学公司治理数据库。

表6-36列出了2009—2015年不同行业上市公司的监事会治理指数。2009—2015年，金融、保险业上市公司的监事会治理指数均最高，采掘业以及电力、煤气及水的生产和供应业上市公司的监事会治理表现也相对较好。社会服务业，综合类，农、林、牧、渔业以及房地产业上市公司的监事会治理指数较低，说明这几个行业上市公司在监事会治理方面表现欠佳。

表6-36　中国上市公司监事会治理指数分行业比较分析：2009—2015年

行业	2009年	2010年	2011年	2012年	2013年	2014年	2015年
采掘业	59.15	58.89	60.19	59.86	60.52	60.41	60.74
传播与文化产业	57.22	55.63	56.77	58.69	58.29	58.31	58.20
电力、煤气及水的生产和供应业	56.37	59.51	60.61	60.94	60.00	60.08	62.06
房地产业	56.48	55.46	56.84	56.62	56.73	55.83	58.43
建筑业	55.48	58.20	57.56	57.93	58.39	60.46	59.73
交通运输、仓储业	57.88	58.34	58.83	60.53	59.20	60.76	61.44
金融、保险业	61.62	63.44	65.13	63.76	65.84	65.55	65.88
农、林、牧、渔业	55.15	54.82	56.90	57.33	56.95	58.04	57.62
批发和零售贸易	56.37	56.70	58.25	58.02	57.43	57.77	60.07

(续)

行业	2009年	2010年	2011年	2012年	2013年	2014年	2015年
社会服务业	54.39	54.64	55.70	55.89	56.02	56.19	56.85
信息技术业	55.52	54.42	56.94	56.42	57.02	58.26	58.12
制造业	55.60	55.78	56.55	56.84	56.96	57.69	57.95
综合类	55.26	55.41	57.03	57.64	55.73	54.67	58.38

资料来源：南开大学公司治理数据库。

表6-37列出了2016—2022年不同行业上市公司的监事会治理指数。2016—2019年，教育和金融业上市公司的监事会治理指数居行业前两位。2016年，综合和制造业上市公司居行业后两位，平均值分别为56.90和58.24；2017年，信息传输、软件和信息技术服务业，科学研究和技术服务业，以及制造业上市公司在监事会治理方面表现较差；2018—2019年，卫生和社会工作，制造业，以及信息传输、软件和信息技术服务业上市公司监事会治理指数较低。2020—2021年，金融业以及电力、热力、燃气及水生产和供应业上市公司监事会治理指数较高；居民服务、修理和其他服务业，卫生和社会工作，信息传输、软件和信息技术服务业，以及制造业较低。2022年，金融业上市公司监事会治理指数仍最高，而居民服务、修理和其他服务业表现还是较差。

表6-37　中国上市公司监事会治理指数分行业比较分析：2016—2022年

行业	2016年	2017年	2018年	2019年	2020年	2021年	2022年
采矿业	60.00	61.25	61.89	63.46	62.51	62.59	62.72
电力、热力、燃气及水生产和供应业	61.89	62.44	62.97	63.31	63.55	63.61	62.86
房地产业	58.57	60.45	60.37	61.22	61.01	60.74	60.97
建筑业	58.59	58.94	60.30	60.39	60.78	60.95	60.39
交通运输、仓储和邮政业	60.81	61.81	62.10	62.47	62.45	63.25	63.19
教育	71.36	67.74	67.87	64.78	63.34	63.09	61.83
金融业	66.68	64.50	64.37	65.63	66.78	66.90	67.15
居民服务、修理和其他服务业	—	—	—	—	57.84	55.37	58.58
科学研究和技术服务业	59.48	57.86	58.07	59.40	59.73	59.62	59.62
农、林、牧、渔业	58.29	58.97	59.33	59.51	60.29	59.83	59.35
批发和零售业	59.14	59.65	60.00	60.90	60.74	60.25	60.14
水利、环境和公共设施管理业	59.57	60.04	59.20	60.27	60.23	59.27	58.70

(续)

行业	2016年	2017年	2018年	2019年	2020年	2021年	2022年
卫生和社会工作	59.09	59.11	56.63	59.20	58.05	58.30	58.73
文化、体育和娱乐业	60.03	60.39	60.61	60.72	60.31	61.22	60.39
信息传输、软件和信息技术服务业	58.34	57.68	58.24	58.36	58.54	58.73	58.80
制造业	58.24	58.02	58.27	58.72	58.81	58.85	58.75
住宿和餐饮业	58.87	60.48	61.98	62.13	62.63	62.29	60.63
综合	56.90	58.82	60.27	60.79	60.07	61.30	61.01
租赁和商务服务业	58.29	58.11	59.28	59.20	60.10	59.40	60.18

资料来源：南开大学公司治理数据库。

二、中国上市公司监事会治理分指数分行业比较分析

（一）运行状况分指数分析

表6-38列出了2003—2008年不同行业上市公司的监事会治理运行状况分指数。2004—2006年，金融、保险业以及传播与文化产业上市公司运行状况分指数均较高，建筑业以及农、林、牧、渔业上市公司在运行状况方面表现相对较差。2006—2008年，金融、保险业上市公司运行状况分指数均居行业首位；2007年，建筑业（51.30）和信息技术业（57.43）上市公司表现较差；2008年，采掘业（58.89）以及交通运输、仓储业（61.63）上市公司在监事会运行状况方面表现欠佳。

表6-38 中国上市公司监事会治理运行状况分指数分行业比较分析：2003—2008年

行业	2003年	2004年	2005年	2006年	2007年	2008年
采掘业	—	57.00	57.50	46.90	61.05	58.89
传播与文化产业	—	63.75	62.20	64.44	60.00	65.71
电力、煤气及水的生产和供应业	—	57.92	56.24	50.26	59.61	65.09
房地产业	—	57.88	51.57	53.85	61.18	62.55
建筑业	—	55.45	52.90	46.40	51.30	63.70
交通运输、仓储业	—	57.55	55.44	52.13	61.45	61.63
金融、保险业	—	61.67	63.50	80.00	62.50	65.93
农、林、牧、渔业	—	56.67	53.75	49.03	60.74	62.31
批发和零售贸易	—	58.69	56.59	54.49	61.54	61.95
社会服务业	—	60.42	55.97	50.27	60.00	63.03

(续)

行业	2003年	2004年	2005年	2006年	2007年	2008年
信息技术业	—	56.00	55.35	49.75	57.43	63.53
制造业	—	58.33	54.68	49.90	59.25	62.13
综合类	—	58.40	55.32	49.62	60.00	61.72

资料来源：南开大学公司治理数据库。

表6-39列出了2009—2015年不同行业上市公司的监事会治理运行状况分指数。2009年，传播与文化产业、房地产业，以及金融、保险业上市公司监事会治理运行状况分指数较高。2010年，电力、煤气及水的生产和供应业，建筑业，以及房地产业上市公司运行状况分指数居行业前三位。2009—2010年，社会服务业以及农、林、牧、渔业上市公司在监事会治理运行状况方面表现较差。2011—2015年，金融、保险业上市公司监事会治理运行状况分指数较高，综合类上市公司在监事会治理运行状况方面表现较差。

表6-39 中国上市公司监事会治理运行状况分指数分行业比较分析：2009—2015年

行业	2009年	2010年	2011年	2012年	2013年	2014年	2015年
采掘业	65.22	64.71	65.91	66.78	69.03	68.79	67.58
传播与文化产业	72.00	64.00	62.35	72.35	70.00	68.92	71.56
电力、煤气及水的生产和供应业	63.05	66.88	66.76	67.57	64.53	64.21	69.34
房地产业	69.57	66.13	65.22	65.43	63.49	58.72	67.72
建筑业	61.54	66.47	64.10	66.67	66.92	71.13	70.29
交通运输、仓储业	65.09	65.31	65.14	66.93	63.46	67.24	68.98
金融、保险业	67.41	64.81	68.57	68.29	72.86	71.90	73.05
农、林、牧、渔业	62.14	62.16	66.67	69.05	67.56	70.87	70.69
批发和零售贸易	63.68	64.84	64.71	66.83	64.09	63.33	70.36
社会服务业	61.62	62.92	65.36	65.33	66.30	65.19	65.58
信息技术业	65.38	63.96	68.36	68.73	71.34	73.40	73.05
制造业	64.52	64.68	65.90	68.19	68.70	69.64	70.91
综合类	63.82	64.35	64.15	65.10	60.20	55.60	68.24

资料来源：南开大学公司治理数据库。

表6-40列出了2016—2022年不同行业上市公司的监事会治理运行状况分指数。2016—2017年，教育以及卫生和社会工作上市公司在监事会治理运行状况方面表现较好，综合上市公司表现较差。2018年，农、林、牧、渔业，教育，信息传输、软件和信息技术服务业上市公司运行

状况分指数较高；住宿和餐饮业、批发和零售业、卫生和社会工作上市公司运行状况分指数较低。2019年，水利、环境和公共设施管理业上市公司运行状况分指数居行业首位。2020年和2022年，居民服务、修理和其他服务业以及教育上市公司在监事会治理运行状况方面表现较好。2019—2020年，综合上市公司监事会治理运行状况分指数均最低。

表6-40 中国上市公司监事会治理运行状况分指数分行业比较分析：2016—2022年

行业	2016年	2017年	2018年	2019年	2020年	2021年	2022年
采矿业	67.16	71.87	72.53	75.27	74.94	76.10	75.71
电力、热力、燃气及水生产和供应业	67.72	71.34	73.18	74.09	75.28	75.04	74.96
房地产业	67.91	70.96	71.51	75.08	74.52	74.55	74.43
建筑业	68.82	71.70	75.57	76.10	76.91	76.26	75.00
交通运输、仓储和邮政业	67.26	70.56	71.58	74.34	75.73	75.42	75.37
教育	80.00	73.33	76.67	76.67	78.75	76.25	78.33
金融业	72.60	70.60	71.15	74.09	75.93	76.23	75.20
居民服务、修理和其他服务业	—	—	—	—	80.00	70.00	80.00
科学研究和技术服务业	70.95	68.89	71.56	75.63	76.03	76.21	76.44
农、林、牧、渔业	70.00	73.56	76.90	76.43	76.83	77.14	75.96
批发和零售业	68.87	70.71	71.04	75.00	75.27	74.64	74.62
水利、环境和公共设施管理业	70.63	72.73	73.41	76.96	75.88	75.42	75.44
卫生和社会工作	78.00	77.14	71.11	76.67	75.83	77.50	77.14
文化、体育和娱乐业	73.24	71.33	74.48	76.03	74.24	74.75	74.35
信息传输、软件和信息技术服务业	73.64	73.30	76.22	76.85	75.95	76.88	76.96
制造业	71.77	71.88	74.02	76.01	75.76	75.92	75.95
住宿和餐饮业	65.45	71.82	70.00	75.56	74.44	74.00	75.56
综合	67.20	68.70	74.17	72.92	71.82	75.63	76.43
租赁和商务服务业	70.69	73.10	75.53	76.88	77.22	75.86	76.21

资料来源：南开大学公司治理数据库。

(二) 规模结构分指数分析

表 6-41 列出了 2003—2008 年不同行业上市公司的监事会治理规模结构分指数。2004—2008 年，金融、保险业上市公司的监事会治理规模结构分指数均居行业首位；采掘业、电力、煤气及水的生产和供应业，以及交通运输、仓储业上市公司在监事会治理规模结构方面的表现也相对较好；而房地产业上市公司在这五年间均表现较差。

表 6-41 中国上市公司监事会治理规模结构分指数分行业比较分析：2003—2008 年

行业	2003 年	2004 年	2005 年	2006 年	2007 年	2008 年
采掘业	—	60.50	61.81	53.33	51.05	53.47
传播与文化产业	—	43.75	48.55	41.11	55.56	43.14
电力、煤气及水的生产和供应业	—	56.15	57.08	46.67	54.51	55.68
房地产业	—	47.75	47.02	40.00	48.04	46.82
建筑业	—	56.36	55.71	46.00	48.70	55.63
交通运输、仓储业	—	57.45	53.59	46.02	54.18	56.39
金融、保险业	—	69.44	65.10	60.00	61.25	68.67
农、林、牧、渔业	—	52.96	49.18	43.87	47.78	50.15
批发和零售贸易	—	52.94	51.16	42.47	50.26	50.67
社会服务业	—	52.64	50.49	40.54	51.43	47.45
信息技术业	—	49.43	50.38	40.99	51.29	47.99
制造业	—	52.93	52.24	42.87	51.70	51.84
综合类	—	52.01	49.61	41.92	50.70	49.69

资料来源：南开大学公司治理数据库。

表 6-42 列出了 2009—2015 年不同行业上市公司的监事会治理规模结构分指数。2009—2015 年，金融、保险业上市公司在监事会治理规模结构方面仍然表现最好；采掘业、电力、煤气及水的生产和供应业，以及交通运输、仓储业上市公司在规模结构方面的表现相对较好。这七年间，信息技术业以及社会服务业上市公司在监事会治理规模结构方面表现较差。2009—2012 年，房地产业上市公司表现相对较差，但在 2013—2015 年间有所改善。

表 6-42 中国上市公司监事会治理规模结构分指数分行业比较分析：2009—2015 年

行业	2009 年	2010 年	2011 年	2012 年	2013 年	2014 年	2015 年
采掘业	61.96	59.41	57.73	55.93	56.45	55.08	55.97
传播与文化产业	51.00	50.50	50.29	48.09	49.34	49.59	48.72
电力、煤气及水的生产和供应业	56.19	58.75	58.38	57.77	57.27	57.63	57.85

(续)

行业	2009年	2010年	2011年	2012年	2013年	2014年	2015年
房地产业	51.23	48.47	48.65	48.49	50.00	50.60	49.96
建筑业	56.35	55.44	53.46	51.04	51.15	53.02	51.38
交通运输、仓储业	58.36	57.73	55.88	56.93	56.67	57.24	56.82
金融、保险业	62.41	67.78	64.29	61.22	62.14	63.33	61.36
农、林、牧、渔业	55.36	52.57	50.24	49.88	49.89	50.00	48.72
批发和零售贸易	54.83	53.35	53.53	51.50	51.57	53.33	53.54
社会服务业	52.57	50.31	47.05	47.60	47.10	47.97	48.46
信息技术业	50.96	47.45	47.29	45.39	45.20	46.50	46.07
制造业	54.09	52.05	50.06	49.07	49.04	49.61	48.93
综合类	52.65	50.36	52.36	52.35	50.98	51.00	50.00

资料来源：南开大学公司治理数据库。

表6-43列出了2016—2022年不同行业上市公司的监事会治理规模结构分指数。2016—2022年，金融业，教育，电力、热力、燃气及水生产和供应业，以及交通运输、仓储和邮政业上市公司在监事会治理规模结构方面的表现相对较好；而卫生和社会工作以及信息传输、软件和信息技术服务业上市公司总体表现较差。2020—2022年间，居民服务、修理和其他服务业上市公司的监事会治理规模结构分指数也较低。

表6-43　中国上市公司监事会治理规模结构分指数分行业比较分析：2016—2022年

行业	2016年	2017年	2018年	2019年	2020年	2021年	2022年
采矿业	54.80	55.07	54.67	55.81	54.48	52.47	52.73
电力、热力、燃气及水生产和供应业	58.97	57.58	56.73	57.45	56.53	55.09	53.49
房地产业	50.26	52.72	51.35	50.79	50.20	48.72	48.74
建筑业	50.53	49.72	49.69	49.60	50.05	48.99	48.43
交通运输、仓储和邮政业	56.43	56.52	56.63	56.11	54.61	55.00	54.68
教育	70.00	66.67	70.00	60.00	56.25	56.25	50.83
金融业	64.30	59.63	59.29	60.00	62.87	60.45	61.89
居民服务、修理和其他服务业	—	—	—	—	40.00	40.00	40.00
科学研究和技术服务业	50.00	47.41	46.44	46.46	46.38	46.03	45.17

(续)

行业	2016年	2017年	2018年	2019年	2020年	2021年	2022年
农、林、牧、渔业	51.48	50.44	48.45	48.10	50.00	47.62	45.96
批发和零售业	51.99	51.15	51.99	51.40	50.09	48.51	48.31
水利、环境和公共设施管理业	52.19	50.91	48.98	48.91	49.61	45.97	45.00
卫生和社会工作	44.00	42.86	42.22	42.22	42.50	44.17	43.57
文化、体育和娱乐业	52.16	54.89	51.55	51.03	51.02	50.51	50.16
信息传输、软件和信息技术服务业	47.01	46.03	44.80	44.39	45.47	44.13	43.92
制造业	49.12	48.21	47.55	46.99	47.30	45.87	45.31
住宿和餐饮业	52.73	53.64	55.56	53.33	55.56	52.00	48.89
综合	47.80	50.43	50.00	50.83	51.36	49.38	50.71
租赁和商务服务业	48.97	47.14	48.09	47.29	47.59	46.38	47.20

资料来源：南开大学公司治理数据库。

（三）胜任能力分指数分析

表6-44列出了2003—2008年不同行业上市公司的监事会治理胜任能力分指数。2004—2008年，不同行业在监事会治理胜任能力方面的表现有较大的波动。具体来看，2004年、2007年和2008年，金融、保险业上市公司的胜任能力分指数较高，但在2006年最低。2004年，传播与文化产业上市公司的胜任能力分指数最低；但在2005年、2007年和2008年，该行业上市公司在监事会治理胜任能力方面表现较好。2004—2008年间，农、林、牧、渔业上市公司在监事会治理胜任能力方面的表现均较差。

表6-44 中国上市公司监事会治理胜任能力分指数分行业比较分析：2003—2008年

行业	2003年	2004年	2005年	2006年	2007年	2008年
采掘业	—	41.43	50.03	60.76	48.30	52.11
传播与文化产业	—	38.41	52.38	60.04	50.88	55.71
电力、煤气及水的生产和供应业	—	41.67	50.97	59.89	48.95	51.74
房地产业	—	41.01	50.60	60.91	49.41	52.64
建筑业	—	42.04	50.06	60.73	50.27	51.37
交通运输、仓储业	—	43.46	48.73	60.01	48.96	52.33
金融、保险业	—	46.78	50.06	51.00	50.13	54.51

(续)

行业	2003年	2004年	2005年	2006年	2007年	2008年
农、林、牧、渔业	—	40.02	45.84	60.69	48.03	49.54
批发和零售贸易	—	42.38	49.35	60.78	48.99	52.11
社会服务业	—	42.43	51.92	58.61	48.25	51.47
信息技术业	—	42.48	51.05	59.97	49.22	52.39
制造业	—	40.64	47.51	58.44	48.43	50.74
综合类	—	43.09	50.33	60.32	49.35	51.50

资料来源：南开大学公司治理数据库。

表6-45列出了2009—2015年不同行业上市公司的监事会治理胜任能力分指数。2009—2015年间，金融、保险业上市公司监事会治理胜任能力分指数均最高，而农、林、牧、渔业以及制造业上市公司在监事会治理胜任能力方面的表现较差。2010—2015年，电力、煤气及水的生产和供应业上市公司在监事会治理胜任能力方面的表现也相对较好。

表6-45　中国上市公司监事会治理胜任能力分指数分行业比较分析：2009—2015年

行业	2009年	2010年	2011年	2012年	2013年	2014年	2015年
采掘业	51.15	53.37	57.75	57.85	57.29	58.55	59.65
传播与文化产业	50.77	53.59	58.45	57.58	57.19	57.93	56.24
电力、煤气及水的生产和供应业	50.82	53.97	57.56	58.42	58.84	58.98	60.04
房地产业	50.51	53.31	57.85	57.20	57.68	58.59	58.95
建筑业	49.41	53.87	56.06	57.34	58.32	58.76	59.03
交通运输、仓储业	51.21	52.98	56.38	58.64	58.07	58.72	59.60
金融、保险业	55.88	57.93	63.03	62.42	63.53	62.33	64.24
农、林、牧、渔业	48.96	50.78	55.19	54.75	54.91	55.07	55.33
批发和零售贸易	51.65	53.09	57.43	56.98	57.58	57.42	57.78
社会服务业	50.02	51.88	56.06	56.10	56.14	56.68	57.76
信息技术业	51.63	53.23	56.81	56.89	56.57	57.03	57.36
制造业	49.47	51.87	55.03	54.88	54.82	55.52	55.87
综合类	50.53	52.80	55.59	56.53	56.66	57.55	58.31

资料来源：南开大学公司治理数据库。

表6-46列出了2016—2022年不同行业上市公司的监事会治理胜任能力分指数。2017—2022年，金融业上市公司的监事会治理胜任能力分指数均居行业首位。2020—2022年间，电力、热

力、燃气及水生产和供应业上市公司在监事会胜任能力方面的表现也较好。2016—2021年，制造业，农、林、牧、渔业，以及信息传输、软件和信息技术服务业上市公司在监事会治理胜任能力方面的表现较差。2022年，制造业上市公司的胜任能力分指数仍然较低。同时，水利、环境和公共设施管理业上市公司在监事会治理胜任能力方面的表现也较差。

表6-46 中国上市公司监事会治理胜任能力分指数分行业比较分析：2016—2022年

行业	2016年	2017年	2018年	2019年	2020年	2021年	2022年
采矿业	59.06	58.34	60.00	60.98	59.88	61.14	61.58
电力、热力、燃气及水生产和供应业	59.81	59.66	60.48	59.92	60.53	62.33	61.87
房地产业	58.86	59.16	59.84	59.77	60.25	60.92	61.66
建筑业	57.89	57.23	57.83	57.72	57.68	59.79	59.82
交通运输、仓储和邮政业	59.65	59.61	59.43	58.64	58.89	61.07	61.27
教育	65.30	64.01	58.19	59.38	57.23	58.66	58.69
金融业	64.00	64.16	63.63	64.01	62.85	65.35	65.53
居民服务、修理和其他服务业	—	—	—	—	56.70	58.20	58.80
科学研究和技术服务业	59.13	58.86	58.14	58.44	59.10	58.99	59.65
农、林、牧、渔业	55.06	55.00	55.13	56.42	56.41	57.20	58.51
批发和零售业	57.95	58.66	58.54	58.31	58.94	59.66	59.57
水利、环境和公共设施管理业	57.47	58.28	57.24	57.32	57.43	58.71	58.04
卫生和社会工作	57.96	59.91	58.62	61.20	58.36	55.97	58.11
文化、体育和娱乐业	56.56	56.50	57.78	57.27	57.68	60.33	58.64
信息传输、软件和信息技术服务业	56.54	55.93	56.27	56.47	56.68	57.76	58.11
制造业	55.76	55.96	55.50	55.64	55.80	57.20	57.44
住宿和餐饮业	59.36	57.59	61.54	59.41	59.58	62.55	59.59
综合	57.16	58.73	58.62	60.36	58.72	60.94	58.08
租赁和商务服务业	56.99	56.24	56.53	55.96	57.94	58.30	59.41

资料来源：南开大学公司治理数据库。

三、各行业中国上市公司监事会治理指数具体分析

(一) 金融业上市公司监事会治理指数分析

表 6-47 列出了金融业上市公司监事会治理指数。2008—2022 年，金融业上市公司的监事会治理指数平均值波动较大，但仍然有所上升。2010—2011 年、2013 年、2014—2016 年，金融业上市公司监事会治理指数平均值均有所上升。2009 年、2012 年、2014 年、2016—2018 年间，金融业上市公司在监事会治理方面则均有所下滑。2018 年以后，总体呈上升趋势。

表 6-47 金融业上市公司监事会治理指数统计分析

年份	平均值	中位数	标准差	全距	最小值	最大值
2008	62.89	64.18	6.71	27.30	45.09	72.39
2009	61.62	62.41	6.95	30.95	45.08	76.03
2010	63.44	61.35	6.72	27.12	50.31	77.43
2011	65.13	66.09	7.55	37.62	40.50	78.12
2012	63.76	64.66	6.51	25.05	51.84	76.90
2013	65.84	66.20	6.57	26.04	49.22	75.25
2014	65.55	66.78	8.25	33.15	45.49	78.64
2015	65.88	67.11	6.21	25.57	51.84	77.41
2016	66.68	67.47	5.32	23.15	53.76	76.91
2017	64.50	65.62	6.35	25.34	52.83	78.17
2018	64.37	64.93	7.18	33.52	43.27	76.78
2019	65.63	66.27	6.15	25.20	53.73	78.92
2020	66.78	67.96	6.92	30.43	47.57	78.00
2021	66.90	68.66	6.80	25.09	52.67	77.76
2022	67.15	68.40	6.85	34.82	42.97	77.80

资料来源：南开大学公司治理数据库。

表 6-48 列出了金融业上市公司监事会治理分指数。从监事会治理三个分指数来看，2008—2022 年间，金融业上市公司的运行状况分指数总体表现优于规模结构分指数和胜任能力分指数。2008—2011 年，金融业上市公司规模结构分指数高于胜任能力分指数。而自 2012 年以来，金融业上市公司在监事会治理胜任能力方面的表现基本优于规模结构方面。图 6-14 展示了金融业上市公司监事会治理分指数趋势。

表 6-48 金融业上市公司监事会治理分指数统计分析

年份	监事会治理	运行状况	规模结构	胜任能力
2008	62.89	65.93	68.67	54.51
2009	61.62	67.41	62.41	55.88
2010	63.44	64.81	67.78	57.93
2011	65.13	68.57	64.29	63.03
2012	63.76	68.29	61.22	62.42
2013	65.84	72.86	62.14	63.53
2014	65.55	71.90	63.33	62.33
2015	65.88	73.05	61.36	64.24
2016	66.68	72.60	64.30	64.00
2017	64.50	70.60	59.63	64.16
2018	64.37	71.15	59.29	63.63
2019	65.63	74.09	60.00	64.01
2020	66.78	75.93	62.87	62.85
2021	66.90	76.23	60.45	65.35
2022	67.15	75.20	61.89	65.53

资料来源：南开大学公司治理数据库。

图 6-14 金融业上市公司监事会治理分指数趋势

资料来源：南开大学公司治理数据库。

（二）高科技行业上市公司监事会治理指数分析

表6-49列出了2003—2015年信息技术业上市公司监事会治理指数。出于可比性考虑，我们选取2004—2015年的数据进行对比分析。从监事会治理指数平均值来看，信息技术业上市公司监事会治理指数总体呈上升趋势，从2004年的48.97上升为2015年的58.12，增幅为9.15。从标准差来看，信息技术业不同上市公司在监事会治理方面的差异有所缩小，从2004年的5.59降低至2015年的5.51。

表6-49　信息技术业上市公司监事会治理指数统计分析

年份	平均值	中位数	标准差	全距	最小值	最大值
2003	45.55	43.63	7.47	40.62	30.41	71.03
2004	48.97	48.71	5.59	26.06	37.12	63.18
2005	52.11	50.87	7.11	40.28	35.10	75.38
2006	50.26	49.92	6.78	32.01	34.34	66.35
2007	52.40	52.46	6.75	30.07	35.44	65.51
2008	54.19	54.43	5.85	25.57	41.54	67.11
2009	55.52	54.56	6.48	22.19	47.58	69.76
2010	54.42	52.41	5.44	23.01	47.44	70.44
2011	56.94	55.89	5.79	26.04	45.49	71.53
2012	56.42	55.71	5.95	36.69	35.84	72.53
2013	57.02	56.59	6.18	30.94	40.15	71.09
2014	58.26	57.09	5.40	29.30	42.39	71.69
2015	58.12	57.17	5.51	41.52	34.44	75.96

资料来源：南开大学公司治理数据库。

表6-50列出了2016—2022年信息传输、软件和信息技术服务业上市公司监事会治理指数。从监事会治理指数平均值来看，信息传输、软件和信息技术服务业上市公司监事会治理指数基本呈较为平稳的趋势，波动幅度较小。2016—2017年，监事会治理指数平均值略有降低，在2017—2022年间平稳增加。从标准差来看，信息传输、软件和信息技术服务业不同上市公司在监事会治理方面的差异也有所缩小，从2016年的6.39下降为2022年的4.71。

表6-50　信息传输、软件和信息技术服务业上市公司监事会治理指数统计分析

年份	平均值	中位数	标准差	全距	最小值	最大值
2016	58.34	58.10	6.39	40.78	32.27	73.05
2017	57.68	56.80	4.58	22.84	49.10	71.94

(续)

年份	平均值	中位数	标准差	全距	最小值	最大值
2018	58.24	57.53	4.41	28.91	42.53	71.44
2019	58.36	57.42	4.51	24.11	50.33	74.44
2020	58.54	57.51	4.78	26.57	48.31	74.88
2021	58.73	57.67	4.61	31.70	42.40	74.10
2022	58.80	57.91	4.71	43.82	33.22	77.03

资料来源：南开大学公司治理数据库。

（三）房地产业上市公司监事会治理指数分析

表 6-51 列出了房地产业上市公司监事会治理指数。出于可比性考虑，我们选取 2004—2022 年的数据进行对比分析。2004—2022 年，房地产业上市公司监事会治理指数总体呈上升趋势，从 2004 年的 48.43 上升为 2022 年的 60.97。从标准差来看，房地产业不同上市公司之间的差距略有缩小。

表 6-51　房地产业上市公司监事会治理指数统计分析

年份	平均值	中位数	标准差	全距	最小值	最大值
2003	42.47	—	—	—	—	—
2004	48.43	47.47	6.67	29.86	39.06	68.92
2005	49.64	49.45	6.97	35.30	34.46	69.76
2006	51.47	52.20	6.79	28.52	34.56	63.08
2007	52.46	52.37	5.95	30.44	37.05	67.50
2008	53.57	53.39	6.38	32.46	33.97	66.43
2009	56.48	55.50	5.87	24.69	47.30	71.98
2010	55.46	53.78	6.65	29.06	44.20	73.26
2011	56.84	54.61	6.00	25.46	48.34	73.81
2012	56.62	54.52	6.50	27.71	44.59	72.30
2013	56.73	55.86	7.50	37.14	38.89	76.03
2014	55.83	56.42	8.42	33.27	40.22	73.49
2015	58.43	57.23	7.34	38.93	34.72	73.65
2016	58.57	57.16	7.02	35.13	40.43	75.56
2017	60.45	59.99	6.02	29.96	44.36	74.32
2018	60.37	59.19	5.92	29.89	44.10	74.00

(续)

年份	平均值	中位数	标准差	全距	最小值	最大值
2019	61.22	59.72	5.82	25.06	48.48	73.54
2020	61.01	58.65	6.20	27.53	50.52	78.04
2021	60.74	58.86	5.86	24.44	50.63	75.08
2022	60.97	59.73	5.61	26.86	45.58	72.44

资料来源：南开大学公司治理数据库。

表 6-52 列出了房地产业上市公司监事会治理分指数。2004—2022 年，房地产业上市公司监事会治理运行状况分指数总体表现优于规模结构分指数和胜任能力分指数。除 2004 年和 2009 年外，房地产业上市公司胜任能力分指数均高于规模结构分指数，说明规模结构是监事会治理的短板。图 6-15 展示了房地产业上市公司监事会治理分指数趋势。

表 6-52 房地产业上市公司监事会治理分指数统计分析

年份	监事会治理	运行状况	规模结构	胜任能力
2003	42.47	—	—	—
2004	48.43	57.88	47.75	41.01
2005	49.64	51.57	47.02	50.60
2006	51.47	53.85	40.00	60.91
2007	52.46	61.18	48.04	49.41
2008	53.57	62.55	46.82	52.64
2009	56.48	69.57	51.23	50.51
2010	55.46	66.13	48.47	53.31
2011	56.84	65.22	48.65	57.85
2012	56.62	65.43	48.49	57.20
2013	56.73	63.49	50.00	57.68
2014	55.83	58.72	50.60	58.59
2015	58.43	67.72	49.96	58.95
2016	58.57	67.91	50.26	58.86
2017	60.45	70.96	52.72	59.16
2018	60.37	71.51	51.35	59.84
2019	61.22	75.08	50.79	59.77
2020	61.01	74.52	50.20	60.25
2021	60.74	74.55	48.72	60.92
2022	60.97	74.43	48.74	61.66

资料来源：南开大学公司治理数据库。

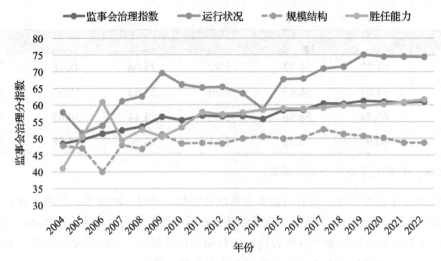

图 6-15 房地产业上市公司监事会治理分指数趋势

资料来源：南开大学公司治理数据库。

（四）制造业上市公司监事会治理指数分析

表 6-53 列出了制造业上市公司监事会治理指数。出于可比性考虑，我们选取 2004—2022 年的数据进行对比分析。制造业上市公司监事会治理指数平均值在 2004—2022 年间虽然略有波动，但总体呈上升趋势，从 2004 年的 50.25 上升为 2022 年的 58.75。

表 6-53 制造业上市公司监事会治理指数统计分析

年份	平均值	中位数	标准差	全距	最小值	最大值
2003	56.30	—	—	—	—	—
2004	50.25	50.12	5.93	36.59	35.64	72.23
2005	51.31	50.66	7.49	41.38	32.69	74.07
2006	50.43	50.27	7.20	41.38	30.85	72.23
2007	52.82	52.88	6.41	43.81	25.94	69.76
2008	54.54	54.98	6.38	41.36	31.66	73.03
2009	55.60	55.30	6.35	35.76	35.82	71.58
2010	55.78	54.89	6.47	43.17	30.87	74.04
2011	56.55	55.73	6.41	38.42	35.33	73.75
2012	56.84	56.00	6.53	39.89	35.99	75.88
2013	56.96	55.88	6.93	36.92	38.75	75.67
2014	57.69	56.59	6.65	46.58	29.42	76.00
2015	57.95	56.73	6.58	44.29	30.73	75.02

（续）

年份	平均值	中位数	标准差	全距	最小值	最大值
2016	58.24	57.18	6.48	46.10	31.50	77.60
2017	58.02	56.51	5.63	32.35	42.50	74.85
2018	58.27	57.06	5.93	46.76	29.82	76.58
2019	58.72	57.09	5.50	34.05	43.51	77.56
2020	58.81	57.35	5.37	30.16	46.45	76.61
2021	58.85	57.53	5.55	77.11	0.00	77.11
2022	58.75	57.67	5.76	79.15	0.00	79.15

资料来源：南开大学公司治理数据库。

表6-54列出了制造业上市公司监事会治理分指数。2004—2006年，制造业上市公司监事会治理运行状况分指数和规模结构分指数均出现较大幅度的下降，而胜任能力分指数则快速上升。从长期趋势来看，运行状况分指数和胜任能力分指数均呈上升趋势，而规模结构分指数却有所下降。从三个分指数的比较来看，2007年以来，运行状况分指数明显高于其他两个分指数。胜任能力分指数自2011年以后也高于规模结构分指数。制造业上市公司在监事会治理规模结构方面的表现欠佳。图6-16展示了制造业上市公司监事会治理分指数趋势。

表6-54 制造业上市公司监事会治理分指数统计分析

年份	监事会治理	运行状况	规模结构	胜任能力
2003	56.30	—	—	—
2004	50.25	58.33	52.93	40.64
2005	51.31	54.68	52.24	47.51
2006	50.43	49.90	42.87	58.44
2007	52.82	59.25	51.70	48.43
2008	54.54	62.13	51.84	50.74
2009	55.60	64.52	54.09	49.47
2010	55.78	64.68	52.05	51.87
2011	56.55	65.90	50.06	55.03
2012	56.84	68.19	49.07	54.88
2013	56.96	68.70	49.04	54.82
2014	57.69	69.64	49.61	55.52
2015	57.95	70.91	48.93	55.87
2016	58.24	71.77	49.12	55.76

(续)

年份	监事会治理	运行状况	规模结构	胜任能力
2017	58.02	71.88	48.21	55.96
2018	58.27	74.02	47.55	55.50
2019	58.72	76.01	46.99	55.64
2020	58.81	75.76	47.30	55.80
2021	58.85	75.92	45.87	57.20
2022	58.75	75.95	45.31	57.44

资料来源：南开大学公司治理数据库。

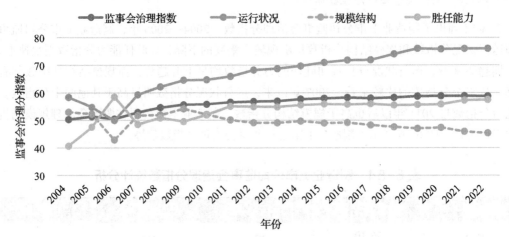

图 6-16　制造业上市公司监事会治理分指数趋势

资料来源：南开大学公司治理数据库。

第五节　中国上市公司监事会治理分市场板块分析

一、中国上市公司监事会治理指数分市场板块比较分析

表 6-55 列出了不同市场板块上市公司的监事会治理指数。出于可比性考虑，我们选取 2004—2022 年的数据进行对比分析。总体来看，主板上市公司的监事会治理指数呈上升趋势，从 2004 年的 50.48 上升为 2022 年的 60.32，增加了 9.84。中小板上市公司监事会治理指数自 2010 以来波动幅度不大且有所上升。创业板上市公司监事会治理指数在 2011—2022 年间涨幅为 4.05，说明增速较为平缓。科创板上市公司监事会治理指数在 2020—2021 年有所增加，但在 2022 年又略有下跌。2022 年北交所上市公司监事会治理指数为 57.66。

表 6-55　中国上市公司监事会治理指数分市场板块比较分析

年份	主板	中小板	创业板	科创板	北交所
2003	48.64	—	—	—	—
2004	50.48	—	—	—	—
2005	51.75	—	—	—	—
2006	50.93	—	—	—	—
2007	52.96	—	—	—	—
2008	54.84	—	—	—	—
2009	55.96	—	—	—	—
2010	56.49	54.65	—	—	—
2011	58.07	55.90	53.93	—	—
2012	58.43	55.87	55.47	—	—
2013	58.20	56.08	56.63	—	—
2014	58.30	57.80	57.09	—	—
2015	59.77	57.25	56.50	—	—
2016	59.24	58.90	57.02	—	—
2017	60.17	57.64	56.44	—	—
2018	59.85	58.82	57.29	—	—
2019	60.87	58.51	57.47	—	—
2020	60.75	58.98	58.08	55.82	—
2021	60.96	58.97	57.91	57.42	—
2022	60.32	—	57.98	57.39	57.66

资料来源：南开大学公司治理数据库。

二、中国上市公司监事会治理分指数分市场板块比较分析

表 6-56 列出了不同市场板块上市公司的监事会治理运行状况分指数。主板上市公司运行状况分指数在 2004—2006 年有所下降，从 2004 年的 58.16 下降为 2006 年的 50.48，在 2007—2012 年又逐渐回升，在 2013—2014 年略有下滑，此后基本呈平稳上升趋势。中小板上市公司的运行状况分指数总体呈上升趋势，从 2010 年的 65.81 上升为 2021 年的 76.85。创业板上市公司运行状况分指数在 2011—2013 年有所上升，在 2013—2016 年间处于上下波动状态，在 2016—2018 年逐渐回升，在 2019—2021 年基本平稳，但在 2022 年出现了较大幅度的下滑。科创板上市公司运行状况分指数在 2020—2022 年不断上升，从 2020 年的 66.86 上升为 2022 年的 74.67。

表 6-56　中国上市公司监事会治理运行状况分指数分市场板块比较分析

年份	主板	中小板	创业板	科创板	北交所
2004	58.16	—	—	—	—
2005	55.02	—	—	—	—
2006	50.48	—	—	—	—
2007	59.53	—	—	—	—
2008	62.45	—	—	—	—
2009	64.65	—	—	—	—
2010	64.51	65.81	—	—	—
2011	64.80	68.99	71.12	—	—
2012	66.41	69.31	75.15	—	—
2013	64.79	70.51	76.11	—	—
2014	63.69	74.14	73.43	—	—
2015	68.65	72.58	74.43	—	—
2016	67.97	74.82	73.39	—	—
2017	70.80	72.68	76.49	—	—
2018	71.90	75.60	77.49	—	—
2019	74.94	76.32	76.59	—	—
2020	75.12	76.85	76.92	66.86	—
2021	75.24	76.85	76.75	73.40	—
2022	75.63	—	64.74	74.67	77.68

资料来源：南开大学公司治理数据库。

表 6-57 列出了不同市场板块上市公司的监事会治理规模结构分指数。主板上市公司规模结构分指数除 2006 年下跌幅度较大，其余年份总体较为平稳且略有下滑。中小板上市公司规模结构分指数在 2010—2012 年有所下滑，在 2013—2014 年略有回升，在 2015 年以后基本呈波动式下降趋势。创业板上市公司规模结构分指数在 2011—2022 年总体较为平稳，但略有下降，从 2011 年的 44.74 下降为 2022 年的 43.03。科创板上市公司规模结构分指数在 2020—2022 年呈连续下降趋势，从 2020 年的 45.57 下降为 2022 年的 43.00。

表 6-57　中国上市公司监事会治理规模结构分指数分市场板块比较分析

年份	主板	中小板	创业板	科创板	北交所
2004	53.06	—	—	—	—
2005	52.11	—	—	—	—

(续)

年份	主板	中小板	创业板	科创板	北交所
2006	43.05	—	—	—	—
2007	51.58	—	—	—	—
2008	51.82	—	—	—	—
2009	54.30	—	—	—	—
2010	53.33	48.95	—	—	—
2011	53.45	46.63	44.74	—	—
2012	52.84	46.22	43.65	—	—
2013	53.21	46.30	43.48	—	—
2014	53.91	47.24	43.55	—	—
2015	53.25	46.84	43.62	—	—
2016	52.67	49.32	44.56	—	—
2017	52.88	47.44	43.23	—	—
2018	51.39	48.16	43.08	—	—
2019	51.53	46.52	42.88	—	—
2020	51.13	46.77	45.08	45.57	—
2021	50.11	45.26	43.18	44.28	—
2022	48.42	—	43.03	43.00	41.59

资料来源：南开大学公司治理数据库。

表 6-58 列出了不同市场板块上市公司的监事会治理胜任能力分指数。主板上市公司胜任能力分指数在 2004—2006 年间有较大幅度的提升，在 2007 年下降为 48.70，在 2009—2011 年有较快回升，此后基本呈较为平缓的上升趋势。中小板上市公司胜任能力分指数总体呈上升趋势，从 2010 年的 50.78 上升为 2021 年的 57.35。创业板上市公司胜任能力分指数在 2011—2013 年较为平稳，在 2013—2015 年快速上升，在 2016 年略有下降，虽然在 2017 年有所回升，但在 2018 年和 2019 年两年间再次下滑，在 2019—2022 年呈快速上升状态。科创板上市公司胜任能力分指数在 2020—2022 年呈小幅度上升趋势，从 2020 年的 56.61 上升为 2022 年的 56.98。

表 6-58 中国上市公司监事会治理胜任能力分指数分市场板块比较分析

年份	主板	中小板	创业板	科创板	北交所
2004	41.32	—	—	—	—
2005	48.60	—	—	—	—
2006	59.21	—	—	—	—
2007	48.70	—	—	—	—

(续)

年份	主板	中小板	创业板	科创板	北交所
2008	51.33	—	—	—	—
2009	50.18	—	—	—	—
2010	52.79	50.78	—	—	—
2011	56.93	53.96	53.87	—	—
2012	57.18	53.99	53.89	—	—
2013	57.55	53.50	53.91	—	—
2014	58.07	54.36	54.33	—	—
2015	58.67	54.53	54.86	—	—
2016	58.33	54.84	54.56	—	—
2017	58.35	54.96	55.13	—	—
2018	57.97	55.08	55.05	—	—
2019	58.14	55.23	54.89	—	—
2020	58.06	55.87	55.22	56.61	—
2021	59.57	57.35	56.34	56.86	—
2022	59.10	—	56.83	56.98	56.57

资料来源：南开大学公司治理数据库。

三、各市场板块中国上市公司监事会治理指数具体分析

表 6-59 列出了主板上市公司的监事会治理指数。从监事会治理指数平均值来看，主板上市公司的监事会治理指数平均值从 2004 年的 50.48 上升为 2022 年的 60.32。从标准差来看，不同主板上市公司在监事会治理方面的差距有所增加，标准差从 2004 年的 6.08 上升为 2022 年的 6.15。

表 6-59 主板上市公司监事会治理指数统计分析

年份	平均值	中位数	标准差	全距	最小值	最大值
2003	48.64	47.53	11.25	65.84	11.90	77.74
2004	50.48	50.34	6.08	42.32	35.43	77.75
2005	51.75	51.07	7.63	49.07	31.42	80.49
2006	50.93	50.69	7.24	44.37	27.86	72.23
2007	52.96	53.13	6.44	46.19	25.94	72.14
2008	54.84	55.15	6.54	41.36	31.66	73.03
2009	55.96	55.71	6.54	41.77	34.27	76.03

(续)

年份	平均值	中位数	标准差	全距	最小值	最大值
2010	56.49	55.92	6.77	46.56	30.87	77.43
2011	58.07	57.27	6.55	41.29	36.83	78.12
2012	58.43	57.95	6.79	40.60	36.84	77.43
2013	58.20	57.23	7.99	38.81	38.75	77.56
2014	58.30	57.35	8.12	49.13	29.51	78.64
2015	59.77	58.63	7.43	46.57	30.84	77.41
2016	59.24	58.02	7.53	45.78	31.82	77.60
2017	60.17	59.01	6.32	35.67	42.50	78.17
2018	59.85	58.30	7.06	46.96	29.82	76.78
2019	60.87	58.97	6.33	38.46	40.47	78.92
2020	60.75	58.86	6.41	35.13	42.91	78.04
2021	60.96	58.89	6.33	35.36	42.40	77.76
2022	60.32	58.48	6.15	45.93	33.22	79.15

资料来源：南开大学公司治理数据库。

表6-60列出了主板上市公司的监事会治理分指数。从监事会治理的三个分指数来看，主板上市公司在运行状况方面的表现总体优于规模结构和胜任能力方面。主板上市公司胜任能力分指数自2011年以后就明显高于规模结构分指数，而规模结构分指数在监事会治理三个分指数中表现较差，且呈下降趋势，说明规模结构是主板上市公司监事会治理的短板。图6-17展示了主板上市公司监事会治理分指数趋势。

表6-60 主板上市公司监事会治理分指数统计分析

年份	监事会治理	运行状况	规模结构	胜任能力
2003	48.64	—	—	—
2004	50.48	58.16	53.06	41.32
2005	51.75	55.02	52.11	48.60
2006	50.93	50.48	43.05	59.21
2007	52.96	59.53	51.58	48.70
2008	54.84	62.45	51.82	51.33
2009	55.96	64.65	54.30	50.18
2010	56.49	64.51	53.33	52.79
2011	58.07	64.80	53.45	56.93

(续)

年份	监事会治理	运行状况	规模结构	胜任能力
2012	58.43	66.41	52.84	57.18
2013	58.20	64.79	53.21	57.55
2014	58.30	63.69	53.91	58.07
2015	59.77	68.65	53.25	58.67
2016	59.24	67.97	52.67	58.33
2017	60.17	70.80	52.88	58.35
2018	59.85	71.90	51.39	57.97
2019	60.87	74.94	51.53	58.14
2020	60.75	75.12	51.13	58.06
2021	60.96	75.24	50.11	59.57
2022	60.32	75.63	48.42	59.10

资料来源：南开大学公司治理数据库。

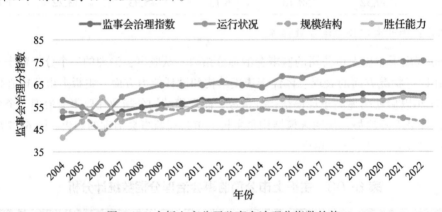

图 6-17　主板上市公司监事会治理分指数趋势

资料来源：南开大学公司治理数据库。

表6-61列出了中小板上市公司的监事会治理指数。从监事会治理指数平均值来看，中小板上市公司监事会治理指数平均值的波动幅度较小但仍有所上升。从标准差来看，中小板不同上市公司在监事会治理方面的差距总体小于主板。

表6-61　中小板上市公司监事会治理指数统计分析

年份	平均值	中位数	标准差	全距	最小值	最大值
2010	54.65	53.64	5.50	27.75	42.34	70.09
2011	55.90	55.64	6.03	36.25	35.33	71.58

(续)

年份	平均值	中位数	标准差	全距	最小值	最大值
2012	55.87	55.43	6.04	39.05	35.84	74.89
2013	56.08	55.41	6.19	34.66	38.99	73.66
2014	57.80	56.55	5.62	44.72	29.42	74.13
2015	57.25	56.14	5.68	45.15	30.73	75.88
2016	58.90	58.03	5.46	37.24	39.52	76.76
2017	57.64	56.27	5.26	31.41	43.37	74.78
2018	58.82	57.99	5.23	42.64	33.63	76.28
2019	58.51	57.08	5.32	30.61	46.03	76.64
2020	58.98	57.60	4.97	27.28	50.40	77.68
2021	58.97	57.77	4.89	27.59	50.63	78.23

资料来源：南开大学公司治理数据库。

表6-62列出了中小板上市公司的监事会治理分指数。从监事会治理的三个分指数来看，中小板上市公司在运行状况方面的表现显著优于规模结构和胜任能力两个方面，胜任能力分指数次之，规模结构分指数最低，且逐渐下降，说明规模结构也是中小板上市公司监事会治理的短板。图6-18展示了中小板上市公司监事会治理分指数趋势。

表6-62 中小板上市公司监事会治理分指数统计分析

年份	监事会治理	运行状况	规模结构	胜任能力
2010	54.65	65.81	48.95	50.78
2011	55.90	68.99	46.63	53.96
2012	55.87	69.31	46.22	53.99
2013	56.08	70.51	46.30	53.50
2014	57.80	74.14	47.24	54.36
2015	57.25	72.58	46.84	54.53
2016	58.90	74.82	49.32	54.84
2017	57.64	72.68	47.44	54.96
2018	58.82	75.60	48.16	55.08
2019	58.51	76.32	46.52	55.23
2020	58.98	76.85	46.77	55.87
2021	58.97	76.85	45.26	57.35

资料来源：南开大学公司治理数据库。

图 6-18 中小板上市公司监事会治理分指数趋势

资料来源：南开大学公司治理数据库。

表 6-63 列出了创业板上市公司的监事会治理指数。从监事会治理指数平均值来看，创业板上市公司监事会治理指数平均值呈平稳上升趋势，从 2011 年的 53.93 上升为 2022 年的 57.98。从标准差来看，创业板不同上市公司在监事会治理方面的差距也相对较小。

表 6-63 创业板上市公司监事会治理指数统计分析

年份	平均值	中位数	标准差	全距	最小值	最大值
2011	53.93	52.81	5.94	32.31	38.97	71.28
2012	55.47	55.50	5.62	37.06	35.99	73.05
2013	56.63	55.92	4.55	31.93	39.45	71.38
2014	57.09	56.45	4.32	30.28	42.04	72.32
2015	56.50	56.10	5.24	41.60	30.24	71.84
2016	57.02	56.52	5.73	41.62	31.40	73.02
2017	56.44	55.93	3.87	25.19	47.49	72.68
2018	57.29	56.66	3.86	23.54	48.52	72.06
2019	57.47	56.94	3.69	20.95	50.33	71.28
2020	58.08	57.39	4.28	26.34	48.24	74.58
2021	57.91	57.34	3.91	28.75	43.87	72.61
2022	57.98	57.28	4.13	41.16	32.31	73.47

资料来源：南开大学公司治理数据库。

表 6-64 列出了创业板上市公司的监事会治理分指数。与主板和中小板类似，创业板上市公司的运行状况分指数远高于规模结构分指数和胜任能力分指数，胜任能力分指数高于规模结构分指数，规模结构分指数仍最低。图 6-19 展示了创业板上市公司监事会治理分指数趋势。

表6-64 创业板上市公司监事会治理分指数统计分析

年份	监事会治理	运行状况	规模结构	胜任能力
2011	53.93	64.74	44.74	53.87
2012	55.47	71.12	43.65	53.89
2013	56.63	75.15	43.48	53.91
2014	57.09	76.11	43.55	54.33
2015	56.50	73.43	43.62	54.86
2016	57.02	74.43	44.56	54.56
2017	56.44	73.39	43.23	55.13
2018	57.29	76.49	43.08	55.05
2019	57.47	77.49	42.88	54.89
2020	58.08	76.59	45.08	55.22
2021	57.91	76.92	43.18	56.34
2022	57.98	76.75	43.03	56.83

资料来源：南开大学公司治理数据库。

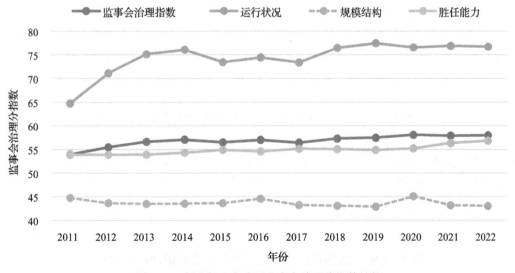

图6-19 创业板上市公司监事会治理分指数趋势

资料来源：南开大学公司治理数据库。

表6-65列出了科创板上市公司的监事会治理指数。从监事会治理指数平均值来看，科创板上市公司监事会治理指数平均值从2020年的55.82上升为2021年的57.42，在2022年又略有下跌。从标准差来看，科创板不同上市公司在监事会治理方面的差距略有增加。

表 6-65　科创板上市公司监事会治理指数统计分析

年份	平均值	中位数	标准差	全距	最小值	最大值
2020	55.82	54.78	4.82	21.17	47.33	68.50
2021	57.42	56.94	8.30	72.97	0.00	72.97
2022	57.39	57.53	8.14	74.36	0.00	74.36

资料来源：南开大学公司治理数据库。

表6-66列出了科创板上市公司的监事会治理分指数。从三个分指数的比较来看：科创板上市公司的运行状况分指数最高，且逐渐上升；胜任能力分指数次之，也呈上升趋势；规模结构分指数总体较低，且呈下降态势。

表 6-66　科创板上市公司监事会治理分指数统计分析

年份	监事会治理	运行状况	规模结构	胜任能力
2020	55.82	66.86	45.57	56.61
2021	57.42	73.40	44.28	56.86
2022	57.39	74.67	43.00	56.98

资料来源：南开大学公司治理数据库。

表6-67和表6-68分别列出了北交所上市公司的监事会治理指数及其分指数。2022年，北交所上市公司监事会治理指数的平均值为57.66，标准差为3.33。从三个分指数来看：北交所上市公司监事会治理中的运行状况表现最优，平均值为77.68；胜任能力仅次于运行状况，平均值为56.57；规模结构方面的表现欠佳，平均值仅为41.59。

表 6-67　北交所上市公司监事会治理指数统计分析

年份	平均值	中位数	标准差	全距	最小值	最大值
2022	57.66	57.22	3.33	19.43	52.22	71.65

资料来源：南开大学公司治理数据库。

表 6-68　北交所上市公司监事会治理分指数统计分析

年份	监事会治理	运行状况	规模结构	胜任能力
2022	57.66	77.68	41.59	56.57

资料来源：南开大学公司治理数据库。

第六节　中国上市公司监事会治理分析结论

一、中国上市公司监事会治理总体分析结论

中国上市公司监事会治理指数在2003—2022年呈现较为稳定的增长趋势，从2003年的48.64上升至2022年的59.49，但近年来出现发展停滞的状态。从监事会治理的三个分指数来看，运行状况分指数表现较好，自2007年以后呈现稳定上升趋势。规模结构分指数表现较差，呈现波动下降趋势。胜任能力分指数呈现较为稳定的上升趋势。监事会治理在过去20年中有了一定的发展，但其职能的发挥与制度设计的预想效果仍有较大差距。《公司法》针对监事会的构成作了较为硬性的规定，为上市公司提供了指引，但也导致上市公司的监事会规模结构出现底线效应，多数公司尤其是新上市公司以合规为准则构建监事会，缺少对有效性的追求。

二、中国上市公司监事会治理具体分析结论

（一）监事会治理分控股股东性质比较分析结论

从分控股股东性质来看，2004—2022年之间，不同控股股东性质上市公司的监事会治理指数总体均呈上升趋势。国有控股上市公司的监事会治理指数从2004年的51.03上升到2022年的63.22，上升了12.19，说明监事会治理指数有较为明显的提升。国有控股上市公司运行状况分指数有明显提高，从2004年的58.29上升到2022年的75.25；规模结构分指数变化不大，从2004年的54.16波动上升到2017年的57.00，又下降到2022年的54.24；胜任能力分指数上升较为明显，从2004年的41.67上升到2022年的61.89。民营控股上市公司监事会治理指数在2004—2022年也上升明显，但一直低于国有控股上市公司，且差距较大。

（二）监事会治理分区域和地区比较分析结论

从不同地区来看，西北地区上市公司在监事会治理方面总体优于其他地区。在三个分指数方面，华南地区上市公司的运行状况高于其他地区，华北地区上市公司胜任能力分指数高于其他地区，华南地区上市公司在规模结构分指数上处于较低水平，西北地区上市公司的规模结构分指数高于其他地区，华东地区上市公司的胜任能力分指数处于较低水平。具体来看，在东北地区，辽宁上市公司监事会治理指数相对较高，黑龙江和吉林较低；在华北地区，山西上市公司监事会治理指数相对较高，内蒙古上市公司监事会治理表现最差；在华中地区，河南上市公司的监事会治理指数表现较好，而湖南上市公司的监事会治理指数相对较低；在华东地区，江西上市公司的监事会治理指数表现较好，而江苏和浙江上市公司的监事会治理指数相对较低；在华南地区，海南上市公司的监事会治理指数上升较快，从较为落后变为较为领先，而广东上市公司的监事会治理指数变化较为平缓，逐渐落后于华南地区其他省份和自治区；在西北地区，新疆上市公司的监事会治理指数表现较好，而甘肃上市公司的监事会治理指数波动较大，在2010年后下降幅度较大，逐渐落后于西北地区其他省份和自治区；在西南地区，云南上市公司的监事会治理指数表现较好，而西藏上市公司的监事会治理指数波动较大且落后于西北地区其他省份。

从不同经济区域来看，各经济区域监事会治理指数总体呈现上升趋势。比较来看，西部经济区域和中部经济区域监事会治理指数表现较好；而东部经济区域上市公司监事会治理指数上升较为平缓，逐渐落后于其他地区；东北经济区域上市公司监事会治理指数波动较大，且上升较快。从长三角和珠三角这两个特定区域来看，珠三角和长三角区域上市公司监事会治理指数呈较为稳定的上升趋势。珠三角上市公司监事会治理指数表现略好于长三角上市公司。具体比较北京市、上海市、广州市、深圳市和杭州市五个特定城市上市公司监事会治理指数发现，北京市上市公司监事会治理指数呈较为稳定的上升趋势，且表现较好。上海市上市公司监事会治理指数在2015年有较大幅度的提升，之后较为平稳。广州市上市公司监事会治理指数在2012年之前上升趋势较为明显，但在2013年有较大幅度的下降，之后缓慢上升。深圳市上市公司监事会治理指数在2008年有较大幅度的上升，此后上升趋势较为平缓。杭州市上市公司监事会治理指数波动幅度较大，且表现相对较差。

（三）监事会治理分行业比较分析结论

从不同行业分布来看，金融业以及电力、热力、燃气及水生产和供应业上市公司监事会治理指数较高。农、林、牧、渔业，制造业，以及信息传输、软件和信息技术服务业上市公司在监事会治理方面表现欠佳。2004—2022年，金融业上市公司的监事会治理指数均居行业前两位，电力、煤气及水的生产和供应业上市公司的监事会治理表现也相对较好。2005年以及2009—2015年，农、林、牧、渔业上市公司的监事会治理指数均较低。2016—2022年，制造业以及信息传输、软件和信息技术服务业上市公司在监事会治理方面的表现也较差。从典型行业上市公司监事会治理三个分指数来看，金融业、房地产业以及制造业上市公司运行状况分指数最高，胜任能力分指数次之，规模结构分指数相对较低。

（四）监事会治理分市场板块比较分析结论

从不同市场板块比较来看，主板、中小板和创业板上市公司的监事会治理指数总体呈上升趋势，科创板上市公司略有下降。主板上市公司的监事会治理指数从2003年的48.64上升为2022年的60.32；中小板上市公司监事会治理指数波动幅度较小但仍有所上升，从2010年的54.65上升为2021年的58.97；创业板上市公司监事会治理指数从2011年的53.93上升为2022年的57.98；科创板上市公司监事会治理指数在2020—2021年有所增加，但在2022年又略有下跌。从监事会治理分指数来看，不同市场板块上市公司均在监事会运行状况方面表现较好，而规模结构则是监事会治理的短板。

第七章　中国上市公司经理层治理分析

本章主要分析了 2003—2022 年中国上市公司经理层治理状况。首先，分析了 2003—2022 年这 20 年间经理层治理指数的总体趋势，以及经理层治理任免制度、执行保障和激励约束分指数的趋势。其次，分别按照控股股东性质、区域和地区、行业和市场板块详细分析了不同情况下经理层治理指数及三个分指数的差异。最后，根据上述分析归纳总结了本章的主要结论。从总体来看，中国上市公司经理层治理指数平均值在 2003—2022 年间呈现出较为稳定的上升趋势。从经理层治理的三个分指数来看，任免制度分指数在 2004—2017 年之间呈现波动趋势，自 2018 年之后逐渐开始呈现增长状态。执行保障分指数在 2004—2012 年之间呈现稳定趋势，在 2015 年之后逐渐开始呈现增长状态。激励约束分指数呈逐渐增长状态。

第一节　中国上市公司经理层治理趋势分析

一、中国上市公司经理层治理指数分析

在转轨经济的特殊性背景下，行政型治理向经济型治理转换的过程中形成的治理失控引发了经理层和高管团队治理中的诸多问题，也凸现了公司治理风险。随着公司治理核心从治理结构建立转向治理机制构建，以及"内外兼制，科学决策"和制衡"内部人控制"等理念的强化，经理层治理水平也逐渐提升。从任免制度、执行保障和激励约束三个维度评价中国上市公司经理层治理状况，进行经理层治理指数与绩效指数的回归分析，呈现出中国上市公司经理层治理的发展趋势和规律（李维安和张国萍，2003，2005）。经理层任免制度和选聘程序、两职设置和高管稳定性是建立科学的任免机制的关键；经理层学识胜任能力、内部人控制，以及双重任职

等构成科学决策基础与执行保障机制的核心；经理层薪酬水平和结构、股权激励等激励的长期性和动态性形成经理层激励约束的双刃剑（张国萍和徐碧琳，2003），这些规制和机制方面的改善，使20年间中国上市公司经理层治理质量得到良性提升。

从表7-1可以看出，中国上市公司经理层治理指数平均值在2003—2022年间呈现出较为稳定的上升趋势，从2003年的47.44上升至2022年的59.78。从标准差来看，2004年和2022年上市公司经理层治理指数标准差分别为5.08和5.81，说明上市公司间经理层治理差异稳定。而在2017—2019年，经理层治理指数标准差分别为8.94、9.16和9.64，说明在这个阶段不同上市公司经理层治理差异较平均差异水平有所增加。图7-1显示了中国上市公司经理层治理指数趋势。

表7-1 中国上市公司经理层治理指数统计分析

年份	平均值	中位数	标准差	全距	最小值	最大值
2003	47.44	—	7.92	65.76	11.98	77.74
2004	54.60	54.39	5.08	34.55	38.33	72.89
2005	54.80	54.73	4.90	39.60	30.93	70.53
2006	55.22	55.38	5.77	39.37	39.90	79.26
2007	57.88	58.06	5.45	37.11	42.08	79.20
2008	57.40	56.99	4.76	32.37	41.49	73.86
2009	55.53	55.07	5.82	34.21	40.75	74.97
2010	57.21	56.43	6.06	37.58	40.74	78.31
2011	57.81	57.44	5.64	36.66	38.39	75.05
2012	57.27	57.19	5.97	37.86	38.65	76.51
2013	57.21	56.93	5.79	43.21	35.29	78.50
2014	57.12	56.91	6.39	36.85	41.21	78.06
2015	57.80	57.68	6.22	37.97	41.64	79.61
2016	58.01	57.97	6.73	37.58	40.42	78.00
2017	58.92	59.18	8.94	53.16	25.61	78.77
2018	58.91	59.57	9.16	50.19	30.14	80.33
2019	58.85	59.35	9.64	59.20	18.75	77.95
2020	59.12	60.43	6.58	44.89	34.72	79.61
2021	59.32	59.26	6.28	43.61	36.00	79.61
2022	59.78	59.86	5.81	43.52	33.82	77.34

资料来源：南开大学公司治理数据库。

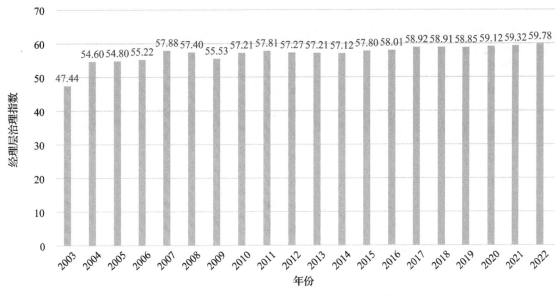

图 7-1　中国上市公司经理层治理指数趋势

资料来源：南开大学公司治理数据库。

二、中国上市公司经理层治理分指数分析

表 7-2 列示了中国上市公司经理层治理分指数统计分析。从经理层治理三个分指数来看，任免制度分指数呈现长短周期性波动增长，执行保障机制稳定增长，激励约束机制呈显著增长趋势。从经理层治理 20 年的发展趋势来看，任免制度分指数在 2004—2017 年之间呈现波动趋势，自 2018 年之后逐渐开始呈现增长状态。中国上市公司坚持从行政型向经济型转型的治理逻辑，需加快导入经济型治理机制（李维安，2005）。执行保障分指数在 2003—2009 年之间呈现增长状态，自 2013 年之后逐渐呈现小幅波动的稳定趋势。改善上市公司经理层执行保障机制建设，控制高管层在关联单位兼任的比例，并适度降低董事长和总经理的兼职比例，使上市公司自主性治理和公司治理有效性得到改善（张国萍，2005）。在疫情和贸易争端影响下，治理风险管控压力增大，需强化治理结构和治理机制创新。激励约束分指数在 2003—2016 年间呈现显著性增长，在 2018—2022 年间出现波动。20 年中的第一个 10 年，中国上市公司高管和经理层激励约束不足的状况得到明显改善，同时，激励约束机制呈现双刃剑的特征，需构建多元化和系统化的激励约束体系（张国萍，2009）。面对数字化经济和科技转化的颠覆创新，逐步实现市场化薪酬与体制内薪酬"并轨"，拓宽股权激励等长期激励覆盖范围和比例，创新公司治理动力机制（张国萍，2022）。图 7-2 显示了中国上市公司经理层治理分指数趋势。总体来看，经理层总体治理状况呈现平稳上升趋势。

表 7-2　中国上市公司经理层治理分指数统计分析

年份	经理层治理	任免制度	执行保障	激励约束
2003	47.44	63.07	61.77	33.02
2004	54.60	65.23	61.46	38.89

（续）

年份	经理层治理	任免制度	执行保障	激励约束
2005	54.80	64.18	62.72	39.35
2006	55.22	63.99	63.84	39.74
2007	57.88	67.48	65.82	42.21
2008	57.40	65.65	65.49	42.84
2009	55.53	62.63	66.27	39.77
2010	57.21	62.90	64.60	45.64
2011	57.81	65.39	64.98	44.67
2012	57.27	61.84	64.50	46.85
2013	57.21	61.44	63.33	48.07
2014	57.12	61.29	63.76	47.58
2015	57.80	61.10	63.75	49.65
2016	58.01	59.32	62.32	53.12
2017	58.92	60.74	63.08	53.67
2018	58.91	60.29	63.73	53.53
2019	58.85	62.28	62.14	52.86
2020	59.12	62.52	62.33	53.24
2021	59.32	62.37	62.08	54.15
2022	59.78	64.07	61.93	53.98

资料来源：南开大学公司治理数据库。

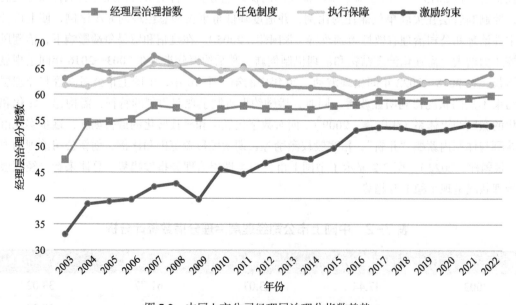

图 7-2　中国上市公司经理层治理分指数趋势

资料来源：南开大学公司治理数据库。

第二节 中国上市公司经理层治理分控股股东性质分析

一、中国上市公司经理层治理指数分控股股东性质比较分析

表 7-3 列出了 2003—2022 年间不同类型控股股东性质上市公司的经理层治理指数，并对国有控股和民营控股上市公司的经理层治理情况进行分析。国有控股上市公司经理层治理指数在 2004—2007 年呈平缓上升趋势，在 2008—2009 年略有下降，虽然在 2010—2011 年有所上升，但在 2012 年再次下降，在此之后呈现小幅波动趋势，在 2019 年呈现大幅度上升后，自 2020 年起缓慢下降并于 2022 年有所回升。民营控股上市公司在 2004—2022 年间虽略有波动，但总体呈现上升趋势。2009 年之前，国有控股上市公司经理层治理水平普遍高于民营控股上市公司。2010—2018 年近十年间，民营控股上市公司经理层治理水平超过国有控股上市公司。在 2019 年和 2020 年疫情期间，再次短暂反转。2021 年和 2022 年，民营控股上市公司经理层治理水平再超国有控股上市公司。图 7-3 显示了不同控股股东性质上市公司经理层治理指数趋势。

表 7-3 中国上市公司经理层治理指数分控股股东比较分析

年份	国有控股	民营控股	集体控股	社会团体控股	外资控股	职工持股会控股	其他类型
2003	47.94	49.73	49.38	—	49.05	—	51.34
2004	54.82	53.63	57.25	56.27	54.62	54.27	52.35
2005	55.07	53.83	56.55	55.13	55.49	55.54	45.26
2006	55.28	55.12	53.21	53.80	57.45	54.68	—
2007	58.22	57.23	57.39	57.33	58.21	55.58	52.40
2008	57.69	56.66	56.20	55.47	60.88	57.73	54.40
2009	55.50	55.39	58.40	60.25	56.68	57.43	57.08
2010	57.07	57.30	58.83	56.53	60.28	59.62	—
2011	57.12	58.33	59.33	60.12	59.75	59.46	—
2012	56.88	57.58	57.26	58.03	57.48	55.66	58.82
2013	55.82	58.26	56.62	63.16	57.98	54.80	58.16
2014	56.09	57.92	57.06	53.96	57.06	54.23	56.84
2015	56.23	58.97	55.94	54.05	56.48	54.74	60.91
2016	56.03	59.26	55.88	53.04	58.02	61.29	59.74
2017	56.29	60.41	57.91	51.57	58.31	57.60	61.97
2018	56.84	59.92	61.08	52.75	59.84	59.13	58.88
2019	60.65	57.95	56.60	59.26	58.84	56.32	60.37

（续）

年份	国有控股	民营控股	集体控股	社会团体控股	外资控股	职工持股会控股	其他类型
2020	59.63	58.94	61.00	56.46	57.46	57.59	59.97
2021	58.70	59.50	57.93	56.85	58.79	60.38	61.48
2022	59.41	59.93	58.97	59.04	59.13	59.97	60.46

资料来源：南开大学公司治理数据库。

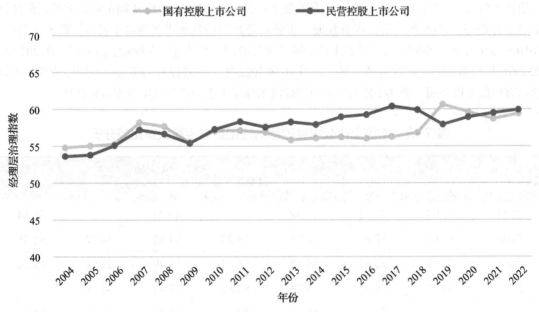

图 7-3　国有控股和民营控股上市公司经理层治理指数趋势

资料来源：南开大学公司治理数据库。

二、中国上市公司经理层治理分指数分控股股东性质比较分析

表 7-4 列出了 2003—2022 年间不同类型控股股东性质上市公司的任免制度分指数。国有控股上市公司任免制度分指数在 2004—2006 年缓慢下降，在 2007 年快速回升，在 2009 年又出现严重下跌，在 2009—2018 年呈现不同程度的波动，在 2019 年大幅度上升后，在 2021 年小幅度下降，在 2022 年又出现回升。民营控股上市公司任免制度分指数在 2004—2005 年缓慢下降，在 2007 年快速回升，在 2009 年出现严重下跌，在 2009—2018 年呈现不同程度的波动，但总体呈下降趋势，在 2019—2022 年间逐渐回升。20 年间，国有控股上市公司经理层治理任免制度分指数普遍高于民营控股公司，特别是在 2018—2022 年，国有控股上市公司经理层治理任免制度分指数以比较大的优势超过民营控股上市公司。图 7-4 显示了国有控股和民营控股上市公司任免制度分指数趋势。

表 7-4　中国上市公司经理层治理任免制度分指数分控股股东比较分析

年份	国有控股	民营控股	集体控股	社会团体控股	外资控股	职工持股会控股	其他类型
2003	60.50	69.29	65.19	—	66.02	—	66.62
2004	65.09	65.28	70.30	69.38	63.63	64.99	63.46
2005	64.28	63.73	67.20	63.07	65.53	64.44	55.08
2006	63.95	64.21	62.74	62.22	64.69	62.53	—
2007	67.49	67.66	67.00	64.72	65.24	65.48	64.44
2008	65.78	65.33	67.13	61.88	67.78	64.10	61.58
2009	62.60	62.62	63.33	65.93	63.43	65.83	61.30
2010	63.15	62.37	64.35	65.56	63.96	65.67	—
2011	65.76	64.91	66.35	74.81	67.82	67.41	—
2012	62.11	61.55	63.16	63.33	63.51	60.63	65.00
2013	61.65	61.22	61.86	63.33	63.89	59.84	63.81
2014	61.02	61.49	62.76	63.78	62.18	53.89	60.56
2015	61.76	60.60	62.22	62.22	61.71	61.37	61.85
2016	59.37	59.31	57.91	54.53	60.71	56.94	59.88
2017	61.14	60.56	62.30	54.76	61.10	57.78	60.24
2018	61.26	59.87	66.47	54.01	62.32	58.56	55.24
2019	68.88	59.10	59.15	65.95	61.25	65.59	60.79
2020	68.85	59.63	66.05	65.43	59.58	56.50	60.87
2021	64.21	61.41	60.03	67.46	62.21	64.80	63.28
2022	67.51	62.40	63.97	69.79	64.59	69.79	64.39

资料来源：南开大学公司治理数据库。

表 7-5 列出了不同类型控股股东性质上市公司的执行保障分指数。国有控股上市公司执行保障分指数在 2004—2022 年之间呈现波动式上升趋势，具体而言，在 2004—2007 年间快速上升，在 2008—2010 年出现升降波动，在 2011—2012 年有所回升，在 2013—2022 年间呈现波动中趋稳态势。民营控股上市公司执行保障分指数在 2004—2022 年之间呈现波动式趋稳状态，具体而言，在 2004—2009 年间快速上升，在 2012—2014 年连续三年下降，在 2017—2018 年有所回升，但在 2019—2021 年再次连续下降，在 2022 年略有回升。20 年间，国有控股上市公司经理层治理执行保障分指数普遍高于民营控股上市公司，仅仅在 2009 年，民营控股上市公司经理层治理执行保障分指数超过国有控股上市公司。图 7-5 显示了不同控股股东性质上市公司执行保障分指数趋势。

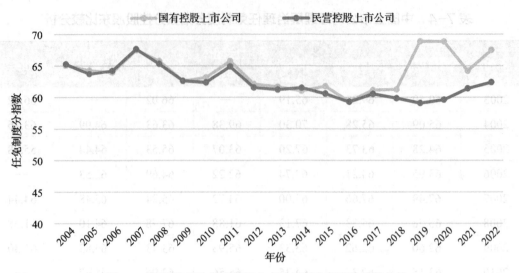

图 7-4 国有控股和民营控股上市公司任免制度分指数趋势

资料来源:南开大学公司治理数据库。

表 7-5 中国上市公司经理层治理执行保障分指数分控股股东比较分析

年份	国有控股	民营控股	集体控股	社会团体控股	外资控股	职工持股会控股	其他类型
2003	61.14	61.97	61.91	—	61.22	—	61.47
2004	61.75	60.39	64.51	63.13	64.14	53.39	60.47
2005	63.05	61.77	63.80	62.17	64.59	61.36	51.67
2006	63.88	63.77	61.67	63.75	68.39	62.11	—
2007	66.38	64.69	67.67	65.00	69.05	61.79	52.78
2008	65.64	65.36	63.75	70.83	69.74	60.13	56.47
2009	66.00	66.58	68.33	67.78	68.06	76.25	68.89
2010	65.34	63.34	65.14	68.33	65.52	62.83	—
2011	66.67	63.43	64.11	70.00	66.60	61.39	—
2012	67.80	61.76	64.00	56.67	65.56	62.62	74.17
2013	65.37	61.69	63.43	61.67	66.27	66.19	66.86
2014	66.57	61.62	63.62	63.33	64.59	69.79	60.42
2015	66.36	61.95	62.94	64.72	61.96	63.15	65.56
2016	64.55	60.91	60.57	65.13	61.39	65.83	65.53
2017	63.86	62.59	60.56	62.69	62.89	51.25	70.28
2018	64.22	63.49	60.94	64.31	65.14	59.09	62.87
2019	63.07	61.73	59.09	67.81	61.82	54.17	60.94
2020	64.40	61.46	63.61	63.77	60.24	50.06	62.26

(续)

年份	国有控股	民营控股	集体控股	社会团体控股	外资控股	职工持股会控股	其他类型
2021	65.76	60.27	59.45	65.96	59.72	51.53	64.81
2022	65.36	60.62	62.03	68.47	58.81	54.48	61.23

资料来源：南开大学公司治理数据库。

图 7-5　国有控股和民营控股上市公司执行保障分指数趋势

资料来源：南开大学公司治理数据库。

表 7-6 列出了不同类型控股股东性质上市公司的激励约束分指数。图 7-6 展示了国有控股和民营控股上市公司的激励约束分指数趋势，总体上呈现较大的波动趋势。国有控股上市公司在 2009 年、2011 年、2020 年、2022 年都出现了不同程度的下降，在 2004—2008 年、2010 年、2012 年、2018—2019 年、2021 年则有所上升。民营控股上市公司激励约束分指数在 2008—2009 年、2014 年、2018—2019 年有所下降，但在 2004—2007 年、2010—2013 年、2015—2017 年、2020—2021 年都呈现明显的增长趋势。20 年间，在 2009 年之前，国有控股上市公司经理层治理激励约束分指数普遍高于民营控股上市公司，之后多年间，民营控股上市公司经理层治理激励约束分指数超过国有控股上市公司。

表 7-6　中国上市公司经理层治理激励约束分指数分控股股东比较分析

年份	国有控股	民营控股	集体控股	社会团体控股	外资控股	职工持股会控股	其他类型
2003	33.30	33.41	34.55	—	33.19	—	35.97
2004	39.41	37.09	38.97	38.29	38.16	45.11	35.13
2005	39.74	37.89	40.52	41.79	38.44	42.34	30.71
2006	39.91	39.32	37.18	37.50	41.40	41.06	—

(续)

年份	国有控股	民营控股	集体控股	社会团体控股	外资控股	职工持股会控股	其他类型
2007	42.68	41.22	39.71	43.93	42.45	41.12	40.95
2008	43.43	41.21	39.64	36.43	46.92	49.78	46.00
2009	39.97	39.13	45.36	48.57	40.71	33.57	43.10
2010	44.37	47.45	48.33	38.10	52.41	51.29	—
2011	40.97	47.87	48.75	38.10	46.43	50.48	—
2012	42.70	50.33	46.06	54.29	45.00	45.10	40.00
2013	42.28	52.59	45.94	64.29	45.43	40.41	45.51
2014	42.58	51.46	46.19	36.86	45.90	41.25	50.36
2015	42.45	54.91	44.15	37.38	46.95	41.43	56.07
2016	45.65	57.80	50.00	41.32	52.64	61.43	54.66
2017	45.33	58.41	51.59	39.12	51.81	62.86	56.48
2018	46.43	56.90	56.23	41.69	53.03	59.68	58.84
2019	50.97	53.65	52.10	45.76	54.05	49.58	59.49
2020	47.02	56.15	54.10	41.90	53.14	65.04	57.19
2021	47.57	57.06	54.69	39.26	54.82	63.85	56.96
2022	46.84	57.05	51.73	41.05	54.36	55.58	56.16

资料来源：南开大学公司治理数据库。

图 7-6 国有控股和民营控股上市公司激励约束分指数趋势

资料来源：南开大学公司治理数据库。

三、各控股股东性质中国上市公司经理层治理指数具体分析

国有企业由行政型治理向经济型治理的转变,使得国有企业的经理层治理水平逐渐提高。表 7-7 列出了 2003—2022 年国有控股上市公司的经理层治理指数。国有控股上市公司的经理层治理指数平均值从 2004 年的 54.82 上升到 2022 年的 59.41,上升了 4.59,说明经理层治理指数有较为明显的提升。从标准差来看,2004 年国有控股上市公司经理层治理指数的标准差为 5.84,而 2022 年的标准差为 6.65,表明不同公司在经理层治理方面的差距有所增加。

表 7-7 国有控股上市公司经理层治理指数统计分析

年份	平均值	中位数	标准差	全距	最小值	最大值
2003	47.94	—	7.29	51.00	20.60	71.60
2004	54.82	54.52	5.84	43.52	33.82	77.34
2005	55.07	54.99	5.00	34.55	38.33	72.89
2006	55.28	55.45	4.86	38.74	30.93	69.67
2007	58.22	58.45	5.61	36.12	43.15	79.26
2008	57.69	57.46	5.35	31.06	44.88	75.93
2009	55.50	55.02	4.78	32.37	41.49	73.86
2010	57.07	56.44	5.45	34.21	40.75	74.97
2011	57.12	56.29	5.73	34.40	43.91	78.31
2012	56.88	56.70	5.47	34.04	41.01	75.05
2013	55.82	55.45	5.29	34.81	41.70	76.51
2014	56.09	55.56	5.52	37.83	40.67	78.50
2015	56.23	55.39	5.89	32.53	42.37	74.90
2016	56.03	55.37	5.85	33.24	41.64	74.88
2017	56.29	55.01	6.54	37.58	40.42	78.00
2018	56.84	57.27	9.64	53.16	25.61	78.77
2019	60.65	61.22	8.42	48.10	30.52	78.62
2020	59.63	60.71	8.88	57.55	20.41	77.95
2021	58.70	58.86	6.96	43.23	34.72	77.95
2022	59.41	59.37	6.65	38.39	41.23	79.61

资料来源:南开大学公司治理数据库。

表 7-8 列出了 2003—2022 年国有控股上市公司经理层治理分指数。国有控股上市公司的任免制度分指数有所上升,从 2004 年的 65.09 上升为 2022 年的 67.51,在 2004—2016 年间的降低幅度较大,在 2016 年以后呈大幅度上升趋势。执行保障分指数从 2004 年的 61.75 上升为

2022 年的 65.36，总体呈现出较为平稳的增长趋势。激励约束分指数在 2004—2008 年、2017—2019 年间变化幅度较大，其余年份基本处于较为平稳的变化状态。

表 7-8　国有控股上市公司经理层治理分指数统计分析

年份	经理层治理	任免制度	执行保障	激励约束
2003	47.94	60.50	61.14	33.30
2004	54.82	65.09	61.75	39.41
2005	55.07	64.28	63.05	39.74
2006	55.28	63.95	63.88	39.91
2007	58.22	67.49	66.38	42.68
2008	57.69	65.78	65.64	43.43
2009	55.50	62.60	66.00	39.97
2010	57.07	63.15	65.34	44.37
2011	57.12	65.76	66.67	40.97
2012	56.88	62.11	67.80	42.70
2013	55.82	61.65	65.37	42.28
2014	56.09	61.02	66.57	42.58
2015	56.23	61.76	66.36	42.45
2016	56.03	59.37	64.55	45.65
2017	56.29	61.14	63.86	45.33
2018	56.84	61.26	64.22	46.43
2019	60.65	68.88	63.07	50.97
2020	59.63	68.85	64.40	47.02
2021	58.70	64.21	65.76	47.57
2022	59.41	67.51	65.36	46.84

资料来源：南开大学公司治理数据库。

民营企业的治理转型也带来治理能力的提升。表 7-9 列出了 2003—2022 年民营控股上市公司的经理层治理指数。民营控股上市公司的经理层治理指数平均值从 2004 年的 53.63 增长为 2022 年的 59.93，增加了 6.30，比国有控股上市公司提升更加明显。从历年经理层治理指数的标准差来看，民营控股上市公司经理层治理指数的标准差从 2004 年的 5.67 上升为 2022 年的 6.03，说明不同公司在经理层治理方面的差距略微有所增加。

表 7-10 列出了 2003—2022 年民营控股上市公司经理层治理分指数。民营控股上市公司的任免制度分指数有所下降，从 2004 年的 65.28 下降为 2022 年的 62.40，降低了 2.88。与国有控股上市公司类似，民营控股上市公司在 2004—2016 年间任免制度分指数的波动较大，在 2016

年以后逐渐趋于稳定变化。执行保障分指数从 2004 年的 60.39 上升为 2022 年的 60.62，总体表现出较为平稳的上升态势。激励约束分指数在 2004—2022 年平稳上升，总体上升了 19.96。

表 7-9　民营控股上市公司经理层治理指数统计分析

年份	平均值	中位数	标准差	全距	最小值	最大值
2003	49.73	—	9.54	68.30	0.00	68.30
2004	53.63	53.46	5.67	29.57	37.87	67.44
2005	53.83	53.59	5.17	30.04	39.15	69.18
2006	55.12	54.94	4.99	35.33	35.20	70.53
2007	57.23	57.50	6.10	30.58	44.20	74.78
2008	56.66	55.87	5.47	36.94	42.26	79.20
2009	55.39	55.07	4.69	27.37	43.42	70.79
2010	57.30	56.16	6.35	31.23	42.35	73.58
2011	58.33	58.34	6.27	36.74	40.74	77.48
2012	57.58	57.83	5.75	36.36	38.39	74.76
2013	58.26	58.77	6.26	37.62	38.65	76.27
2014	57.92	58.03	5.89	39.31	35.29	74.60
2015	58.97	59.70	6.47	36.85	41.21	78.06
2016	59.26	59.81	6.12	36.95	42.66	79.61
2017	60.41	61.10	6.36	34.32	42.27	76.59
2018	59.92	60.85	8.35	53.16	25.61	78.77
2019	57.95	58.19	9.31	50.19	30.14	80.33
2020	58.94	59.86	9.90	59.20	18.75	77.95
2021	59.50	59.26	6.25	43.45	36.16	79.61
2022	59.93	59.86	6.03	42.26	36.00	78.25

资料来源：南开大学公司治理数据库。

表 7-10　民营控股上市公司经理层治理分指数统计分析

年份	经理层治理	任免制度	执行保障	激励约束
2003	49.73	69.29	61.97	33.41
2004	53.63	65.28	60.39	37.09
2005	53.83	63.73	61.77	37.89
2006	55.12	64.21	63.77	39.32

(续)

年份	经理层治理	任免制度	执行保障	激励约束
2007	57.23	67.66	64.69	41.22
2008	56.66	65.33	65.36	41.21
2009	55.39	62.62	66.58	39.13
2010	57.30	62.37	63.34	47.45
2011	58.33	64.91	63.43	47.87
2012	57.58	61.55	61.76	50.33
2013	58.26	61.22	61.69	52.59
2014	57.92	61.49	61.62	51.46
2015	58.97	60.60	61.95	54.91
2016	59.26	59.31	60.91	57.80
2017	60.41	60.56	62.59	58.41
2018	59.92	59.87	63.49	56.90
2019	57.95	59.10	61.73	53.65
2020	58.94	59.63	61.46	56.15
2021	59.50	61.41	60.27	57.06
2022	59.93	62.40	60.62	57.05

资料来源：南开大学公司治理数据库。

表 7-11 列出了 2003—2022 年集体控股上市公司的经理层治理指数。集体控股上市公司的经理层治理指数平均值从 2004 年的 57.25 上升为 2022 年的 58.97，提高了 1.72，小于民营控股上市公司提升幅度。从历年经理层治理指数的标准差来看，集体控股上市公司经理层治理指数的标准差从 2004 年的 4.88 上升为 2022 年的 6.71，说明不同公司在经理层治理方面的差距也有所增大。

表 7-11 集体控股上市公司经理层治理指数统计分析

年份	平均值	中位数	标准差	全距	最小值	最大值
2003	49.38	—	12.15	67.80	0.00	67.80
2004	57.25	58.13	4.88	20.73	48.77	69.50
2005	56.55	56.11	4.41	17.06	49.00	66.06
2006	53.21	53.83	6.09	21.68	40.97	62.66
2007	57.39	57.09	5.77	19.95	44.57	64.52
2008	56.20	55.06	4.71	16.61	49.72	66.33

（续）

年份	平均值	中位数	标准差	全距	最小值	最大值
2009	58.40	59.56	5.54	13.12	50.69	63.81
2010	58.83	57.81	5.76	18.27	50.04	68.30
2011	59.33	58.50	6.47	26.12	47.90	74.02
2012	57.26	57.14	5.78	24.08	47.67	71.75
2013	56.62	57.07	4.60	18.14	46.94	65.08
2014	57.06	55.76	5.67	18.18	48.78	66.96
2015	55.94	55.68	4.38	15.93	49.29	65.22
2016	55.88	55.59	5.27	17.69	47.74	65.43
2017	57.91	58.62	6.67	24.98	42.75	67.72
2018	61.08	61.45	6.06	24.39	45.87	70.26
2019	56.60	56.10	8.28	35.35	41.02	76.36
2020	61.00	61.71	8.97	31.55	45.05	76.60
2021	57.93	59.64	6.41	20.70	43.23	63.93
2022	58.97	58.53	6.71	24.78	45.78	70.56

资料来源：南开大学公司治理数据库。

表7-12列出了2003—2022年社会团体控股上市公司的经理层治理指数。社会团体控股上市公司的经理层治理指数平均值从2004年的56.27上升为2022年的59.04，上升了2.77。从历年经理层治理指数的标准差来看，2022年社会团体控股上市公司经理层治理指数的标准差为6.42，高于2004年的4.37，说明当前不同公司在经理层治理方面的差距仍然较大。

表7-12 社会团体控股上市公司经理层治理指数统计分析

年份	平均值	中位数	标准差	全距	最小值	最大值
2003	—	—	—	—	—	—
2004	56.27	57.72	4.37	10.90	48.88	59.78
2005	55.13	56.23	4.17	15.03	47.82	62.85
2006	53.80	53.43	3.54	7.53	50.40	57.92
2007	57.33	58.16	6.64	15.26	48.86	64.12
2008	55.47	55.68	3.30	7.14	51.70	58.84
2009	60.25	59.44	5.62	11.16	55.08	66.24
2010	56.53	56.27	6.35	12.69	50.32	63.00
2011	60.12	60.74	3.06	6.03	56.80	62.83

(续)

年份	平均值	中位数	标准差	全距	最小值	最大值
2012	58.03	58.03	0.00	0.00	58.03	58.03
2013	63.16	63.16	0.00	0.00	63.16	63.16
2014	53.96	53.23	2.68	7.22	50.90	58.12
2015	54.05	53.44	3.53	8.72	49.66	58.38
2016	53.04	52.69	4.14	15.88	46.11	61.99
2017	51.57	52.63	5.92	19.09	41.49	60.59
2018	52.75	51.60	8.21	24.53	42.38	66.91
2019	59.26	60.98	9.23	32.62	40.91	73.53
2020	56.46	58.12	8.34	29.59	39.01	68.61
2021	56.85	57.26	6.56	21.08	49.05	70.13
2022	59.04	58.94	6.42	27.12	45.95	73.07

资料来源：南开大学公司治理数据库。

表7-13列出了外资控股上市公司的经理层治理指数。外资控股上市公司的经理层治理指数平均值从2004年的54.62上升为2022年的59.13，提高了4.51，增幅高于社会团体控股上市公司（2.77）和集体控股上市公司（1.72）。从历年经理层治理指数的标准差来看，外资控股上市公司经理层治理指数的标准差从2004年的7.77下降为2022年的6.64，说明不同外资控股上市公司在经理层治理方面的差距有明显缩小。

表7-13 外资控股上市公司经理层治理指数统计分析

年份	平均值	中位数	标准差	全距	最小值	最大值
2003	49.05	—	8.46	26.50	30.20	56.70
2004	54.62	55.46	7.77	22.29	42.28	64.57
2005	55.49	54.06	7.12	20.05	46.13	66.17
2006	57.45	56.97	4.10	9.98	53.68	63.66
2007	58.21	58.61	4.23	11.37	52.08	63.44
2008	60.88	59.29	6.18	23.19	50.26	73.45
2009	56.68	55.81	5.32	22.99	46.48	69.47
2010	60.28	59.08	6.56	23.71	47.53	71.24
2011	59.75	60.35	6.13	23.53	48.84	72.37
2012	57.48	57.37	7.06	24.73	45.54	70.27
2013	57.98	57.44	5.29	19.16	48.67	67.83

（续）

年份	平均值	中位数	标准差	全距	最小值	最大值
2014	57.06	57.40	5.98	25.35	44.99	70.34
2015	56.48	55.04	7.13	25.30	43.65	68.95
2016	58.02	57.96	6.65	25.98	46.05	72.03
2017	58.31	58.31	6.43	27.03	46.25	73.28
2018	59.84	60.06	9.62	39.22	36.52	75.74
2019	58.84	60.67	10.23	42.15	36.48	78.62
2020	57.46	56.96	10.05	52.11	24.48	76.60
2021	58.79	59.09	7.25	36.99	39.91	76.90
2022	59.13	59.13	6.64	32.22	44.67	76.90

资料来源：南开大学公司治理数据库。

表 7-14 列出了职工持股会控股上市公司的经理层治理指数。职工持股会控股上市公司的经理层治理指数平均值从 2004 年的 54.27 上升为 2022 年的 59.97，提高了 5.70，增幅大于国有控股、集体控股、社会团体控股和外资控股上市公司。从历年标准差来看，职工持股会控股上市公司经理层治理指数的标准差从 2004 年的 5.32 下降为 2022 年的 5.06，说明当前不同职工持股会控股上市公司在经理层治理方面的差距有所减少。

表 7-14 职工持股会控股上市公司经理层治理指数统计分析

年份	平均值	中位数	标准差	全距	最小值	最大值
2003	—	—	—	—	—	—
2004	54.27	56.10	5.32	15.11	45.28	60.38
2005	55.54	56.14	5.92	19.87	46.19	66.05
2006	54.68	54.42	4.30	12.80	47.79	60.58
2007	55.58	56.20	5.94	23.79	39.90	63.68
2008	57.73	58.32	7.66	28.86	42.08	70.95
2009	57.43	56.66	2.26	5.09	55.65	60.74
2010	59.62	59.75	6.12	20.78	48.99	69.77
2011	59.46	62.25	6.26	16.15	47.53	63.68
2012	55.66	54.39	5.77	15.64	50.46	66.11
2013	54.80	53.25	5.34	12.83	48.71	61.54
2014	54.23	55.07	4.85	14.49	45.40	59.89
2015	54.74	52.66	5.71	13.55	48.41	61.96
2016	61.29	61.75	2.36	5.47	58.10	63.57

(续)

年份	平均值	中位数	标准差	全距	最小值	最大值
2017	57.60	58.42	4.72	11.31	51.12	62.43
2018	59.13	61.64	6.35	13.76	49.73	63.49
2019	56.32	50.83	15.26	33.64	44.98	78.62
2020	57.59	53.82	7.05	12.50	53.23	65.73
2021	60.38	58.79	3.08	5.52	58.42	63.93
2022	59.97	59.86	5.06	10.11	54.97	65.08

资料来源：南开大学公司治理数据库。

表 7-15 列出了其他类型控股上市公司的经理层治理指数。其他类型控股上市公司的经理层治理指数平均值从 2004 年的 52.35 上升为 2022 年的 52.40，仅提高了 0.05，增幅相对较小。从历年标准差来看，其他类型控股上市公司经理层治理指数的标准差从 2004 年的 5.35 降低为 2022 年的 5.13，说明当前不同的其他类型控股上市公司在经理层治理方面的差距略微有所减小。

表 7-15 其他类型控股上市公司经理层治理指数统计分析

年份	平均值	中位数	标准差	全距	最小值	最大值
2003	51.34	—	6.54	25.30	38.50	63.80
2004	52.35	52.61	5.35	20.55	40.04	60.58
2005	45.26	45.26	6.10	8.63	40.95	49.58
2006	52.40	52.45	5.13	10.26	47.25	57.51
2007	54.40	51.68	9.08	22.28	48.01	70.29
2008	57.08	57.37	3.52	9.20	51.97	61.17
2009	58.82	58.90	3.06	9.20	54.62	63.82
2010	58.16	58.53	8.73	26.88	42.52	69.40
2011	56.84	57.03	5.61	18.16	47.41	65.57
2012	60.91	62.27	7.41	21.71	50.18	71.89
2013	59.74	58.47	5.87	19.82	49.78	69.61
2014	61.97	62.53	6.19	25.52	45.78	71.30
2015	58.88	59.66	11.09	42.53	34.72	77.26
2016	60.37	61.30	9.46	38.38	38.92	77.30
2017	59.97	61.97	10.54	54.83	23.12	77.95
2018	61.48	61.51	6.98	33.96	43.01	76.98
2019	60.46	60.06	6.64	35.70	38.94	74.64

(续)

年份	平均值	中位数	标准差	全距	最小值	最大值
2020	52.35	52.61	5.35	20.55	40.04	60.58
2021	45.26	45.26	6.10	8.63	40.95	49.58
2022	52.40	52.45	5.13	10.26	47.25	57.51

资料来源：南开大学公司治理数据库。

第三节 中国上市公司经理层治理分区域和地区分析

一、中国上市公司经理层治理指数分地区比较分析

表 7-16 列出了中国上市公司经理层治理指数分地区比较的结果。总体来看，各地区上市公司经理层治理指数均呈现上升趋势。2003—2022 年间，不同地区上市公司的经理层治理指数呈交替式波动趋势。华南地区上市公司经理层治理指数高于其他几个地区，其次是华中地区、华北地区、华东地区，西北地区上市公司的经理层治理指数相对处于较低水平。

表 7-16 中国上市公司经理层治理指数分地区比较分析

年份	东北地区	华北地区	华中地区	华东地区	华南地区	西北地区	西南地区
2003	45.75	47.58	49.82	49.28	49.46	48.92	48.68
2004	53.91	54.38	54.05	55.37	55.13	54.16	52.89
2005	54.60	55.51	55.08	54.91	55.13	53.54	53.77
2006	54.88	55.39	55.05	55.18	56.27	54.77	54.46
2007	57.61	58.60	58.21	58.31	57.65	57.06	56.23
2008	57.23	57.67	57.63	57.51	59.14	54.51	56.08
2009	54.99	55.77	55.16	56.00	56.86	53.74	53.52
2010	56.95	57.06	56.98	57.59	58.44	54.48	56.13
2011	56.93	58.06	58.12	57.52	59.71	55.96	56.52
2012	56.16	58.02	57.25	57.60	57.21	55.61	56.19
2013	56.17	58.09	57.20	57.37	57.89	54.41	55.77
2014	56.09	57.67	56.86	57.42	57.93	54.70	55.21
2015	56.83	58.19	57.70	58.03	58.88	54.68	56.10
2016	56.83	58.16	57.86	58.23	59.23	54.89	56.69
2017	57.52	59.06	59.18	58.78	60.77	55.86	57.62

(续)

年份	东北地区	华北地区	华中地区	华东地区	华南地区	西北地区	西南地区
2018	57.57	58.96	59.53	58.76	60.23	56.96	57.76
2019	58.62	59.50	59.68	58.21	59.18	59.49	59.55
2020	58.17	59.40	59.28	58.93	59.94	57.09	59.37
2021	58.40	59.10	59.52	59.27	59.82	58.63	59.58
2022	59.01	60.04	59.74	59.75	59.91	59.36	59.92

资料来源：南开大学公司治理数据库。

二、中国上市公司经理层治理分指数分地区比较分析

表7-17列出了中国上市公司经理层治理任免制度分指数分地区比较的结果。从总体趋势来看，所有地区上市公司任免制度分指数在2004—2005年都有所下降，在2005—2007年有所回升，在2007—2009年又再次回跌，在2009—2011年逐渐上升，在2011—2016年整体呈下降趋势，在2016—2017年有所回升，在2018—2019年大幅上升。2019—2021年，除华东地区和华南地区，其他地区均呈下降趋势，在2022年全部有所上升。总体来看，2007年各地区任免制度分指数最高。从不同地区的比较来看，2017年前各地区任免制度分指数差别不大，2018年开始拉开差距。2018年以后，西北地区和西南地区任免制度分指数较高，华南地区任免制度分指数较低。

表7-17 中国上市公司经理层治理任免制度分指数分地区比较分析

年份	东北地区	华北地区	华中地区	华东地区	华南地区	西北地区	西南地区
2003	—	—	—	—	—	—	—
2004	64.63	64.63	64.97	65.75	64.32	67.34	64.84
2005	63.59	64.63	63.88	64.66	63.31	64.90	63.31
2006	64.03	63.79	64.09	63.71	64.22	64.97	64.14
2007	66.71	68.32	67.57	68.28	65.57	67.76	66.81
2008	65.38	65.34	66.23	65.96	65.07	64.77	65.92
2009	62.29	62.71	63.18	62.57	63.22	62.20	61.94
2010	63.03	62.94	63.10	63.00	62.36	63.34	62.72
2011	65.32	64.42	66.35	64.88	66.59	66.11	65.68
2012	62.14	62.45	61.19	62.32	61.02	61.04	61.09
2013	61.15	61.52	61.21	61.69	61.40	60.99	60.85
2014	60.69	61.36	61.65	60.95	62.12	61.82	60.81
2015	61.13	60.51	61.03	61.49	60.49	62.09	60.95

(续)

年份	东北地区	华北地区	华中地区	华东地区	华南地区	西北地区	西南地区
2016	58.98	58.93	59.21	59.61	58.96	60.32	59.00
2017	60.88	60.66	61.49	60.31	61.14	61.22	61.20
2018	58.21	60.49	61.16	60.17	60.56	61.11	59.77
2019	64.03	63.29	63.88	61.36	60.26	67.17	65.38
2020	62.96	63.29	63.91	61.95	60.87	64.39	66.00
2021	62.58	62.09	63.22	62.24	61.85	63.08	63.70
2022	65.29	64.60	64.33	63.80	63.07	65.88	65.59

资料来源：南开大学公司治理数据库。

表 7-18 列出了中国上市公司经理层治理执行保障分指数分地区比较的结果。从总体趋势来看，2004—2009 年间所有地区上市公司执行保障分指数呈上升趋势，2009 年后各地区执行保障分指数呈有升有降的平稳发展趋势，不同地区上市公司执行保障分指数呈现交替式波动态势。

表 7-18 中国上市公司经理层治理执行保障分指数分地区比较分析

年份	东北地区	华北地区	华中地区	华东地区	华南地区	西北地区	西南地区
2003	—	—	—	—	—	—	—
2004	61.33	62.20	60.00	61.74	62.66	62.41	58.70
2005	62.98	64.59	64.52	61.52	63.48	61.57	62.29
2006	65.31	64.76	64.39	62.60	65.14	64.38	63.10
2007	66.14	66.26	66.48	66.28	65.32	64.36	64.41
2008	66.87	67.01	65.89	64.62	67.12	63.96	63.87
2009	66.67	67.00	66.32	66.20	66.85	66.16	64.25
2010	66.37	65.78	64.88	64.43	63.62	63.35	64.55
2011	66.71	67.57	66.34	63.41	65.08	65.83	64.71
2012	66.54	66.72	66.16	63.15	62.77	68.02	65.61
2013	65.31	65.55	64.50	62.26	62.45	63.81	63.75
2014	65.78	64.59	63.73	63.38	63.62	64.21	62.81
2015	65.49	65.43	64.84	62.53	64.02	64.66	63.36
2016	62.88	63.89	62.50	61.64	62.42	62.07	62.24
2017	63.96	64.59	63.76	62.10	63.65	63.20	62.94
2018	66.95	64.88	66.22	62.28	63.80	66.04	64.14
2019	64.48	61.62	63.98	61.44	61.84	65.06	63.06

(续)

年份	东北地区	华北地区	华中地区	华东地区	华南地区	西北地区	西南地区
2020	63.62	63.46	63.69	61.14	63.45	61.89	62.83
2021	64.85	62.62	64.02	60.91	61.36	67.02	64.11
2022	65.62	63.32	63.99	60.75	60.89	67.31	62.87

资料来源：南开大学公司治理数据库。

表7-19列出了中国上市公司经理层治理激励约束分指数分地区比较的结果。从变动趋势来看，2004—2022年各地区上市公司经理层治理激励约束分指数整体呈上升态势。华南地区上市公司激励约束分指数总体高于其他地区，其次是华东地区，华北地区、华中地区紧随其后，再次为西南地区、东北地区。西北地区上市公司的激励约束分指数处于较低水平。

表7-19 中国上市公司经理层治理激励约束分指数分地区比较分析

年份	东北地区	华北地区	华中地区	华东地区	华南地区	西北地区	西南地区
2003	—	—	—	—	—	—	—
2004	37.65	38.21	38.86	40.34	40.21	34.91	36.88
2005	39.12	39.30	38.88	40.24	40.42	36.17	37.66
2006	37.50	39.61	38.72	40.97	41.33	37.14	38.12
2007	41.89	43.06	42.47	42.27	43.75	40.93	39.46
2008	41.44	42.58	42.61	43.62	46.82	36.95	40.31
2009	38.27	39.75	38.21	41.21	42.44	35.31	36.55
2010	43.29	44.17	44.56	46.73	50.39	38.70	42.85
2011	40.82	44.06	43.47	45.68	48.75	38.12	41.06
2012	41.76	46.48	45.99	48.48	48.94	39.99	43.62
2013	43.74	48.54	47.25	49.20	50.74	40.30	44.26
2014	43.57	48.34	46.56	49.06	49.19	39.99	43.60
2015	45.45	49.86	48.52	50.97	53.00	39.31	45.40
2016	49.68	52.55	52.64	54.03	56.76	43.72	49.81
2017	48.91	52.85	53.12	54.54	57.96	44.65	49.76
2018	48.96	52.48	52.31	54.45	56.87	45.36	50.45
2019	48.62	54.19	52.11	52.52	55.91	47.63	51.15
2020	49.09	52.33	51.23	54.26	56.06	46.24	50.29
2021	49.01	53.33	52.25	55.13	56.62	47.35	51.91
2022	47.55	53.01	51.87	55.14	56.16	46.53	52.16

资料来源：南开大学公司治理数据库。

三、各区域和地区中国上市公司经理层治理指数具体分析

表 7-20 列出了东北地区上市公司经理层治理指数。从总体来看，东北地区上市公司的经理层治理指数呈现波动式上升趋势，总体低于全国上市公司水平。从不同省份上市公司的比较来看，2016 年前，辽宁经理层治理指数最高。2017 年后，吉林经理层治理指数上升，除 2020 年外，吉林经理层治理指数最高。

表 7-20 东北地区上市公司经理层治理指数分析

年份	全国	东北地区	黑龙江	吉林	辽宁
2003	47.44	45.75	45.50	45.68	46.07
2004	54.60	53.91	53.47	52.72	54.95
2005	54.80	54.60	54.89	53.95	54.83
2006	55.22	54.88	53.75	53.24	56.72
2007	57.88	57.61	55.80	57.65	58.60
2008	57.40	57.23	56.42	55.72	58.71
2009	55.53	54.99	54.73	54.38	55.57
2010	57.21	56.95	55.52	56.14	58.23
2011	57.81	56.93	54.64	56.30	58.45
2012	57.27	56.16	53.90	56.71	56.96
2013	57.21	56.17	54.93	55.91	56.87
2014	57.12	56.09	54.83	56.40	56.51
2015	57.80	56.83	55.57	56.48	57.61
2016	58.01	56.83	55.95	56.46	57.46
2017	58.92	57.52	54.80	59.05	57.96
2018	58.91	57.57	55.27	59.07	57.83
2019	58.85	58.62	56.34	60.68	58.59
2020	59.12	58.17	58.29	56.45	59.13
2021	59.32	58.40	57.26	59.37	58.42
2022	59.78	59.01	59.04	59.37	58.78

资料来源：南开大学公司治理数据库。

表 7-21 列出了华北地区上市公司经理层治理指数。从总体来看，华北地区上市公司经理层治理指数略高于全国上市公司经理层治理指数。2009 年前，华北地区上市公司的经理层治理指数波动较大。2009 年后，华北地区上市公司的经理层治理指数呈平稳上升趋势。具体来看，北京上市公司的经理层治理指数水平相对较高，高于全国和华北地区水平。天津、河北、山西和内蒙古上市公司的经理层治理指数大体上低于全国，山西上市公司在经理层治理方面的指数较低。

表 7-21 华北地区上市公司经理层治理指数分析

年份	全国	华北地区	北京	天津	河北	山西	内蒙古
2003	47.44	47.58	47.89	50.45	45.99	45.42	48.15
2004	54.60	54.38	54.85	51.96	54.57	55.42	53.63
2005	54.80	55.51	56.27	55.52	54.45	55.00	54.74
2006	55.22	55.39	55.53	55.52	55.34	55.13	55.04
2007	57.88	58.60	59.62	57.45	56.82	58.17	59.05
2008	57.40	57.67	58.69	57.28	55.37	56.54	58.17
2009	55.53	55.77	56.60	54.75	53.92	54.70	57.68
2010	57.21	57.06	57.93	56.78	54.87	55.94	57.60
2011	57.81	58.06	59.07	56.62	57.58	55.87	56.71
2012	57.27	58.02	59.43	55.84	56.65	55.31	56.25
2013	57.21	58.09	59.52	55.38	56.28	55.25	56.81
2014	57.12	57.67	58.93	56.90	55.63	54.22	56.42
2015	57.80	58.19	59.77	56.37	56.83	53.54	55.58
2016	58.01	58.16	59.46	56.40	57.16	52.86	57.28
2017	58.92	59.06	60.61	56.95	57.25	54.47	56.07
2018	58.91	58.96	59.61	58.39	58.97	55.54	57.26
2019	58.85	59.50	59.22	59.43	61.66	59.19	58.87
2020	59.12	59.40	59.99	58.53	58.13	58.05	58.07
2021	59.32	59.10	59.80	57.30	59.24	56.24	57.07
2022	59.78	60.04	60.54	58.79	59.49	57.28	60.65

资料来源：南开大学公司治理数据库。

表 7-22 列出了华中地区上市公司经理层治理指数。从变动趋势来看，华中地区上市公司的经理层治理指数除在 2007—2009 年有较大波动，总体呈现上升趋势。具体来看，2004—2007 年，河南经理层治理指数领先，湖南较为落后。2007 年后，华中地区各省份的经理层治理指数差别不大。

表 7-22 华中地区上市公司经理层治理指数分析

年份	全国	华中地区	河南	湖北	湖南
2003	47.44	49.82	49.67	51.14	48.49
2004	54.60	54.05	56.05	53.78	52.82
2005	54.80	55.08	56.86	55.09	53.85

(续)

年份	全国	华中地区	河南	湖北	湖南
2006	55.22	55.05	57.22	55.23	53.33
2007	57.88	58.21	58.72	58.46	57.42
2008	57.40	57.63	57.95	57.99	56.88
2009	55.53	55.16	55.85	54.90	55.07
2010	57.21	56.98	58.08	56.90	56.20
2011	57.81	58.12	57.87	58.41	57.98
2012	57.27	57.25	57.72	57.61	56.40
2013	57.21	57.20	57.82	56.88	57.00
2014	57.12	56.86	57.92	55.68	57.25
2015	57.80	57.70	58.17	56.80	58.28
2016	58.01	57.86	59.02	57.02	57.71
2017	58.92	59.18	59.56	58.81	59.26
2018	58.91	59.53	58.48	60.61	59.32
2019	58.85	59.68	60.18	59.84	59.13
2020	59.12	59.28	59.65	59.12	59.16
2021	59.32	59.52	59.39	59.57	59.57
2022	59.78	59.74	59.80	59.71	59.74

资料来源：南开大学公司治理数据库。

表 7-23 列出了华东地区上市公司经理层治理指数。从变动趋势来看，华东地区上市公司的经理层治理指数总体呈现波动式上升趋势，与全国水平基本持平。具体来看，各省之间的差别较小，浙江上市公司的经理层治理指数相对较高，而福建上市公司的经理层治理指数相对较低。

表 7-23　华东地区上市公司经理层治理指数分析

年份	全国	华东地区	山东	江苏	安徽	上海	浙江	江西	福建
2003	47.44	49.28	50.75	48.13	49.11	48.64	50.80	49.42	48.08
2004	54.60	55.37	54.85	56.71	53.37	56.07	55.69	53.06	53.67
2005	54.80	54.91	54.49	55.35	53.63	55.33	56.09	52.38	54.01
2006	55.22	55.18	54.23	55.68	54.40	55.76	56.18	53.75	53.78
2007	57.88	58.31	57.68	58.36	57.01	58.44	59.61	57.16	58.47
2008	57.40	57.51	57.65	56.62	56.34	58.01	57.69	58.02	57.92
2009	55.53	56.00	54.44	55.46	53.89	57.33	56.98	56.16	55.54

(续)

年份	全国	华东地区	山东	江苏	安徽	上海	浙江	江西	福建
2010	57.21	57.59	56.84	56.70	56.45	57.74	59.46	56.93	57.39
2011	57.81	57.52	56.51	57.28	57.08	56.89	58.90	56.84	58.26
2012	57.27	57.60	56.67	56.67	57.13	59.14	58.23	55.26	57.63
2013	57.21	57.37	56.97	56.98	56.54	57.82	58.15	55.63	57.30
2014	57.12	57.42	56.52	57.83	56.31	57.50	58.20	56.66	56.72
2015	57.80	58.03	56.81	58.04	57.95	58.26	58.74	59.17	57.09
2016	58.01	58.23	57.63	58.55	57.42	57.35	59.21	58.94	57.72
2017	58.92	58.78	58.24	59.02	58.40	57.88	59.78	58.17	58.45
2018	58.91	58.76	58.11	58.90	59.32	59.55	58.98	54.12	57.94
2019	58.85	58.21	60.00	58.02	57.77	58.42	57.75	60.16	56.88
2020	59.12	58.93	57.77	59.17	59.50	58.43	59.60	60.60	57.90
2021	59.32	59.27	59.47	59.44	58.93	59.20	59.22	59.94	58.82
2022	59.78	59.75	60.40	59.85	60.03	59.58	59.46	60.05	59.39

资料来源：南开大学公司治理数据库。

表 7-24 列出了华南地区上市公司经理层治理指数。从变动趋势来看，虽然略有波动，但华南地区上市公司的经理层治理指数总体呈现上升趋势，且领先于全国水平。具体来看，广东上市公司的经理层治理指数整体较高，华南地区上市公司的经理层治理指数整体趋势与广东上市公司的经理层治理指数趋势一致。广西和海南上市公司的经理层治理指数低于华南地区的平均水平，海南上市公司在经理层治理方面的表现尤为欠佳。

表 7-24 华南地区上市公司经理层治理指数分析

年份	全国	华南地区	广东	广西	海南
2003	47.44	49.46	48.50	50.74	49.13
2004	54.60	55.13	55.39	54.83	53.64
2005	54.80	55.13	55.34	54.38	54.40
2006	55.22	56.27	56.40	55.87	55.80
2007	57.88	57.65	58.33	55.73	54.67
2008	57.40	59.14	59.82	56.73	57.06
2009	55.53	56.86	57.51	53.79	55.72
2010	57.21	58.44	59.18	54.77	55.84
2011	57.81	59.71	60.10	57.20	57.25

(续)

年份	全国	华南地区	广东	广西	海南
2012	57.27	57.21	57.50	54.98	55.85
2013	57.21	57.89	58.29	55.48	54.90
2014	57.12	57.93	58.40	55.86	53.77
2015	57.80	58.88	59.36	56.23	55.18
2016	58.01	59.23	59.73	56.90	54.69
2017	58.92	60.77	61.31	58.88	54.15
2018	58.91	60.23	60.71	56.22	56.02
2019	58.85	59.18	59.34	55.14	61.16
2020	59.12	59.94	60.35	56.58	55.84
2021	59.32	59.82	60.01	57.86	58.03
2022	59.78	59.91	59.96	58.93	59.94

资料来源：南开大学公司治理数据库。

表 7-25 列出了西北地区上市公司经理层治理指数。从总体趋势来看，西北地区上市公司的经理层治理指数总体落后于全国的经理层治理指数。西北地区的五个省份中，青海上市公司的经理层治理指数相对较低，宁夏上市公司的经理层治理指数波动较大。

表 7-25　西北地区上市公司经理层治理指数分析

年份	全国	西北地区	陕西	甘肃	宁夏	青海	新疆
2003	47.44	48.92	47.55	49.83	50.28	48.16	48.78
2004	54.60	54.16	54.63	52.66	53.61	54.33	54.90
2005	54.80	53.54	54.65	53.22	53.40	52.37	53.11
2006	55.22	54.77	56.66	53.42	55.23	54.16	54.04
2007	57.88	57.06	57.82	55.65	57.10	57.99	57.06
2008	57.40	54.51	56.19	53.28	52.38	55.69	54.48
2009	55.53	53.74	54.34	54.06	53.23	52.71	53.52
2010	57.21	54.48	54.01	54.33	54.71	51.91	55.72
2011	57.81	55.96	56.24	55.57	59.43	53.14	55.56
2012	57.27	55.61	55.08	55.68	57.00	54.17	56.05
2013	57.21	54.41	54.49	55.08	54.58	52.66	54.32
2014	57.12	54.70	56.89	54.01	54.67	52.16	53.62
2015	57.80	54.68	55.00	55.86	54.26	51.46	54.55

(续)

年份	全国	西北地区	陕西	甘肃	宁夏	青海	新疆
2016	58.01	54.89	55.12	55.62	53.39	50.78	55.57
2017	58.92	55.86	57.04	55.61	53.19	53.26	56.24
2018	58.91	56.96	56.10	56.55	59.39	52.98	58.34
2019	58.85	59.49	58.56	60.72	58.83	53.72	60.96
2020	59.12	57.09	57.35	56.45	61.26	53.68	56.91
2021	59.32	58.63	58.97	58.11	60.29	55.14	58.86
2022	59.78	59.36	60.07	58.15	61.36	53.20	59.90

资料来源：南开大学公司治理数据库。

表 7-26 列出了西南地区上市公司经理层治理指数。从总体趋势来看，西南地区上市公司的经理层治理指数呈波动增长趋势，但大多数省份低于全国上市公司的平均水平。西南地区的五个省份和自治区中，重庆、西藏上市公司的经理层治理指数波动幅度较大。

表 7-26 西南地区上市公司经理层治理指数分析

年份	全国	西南地区	四川	贵州	云南	重庆	西藏
2003	47.44	48.46	47.89	46.88	49.07	49.18	50.36
2004	54.60	52.89	52.83	52.83	54.92	51.80	52.50
2005	54.80	53.77	52.90	53.40	54.70	55.51	53.00
2006	55.22	54.46	54.14	54.91	55.74	53.56	55.82
2007	57.88	56.23	56.22	55.38	56.80	55.50	58.88
2008	57.40	56.08	56.46	55.43	55.85	55.00	58.76
2009	55.53	53.52	53.48	53.85	54.19	52.40	54.97
2010	57.21	56.13	56.71	58.20	55.42	54.63	54.53
2011	57.81	56.52	57.03	56.48	56.88	56.43	51.43
2012	57.27	56.19	56.36	55.58	55.12	56.74	57.04
2013	57.21	55.77	55.91	55.38	55.31	56.31	54.73
2014	57.12	55.21	54.77	54.99	55.81	56.21	54.33
2015	57.80	56.10	56.06	56.02	55.26	57.29	54.37
2016	58.01	56.69	57.12	57.60	54.63	56.80	56.22
2017	58.92	57.62	58.58	57.37	55.47	57.10	56.97
2018	58.91	57.76	58.04	56.73	56.30	59.65	54.59
2019	58.85	59.55	60.14	59.75	60.18	58.85	55.77
2020	59.12	59.37	59.80	58.68	60.11	59.34	56.29

(续)

年份	全国	西南地区	四川	贵州	云南	重庆	西藏
2021	59.32	59.58	59.46	59.32	58.77	60.21	60.63
2022	59.78	59.92	60.20	59.71	58.01	60.79	59.36

资料来源：南开大学公司治理数据库。

表7-27列出了不同经济区域上市公司的经理层治理指数。从总体来看，4个经济区域上市公司经理层治理指数的走势相对一致，总体呈上升趋势，但均在2009年出现下降。2019年，4个经济区域上市公司经理层治理指数的差距最小。从不同经济区域的比较来看，东部经济区域上市公司的经理层治理指数总体偏高，中部经济区域上市公司次之，其后是西部经济区域和东北经济区域上市公司。图7-7显示了不同经济区域上市公司经理层治理指数趋势。

表7-27　中国上市公司经理层治理指数分经济区域比较分析

年份	东部经济区域	中部经济区域	西部经济区域	东北经济区域
2003	48.84	48.72	48.91	45.75
2004	55.28	54.00	53.54	53.91
2005	55.29	54.52	53.80	54.60
2006	55.59	54.80	54.73	54.88
2007	58.38	57.88	56.66	57.61
2008	58.03	57.28	55.74	57.23
2009	56.37	54.95	53.89	54.99
2010	57.90	56.75	55.53	56.95
2011	58.32	57.54	56.39	56.93
2012	57.78	56.86	55.90	56.16
2013	57.83	56.74	55.35	56.17
2014	57.79	56.47	55.17	56.09
2015	58.43	57.49	55.59	56.83
2016	58.64	57.39	56.14	56.83
2017	59.51	58.49	57.03	57.52
2018	59.34	58.68	57.34	57.57
2019	58.73	59.26	59.14	58.62
2020	59.29	59.35	58.32	58.17
2021	59.46	59.18	59.02	58.40
2022	59.86	59.68	59.70	59.01

资料来源：南开大学公司治理数据库。

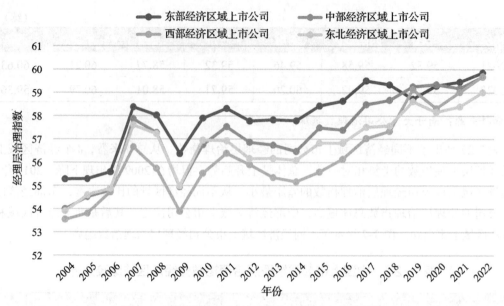

图 7-7 不同经济区域上市公司经理层治理指数趋势

资料来源：南开大学公司治理数据库。

表 7-28 列出了长三角和珠三角这两个特定区域上市公司的经理层治理指数。从数量上看，长三角地区上市公司的数量远高于珠三角地区。从两个地区的比较来看，除 2003 年、2004 年、2005 年、2007 年、2012 年这五年外，珠三角上市公司的经理层治理指数高于长三角上市公司。2022 年珠三角上市公司经理层治理指数为 60.02，比长三角上市公司（59.62）高出 0.40。

表 7-28 中国上市公司经理层治理指数特定区域分析

年份	长三角上市公司样本量	长三角上市公司治理指数	珠三角上市公司样本量	珠三角上市公司治理指数
2003	—	49.17	—	48.50
2004	276	55.86	114	55.54
2005	311	55.32	121	55.28
2006	307	55.66	115	56.38
2007	273	58.54	123	58.22
2008	303	57.46	101	59.87
2009	314	56.47	124	57.79
2010	418	57.96	172	59.46
2011	541	57.75	245	60.40
2012	674	57.99	300	57.65
2013	714	57.61	325	58.48
2014	714	57.80	322	58.55

(续)

年份	长三角上市公司样本量	长三角上市公司治理指数	珠三角上市公司样本量	珠三角上市公司治理指数
2015	762	58.36	343	59.50
2016	835	58.41	369	59.91
2017	929	58.92	418	61.48
2018	1122	59.05	505	60.73
2019	1168	58.01	524	59.29
2020	1239	59.10	552	60.62
2021	1403	59.24	607	60.10
2022	1634	59.62	691	60.02

资料来源：南开大学公司治理数据库。

表7-29列出了特定城市上市公司的经理层治理指数。从总体来看，五个城市上市公司经理层治理指数呈交替式波动。自2013年以后，上海市上市公司经理层治理指数总体略落后于其他四个城市。从2022年的经理层治理指数比较来看，北京市上市公司的经理层治理指数最高，为60.54，其后依次是深圳市（60.32）、广州市（60.17）、杭州市（59.67）和上海市（59.58）。图7-8显示了特定城市上市公司经理层治理指数趋势。

表7-29 中国上市公司经理层治理指数特定城市分析

年份	北京市	上海市	广州市	深圳市	杭州市
2003	47.89	48.64	—	—	—
2004	54.85	56.07	56.54	54.84	54.46
2005	56.27	55.33	56.59	54.54	56.17
2006	55.53	55.76	56.60	55.61	56.24
2007	59.62	58.44	59.82	57.41	59.36
2008	58.69	58.01	59.64	59.89	56.74
2009	56.60	57.33	57.17	57.87	58.24
2010	57.93	57.74	59.39	59.47	59.62
2011	59.07	56.89	59.79	60.76	59.34
2012	59.43	59.14	56.70	57.90	58.93
2013	59.52	57.82	57.66	59.26	58.69
2014	58.93	57.50	58.84	59.08	58.88
2015	59.77	58.26	59.85	59.68	60.46
2016	59.46	57.35	59.36	60.23	59.89

(续)

年份	北京市	上海市	广州市	深圳市	杭州市
2017	60.61	57.88	60.81	61.97	60.63
2018	59.61	59.55	60.01	61.59	61.14
2019	59.22	58.42	59.39	59.39	58.69
2020	59.99	58.43	61.05	60.55	60.40
2021	59.80	59.20	59.95	60.09	59.89
2022	60.54	59.58	60.17	60.32	59.67

资料来源：南开大学公司治理数据库。

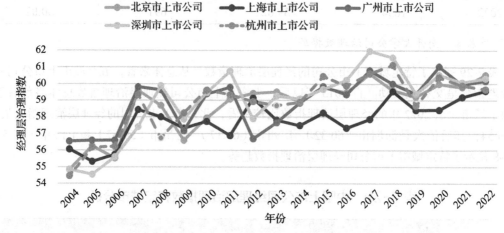

图 7-8 特定城市上市公司经理层治理指数趋势

资料来源：南开大学公司治理数据库。

表 7-30 列出了北京市上市公司的经理层治理分指数。北京市上市公司任免制度分指数近年来有所回升，但总体处于平稳或下滑状态，从 2004 年的 65.05 下降为 2022 年的 63.95。执行保障分指数除了在 2007 年、2011 年、2015 年、2020 年有较大提升，其他年份总体处于平稳或下滑状态，从 2004 年的 62.45 到 2022 年的 63.70，变化不大。激励约束分指数上升幅度较大，除 2009 年有较大下降外，总体呈上升趋势，从 2004 年的 38.92 上升到 2022 年的 54.69。图 7-9 显示了北京市上市公司经理层治理分指数趋势。

表 7-30 北京市上市公司经理层治理分指数统计分析

年份	经理层治理	任免制度	执行保障	激励约束
2003	47.89	—	—	—
2004	54.85	65.05	62.45	38.92
2005	56.27	64.49	65.16	41.06
2006	55.53	63.42	64.87	40.24

(续)

年份	经理层治理	任免制度	执行保障	激励约束
2007	59.62	69.14	68.05	43.63
2008	58.69	65.80	67.77	44.35
2009	56.60	63.06	67.59	41.22
2010	57.93	62.82	67.01	45.65
2011	59.07	63.43	69.15	46.41
2012	59.43	62.41	68.25	49.14
2013	59.52	61.44	67.04	51.33
2014	58.93	61.61	65.12	51.17
2015	59.77	60.55	67.32	52.60
2016	59.46	58.68	65.30	55.19
2017	60.61	60.38	66.31	55.94
2018	59.61	60.03	64.82	54.77
2019	59.22	61.66	60.76	55.64
2020	59.99	61.63	64.44	54.69
2021	59.80	61.54	63.04	55.41
2022	60.54	63.95	63.70	54.69

资料来源：南开大学公司治理数据库。

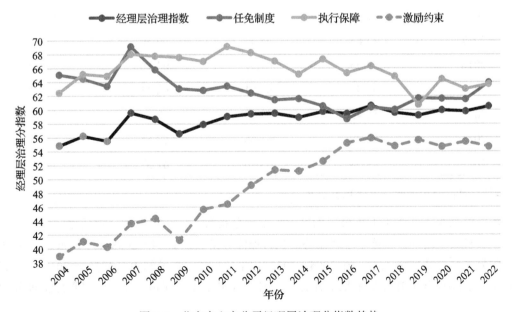

图 7-9　北京市上市公司经理层治理分指数趋势

资料来源：南开大学公司治理数据库。

表 7-31 列出了上海市上市公司的经理层治理分指数。上海市上市公司任免制度分指数、执行保障分指数总体呈平稳波动趋势，执行保障分指数最高，其次是任免制度分指数；而激励约束分指数最低，但总体呈上升趋势，2022 年为 54.19，较 2004 年提升了 12.66，有较大提升。图 7-10 显示了上海市上市公司经理层治理分指数趋势。

表 7-31 上海市上市公司经理层治理分指数统计分析

年份	经理层治理	任免制度	执行保障	激励约束
2003	48.64	—	—	—
2004	56.07	65.60	62.76	41.53
2005	55.33	64.92	61.82	40.91
2006	55.76	63.76	62.49	42.61
2007	58.44	68.98	68.86	39.80
2008	58.01	67.01	64.07	44.51
2009	57.33	63.37	67.67	42.90
2010	57.74	62.93	66.37	45.56
2011	56.89	63.03	65.30	44.03
2012	59.14	63.72	65.80	49.20
2013	57.82	62.43	65.82	46.72
2014	57.50	59.37	67.50	47.23
2015	58.26	61.87	66.59	47.81
2016	57.35	58.36	64.59	50.22
2017	57.88	58.43	64.30	51.88
2018	59.55	61.31	64.70	53.50
2019	58.42	61.91	62.11	52.03
2020	58.43	61.33	60.64	53.87
2021	59.20	61.65	62.55	54.08
2022	59.58	63.76	61.37	54.19

资料来源：南开大学公司治理数据库。

表 7-32 列出了广州市上市公司的经理层治理分指数。广州市上市公司任免制度分指数除 2011 年有较大波动外，整体呈平稳态势。执行保障分指数在 2004—2008 年不断波动，在 2008 年后较为平稳，从整体上看，在 2004—2022 年略有下降。激励约束分指数在 2010 年以前波动较大，在 2011 年后逐渐呈平稳上升态势。图 7-11 显示了广州市上市公司经理层治理分指数趋势。

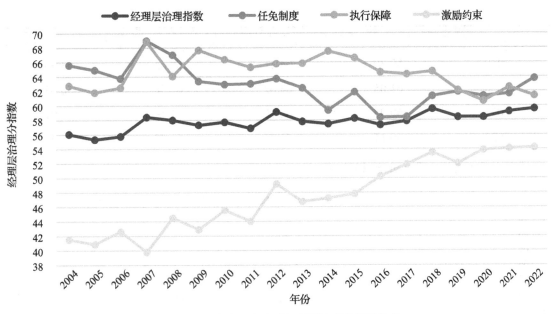

图 7-10　上海市上市公司经理层治理分指数趋势

资料来源：南开大学公司治理数据库。

表 7-32　广州市上市公司经理层治理分指数统计分析

年份	经理层治理	任免制度	执行保障	激励约束
2003	—	—	—	—
2004	56.54	63.04	61.55	46.24
2005	56.59	63.79	65.38	42.41
2006	56.60	64.10	64.08	43.27
2007	59.82	66.47	67.25	47.33
2008	59.64	65.82	68.86	46.05
2009	57.17	64.39	65.14	43.69
2010	59.39	62.59	63.66	52.78
2011	59.79	66.86	66.74	47.33
2012	56.70	60.50	63.40	47.47
2013	57.66	60.54	61.90	51.36
2014	58.84	62.00	64.00	51.50
2015	59.85	60.79	65.31	54.31
2016	59.36	59.00	63.16	56.45
2017	60.81	61.20	64.23	57.51
2018	60.01	61.53	62.14	56.79

(续)

年份	经理层治理	任免制度	执行保障	激励约束
2019	59.39	64.11	60.65	53.96
2020	61.05	64.62	62.58	56.43
2021	59.95	62.10	61.19	56.91
2022	60.17	63.44	61.00	56.44

资料来源：南开大学公司治理数据库。

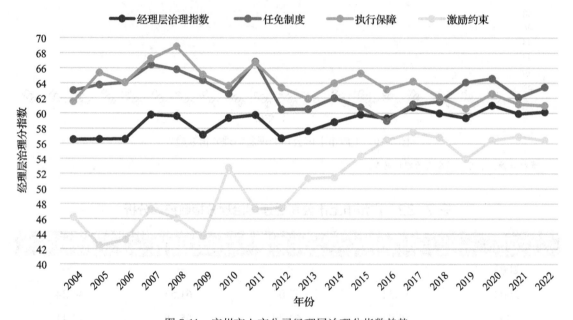

图7-11 广州市上市公司经理层治理分指数趋势

资料来源：南开大学公司治理数据库。

表7-33列出了深圳市上市公司的经理层治理分指数。深圳市上市公司任免制度分指数和执行保障分指数总体呈平稳波动趋势。激励约束分指数在2004—2008年间连续上升，在2009年出现低谷，在2010年回升，此后至2017年处于波动上升阶段，在2018年后逐渐出现平稳下降趋势。图7-12显示了深圳市上市公司经理层治理分指数趋势。

表7-33 深圳市上市公司经理层治理分指数统计分析

年份	经理层治理	任免制度	执行保障	激励约束
2003	—	—	—	—
2004	54.84	62.02	63.92	40.43
2005	54.54	61.50	63.37	40.55
2006	55.61	63.30	64.69	40.74
2007	57.41	65.23	66.10	42.75

(续)

年份	经理层治理	任免制度	执行保障	激励约束
2008	59.89	63.96	67.29	49.80
2009	57.87	63.11	67.96	44.40
2010	59.47	62.46	64.05	52.78
2011	60.76	67.17	64.77	51.42
2012	57.90	61.20	61.50	51.77
2013	59.26	61.60	63.89	53.14
2014	59.08	62.03	64.85	51.41
2015	59.68	59.98	64.81	55.02
2016	60.23	58.95	63.00	59.05
2017	61.97	61.76	64.21	60.24
2018	61.59	60.54	65.93	58.85
2019	59.39	58.25	61.89	58.32
2020	60.55	59.55	64.85	57.80
2021	60.09	61.42	61.32	57.81
2022	60.32	62.98	61.06	57.24

资料来源：南开大学公司治理数据库。

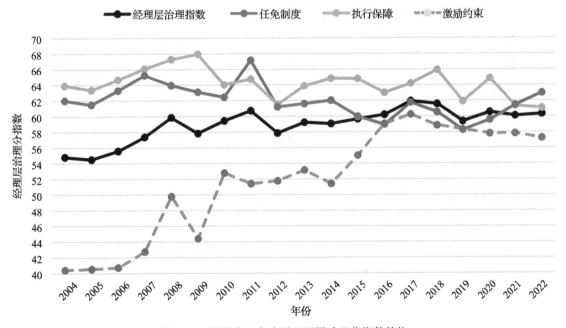

图 7-12　深圳市上市公司经理层治理分指数趋势

资料来源：南开大学公司治理数据库。

表 7-34 列出了杭州市上市公司的经理层治理分指数。杭州市上市公司任免制度分指数和执行保障分指数总体平稳波动，略有下降。激励约束分指数在 2004—2017 年呈波动上升趋势，且上升速度较快。激励约束分指数在 2018 年下降，在 2019 年出现低谷，在 2020 年、2021 年回升，在 2022 年有所下降。图 7-13 显示了杭州市上市公司经理层治理分指数趋势。

表 7-34 杭州市上市公司经理层治理分指数统计分析

年份	经理层治理	任免制度	执行保障	激励约束
2003	—	—	—	—
2004	54.46	64.24	59.90	40.77
2005	56.17	62.68	63.39	43.96
2006	56.24	64.17	62.76	43.34
2007	59.36	69.05	66.11	44.63
2008	56.74	64.58	64.69	42.68
2009	58.24	63.63	68.87	44.17
2010	59.62	63.87	63.78	52.12
2011	59.34	64.41	63.59	51.03
2012	58.93	62.80	61.35	53.27
2013	58.69	61.62	60.45	54.46
2014	58.88	60.98	61.71	54.51
2015	60.46	61.77	62.36	57.61
2016	59.89	59.54	60.88	59.38
2017	60.63	60.23	62.39	59.50
2018	61.14	61.82	64.44	57.69
2019	58.69	61.26	61.86	53.62
2020	60.40	62.36	62.97	56.39
2021	59.89	63.03	59.08	57.69
2022	59.67	62.55	59.67	57.01

资料来源：南开大学公司治理数据库。

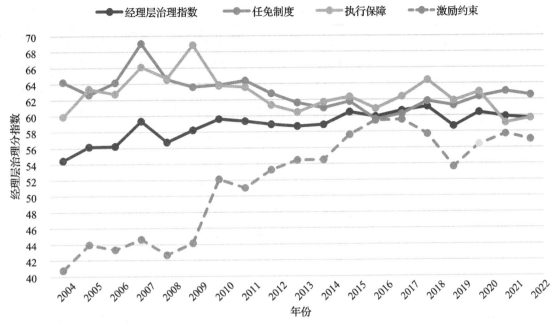

图 7-13 杭州市上市公司经理层治理分指数趋势

资料来源：南开大学公司治理数据库。

第四节 中国上市公司经理层治理分行业分析

一、中国上市公司经理层治理指数分行业比较分析

表 7-35 列出了 2003—2008 年不同行业上市公司的经理层治理指数。2003 年，房地产业的经理层治理指数最高，金融、保险业的经理层治理指数最低。2004 年，交通运输、仓储业上市公司的经理层治理指数最高，传播与文化产业上市公司的经理层治理指数居末位。2005 年，信息技术业上市公司的经理层治理指数最高，传播与文化产业上市公司的经理层治理指数居末位。2006 年，金融、保险业的经理层治理指数最低。金融、保险业的经理层治理指数在 2007—2008 年升为最高。

表 7-35 中国上市公司经理层治理指数分行业比较分析：2003—2008 年

行业	2003 年	2004 年	2005 年	2006 年	2007 年	2008 年
采掘业	45.82	55.87	55.56	56.19	57.36	56.88
传播与文化产业	49.46	51.09	53.25	52.82	56.46	56.81
电力、煤气及水的生产和供应业	46.10	54.35	55.59	56.09	57.81	57.68
房地产业	50.46	54.38	54.02	54.70	58.39	57.57

(续)

行业	2003年	2004年	2005年	2006年	2007年	2008年
建筑业	47.16	54.79	54.31	54.10	56.78	55.82
交通运输、仓储业	46.18	56.10	54.84	54.40	58.40	58.36
金融、保险业	45.15	55.65	55.29	51.35	59.54	61.03
农、林、牧、渔业	49.03	52.83	54.01	53.65	59.34	57.22
批发和零售贸易	48.24	54.66	54.86	55.47	57.05	58.84
社会服务业	47.40	54.19	54.28	55.51	57.29	58.05
信息技术业	48.85	55.48	56.49	55.89	58.18	57.66
制造业	48.72	54.56	54.75	55.21	58.12	57.01
综合类	50.42	54.35	53.55	55.15	55.47	58.50

资料来源：南开大学公司治理数据库。

表7-36列出了2009—2015年不同行业上市公司的经理层治理指数。2009年和2010年，金融、保险业仍保持最大优势。2011—2015年，经理层治理指数最高的行业变为信息技术业。在这期间，电力、煤气及水的生产和供应业的经理层治理指数较低。

表7-36 中国上市公司经理层治理指数分行业比较分析：2009—2015年

行业	2009年	2010年	2011年	2012年	2013年	2014年	2015年
采掘业	55.03	56.59	55.15	56.28	55.34	55.96	55.03
传播与文化产业	55.37	57.33	56.82	56.00	55.41	55.99	56.91
电力、煤气及水的生产和供应业	55.82	57.03	56.25	55.80	55.01	55.26	55.09
房地产业	55.87	56.67	57.07	56.74	56.00	56.86	56.80
建筑业	54.52	57.08	57.27	56.71	57.72	58.40	57.62
交通运输、仓储业	56.45	56.81	55.48	55.53	54.89	58.68	56.74
金融、保险业	59.05	60.34	58.91	58.93	57.54	58.96	56.41
农、林、牧、渔业	53.83	55.06	56.61	56.41	55.88	55.77	56.78
批发和零售贸易	56.78	57.56	58.17	57.79	56.72	57.17	57.08
社会服务业	55.21	57.08	57.74	57.84	58.01	57.06	57.77
信息技术业	56.79	59.44	59.88	59.63	60.88	59.20	61.56
制造业	55.12	57.07	57.94	57.14	57.21	57.04	57.95
综合类	56.02	56.96	57.25	57.18	55.58	56.24	54.98

资料来源：南开大学公司治理数据库。

表7-37列出了2016—2022年不同行业上市公司的经理层治理指数。2016年教育的经理层治理指数最高,为66.59。2017年信息传输、软件和信息技术服务业的经理层治理指数最高,为62.55。2018年卫生和社会工作的经理层治理指数最高,为62.00。2019年金融业的经理层治理指数最高,为62.29。2020年教育的经理层治理指数最高,为62.04。2021年卫生和社会工作的经理层治理指数最高,为62.32。2022年科学研究和技术服务业的经理层治理指数最高,为61.39。交通运输、仓储和邮政业,综合的经理层治理指数总体较低。

表7-37 中国上市公司经理层治理指数分行业比较分析:2016—2022年

行业	2016年	2017年	2018年	2019年	2020年	2021年	2022年
采矿业	54.91	55.19	55.70	60.81	57.11	58.95	59.81
电力、热力、燃气及水生产和供应业	54.73	55.62	54.18	58.26	58.31	57.34	58.02
房地产业	56.80	57.96	59.77	61.60	59.24	60.40	60.82
建筑业	57.12	58.47	57.81	60.47	61.05	58.52	58.85
交通运输、仓储和邮政业	55.50	57.00	56.49	56.12	55.51	56.32	56.01
金融业	54.55	56.78	54.44	62.29	60.07	60.11	60.19
教育	66.59	55.22	55.28	60.10	62.04	59.68	59.34
居民服务、修理和其他服务业	—	—	—	—	60.77	59.04	57.76
科学研究和技术服务业	61.19	62.31	61.67	59.16	59.75	60.84	61.39
农、林、牧、渔业	57.67	58.39	57.16	58.22	58.38	57.11	58.39
批发和零售贸易	56.69	57.17	59.64	59.23	58.51	59.41	60.18
水利、环境和公共设施管理业	57.72	57.41	60.20	59.68	59.83	59.68	59.96
卫生和社会工作	60.27	59.05	62.00	59.57	56.97	62.32	61.23
文化、体育和娱乐业	56.86	57.82	57.86	59.65	60.65	58.56	57.55
信息传输、软件和信息技术服务业	61.14	62.55	61.21	58.49	59.82	59.40	60.23
制造业	58.51	59.41	59.25	58.47	59.05	59.49	59.91
住宿和餐饮业	55.12	56.74	58.92	61.13	54.33	61.30	59.56
综合	55.46	57.21	57.14	56.06	56.29	55.99	57.20
租赁和商务服务业	57.44	58.42	60.61	58.48	60.27	58.53	58.62

资料来源:南开大学公司治理数据库。

二、中国上市公司经理层治理分指数分行业比较分析

（一）任免制度分指数分析

表 7-38 列出了 2003—2008 年不同行业上市公司的经理层治理任免制度分指数。2003—2005 年，金融、保险业上市公司任免制度分指数居行业末位。2006 年，采掘业上市公司任免制度分指数最高（66.29），在任免制度方面表现最差的行业是农、林、牧、渔业（62.72）。2007 年，农、林、牧、渔业上市公司任免制度分指数跃升至第一（68.68），金融、保险业的任免制度分指数最低。2008 年，传播与文化产业的任免制度分指数最高，为 66.98，这一年各行业的任免制度分指数差别不大。

表 7-38　中国上市公司经理层治理任免制度分指数分行业比较分析：2003—2008 年

行业	2003 年	2004 年	2005 年	2006 年	2007 年	2008 年
采掘业	45.82	65.78	65.12	66.29	67.60	65.06
传播与文化产业	49.46	62.27	61.24	62.96	67.84	66.98
电力、煤气及水的生产和供应业	46.10	65.57	65.76	63.80	67.30	66.69
房地产业	50.46	65.05	64.08	63.17	67.76	66.79
建筑业	47.16	64.82	63.78	63.75	67.20	63.87
交通运输、仓储业	46.18	65.24	64.46	64.70	67.77	64.82
金融、保险业	45.15	61.11	60.86	63.33	64.44	66.75
农、林、牧、渔业	49.03	64.26	64.55	62.72	68.68	66.45
批发和零售贸易	48.24	64.67	63.05	63.27	66.03	66.33
社会服务业	47.4	64.49	63.47	63.43	66.32	65.42
信息技术业	48.85	65.22	63.20	63.91	67.83	65.19
制造业	48.72	65.37	64.37	64.13	67.84	65.47
综合类	50.42	66.04	64.20	64.13	65.55	66.05

资料来源：南开大学公司治理数据库。

表 7-39 列出了 2009—2015 年不同行业上市公司的经理层治理任免制度分指数。2009 年，传播与文化产业仍为第一（64.78），而批发和零售贸易上市公司任免制度表现最差，为 62.37。2010 年，社会服务业上市公司的任免制度分指数最高，为 64.19；房地产业上市公司在任免制度方面表现较差，为 61.96。2011 年，房地产业上市公司的任免制度分指数最高，为 66.42；传播与文化产业上市公司的任免制度分指数最低，为 62.35。2012 年，任免制度分指数排名第一位的是金融、保险业（63.41），而建筑业（60.39）上市公司任免制度分指数最低。2013 年，房地产业上市公司的经理层治理任免制度分指数最高，传播与文化产业上市公司的经理层治理任免制度分指数最低。2014 年，农、林、牧、渔业上市公司的经理层治理任免制度分指数最高，综合类上市公司的经理层治理任免制度分指数最低。2015 年，电力、煤气及水的生产和供应业上市公司的经理层治理任免制度分指数最高，金融、保险业上市公司的经理层治理任免制度分指数最低。

表 7-39　中国上市公司经理层治理任免制度分指数分行业比较分析：2009—2015 年

行业	2009 年	2010 年	2011 年	2012 年	2013 年	2014 年	2015 年
采掘业	62.41	62.91	63.46	62.00	60.13	61.18	60.08
传播与文化产业	64.78	62.33	62.35	60.88	60.08	60.31	60.97
电力、煤气及水的生产和供应业	62.84	63.51	66.30	62.37	62.19	60.48	62.03
房地产业	62.72	61.96	66.42	60.96	62.34	59.73	61.12
建筑业	62.56	62.35	63.87	60.39	60.61	61.44	60.43
交通运输、仓储业	63.05	63.80	63.74	63.27	61.36	62.33	62.01
金融、保险业	62.59	63.50	63.24	63.41	60.82	63.17	59.97
农、林、牧、渔业	63.53	63.03	64.10	61.90	60.99	63.26	61.47
批发和零售贸易	62.37	62.63	65.59	62.51	61.51	59.63	61.08
社会服务业	63.36	64.19	65.83	62.00	60.89	60.39	60.29
信息技术业	62.88	63.48	63.95	61.85	62.10	60.60	60.65
制造业	62.45	62.80	65.72	61.72	61.40	61.67	61.22
综合类	62.97	62.54	66.39	63.27	61.93	59.50	61.14

资料来源：南开大学公司治理数据库。

表 7-40 列出了 2016—2022 年不同行业上市公司的经理层治理任免制度分指数。其中，2016 年、2017 年、2022 年各行业差距较小，2018—2021 年各行业差距较大。2020 年后，新分类的居民服务、修理和其他服务业任免制度分指数最低，但有明显的上升趋势。2016—2022 年的经理层治理任免制度分指数最高的分别为：农、林、牧、渔业，农、林、牧、渔业，卫生和社会工作，教育，电力、热力、燃气及水生产和供应业，住宿和餐饮业，采矿业；2016—2019 年最低的分别为教育，卫生和社会工作，金融业，综合，2020 年及以后最低的为居民服务、修理和其他服务业。

表 7-40　中国上市公司经理层治理任免制度分指数分行业比较分析：2016—2022 年

行业	2016 年	2017 年	2018 年	2019 年	2020 年	2021 年	2022 年
采矿业	59.02	60.12	58.72	68.37	67.85	64.03	67.98
电力、热力、燃气及水生产和供应业	59.55	61.40	60.29	68.10	69.79	63.65	67.05
房地产业	58.67	59.65	61.94	66.48	64.48	63.07	67.36
建筑业	57.31	60.35	59.55	65.12	66.08	61.53	63.93
交通运输、仓储和邮政业	60.07	60.09	60.31	67.29	68.53	64.48	66.05

(续)

行业	2016年	2017年	2018年	2019年	2020年	2021年	2022年
教育	56.67	58.52	59.34	74.96	62.31	59.82	62.31
金融业	56.82	61.40	53.52	66.81	64.16	64.27	66.41
居民服务、修理和其他服务业	—	—	—	—	39.88	54.84	54.84
科学研究和技术服务业	57.51	60.62	63.09	64.90	60.77	62.91	64.25
农、林、牧、渔业	60.58	61.64	62.35	63.91	66.39	63.38	63.96
批发和零售业	58.61	60.74	62.83	63.30	63.54	62.49	65.77
水利、环境和公共设施管理业	59.72	59.48	61.22	64.57	64.71	63.77	65.75
卫生和社会工作	57.11	57.36	64.03	57.78	58.57	64.81	65.87
文化、体育和娱乐业	58.38	61.25	62.11	63.08	68.78	65.73	66.33
信息传输、软件和信息技术服务业	58.62	59.79	60.71	59.65	59.53	60.33	62.41
制造业	59.65	60.99	60.12	61.23	61.66	62.27	63.60
住宿和餐饮业	59.70	61.31	57.78	65.07	54.28	67.30	67.57
综合	59.07	59.29	57.97	57.19	58.01	62.31	65.16
租赁和商务服务业	57.51	59.25	61.60	58.46	60.84	58.96	61.71

资料来源：南开大学公司治理数据库。

（二）执行保障分指数分析

表 7-41 列出了 2003—2008 年不同行业上市公司的经理层治理执行保障分指数。2003—2007 年，波动最大的是金融、保险业，采掘业、信息技术业、社会服务业表现较好，排名靠前且稳定。金融、保险业在 2006 年出现低谷（51.67），但在 2007 年大幅回升，在 2007 年和 2008 年一直处于第一位。

表 7-41　中国上市公司经理层治理执行保障分指数分行业比较分析：2003—2008 年

行业	2003年	2004年	2005年	2006年	2007年	2008年
采掘业	62.91	65.62	66.43	66.13	66.40	66.39
传播与文化产业	63.13	55.10	62.63	61.48	66.48	63.33
电力、煤气及水的生产和供应业	60.82	60.42	63.05	65.94	65.92	65.04
房地产业	63.00	61.69	62.54	64.19	66.11	66.87
建筑业	62.97	62.80	59.07	61.37	63.91	66.67

(续)

行业	2003年	2004年	2005年	2006年	2007年	2008年
交通运输、仓储业	61.16	62.62	63.61	62.94	68.79	63.33
金融、保险业	61.50	66.46	65.17	51.67	74.17	72.52
农、林、牧、渔业	61.98	59.61	63.21	63.24	64.88	65.26
批发和零售贸易	61.45	58.14	61.06	62.03	64.17	64.28
社会服务业	58.05	62.38	64.08	65.90	67.10	68.66
信息技术业	63.19	62.57	66.19	65.45	67.65	66.24
制造业	61.90	61.78	62.63	63.76	65.68	65.31
综合类	61.25	59.68	60.28	63.60	63.76	63.70

资料来源：南开大学公司治理数据库。

表7-42列出了2009—2015年不同行业上市公司的经理层治理执行保障分指数。2009—2015年，金融、保险业上市公司的经理层治理执行保障分指数一直大幅领先，农、林、牧、渔业上市公司的经理层治理执行保障分指数相对落后。

表7-42 中国上市公司经理层治理执行保障分指数分行业比较分析：2009—2015年

行业	2009年	2010年	2011年	2012年	2013年	2014年	2015年
采掘业	67.75	67.60	65.30	67.03	64.85	65.45	64.92
传播与文化产业	64.17	67.50	64.71	65.64	64.30	63.62	65.09
电力、煤气及水的生产和供应业	66.68	65.42	66.47	68.15	64.73	66.53	65.77
房地产业	67.95	64.04	66.01	68.36	63.40	69.08	66.92
建筑业	64.17	63.14	64.19	62.67	63.78	63.62	61.17
交通运输、仓储业	66.79	65.89	67.27	66.36	64.75	65.38	65.81
金融、保险业	70.07	71.30	73.86	72.03	71.21	70.83	69.01
农、林、牧、渔业	63.04	63.15	61.90	63.97	64.63	61.40	63.69
批发和零售贸易	65.86	63.37	65.00	64.23	62.85	66.13	63.99
社会服务业	66.17	63.19	65.80	65.04	65.90	65.07	64.65
信息技术业	68.18	67.00	66.52	65.15	65.16	62.49	66.16
制造业	65.88	64.21	64.29	63.41	62.44	62.69	62.78
综合类	66.52	64.64	64.72	66.54	64.10	66.59	62.63

资料来源：南开大学公司治理数据库。

表 7-43 列出了 2016—2022 年不同行业上市公司的经理层治理执行保障分指数。在此期间有突出表现的分别是：2016 年，教育的经理层治理执行保障分指数大幅领先，为 76.67；2020 年，新分类的居民服务、修理和其他服务业上市公司的经理层治理执行保障分指数遥遥领先，为 83.93。其他年份各行业的执行保障分指数波动较为平稳。

表 7-43　中国上市公司经理层治理执行保障分指数分行业比较分析：2016—2022 年

行业	2016 年	2017 年	2018 年	2019 年	2020 年	2021 年	2022 年
采矿业	63.26	63.00	65.53	65.48	60.29	68.90	66.89
电力、热力、燃气及水生产和供应业	63.23	63.81	60.24	61.06	62.66	65.77	64.55
房地产业	64.89	65.44	65.78	65.42	63.23	66.66	65.30
建筑业	61.54	62.77	61.99	62.89	65.04	61.08	60.29
交通运输、仓储和邮政业	64.71	62.70	58.06	58.40	61.88	60.81	60.29
教育	76.67	62.22	64.02	65.66	67.92	62.95	62.95
金融业	65.01	67.16	60.86	58.76	67.40	65.86	65.74
居民服务、修理和其他服务业	—	—	—	—	83.93	66.26	66.26
科学研究和技术服务业	65.29	67.04	67.74	59.61	61.99	62.37	63.80
农、林、牧、渔业	60.90	62.00	62.14	63.08	63.67	63.00	65.22
批发和零售业	63.27	61.78	66.25	63.39	61.17	64.73	63.88
水利、环境和公共设施管理业	63.33	65.35	71.63	65.94	66.52	63.93	62.48
卫生和社会工作	62.33	60.00	64.57	62.92	54.11	64.05	65.00
文化、体育和娱乐业	62.98	64.04	59.09	60.62	63.86	61.84	60.49
信息传输、软件和信息技术服务业	63.35	65.00	64.78	60.39	63.24	60.84	60.99
制造业	61.65	62.53	63.62	62.25	61.77	61.33	61.40
住宿和餐饮业	63.91	66.21	72.77	67.30	59.39	68.03	64.79
综合	64.77	66.30	68.12	64.22	67.66	60.18	62.16
租赁和商务服务业	60.43	63.69	65.90	61.04	64.46	61.92	61.91

资料来源：南开大学公司治理数据库。

(三) 激励约束分指数分析

表 7-44 列出了 2003—2008 年不同行业上市公司的经理层治理激励约束分指数。2003—2008 年，从总体来看，批发和零售贸易与金融、保险业上市公司的经理层治理激励约束分指数表现较好，而传播与文化产业、采掘业上市公司的经理层治理激励约束分指数相对较低。除 2007 年以外，农、林、牧、渔业上市公司的经理层治理激励约束分指数也较低。

表 7-44　中国上市公司经理层治理激励约束分指数分行业比较分析：2003—2008 年

行业	2003 年	2004 年	2005 年	2006 年	2007 年	2008 年
采掘业	27.39	38.37	37.44	38.37	40.15	41.19
传播与文化产业	36.88	37.32	37.86	36.03	37.38	41.84
电力、煤气及水的生产和供应业	31.05	38.79	39.82	40.56	42.10	43.06
房地产业	35.36	38.27	37.43	38.77	43.14	41.09
建筑业	31.84	38.68	41.48	38.95	41.06	39.10
交通运输、仓储业	29.70	40.35	40.37	38.93	41.64	43.64
金融、保险业	35.26	41.35	41.71	40.00	42.50	45.93
农、林、牧、渔业	33.04	36.46	36.41	37.07	45.96	41.81
批发和零售贸易	33.53	42.43	41.98	42.65	42.67	47.28
社会服务业	33.20	37.65	37.41	39.30	40.57	42.16
信息技术业	31.80	40.43	41.98	40.31	41.17	43.36
制造业	33.20	38.41	39.11	39.64	42.68	42.08
综合类	34.40	38.99	37.95	39.64	39.06	47.07

资料来源：南开大学公司治理数据库。

表 7-45 列出了 2009—2015 年不同行业上市公司的经理层治理激励约束分指数。2010 年后，信息技术业上市公司的经理层治理激励约束分指数迅猛发展，并在 2010—2015 年间保持第一，其次是建筑业和制造业的激励约束分指数表现较好。而电力、煤气及水的生产和供应业的激励约束分指数在 2011 年出现下滑，并在 2011—2015 年处于最低水平。

表 7-45　中国上市公司经理层治理激励约束分指数分行业比较分析：2009—2015 年

行业	2009 年	2010 年	2011 年	2012 年	2013 年	2014 年	2015 年
采掘业	37.33	41.34	38.80	41.82	42.79	43.03	41.92
传播与文化产业	39.14	44.00	44.96	43.24	43.50	45.48	46.18
电力、煤气及水的生产和供应业	40.05	43.86	38.21	39.17	40.08	40.79	39.55

(续)

行业	2009年	2010年	2011年	2012年	2013年	2014年	2015年
房地产业	39.21	45.49	40.78	42.91	43.82	43.77	44.17
建筑业	38.85	47.02	45.24	48.21	49.86	51.13	52.00
交通运输、仓储业	38.88	43.10	40.56	40.76	42.22	43.03	42.10
金融、保险业	46.35	48.04	42.12	43.59	42.82	44.93	42.34
农、林、牧、渔业	36.99	40.77	45.17	44.86	43.68	44.04	46.53
批发和零售贸易	43.84	47.91	45.46	47.91	47.06	47.24	47.47
社会服务业	38.30	45.27	43.37	47.85	48.61	47.12	49.58
信息技术业	41.43	49.26	50.44	52.87	56.10	55.11	58.46
制造业	39.15	45.65	45.33	47.55	48.87	47.94	50.80
综合类	40.63	45.24	42.43	43.56	42.43	44.37	42.75

资料来源：南开大学公司治理数据库。

表7-46列出了2016—2022年不同行业上市公司的经理层治理激励约束分指数。2016—2022年间，波动最大的是教育行业，其激励约束分指数在2016年处于最高水平，在2019年处于最低水平。电力、热力、燃气及水生产和供应业的激励约束分指数一直表现欠佳。金融业激励约束分指数在2019年出现高峰，但在其他年份的排名处于中下水平。信息传输、软件和信息技术服务业的经理层治理激励约束分指数仍然较高，卫生和社会工作的经理层治理激励约束分指数也比较平稳且表现良好，在2022年出现下滑。

表7-46　中国上市公司经理层治理激励约束分指数分行业比较分析：2016—2022年

行业	2016年	2017年	2018年	2019年	2020年	2021年	2022年
采矿业	43.96	43.96	44.51	49.82	44.46	45.75	46.21
电力、热力、燃气及水生产和供应业	43.00	43.25	43.35	46.77	43.98	44.30	44.08
房地产业	48.17	50.00	52.64	53.83	50.98	52.57	50.93
建筑业	53.16	53.05	52.62	54.09	52.99	53.53	52.92
交通运输、仓储和邮政业	45.07	43.26	45.81	50.19	45.95	45.29	45.30
教育	67.14	46.19	44.07	41.62	56.76	56.76	53.51
金融业	43.51	43.62	49.81	61.14	50.03	51.35	49.69
居民服务、修理和其他服务业	—	—	—	—	60.31	56.76	53.21

(续)

行业	2016年	2017年	2018年	2019年	2020年	2021年	2022年
科学研究和技术服务业	61.09	59.84	55.17	53.48	56.88	57.62	56.68
农、林、牧、渔业	52.21	52.29	48.09	48.79	46.46	46.29	47.40
批发和零售业	49.28	49.92	51.05	51.91	51.58	52.01	51.84
水利、环境和公共设施管理业	51.07	48.70	49.49	49.82	49.60	52.28	52.46
卫生和社会工作	61.43	59.80	57.94	58.35	57.94	58.53	53.72
文化、体育和娱乐业	50.23	49.33	52.87	55.66	50.39	49.12	46.92
信息传输、软件和信息技术服务业	61.58	63.00	58.61	55.78	57.17	57.30	57.57
制造业	54.76	55.28	54.72	52.70	54.33	55.36	55.21
住宿和餐饮业	43.38	44.42	48.15	52.23	50.06	50.02	47.69
综合	44.17	47.52	46.98	48.05	44.99	46.56	45.61
租赁和商务服务业	54.83	53.16	55.16	56.31	56.17	55.23	52.94

资料来源：南开大学公司治理数据库。

三、各行业中国上市公司经理层治理指数具体分析

（一）金融业上市公司治理指数分析

研究金融机构作为"被治理者"的公司治理问题，对于我国金融机构公司治理改革至关重要（李维安和曹廷求，2004）。表7-47列出了金融业上市公司经理层治理指数。金融业上市公司经理层治理指数平均值从2004年的55.65下降为2006年的51.35，在2007—2008年大幅回升，此后至2014年交替波动，在2015—2016年出现下滑，在2017年有所回升，在2018年又出现下滑，在2019年大幅回升至峰值（62.29），在2020年略有下降，此后平稳上升。从标准差来看，不同金融业上市公司之间的差距有所增大。

表7-47 金融业上市公司经理层治理指数统计分析

年份	平均值	中位数	标准差	全距	最小值	最大值
2003	45.15	—	4.93	12.30	39.30	51.60
2004	55.65	54.96	5.03	17.91	48.88	66.80
2005	55.29	56.91	5.84	16.20	45.42	61.61
2006	51.35	51.35	—	0.00	51.35	51.35

(续)

年份	平均值	中位数	标准差	全距	最小值	最大值
2007	59.54	55.88	7.06	20.11	53.91	74.02
2008	61.03	59.44	5.34	22.40	51.05	73.45
2009	59.05	58.67	4.51	17.00	53.32	70.32
2010	60.34	59.47	5.34	20.68	51.89	72.57
2011	58.91	58.61	4.58	17.57	50.72	68.29
2012	58.93	58.55	4.92	25.29	49.76	75.05
2013	57.54	57.03	5.39	28.18	42.52	70.70
2014	58.96	58.95	4.68	22.44	47.41	69.85
2015	56.41	55.01	6.12	28.28	46.63	74.90
2016	54.55	54.41	5.49	23.26	41.91	65.17
2017	56.78	56.16	6.01	25.47	46.13	71.60
2018	54.44	54.48	9.27	44.85	31.09	75.93
2019	62.29	63.48	8.28	38.76	38.54	77.30
2020	60.07	61.74	9.64	45.16	32.79	77.95
2021	60.11	60.12	7.88	39.18	36.52	75.70
2022	60.19	59.94	6.96	38.85	36.77	75.62

注：2003—2015 年为金融、保险业数据。
资料来源：南开大学公司治理数据库。

表 7-48 列出了金融业上市公司经理层治理分指数。2004—2005 年、2007—2018 年、2020 年和 2021 年，执行保障分指数一直高于任免制度分指数。2006 年、2019 年和 2022 年，任免制度分指数高于执行保障分指数。除了 2019 年，激励约束分指数一直是最低的。图 7-14 显示了金融业上市公司经理层治理分指数趋势。

表 7-48 金融业上市公司经理层治理分指数统计分析

年份	经理层治理	任免制度	执行保障	激励约束
2003	45.15	47.50	61.50	35.26
2004	55.65	61.11	66.46	41.35
2005	55.29	60.86	65.17	41.71
2006	51.35	63.33	51.67	40.00
2007	59.54	64.44	74.17	42.50
2008	61.03	66.75	72.52	45.93

(续)

年份	经理层治理	任免制度	执行保障	激励约束
2009	59.05	62.59	70.07	46.35
2010	60.34	63.50	71.30	48.04
2011	58.91	63.24	73.86	42.12
2012	58.93	63.41	72.03	43.59
2013	57.54	60.82	71.21	42.82
2014	58.96	63.17	70.83	44.93
2015	56.41	59.97	69.01	42.34
2016	54.55	56.82	65.01	43.51
2017	56.78	61.40	67.16	43.62
2018	54.44	53.52	60.86	49.81
2019	62.29	66.81	58.76	61.14
2020	60.07	64.16	67.40	50.03
2021	60.11	64.27	65.86	51.35
2022	60.19	66.41	65.74	49.69

资料来源：南开大学公司治理数据库。

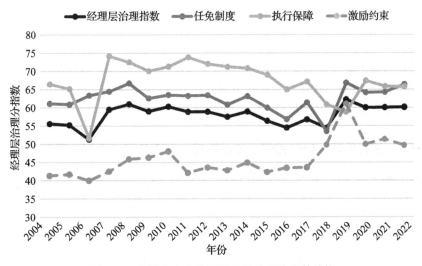

图 7-14　金融业上市公司经理层治理分指数趋势

资料来源：南开大学公司治理数据库。

（二）高科技行业上市公司治理指数分析

表 7-49 列出了信息技术业上市公司经理层治理指数。从平均值来看，总体上信息技术业上

市公司经理层治理指数平均值呈波动上升的趋势。从标准差来看，信息技术业上市公司在经理层治理方面仍然存在差距。

表 7-49　信息技术业上市公司经理层治理指数统计分析

年份	平均值	中位数	标准差	全距	最小值	最大值
2003	48.85	—	9.64	64.00	0.00	64.00
2004	55.48	55.53	6.42	35.14	41.82	76.97
2005	56.49	57.29	4.73	20.81	45.19	66.00
2006	55.89	55.58	5.92	39.60	30.93	70.53
2007	58.18	58.13	6.28	26.94	43.34	70.28
2008	57.66	55.89	5.62	24.53	46.49	71.03
2009	56.79	56.56	5.48	29.03	41.61	70.64
2010	59.44	57.94	5.77	25.16	48.41	73.58
2011	59.88	60.11	6.26	32.02	45.46	77.48
2012	59.63	59.54	5.89	31.21	43.54	74.76
2013	60.88	62.05	5.97	27.73	44.70	72.42
2014	59.20	59.65	5.68	30.06	40.93	70.99
2015	61.56	62.68	5.97	29.59	44.13	73.72

资料来源：南开大学公司治理数据库。

表 7-50 列出了信息传输、软件和信息技术服务业上市公司经理层治理指数。2016 年，信息传输、软件和信息技术服务业上市公司的经理层治理指数平均值为 61.14，2017 年上升为 62.55。2017—2021 年，信息传输、软件和信息技术服务业上市公司的经理层治理指数平均值呈下降趋势，从 62.55 下降为 59.40，在 2022 年上升为 60.23。

表 7-50　信息传输、软件和信息技术服务业上市公司经理层治理指数统计分析

年份	平均值	中位数	标准差	全距	最小值	最大值
2016	61.14	62.10	5.99	29.60	43.60	73.21
2017	62.55	63.61	5.72	28.41	44.05	72.47
2018	61.21	61.98	8.11	46.41	30.85	77.26
2019	58.49	59.63	9.48	46.93	30.14	77.06
2020	59.82	60.61	9.76	55.13	22.82	77.95
2021	59.40	59.41	6.47	35.19	43.07	78.25
2022	60.23	60.02	6.03	34.73	40.97	75.70

资料来源：南开大学公司治理数据库。

(三) 房地产业上市公司治理指数分析

表 7-51 列出了房地产业上市公司经理层治理指数的描述性统计结果。从总体来看，2003—2022 年，房地产业上市公司经理层治理指数平均值呈上升趋势。2005—2007 年，经理层治理指数平均值从 54.02 上升为 58.39，在 2008 年、2009 年略有下降，此后至 2016 年平稳波动，在 2017—2019 年持续上升，在 2020 年有所下降，在 2021—2022 年持续上升。从标准差来看，房地产业不同上市公司之间的经理层治理指数差距先增大后减小。

表 7-51 房地产业上市公司经理层治理指数统计分析

年份	平均值	中位数	标准差	全距	最小值	最大值
2003	50.46	—	8.32	39.90	26.30	66.20
2004	54.38	54.06	5.59	21.59	44.41	66.00
2005	54.02	53.39	4.97	19.40	46.97	66.37
2006	54.70	55.67	5.21	23.98	39.84	63.82
2007	58.39	58.34	5.60	27.22	45.19	72.41
2008	57.57	56.91	5.40	29.24	43.32	72.56
2009	55.87	55.53	5.69	25.22	46.16	71.38
2010	56.67	55.99	6.35	28.54	46.42	74.97
2011	57.07	56.21	6.54	32.79	44.48	77.27
2012	56.74	56.60	5.55	31.99	40.44	72.43
2013	56.00	55.59	5.89	31.81	44.70	76.51
2014	56.86	56.10	6.04	33.33	42.29	75.62
2015	56.80	55.66	6.06	25.67	46.21	71.89
2016	56.80	56.07	6.45	36.95	42.66	79.61
2017	57.96	56.49	7.16	30.81	45.78	76.59
2018	59.77	60.98	9.79	51.84	26.93	78.77
2019	61.60	61.99	8.62	38.18	40.44	78.62
2020	59.24	60.61	9.96	47.30	28.10	75.40
2021	60.40	61.30	6.97	30.13	45.49	75.62
2022	60.82	60.75	6.48	28.99	46.71	75.70

资料来源：南开大学公司治理数据库。

表 7-52 列出了房地产业上市公司经理层治理分指数。从总体上看，执行保障分指数表现最优，其次是任免制度分指数，激励约束分指数在经理层治理三个维度方面表现相对落后。图 7-15 显示了房地产业上市公司经理层治理分指数趋势。

表 7-52 房地产业上市公司经理层治理分指数统计分析

年份	经理层治理	任免制度	执行保障	激励约束
2003	50.46	64.40	63.00	35.36
2004	54.38	65.05	61.69	38.27
2005	54.02	64.08	62.54	37.43
2006	54.70	63.17	64.19	38.77
2007	58.39	67.76	66.11	43.14
2008	57.57	66.79	66.87	41.09
2009	55.87	62.72	67.95	39.21
2010	56.67	61.96	64.04	45.49
2011	57.07	66.42	66.01	40.78
2012	56.74	60.96	68.36	42.91
2013	56.00	62.34	63.40	43.82
2014	56.86	59.73	69.08	43.77
2015	56.80	61.12	66.92	44.17
2016	56.80	58.67	64.89	48.17
2017	57.96	59.65	65.44	50.00
2018	59.77	61.94	65.78	52.64
2019	61.60	66.48	65.42	53.83
2020	59.24	64.48	63.23	50.98
2021	60.40	63.07	66.66	52.57
2022	60.82	67.36	65.30	50.93

资料来源：南开大学公司治理数据库。

(四) 制造业上市公司治理指数分析

表 7-53 列出了制造业上市公司经理层治理指数的描述性统计结果。制造业上市公司经理层治理指数表现与房地产业类似。从总体来看，2003—2022 年，制造业上市公司经理层治理指数平均值呈上升趋势。2003—2007 年，经理层治理指数平均值从 48.72 上升为 58.12，在 2008 年、2009 年略有下降，此后平稳波动，在 2022 年上升至 59.91。从标准差来看，制造业不同上市公司之间的经理层治理指数差距先减小后增大，2021 年后又减小。

表 7-54 列出了制造业上市公司经理层治理分指数。从总体来看，制造业上市公司经理层治理分指数中执行保障和任免制度分指数表现相近，执行保障分指数略优于任免制度分指数。激励约束分指数一直处于第三，但呈上升趋势。图 7-16 显示了制造业上市公司经理层治理分指数趋势。

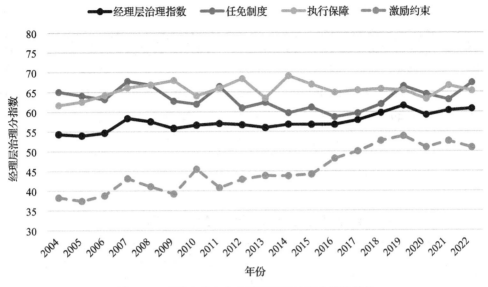

图 7-15 房地产业上市公司经理层治理分指数趋势

资料来源：南开大学公司治理数据库。

表 7-53 制造业上市公司经理层治理指数统计分析

年份	平均值	中位数	标准差	全距	最小值	最大值
2003	48.72	—	7.87	71.60	0.00	71.60
2004	54.56	54.42	5.87	43.52	33.82	77.34
2005	54.75	54.62	5.10	33.74	39.15	72.89
2006	55.21	55.21	4.84	38.23	32.04	70.27
2007	58.12	58.42	5.70	35.30	43.97	79.26
2008	57.01	56.60	5.33	33.68	42.26	75.93
2009	55.12	54.84	4.58	32.37	41.49	73.86
2010	57.07	56.23	5.94	30.87	43.36	74.23
2011	57.94	57.66	6.11	37.58	40.74	78.31
2012	57.14	57.07	5.60	36.08	38.39	74.48
2013	57.21	57.00	5.91	35.66	40.61	76.27
2014	57.04	56.85	5.80	35.24	40.67	75.91
2015	57.95	58.21	6.39	36.85	41.21	78.06
2016	58.51	58.67	6.12	33.24	41.64	74.88
2017	59.41	59.84	6.65	37.58	40.42	78.00
2018	59.25	59.86	8.63	53.16	25.61	78.77

(续)

年份	平均值	中位数	标准差	全距	最小值	最大值
2019	58.47	59.34	9.30	49.81	30.52	80.33
2020	59.05	60.46	9.68	59.20	18.75	77.95
2021	59.49	59.56	6.37	42.09	36.16	78.25
2022	59.91	59.86	6.17	42.26	36.00	78.25

资料来源：南开大学公司治理数据库。

表 7-54 制造业上市公司经理层治理分指数统计分析

年份	经理层治理	任免制度	执行保障	激励约束
2003	48.72	63.21	61.90	33.19
2004	54.56	65.37	61.78	38.41
2005	54.75	64.37	62.63	39.11
2006	55.21	64.13	63.76	39.64
2007	58.12	67.84	65.68	42.68
2008	57.01	65.47	65.31	42.08
2009	55.12	62.45	65.88	39.15
2010	57.07	62.80	64.21	45.65
2011	57.94	65.72	64.29	45.33
2012	57.14	61.72	63.41	47.55
2013	57.21	61.40	62.44	48.87
2014	57.04	61.67	62.69	47.94
2015	57.95	61.22	62.78	50.80
2016	58.51	59.65	61.65	54.76
2017	59.41	60.99	62.53	55.28
2018	59.25	60.12	63.62	54.72
2019	58.47	61.23	62.25	52.70
2020	59.05	61.66	61.77	54.33
2021	59.49	62.27	61.33	55.36
2022	59.91	63.60	61.40	55.21

资料来源：南开大学公司治理数据库。

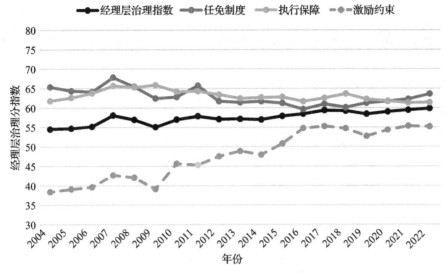

图 7-16　制造业上市公司经理层治理分指数趋势

资料来源：南开大学公司治理数据库。

第五节　中国上市公司经理层治理分市场板块分析

一、中国上市公司经理层治理指数分市场板块比较分析

表 7-55 列出了不同市场板块上市公司的经理层治理指数。从总体来看，主板上市公司的经理层治理指数呈上升趋势，从 2003 年的 47.44 上升为 2022 年的 59.50，提高了 12.06。中小板上市公司经理层治理指数在 2010 年为 59.83，在 2011—2012 年出现下滑，在 2013—2017 年逐渐回升，随后趋于稳定。创业板上市公司经理层治理指数一直处于波动状态，在 2013 年、2017 年出现了两个峰值。科创板上市公司经理层治理指数在 2020—2022 年连续上升，从 57.74 上升为 59.31。2022 年北交所上市公司经理层治理指数为 65.03。

表 7-55　中国上市公司经理层治理指数分市场板块比较分析

年份	主板	中小板	创业板	科创板	北交所
2003	47.44	—	—	—	—
2004	54.60	—	—	—	—
2005	54.80	—	—	—	—
2006	55.22	—	—	—	—
2007	57.86	—	—	—	—
2008	57.39	—	—	—	—

(续)

年份	主板	中小板	创业板	科创板	北交所
2009	55.52	—	—	—	—
2010	56.66	59.83	—	—	—
2011	56.78	59.60	60.29	—	—
2012	56.67	57.65	59.32	—	—
2013	55.62	58.18	61.62	—	—
2014	55.99	58.59	58.66	—	—
2015	55.94	59.63	61.12	—	—
2016	55.88	59.80	61.84	—	—
2017	56.85	59.97	63.35	—	—
2018	57.42	59.86	61.62	—	—
2019	57.98	60.04	59.58	—	—
2020	58.40	59.40	60.71	57.74	—
2021	58.76	59.80	60.33	58.44	—
2022	59.50	—	60.36	59.31	65.03

资料来源：南开大学公司治理数据库。

二、中国上市公司经理层治理分指数分市场板块比较分析

表 7-56 列出了不同市场板块上市公司的经理层治理任免制度分指数。主板上市公司任免制度分指数总体呈先下降后回升的趋势，在 2004—2005 年有所下降，在 2007 年大幅上升并出现峰值，在 2008 年、2009 年下降，在 2010 年、2011 年上升，此后至 2018 年波动下降，在 2019 年大幅上升，在 2020—2021 年出现下滑，在 2022 年又开始回升。中小板上市公司任免制度分指数在 2010—2021 年总体呈下降趋势，在 2010 年为 62.84，在 2011 年大幅上升至 65.95，随后交替波动，在 2016 年降至谷底 60.17，在 2019—2021 年逐渐回升，在 2021 年达到 62.39。创业板上市公司任免制度分指数在 2010—2014 年间变化较为平稳，略有上升，在 2015 年、2016 年下降，在 2017 年有所回升，在 2018 年、2019 年持续下降，在 2020—2022 年持续上升至 62.89。科创板上市公司任免制度分指数在 2020—2022 年保持上升趋势，从 2020 年的 52.77 上升至 2022 年的 60.56。北交所上市公司 2022 年的任免制度分指数为 62.80。

表 7-56 中国上市公司经理层治理任免制度分指数分市场板块比较分析

年份	主板	中小板	创业板	科创板	北交所
2003	63.07	—	—	—	—
2004	65.23	—	—	—	—

(续)

年份	主板	中小板	创业板	科创板	北交所
2005	64.18	—	—	—	—
2006	63.99	—	—	—	—
2007	67.49	—	—	—	—
2008	65.66	—	—	—	—
2009	62.64	—	—	—	—
2010	62.92	62.84	—	—	—
2011	65.61	65.95	61.58	—	—
2012	62.44	60.71	61.54	—	—
2013	61.59	61.04	61.64	—	—
2014	60.34	62.95	61.78	—	—
2015	61.42	60.88	60.36	—	—
2016	58.98	60.17	59.04	—	—
2017	60.74	60.74	60.77	—	—
2018	60.57	60.34	59.50	—	—
2019	64.42	61.30	57.98	—	—
2020	64.25	61.92	59.85	52.77	—
2021	62.94	62.39	61.87	58.94	—
2022	64.94	—	62.89	60.56	62.80

资料来源：南开大学公司治理数据库。

表 7-57 列出了不同市场板块上市公司的经理层治理执行保障分指数。从总体来看，主板上市公司的执行保障分指数呈平稳趋势，先略有上升，后略有下降，从 2003 年的 61.77 上升为 2012 年的 67.81，至 2022 年又降至 62.13。中小板上市公司执行保障分指数在 2010—2013 年大幅下降，在 2014—2018 年出现交替波动，在 2018 年达到峰值 62.59，随后逐年下降。创业板上市公司执行保障分指数在 2013 年、2018 年、2020 年出现三个峰值，在 2014 年出现大幅下降。科创板上市公司执行保障分指数在 2020 年最高，在 2021 年大幅下降，在 2022 年有所回升。2022 年北交所上市公司执行保障分指数为 78.43。

表 7-57　中国上市公司经理层治理执行保障分指数分市场板块比较分析

年份	主板	中小板	创业板	科创板	北交所
2003	61.77	—	—	—	—
2004	61.46	—	—	—	—

(续)

年份	主板	中小板	创业板	科创板	北交所
2005	62.72	—	—	—	—
2006	63.84	—	—	—	—
2007	65.78	—	—	—	—
2008	65.48	—	—	—	—
2009	66.27	—	—	—	—
2010	65.11	62.18	—	—	—
2011	66.57	62.01	61.91	—	—
2012	67.81	59.23	60.41	—	—
2013	64.98	59.25	64.79	—	—
2014	66.38	61.97	56.90	—	—
2015	65.13	61.50	62.88	—	—
2016	62.90	60.17	63.87	—	—
2017	63.46	61.11	64.84	—	—
2018	63.07	62.59	66.90	—	—
2019	61.87	61.57	63.56	—	—
2020	62.08	60.75	64.58	65.38	—
2021	63.38	60.67	61.44	58.60	—
2022	62.13	—	61.13	59.03	78.43

资料来源：南开大学公司治理数据库。

表7-58列出了不同市场板块上市公司的经理层治理激励约束分指数。从总体来看，主板上市公司的激励约束分指数与其他市场板块相比处于落后位置，但总体呈波动上升趋势，从2003年的33.02上升为2022年的52.23，提高了19.21。中小板上市公司激励约束分指数在2010年为55.05，在2011年出现下降，在2012年、2013年回升，在2014年下降，在2015年、2016年持续上升，此后总体平稳下降。创业板上市公司激励约束分指数在2011—2017年总体波动上升，在2018—2022年波动下降。科创板上市公司激励约束分指数在2020—2022年连续上升，从55.80上升为58.41。2022年北交所上市公司激励约束分指数为55.64。

表7-58 中国上市公司经理层治理激励约束分指数分市场板块比较分析

年份	主板	中小板	创业板	科创板	北交所
2003	33.02	—	—	—	—
2004	38.89	—	—	—	—
2005	39.35	—	—	—	—

(续)

年份	主板	中小板	创业板	科创板	北交所
2006	39.74	—	—	—	—
2007	42.18	—	—	—	—
2008	42.82	—	—	—	—
2009	39.74	—	—	—	—
2010	43.65	55.05	—	—	—
2011	40.25	51.66	57.73	—	—
2012	41.81	53.46	56.34	—	—
2013	42.10	54.62	58.90	—	—
2014	43.10	51.67	57.31	—	—
2015	43.02	56.89	60.31	—	—
2016	47.03	59.15	62.68	—	—
2017	47.61	58.28	64.45	—	—
2018	49.67	57.07	59.07	—	—
2019	48.71	57.57	57.66	—	—
2020	49.84	55.92	58.20	55.80	—
2021	50.94	56.64	57.98	57.85	—
2022	52.23	—	57.35	58.41	55.64

资料来源：南开大学公司治理数据库。

三、各市场板块中国上市公司经理层治理指数具体分析

表 7-59 列出了主板上市公司经理层治理指数的描述性统计结果。主板上市公司的经理层治理指数平均值总体呈上升趋势，从 2003 年的 47.44 增加为 2022 年的 59.50，提高了 12.06。从标准差来看，主板上市公司经理层治理指数在不同公司之间的差距有所增大，标准差从 2004 年的 5.81 上升为 2022 年的 6.40。

表 7-59 主板上市公司经理层治理指数统计分析

年份	平均值	中位数	标准差	全距	最小值	最大值
2003	47.44	—	7.92	65.76	11.98	77.74
2004	54.60	54.39	5.81	43.52	33.82	77.34
2005	54.80	54.73	5.08	34.55	38.33	72.89
2006	55.22	55.38	4.90	39.60	30.93	70.53

(续)

年份	平均值	中位数	标准差	全距	最小值	最大值
2007	57.86	58.04	5.78	39.37	39.90	79.26
2008	57.39	56.99	5.44	37.11	42.08	79.20
2009	55.52	55.07	4.76	32.37	41.49	73.86
2010	56.66	56.03	5.42	34.21	40.75	74.97
2011	56.78	56.26	5.72	37.58	40.74	78.31
2012	56.67	56.47	5.40	34.61	40.44	75.05
2013	55.62	55.37	5.35	37.86	38.65	76.51
2014	55.99	55.36	5.68	37.83	40.67	78.50
2015	55.94	55.01	6.05	36.85	41.21	78.06
2016	55.88	55.30	5.90	37.97	41.64	79.61
2017	56.85	55.73	6.67	37.58	40.42	78.00
2018	57.42	57.79	9.24	53.16	25.61	78.77
2019	57.98	58.27	9.25	48.49	30.14	78.62
2020	58.40	59.37	9.85	57.55	20.41	77.95
2021	58.76	58.96	6.89	42.26	34.72	76.98
2022	59.50	59.34	6.40	43.61	36.00	79.61

资料来源：南开大学公司治理数据库。

表 7-60 列出了主板上市公司经理层治理分指数。从总体来看，执行保障和任免制度分指数较高，呈平稳波动态势。激励约束分指数最低，但呈波动上升态势。图 7-17 显示了主板上市公司经理层治理分指数趋势。

表 7-60 主板上市公司经理层治理分指数统计分析

年份	经理层治理	任免制度	执行保障	激励约束
2003	47.44	63.07	61.77	33.02
2004	54.60	65.23	61.46	38.89
2005	54.80	64.18	62.72	39.35
2006	55.22	63.99	63.84	39.74
2007	57.86	67.49	65.78	42.18
2008	57.39	65.66	65.48	42.82
2009	55.52	62.64	66.27	39.74
2010	56.66	62.92	65.11	43.65

(续)

年份	经理层治理	任免制度	执行保障	激励约束
2011	56.78	65.61	66.57	40.25
2012	56.67	62.44	67.81	41.81
2013	55.62	61.59	64.98	42.10
2014	55.99	60.34	66.38	43.10
2015	55.94	61.42	65.13	43.02
2016	55.88	58.98	62.90	47.03
2017	56.85	60.74	63.46	47.61
2018	57.42	60.57	63.07	49.67
2019	57.98	64.42	61.87	48.71
2020	58.40	64.25	62.08	49.84
2021	58.76	62.94	63.38	50.94
2022	59.50	64.94	62.13	52.23

资料来源：南开大学公司治理数据库。

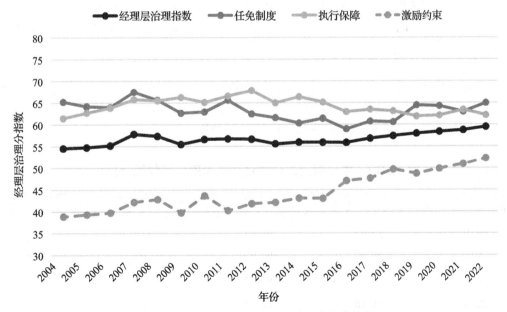

图 7-17 主板上市公司经理层治理分指数趋势

资料来源：南开大学公司治理数据库。

表 7-61 列出了中小板上市公司经理层治理指数的描述性统计结果。2007—2021 年间，中小板上市公司经理层治理指数平均值总体呈平稳波动趋势。从标准差来看，中小板上市公司在经理层治理方面的差距在 2020 年最大。

表 7-61　中小板上市公司经理层治理指数统计分析

年份	平均值	中位数	标准差	全距	最小值	最大值
2007	59.70	58.75	4.85	15.22	52.36	67.58
2008	68.87	68.87	0.00	0.00	68.87	68.87
2009	63.29	63.29	0.00	0.00	63.29	63.29
2010	59.83	61.08	6.85	29.06	44.23	73.29
2011	59.60	59.92	6.49	34.96	42.52	77.48
2012	57.65	57.89	6.09	36.08	38.39	74.48
2013	58.18	58.90	6.34	35.43	40.84	76.27
2014	58.59	58.96	5.64	38.94	35.29	74.23
2015	59.63	60.09	6.27	31.42	43.32	74.74
2016	59.80	60.12	5.80	28.18	45.03	73.21
2017	59.97	60.37	6.15	31.34	43.52	74.86
2018	59.86	60.90	8.64	46.30	30.95	77.26
2019	60.04	61.22	8.94	46.69	32.13	78.81
2020	59.40	60.61	10.05	59.20	18.75	77.95
2021	59.80	59.86	6.33	38.04	40.22	78.25

资料来源：南开大学公司治理数据库。

表 7-62 列出了中小板上市公司经理层治理分指数。2010—2014 年，任免制度分指数高于执行保障和激励约束两个维度。激励约束分指数相对较低，在 2011—2021 年均低于其他两个维度。图 7-18 显示了中小板上市公司经理层治理分指数趋势。

表 7-62　中小板上市公司经理层治理分指数统计分析

年份	经理层治理	任免制度	执行保障	激励约束
2010	59.83	62.84	62.18	55.05
2011	59.60	65.95	62.01	51.66
2012	57.65	60.71	59.23	53.46
2013	58.18	61.04	59.25	54.62
2014	58.59	62.95	61.97	51.67
2015	59.63	60.88	61.50	56.89
2016	59.80	60.17	60.17	59.15
2017	59.97	60.74	61.11	58.28
2018	59.86	60.34	62.59	57.07

(续)

年份	经理层治理	任免制度	执行保障	激励约束
2019	60.04	61.30	61.57	57.57
2020	59.40	61.92	60.75	55.92
2021	59.80	62.39	60.67	56.64

资料来源：南开大学公司治理数据库。

图 7-18　中小板上市公司经理层治理分指数趋势

资料来源：南开大学公司治理数据库。

表 7-63 列出了创业板上市公司经理层治理指数的描述性统计结果。创业板上市公司经理层治理指数平均值总体较为平稳。从标准差来看，创业板上市公司的经理层治理指数在不同公司之间的差距小于主板和中小板上市公司。

表 7-63　创业板上市公司经理层治理指数统计分析

年份	平均值	中位数	标准差	全距	最小值	最大值
2011	60.29	60.81	5.13	22.56	47.67	70.22
2012	59.32	59.50	5.17	28.26	45.46	73.72
2013	61.62	62.55	4.81	25.06	46.64	71.70
2014	58.66	58.66	5.53	30.13	40.93	71.06
2015	61.12	61.85	5.41	29.60	44.29	73.89
2016	61.84	62.57	4.97	28.17	46.70	74.88
2017	63.35	64.12	4.98	29.89	45.23	75.11

(续)

年份	平均值	中位数	标准差	全距	最小值	最大值
2018	61.62	61.98	7.62	43.91	34.86	78.77
2019	59.58	60.48	8.96	42.53	37.80	80.33
2020	60.71	60.86	8.51	54.83	23.12	77.95
2021	60.33	60.15	5.96	43.45	36.16	79.61
2022	60.36	60.15	5.95	40.67	38.94	79.61

资料来源：南开大学公司治理数据库。

表 7-64 列出了创业板上市公司经理层治理分指数。从总体来看，三个维度交替波动。2015—2020 年，执行保障优于其他两个维度。2018 年后，激励约束落后于其他两个维度。图 7-19 显示了创业板上市公司经理层治理分指数趋势。

表 7-64 创业板上市公司经理层治理分指数统计分析

年份	经理层治理	任免制度	执行保障	激励约束
2011	60.29	61.58	61.91	57.73
2012	59.32	61.54	60.41	56.34
2013	61.62	61.64	64.79	58.90
2014	58.66	61.78	56.90	57.31
2015	61.12	60.36	62.88	60.31
2016	61.84	59.04	63.87	62.68
2017	63.35	60.77	64.84	64.45
2018	61.62	59.50	66.90	59.07
2019	59.58	57.98	63.56	57.66
2020	60.71	59.85	64.58	58.20
2021	60.33	61.87	61.44	57.98
2022	60.36	62.89	61.13	57.35

资料来源：南开大学公司治理数据库。

表 7-65 列出了科创板上市公司经理层治理指数的描述性统计结果。科创板上市公司经理层治理指数平均值总体呈上升趋势。从标准差来看，科创板上市公司的经理层治理指数在不同公司之间的差距逐渐缩小。

表 7-66 列出了科创板上市公司经理层治理分指数。2020 年执行保障分指数最高，2021 年和 2022 年任免制度分指数最高。

表 7-67 和表 7-68 分别列出了北交所上市公司的经理层治理指数及分指数。在三个分指数中，执行保障分指数相对较高，而激励约束分指数较低。

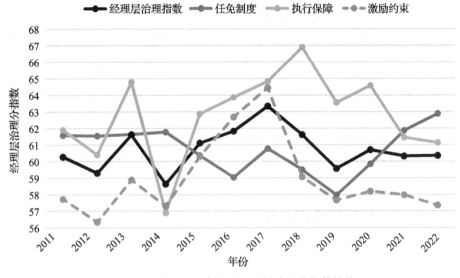

图 7-19 创业板上市公司经理层治理分指数趋势

资料来源：南开大学公司治理数据库。

表 7-65 科创板上市公司经理层治理指数统计分析

年份	平均值	中位数	标准差	全距	最小值	最大值
2020	57.74	57.34	8.08	32.99	42.41	75.40
2021	58.44	57.68	6.53	34.43	39.91	74.34
2022	59.31	58.96	5.86	35.02	40.52	75.54

资料来源：南开大学公司治理数据库。

表 7-66 科创板上市公司经理层治理分指数统计分析

年份	经理层治理	任免制度	执行保障	激励约束
2020	57.74	52.77	65.38	55.80
2021	58.44	58.94	58.60	57.85
2022	59.31	60.56	59.03	58.41

资料来源：南开大学公司治理数据库。

表 7-67 北交所上市公司经理层治理指数统计分析

年份	平均值	中位数	标准差	全距	最小值	最大值
2022	65.03	64.39	4.73	29.67	46.03	75.70

资料来源：南开大学公司治理数据库。

表 7-68　北交所上市公司经理层治理分指数统计分析

年份	经理层治理	任免制度	执行保障	激励约束
2022	65.03	62.80	78.43	55.64

资料来源：南开大学公司治理数据库。

第六节　中国上市公司经理层治理分析结论

一、中国上市公司经理层治理总体分析结论

总体看来，中国上市公司经理层治理指数平均值呈现平稳上升趋势，由 2003 年的 47.44 上升至 2022 年的 59.78。从经理层治理三个分指数来看，任免制度分指数呈现长短周期性波动增长，执行保障机制稳定增长，激励约束机制呈显著增长趋势。

从经理层治理评价二十年的趋势来看，任免制度分指数在 2003—2017 年之间呈现波动趋势，自 2018 年之后逐渐开始呈现增长状态。中国上市公司坚持从行政型向经济型转型的治理逻辑，需加快导入经济型治理机制（李维安，2004）。执行保障分指数在 2003—2009 年之间呈现增长状态，自 2013 年之后逐渐呈现小幅波动的稳定趋势。改善上市公司经理层执行保障机制建设，控制高管层在关联单位兼任的比例，并适度降低董事长和总经理的兼职比例，使上市公司自主性治理和公司治理有效性得到改善（张国萍，2005）。在疫情和贸易争端影响下，治理风险管控压力增大，需强化治理结构和治理机制创新。激励约束分指数在 2003—2016 年间呈现显著性增长，在 2018—2022 年间出现波动。二十年中的第一个十年，中国上市公司高管和经理层激励约束不足的状况得到明显改善，同时，激励约束机制呈现双刃剑的特征（张国萍，2009），需构建多元化和系统化的激励约束体系。面临数字化经济和科技转化的颠覆创新，逐步实现市场化薪酬与体制内薪酬"并轨"，拓宽股权激励等长期激励覆盖范围和比例，创新公司治理动力机制（张国萍，2022）。

二、中国上市公司经理层治理具体分析结论

（一）经理层治理分控股股东性质比较分析结论

分控股股东性质来看，2003—2022 年之间，不同控股股东性质上市公司的经理层治理指数总体呈波动上升趋势。国有控股上市公司的经理层治理指数从 2004 年的 54.82 上升到 2022 年的 59.41，上升了 4.59，说明经理层治理指数有较为明显的提升。国有控股上市公司的任免制度分指数略有上升，从 2004 年的 65.09 上升为 2022 年的 67.51；执行保障分指数有较大提升，从 2004 年的 61.75 上升为 2022 年的 65.36；激励约束分指数有较大提升，从 2004 年的 39.41 上升为 2022 年的 46.84。2022 年，各控股股东的经理层治理指数差别不大；任免制度分指数方面，社会团体控股、职工持股会控股上市公司的最高，民营控股上市公司的较低；执行保障分指数方面，社会团体控股上市公司的最高，职工持股会控股上市公司的最低；激励约束分指数方面，

民营控股上市公司的最高，其次分别是其他类型、职工持股会控股、外资控股、集体控股、国有控股和社会团体控股上市公司。

2009年之前，国有控股上市公司经理层治理水平普遍高于民营控股上市公司，2010—2018年近十年间，民营控股上市公司经理层治理水平超过国有控股上市公司。在2019年和2020年的疫情期间，再次短暂反转。2021年和2022年，民营控股上市公司经理层治理水平再超国有控股上市公司。民营控股上市公司在2019年以后，在激励约束分指数上均高于国有控股上市公司。在任免制度和执行保障方面，民营控股上市公司仍需提升。自2015年以来，外资控股上市公司在经理层治理的任免制度分指数上与国有控股上市公司持平。2014年以来，外资控股上市公司在经理层治理的执行保障分指数上普遍低于国有控股上市公司。自2008年以来，外资控股上市公司在经理层治理的激励约束分指数上高于国有控股上市公司。

（二）经理层治理分区域和地区比较分析结论

从不同地区来看，华南地区上市公司在经理层治理方面总体优于其他地区。其次是华中地区、华北地区、华东地区，西北地区上市公司的经理层治理指数相对处于较低水平。东北地区上市公司的经理层治理指数呈现波动式上升趋势，总体低于全国上市公司水平。2016年前，辽宁经理层治理指数最高。2017年后，吉林经理层治理指数上升。华北地区经理层治理指数略高于全国经理层治理指数。2009年前，华北地区上市公司的经理层治理指数波动较大。2009年后，华北地区上市公司的经理层治理指数呈平稳上升趋势。北京上市公司的经理层治理指数水平相对较高，高于全国和华北地区水平。天津、河北、山西和内蒙古上市公司的经理层治理指数大体上低于全国。华中地区上市公司的经理层治理指数除在2007—2009年有较大波动，总体呈现上升趋势。2004—2007年，河南经理层治理指数领先，湖南较为落后。2007年后，华中地区各省的经理层治理指数差别不大。华东地区上市公司的经理层治理指数总体呈现波动式上升趋势，与全国水平基本持平。各省之间的区别较小，浙江上市公司的经理层治理指数相对较高，而福建上市公司的经理层治理指数相对较低。华南地区上市公司的经理层治理指数总体呈现上升趋势，且领先于全国水平。广东上市公司的经理层治理指数整体较高，华南地区上市公司的经理层治理指数整体趋势与广东上市公司的经理层治理指数趋势一致。西北地区上市公司的经理层治理指数总体落后于全国的经理层治理指数。青海上市公司的经理层治理指数相对较低，宁夏上市公司的经理层治理指数波动较大。西南地区上市公司的经理层治理指数呈波动增长趋势，但大多数省份低于全国上市公司的平均水平。从三个分指数来看：一是任免制度方面，2017年前各地区任免制度分指数差别不大，2018年开始拉开差距，2018年以后，西北地区和西南地区任免制度分指数较高，华南地区任免制度分指数较低；二是执行保障方面，不同地区上市公司执行保障分指数呈现交替式波动态势；三是激励约束方面，华南地区上市公司激励约束分指数总体高于其他地区，其次是华东地区，华北地区、华中地区紧随其后，再次为西南地区、东北地区、西北地区。

从不同经济区域来看，东部经济区域、中部经济区域、西部经济区域和东北经济区域经理层治理指数总体呈上升趋势。4个经济区域上市公司经理层治理指数的走势相对一致。比较来看，东部经济区域上市公司的经理层治理指数总体偏高，中部经济区域上市公司次之，其后是西部经济区域和东北经济区域上市公司。从长三角和珠三角这两个特定区域来看，除2003年、2004

年、2005年、2007年、2012年这五年外，珠三角上市公司的经理层治理指数高于长三角上市公司。具体比较北京市、上海市、广州市、深圳市和杭州市五个地区上市公司经理层治理指数发现，五个城市上市公司经理层治理指数呈交替式波动。自2013年以后，上海市上市公司经理层治理指数总体略落后于其他四个城市。

（三）经理层治理分行业比较分析结论

从不同行业来看，金融行业以及信息技术行业上市公司经理层治理指数总体表现较好，传播与文化产业以及综合类上市公司表现相对较差。从任免制度分指数来看，在2003—2015年间，除2007年、2011年有大幅回升外，整体呈波动下降的趋势，不同行业上市公司的任免制度分指数波动较大。2016—2022年，各行业排名波动较大，其中2016年、2017年、2022年各行业差距较小，2018—2021年各行业差距较大。2020年后，新分类的居民服务、修理和其他服务业任免制度分指数最低，但有明显的上升趋势。从执行保障分指数来看，2003—2007年波动最大的是金融、保险业，采掘业、信息技术业、社会服务业表现较好，排名靠前且稳定。金融、保险业在2006年出现低谷（51.67），但在2007年大幅回升，在2007—2015年一直处于第一位。2010—2015年，农、林、牧、渔业上市公司的经理层治理执行保障分指数相对落后。2016年后有突出表现的分别是：2016年，教育的经理层治理执行保障分指数大幅领先，为76.67；2020年，新分类的居民服务、修理和其他服务业上市公司的经理层治理执行保障分指数遥遥领先，为83.93。从激励约束方面来看，2003—2009年，批发和零售贸易与金融、保险业上市公司的经理层治理激励约束分指数表现较好，而传播与文化产业、采掘业上市公司的经理层治理激励约束分指数相对较低。除2007年以外，农、林、牧、渔业上市公司的经理层治理激励约束分指数也较低。2010年后，信息技术业上市公司的经理层治理激励约束分指数迅猛发展，并在2010—2015年间保持第一，其次是建筑业和制造业的激励约束分指数表现较好。2016—2022年间，波动最大的是教育行业的上市公司的经理层治理激励约束分指数，在2016年处于最高水平，在2019年处于最低水平。金融业激励约束分指数在2019年出现高峰，但其他年份的激励约束分指数排名处于中下水平。信息传输、软件和信息技术服务业的经理层治理激励约束分指数仍然较高，卫生和社会工作的经理层治理激励约束分指数也比较平稳且表现良好，在2022年出现下滑。电力、煤气及水的生产和供应业的激励约束分指数在2011年出现下滑，此后表现一直欠佳。

（四）经理层治理分市场板块比较分析结论

从不同市场板块来看，主板上市公司的经理层治理指数呈上升趋势，科创板上市公司经理层治理指数连续两年上升。从总体来看，主板上市公司的经理层治理指数呈上升趋势，从2003年的47.44上升为2022年的59.50，提高了12.06。中小板上市公司经理层治理指数在2010年为59.83，在2011—2012年出现下滑，在2013—2017年逐渐回升，随后趋于稳定。创业板上市公司经理层治理指数一直处于波动状态，在2013年、2017年出现两个峰值。科创板上市公司经理层治理指数在2020—2022年连续上升，从57.74上升为59.31。2022年北交所上市公司经理层治理指数为65.03。

从经理层治理分指数来看，首先是任免制度分指数。主板上市公司任免制度分指数总体呈先下降后回升的趋势。在2004—2005年有所下降，在2007年大幅上升并出现峰值，在2008年、2009年下降，在2010年、2011年上升，此后至2018年波动下降，在2019年大幅上升，在2020—2021年出现下滑，在2022年又开始回升。中小板上市公司任免制度分指数在2010—2021年总体呈下降趋势，在2010年为62.84，在2011年大幅上升至65.95，随后交替波动，在2016年降至谷底60.17，在2019—2021年逐渐回升，在2021年达到62.39。创业板上市公司任免制度分指数在2010—2014年间变化较为平稳，略有上升，在2015年、2016年下降，在2017年有所回升，在2018年、2019年持续下降，2020—2022年持续上升至62.89。科创板任免制度分指数在2020—2022年保持上升趋势，从2020年的52.77升至2022年的60.56。北交所上市公司2022年的任免制度分指数为62.80。其次是执行保障分指数。主板上市公司的执行保障分指数呈平稳趋势，先略有上升，后略有下降，从2003年的61.77上升为2012年的67.81，至2022年又降至62.13。中小板上市公司执行保障分指数在2010—2013年大幅下降，在2014—2018年出现交替波动，在2018年达到峰值62.59，随后逐年下降。创业板上市公司执行保障分指数在2013年、2018年、2020年出现三个峰值，在2014年出现大幅下降。科创板上市公司执行保障分指数在2020年最高，在2021年大幅下降，在2022年有所回升。2022年北交所上市公司执行保障分指数为78.43。最后是激励约束分指数。主板上市公司的激励约束分指数与其他市场板块相比处于落后位置，但总体呈波动上升趋势，从2003年的33.02上升为2022年的52.23，提高了19.21。中小板上市公司激励约束分指数在2010年为55.05，在2011年出现下降，在2012年、2013年回升，在2014年下降，在2015年、2016年持续上升，此后总体平稳下降。创业板上市公司激励约束分指数在2011—2017年总体波动上升，在2018—2022年波动下降。科创板上市公司激励约束分指数在2020—2022年连续上升，从55.80上升为58.41。2022年北交所上市公司激励约束分指数为55.64。

第八章 中国上市公司信息披露分析

本章对2003—2022年中国上市公司信息披露状况进行描述与分析。首先，通过2003—2022年信息披露的总指数以及真实性、相关性和及时性分指数趋势分析，捕捉了中国上市公司信息披露的发展趋势与特征。其次，分别按照股东性质、区域和地区、行业和市场板块详细分析了不同情况下信息披露指数及三个分指数的差异。最后，根据上述分析归纳总结了本章的主要结论。从总体来看，中国上市公司信息披露指数平均值在2003—2022年间呈现出较为稳定的上升趋势；从信息披露的三个分指数来看，上市公司在信息披露的及时性方面做得最好，指数最高，真实性次之，相关性最低。

第一节 中国上市公司信息披露趋势分析

一、中国上市公司信息披露指数分析

企业信息披露是企业披露利益与披露成本权衡的产物，其根本目的在于减少企业信息不对称，提高公司透明度，帮助外部利益相关者做出正确评价和决策（汪炜和蒋高峰，2004）。从监管者的角度看，完善信息披露规则，加大信息披露违规处罚力度，是保护投资者权益，改善上市公司治理结构，创造良好投融资市场的重要途径（曾颖和陆正飞，2006）。为了维护市场稳定，降低交易成本，我国陆续出台了一系列政策法规，有效提高了上市公司信息披露质量。信息披露也是公司治理的重要组成部分。良好的公司治理安排，能有效抑制企业内部人员的道德风险行为，提高企业信息披露的真实性（伊志宏、姜付秀和秦义虎，2010）。本章对2003—2022年中国上市公司的信息披露状况进行评价与分析，为有效提升公司的信息披露质量提供指导。

表 8-1 与图 8-1 展示了 2003—2022 年连续 20 年中国上市公司信息披露状况与趋势特征。考虑可比性因素，我们对 2004—2022 年间的数据进行对比。从时间角度分析，2022 年信息披露指数平均值最高，为 65.74；2007 年信息披露指数平均值最低，为 61.66。信息披露指数平均值在 2004—2006 年呈现出逐年小幅上升的趋势，从 62.20 提高至 62.76；在 2007—2009 年小幅波动，变化不大；在 2010—2022 年十余年间呈现稳步上升趋势，从 63.43 提高至 65.74。2004—2022 年，中国上市公司信息披露指数中位数的平均值为 64.27，大于其历年平均值的平均值 63.70，表明一半以上的上市公司信息披露水平高于其平均水平。从标准差分析，2004—2022 年信息披露指数标准差的平均值为 9.44，2006 年的标准差最大，为 13.09，2019 年的标准差最小，为 5.97，表明各年度上市公司信息披露水平有一定差距。从全距分析，2004—2022 年信息披露指数全距在 2009 年最高，为 68.86；在 2021 年最低，为 40.97。从最大值与最小值分析，上市公司信息披露指数最大值为 91.91，最小值为 20.88，相差 71.03，表明各年度信息披露最好和最差的公司存在较大差距。唐跃军和程新生（2005）研究发现，信息披露是公司治理框架中极为重要的部分，从长远来看有利于提高公司业绩。从中国上市公司信息披露状况与趋势特征分析，本研究认为，我国上市公司信息披露机制仍需进一步完善，以此提高公司治理绩效和企业价值。

表 8-1 中国上市公司信息披露指数统计分析

年份	平均值	中位数	标准差	全距	最小值	最大值
2003	58.44	—	18.08	92.97	4.72	97.69
2004	62.20	66.13	11.58	57.09	27.72	84.81
2005	62.25	62.78	10.01	56.97	27.24	84.21
2006	62.76	64.76	13.09	65.47	23.06	88.53
2007	61.66	62.23	10.92	60.46	26.12	86.57
2008	62.36	62.86	8.38	56.32	31.96	88.28
2009	61.85	62.44	9.72	68.86	20.88	89.74
2010	63.43	63.73	8.99	53.61	32.32	85.93
2011	63.02	62.82	10.65	58.05	32.54	90.59
2012	63.14	62.68	8.82	56.24	33.36	89.60
2013	63.18	62.05	9.26	49.49	35.93	85.41
2014	63.29	61.09	11.43	52.69	33.11	85.80
2015	64.27	64.18	8.43	48.02	36.81	84.82
2016	64.53	66.13	11.12	61.09	30.82	91.91
2017	65.04	65.21	7.55	41.91	44.13	86.04
2018	65.31	66.46	7.32	44.55	36.75	81.30
2019	65.35	66.02	5.97	41.13	42.11	83.24
2020	65.27	65.79	6.58	42.20	43.02	85.22

(续)

年份	平均值	中位数	标准差	全距	最小值	最大值
2021	65.60	66.23	9.95	40.97	45.37	86.34
2022	65.74	67.50	9.50	47.19	37.13	84.32

资料来源：南开大学公司治理数据库。

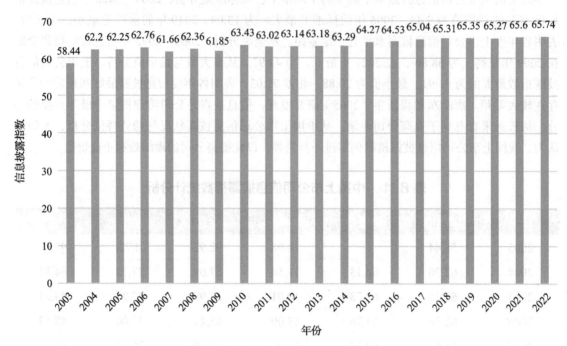

图 8-1 中国上市公司信息披露指数趋势

资料来源：南开大学公司治理数据库。

二、中国上市公司信息披露分指数分析

上市公司的信息披露质量一直是利益相关者关注的焦点。本研究以中国上市公司的公开信息为依据，在相关政策法规和已有研究成果的基础上，考虑到评价指标的科学性、可行性、完整性，从信息披露的真实性、相关性、及时性三个维度选取多个要素构建了中国上市公司信息披露评价指标体系（南开大学中国公司治理研究院公司治理评价课题组，2006；唐跃军、吕斐适和程新生，2008）。

表 8-2 列示了 2003—2022 连续 20 年中国上市公司信息披露分指数状况与趋势特征。考虑可比性因素，我们对 2004—2022 年间的数据进行对比。从信息披露指数的横向比较来看，上市公司在信息披露的及时性方面做得最好，总体平均值为 66.07，指数最高且最为平稳；真实性次之，总体平均值为 64.00；相关性最低，总体平均值为 63.38。

表8-2 中国上市公司信息披露分指数统计分析

年份	信息披露指数	真实性	相关性	及时性
2003	58.44	54.00	59.05	66.38
2004	62.20	60.50	59.64	68.16
2005	62.25	63.20	58.99	64.25
2006	62.76	63.18	60.92	64.04
2007	61.66	62.66	59.97	62.02
2008	62.36	62.69	60.53	63.74
2009	61.85	62.66	60.14	62.48
2010	63.43	63.53	61.68	65.05
2011	63.02	61.99	61.84	65.58
2012	63.14	62.09	61.84	65.84
2013	63.18	62.11	61.94	65.83
2014	63.29	63.28	62.17	65.92
2015	64.27	64.03	63.54	66.78
2016	64.53	64.34	64.10	65.64
2017	65.04	64.74	64.54	66.56
2018	65.31	65.11	64.92	66.87
2019	65.35	65.13	64.98	66.91
2020	65.27	64.95	64.99	66.49
2021	65.60	65.22	65.19	67.15
2022	65.74	65.37	65.44	67.08
总体	64.27	64.00	63.38	66.07

资料来源：南开大学公司治理数据库。

图8-2显示，真实性指数在2022年最高，为65.37，在2004年最低，为60.50，相差4.87。真实性指数从2004年的60.50大幅提升至2005年的63.20；在2005—2010年波动较小；在2011年降幅较大，降至61.99；在2012—2022年稳步提升，由62.09上升至65.37。真实性指数的总体变化趋势与信息披露总指数类似。相关性指数在2022年最高，为65.44，在2005年最低，为58.99，相差6.45。相关性指数在2004年为59.64，在2005年降至最低58.99，在2006年小幅提升至60.92，在2007年又下降至59.97，在2008—2022年间呈现出逐年上升的趋势，从2008年的60.53提高到2022年的65.44，趋势向好。及时性指数在2004年最高，为68.16；在2005—2007年大幅降至最低分62.02；在2008—2010年波动上升至65.05；在2011—2022年总体小幅度上升，升至67.08，较为平稳。

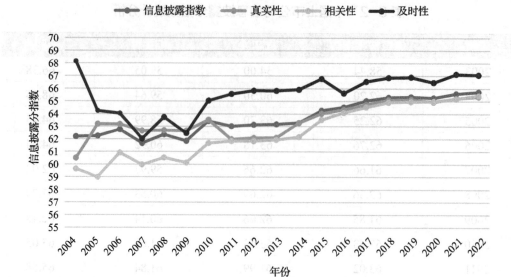

图 8-2　中国上市公司信息披露分指数趋势

资料来源：南开大学公司治理数据库。

第二节　中国上市公司信息披露分控股股东性质分析

一、中国上市公司信息披露指数分控股股东性质比较分析

不同控股股东性质的企业，其信息披露行为存在一定差异（唐勇军、马文超和夏丽，2021），本研究进一步探究了控股股东性质对中国上市公司信息披露的影响。表 8-3 与图 8-3 展示了 2003—2022 年连续 20 年中国上市公司信息披露分控股股东状况与趋势特征。考虑可比性因素，我们对 2004—2022 年间的数据进行对比。从整体上看，各控股股东类型上市公司信息披露指数呈现上升趋势。外资控股上市公司整体表现最好，信息披露指数总体平均值为 65.78；民营控股上市公司次之。职工持股会控股上市公司整体表现较差，信息披露指数总体平均值为 61.33，社会团体控股上市公司次之，最高值与最低值相差 4.45。综合分析，上市公司信息披露指数最高为职工持股会控股上市公司在 2016 年的值 71.80。上市公司信息披露指数最低为其他类型上市公司在 2005 年的值 32.93。两者相差 38.87，差距较大。

表 8-3　中国上市公司信息披露指数分控股股东比较分析

年份	国有控股	民营控股	集体控股	社会团体控股	外资控股	职工持股会控股	其他类型
2003	58.75	55.62	55.87	—	67	—	61.67
2004	62.99	59.44	64.30	60.27	59.81	58.75	61.85
2005	62.99	59.85	67.05	64.42	61.66	60.08	32.93
2006	63.91	59.43	64.14	68.16	54.83	63.70	—

（续）

年份	国有控股	民营控股	集体控股	社会团体控股	外资控股	职工持股会控股	其他类型
2007	62.61	59.74	56.19	62.87	59.55	58.62	63.84
2008	63.22	60.48	62.42	57.19	63.54	59.73	54.97
2009	61.79	62.33	50.32	55.44	60.77	59.52	56.63
2010	63.89	62.49	65.06	65.22	66.70	65.80	—
2011	63.01	62.84	68.35	61.96	63.86	64.65	—
2012	62.74	63.60	60.55	64.93	64.03	49.00	57.93
2013	63.90	62.67	61.76	53.71	64.32	62.75	56.78
2014	63.43	63.03	69.71	65.78	65.22	62.86	63.33
2015	63.57	64.75	66.36	62.33	63.87	59.91	67.17
2016	63.05	65.50	60.75	61.53	66.63	71.80	59.83
2017	64.69	65.28	62.98	60.97	66.35	63.17	64.10
2018	64.07	65.92	65.17	62.81	66.11	65.27	64.26
2019	65.76	65.15	66.32	63.32	65.65	62.08	64.82
2020	66.33	64.85	64.87	62.11	65.71	64.15	63.72
2021	65.70	65.69	65.56	56.78	67.27	58.86	63.27
2022	65.16	66.07	64.97	56.46	66.83	67.14	64.93
总体	63.95	64.50	64.41	61.45	65.78	61.33	63.80

资料来源：南开大学公司治理数据库。

图 8-3　国有控股和民营控股上市公司信息披露指数趋势

资料来源：南开大学公司治理数据库。

二、中国上市公司信息披露分指数分控股股东性质比较分析

表 8-4 与图 8-4 展示了 2003—2022 年连续 20 年中国上市公司信息披露真实性分指数分控股股东状况与趋势特征。考虑可比性因素，我们对 2004—2022 年的数据进行对比。从整体上看，各控股股东类型上市公司信息披露真实性分指数呈现上升趋势。外资控股上市公司和集体控股上市公司整体表现较好，信息披露真实性分指数总体平均值分别为 65.59 和 64.25。社会团体控股上市公司和其他类型上市公司整体表现较差，信息披露真实性分指数总体平均值分别为 60.41 和 62.96，最高值与最低值相差 5.18。上市公司信息披露真实性分指数最高为职工持股会控股上市公司在 2016 年的值 79.65。上市公司信息披露真实性分指数最低为其他类型上市公司在 2005 年的值 24.97。两者相差 54.68，差距较大。

表 8-4 中国上市公司信息披露真实性分指数分控股股东比较分析

年份	国有控股	民营控股	集体控股	社会团体控股	外资控股	职工持股会控股	其他类型
2003	—	—	—	—	—	—	—
2004	61.79	55.89	63.08	56.20	63.00	55.56	59.93
2005	63.87	60.82	69.78	66.02	62.14	62.90	24.97
2006	64.47	59.62	61.97	75.11	48.81	63.98	—
2007	64.03	59.84	51.41	69.83	57.00	60.73	70.43
2008	63.78	60.34	62.02	59.11	64.74	57.97	55.66
2009	62.79	62.78	57.63	53.90	60.81	62.49	52.38
2010	64.27	62.10	65.66	62.79	68.06	65.36	—
2011	63.22	60.71	66.91	67.14	58.79	73.17	—
2012	62.56	61.83	56.55	52.26	63.17	58.94	60.93
2013	62.48	61.85	63.32	41.07	61.88	67.54	52.19
2014	63.56	62.85	73.60	61.46	65.75	66.98	60.85
2015	64.00	63.99	66.61	64.43	64.25	63.07	66.81
2016	64.56	64.24	62.74	62.04	67.97	79.65	55.15
2017	64.59	64.85	60.58	59.69	66.65	64.15	64.50
2018	64.00	65.60	64.79	62.91	66.73	71.40	65.44
2019	65.19	65.10	67.67	63.68	65.64	59.87	64.09
2020	66.70	64.17	63.34	60.86	65.17	57.95	63.91
2021	64.60	65.75	65.45	50.58	67.36	53.32	61.88
2022	65.13	65.66	65.12	49.76	66.61	68.56	63.80
总体	64.06	63.95	64.25	60.41	65.59	63.22	62.96

资料来源：南开大学公司治理数据库。

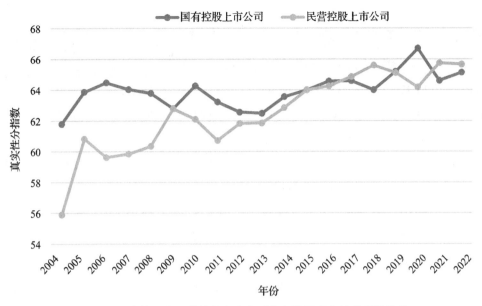

图 8-4 国有控股和民营控股上市公司信息披露真实性分指数趋势

资料来源：南开大学公司治理数据库。

表 8-5 与图 8-5 展示了 2003—2022 年连续 20 年中国上市公司信息披露相关性指数分控股股东状况与趋势特征。考虑可比性因素，我们对 2004—2022 年间的数据进行对比。从整体上看，各控股股东类型上市公司信息披露相关性指数呈现上升趋势。外资控股上市公司和民营控股上市公司整体表现较好，信息披露相关性分指数总体平均值分别为 64.74 和 64.29。职工持股会控股上市公司和社会团体控股上市公司整体表现较差，信息披露相关性分指数总体平均值分别为 58.02 和 60.77，最高值与最低值相差 6.72。上市公司信息披露相关性分指数最高为社会团体控股上市公司在 2014 年的值 69.24。上市公司信息披露相关性分指数最低为其他类型上市公司在 2005 年的值 19.37。两者相差 49.87，差距较大。

表 8-5 中国上市公司信息披露相关性分指数分控股股东比较分析

年份	国有控股	民营控股	集体控股	社会团体控股	外资控股	职工持股会控股	其他类型
2003	—	—	—	—	—	—	—
2004	59.87	58.95	62.84	61.68	48.96	53.90	59.87
2005	60.34	54.94	63.24	60.10	60.48	54.48	19.37
2006	62.50	56.26	66.17	58.40	55.45	61.18	—
2007	60.77	58.41	56.51	57.01	62.85	55.41	56.27
2008	60.56	60.53	62.87	56.15	59.28	61.53	50.41
2009	60.28	60.10	55.51	51.57	57.61	63.21	58.63
2010	62.00	61.07	63.78	55.70	63.24	63.38	—

(续)

年份	国有控股	民营控股	集体控股	社会团体控股	外资控股	职工持股会控股	其他类型
2011	61.12	62.33	65.99	55.40	65.56	55.29	—
2012	61.24	62.50	61.15	60.83	60.70	40.23	59.49
2013	63.06	61.14	58.25	64.54	63.81	61.95	59.16
2014	62.26	62.01	64.82	69.24	63.35	61.68	63.47
2015	61.39	65.09	66.66	57.08	62.07	52.50	68.02
2016	59.95	66.72	58.44	62.43	64.75	56.08	64.55
2017	63.55	65.22	63.01	64.18	63.36	60.78	59.84
2018	61.98	66.45	63.72	60.94	64.91	55.44	61.82
2019	65.41	64.82	65.20	61.88	64.62	62.76	64.21
2020	63.77	65.81	65.54	62.27	66.04	67.20	61.81
2021	65.59	65.11	65.18	61.52	65.84	67.85	63.59
2022	63.16	66.51	65.05	58.47	66.56	64.68	64.96
总体	62.20	64.29	63.33	60.77	64.74	58.02	63.27

资料来源：南开大学公司治理数据库。

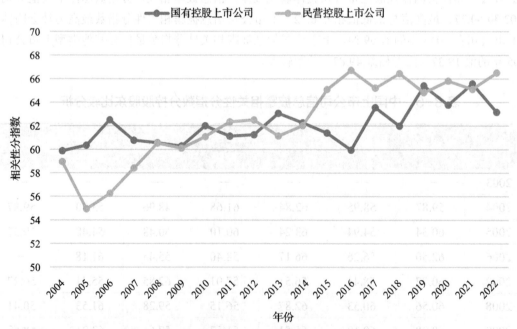

图 8-5　国有控股和民营控股上市公司信息披露相关性分指数趋势

资料来源：南开大学公司治理数据库。

表 8-6 与图 8-6 展示了 2003—2022 年连续 20 年中国上市公司信息披露及时性分指数分控股股东状况与趋势特征。考虑可比性因素，我们对 2004—2022 年的数据进行对比。从整体上看，外资控股上市公司和其他类型上市公司整体表现较好，信息披露及时性分指数总体平均值分别为 67.62 和 66.72。职工持股会控股上市公司和社会团体控股上市公司整体表现较差，信息披露及时性分指数总体平均值分别为 62.35 和 65.32，最高值与最低值相差 5.27。上市公司信息披露及时性分指数最高为社会团体控股上市公司在 2012 年的值 85.93。上市公司信息披露及时性分指数最低为集体控股上市公司在 2009 年的值 35.37。两者相差 50.56，差距较大。

表 8-6 中国上市公司信息披露及时性分指数分控股股东比较分析

年份	国有控股	民营控股	集体控股	社会团体控股	外资控股	职工持股会控股	其他类型
2003	—	—	—	—	—	—	—
2004	68.51	67.02	68.20	67.00	64.29	70.00	67.67
2005	64.46	63.47	67.23	66.59	62.19	61.92	57.11
2006	64.58	62.36	65.00	68.67	62.24	65.86	—
2007	62.56	60.96	62.24	59.44	59.65	59.03	62.64
2008	65.14	60.59	62.49	58.09	66.06	60.28	58.60
2009	61.98	63.99	35.37	61.39	63.86	51.87	60.29
2010	65.27	64.44	65.54	77.96	68.36	68.79	—
2011	64.61	66.18	72.63	61.61	68.93	62.67	—
2012	64.49	67.07	65.27	85.93	68.52	44.53	52.37
2013	66.63	65.31	63.18	59.75	68.08	57.15	60.50
2014	65.73	66.00	68.14	72.09	67.85	51.92	71.25
2015	67.22	66.50	64.86	67.60	66.80	66.62	66.37
2016	63.91	66.80	59.22	58.91	66.10	75.78	64.44
2017	66.65	66.42	68.95	59.36	70.09	64.31	69.49
2018	69.16	65.77	69.79	66.81	66.85	67.77	66.00
2019	68.43	66.09	64.45	65.46	68.07	67.91	68.66
2020	69.25	65.09	67.68	64.99	66.57	75.07	66.11
2021	68.60	66.40	66.42	65.15	69.20	59.21	66.27
2022	68.22	66.45	64.46	70.23	67.80	67.30	67.72
总体	66.27	65.86	65.89	65.32	67.62	62.35	66.72

资料来源：南开大学公司治理数据库。

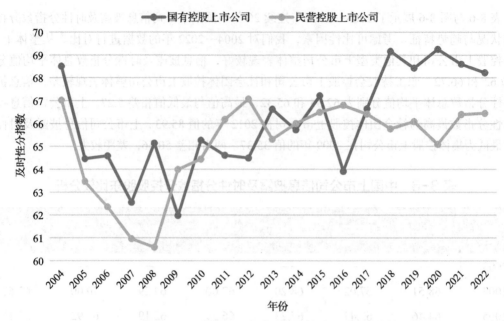

图 8-6 国有控股和民营控股上市公司信息披露及时性分指数趋势

资料来源：南开大学公司治理数据库。

三、各控股股东性质中国上市公司信息披露指数具体分析

表 8-7 列示了 2003—2022 年连续 20 年国有控股上市公司信息披露状况与趋势特征。考虑可比性因素，我们对 2004—2022 年的数据进行对比。从时间角度分析，2020 年信息披露指数平均值最高，为 66.33。2009 年信息披露指数平均值最低，为 61.79。2004—2006 年，国有控股上市公司信息披露指数平均值呈现出小幅上升的趋势，从 62.99 提高至 63.91；但在 2007—2009 年有所下降，降至最低值 61.79；在 2010—2022 年十余年间呈稳步上升趋势，从 63.89 提高至 65.16。2004—2022 年，国有控股上市公司信息披露中位数的平均值为 64.27，大于其历年平均值的平均值 63.83，表明一半以上的国有控股上市公司信息披露水平高于其平均水平。从标准差分析，2004—2022 年，国有控股上市公司信息披露标准差的平均值为 9.13；2006 年的标准差最大，为 12.12；2019 年的标准差最小，为 5.34。这表明各年度上市公司信息披露水平有一定差距。从全距分析，国有控股上市公司信息披露指数的全距在 2009 年最高，为 68.86；在 2018 年最低，为 35.52。从最大值与最小值分析，国有控股上市公司信息披露最大值为 90.59，最小值为 20.88，相差 69.71，表明各年度国有控股上市公司信息披露最好和最差的公司存在较大差距。针对国有控股上市公司面临的"所有者缺位"及"内部人控制"问题，如何有效建设公司内部治理机制，如何高效引入外部监督机制，提高信息披露质量，仍需进一步探索（权小锋和吴世农，2010）。

表 8-7 国有控股上市公司信息披露指数统计分析

年份	平均值	中位数	标准差	全距	最小值	最大值
2003	58.75	—	17.83	92.97	4.72	97.69

(续)

年份	平均值	中位数	标准差	全距	最小值	最大值
2004	62.99	66.70	11.16	51.38	31.60	82.98
2005	62.99	63.55	9.56	52.55	31.66	84.21
2006	63.91	65.51	12.12	65.47	23.06	88.53
2007	62.61	62.89	10.53	58.24	28.34	86.57
2008	63.22	63.45	7.98	56.32	31.96	88.28
2009	61.79	62.33	9.75	68.86	20.88	89.74
2010	63.89	63.90	8.86	53.61	32.32	85.93
2011	63.01	62.91	10.77	58.05	32.54	90.59
2012	62.74	61.67	8.74	52.54	37.06	89.60
2013	63.90	63.12	9.72	44.84	40.57	85.41
2014	63.43	61.91	11.26	49.82	35.22	85.04
2015	63.57	63.20	8.12	43.77	41.06	84.82
2016	63.05	64.26	10.46	56.52	30.98	87.49
2017	64.69	64.98	7.53	41.75	44.13	85.88
2018	64.07	65.10	7.20	35.52	43.26	78.79
2019	65.76	66.25	5.34	37.50	43.97	81.47
2020	66.33	66.69	6.09	36.96	47.34	84.30
2021	65.70	66.25	9.50	39.77	46.57	86.34
2022	65.16	66.53	8.82	42.53	41.02	83.55

资料来源：南开大学公司治理数据库。

表 8-8 列示了 2003—2022 年连续 20 年国有控股上市公司信息披露分指数状况与趋势特征。考虑可比性因素，我们对 2004—2022 年的数据进行对比。真实性分指数在 2020 年最高，为 66.70；在 2004 年最低，为 61.79。真实性分指数从 2004 年的 61.79 大幅提升至 2006 年的 64.47。2007—2022 年，真实性分指数波动较小，一直保持在较高水平。相关性分指数在 2004 年最低，为 59.87；在 2005—2015 年有所波动，但始终保持在 60 以上；在 2016 年降至 59.95，随后逐渐回升；在 2021 年最高，为 65.59。及时性分指数在 2004 年为 68.51，在 2005—2009 年大幅降至最低值 61.98，在 2010—2020 年逐步回升至最高值 69.25，在 2021—2022 年保持在 68.5 上下。从信息披露指数的横向比较来看，国有控股上市公司在信息披露的及时性方面做得最好，其次是真实性，最后是相关性。

表 8-8　国有控股上市公司信息披露分指数统计分析

年份	信息披露指数	真实性	相关性	及时性
2003	58.75	—	—	—
2004	62.99	61.79	59.87	68.51
2005	62.99	63.87	60.34	64.46
2006	63.91	64.47	62.50	64.58
2007	62.61	64.03	60.77	62.56
2008	63.22	63.78	60.56	65.14
2009	61.79	62.79	60.28	61.98
2010	63.89	64.27	62.00	65.27
2011	63.01	63.22	61.12	64.61
2012	62.74	62.56	61.24	64.49
2013	63.90	62.48	63.06	66.63
2014	63.43	63.56	62.26	65.73
2015	63.57	64.00	61.39	67.22
2016	63.05	64.56	59.95	63.91
2017	64.69	64.59	63.55	66.65
2018	64.07	64.00	61.98	69.16
2019	65.76	65.19	65.41	68.43
2020	66.33	66.70	63.77	69.25
2021	65.70	64.60	65.59	68.60
2022	65.16	65.13	63.16	68.22

资料来源：南开大学公司治理数据库。

表 8-9 列示了 2003—2022 年连续 20 年民营控股上市公司信息披露状况与趋势特征。考虑可比性因素，我们对 2004—2022 年的数据进行对比。从时间角度分析，2022 年信息披露指数平均值最高，为 66.07；2006 年信息披露指数平均值最低，为 59.43。民营控股上市公司信息披露指数平均值在 2004—2007 年都不到 60，在 2008 年提高至 60.48，在 2009—2022 年稳步上升，从 62.33 提高至最高值 66.07。2004—2022 年，民营控股上市公司信息披露中位数的平均值为 63.73，大于其历年平均值的平均值 63.11，表明一半以上的民营控股上市公司信息披露水平高于其平均水平。从标准差分析，2004—2022 年民营控股上市公司信息披露标准差的平均值为 9.73。2006 年的标准差最大，为 14.86；2019 年的标准差最小，为 6.32。这表明各年度上市公司的信息披露水平有一定差距。从全距分析，2004—2022 年，民营控股上市公司信息披露指数的全距在 2006 年最高，为 64.45；在 2021 年最低，为 40.44。从最大值与最小值分析，民营控股上市公司信息披露指数的最大值为 91.91，最小值为 23.30，相差 68.61，表明各年度信息披露最好和

最差的公司存在较大差距。

表 8-9 民营控股上市公司信息披露指数统计分析

年份	平均值	中位数	标准差	全距	最小值	最大值
2003	55.62	—	18.55	76.46	14.55	91.01
2004	59.44	63.55	12.79	54.19	27.72	81.91
2005	59.85	60.32	10.80	55.32	27.24	82.55
2006	59.43	61.31	14.86	64.45	23.30	87.74
2007	59.74	59.82	11.60	54.23	29.31	83.54
2008	60.48	60.35	8.84	45.79	37.57	83.37
2009	62.33	63.24	9.43	56.80	29.08	85.88
2010	62.49	63.25	9.23	48.38	32.79	81.17
2011	62.84	62.59	10.59	56.24	33.01	89.24
2012	63.60	63.62	8.81	53.62	34.97	88.59
2013	62.67	61.50	8.90	47.69	35.93	83.62
2014	63.03	60.54	11.55	51.95	33.11	85.06
2015	64.75	64.91	8.57	47.79	36.81	84.59
2016	65.50	67.13	11.36	61.09	30.82	91.91
2017	65.28	65.38	7.52	40.60	45.44	86.04
2018	65.92	67.36	7.29	44.55	36.75	81.30
2019	65.15	65.95	6.32	41.13	42.11	83.24
2020	64.85	65.35	6.73	41.95	43.27	85.22
2021	65.69	66.68	10.09	40.44	45.48	85.92
2022	66.07	68.04	9.62	46.94	37.37	84.32

资料来源：南开大学公司治理数据库。

表 8-10 列示了 2003—2022 年连续 20 年民营控股上市公司信息披露分指数状况与趋势特征。考虑可比性因素，我们对 2004—2022 年的数据进行对比。真实性指数在 2021 年最高，为 65.75；在 2004 年最低，为 55.89。真实性指数从 2004 年的 55.89 逐步提升至 2010 年的 62.10，在 2011 年回落至 60.71，在 2012—2022 年稳步上升，在 2022 年为 65.66。相关性指数在 2004 年为 58.95，在 2005 年降至最低，为 54.94，在 2006—2016 年逐步升至最高值 66.72，在 2017—2022 年有所回落，但依然保持较高水平。及时性指数在 2004 年为 67.02，在 2005—2008 年大幅降至最低分 60.59，在 2010—2012 年迅速回升至最高值 67.07，在 2013—2022 年波动在 65～67 的范围内。从信息披露指数的横向比较来看，民营控股上市公司在信息披露的及时性方面做得最好，其次是相关性，最后是真实性。

表 8-10 民营控股上市公司信息披露分指数统计分析

年份	信息披露指数	真实性	相关性	及时性
2003	55.62	—	—	—
2004	59.44	55.89	58.95	67.02
2005	59.85	60.82	54.94	63.47
2006	59.43	59.62	56.26	62.36
2007	59.74	59.84	58.41	60.96
2008	60.48	60.34	60.53	60.59
2009	62.33	62.78	60.10	63.99
2010	62.49	62.10	61.07	64.44
2011	62.84	60.71	62.33	66.18
2012	63.60	61.83	62.50	67.07
2013	62.67	61.85	61.14	65.31
2014	63.03	62.85	62.01	66.00
2015	64.75	63.99	65.09	66.50
2016	65.50	64.24	66.72	66.80
2017	65.28	64.85	65.22	66.42
2018	65.92	65.60	66.45	65.77
2019	65.15	65.10	64.82	66.09
2020	64.85	64.17	65.81	65.09
2021	65.69	65.75	65.11	66.40
2022	66.07	65.66	66.51	66.45

资料来源：南开大学公司治理数据库。

表 8-11 列示了 2003—2022 年连续 20 年集体控股上市公司的信息披露状况与趋势特征。考虑可比性因素，我们对 2004—2022 年的数据进行对比。从时间角度分析，2014 年信息披露指数平均值最高，为 69.71。2009 年信息披露指数平均值最低，为 50.32。集体控股上市公司信息披露指数平均值在 2004—2006 年较为稳定，在 2007 年大幅下降至 56.19，在 2008 年回升至 62.42，在 2009 年降至最低值 50.32，在 2010—2014 年波动上升至最高 69.71，在 2015—2022 年有所回落并保持稳定。2004—2022 年，集体控股上市公司信息披露指数中位数的平均值为 64.60，大于其历年平均值的平均值 63.52，表明一半以上的集体控股上市公司的信息披露水平高于其平均水平。从标准差分析，2004—2022 年，集体控股上市公司信息披露标准差的平均值为 9.26 左右。2016 年的标准差最大，为 12.89；2019 年的标准差最小，为 5.20。这表明各年度集体控股上市公司的信息披露水平有一定差距。从全距分析，2004—2022 年集体控股上市公司信息披露指数全距在 2008 年最高，为 46.37；在 2009 年最低，为 16.48。从最大值与最小值分析，

集体控股上市公司信息披露指数最大值为88.09，最小值为26.12，相差61.97，表明各年度信息披露最好和最差的公司之间存在较大差距。

表8-11 集体控股上市公司信息披露指数统计分析

年份	平均值	中位数	标准差	全距	最小值	最大值
2003	55.87	—	17.36	76.46	14.55	91.01
2004	64.30	66.51	10.11	40.63	44.18	84.81
2005	67.05	67.63	7.36	29.53	53.11	82.64
2006	64.14	65.18	10.45	43.43	38.67	82.10
2007	56.19	58.78	12.83	45.74	26.12	71.85
2008	62.42	64.22	10.36	46.37	38.39	84.76
2009	50.32	53.53	7.70	16.48	38.86	55.35
2010	65.06	66.80	8.64	29.70	49.48	79.18
2011	68.35	68.82	10.01	44.22	43.86	88.09
2012	60.55	58.86	7.37	32.49	46.59	79.08
2013	61.76	64.58	8.31	28.91	47.28	76.19
2014	69.71	72.97	9.98	39.29	41.44	80.73
2015	66.36	65.66	8.57	30.29	49.19	79.48
2016	60.75	60.89	12.89	45.20	33.11	78.31
2017	62.98	61.84	8.61	28.97	51.62	80.59
2018	65.17	67.36	9.41	30.87	47.24	78.10
2019	66.32	65.70	5.20	18.69	57.81	76.49
2020	64.87	63.00	7.40	30.37	51.70	82.08
2021	65.56	66.96	10.80	32.35	48.17	80.52
2022	64.97	68.07	9.86	35.79	43.05	78.84

资料来源：南开大学公司治理数据库。

表8-12列示了2003—2022年连续20年社会团体控股上市公司信息披露指数的状况与趋势特征。考虑可比性因素，我们对2004—2022年的数据进行对比。从时间角度分析，2006年信息披露指数平均值最高，为68.16；2013年信息披露指数平均值最低，为53.71。社会团体控股上市公司信息披露指数平均值在2004—2006年稳定提升至最高值68.16，在2007—2009年大幅下降至55.44，在2010—2013年上下波动，在2014年升至65.78，在2015—2020年保持稳定，在2020—2022年有较大降幅，降至56.46。2004—2022年，社会团体控股上市公司信息披露指数中位数的平均值为61.78，大于其历年平均值的平均值61.38，表明一半以上的社会团体控股上市公司信息披露水平高于其平均水平。从标准差分析，2004—2022年，社会团体控股上市公司

信息披露指数标准差的平均值为9.61；2006年的标准差最大，为17.01；2011年的标准差最小，为2.04。这表明各年度社会团体控股上市公司信息披露水平有一定差距。从全距分析，2004—2022年，社会团体控股上市公司信息披露指数全距在2022年最高，为39.97；在2011年最低，为3.63。从最大值与最小值分析，社会团体控股上市公司信息披露指数最大值为85.80，最小值为32.71，相差53.09，说明各年度信息披露最好和最差的公司存在较大差距。

表8-12 社会团体控股上市公司信息披露指数统计分析

年份	平均值	中位数	标准差	全距	最小值	最大值
2003	—	—	—	—	—	—
2004	60.27	66.70	14.66	34.95	35.38	70.33
2005	64.42	66.77	10.43	35.24	43.73	78.96
2006	68.16	74.70	17.01	37.01	43.12	80.13
2007	62.87	60.08	7.10	15.19	58.06	73.25
2008	57.19	63.40	16.56	36.54	32.71	69.25
2009	55.44	60.67	11.63	21.43	42.12	63.55
2010	65.22	63.47	3.33	5.93	63.12	69.05
2011	61.96	63.03	2.04	3.63	59.61	63.24
2012	64.93	64.93	—	0.00	64.93	64.93
2013	53.71	53.71	—	0.00	53.71	53.71
2014	65.78	57.70	15.58	35.36	50.45	85.80
2015	62.33	63.58	5.96	17.63	51.42	69.05
2016	61.53	63.78	9.53	30.95	45.22	76.16
2017	60.97	58.63	8.22	30.15	47.68	77.83
2018	62.81	63.88	7.51	25.27	49.41	74.68
2019	63.32	63.63	5.30	20.25	53.01	73.26
2020	62.11	60.42	7.69	26.91	50.76	77.67
2021	56.78	52.35	8.72	25.04	48.17	73.21
2022	56.46	52.47	12.17	39.97	39.58	79.55

资料来源：南开大学公司治理数据库。

表8-13列示了2003—2022年连续20年外资控股上市公司信息披露指数的状况与趋势特征。考虑可比性因素，我们对2004—2022年的数据进行对比。从时间角度分析，2021年信息披露指数平均值最高，为67.27；2006年信息披露指数平均值最低，为54.83。外资控股上市公司信息披露指数在2004—2006年降至最低值54.83，在2007—2009年有所波动，且幅度较大，在2010—2022年稳步提升至66.83。2004—2022年，外资控股上市公司信息披露指数中位数的平均值为64.32，大于其历年平均值的平均值63.83，表明一半以上的外资控股上市公司信息披露水平高于其平均水平。从标准差分析，2004—2022年，外资控股上市公司信息披露标准差的平

均值为 9.62；在 2006 年的标准差最大，为 22.61；在 2019 年的标准差最小，为 4.87。这表明各年度外资控股上市公司的信息披露水平有一定差距。从全距分析，2004—2022 年，外资控股上市公司信息披露指数全距在 2009 年最高，为 52.80；在 2004 年最低，为 19.88。从最大值与最小值分析，外资控股上市公司信息披露最大值为 87.23，最小值为 27.48，相差 59.75，表明各年度信息披露最好和最差的公司之间存在较大差距。

表 8-13 外资控股上市公司信息披露指数统计分析

年份	平均值	中位数	标准差	全距	最小值	最大值
2003	67.00	—	6.48	22.42	57.19	79.61
2004	59.81	59.63	7.14	19.88	51.03	70.90
2005	61.66	61.02	8.67	28.89	51.65	80.53
2006	54.83	55.88	22.61	51.22	27.48	78.70
2007	59.55	60.54	10.32	25.39	47.68	73.07
2008	63.54	64.07	8.56	27.25	47.55	74.80
2009	60.77	62.66	11.54	52.80	34.44	87.23
2010	66.70	65.42	7.71	26.23	54.02	80.25
2011	63.86	64.87	9.75	34.82	42.20	77.02
2012	64.03	63.67	8.22	33.67	50.24	83.91
2013	64.32	64.94	9.13	32.64	49.24	81.88
2014	65.22	66.13	11.67	40.54	42.94	83.48
2015	63.87	61.79	9.70	33.36	48.15	81.51
2016	66.63	68.00	11.39	50.66	35.62	86.28
2017	66.35	67.70	8.02	35.82	46.69	82.52
2018	66.11	67.70	7.18	30.22	47.25	77.48
2019	65.65	65.21	4.87	30.63	46.30	76.93
2020	65.71	65.81	6.37	37.27	47.87	85.14
2021	67.27	67.64	10.17	38.60	45.37	83.97
2022	66.83	69.38	9.87	45.09	37.13	82.22

资料来源：南开大学公司治理数据库。

表 8-14 列示了 2003—2022 年连续 20 年职工持股会控股上市公司信息披露指数的状况与趋势特征。考虑可比性因素，我们对 2004—2022 年的数据进行对比。从时间角度分析，2016 年信息披露指数平均值最高，为 71.80；2012 年信息披露指数平均值最低，为 49.00。职工持股会控股上市公司信息披露指数平均值在 2004—2010 年小范围波动，在 2010—2011 年提升至 64.65，在 2012 年大幅降低至 49.00，在 2013—2016 年稳步提升至最高 71.80，在 2017—2022 年基本保

持稳定。2004—2022年，职工持股会控股上市公司信息披露指数中位数的平均值为62.14，大于其历年平均值的平均值61.99，表明一半以上的职工持股会控股上市公司信息披露水平高于其平均水平。从标准差分析，2004—2022年，职工持股会控股上市公司信息披露指数标准差的平均值为8.62；在2006年的标准差最大，为15.42；在2020年的标准差最小，为4.37。这表明各年度职工持股会控股上市公司信息披露水平有一定差距。从全距分析，2004—2022年，职工持股会控股上市公司信息披露指数全距在2006年最高，为50.42；在2020年最低，为8.67。从最大值与最小值分析，职工持股会控股上市公司信息披露指数最大值为82.66，最小值为32.24，相差50.42，表明各年度信息披露最好和最差的公司之间存在较大差距。

表8-14 职工持股会控股上市公司信息披露指数统计分析

年份	平均值	中位数	标准差	全距	最小值	最大值
2003	—	—	—	—	—	—
2004	58.75	63.60	13.19	39.18	37.77	76.95
2005	60.08	56.71	10.10	28.68	44.37	73.04
2006	63.70	65.51	15.42	50.42	32.24	82.66
2007	58.62	58.79	9.40	34.85	39.15	74.00
2008	59.73	57.68	5.73	15.65	52.94	68.60
2009	59.52	60.86	6.14	14.49	50.93	65.43
2010	65.80	63.28	6.52	17.68	57.31	74.99
2011	64.65	66.06	4.78	13.11	55.06	68.17
2012	49.00	48.65	11.51	36.28	33.36	69.64
2013	62.75	65.72	10.56	26.70	46.58	73.29
2014	62.86	62.23	12.28	31.39	47.66	79.04
2015	59.91	55.82	9.34	26.29	47.54	73.83
2016	71.80	71.15	7.86	17.80	63.56	81.36
2017	63.17	60.38	6.81	14.67	58.62	73.29
2018	65.27	66.92	6.10	13.99	56.63	70.61
2019	62.08	64.02	8.43	17.81	51.24	69.06
2020	64.15	64.77	4.37	8.67	59.51	68.17
2021	58.86	61.09	7.27	14.03	50.73	64.75
2022	67.14	67.42	7.95	15.90	59.05	74.95

资料来源：南开大学公司治理数据库。

表8-15列示了2003—2022年连续20年其他类型控股上市公司信息披露指数的状况与趋势特征。考虑可比性因素，我们对2004—2022年的数据进行对比。从时间角度分析，2015年信息

披露指数平均值最高，为 67.17；2005 年信息披露指数平均值最低，为 32.93。其他类型控股上市公司信息披露指数整体上呈上升趋势。2004—2022 年，其他类型控股上市公司信息披露指数中位数的平均值为 60.28，大于其历年平均值的平均值 60.02，表明一半以上的其他类型控股上市公司的信息披露水平高于其平均水平。从标准差分析，2004—2022 年，其他类型控股上市公司信息披露指数标准差的平均值为 8.74 左右；2016 年的标准差最大，为 13.27；2005 年的标准差最小，为 2.33。这表明各年度上市公司信息披露水平有一定差距。从全距分析，2004—2022 年，其他类型控股上市公司信息披露全距在 2022 年最高，为 43.69；在 2005 年最低，为 3.29。从最大值与最小值分析，其他类型控股上市公司信息披露指数最大值为 83.20，最小值为 31.29，相差 51.91，表明各年度信息披露最好和最差的公司之间存在较大差距。

表 8-15 其他类型控股上市公司信息披露指数统计分析

年份	平均值	中位数	标准差	全距	最小值	最大值
2003	61.67	—	16.5	71.74	19.27	91.01
2004	61.85	64.53	11.18	33.61	42.55	76.15
2005	32.93	32.93	2.33	3.29	31.29	34.57
2006	—	—	—	—	—	—
2007	63.84	60.26	8.88	16.63	57.32	73.95
2008	54.97	56.63	7.57	17.99	45.80	63.79
2009	56.63	57.72	12.04	31.85	38.49	70.33
2010	—	—	—	—	—	—
2011	—	—	—	—	—	—
2012	57.93	59.46	12.99	33.99	41.82	75.81
2013	56.78	56.10	3.99	11.55	51.77	63.32
2014	63.33	61.47	10.91	28.40	48.58	76.98
2015	67.17	65.35	8.67	23.85	56.30	80.15
2016	59.83	60.96	13.27	41.60	35.86	77.47
2017	64.10	64.63	7.73	33.56	44.80	78.36
2018	64.26	64.55	7.47	31.71	43.03	74.74
2019	64.82	65.29	5.66	27.13	50.52	77.64
2020	63.72	64.24	6.94	34.92	43.02	77.94
2021	63.27	63.34	9.88	37.17	46.03	83.20
2022	64.93	66.98	10.39	43.69	39.22	82.91

资料来源：南开大学公司治理数据库。

第三节　中国上市公司信息披露分区域和地区分析

一、中国上市公司信息披露指数分地区比较分析

我国各地区经济发展水平存在一定差异，直接影响企业所处环境的外部治理水平（如政府干预、法治及中介组织发展水平等），进而可能影响企业信息披露水平（高雷和宋顺林，2007）。本研究进一步探究了区域因素对中国上市公司信息披露的影响。

表 8-16 列示了 2003—2022 年连续 20 年中国上市公司信息披露指数分地区的状况与趋势特征。考虑可比性因素，我们对 2004—2022 年的数据进行对比。整体上，各地区上市公司信息披露指数呈现上升趋势。华东地区上市公司和华南地区上市公司整体表现较好，信息披露指数总体平均值分别为 64.87 和 64.61。东北地区上市公司和西北地区上市公司整体表现较差，信息披露指数总体平均值分别为 61.79 和 62.61，最高值与最低值相差 3.08。上市公司信息披露指数分地区最高为华东地区上市公司在 2022 年的值 66.56。上市公司信息披露指数分地区最低为东北地区上市公司在 2011 年的值 58.98。两者相差 7.58。

表 8-16　中国上市公司信息披露指数分地区比较分析

年份	东北地区	华北地区	华中地区	华东地区	华南地区	西北地区	西南地区
2003	—	—	—	—	—	—	—
2004	59.02	63.94	61.14	63.42	61.87	61.27	60.46
2005	62.13	63.89	61.73	62.55	61.04	61.09	62.08
2006	60.29	64.86	62.40	63.25	61.24	61.03	63.80
2007	59.74	60.57	63.07	62.46	61.53	60.74	61.54
2008	62.57	62.84	62.31	61.97	62.28	62.20	63.23
2009	60.26	61.93	60.97	62.57	62.39	61.01	61.04
2010	62.35	62.50	64.05	63.40	65.44	61.18	63.35
2011	58.98	63.35	62.52	63.54	63.90	61.58	62.52
2012	60.80	63.25	62.73	63.61	63.66	61.56	62.51
2013	62.21	63.25	62.88	63.40	63.20	61.88	63.70
2014	60.00	62.02	62.56	64.57	62.56	63.96	63.15
2015	62.84	64.35	62.96	64.90	64.83	62.40	63.12
2016	61.06	64.07	64.05	65.10	66.24	61.57	63.27
2017	63.23	64.64	65.33	65.20	65.57	63.67	65.49
2018	63.63	64.58	65.37	65.45	66.46	64.00	64.65
2019	63.94	65.57	64.93	65.46	65.74	64.11	65.29
2020	63.56	65.46	64.66	65.64	65.05	64.00	65.57

(续)

年份	东北地区	华北地区	华中地区	华东地区	华南地区	西北地区	西南地区
2021	61.98	65.59	64.27	66.52	65.22	63.87	64.95
2022	62.40	65.08	65.63	66.56	65.52	63.19	65.16
总体	61.79	64.16	63.76	64.87	64.61	62.61	63.79

资料来源：南开大学公司治理数据库。

二、中国上市公司信息披露分指数分地区比较分析

表8-17列示了2003—2022年连续20年中国上市公司信息披露真实性分指数分地区的状况与趋势特征。考虑可比性因素，我们对2004—2022年的数据进行对比。整体上，各地区上市公司信息披露真实性分指数呈现上升趋势。华东地区上市公司和华北地区上市公司整体表现较好，信息披露真实性分指数总体平均值分别为64.96和63.88。东北地区上市公司和西北地区上市公司整体表现较差，信息披露真实性分指数总体平均值分别为61.56和61.63，最高值与最低值相差3.40。上市公司信息披露真实性分指数分地区最高为华东地区上市公司在2022年的值66.73。上市公司信息披露真实性分指数分地区最低为东北地区上市公司在2004年的值56.58，相差10.15。

表8-17 中国上市公司信息披露真实性分指数分地区比较分析

年份	东北地区	华北地区	华中地区	华东地区	华南地区	西北地区	西南地区
2003	—	—	—	—	—	—	—
2004	56.58	63.75	59.14	62.58	58.96	58.65	56.95
2005	65.01	64.39	63.02	63.41	61.93	61.54	62.28
2006	61.68	65.61	63.81	63.42	59.45	61.96	65.47
2007	59.58	60.17	65.00	64.35	61.86	60.65	63.26
2008	64.58	63.16	63.11	62.20	61.95	62.51	63.04
2009	63.37	63.70	62.56	62.98	62.21	60.82	61.44
2010	62.52	63.46	63.81	63.73	64.43	60.93	63.59
2011	57.05	63.85	64.07	62.18	61.57	59.66	61.51
2012	61.07	61.81	61.59	62.72	62.20	60.80	61.18
2013	60.99	61.73	61.44	62.99	61.11	59.33	63.80
2014	58.01	61.03	62.86	65.23	62.23	64.01	63.10
2015	63.77	64.08	61.75	65.29	62.93	63.03	62.94
2016	59.64	63.30	63.28	65.83	65.76	60.23	62.07

(续)

年份	东北地区	华北地区	华中地区	华东地区	华南地区	西北地区	西南地区
2017	63.32	64.38	64.74	65.22	65.08	62.40	64.30
2018	63.38	64.10	65.03	65.60	66.10	62.72	64.11
2019	64.23	65.40	64.53	65.54	65.19	63.15	64.36
2020	63.03	65.45	63.79	65.40	64.76	62.63	65.42
2021	59.89	65.18	62.75	66.72	64.92	61.88	63.85
2022	61.13	64.72	64.71	66.73	64.76	61.27	64.04
总体	61.56	63.88	63.37	64.96	63.82	61.63	63.26

资料来源：南开大学公司治理数据库。

表 8-18 列示了 2003—2022 年连续 20 年中国上市公司信息披露相关性分指数分地区的状况与趋势特征。考虑可比性因素，我们对 2004—2022 年的数据进行对比。整体上，各地区上市公司信息披露相关性分指数呈现上升趋势。华南地区上市公司和华东地区上市公司整体表现较好，相关性分指数总体平均值分别为 64.48 和 63.68。东北地区上市公司和西北地区上市公司整体表现较差，相关性分指数总体平均值分别为 61.19 和 62.31，最高值与最低值相差 3.29。上市公司信息披露相关性分指数分地区最高为华南地区上市公司在 2016 年的值 67.17。上市公司信息披露相关性分指数分地区最低为东北地区上市公司在 2005 年的值 55.43。两者相差 11.74。

表 8-18 中国上市公司信息披露相关性分指数分地区比较分析

年份	东北地区	华北地区	华中地区	华东地区	华南地区	西北地区	西南地区
2003	—	—	—	—	—	—	—
2004	56.53	59.28	57.75	60.03	62.72	58.95	59.42
2005	55.43	61.38	59.33	59.55	57.58	57.41	59.63
2006	58.05	63.10	59.27	61.48	61.08	59.42	60.82
2007	58.84	59.68	60.70	59.90	61.71	59.84	58.44
2008	61.36	60.23	60.24	60.30	60.66	61.52	60.65
2009	60.40	59.43	59.26	60.35	61.79	60.05	58.75
2010	61.06	60.45	61.71	61.71	63.31	60.76	61.77
2011	59.58	60.81	59.67	62.69	63.49	60.78	60.82
2012	59.48	61.91	60.70	62.37	62.25	60.76	61.76
2013	61.92	62.01	61.59	62.25	61.71	61.67	61.27
2014	61.50	62.37	61.00	62.82	61.09	63.17	61.90
2015	60.06	63.42	63.05	63.56	66.66	60.06	61.80

(续)

年份	东北地区	华北地区	华中地区	华东地区	华南地区	西北地区	西南地区
2016	61.73	64.02	64.16	63.47	67.17	61.61	63.98
2017	63.22	64.12	64.71	64.36	65.60	64.38	64.69
2018	62.96	64.15	65.03	64.72	67.01	63.81	64.08
2019	63.00	65.18	65.05	64.52	66.02	65.29	65.70
2020	63.84	64.01	65.25	65.34	64.98	64.90	65.13
2021	64.14	65.12	64.77	65.55	64.92	65.09	64.66
2022	63.73	64.24	65.14	65.87	66.36	64.26	64.34
总体	61.19	63.08	62.81	63.68	64.48	62.31	62.70

资料来源：南开大学公司治理数据库。

表8-19列示了2003—2022年连续20年中国上市公司信息披露及时性分指数分地区的状况与趋势特征。考虑可比性因素，我们对2004—2022年的数据进行对比。整体上，各地区上市公司信息披露及时性分指数呈现上升趋势。西南地区上市公司和华东地区上市公司整体表现较好，信息披露及时性分指数总体平均值分别为66.55和66.30。东北地区上市公司和西北地区上市公司整体表现较差，信息披露及时性分指数总体平均值分别为63.35和65.16，最高值与最低值相差3.20。上市公司信息披露及时性分指数分地区最高为西南地区上市公司在2017年的值69.65。上市公司信息披露及时性分指数分地区最低为东北地区上市公司在2009年的值55.96。两者相差13.69。

表8-19 中国上市公司信息披露及时性分指数分地区比较分析

年份	东北地区	华北地区	华中地区	华东地区	华南地区	西北地区	西南地区
2003	—	—	—	—	—	—	—
2004	66.40	68.96	68.54	68.46	66.82	68.84	68.53
2005	65.00	65.72	62.39	64.40	63.31	64.17	64.25
2006	60.69	65.63	63.65	64.79	63.78	61.40	64.57
2007	60.87	62.00	62.88	62.51	60.91	61.76	62.33
2008	61.13	65.07	63.32	63.33	64.27	62.53	66.03
2009	55.96	62.08	60.55	64.24	63.27	62.22	62.80
2010	63.41	63.28	66.69	64.67	68.92	61.95	64.62
2011	60.95	65.23	63.30	66.21	67.41	64.94	65.58
2012	61.75	66.50	66.30	66.04	67.03	63.37	65.03
2013	64.12	66.53	66.08	65.08	67.47	65.48	66.00
2014	63.12	64.47	65.17	66.44	67.10	65.66	66.26

(续)

年份	东北地区	华北地区	华中地区	华东地区	华南地区	西北地区	西南地区
2015	66.24	67.39	66.75	66.71	66.89	65.79	66.79
2016	63.63	66.08	65.84	65.71	66.02	64.86	65.22
2017	63.02	66.05	67.74	66.41	66.73	65.77	69.65
2018	66.03	67.17	67.30	66.67	66.37	68.66	67.77
2019	65.17	67.08	66.00	67.35	66.88	64.56	67.44
2020	64.46	67.64	65.95	66.67	65.90	66.08	66.59
2021	63.98	67.31	67.34	67.50	66.40	67.02	68.11
2022	63.59	67.23	68.69	67.15	66.16	66.38	69.16
总体	63.35	66.28	66.00	66.30	66.29	65.16	66.55

资料来源：南开大学公司治理数据库。

三、各区域和地区中国上市公司信息披露指数具体分析

表 8-20 列示了 2003—2022 年连续 20 年东北地区上市公司信息披露指数的状况与趋势特征。考虑可比性因素，我们对 2004—2022 年的数据进行对比。整体上，东北地区上市公司信息披露指数呈现上升趋势，但略低于全国上市公司信息披露水平；辽宁上市公司整体表现较好，总体平均值为 62.60；吉林上市公司整体表现次之，总体平均值为 61.49；黑龙江上市公司整体表现较差，总体平均值为 60.55。信息披露指数总体平均值的最高值与最低值相差 2.05。东北地区上市公司信息披露指数最高为辽宁上市公司在 2013 年的值 64.60；最低为黑龙江上市公司在 2004 年的值 56.01。两者相差 8.59。

表 8-20 东北地区上市公司信息披露指数分析

年份	全国	东北地区	黑龙江	吉林	辽宁
2003	58.44	—	—	58.25	61.35
2004	62.20	59.02	56.01	60.25	59.88
2005	62.25	62.13	61.85	61.15	62.95
2006	62.76	60.29	57.10	62.16	61.06
2007	61.66	59.74	58.17	59.46	60.82
2008	62.36	62.57	62.42	61.41	63.46
2009	61.85	60.26	58.03	61.07	60.87
2010	63.43	62.35	58.14	62.45	64.39
2011	63.02	58.98	58.96	57.40	59.93

(续)

年份	全国	东北地区	黑龙江	吉林	辽宁
2012	63.14	60.80	59.79	59.61	62.01
2013	63.18	62.21	58.63	60.83	64.60
2014	63.29	60.00	60.10	57.44	61.42
2015	64.27	62.84	60.65	64.49	62.90
2016	64.53	61.06	60.17	59.89	62.12
2017	65.04	63.23	61.45	62.93	64.25
2018	65.31	63.63	63.49	64.15	63.40
2019	65.35	63.94	62.87	64.39	64.21
2020	65.27	63.56	63.63	62.64	64.07
2021	65.60	61.98	61.27	61.28	62.77
2022	65.74	62.40	63.11	62.87	61.78
总体	—	61.79	60.55	61.49	62.60

资料来源：南开大学公司治理数据库。

表 8-21 列示了 2003—2022 年连续 20 年华北地区上市公司信息披露指数的状况与趋势特征。考虑可比性因素，我们对 2004—2022 年的数据进行对比。整体上，华北地区上市公司信息披露指数呈现上升趋势，与全国上市公司信息披露水平较为相似。北京上市公司和河北上市公司整体表现较好，信息披露指数总体平均值分别为 64.80 和 64.63。山西上市公司和内蒙古上市公司整体表现较差，信息披露指数总体平均值分别为 61.06 和 61.63，最高值与最低值相差 3.74。华北地区上市公司信息披露指数最高为河北上市公司在 2020 年的值 67.36；最低为内蒙古上市公司在 2011 年的值 56.49。两者相差 10.87。

表 8-21 华北地区上市公司信息披露指数分析

年份	全国	华北地区	北京	天津	河北	山西	内蒙古
2003	58.44	—	60.07	—	56.28	66.65	56.35
2004	62.20	63.94	65.09	61.79	65.53	60.75	63.20
2005	62.25	63.89	63.93	64.79	64.85	61.28	63.95
2006	62.76	64.86	65.14	65.24	66.83	63.84	61.14
2007	61.66	60.57	60.35	60.85	62.68	60.14	58.11
2008	62.36	62.84	63.03	61.24	63.27	62.10	64.42
2009	61.85	61.93	62.78	61.33	61.58	60.66	60.75
2010	63.43	62.50	64.33	62.72	61.31	59.49	57.38

(续)

年份	全国	华北地区	北京	天津	河北	山西	内蒙古
2011	63.02	63.35	65.01	61.79	63.80	59.93	56.49
2012	63.14	63.25	64.65	63.44	61.87	60.25	57.96
2013	63.18	63.25	63.23	63.57	64.92	61.13	62.74
2014	63.29	62.02	62.29	59.92	62.19	62.77	61.41
2015	64.27	64.35	65.78	62.41	63.34	60.04	62.21
2016	64.53	64.07	65.40	63.52	64.78	56.69	60.35
2017	65.04	64.64	64.78	64.81	66.86	61.55	62.91
2018	65.31	64.58	65.33	65.65	65.17	58.07	61.87
2019	65.35	65.57	65.84	66.87	65.10	62.63	65.23
2020	65.27	65.46	65.09	66.86	67.36	65.19	63.57
2021	65.60	65.59	66.00	66.28	65.61	63.14	61.50
2022	65.74	65.08	65.27	66.16	66.29	60.66	63.20
总体	—	64.16	64.80	64.15	64.63	61.06	61.63

资料来源：南开大学公司治理数据库。

表 8-22 列示了 2003—2022 年连续 20 年华中地区上市公司信息披露指数的状况与趋势特征。考虑可比性因素，我们对 2004—2022 年的数据进行对比。整体上，华中地区上市公司信息披露指数呈现上升趋势，持平于全国上市公司信息披露水平。河南上市公司整体表现较好，信息披露指数总体平均值为 64.59。湖南上市公司整体表现次之，信息披露指数总体平均值为 63.77。湖北上市公司整体表现较差，信息披露指数总体平均值为 63.14，最高值与最低值相差 1.45。华中地区上市公司信息披露指数最高为河南上市公司在 2022 年的值 67.16；最低为湖北上市公司在 2004 年的值 59.94。两者相差 7.22。

表 8-22 华中地区上市公司信息披露指数分析

年份	全国	华中地区	河南	湖北	湖南
2003	58.44	—	65.24	—	61.54
2004	62.20	61.14	61.88	59.94	62.27
2005	62.25	61.73	61.14	61.29	62.75
2006	62.76	62.40	61.82	62.45	62.72
2007	61.66	63.07	62.95	63.10	63.14
2008	62.36	62.31	63.11	62.08	62.06
2009	61.85	60.97	61.80	61.05	60.30

(续)

年份	全国	华中地区	河南	湖北	湖南
2010	63.43	64.05	64.44	65.24	62.21
2011	63.02	62.52	63.33	62.16	62.21
2012	63.14	62.73	63.45	62.28	62.60
2013	63.18	62.88	63.77	61.58	63.52
2014	63.29	62.56	63.12	61.91	62.79
2015	64.27	62.96	62.33	63.11	63.34
2016	64.53	64.05	65.82	62.56	64.05
2017	65.04	65.33	65.87	65.35	64.84
2018	65.31	65.37	65.96	64.07	66.15
2019	65.35	64.93	66.13	64.20	64.74
2020	65.27	64.66	65.69	63.88	64.63
2021	65.60	64.27	65.79	63.02	64.36
2022	65.74	65.63	67.16	65.52	64.63
总体	—	63.76	64.59	63.14	63.77

资料来源：南开大学公司治理数据库。

表 8-23 列示了 2003—2022 年连续 20 年华东地区上市公司信息披露指数的状况与趋势特征。考虑可比性因素，我们对 2004—2022 年的数据进行对比。整体上，华东地区上市公司信息披露指数呈现上升趋势，略高于全国上市公司信息披露水平。浙江上市公司和江苏上市公司整体表现较好，信息披露指数总体平均值分别为 65.54 和 65.43。上海上市公司和山东上市公司整体表现较差，信息披露指数总体平均值分别为 63.54 和 64.42，最高值与最低值相差 2.00。华东地区上市公司信息披露指数最高为安徽上市公司在 2022 年的值 67.77；最低为福建上市公司在 2004 年的值 58.46。两者相差 9.31。

表 8-23 华东地区上市公司信息披露指数分析

年份	全国	华东地区	山东	江苏	安徽	上海	浙江	江西	福建
2003	58.44	60.28	—	—	61.03	49.93	54.67	—	59.38
2004	62.20	63.42	61.56	66.88	65.62	63.94	62.46	61.06	58.46
2005	62.25	62.55	63.83	62.35	63.98	61.05	64.87	61.27	60.90
2006	62.76	63.25	62.62	64.19	64.19	62.29	62.82	67.66	62.98
2007	61.66	62.46	61.69	62.22	63.56	61.26	63.86	65.10	63.49
2008	62.36	61.97	62.60	61.49	64.47	60.81	61.19	65.40	63.04

(续)

年份	全国	华东地区	山东	江苏	安徽	上海	浙江	江西	福建
2009	61.85	62.57	62.38	63.94	62.71	60.61	62.71	66.92	64.29
2010	63.43	63.40	63.45	62.56	64.34	61.18	64.86	65.00	66.09
2011	63.02	63.54	62.59	62.85	65.03	63.71	64.12	62.81	63.73
2012	63.14	63.61	63.21	64.00	62.15	61.53	65.04	62.10	66.22
2013	63.18	63.40	62.65	64.30	63.66	61.86	64.02	64.96	63.19
2014	63.29	64.57	64.00	64.98	66.49	63.89	64.95	62.11	64.11
2015	64.27	64.90	63.54	65.23	64.20	64.06	65.93	64.38	65.85
2016	64.53	65.10	64.72	66.13	65.00	61.88	66.61	65.54	65.28
2017	65.04	65.20	65.09	65.99	65.88	63.34	65.87	65.32	64.44
2018	65.31	65.45	65.35	66.39	65.73	63.55	65.83	66.22	65.24
2019	65.35	65.46	65.49	65.34	65.84	64.96	65.44	66.89	66.14
2020	65.27	65.64	65.23	65.90	66.14	65.41	65.63	65.69	65.61
2021	65.60	66.52	66.37	66.52	67.63	66.85	66.39	65.97	65.82
2022	65.74	66.56	66.48	67.05	67.77	65.35	67.10	66.07	64.90
总体	—	64.87	64.42	65.43	65.40	63.54	65.54	65.01	64.76

资料来源：南开大学公司治理数据库。

表 8-24 列示了 2003—2022 年连续 20 年华南地区上市公司信息披露指数的状况与趋势特征。考虑可比性因素，我们对 2004—2022 年的数据进行对比。整体上，华南地区上市公司信息披露指数呈现上升趋势，持平于全国上市公司信息披露水平。广东上市公司整体表现较好，信息披露指数总体平均值为 65.03。广西上市公司整体表现次之，信息披露指数总体平均值为 63.08。海南上市公司整体表现较差，信息披露指数总体平均值为 60.29，最高值与最低值相差 4.74。华南地区上市公司信息披露指数最高为广西上市公司在 2005 年的值 67.56；最低为海南上市公司在 2005 年的值 56.67。两者相差 10.89。

表 8-24 华南地区上市公司信息披露指数分析

年份	全国	华南地区	广东	广西	海南
2003	58.44	—	61.28	60.18	—
2004	62.20	61.87	60.92	66.31	63.64
2005	62.25	61.04	60.72	67.56	56.67
2006	62.76	61.24	60.81	67.54	57.43
2007	61.66	61.53	61.10	64.46	61.31

(续)

年份	全国	华南地区	广东	广西	海南
2008	62.36	62.28	62.58	65.06	57.29
2009	61.85	62.39	63.16	61.12	58.39
2010	63.43	65.44	66.19	64.25	59.68
2011	63.02	63.90	64.23	65.33	57.41
2012	63.14	63.66	64.37	59.83	58.40
2013	63.18	63.20	63.70	60.64	59.08
2014	63.29	62.56	62.82	60.77	61.05
2015	64.27	64.83	65.33	61.13	62.04
2016	64.53	66.24	66.99	59.83	63.00
2017	65.04	65.57	65.87	61.98	65.13
2018	65.31	66.46	66.67	65.91	63.09
2019	65.35	65.74	66.13	63.15	61.16
2020	65.27	65.05	65.23	64.55	62.18
2021	65.60	65.22	65.75	61.59	58.36
2022	65.74	65.52	66.01	62.91	57.52
总体	—	64.61	65.03	63.08	60.29

资料来源：南开大学公司治理数据库。

表 8-25 列示了 2003—2022 年连续 20 年西北地区上市公司信息披露指数的状况与趋势特征。考虑可比性因素，我们对 2004—2022 年的数据进行对比。整体上，西北地区上市公司信息披露指数呈现上升趋势，略低于全国上市公司信息披露水平。陕西上市公司和新疆上市公司整体表现较好，信息披露指数总体平均值分别为 63.75 和 62.85。青海上市公司和宁夏上市公司整体表现较差，信息披露指数总体平均值分别为 60.25 和 61.69，最高值与最低值相差 3.50。西北地区上市公司信息披露指数最高为新疆上市公司在 2007 年的值 66.09；最低为青海上市公司在 2016 年的值 53.55。两者相差 12.54。

表 8-25　西北地区上市公司信息披露指数分析

年份	全国	西北地区	陕西	甘肃	宁夏	青海	新疆
2003	58.44	—	56.56	61.64	51.40	—	61.28
2004	62.20	61.27	64.53	56.98	58.44	61.44	61.90
2005	62.25	61.09	62.35	59.12	63.37	60.24	60.60
2006	62.76	61.03	62.16	56.45	63.34	55.87	64.13

(续)

年份	全国	西北地区	陕西	甘肃	宁夏	青海	新疆
2007	61.66	60.74	59.60	57.45	56.99	61.53	66.09
2008	62.36	62.20	61.82	58.61	63.85	62.90	63.83
2009	61.85	61.01	58.99	61.94	60.53	57.99	63.59
2010	63.43	61.18	63.00	60.40	59.23	58.42	61.48
2011	63.02	61.58	64.38	59.60	61.48	62.90	59.77
2012	63.14	61.56	64.15	59.94	59.66	59.76	61.06
2013	63.18	61.88	61.90	60.96	62.30	61.48	62.39
2014	63.29	63.96	64.92	62.37	59.42	64.56	65.27
2015	64.27	62.40	62.33	62.67	62.56	63.05	62.11
2016	64.53	61.57	63.31	62.17	57.76	53.55	62.38
2017	65.04	63.67	64.80	64.45	62.30	59.47	63.52
2018	65.31	64.00	65.76	64.28	61.07	60.96	63.65
2019	65.35	64.11	65.22	63.19	62.99	63.30	64.16
2020	65.27	64.00	64.28	64.44	64.48	61.55	63.89
2021	65.60	63.87	65.96	63.42	65.18	61.05	62.23
2022	65.74	63.19	64.12	64.72	64.68	55.83	62.24
总体	—	62.61	63.75	61.83	61.69	60.25	62.85

资料来源：南开大学公司治理数据库。

表8-26列示了2003—2022年连续20年西南地区上市公司信息披露指数的状况与趋势特征。考虑可比性因素，我们对2004—2022年的数据进行对比。整体上，西南地区上市公司信息披露指数呈现上升趋势，略低于全国上市公司信息披露水平。贵州上市公司和云南上市公司整体表现较好，信息披露指数总体平均值分别为64.43和64.38。重庆上市公司和西藏上市公司整体表现较差，信息披露指数总体平均值分别为62.32和63.25，最高值与最低值相差2.11。西南地区上市公司信息披露指数最高为云南上市公司在2006年的值67.59；最低为重庆上市公司在2009年的值56.47。两者相差11.12。

表8-26 西南地区上市公司信息披露指数分析

年份	全国	西南地区	四川	贵州	云南	重庆	西藏
2003	58.44	—	56.42	59.84	55.15	57.08	56.00
2004	62.20	60.46	60.94	62.80	61.42	57.34	62.49
2005	62.25	62.08	61.78	60.79	65.46	60.74	62.07
2006	62.76	63.80	61.77	67.50	67.59	64.00	62.75

(续)

年份	全国	西南地区	四川	贵州	云南	重庆	西藏
2007	61.66	61.54	60.93	64.91	60.67	61.85	62.12
2008	62.36	63.23	62.70	64.34	63.76	63.98	60.78
2009	61.85	61.04	60.89	67.14	62.58	56.47	61.86
2010	63.43	63.35	63.72	65.97	63.80	61.86	58.35
2011	63.02	62.52	62.87	63.63	66.17	59.13	57.09
2012	63.14	62.51	63.45	61.55	64.55	59.73	60.07
2013	63.18	63.70	63.23	65.75	63.69	64.79	59.81
2014	63.29	63.15	62.83	64.70	63.12	62.08	66.75
2015	64.27	63.12	63.03	62.29	64.47	62.83	62.75
2016	64.53	63.27	64.42	64.56	59.41	63.68	59.12
2017	65.04	65.49	65.71	65.50	66.90	63.80	65.69
2018	65.31	64.65	65.26	65.04	64.64	62.89	65.04
2019	65.35	65.29	65.70	64.83	66.55	63.09	67.08
2020	65.27	65.57	66.00	64.91	66.95	64.15	64.99
2021	65.60	64.95	65.86	63.15	64.98	63.08	66.71
2022	65.74	65.16	66.85	64.68	63.70	62.79	63.23
总体	—	63.79	64.14	64.43	64.38	62.32	63.25

资料来源：南开大学公司治理数据库。

表8-27与图8-7展示了2003—2022年连续20年中国上市公司信息披露指数分经济区域的状况与趋势特征。考虑可比性因素，我们对2004—2022年的数据进行对比。整体上，各经济区域上市公司信息披露指数呈现上升趋势。东部经济区上市公司整体表现较好，信息披露指数总体平均值为64.77，从2004年的63.09逐步提升至2022年的66.12，提升4.80%。中部经济区域上市公司次之，信息披露指数总体平均值为63.99，从2004年的61.92逐步提升至2022年的65.87，提升6.37%。再次是西部经济区域上市公司，信息披露指数总体平均值为63.20，从2004年的61.41逐步提升至2022年的64.27，提升4.65%。东北经济区域上市公司整体表现较差，信息披露指数总体平均值为61.79，从2004年的59.02逐步提升至2022年的62.40，提升5.72%。

表8-27 中国上市公司信息披露指数分经济区域比较分析

年份	东部经济区域	中部经济区域	西部经济区域	东北经济区域
2003	—	—	—	—
2004	63.09	61.92	61.41	59.02
2005	62.32	62.06	62.29	62.13
2006	62.86	63.45	62.98	60.29

(续)

年份	东部经济区域	中部经济区域	西部经济区域	东北经济区域
2007	61.70	63.02	61.29	59.74
2008	61.85	63.04	63.11	62.57
2009	62.37	61.86	61.02	60.26
2010	63.83	63.73	62.30	62.35
2011	63.69	62.83	62.07	58.98
2012	63.88	62.31	61.69	60.80
2013	63.38	63.07	62.76	62.21
2014	63.58	63.37	63.12	60.00
2015	65.01	63.07	62.64	62.84
2016	65.49	63.71	62.22	61.06
2017	65.29	65.11	64.42	63.23
2018	65.67	64.91	64.37	63.63
2019	65.59	65.12	64.72	63.94
2020	65.47	65.12	64.86	63.56
2021	66.13	65.15	64.18	61.98
2022	66.12	65.87	64.27	62.40
总体	64.77	63.99	63.20	61.79

资料来源：南开大学公司治理数据库。

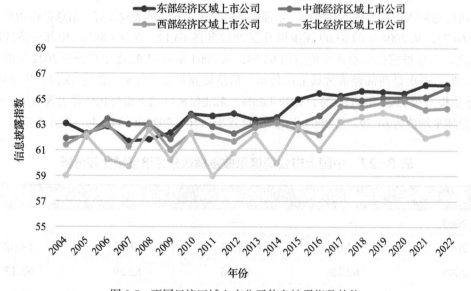

图 8-7　不同经济区域上市公司信息披露指数趋势

资料来源：南开大学公司治理数据库。

表 8-28 列示了 2003—2022 年连续 20 年长三角与珠三角上市公司信息披露指数的状况与趋势特征。考虑可比性因素，我们对 2004—2022 年的数据进行对比。整体上，长三角与珠三角上市公司信息披露指数呈现上升趋势。珠三角上市公司数量较少，整体表现较好，信息披露指数总体平均值为 65.08，从 2004 年的 60.28 逐步提升至 2022 年的 66.21，提升 9.83%。长三角上市公司数量较多，信息披露指数总体平均值为 64.97，从 2004 年的 64.34 逐步提升至 2022 年的 66.76，提升 3.76%。

表 8-28 中国上市公司信息披露指数特定区域分析

年份	长三角上市公司样本量	长三角上市公司治理指数	珠三角上市公司样本量	珠三角上市公司治理指数
2003	—	—	—	—
2004	276	64.34	114	60.28
2005	311	62.71	121	60.79
2006	307	63.22	115	60.49
2007	273	62.51	123	60.71
2008	303	61.41	101	62.68
2009	314	62.11	124	63.63
2010	418	62.81	172	66.67
2011	541	63.80	245	64.16
2012	674	63.48	300	64.31
2013	714	63.59	325	63.64
2014	714	64.85	322	62.63
2015	762	64.98	343	65.39
2016	835	65.20	369	67.29
2017	929	65.29	418	65.93
2018	1122	65.43	505	66.50
2019	1168	65.33	524	66.19
2020	1239	65.73	552	65.33
2021	1403	66.67	607	65.95
2022	1634	66.76	691	66.21
总体	13937	64.97	6071	65.08

资料来源：南开大学公司治理数据库。

表 8-29 和图 8-8 展示了 2003—2022 年连续 20 年北京市、上海市、广州市、深圳市、杭州市上市公司信息披露指数的状况与趋势特征。考虑可比性因素，我们对 2004—2022 年的数据

进行对比。整体上，各城市上市公司信息披露指数呈现上升趋势。广州市上市公司整体表现较好，信息披露指数总体平均值为65.12，从2004年的65.10逐步提升至2022年的66.64。杭州市上市公司次之，信息披露指数总体平均值为65.02，从2004年的58.61逐步提升至2022年的66.89。上海市上市公司整体表现较差，信息披露指数总体平均值为63.54，从2004年的63.94逐步提升至2022年的65.35。

表8-29 中国上市公司信息披露指数特定城市分析

年份	北京市	上海市	广州市	深圳市	杭州市
2003	60.07	49.43	—	—	—
2004	65.09	63.94	65.10	58.97	58.61
2005	63.93	61.05	64.29	58.68	62.31
2006	65.14	62.29	61.24	58.03	58.74
2007	60.35	61.26	62.59	58.79	62.47
2008	63.03	60.81	60.63	63.19	59.17
2009	62.78	60.61	58.99	66.42	57.87
2010	64.33	61.18	64.86	67.44	63.81
2011	65.01	63.71	63.83	65.03	63.69
2012	64.65	61.53	64.69	64.34	65.28
2013	63.23	61.86	62.35	64.37	64.77
2014	62.29	63.89	62.86	62.69	65.42
2015	65.78	64.06	64.79	65.76	65.16
2016	65.40	61.88	67.58	67.33	66.47
2017	64.78	63.34	65.42	65.82	64.45
2018	65.33	63.55	65.48	66.85	64.98
2019	65.84	64.96	66.88	66.16	65.43
2020	65.09	65.41	65.43	65.28	65.86
2021	66.00	66.85	66.75	65.75	66.36
2022	65.27	65.35	66.64	65.50	66.89
总体	64.80	63.54	65.12	64.96	65.02

资料来源：南开大学公司治理数据库。

表8-30与图8-9展示了2003—2022年连续20年北京市上市公司信息披露分指数的状况与趋势特征。考虑可比性因素，我们对2004—2022年的数据进行对比。真实性分指数从2004年的64.14逐步提升至2006年的最高值66.40，在2007年回落至最低值60.08，在2008—2022年波动上升至64.86。相关性分指数在2004年为62.16，在2007年降至最低值59.42，在2008—

2019年逐渐上升至最高值65.50，在2020—2022年保持在63～65之间。及时性分指数在2004年达到最高值69.93，在2005—2007年大幅降至最低值61.64，在2008—2022年螺旋上升至68.39。从信息披露分指数的横向比较来看，北京市上市公司在信息披露的及时性方面做得最好，其次是真实性，最后是相关性。

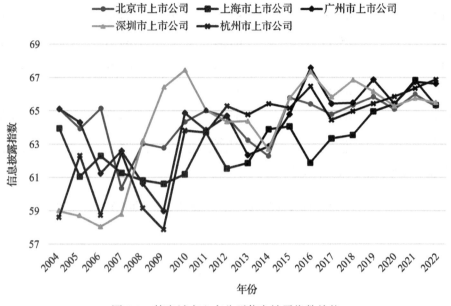

图 8-8　特定城市上市公司信息披露指数趋势

资料来源：南开大学公司治理数据库。

表 8-30　北京市上市公司信息披露分指数统计分析

年份	信息披露指数	真实性	相关性	及时性
2003	60.07	—	—	—
2004	65.09	64.14	62.16	69.93
2005	63.93	64.52	60.83	66.25
2006	65.14	66.40	62.19	66.42
2007	60.35	60.08	59.42	61.64
2008	63.03	62.49	60.94	65.89
2009	62.78	63.47	60.62	64.02
2010	64.33	65.19	62.08	65.44
2011	65.01	65.49	61.93	67.44
2012	64.65	62.40	63.64	68.65
2013	63.23	61.84	62.34	65.98
2014	62.29	60.71	63.36	65.05

(续)

年份	信息披露指数	真实性	相关性	及时性
2015	65.78	66.03	64.47	67.98
2016	65.40	65.15	64.93	66.76
2017	64.78	64.89	63.85	65.87
2018	65.33	65.34	64.47	67.28
2019	65.84	65.64	65.50	67.25
2020	65.09	65.39	63.06	67.37
2021	66.00	66.15	64.76	67.52
2022	65.27	64.86	63.86	68.39

资料来源：南开大学公司治理数据库。

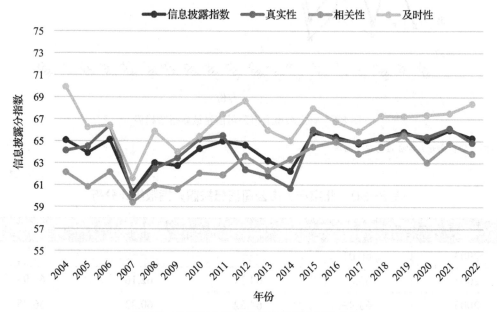

图 8-9 北京市上市公司信息披露分指数趋势

资料来源：南开大学公司治理数据库。

表 8-31 和图 8-10 展示了 2003—2022 年连续 20 年上海市上市公司信息披露分指数的状况与趋势特征。考虑可比性因素，我们对 2004—2022 年的数据进行对比。真实性分指数从 2004 年的 63.86 逐步降低至 2008 年的最低值 61.32，在 2009—2021 年波动上升至最高值 67.29，在 2022 年降至 65.98。相关性分指数在 2004 年为 59.90，在 2005—2009 年降至最低值 56.49，在 2010—2021 年逐渐上升至最高值 65.51，在 2022 年为 64.45。及时性分指数在 2004 年为最高值 68.12，在 2005—2013 年大幅降至最低值 60.05，在 2014 年大幅升至 66.09，在 2015—2022 年保持稳定。从信息披露分指数的横向比较来看，上海市上市公司在信息披露的及时性方面做得最好，其次是真实性，最后是相关性。

表 8-31　上海市上市公司信息披露分指数统计分析

年份	信息披露指数	真实性	相关性	及时性
2003	49.43	—	—	—
2004	63.94	63.86	59.90	68.12
2005	61.05	61.63	58.27	63.06
2006	62.29	64.73	60.26	61.05
2007	61.26	62.45	59.25	61.67
2008	60.81	61.32	58.97	62.02
2009	60.61	62.18	56.49	62.63
2010	61.18	62.34	58.89	61.93
2011	63.71	63.75	62.79	64.58
2012	61.53	63.45	58.75	61.74
2013	61.86	63.47	61.52	60.05
2014	63.89	63.71	63.21	66.09
2015	64.06	65.83	60.55	66.38
2016	61.88	62.81	59.35	63.36
2017	63.34	63.80	62.52	63.42
2018	63.55	64.22	61.60	65.90
2019	64.96	64.83	63.88	67.94
2020	65.41	65.27	64.31	67.39
2021	66.85	67.29	65.51	67.76
2022	65.35	65.98	64.45	65.14

资料来源：南开大学公司治理数据库。

表 8-32 和图 8-11 展示了 2003—2022 年连续 20 年广州市上市公司信息披露分指数的状况与趋势特征。考虑可比性因素，我们对 2004—2022 年的数据进行对比。真实性分指数从 2004 年的 63.95 逐步降低至 2013 年的最低值 59.91，在 2014—2016 年波动上升至最高值 67.72，在 2017—2022 年降至 66.60。相关性分指数在 2004 年为 64.87，在 2005—2007 年降低至最低值 58.87，在 2006—2015 年逐渐上升至最高值 66.73，在 2016—2022 年基本保持稳定，回落至 65.74。及时性分指数在 2004 年为 67.63，在 2005—2009 年大幅降至最低分 52.50，下降 22.37%，在 2010—2012 年迅速提升至最高值 69.80，在 2013—2022 年保持稳定。从信息披露分指数的横向比较来看，广州市上市公司在信息披露的及时性方面做得最好，其次是真实性，最后是相关性。

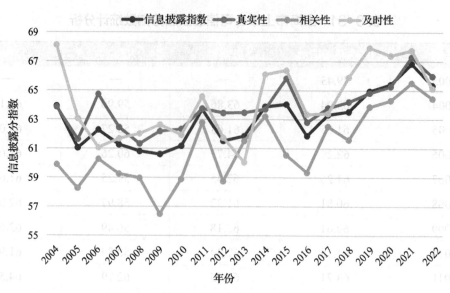

图 8-10 上海市上市公司信息披露分指数趋势

资料来源：南开大学公司治理数据库。

表 8-32 广州市上市公司信息披露分指数统计分析

年份	信息披露指数	真实性	相关性	及时性
2003	—	—	—	—
2004	65.10	63.95	64.87	67.63
2005	64.29	64.92	64.35	63.38
2006	61.24	61.97	59.13	62.37
2007	62.59	66.87	58.87	60.59
2008	60.63	60.90	62.75	58.15
2009	58.99	62.96	60.18	52.50
2010	64.86	65.52	61.49	67.34
2011	63.83	60.94	62.65	68.88
2012	64.69	63.02	61.79	69.80
2013	62.35	59.91	59.60	68.37
2014	62.86	62.36	60.82	69.32
2015	64.79	62.37	66.73	68.31
2016	67.58	67.72	66.33	69.07
2017	65.42	64.16	66.09	67.59
2018	65.48	65.30	66.27	64.25
2019	66.88	66.78	66.37	68.43

(续)

年份	信息披露指数	真实性	相关性	及时性
2020	65.43	65.38	64.68	66.70
2021	66.75	67.63	64.78	67.50
2022	66.64	66.60	65.74	68.08

资料来源：南开大学公司治理数据库。

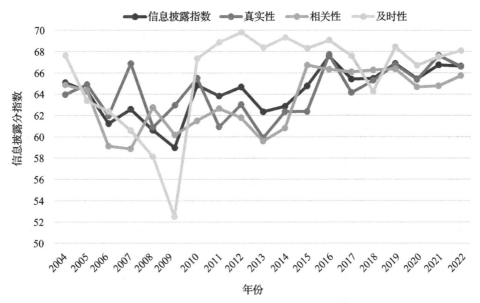

图 8-11　广州市上市公司信息披露分指数趋势

资料来源：南开大学公司治理数据库。

表 8-33 和图 8-12 展示了 2003—2022 年连续 20 年深圳市上市公司信息披露分指数的状况与趋势特征。考虑可比性因素，我们对 2004—2022 年的数据进行对比。真实性分指数从 2004 年的最低值 52.91 逐步上升至 2016 年的最高值 66.76，在 2017—2022 年波动较小，在 2022 年的值为 64.49。相关性分指数在 2004 年为 64.13，在 2005 年降低至最低值 54.98，下降 14.27%，在 2006—2016 年逐渐上升至最高值 68.80，在 2017—2022 年回落至 66.33。及时性分指数在 2004 年为 65.93，在 2005—2007 年大幅降至最低值 58.98，下降 10.54%，在 2009 年迅速提升至最高值 73.55，在 2009—2022 年逐渐回落至 66.74。从信息披露分指数的横向比较来看，深圳市上市公司在信息披露的及时性方面做得最好，其次是相关性，最后是真实性。

表 8-33　深圳市上市公司信息披露分指数统计分析

年份	信息披露指数	真实性	相关性	及时性
2003	—	—	—	—
2004	58.97	52.91	64.13	65.93

(续)

年份	信息披露指数	真实性	相关性	及时性
2005	58.68	58.37	54.98	62.81
2006	58.03	53.50	59.42	62.68
2007	58.79	56.46	61.71	58.98
2008	63.19	62.74	59.32	67.51
2009	66.42	60.75	66.99	73.55
2010	67.44	65.58	64.87	72.48
2011	65.03	62.26	64.58	69.16
2012	64.34	62.82	62.38	68.33
2013	64.37	62.44	62.54	68.79
2014	62.69	61.77	62.24	66.84
2015	65.76	63.67	68.40	66.59
2016	67.33	66.76	68.80	66.57
2017	65.82	64.96	66.08	67.58
2018	66.85	66.04	67.82	67.27
2019	66.16	65.46	66.43	67.85
2020	65.28	65.27	64.38	66.67
2021	65.75	65.67	64.91	67.22
2022	65.50	64.49	66.33	66.74

资料来源：南开大学公司治理数据库。

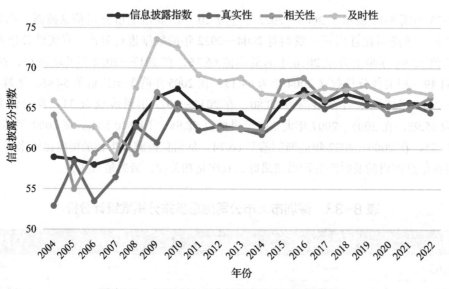

图 8-12　深圳市上市公司信息披露分指数趋势

资料来源：南开大学公司治理数据库。

表 8-34 和图 8-13 展示了 2003—2022 年连续 20 年杭州市上市公司信息披露分指数的状况与趋势特征。考虑可比性因素，我们对 2004—2022 年的数据进行对比。真实性分指数从 2004 年的最低值 53.71 上升至 2005 年的 62.25，增长 15.90%，最高值为 2022 年的 67.72。相关性分指数在 2004 年为 58.70，在 2006 年降低至最低值 51.47，在 2006—2022 年逐渐上升至最高值 65.68。及时性分指数在 2004 年为 68.33，在 2005—2009 年大幅降至最低值 55.72，下降 18.46%，在 2012 年提升至最高值 69.21，在 2013—2022 年逐渐回落至 66.65。从信息披露分指数的横向比较来看，杭州市上市公司在信息披露的及时性方面做得最好，其次是真实性，最后是相关性。

表 8-34 杭州市上市公司信息披露分指数统计分析

年份	信息披露指数	真实性	相关性	及时性
2003	—	—	—	—
2004	58.61	53.71	58.70	68.33
2005	62.31	62.25	59.69	65.00
2006	58.74	63.93	51.47	59.10
2007	62.47	64.70	59.55	62.42
2008	59.17	62.32	56.45	57.69
2009	57.87	60.11	57.04	55.72
2010	63.81	63.50	62.86	65.16
2011	63.69	62.14	62.77	66.67
2012	65.28	63.72	63.43	69.21
2013	64.77	66.99	61.94	64.63
2014	65.42	65.65	63.98	68.02
2015	65.16	65.19	64.53	66.53
2016	66.47	67.05	64.23	68.36
2017	64.45	64.11	64.04	65.92
2018	64.98	64.68	65.32	65.18
2019	65.43	66.07	63.76	67.18
2020	65.86	66.37	65.30	65.44
2021	66.36	67.23	65.02	66.19
2022	66.89	67.72	65.68	66.65

资料来源：南开大学公司治理数据库。

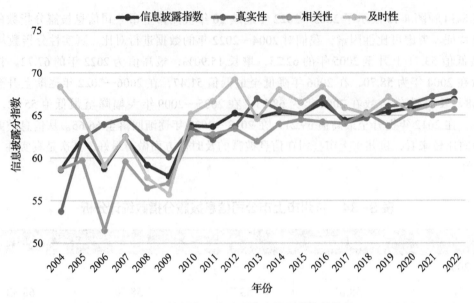

图 8-13 杭州市上市公司信息披露分指数趋势

资料来源：南开大学公司治理数据库。

第四节 中国上市公司信息披露分行业分析

一、中国上市公司信息披露指数分行业比较分析

表 8-35 列示了 2003—2008 年连续 6 年中国上市公司信息披露分行业特征。考虑可比性因素，我们对 2004—2022 年的数据进行对比。整体上，各行业上市公司信息披露指数呈现波动变化趋势。纵向比较，农、林、牧、渔业上市公司信息披露指数上涨幅度最为明显，在 2004 年信息披露指数为 56.59，低于平均值 60，在 2008 年回升到 61.80，上涨 5.21。建筑业整体呈现上升趋势，从 2004 年的 60.11 上升到 2008 年的 62.02。总体而言，电力、煤气及水的生产和供应业，建筑业，交通运输、仓储业行业信息披露情况较为良好，而且总体趋势是上升的，其他行业都有较大幅度的波动。

表 8-35 中国上市公司信息披露指数分行业比较分析：2003—2008 年

行业	2003 年	2004 年	2005 年	2006 年	2007 年	2008 年
采掘业	—	63.39	64.83	63.72	58.98	59.31
传播与文化产业	60.77	61.27	58.56	60.03	61.20	61.08
电力、煤气及水的生产和供应业	66.63	61.63	66.32	67.26	63.94	64.26
房地产业	57.24	60.27	58.32	57.79	60.86	63.23
建筑业	55.08	60.11	62.50	64.31	65.86	62.02

(续)

行业	2003年	2004年	2005年	2006年	2007年	2008年
交通运输、仓储业	56.84	66.35	62.98	63.74	62.56	64.87
金融、保险业	54.82	63.57	60.61	43.12	61.82	58.11
农、林、牧、渔业	60.24	56.59	58.71	60.64	62.78	61.80
批发和零售贸易	58.97	62.56	61.15	60.71	61.59	60.52
社会服务业	—	64.94	64.21	65.15	61.80	64.92
信息技术业	53.27	60.92	59.03	58.28	56.86	61.47
制造业	58.55	62.36	62.96	63.88	62.25	62.64
综合类	58.14	61.18	59.96	58.36	58.12	60.12

资料来源：南开大学公司治理数据库。

表 8-36 列示了 2009—2015 年连续 7 年中国上市公司信息披露分行业特征。整体上，各行业上市公司信息披露指数呈现波动上升趋势。纵向比较，金融、保险业和房地产业上市公司信息披露指数波动情况最为明显。2013 年，金融、保险业信息披露指数为 57.20，为最低值。2012 年，房地产业信息披露指数为 57.47，为该行业该期间内最低值。批发和零售贸易行业与信息技术业的信息披露指数整体呈现上升趋势，其 2015 年的指数比 2009 年的指数分别上升 5.25 和 3.64。

表 8-36　中国上市公司信息披露指数分行业比较分析：2009—2015 年

行业	2009年	2010年	2011年	2012年	2013年	2014年	2015年
采掘业	62.98	64.86	61.66	63.96	63.36	64.89	63.76
传播与文化产业	59.01	65.10	65.12	62.75	60.26	60.66	61.60
电力、煤气及水的生产和供应业	62.45	65.75	64.89	63.28	65.69	62.73	61.26
房地产业	60.79	62.47	57.87	57.47	62.05	59.80	60.72
建筑业	66.46	65.96	65.79	63.88	65.12	61.56	65.25
交通运输、仓储业	64.02	66.14	60.01	63.41	62.49	64.67	63.66
金融、保险业	62.99	64.80	65.24	65.37	57.20	65.22	65.58
农、林、牧、渔业	58.83	58.85	59.62	63.40	61.38	58.76	61.30
批发和零售贸易	57.72	60.56	60.27	61.83	61.67	62.56	62.97
社会服务业	61.72	65.02	62.69	62.20	62.72	62.92	64.78
信息技术业	60.55	62.12	64.31	64.92	62.67	61.18	64.19
制造业	62.34	63.52	63.91	63.58	63.72	64.18	65.01
综合类	61.51	62.87	58.36	59.78	60.57	59.18	61.98

资料来源：南开大学公司治理数据库。

表 8-37 列示了 2016—2022 年连续 7 年中国上市公司信息披露分行业特征。整体上，各行业上市公司信息披露指数呈现波动变化趋势。上升情况不甚明显，下降情况较为明显的行业是卫生和社会工作与教育，其 2022 年的指数较 2016 年的指数分别下降 11.31 和 9.61，且这两个行业在 7 年间波动幅度较大；住宿和餐饮业与采矿业 2022 年的指数较 2016 年的指数分别上升 3.49 和 2.87。总体而言，科学研究和技术服务业，制造业与交通运输、仓储和邮政业的信息披露情况较为良好，而且总体趋势是上升的，其他行业都有较大幅度的波动。

表 8-37　中国上市公司信息披露指数分行业比较分析：2016—2022 年

行业	2016 年	2017 年	2018 年	2019 年	2020 年	2021 年	2022 年
采矿业	60.57	62.50	57.40	64.54	64.77	62.23	63.44
电力、热力、燃气及水生产和供应业	64.89	66.55	62.95	64.91	66.41	66.00	63.51
房地产业	59.51	62.15	61.32	64.05	63.60	62.17	57.23
建筑业	64.40	64.00	59.12	65.72	64.79	63.88	60.90
交通运输、仓储和邮政业	65.42	65.80	63.93	65.78	65.96	66.04	66.44
教育	65.23	65.36	58.40	61.89	61.07	55.54	55.62
金融业	60.41	64.40	60.89	63.31	64.16	62.45	59.52
居民服务、修理和其他服务业	—	—	—	—	50.41	59.87	66.88
科学研究和技术服务业	68.86	66.46	66.32	64.80	66.78	68.87	70.89
农、林、牧、渔业	58.64	62.28	64.07	62.33	63.73	61.38	59.79
批发和零售业	60.44	62.27	62.97	64.18	64.18	62.82	60.62
水利、环境和公共设施管理业	66.32	66.24	65.79	65.54	64.57	64.92	62.39
卫生和社会工作	70.31	67.68	65.43	66.06	59.38	61.93	59.00
文化、体育和娱乐业	62.48	65.08	65.62	63.97	63.14	63.10	62.92
信息传输、软件和信息技术服务业	66.09	65.15	66.89	64.63	63.96	64.61	63.29
制造业	65.54	65.58	66.48	65.87	65.78	66.62	67.54
住宿和餐饮业	62.39	67.41	66.40	65.90	69.84	58.94	65.88
综合	59.31	65.78	64.23	62.86	63.54	62.64	61.46
租赁和商务服务业	63.12	61.42	62.06	62.14	62.02	59.64	60.42

资料来源：南开大学公司治理数据库。

二、中国上市公司信息披露分指数分行业比较分析

(一) 真实性分指数分析

表 8-38 列示了 2003—2008 年连续 6 年中国上市公司信息披露真实性分指数分行业特征。考虑可比性因素，我们对 2004—2022 年的数据进行对比。整体上，各行业上市公司信息披露真实性分指数呈现波动上升趋势。农、林、牧、渔业的信息披露真实性分指数上升幅度最为明显，其 2008 年的指数较 2004 年的指数上升 12.41，但在这 5 年间波动幅度也较大；建筑业，电力、煤气及水的生产和供应业及信息技术业的信息披露真实性分指数都有较大幅度的上升；采掘业 2008 年的信息披露真实性分指数较 2004 年下降较多，下降 6.18。

表 8-38　中国上市公司信息披露真实性分指数分行业比较分析：2003—2008 年

行业	2003 年	2004 年	2005 年	2006 年	2007 年	2008 年
采掘业	—	65.20	64.39	56.25	54.42	59.02
传播与文化产业	—	58.25	52.89	68.84	68.32	62.08
电力、煤气及水的生产和供应业	—	59.38	68.30	70.65	67.94	67.62
房地产业	—	57.03	55.54	56.81	60.80	58.66
建筑业	—	57.27	65.67	63.93	70.05	60.74
交通运输、仓储业	—	67.27	63.87	63.48	66.18	66.10
金融、保险业	—	59.33	66.21	54.85	63.56	58.29
农、林、牧、渔业	—	49.44	59.79	58.24	67.33	61.85
批发和零售贸易	—	61.66	63.69	60.86	62.18	61.69
社会服务业	—	65.69	69.86	69.94	61.87	67.43
信息技术业	—	57.46	58.55	58.25	55.29	65.21
制造业	—	60.66	63.80	64.18	63.39	62.50
综合类	—	60.43	60.89	60.26	56.09	61.43

资料来源：南开大学公司治理数据库。

表 8-39 列示了 2009—2015 年连续 7 年中国上市公司信息披露真实性分指数分行业特征。整体上，各行业上市公司信息披露真实性分指数呈现波动趋势。电力、煤气及水的生产和供应业下降幅度最为明显，其 2015 年的真实性分指数较 2009 年的真实性分指数下降 5.73，且这 7 年间波动幅度也较大；社会服务业的真实性分指数下降幅度也较大，降幅为 3.36。金融、保险业的真实性分指数波动幅度最大，在 2013 年下降到 51.96，远低于平均水平。房地产业的真实性分指数波动幅度也较大，在 2011 年跌至 52.29，之后又有所回升。整体而言，该时间段信息披露真实性分指数大多数略有降低。

表 8-39　中国上市公司信息披露真实性分指数分行业比较分析：2009—2015 年

行业	2009 年	2010 年	2011 年	2012 年	2013 年	2014 年	2015 年
采掘业	61.56	66.25	57.66	64.41	60.89	66.39	64.45
传播与文化产业	60.95	62.29	63.71	61.76	58.89	56.52	60.58
电力、煤气及水的生产和供应业	66.89	67.83	71.54	63.87	70.71	64.56	61.17
房地产业	56.84	61.33	52.29	55.53	59.99	59.66	59.88
建筑业	65.16	65.44	63.13	63.07	61.65	57.71	64.06
交通运输、仓储业	67.03	67.49	60.34	67.08	62.24	68.71	65.56
金融、保险业	65.63	69.63	67.39	63.70	51.96	68.67	67.62
农、林、牧、渔业	58.46	58.73	58.70	64.13	56.12	57.28	60.44
批发和零售贸易	58.68	61.68	60.00	60.92	61.23	61.41	63.87
社会服务业	66.38	65.96	63.82	62.71	61.91	62.93	63.02
信息技术业	61.67	63.23	62.28	63.70	61.71	58.73	62.85
制造业	62.92	63.11	62.85	62.07	62.74	64.51	64.79
综合类	63.18	63.16	56.71	58.99	58.35	56.72	62.81

资料来源：南开大学公司治理数据库。

表 8-40 列示了 2016—2022 年连续 7 年中国上市公司信息披露真实性分指数分行业特征。整体上，各行业上市公司信息披露的真实性分指数呈现波动下降趋势。下降情况较为明显的行业是教育与卫生和社会工作，其 2022 年的真实性分指数较 2016 年的真实性分指数分别下降 25.27 和 16.92，且这两个行业在 7 年间波动幅度较大；住宿和餐饮业与科学研究和技术服务业 2022 年的真实性分指数较 2016 年的真实性分指数分别上升 5.22 和 4.56。总体而言，科学研究和技术服务、制造业与交通运输、仓储和邮政业行业信息披露真实性分指数情况较为良好，而且总体趋势是上升的，其他行业都有较大幅度的波动。

表 8-40　中国上市公司信息披露真实性分指数分行业比较分析：2016—2022 年

行业	2016 年	2017 年	2018 年	2019 年	2020 年	2021 年	2022 年
采矿业	60.71	61.81	51.92	62.98	65.00	58.75	62.57
电力、热力、燃气及水生产和供应业	69.27	68.10	64.29	64.67	68.75	66.28	63.35
房地产业	58.77	58.80	60.89	63.26	64.28	61.09	56.45
建筑业	64.97	63.31	52.95	64.98	64.39	64.17	57.66
交通运输、仓储和邮政业	70.51	67.20	65.22	65.36	67.95	65.34	68.46

(续)

行业	2016年	2017年	2018年	2019年	2020年	2021年	2022年
教育	75.50	73.33	52.34	65.48	56.65	49.93	50.23
金融业	62.72	67.72	62.75	60.62	67.36	61.43	61.97
居民服务、修理和其他服务业	—	—	—	—	46.00	55.75	77.62
科学研究和技术服务业	68.95	67.04	66.72	65.53	66.29	71.44	73.51
农、林、牧、渔业	56.46	60.17	63.24	59.81	61.16	59.25	55.15
批发和零售业	59.87	60.65	63.06	64.54	64.61	61.75	57.94
水利、环境和公共设施管理业	66.26	65.76	65.57	66.57	66.55	64.73	60.26
卫生和社会工作	73.00	71.20	66.48	66.44	54.60	59.90	56.08
文化、体育和娱乐业	60.25	65.57	68.05	63.66	63.26	62.89	63.79
信息传输、软件和信息技术服务业	62.95	64.67	67.11	64.35	63.44	64.77	61.15
制造业	65.13	65.33	66.38	65.84	65.01	66.38	67.52
住宿和餐饮业	61.45	67.40	67.76	68.30	73.19	54.57	66.67
综合	62.70	66.74	65.59	60.90	60.97	56.96	58.18
租赁和商务服务业	62.18	59.80	61.38	61.29	61.46	58.39	59.21

资料来源：南开大学公司治理数据库。

（二）相关性分指数分析

考虑可比性因素，我们对2004—2022年的数据进行对比。表8-41列示了2003—2008年连续6年中国上市公司信息披露相关性分指数分行业特征。整体上，各行业上市公司信息披露的相关性分指数呈现波动下降趋势。金融、保险业，批发和零售贸易与采掘业的相关性分指数下降幅度最为明显，其2008年的相关性分指数较2004年的相关性分指数分别下降13.78、9.04和9，且传播与文化产业的相关性分指数在这5年间波动幅度也较大；房地产业的相关性分指数略有上升，其2008年的相关性分指数较2004年的相关性分指数上升2.65，是这一时间段唯一上升的行业。

表8-41 中国上市公司信息披露相关性分指数分行业比较分析：2003—2008年

行业	2003年	2004年	2005年	2006年	2007年	2008年
采掘业	—	68.75	64.86	67.38	63.00	59.75
传播与文化产业	—	69.38	65.68	58.79	61.24	65.53

(续)

行业	2003年	2004年	2005年	2006年	2007年	2008年
电力、煤气及水的生产和供应业	—	67.60	65.58	63.21	62.08	63.24
房地产业	—	67.25	63.90	61.57	61.71	69.90
建筑业	—	67.50	63.55	65.25	63.28	66.45
交通运输、仓储业	—	69.18	65.42	64.53	60.28	65.35
金融、保险业	—	68.89	57.32	43.74	62.46	55.11
农、林、牧、渔业	—	66.85	61.51	65.36	61.07	60.91
批发和零售贸易	—	67.19	62.81	60.10	61.89	58.15
社会服务业	—	67.50	64.32	63.37	63.02	65.05
信息技术业	—	66.79	62.89	61.13	59.36	60.61
制造业	—	68.74	64.76	65.58	62.49	64.98
综合类	—	66.04	62.99	58.75	61.11	59.03

资料来源：南开大学公司治理数据库。

表8-42列示了2009—2015年连续7年中国上市公司信息披露相关性分指数分行业特征。整体上，各行业上市公司信息披露的相关性分指数呈现波动上升趋势。传播与文化产业、社会服务业与批发和零售贸易的相关性分指数上升幅度最为明显，其2015年的相关性分指数较2009年的相关性分指数分别上升10.74、10.47和10.21。从波动情况来看，批发和零售贸易的相关性分指数在这7年间一直保持上升趋势；金融、保险业的相关性分指数波动幅度最大，在2013年下降到62.20，低于平均水平；综合类的相关性分指数在2012年跌到最低点后又上升至65.66。整体而言，不同行业在该时间段的信息披露相关性分指数大多有所提升。

表8-42 中国上市公司信息披露相关性分指数分行业比较分析：2009—2015年

行业	2009年	2010年	2011年	2012年	2013年	2014年	2015年
采掘业	65.32	63.05	67.67	65.82	67.48	66.44	67.08
传播与文化产业	54.94	67.30	65.70	64.34	61.45	67.46	65.68
电力、煤气及水的生产和供应业	57.83	65.70	60.13	62.31	62.74	61.01	66.72
房地产业	65.76	65.60	62.01	60.23	62.84	60.53	66.66
建筑业	70.04	66.67	69.28	66.34	68.31	66.65	67.24
交通运输、仓储业	59.80	65.56	59.52	61.45	62.67	60.32	67.28
金融、保险业	61.53	60.57	64.58	66.81	62.20	66.95	68.20
农、林、牧、渔业	61.44	60.77	62.37	64.51	67.09	62.23	63.19

(续)

行业	2009年	2010年	2011年	2012年	2013年	2014年	2015年
批发和零售贸易	55.87	59.30	59.61	61.98	62.13	64.81	66.08
社会服务业	56.95	66.52	63.05	65.01	65.17	63.03	67.42
信息技术业	62.27	63.61	68.37	67.42	65.73	65.65	67.27
制造业	63.62	65.88	67.10	67.21	66.96	67.28	66.83
综合类	63.43	64.95	60.88	59.75	60.84	63.36	65.66

资料来源：南开大学公司治理数据库。

表8-43列示了2016—2022年连续7年中国上市公司信息披露相关性分指数分行业特征。整体上，各行业上市公司信息披露指数呈现波动上升趋势。上升情况较为明显的行业是综合，农、林、牧、渔业与交通运输、仓储和邮政业，其2022年的相关性指数较2016年的相关性指数分别上升16.74、6.46和6.46；下降幅度较大的是卫生和社会工作与教育，其2022年的相关性指数较2016年的相关性指数分别下降11.93和6.35，其中教育行业波动较大，在2017年下降到53.59，在2018年上升到73.26，在2019年又下降到63.79。总体而言，交通运输、仓储和邮政业，科学研究和技术服务业与金融业的信息披露相关性分指数情况较为良好，而且总体趋势是上升的，其他行业大多数也有上升趋势。

表8-43　中国上市公司信息披露相关性分指数分行业比较分析：2016—2022年

行业	2016年	2017年	2018年	2019年	2020年	2021年	2022年
采矿业	61.50	64.23	67.26	68.27	65.77	66.32	65.39
电力、热力、燃气及水生产和供应业	64.06	67.64	67.58	66.94	68.65	67.27	66.26
房地产业	61.80	66.05	67.71	67.48	69.14	65.28	60.32
建筑业	62.96	63.80	65.57	68.22	66.01	62.70	63.25
交通运输、仓储和邮政业	64.46	66.54	69.92	68.83	69.19	69.42	70.92
教育	67.18	53.59	73.26	63.79	65.10	59.71	60.83
金融业	67.48	67.08	69.31	69.27	70.64	66.94	68.70
居民服务、修理和其他服务业	—	—	—	—	56.64	68.38	50.38
科学研究和技术服务业	68.65	68.20	63.33	66.72	69.88	68.53	70.26
农、林、牧、渔业	57.89	64.13	65.29	63.71	66.57	63.54	64.35
批发和零售业	61.98	63.97	66.56	66.56	66.66	65.37	65.70

(续)

行业	2016年	2017年	2018年	2019年	2020年	2021年	2022年
水利、环境和公共设施管理业	68.34	66.95	67.12	69.16	63.40	67.22	66.50
卫生和社会工作	73.01	64.80	62.68	63.15	62.63	61.35	61.08
文化、体育和娱乐业	64.33	64.30	62.71	66.34	64.56	63.74	62.27
信息传输、软件和信息技术服务业	70.44	67.65	66.56	65.32	64.69	65.04	65.69
制造业	66.43	67.17	67.06	66.94	66.25	67.98	67.79
住宿和餐饮业	64.54	66.42	69.26	61.12	75.31	63.69	69.87
综合	55.76	62.01	64.09	64.42	68.25	73.35	72.50
租赁和商务服务业	66.08	59.49	59.82	64.97	64.53	61.17	62.64

资料来源：南开大学公司治理数据库。

(三) 及时性分指数分析

考虑可比性因素，我们对2004—2022年的数据进行对比。表8-44列示了2003—2008年连续6年中国上市公司信息披露及时性分指数分行业特征。整体上，各行业上市公司信息披露及时性分指数呈现波动上升趋势。采掘业上升幅度最为明显，其2008年的及时性分指数较2004年的及时性分指数上升4.88，且采掘业在这5年间波动幅度也较大；波动幅度最大的是金融、保险业，其2006年的及时性分指数下降到26.86，远低于平均水平，在2007年以后回升到60左右。

表8-44 中国上市公司信息披露及时性分指数分行业比较分析：2003—2008年

行业	2003年	2004年	2005年	2006年	2007年	2008年
采掘业	—	54.39	65.36	70.00	61.06	59.27
传播与文化产业	—	59.19	59.00	49.53	51.67	55.31
电力、煤气及水的生产和供应业	—	60.16	64.42	66.78	60.46	60.79
房地产业	—	59.79	56.44	55.32	60.10	62.67
建筑业	—	58.38	57.22	63.87	62.87	59.30
交通运输、仓储业	—	61.70	59.34	63.30	60.02	62.76
金融、保险业	—	66.73	56.44	26.86	58.86	61.11
农、林、牧、渔业	—	60.62	54.48	59.11	58.44	62.63

(续)

行业	2003年	2004年	2005年	2006年	2007年	2008年
批发和零售贸易	—	59.74	56.10	61.13	60.51	61.34
社会服务业	—	60.89	56.56	60.54	60.48	61.43
信息技术业	—	61.96	55.82	55.45	56.46	57.34
制造业	—	59.38	60.03	61.79	60.48	60.48
综合类	—	57.83	55.70	55.44	57.83	59.47

资料来源：南开大学公司治理数据库。

表 8-45 列示了 2009—2015 年连续 7 年中国上市公司信息披露及时性分指数分行业特征。整体上，各行业上市公司信息披露及时性分指数呈现波动变化趋势。信息技术业和社会服务业的上升幅度最为明显，2015 年的及时性分指数较 2009 年的及时性分指数分别上升 7.44 和 5.89。从波动情况来看，金融、保险业的及时性分指数波动幅度最大，在 2012 年上升到 66.15，其他几年均低位徘徊于 60 左右；房地产业的波动幅度也较大，在 2012 年低至 57.29，在 2013 年回升至 64，之后又下降到 60 以下。整体而言，该时间段信息披露及时性分指数下降的行业少于上升的行业。

表 8-45 中国上市公司信息披露及时性分指数分行业比较分析：2009—2015 年

行业	2009年	2010年	2011年	2012年	2013年	2014年	2015年
采掘业	62.53	64.82	60.99	61.51	62.54	62.09	61.36
传播与文化产业	60.48	66.65	66.41	62.46	60.91	63.65	61.30
电力、煤气及水的生产和供应业	61.14	63.01	60.81	63.44	61.93	60.86	59.05
房地产业	61.23	60.85	61.16	57.29	64.00	59.70	59.39
建筑业	64.62	65.96	65.86	62.48	66.55	64.87	66.09
交通运输、仓储业	64.22	64.91	60.05	60.47	62.64	60.78	59.40
金融、保险业	60.94	62.60	63.02	66.15	59.18	59.54	61.54
农、林、牧、渔业	56.72	57.08	58.10	61.31	62.67	59.38	61.71
批发和零售贸易	58.29	60.31	61.30	62.91	61.80	63.23	60.34
社会服务业	60.27	62.26	60.82	58.70	61.33	62.85	66.16
信息技术业	57.34	59.14	62.95	64.04	60.88	62.76	64.78
制造业	60.29	61.73	62.14	61.94	61.77	62.39	64.56
综合类	57.37	60.40	58.06	60.87	63.27	60.90	59.22

资料来源：南开大学公司治理数据库。

表 8-46 列示了 2016—2022 年连续 7 年中国上市公司信息披露及时性分指数分行业特征。整体上，各行业上市公司信息披露及时性分指数呈现波动变化趋势。上升情况较为明显的行业是教育，其 2022 年的及时性分指数较 2016 年的及时性分指数上升 14.32；下降幅度相对较大的

是信息传输、软件和信息技术服务业与文化、体育和娱乐业，其 2022 年的及时性分指数较 2016 年的及时性分指数分别下降 3.16 和 3.04，但二者波动较为平稳。波动幅度最大的是金融业和房地产业，连续 7 年不断呈现升降波动趋势。总体而言，交通运输、仓储和邮政业，科学研究和技术服务业与信息传输、软件和信息技术服务业的信息披露及时性分指数情况较为良好，而且总体趋势是上升的，其他行业有升有降，幅度不明显。

表 8-46　中国上市公司信息披露及时性分指数分行业比较分析：2016—2022 年

行业	2016 年	2017 年	2018 年	2019 年	2020 年	2021 年	2022 年
采矿业	59.72	62.51	61.00	65.16	63.73	65.30	63.61
电力、热力、燃气及水生产和供应业	58.15	63.23	59.07	64.37	61.03	64.69	61.94
房地产业	59.21	65.13	59.21	63.71	58.78	61.90	56.49
建筑业	64.41	65.29	65.16	65.71	64.64	64.16	64.72
交通运输、仓储和邮政业	57.58	62.97	59.52	65.06	60.48	64.95	60.10
教育	46.80	59.92	60.69	55.94	65.74	62.10	61.12
金融业	51.85	57.07	54.60	64.59	54.51	61.16	49.33
居民服务、修理和其他服务业	—	—	—	—	53.61	61.07	59.99
科学研究和技术服务业	68.86	64.34	67.02	62.94	65.55	64.82	66.96
农、林、牧、渔业	62.78	64.58	64.72	65.33	66.11	63.49	64.48
批发和零售业	60.37	63.83	61.30	62.64	61.81	62.91	61.68
水利、环境和公共设施管理业	65.08	66.58	65.55	62.51	62.05	63.70	63.20
卫生和社会工作	64.00	63.75	65.11	66.76	65.18	65.70	62.48
文化、体育和娱乐业	64.96	64.79	63.39	63.40	61.98	63.03	61.92
信息传输、软件和信息技术服务业	68.43	64.29	66.71	64.74	64.35	64.04	65.27
制造业	65.62	64.94	66.38	65.45	66.74	66.12	67.39
住宿和餐饮业	62.53	68.09	63.22	64.53	60.60	63.06	61.91
综合	56.02	66.68	62.36	64.99	64.66	64.96	59.57
租赁和商务服务业	62.72	65.41	63.99	62.16	61.28	60.68	60.95

资料来源：南开大学公司治理数据库。

三、各行业中国上市公司信息披露指数具体分析

(一)金融业上市公司信息披露指数分析

金融业上市公司 2008—2022 年的信息披露指数平均值整体而言保持在 60～65 之间,最低为 2013 年的 57.20,最高为 2015 年的 65.58。平均值变动趋势与中位数大致相同,标准差也基本保持在 8～10 之间。全距保持在 20～40 之间,2008 年全距数值最大,为 54.30。最小值为 2008 年的 31.96,最大值为 2012 年的 88.35。金融业上市公司信息披露指数见表 8-47。

表 8-47 金融业上市公司信息披露指数统计分析

年份	平均值	中位数	标准差	全距	最小值	最大值
2008	58.11	59.22	12.01	54.30	31.96	86.26
2009	62.99	64.41	9.82	42.79	34.44	77.23
2010	64.80	64.03	7.72	29.83	51.34	81.17
2011	65.24	64.48	6.93	33.61	47.06	80.67
2012	65.37	63.60	8.17	40.73	47.61	88.35
2013	57.20	55.98	7.79	36.10	45.90	81.99
2014	65.22	65.43	7.00	25.38	51.64	77.02
2015	65.58	65.28	6.05	27.03	51.84	78.87
2016	60.41	61.87	7.50	36.57	36.83	73.40
2017	64.40	64.64	5.73	24.91	50.18	75.09
2018	60.89	62.30	6.09	25.08	47.43	72.51
2019	63.31	63.26	4.10	22.25	52.46	74.71
2020	64.16	64.35	5.92	31.25	47.46	78.71
2021	62.45	63.09	8.12	34.28	45.75	80.03
2022	59.52	59.89	7.92	40.10	39.11	79.21

资料来源:南开大学公司治理数据库。

金融业上市公司 2008—2022 年的信息披露指数整体而言保持在 55～65 之间,最低为 2013 年的 57.20,原因为真实性较低,真实性分指数为 51.96;最高为 2015 年的 65.58,原因为及时性较高,及时性分指数为 68.20(见表 8-48)。真实性、相关性和及时性分指数的变动趋势与信息披露指数基本保持一致,最高值分别为 2010 年的 69.63、2012 年的 66.15 和 2020 年的 70.64,最低值分别为 2013 年的 51.96、2022 年的 49.33 和 2008 年的 55.11。图 8-14 展示了金融业上市公司信息披露分指数趋势。

表 8-48 金融业上市公司信息披露分指数统计分析

年份	信息披露指数	真实性	相关性	及时性
2008	58.11	58.29	61.11	55.11
2009	62.99	65.63	60.94	61.53
2010	64.80	69.63	62.60	60.57
2011	65.24	67.39	63.02	64.58
2012	65.37	63.70	66.15	66.81
2013	57.20	51.96	59.18	62.20
2014	65.22	68.67	59.54	66.95
2015	65.58	67.62	61.54	68.20
2016	60.41	62.72	51.85	67.48
2017	64.40	67.72	57.07	67.08
2018	60.89	62.75	54.60	69.31
2019	63.31	60.62	64.59	69.27
2020	64.16	67.36	54.51	70.64
2021	62.45	61.43	61.16	66.94
2022	59.52	61.97	49.33	68.70

资料来源：南开大学公司治理数据库。

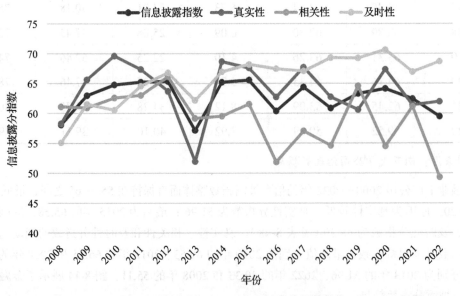

图 8-14 金融业上市公司信息披露分指数趋势

资料来源：南开大学公司治理数据库。

(二) 高科技行业上市公司信息披露指数分析

考虑可比性因素，我们对 2004—2022 年的数据进行对比（见表 8-49）。信息技术业上市公司 2004—2015 年的信息披露指数平均值整体而言保持在 60～65 之间，最低为 2007 年的 56.86，最高为 2012 年的 64.92。平均值变动趋势与中位数大致相同，标准差也基本保持在 8～10 之间。全距保持在 40～60 之间，2009 年全距数值最大，为 60.41。最小值为 2009 年的 24.04，最大值为 2011 年的 89.24。

表 8-49　信息技术业上市公司信息披露指数统计分析：2003—2015 年

年份	平均值	中位数	标准差	全距	最小值	最大值
2003	53.27	—	19.4	79.62	4.72	84.34
2004	60.92	65.15	11.28	44.07	37.85	81.91
2005	59.03	59.54	11.83	52.88	27.24	80.12
2006	58.28	60.07	15.80	56.72	26.94	83.65
2007	56.86	59.02	13.39	53.16	28.34	81.49
2008	61.47	62.13	7.82	32.63	43.09	75.72
2009	60.55	61.90	11.54	60.41	24.04	84.44
2010	62.12	61.89	8.91	42.99	37.81	80.79
2011	64.31	63.51	10.89	55.21	34.03	89.24
2012	64.92	64.98	8.84	44.10	41.82	85.91
2013	62.67	61.20	8.87	40.31	42.37	82.68
2014	61.18	58.51	11.93	48.96	34.98	83.94
2015	64.19	64.32	8.87	42.30	41.90	84.20

资料来源：南开大学公司治理数据库。

信息传输、软件和信息技术服务业上市公司 2016—2022 年的信息披露指数平均值整体而言保持在 65 左右（见表 8-50），最低为 2022 年的 63.29，最高为 2018 年的 66.89。平均值变动趋势与中位数大致相同，标准差也基本保持在 6～10 之间。全距保持在 30～50 之间，2016 年全距数值最大，为 51.77。最小值为 2016 年的 39.33，最大值为 2016 年的 91.10。

表 8-50　信息传输、软件和信息技术服务业上市公司信息披露指数统计分析：
2016—2022 年

年份	平均值	中位数	标准差	全距	最小值	最大值
2016	66.09	67.32	9.90	51.77	39.33	91.10
2017	65.15	65.34	7.60	38.60	45.44	84.05

(续)

年份	平均值	中位数	标准差	全距	最小值	最大值
2018	66.89	68.92	6.97	36.74	42.34	79.08
2019	64.63	65.46	6.40	36.14	43.23	79.37
2020	63.96	64.59	6.45	32.27	48.82	81.09
2021	64.61	64.77	10.44	35.81	45.63	81.43
2022	63.29	65.04	9.24	40.13	39.55	79.69

资料来源：南开大学公司治理数据库。

（三）房地产业上市公司信息披露指数分析

考虑可比性因素，我们对2004—2022年的数据进行对比（见表8-51）。房地产业上市公司2004—2022年的信息披露指数平均值整体而言保持在60～65之间，最低为2022年的57.23，最高为2019年的64.05。平均值变动趋势与中位数大致相同，标准差也基本保持在8～10之间。全距保持在30～50之间，2006年全距数值最大，为63.77。最小值为2009年的20.88，最大值为2019年的64.05。

表8-51 房地产业上市公司信息披露指数统计分析

年份	平均值	中位数	标准差	全距	最小值	最大值
2003	57.24	—	16.68	67.39	19.27	86.66
2004	60.27	64.80	12.35	46.23	31.92	60.27
2005	58.32	58.44	10.28	43.20	34.57	58.32
2006	57.79	57.05	13.19	63.77	23.30	57.79
2007	60.86	61.66	11.37	47.50	37.43	60.86
2008	63.23	63.37	8.18	33.82	42.25	63.23
2009	60.79	63.04	10.19	57.04	20.88	60.79
2010	62.47	61.65	9.71	45.71	40.22	62.47
2011	57.87	57.17	11.31	50.79	37.13	57.87
2012	57.47	57.67	7.80	41.11	37.25	57.47
2013	62.05	62.15	10.17	43.89	39.88	62.05
2014	59.80	58.33	12.11	46.57	36.28	59.80
2015	60.72	60.35	8.25	40.88	41.34	60.72
2016	59.51	60.76	12.09	51.55	30.82	59.51
2017	62.15	62.41	7.23	35.34	45.64	62.15

(续)

年份	平均值	中位数	标准差	全距	最小值	最大值
2018	61.32	62.37	6.70	29.72	44.76	61.32
2019	64.05	64.79	6.23	32.19	45.55	64.05
2020	63.60	64.99	5.97	28.44	48.13	63.60
2021	62.17	62.25	9.77	34.58	46.25	62.17
2022	57.23	57.73	8.85	34.07	39.58	57.23

资料来源：南开大学公司治理数据库。

考虑可比性因素，我们对2004—2022年的数据进行对比（见表8-52）。如图8-15所示，房地产业上市公司2004—2022年的信息披露指数整体而言保持在60~65之间，最低为2022年的57.23，原因为真实性较低，真实性分指数为56.45；最高为2019年的64.05，原因为及时性较高，及时性分指数为67.48。真实性、相关性和及时性分指数的变动趋势与信息披露指数基本保持一致，最高值分别为2020年的64.28、2017年的65.13和2008年的69.90，最低值分别为2011年的52.29、2006年的55.32和2012年的60.23。

表8-52 房地产业上市公司信息披露分指数统计分析

年份	信息披露指数	真实性	相关性	及时性
2003	57.24	—	—	—
2004	60.27	57.03	59.79	67.25
2005	58.32	55.54	56.44	63.90
2006	57.79	56.81	55.32	61.57
2007	60.86	60.80	60.10	61.71
2008	63.23	58.66	62.67	69.90
2009	60.79	56.84	61.23	65.76
2010	62.47	61.33	60.85	65.60
2011	57.87	52.29	61.16	62.01
2012	57.47	55.53	57.29	60.23
2013	62.05	59.99	64.00	62.84
2014	59.80	59.66	59.70	60.53
2015	60.72	59.88	59.39	66.66
2016	59.51	58.77	59.21	61.80
2017	62.15	58.80	65.13	66.05
2018	61.32	60.89	59.21	67.71

(续)

年份	信息披露指数	真实性	相关性	及时性
2019	64.05	63.26	63.71	67.48
2020	63.60	64.28	58.78	69.14
2021	62.17	61.09	61.90	65.28
2022	57.23	56.45	56.49	60.32

资料来源：南开大学公司治理数据库。

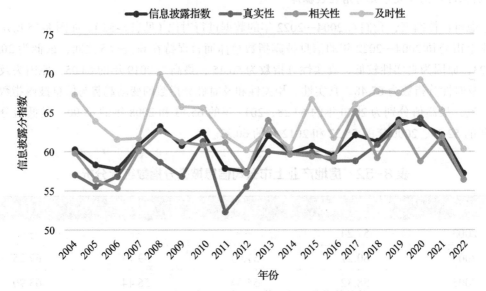

图 8-15　房地产业上市公司信息披露分指数趋势

资料来源：南开大学公司治理数据库。

（四）制造业上市公司信息披露指数分析

考虑可比性因素，我们对2004—2022年的数据进行对比（见表8-53）。制造业上市公司2004—2022年的信息披露指数平均值整体而言保持在65左右，最低为2007年的62.25，最高为2022年的67.54。平均值变动趋势与中位数大致相同，标准差也基本保持在8～10之间。全距保持在40～60之间，2006年全距数值最大，为64.69。最小值为2006年的23.06，最大值为2011年的90.59。

表 8-53　制造业上市公司信息披露指数统计分析

年份	平均值	中位数	标准差	全距	最小值	最大值
2003	58.55	—	17.78	89.26	8.42	97.69
2004	62.36	66.13	11.59	52.88	30.10	82.98

(续)

年份	平均值	中位数	标准差	全距	最小值	最大值
2005	62.96	63.12	9.65	49.49	34.72	84.21
2006	63.88	65.60	12.58	64.69	23.06	87.74
2007	62.25	62.57	10.62	60.46	26.12	86.57
2008	62.64	63.31	8.58	49.35	38.93	88.28
2009	62.34	63.33	9.60	58.15	29.08	87.23
2010	63.52	63.89	8.75	49.00	32.40	81.41
2011	63.91	63.31	10.30	57.58	33.01	90.59
2012	63.58	63.04	8.73	53.62	34.97	88.59
2013	63.72	62.63	9.13	49.49	35.93	85.41
2014	64.18	62.73	11.22	52.69	33.11	85.80
2015	65.01	64.75	8.35	43.79	41.03	84.82
2016	65.54	67.22	11.25	58.73	30.98	89.71
2017	65.58	65.86	7.57	39.34	44.80	84.14
2018	66.48	67.80	6.98	42.24	39.06	81.30
2019	65.87	66.41	5.89	40.97	42.27	83.24
2020	65.78	66.19	6.63	42.20	43.02	85.22
2021	66.62	67.63	9.73	40.44	45.48	85.92
2022	67.54	69.24	9.00	46.94	37.37	84.32

资料来源：南开大学公司治理数据库。

考虑可比性因素，我们对2004—2022年的数据进行对比（见表8-54）。如图8-16所示，制造业上市公司2004—2022年的信息披露指数整体而言保持在65左右，最低为2007年的62.25，原因为相关性较低，相关性分指数为60.48；最高为2022年的67.54，原因为及时性较高，及时性分指数为67.79。真实性和相关性分指数变动趋势与信息披露指数基本保持一致，最高值分别为2022年的67.52和2022年的67.39，最低值分别为2004年的60.66和2004年的59.38。及时性分指数在2009—2016年的变动趋势与信息披露指数不一致，主要表现为信息披露指数在这8年间呈现逐年上升趋势，而及时性分指数基本在高位保持平稳趋势。

表8-54 制造业上市公司信息披露分指数统计分析

年份	信息披露指数	真实性	相关性	及时性
2003	58.55	—	—	—
2004	62.36	60.66	59.38	68.74

(续)

年份	信息披露指数	真实性	相关性	及时性
2005	62.96	63.80	60.03	64.76
2006	63.88	64.18	61.79	65.58
2007	62.25	63.39	60.48	62.49
2008	62.64	62.50	60.48	64.98
2009	62.34	62.92	60.29	63.62
2010	63.52	63.11	61.73	65.88
2011	63.91	62.85	62.14	67.10
2012	63.58	62.07	61.94	67.21
2013	63.72	62.74	61.77	66.96
2014	64.18	64.51	62.39	67.28
2015	65.01	64.79	64.56	66.83
2016	65.54	65.13	65.62	66.43
2017	65.58	65.33	64.94	67.17
2018	66.48	66.38	66.38	67.06
2019	65.87	65.84	65.45	66.94
2020	65.78	65.01	66.74	66.25
2021	66.62	66.38	66.12	67.98
2022	67.54	67.52	67.39	67.79

资料来源：南开大学公司治理数据库。

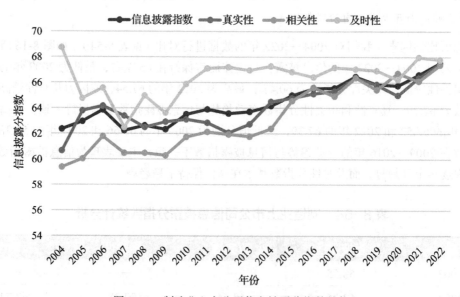

图 8-16　制造业上市公司信息披露分指数趋势

资料来源：南开大学公司治理数据库。

第五节 中国上市公司信息披露分市场板块分析

一、中国上市公司信息披露指数分市场板块比较分析

考虑可比性因素，我们对 2004—2022 年的数据进行对比（见表 8-55）。2004—2022 年，主板上市公司信息披露指数基本呈现平稳上升趋势，由 2004 年的 62.20 上升至 2022 年的 64.38，上升 3.50%；中小板上市公司信息披露指数呈现波动趋势，其中在 2011 年出现首次下降，随后恢复上升趋势，但在 2019—2021 年又逐年走低；创业板上市公司信息披露指数在 2011—2022 年的波动较为频繁，在 2011—2013 年下降到 62.29，在 2014—2016 年回升到 70.83，在 2017—2022 年基本在 67 左右波动；科创板上市公司信息披露指数在 2020—2022 年先降后升；北交所因 2021 年 9 月 3 日才注册成立，所以只有 2022 年的数据信息。

表 8-55 中国上市公司信息披露指数分市场板块比较分析

年份	主板	中小板	创业板	科创板	北交所
2003	—	—	—	—	—
2004	62.20	—	—	—	—
2005	62.25	—	—	—	—
2006	62.76	—	—	—	—
2007	61.56	—	—	—	—
2008	62.38	—	—	—	—
2009	61.85	—	—	—	—
2010	62.78	66.51	—	—	—
2011	61.37	65.41	68.73	—	—
2012	60.88	66.29	66.97	—	—
2013	63.08	63.81	62.29	—	—
2014	62.57	64.52	63.70	—	—
2015	62.56	66.18	66.95	—	—
2016	60.95	67.65	70.83	—	—
2017	63.49	66.75	67.03	—	—
2018	63.14	67.92	67.64	—	—
2019	64.74	65.52	66.68	—	—
2020	65.50	65.21	64.59	67.21	—
2021	65.21	64.92	66.90	66.97	—
2022	64.38	—	67.80	70.62	67.67

资料来源：南开大学公司治理数据库。

二、中国上市公司信息披露分指数分市场板块比较分析

考虑可比性因素，我们对 2004—2022 年的数据进行对比（见表 8-56）。2004—2022 年，主板上市公司信息披露真实性分指数基本呈现平稳上升趋势，由 2004 年的 60.50 上升至 2022 年的 63.74，上升 5.36%；中小板上市公司信息披露真实性分指数在 2010 年为 65.74，在 2011 年下降到 62.50，在 2012—2014 年缓慢上升，在 2016 年达至峰值 67.98，随后处于下降趋势；创业板上市公司信息披露真实性分指数在 2011—2014 年保持在 62 左右，在 2016—2018 年一直维持在 67 左右，在 2019—2022 年基本保持上升趋势，从 2019 年的 66.35 上升到 2022 年的 67.30；科创板上市公司信息披露真实性分指数在 2020—2022 年保持上升趋势；北交所因 2021 年 9 月 3 日才注册成立，所以只有 2022 年的数据信息。

表 8-56　中国上市公司信息披露真实性分指数分市场板块比较分析

年份	主板	中小板	创业板	科创板	北交所
2003	—	—	—	—	—
2004	60.50	—	—	—	—
2005	63.20	—	—	—	—
2006	63.18	—	—	—	—
2007	62.54	—	—	—	—
2008	62.72	—	—	—	—
2009	62.69	—	—	—	—
2010	63.06	65.74	—	—	—
2011	61.57	62.50	63.80	—	—
2012	61.66	63.00	62.11	—	—
2013	61.37	63.35	62.60	—	—
2014	63.00	63.98	62.97	—	—
2015	63.31	63.36	67.80	—	—
2016	61.39	67.98	67.84	—	—
2017	63.46	65.91	66.70	—	—
2018	63.30	67.21	67.18	—	—
2019	64.53	65.42	66.35	—	—
2020	65.57	64.78	63.78	63.02	—
2021	64.38	64.49	67.63	66.61	—
2022	63.74	—	67.30	71.71	73.13

资料来源：南开大学公司治理数据库。

考虑可比性因素，我们对2004—2022年的数据进行对比（见表8-57）。2004—2022年，主板上市公司信息披露相关性分指数基本呈现波动上升趋势，由2004年的59.64上升至2022年的64.38，上升7.95%；中小板上市公司信息披露相关性分指数在2010年以来基本保持小幅度波动态势；创业板上市公司信息披露相关性分指数在2013—2016年保持平稳上升趋势，在2018—2022年呈现先降后升趋势，在2011—2022年，从67.36上升到68.75，上升2.06%；科创板上市公司信息披露相关性分指数在2020—2022年先降后升，但均维持在65以上；北交所因2021年9月3日才注册成立，所以只有2022年的数据信息。

表8-57　中国上市公司信息披露相关性分指数分市场板块比较分析

年份	主板	中小板	创业板	科创板	北交所
2003	—	—	—	—	—
2004	59.64	—	—	—	—
2005	58.99	—	—	—	—
2006	60.92	—	—	—	—
2007	59.88	—	—	—	—
2008	60.56	—	—	—	—
2009	60.12	—	—	—	—
2010	61.13	64.29	—	—	—
2011	59.81	65.17	67.36	—	—
2012	58.75	65.51	68.53	—	—
2013	62.90	60.64	60.72	—	—
2014	61.44	62.78	63.89	—	—
2015	59.76	69.45	66.39	—	—
2016	59.33	67.38	73.87	—	—
2017	63.03	66.11	66.63	—	—
2018	61.29	68.91	69.31	—	—
2019	63.73	66.14	66.76	—	—
2020	64.21	65.55	65.70	71.11	—
2021	65.21	65.00	65.34	65.15	—
2022	64.38	—	68.75	68.20	49.52

资料来源：南开大学公司治理数据库。

考虑可比性因素，我们对2004—2022年的数据进行对比（见表8-58）。2004—2022年，主板上市公司信息披露及时性分指数基本呈现波动变化趋势，在2004—2013年间基本在62左右，在2014—2022年之间基本在64以上变动，指数最高的年份为2004年（68.16）；中小板上市公司信息披露及时性分指数整体处于下降趋势，自 2010 年的 69.75 下降到 2021 年的 65.89；创业板上市公司信息披露及时性分指数在 2011—2013 年呈现下降趋势，在 2014—2018 年呈现先升后降趋势，在 2019 年之后基本保持在 67 左右；科创板上市公司信息披露及时性分指数在 2020—2022 年基本保持在 71 左右，较为平稳；北交所因 2021 年 9 月 3 日才注册成立，所以只有 2022 年的数据信息。

表 8-58　中国上市公司信息披露及时性分指数分市场板块比较分析

年份	主板	中小板	创业板	科创板	北交所
2003	—	—	—	—	—
2004	68.16	—	—	—	—
2005	64.25	—	—	—	—
2006	64.04	—	—	—	—
2007	61.95	—	—	—	—
2008	63.76	—	—	—	—
2009	62.48	—	—	—	—
2010	64.05	69.75	—	—	—
2011	62.64	69.52	76.66	—	—
2012	61.97	71.45	71.89	—	—
2013	65.54	67.60	63.46	—	—
2014	63.77	70.37	65.66	—	—
2015	66.57	67.94	65.43	—	—
2016	62.26	67.23	73.72	—	—
2017	64.28	69.81	68.45	—	—
2018	66.95	67.97	65.27	—	—
2019	67.83	64.45	67.61	—	—
2020	67.24	65.82	64.96	71.81	—
2021	67.27	65.89	67.41	70.59	—
2022	65.98	—	67.65	71.49	81.23

资料来源：南开大学公司治理数据库。

三、各市场板块中国上市公司信息披露指数具体分析

考虑可比性因素，我们对 2004—2022 年的数据进行对比（见表 8-59）。主板上市公司 2004—2022 年信息披露指数平均值整体而言保持在 63 左右，最低为 2012 年的 60.88，最高为

2020 年的 65.50。平均值变动趋势与中位数大致相同，标准差基本保持在 8～10 之间。全距在 2004—2016 年保持在 40～60 之间，在 2017—2022 年保持在 40～50 之间，2009 年全距数值最大，为 68.86。最小值为 2009 年的 20.88，最大值为 2011 年的 90.59。

表 8-59　主板上市公司信息披露指数统计分析

年份	平均值	中位数	标准差	全距	最小值	最大值
2003	—	—	—	—	—	—
2004	62.20	66.13	11.58	57.09	27.72	84.81
2005	62.25	62.78	10.01	56.97	27.24	84.21
2006	62.76	64.76	13.09	65.47	23.06	88.53
2007	61.56	62.12	10.92	60.46	26.12	86.57
2008	62.38	62.86	8.34	55.57	32.71	88.28
2009	61.85	62.47	9.72	68.86	20.88	89.74
2010	62.78	63.07	9.29	53.61	32.32	85.93
2011	61.37	61.79	11.13	58.05	32.54	90.59
2012	60.88	59.92	8.86	56.24	33.36	89.60
2013	63.08	62.34	9.85	49.49	35.93	85.41
2014	62.57	60.82	11.31	51.93	33.11	85.04
2015	62.56	62.30	8.40	48.02	36.81	84.82
2016	60.95	62.54	11.02	57.11	30.82	87.93
2017	63.49	63.69	7.51	41.75	44.13	85.88
2018	63.14	63.84	7.25	42.03	36.75	78.79
2019	64.74	65.42	5.76	39.20	42.27	81.47
2020	65.50	65.81	6.64	41.03	43.27	84.30
2021	65.21	65.58	9.98	40.86	45.48	86.34
2022	64.38	65.96	9.56	45.90	37.37	83.27

资料来源：南开大学公司治理数据库。

考虑可比性因素，我们对 2004—2022 年的数据进行对比（见表 8-60）。如图 8-17 所示，主板上市公司 2004—2022 年的信息披露指数整体而言保持在 63 左右。主板上市公司信息披露指数最低为 2012 年的 60.88，原因为相关性较低，相关性分指数为 58.75；最高为 2020 年的 65.50，原因为及时性较高，及时性分指数为 67.24。真实性、相关性和及时性分指数的变动趋势与信息披露指数基本保持一致，最高值分别为 2020 年的 65.57、2021 年的 65.21 和 2004 年的 68.16，最低值分别为 2004 年的 60.50、2012 年的 58.75 和 2007 年的 61.95，三者在 2004—2016 年波动变化，在 2017—2022 年先升后降。

表 8-60 主板上市公司信息披露分指数统计分析

年份	信息披露指数	真实性	相关性	及时性
2003	—	—	—	—
2004	62.20	60.50	59.64	68.16
2005	62.25	63.20	58.99	64.25
2006	62.76	63.18	60.92	64.04
2007	61.56	62.54	59.88	61.95
2008	62.38	62.72	60.56	63.76
2009	61.85	62.69	60.12	62.48
2010	62.78	63.06	61.13	64.05
2011	61.37	61.57	59.81	62.64
2012	60.88	61.66	58.75	61.97
2013	63.08	61.37	62.90	65.54
2014	62.57	63.00	61.44	63.77
2015	62.56	63.31	59.76	66.57
2016	60.95	61.39	59.33	62.26
2017	63.49	63.46	63.03	64.28
2018	63.14	63.30	61.29	66.95
2019	64.74	64.53	63.73	67.83
2020	65.50	65.57	64.21	67.24
2021	65.21	64.38	65.21	67.27
2022	64.38	63.74	64.38	65.98

资料来源：南开大学公司治理数据库。

整体而言，中小板上市公司 2010—2021 年的信息披露指数平均值保持在 65 左右（见表 8-61），最低为 2013 年的 63.81，最高为 2018 年的 67.92。平均值变动趋势与中位数大致相同，标准差基本保持在 8～10 之间。全距在 2010—2021 年维持在 30～50 之间，在 2016 年最大，为 56.09，在 2017 年最小，为 37.41。

2010—2021 年间，中小板上市公司信息披露指数、真实性分指数、相关性分指数以及及时性分指数的变化不大。（见表 8-62）。如图 8-18 所示，信息披露指数最低值为 2013 年的 63.81，原因是真实性分指数和相关性分指数表现较差，分别为 63.35 和 60.64；最高为 2018 年的 67.92，原因为相关性分指数和及时性分指数表现较好，分别为 68.91 和 67.97。真实性分指数在 2011—2016 年逐年上涨，但在 2017—2021 年波动式下降，2021 年的真实性水平甚至低于 2010 年。相关性分指数在 2010—2012 年和 2013—2015 年呈上涨趋势，在 2016—2021 年呈波动式下降趋势，峰值出现在 2015 年，为 69.45。及时性分指数在 2010—2012 年、2013—2014 年和 2016—2017 年呈上涨趋势，但在 2018—2021 年逐年下降，同样出现跌破首发（2010 年）的情况。

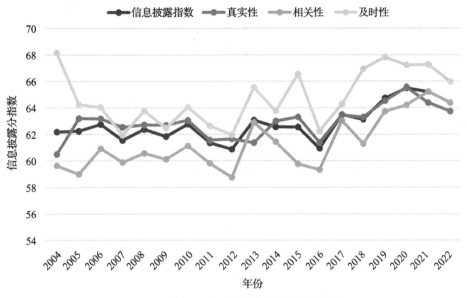

图 8-17　主板上市公司信息披露分指数趋势

资料来源：南开大学公司治理数据库。

表 8-61　中小板上市公司信息披露指数统计分析

年份	平均值	中位数	标准差	全距	最小值	最大值
2010	66.51	66.46	6.58	48.41	32.40	80.82
2011	65.41	63.03	9.22	47.54	40.56	88.10
2012	66.29	65.68	8.07	41.25	47.35	88.59
2013	63.81	62.25	8.68	39.34	44.28	83.62
2014	64.52	61.37	11.65	50.82	34.98	85.80
2015	66.18	65.71	7.69	38.74	45.85	84.59
2016	67.65	68.85	9.56	56.09	33.09	89.18
2017	66.75	66.87	7.26	37.41	48.63	86.04
2018	67.92	69.50	6.81	41.14	40.16	81.30
2019	65.52	66.24	6.37	38.67	42.11	80.78
2020	65.21	65.81	6.83	40.05	45.17	85.22
2021	64.92	65.52	10.26	39.91	46.01	85.92

资料来源：南开大学公司治理数据库。

表 8-62 中小板上市公司信息披露分指数统计分析

年份	信息披露指数	真实性	相关性	及时性
2010	66.51	65.74	64.29	69.75
2011	65.41	62.50	65.17	69.52
2012	66.29	63.00	65.51	71.45
2013	63.81	63.35	60.64	67.60
2014	64.52	63.98	62.78	70.37
2015	66.18	63.36	69.45	67.94
2016	67.65	67.98	67.38	67.23
2017	66.75	65.91	66.11	69.81
2018	67.92	67.21	68.91	67.97
2019	65.52	65.42	66.14	64.45
2020	65.21	64.78	65.55	65.82
2021	64.92	64.49	65.00	65.89

资料来源：南开大学公司治理数据库。

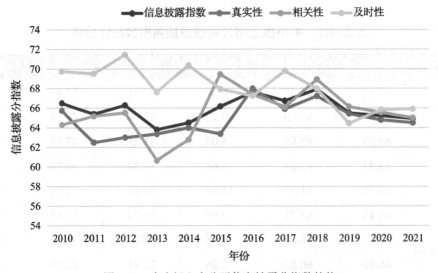

图 8-18 中小板上市公司信息披露分指数趋势

资料来源：南开大学公司治理数据库。

创业板上市公司 2011—2022 年的信息披露指数平均值整体而言保持在 65 左右，最低为 2013 年的 62.29，最高为 2016 年的 70.83（见表 8-63）。平均值变动趋势与中位数大致相同，标准差基本保持在 5~9 之间。全距在 2011—2022 年维持在 30~50 之间，在 2016 年最大，为 51.97。最小值为 2022 年的 37.13，最大值为 2016 年的 91.91。

表 8-63　创业板上市公司信息披露指数统计分析

年份	平均值	中位数	标准差	全距	最小值	最大值
2011	68.73	70.06	6.92	36.28	48.82	85.10
2012	66.97	67.17	6.44	36.80	46.98	83.77
2013	62.29	60.58	7.79	32.91	47.65	80.56
2014	63.70	64.99	11.30	41.81	41.60	83.41
2015	66.95	66.91	8.40	42.73	41.03	83.77
2016	70.83	71.98	9.28	51.97	39.95	91.91
2017	67.03	66.89	7.05	37.61	46.53	84.14
2018	67.64	69.13	6.27	36.40	43.00	79.39
2019	66.68	67.30	5.79	40.01	43.23	83.24
2020	64.59	65.41	6.30	42.12	43.02	85.14
2021	66.90	68.45	9.69	37.87	45.37	83.24
2022	67.80	69.82	9.45	47.19	37.13	84.32

资料来源：南开大学公司治理数据库。

创业板上市公司 2011—2022 年的信息披露指数整体而言呈现波动变化趋势，基本维持在 66 左右（见表 8-64）。如图 8-19 所示，信息披露指数最低为 2013 年的 62.29，原因为相关性较低，相关性分指数为 60.72；最高为 2016 年的 70.83，原因为相关性较高，相关性分指数为 73.87。真实性、相关性和及时性分指数的变动趋势与信息披露指数基本保持一致，最高值分别为 2016 年的 67.84、2016 年的 73.87 和 2011 年的 76.66，最低值分别为 2012 年的 62.11、2013 年的 60.72 和 2013 年的 63.46。

表 8-64　创业板上市公司信息披露分指数统计分析

年份	信息披露指数	真实性	相关性	及时性
2011	68.73	63.80	67.36	76.66
2012	66.97	62.11	68.53	71.89
2013	62.29	62.60	60.72	63.46
2014	63.70	62.97	63.89	65.66
2015	66.95	67.80	66.39	65.43
2016	70.83	67.84	73.87	73.72
2017	67.03	66.70	66.63	68.45
2018	67.64	67.18	69.31	65.27
2019	66.68	66.35	66.76	67.61

(续)

年份	信息披露指数	真实性	相关性	及时性
2020	64.59	63.78	65.70	64.96
2021	66.90	67.63	65.34	67.41
2022	67.80	67.30	68.75	67.65

资料来源：南开大学公司治理数据库。

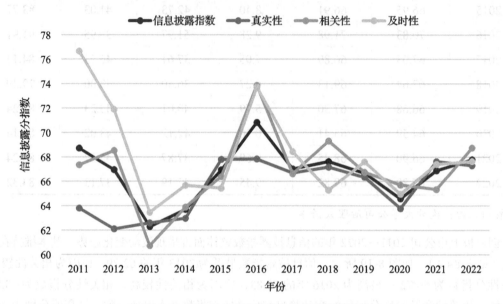

图 8-19 创业板上市公司信息披露分指数趋势

资料来源：南开大学公司治理数据库。

科创板上市公司2020—2022年信息披露指数平均值整体而言保持在67左右，最低为2021年的66.97，最高为2022年的70.62（见表8-65）。平均值变动趋势与中位数大致相同，标准差基本保持在3～8之间。全距在2020—2022年维持在10～35之间，在2022年最大，为34.23。最小值为2022年的47.80，最大值为2022年的82.03。

表 8-65 科创板上市公司信息披露指数统计分析

年份	平均值	中位数	标准差	全距	最小值	最大值
2020	67.21	68.00	3.33	14.83	57.99	72.83
2021	66.97	67.18	8.62	33.74	48.21	81.95
2022	70.62	71.71	6.72	34.23	47.80	82.03

资料来源：南开大学公司治理数据库。

科创板上市公司2020—2022年的信息披露指数整体而言基本维持在67左右，最低为2021

年的 66.97，原因为相关性较低，相关性分指数为 65.15；最高为 2022 年的 70.62，原因为真实性和及时性较高，真实性和及时性分指数分别为 71.71 和 71.49（见表 8-66）。真实性、相关性和及时性分指数的变动趋势与信息披露指数基本保持一致，最高值分别为 2022 年的 71.71、2020 年的 71.11 和 2020 年的 71.81，最低值分别为 2020 年的 63.02、2021 年的 65.15 和 2021 年的 70.59。

表 8-66　科创板上市公司信息披露分指数统计分析

年份	信息披露指数	真实性	相关性	及时性
2020	67.21	63.02	71.11	71.81
2021	66.97	66.61	65.15	70.59
2022	70.62	71.71	68.20	71.49

资料来源：南开大学公司治理数据库。

北交所 2022 年的信息披露平均值为 67.67（见表 8-67）。中位数与平均值较为接近，为 68.10。标准差为 5.30，全距为 25.75，最小值为 50.02，最大值为 75.77。

表 8-67　北交所上市公司信息披露指数统计分析

年份	平均值	中位数	标准差	全距	最小值	最大值
2022	67.67	68.10	5.30	25.75	50.02	75.77

资料来源：南开大学公司治理数据库。

北交所 2022 年的信息披露指数为 67.67（见表 8-68）。其中，真实性和及时性分指数较高，分别为 73.13 和 81.23；相关性分指数较低，为 49.52。

表 8-68　北交所上市公司信息披露分指数统计分析

年份	信息披露指数	真实性	相关性	及时性
2022	67.67	73.13	49.52	81.23

资料来源：南开大学公司治理数据库。

第六节　中国上市公司信息披露分析结论

一、中国上市公司信息披露总体分析结论

从连续 20 年信息披露指数的发展趋势看，中国上市公司信息披露指数呈现逐年上升趋势。2022 年信息披露指数平均值最高，为 65.74；2007 年信息披露指数平均值最低，为 61.66。

2004—2022 年，中国上市公司信息披露中位数的平均值为 64.27，大于其历年平均值的平均值 63.70，表明一半以上的上市公司信息披露水平高于其平均水平。信息披露标准差的平均值为 9.44 左右。上市公司信息披露指数最大值为 91.91，最小值为 20.88，相差 71.03，各年度信息披露最好和最差的公司之间存在较大差距。从信息披露指数的横向比较来看，上市公司在信息披露的及时性方面做得最好，指数最高且最为平稳，真实性次之，相关性最低。

二、中国上市公司信息披露具体分析结论

（一）信息披露分控股股东性质比较分析结论

不同控股股东性质上市公司的信息披露指数呈现一定差异。整体上，各控股股东类型上市公司信息披露指数呈现上升趋势，其中外资控股上市公司整体表现最好，民营控股上市公司次之，职工持股会控股上市公司、社会团体控股上市公司整体表现较差。具体而言，外资控股上市公司、民营控股上市公司、职工持股会控股上市公司、社会团体控股上市公司的信息披露指数总体平均值分别为 65.78、64.50、61.33 和 61.45。分指数上，外资控股上市公司、集体控股上市公司的真实性指数整体表现较好，外资控股上市公司、民营控股上市公司的相关性指数整体表现较好，外资控股上市公司、其他类型上市公司的及时性指数整体表现较好。国有控股上市公司在信息披露的及时性方面做得最好，其次是真实性，最后是相关性。民营控股上市公司在信息披露的及时性方面做得最好，其次是相关性，最后是真实性。

（二）信息披露分区域和地区比较分析结论

从区域和地区分析，上市公司信息披露指数呈现上升趋势。华东地区上市公司、华南地区上市公司整体表现较好，东北地区上市公司、西北地区上市公司整体表现较差。具体而言，华东地区上市公司、华南地区上市公司的信息披露指数总体平均值分别为 64.87 和 64.61，东北地区上市公司、西北地区上市公司的信息披露指数平均值分别为 61.79 和 62.61。分指数上，华东地区上市公司、华北地区上市公司的真实性指数整体表现较好，华南地区上市公司、华东地区上市公司的相关性指数整体表现较好，西南地区上市公司、华东地区上市公司的及时性指数整体表现较好。在东北地区，辽宁上市公司整体表现较好；在华北地区，北京上市公司、河北上市公司整体表现较好；在华中地区，河南上市公司整体表现较好；在华东地区，浙江上市公司、江苏上市公司整体表现较好；在华南地区，广东上市公司整体表现较好；在西北地区，陕西上市公司、新疆上市公司整体表现较好；在西南地区，贵州上市公司、云南上市公司整体表现较好。从经济区域分析，东部经济区域上市公司整体表现较好，中部经济区域上市公司次之，再次是西部经济区域上市公司，东北经济区域上市公司整体表现较差。

（三）信息披露分行业比较分析结论

从行业角度来看，上市公司信息披露水平呈平稳上涨的趋势。信息披露情况较为良好的行业主要为科学研究和技术服务业、制造业与交通运输、仓储和邮政业行业；教育业和房地产业信息披露水平下降较为明显。信息披露分指数整体变化趋势与信息披露指数变化趋势基本一致，

其中真实性分指数较高的行业为科学研究和技术服务、制造业与交通运输、仓储和邮政业行业；相关性分指数较高的行业为交通运输、仓储和邮政业，科学研究和技术服务业与金融业；及时性分指数较高的行业为交通运输、仓储和邮政业，科学研究和技术服务业与信息传输、软件和信息技术服务业。

重点剖析了金融业、高科技行业、房地产业和制造业等行业。金融业上市公司2008—2022年的信息披露指数平均值整体保持在60～65之间，真实性、相关性和及时性分指数的变动趋势与信息披露指数基本保持一致；信息技术业上市公司2004—2015年的信息披露指数平均值整体而言保持在60～65之间，信息传输、软件和信息技术服务业上市公司2016—2022年的信息披露指数平均值整体而言保持在65分左右；房地产业上市公司2004—2022年的信息披露指数平均值保持在60～65之间，真实性、相关性和及时性分指数的变动趋势与信息披露指数基本保持一致；制造业上市公司2004—2022年的信息披露指数平均值保持在65左右，真实性和相关性分指数的变动趋势与信息披露指数基本保持一致，及时性分指数在2009—2016年的变动趋势与信息披露指数不一致，主要表现为信息披露指数在这8年间呈现逐年上升趋势，而及时性分指数基本在高位保持平稳趋势。

（四）信息披露分市场板块比较分析结论

从板块角度来看，主板上市公司信息披露指数基本呈现平稳上升趋势，由2004年的62.20上升至2022年的64.38，上升3.50%；中小板上市公司信息披露指数整体呈波动下降趋势；创业板上市公司信息披露指数在2011—2022年波动较为频繁；科创板上市公司信息披露指数在2020—2022年先降后升。从分指数来看，主板上市公司信息披露真实性和相关性分指数基本呈现平稳上升趋势，及时性分指数基本呈现波动变化趋势；中小板上市公司信息披露真实性、相关性和及时性分指数波动幅度较大；创业板上市公司信息披露真实性和相关性分指数基本保持上升趋势，及时性分指数小幅波动；科创板上市公司三项分指数的变动情况较为平稳。

具体而言，主板上市公司2004—2022年的信息披露指数平均值保持在63左右，真实性、相关性和及时性分指数的变动趋势与信息披露指数基本保持一致；中小板上市公司2010—2021年的信息披露指数平均值保持在65左右，真实性、相关性和及时性分指数的变动趋势与信息披露指数基本保持一致；创业板上市公司2011—2022年的信息披露指数平均值保持在65左右，真实性、相关性和及时性分指数的变动趋势与信息披露指数基本保持一致；科创板上市公司2020—2022年的信息披露指数平均值保持在67左右，真实性、相关性和及时性分指数的变动趋势与信息披露指数基本保持一致。北交所只有2022年的数据，无比较值。

第九章 中国上市公司利益相关者治理分析

随着社会责任、利益相关者理论等的不断深入，利益相关者治理理念逐步从理念转变成行动，并最终促进上市公司利益相关者治理水平的提升。ESG 背景下公司需要升级自身的利益相关者治理体系和能力，促进公司可持续发展。本章主要分析了 2003—2022 年中国上市公司利益相关者治理状况。首先，分析了 2003—2022 年这 20 年间利益相关者治理指数的总体趋势，以及利益相关者治理参与程度和协调程度分指数的趋势。其次，分别按照控股股东性质、区域和地区、行业和市场板块详细分析了不同情况下利益相关者治理指数及两个分指数的差异。最后，根据上述分析归纳总结了本章的主要结论。从总体来看，中国上市公司利益相关者治理指数平均值在 2003—2022 年间呈现出上升趋势；利益相关者治理的参与程度、协调程度两个分指数均有不同程度的提高，两个分指数之间的差异呈减小趋势。

第一节 中国上市公司利益相关者治理趋势分析

一、中国上市公司利益相关者治理指数分析

李维安（2005）指出，所谓公司治理是指通过一套包括正式或非正式的、内部或外部的制度或机制来协调公司与所有利益相关者之间的利益关系，以保证公司决策的科学化，从而最终维护公司各方面利益的一种制度安排。在公司治理框架之内对作为社会责任与伦理客体的供应商、消费者、债权人等利益相关者的权益进行保护，亦成为亟待解决的现实问题（李维安和王世权，2007）。实证研究表明，上市公司良好的利益相关者治理机制和较高的利益相关者治理水平有助于增强公司的盈利能力，进而提升包括股本扩张能力在内的企业成长与发展潜力（李维安和唐跃军，2005）。虽然大多数企业社会责任变量对当期财务绩效的影响为负，但从长期来看，企

业履行社会责任对其财务绩效具有正向影响（温素彬和方苑，2008）。利益相关者治理理论成为21世纪管理领域最重要的理论和实践贡献之一（Amis et al., 2020）。

2003—2022年上市公司利益相关者治理指数平均值从57.04提升至68.13，增加了11.09（见表9-1）。如图9-1所示，利益相关者治理指数平均值呈缓慢提升态势，因在2012年进步过快而难以维继，在2013年跌幅较大。在2012年大幅提高之后，利益相关者治理指数平均值稳定在61以上。从标准差的变化来看，2004—2022年上市公司利益相关者治理指数之间的差异呈现波动下降特征，其中最高点出现在2006年，最低点出现在2019年。这表明在经历了多年的公司治理改革之后，企业逐步重视上市公司利益相关者治理建设，公司利益相关者治理指数之间的差距逐渐缩小。

表9-1 中国上市公司利益相关者治理指数统计分析

年份	平均值	中位数	标准差	全距	最小值	最大值
2003	57.04	—	10.59	62.33	20.49	82.82
2004	51.12	51.38	9.24	52.81	26.12	78.93
2005	50.95	50.82	9.65	58.67	22.16	80.83
2006	52.61	51.23	12.35	65.65	21.27	86.92
2007	53.08	52.45	10.23	66.00	21.46	87.46
2008	53.43	53.67	9.55	63.75	23.74	87.49
2009	52.94	52.63	11.28	68.74	21.06	89.80
2010	54.83	53.97	12.22	70.13	22.05	92.18
2011	56.47	56.16	10.11	64.51	25.50	90.01
2012	63.22	62.95	11.24	63.78	29.82	93.60
2013	61.46	60.84	10.46	63.05	29.20	92.25
2014	61.84	61.71	10.46	62.60	31.05	93.65
2015	62.51	61.92	10.99	72.17	20.98	93.15
2016	62.68	62.10	9.10	55.13	35.93	91.06
2017	62.92	61.86	10.01	54.04	34.41	88.45
2018	63.26	62.64	9.30	55.13	36.62	91.75
2019	63.00	63.76	7.40	50.93	37.97	88.90
2020	63.32	63.33	9.46	55.53	34.50	90.03
2021	66.42	66.14	9.00	57.99	34.73	92.72
2022	68.13	68.45	8.66	59.12	34.28	93.40

资料来源：南开大学公司治理数据库。

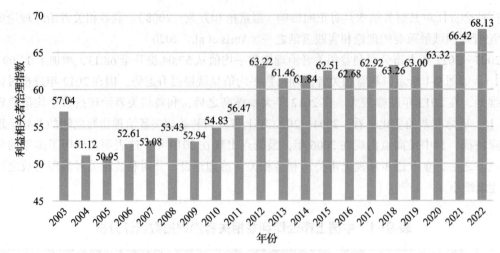

图 9-1　中国上市公司利益相关者治理指数趋势

资料来源：南开大学公司治理数据库。

二、中国上市公司利益相关者治理分指数分析

利益相关者治理指数包括利益相关者参与程度分指数和协调程度分指数。席宁和严继超（2010）基于利益相关者治理指数验证了利益相关者参与程度、利益相关者协调程度、利益相关者治理指数与公司财务绩效之间显著正相关。从整体来看，利益相关者治理参与程度分指数低于利益相关者治理协调程度分指数。从分指数变化趋势来看，考虑可比性因素，我们对2004—2022年的数据进行对比（见表9-2）。如图9-2所示，2004—2022年，中国上市公司利益相关者治理参与程度分指数从37.43提升至63.58，提升幅度为69.86%；2004—2022年，中国上市公司利益相关者治理协调程度分指数从67.85提升至73.69，提升幅度为8.61%。利益相关者治理参与程度分指数改善较为明显。以参与程度中的公司投资者关系管理制度指标为例，2006年上市公司中建立投资者关系管理制度的上市公司占比为23.30%，设立专门的投资者关系管理部门的上市公司占比为6.81%。经过十多年的发展，2022年建立投资者关系管理制度的上市公司占比为71.13%，设立专门的投资者关系管理部门的上市公司占比为30.18%。从分指数之间的差异来看，上市公司利益相关者治理参与程度分指数和协调程度分指数之间的差异有所减少。2004—2022年，上市公司利益相关者治理参与程度分指数和协调程度分指数之间的差异从30.42降至10.11，表明利益相关者治理体系不同维度之间的分化逐步下降，上市公司利益相关者治理体系不断完善。

表 9-2　中国上市公司利益相关者治理分指数统计分析

年份	利益相关者治理	参与程度	协调程度
2003	57.04	47.88	64.69
2004	51.12	37.43	67.85

(续)

年份	利益相关者治理	参与程度	协调程度
2005	50.95	38.88	65.72
2006	52.61	42.69	64.72
2007	53.08	43.01	65.40
2008	53.43	43.49	65.58
2009	52.94	43.95	63.93
2010	54.83	45.59	66.13
2011	56.47	47.68	67.22
2012	63.22	52.01	76.93
2013	61.46	48.72	77.05
2014	61.84	49.27	77.22
2015	62.51	50.79	76.84
2016	62.68	50.43	77.05
2017	62.92	51.27	77.18
2018	63.26	52.26	76.72
2019	63.00	55.03	72.75
2020	63.32	61.78	65.21
2021	66.42	59.97	74.31
2022	68.13	63.58	73.69

资料来源：南开大学公司治理数据库。

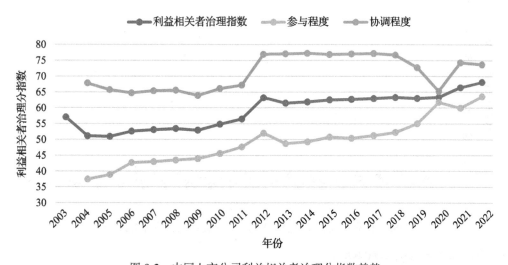

图9-2 中国上市公司利益相关者治理分指数趋势

资料来源：南开大学公司治理数据库。

第二节　中国上市公司利益相关者治理分控股股东性质分析

一、中国上市公司利益相关者治理指数分控股股东性质比较分析

如图9-3所示，国有和民营控股上市公司利益相关者治理指数呈现提升态势。从细分控股股东性质来看，2004—2022年国有控股上市公司利益相关者治理指数从51.29提升至68.82，中位数为59.84，提升幅度为34.18%（见表9-3）。2004—2022年，民营控股上市公司利益相关者治理指数从50.09提升至67.89，中位数为63.19，提升幅度为35.54%。2008年前，国有控股上市公司相较民营控股上市公司处于领先地位。2009年后，民营控股上市公司总体上处于领先地位，但这一趋势于2022年发生新变化，国有控股上市公司实现反超。2004—2022年，集体控股上市公司利益相关者治理指数从54.63提升至70.60，中位数为63.34，提升幅度为29.23%。社会团体控股上市公司利益相关者治理指数从52.41提升至63.21，中位数为59.38，提升幅度为20.61%。外资控股上市公司利益相关者治理指数从50.00提升至67.50，中位数为63.25，提升幅度为35.00%。职工持股会控股上市公司利益相关者治理指数从52.99提升至70.11，中位数为56.00，提升幅度为32.31%。其他类型上市公司利益相关者治理指数从50.95提升至67.85，中位数为62.05，提升幅度为33.17%。集体控股上市公司利益相关者治理指数中位数为63.34，在所有控股类型上市公司中处于最高水平。职工持股会控股上市公司利益相关者治理指数中位数为56.00，在所有控股类型上市公司中处于最低水平。民营控股上市公司利益相关者治理指数提升幅度为35.54%，国有控股上市公司利益相关者治理指数提升幅度为34.18%，说明虽然民营控股上市公司利益相关者治理水平整体上低于国有控股上市公司，但是民营控股上市公司利益相关者治理水平改善较快。除国有控股上市公司和民营控股上市公司外，外资控股上市公司利益相关者治理指数改善幅度为35.00%，高于职工持股会控股上市公司、集体控股上市公司、社会团体控股上市公司和其他类型上市公司。

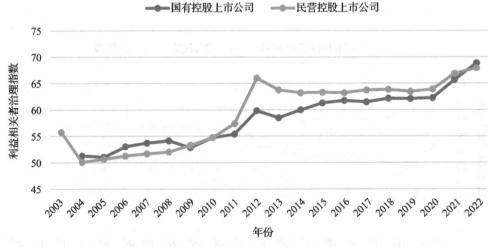

图9-3　国有控股和民营控股上市公司利益相关者治理指数趋势

资料来源：南开大学公司治理数据库。

表 9-3 中国上市公司利益相关者治理指数分控股股东比较分析

年份	国有控股	民营控股	集体控股	社会团体控股	外资控股	职工持股会控股	其他类型
2003	—	55.75	57.11	—	55.54	—	—
2004	51.29	50.09	54.63	52.41	50.00	52.99	50.95
2005	51.06	50.67	53.04	49.55	48.47	51.84	42.68
2006	53.05	51.26	54.11	48.84	56.91	51.74	—
2007	53.70	51.68	56.39	52.09	51.97	49.87	55.33
2008	54.13	52.01	53.11	49.00	54.07	49.47	47.37
2009	52.85	53.30	64.43	60.05	48.58	51.19	50.74
2010	54.75	54.76	60.70	60.96	54.71	57.07	—
2011	55.37	57.37	60.01	54.50	56.93	53.55	—
2012	59.84	65.99	65.92	78.30	63.13	56.00	56.24
2013	58.49	63.75	59.99	60.59	63.96	55.27	58.92
2014	59.99	63.19	63.34	59.17	64.30	56.20	63.55
2015	61.28	63.28	64.37	63.79	65.17	55.87	67.65
2016	61.75	63.19	66.85	55.55	66.89	65.66	60.99
2017	61.47	63.70	63.42	59.38	64.11	63.19	63.93
2018	62.15	63.83	65.16	54.64	63.25	62.59	64.15
2019	62.08	63.43	62.52	59.81	63.72	64.87	63.12
2020	62.23	63.87	64.42	59.49	63.82	59.58	63.21
2021	65.66	66.82	69.04	59.93	65.54	79.77	66.70
2022	68.82	67.89	70.60	63.21	67.50	70.11	67.85

资料来源：南开大学公司治理数据库。

二、中国上市公司利益相关者治理分指数分控股股东性质比较分析

从利益相关者治理参与程度分指数来看，2004—2022 年国有控股上市公司利益相关者治理参与程度分指数从 37.44 提升至 63.90，中位数为 45.80，提升幅度为 70.67%（见表 9-4）。2004—2022 年民营控股上市公司利益相关者治理参与程度分指数从 37.11 提升至 63.47，中位数为 51.86，提升幅度为 71.03%。如图 9-4 所示，国有控股与民营控股上市公司在参与程度分指数上的相对关系与利益相关者治理指数基本一致。2004—2022 年，集体控股上市公司利益相关者治理参与程度分指数从 41.63 提升至 67.90，中位数为 51.66，提升幅度为 63.10%。社会团体控股上市公司利益相关者治理参与程度分指数从 40.64 提升至 58.46，中位数为 47.91，提升幅度为 43.85%。外资控股上市公司利益相关者治理参与程度分指数从 29.54 提升至 62.01，中位数为

50.25，提升幅度为 109.92%。职工持股会控股上市公司利益相关者治理参与程度分指数从 40.98 提升至 61.33，中位数为 43.92，提升幅度为 49.66%。其他类型上市公司利益相关者治理参与程度分指数从 35.64 提升至 63.98，中位数为 51.07，提升幅度为 79.52%。2006 年和 2010—2011 年没有其他类型控股上市公司样本。民营控股上市公司利益相关者治理参与程度分指数中位数为 51.86，在所有控股类型上市公司中处于最高水平。职工持股会控股上市公司利益相关者治理参与程度分指数中位数为 43.92，在所有控股类型上市公司中处于最低水平。民营控股上市公司利益相关者治理参与程度分指数提升幅度为 71.03%，国有控股上市公司利益相关者治理参与程度分指数提升幅度为 70.67%，表明民营控股上市公司利益相关者治理参与程度改善更快。外资控股上市公司利益相关者治理参与程度分指数改善幅度为 109.92%，在所有控股类型上市公司中改善幅度最大。社会团体控股上市公司利益相关者治理参与程度分指数改善幅度为 43.85%，在所有控股类型上市公司中改善幅度最小。

表 9-4　中国上市公司利益相关者治理参与程度分指数分控股股东比较分析

年份	国有控股	民营控股	集体控股	社会团体控股	外资控股	职工持股会控股	其他类型
2003	—	—	—	—	—	—	—
2004	37.44	37.11	41.63	40.64	29.54	40.98	35.64
2005	38.56	39.74	37.51	40.35	38.31	43.38	32.20
2006	43.11	41.38	42.21	38.42	49.97	43.92	—
2007	43.22	42.60	47.57	41.83	46.26	38.29	36.33
2008	44.00	42.47	43.08	33.40	44.60	43.62	36.48
2009	43.58	45.04	61.30	47.82	36.98	42.35	45.40
2010	44.91	46.66	51.66	47.91	40.94	47.98	—
2011	45.66	49.39	53.14	43.11	47.83	42.70	—
2012	46.12	56.90	53.26	81.00	50.25	42.93	44.17
2013	44.14	52.26	45.72	48.00	49.48	44.29	48.57
2014	45.80	51.86	47.26	48.60	52.50	40.63	53.88
2015	48.97	52.01	50.08	52.58	54.03	41.22	57.35
2016	49.52	50.83	56.85	46.19	57.03	54.50	49.18
2017	49.09	52.45	47.91	51.08	52.88	52.30	52.95
2018	50.78	53.04	55.38	43.91	50.36	47.75	54.41
2019	53.66	55.67	56.16	50.85	55.39	54.75	56.51
2020	60.70	62.41	61.98	58.88	61.40	58.83	61.48
2021	58.59	60.63	63.40	52.90	58.14	76.17	61.46
2022	63.90	63.47	67.90	58.46	62.01	61.33	63.98

资料来源：南开大学公司治理数据库。

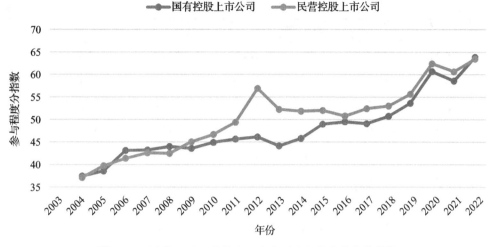

图 9-4 国有控股和民营控股上市公司参与程度分指数趋势

资料来源：南开大学公司治理数据库。

从利益相关者治理协调程度分指数来看，2004—2022 年国有控股上市公司利益相关者治理协调程度分指数从 68.21 提升至 74.83，中位数为 72.38，提升幅度为 9.71%（见表 9-5）。2004—2022 年民营控股上市公司利益相关者治理协调程度分指数从 65.95 提升至 73.28，中位数为 72.92，提升幅度为 11.11%。如图 9-5 所示，国有控股与民营控股上市公司在参与程度分指数上的相对关系与在利益相关者治理指数上的相对关系有相似之处，但分界线从 2008—2009 年转为 2011—2012 年。2004—2022 年集体控股上市公司利益相关者治理协调程度分指数从 70.52 提升至 73.90，中位数为 72.05，提升幅度为 4.79%。社会团体控股上市公司利益相关者治理协调程度分指数从 66.80 提升至 69.00，中位数为 68.53，提升幅度为 3.29%。外资控股上市公司利益相关者治理协调程度分指数从 75.00 降低至 74.20，中位数为 74.20，降低幅度为 1.07%。职工持股会控股上市公司利益相关者治理协调程度分指数从 67.67 提升至 80.83，中位数为 68.71，提升幅度为 19.45%。其他类型上市公司利益相关者治理协调程度分指数从 69.67 提升至 72.58，中位数为 72.08，提升幅度为 4.18%。2006 年和 2010—2011 年没有其他类型控股上市公司样本。虽然外资控股上市公司利益相关者治理协调程度分指数有所下降，但外资控股上市公司利益相关者治理协调程度分指数的中位数为 74.20，在所有控股类型上市公司中仍处于最高水平。社会团体控股上市公司利益相关者治理协调程度分指数中位数为 68.53，在所有控股类型上市公司中处于最低水平。民营控股上市公司利益相关者治理协调程度分指数提升幅度为 11.11%，国有控股上市公司利益相关者治理协调程度分指数提升幅度为 9.71%，表明民营控股上市公司利益相关者治理协调程度改善更快。职工持股会控股上市公司利益相关者治理协调程度分指数改善幅度为 19.45%，在所有控股类型上市公司中改善幅度最大。在所有控股类型上市公司中，只有外资控股上市公司利益相关者治理协调程度分指数有所下降，下降幅度为 1.07%。

表 9-5 中国上市公司利益相关者治理协调程度分指数分控股股东比较分析

年份	国有控股	民营控股	集体控股	社会团体控股	外资控股	职工持股会控股	其他类型
2003	—	—	—	—	—	—	—

(续)

年份	国有控股	民营控股	集体控股	社会团体控股	外资控股	职工持股会控股	其他类型
2004	68.21	65.95	70.52	66.80	75.00	67.67	69.67
2005	66.35	64.05	72.05	60.80	60.89	62.18	55.50
2006	65.20	63.33	68.65	61.58	65.40	61.29	—
2007	66.53	62.79	67.17	64.65	58.96	64.05	78.57
2008	66.53	63.67	65.37	68.08	65.64	56.63	60.68
2009	64.19	63.40	68.25	75.01	62.77	62.00	57.27
2010	66.79	64.66	71.75	76.91	71.56	68.19	—
2011	67.26	67.12	68.41	68.44	68.07	66.83	—
2012	76.62	77.11	81.40	75.00	78.88	72.00	71.00
2013	76.05	77.79	77.44	76.00	81.48	68.71	71.57
2014	77.34	77.05	83.00	72.10	78.74	75.25	75.38
2015	76.34	77.05	81.86	77.50	78.78	73.78	80.25
2016	76.11	77.69	78.59	66.54	78.45	78.75	74.84
2017	76.62	77.47	82.39	69.54	77.84	76.50	77.37
2018	76.06	77.04	77.13	67.76	79.02	80.75	76.07
2019	72.38	72.92	70.31	70.77	73.91	77.25	71.20
2020	64.10	65.66	67.40	60.25	66.78	60.50	65.33
2021	74.31	74.40	75.94	68.53	74.59	84.17	73.10
2022	74.83	73.28	73.90	69.00	74.20	80.83	72.58

资料来源：南开大学公司治理数据库。

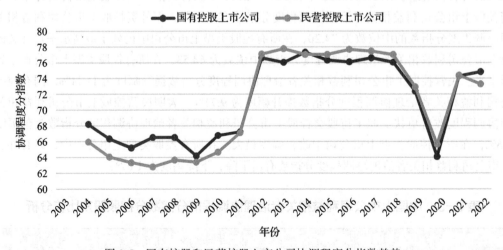

图 9-5　国有控股和民营控股上市公司协调程度分指数趋势

资料来源：南开大学公司治理数据库。

三、各控股股东性质中国上市公司利益相关者治理指数具体分析

从平均值变化趋势来看，2004—2022 年国有控股上市公司利益相关者治理指数平均值从 51.29 增长至 68.82，中位数为 59.84，平均每年提升约 0.97。2005 年国有控股上市公司利益相关者治理指数平均值最低，为 51.06；2022 年国有控股上市公司利益相关者治理指数平均值最高，为 68.82。从标准差的变化趋势来看，2004—2022 年国有控股上市公司利益相关者治理指数的标准差从 9.20 降低至 7.98，最小值为 7.73，最大值为 12.53，表明国有控股上市公司利益相关者治理水平内部分化趋势有所降低。从全距指标来看，每一年度国有控股上市公司利益相关者治理水平最高和最低的公司之间的差距仍然较大，表明国有控股上市公司利益相关者治理水平仍然有较大的提升空间。国有控股上市公司利益相关者治理指数统计分析见表 9-6。

表 9-6 国有控股上市公司利益相关者治理指数统计分析

年份	平均值	中位数	标准差	全距	最小值	最大值
2003	—	—	—	—	—	—
2004	51.29	51.23	9.20	52.81	26.12	78.93
2005	51.06	50.62	9.57	58.67	22.16	80.83
2006	53.05	51.84	12.53	64.62	22.30	86.92
2007	53.70	52.70	9.99	64.76	22.70	87.46
2008	54.13	54.43	9.52	63.06	24.43	87.49
2009	52.85	52.71	11.28	67.38	21.06	88.44
2010	54.75	53.80	12.27	70.13	22.05	92.18
2011	55.37	54.08	10.37	63.51	26.50	90.01
2012	59.84	58.59	10.23	63.33	30.27	93.60
2013	58.49	57.89	9.66	63.05	29.20	92.25
2014	59.99	59.92	9.74	58.17	31.05	89.22
2015	61.28	60.43	11.39	72.17	20.98	93.15
2016	61.75	61.53	9.27	55.13	35.93	91.06
2017	61.47	60.96	9.38	54.04	34.41	88.45
2018	62.15	61.86	9.15	54.68	36.62	91.30
2019	62.08	62.64	7.73	48.93	37.97	86.90
2020	62.23	62.35	9.20	53.73	34.50	88.23
2021	65.66	65.72	8.62	51.48	38.55	90.03
2022	68.82	69.30	7.98	59.12	34.28	93.40

资料来源：南开大学公司治理数据库。

从利益相关者治理参与程度分指数平均值变化趋势来看，2004—2022年国有控股上市公司利益相关者治理参与程度分指数从37.44增长至63.90，中位数为45.80，提升幅度为70.67%。国有控股上市公司利益相关者治理参与程度分指数的中位数低于全部上市公司利益相关者治理参与程度分指数的中位数49.27，提升幅度略大于全部上市公司参与程度分指数提升幅度69.86%。以公司投资者关系管理制度为例，2006年国有控股上市公司中建立投资者关系管理制度的上市公司占比为23.86%，设立专门的投资者关系管理部门的上市公司占比为6.55%。2022年国有控股上市公司中建立投资者关系管理制度的上市公司占比为75.62%，设立专门的投资者关系管理部门的上市公司占比为21.22%。

从利益相关者治理协调程度分指数平均值变化趋势来看，2004—2022年国有控股上市公司利益相关者治理协调程度分指数从68.21增长至74.83，中位数为72.38，提升幅度为9.71%。国有控股上市公司利益相关者治理协调程度分指数的中位数低于全部上市公司协调程度分指数的中位数72.75，提升幅度略大于全部上市公司协调程度分指数提升幅度8.61%，表明国有控股上市公司利益相关者治理水平整体处在上市公司前列。以社会责任报告发布为例，2008年利益相关者评价体系首次纳入社会责任报告指标，国有控股上市公司中披露社会责任报告的公司占比为3.11%，2022年国有控股上市公司中披露社会责任报告的公司占比达到47.45%。国有控股上市公司利益相关者治理分指数统计分析见表9-7。

表9-7　国有控股上市公司利益相关者治理分指数统计分析

年份	利益相关者治理	参与程度	协调程度
2003	—	—	—
2004	51.29	37.44	68.21
2005	51.06	38.56	66.35
2006	53.05	43.11	65.20
2007	53.70	43.22	66.53
2008	54.13	44.00	66.53
2009	52.85	43.58	64.19
2010	54.75	44.91	66.79
2011	55.37	45.66	67.26
2012	59.84	46.12	76.62
2013	58.49	44.14	76.05
2014	59.99	45.80	77.34
2015	61.28	48.97	76.34
2016	61.75	49.52	76.11
2017	61.47	49.09	76.62
2018	62.15	50.78	76.06

(续)

年份	利益相关者治理	参与程度	协调程度
2019	62.08	53.66	72.38
2020	62.23	60.70	64.10
2021	65.66	58.59	74.31
2022	68.82	63.90	74.83

资料来源：南开大学公司治理数据库。

从平均值变化趋势来看，2004—2022 年民营控股上市公司利益相关者治理指数平均值从 50.09 增长至 67.89，中位数为 63.19，平均每年提升约 0.99。2004—2022 年民营控股上市公司利益相关者治理指数变化趋势可以分为两个阶段。第一阶段为 2004—2012 年，民营控股上市公司利益相关者治理指数平均值在该阶段呈缓慢上升趋势，在 2012 年达到最大值 65.99。2013—2022 年，民营控股上市公司利益相关者治理指数平均值进入相对平稳增长阶段，指数仅从 63.75 增长到 67.89，增长 4.14，平均每年增长 0.46。2004 年民营控股上市公司利益相关者治理指数平均值最低，为 50.09，2022 年民营控股上市公司利益相关者治理指数平均值最高，为 67.89。从标准差的变化趋势来看，2004—2022 年民营控股上市公司利益相关者治理指数的标准差从 9.62 降低至 8.88，中位数为 10.04，略大于国有控股上市公司利益相关者治理标准差的中位数 9.57，表明民营控股上市公司利益相关者治理水平内部分化程度大于国有控股上市公司。民营控股上市公司利益相关者治理指数统计分析见表 9-8。

表 9-8 民营控股上市公司利益相关者治理指数统计分析

年份	平均值	中位数	标准差	全距	最小值	最大值
2003	55.75	—	10.66	49.24	24.91	74.16
2004	50.09	51.36	9.62	50.05	27.56	77.61
2005	50.67	51.40	10.04	53.41	22.16	75.57
2006	51.26	50.87	11.87	63.40	21.27	84.67
2007	51.68	52.24	10.64	59.40	21.46	80.86
2008	52.01	51.75	9.35	59.77	23.74	83.51
2009	53.30	52.69	11.33	66.62	23.18	89.80
2010	54.76	54.18	12.16	63.06	25.27	88.33
2011	57.37	57.58	9.81	58.21	25.50	83.71
2012	65.99	67.07	11.26	61.98	29.82	91.80
2013	63.75	63.94	10.53	60.95	29.65	90.60
2014	63.19	63.39	10.76	62.08	31.57	93.65
2015	63.28	63.01	10.67	60.99	31.71	92.70

(续)

年份	平均值	中位数	标准差	全距	最小值	最大值
2016	63.19	62.56	8.93	50.33	37.97	88.30
2017	63.70	62.36	10.25	53.31	35.14	88.45
2018	63.83	63.14	9.36	54.45	37.30	91.75
2019	63.43	64.24	7.23	50.48	38.42	88.90
2020	63.87	63.89	9.51	53.73	36.30	90.03
2021	66.82	66.37	9.09	57.99	34.73	92.72
2022	67.89	68.00	8.88	54.40	38.10	92.50

资料来源：南开大学公司治理数据库。

从利益相关者治理参与程度分指数平均值变化趋势来看，2004—2022年民营控股上市公司利益相关者治理参与程度分指数从37.11增长至63.47，中位数为51.86，提升幅度为71.03%。民营控股上市公司利益相关者治理参与程度分指数的中位数大于全部上市公司利益相关者治理参与程度分指数的中位数49.27，也大于国有控股上市公司利益相关者治理参与程度分指数的中位数45.80。提升幅度略大于全部上市公司参与程度分指数的提升幅度69.86%。以公司投资者关系管理制度为例，2006年民营控股上市公司中建立投资者关系管理制度的上市公司占比为23.32%，设立专门的投资者关系管理部门的上市公司占比为8.31%。2022年民营控股上市公司中建立投资者关系管理制度的上市公司占比为68.91%，设立专门的投资者关系管理部门的上市公司占比为34.44%。

从利益相关者治理协调程度分指数平均值变化趋势来看，2004—2022年民营控股上市公司利益相关者治理协调程度分指数从65.95增长至73.28，中位数为72.92，提升幅度为11.11%。民营控股上市公司利益相关者治理协调程度分指数的中位数高于全部上市公司协调程度分指数的中位数72.75，也大于国有控股上市公司利益相关者治理协调程度分指数的中位数72.38。民营控股上市公司协调程度分指数的提升幅度大于全部上市公司协调程度分指数的提升幅度8.61%，但小于国有控股上市公司协调程度分指数的提升幅度9.71%，表明民营控股上市公司利益相关者治理协调程度优于国有控股上市公司，还存在较大的提升空间。以社会责任报告发布为例，2022年民营控股上市公司中披露社会责任报告的公司占比为19.94%，低于国有控股上市公司社会责任报告发布率47.45%。民营控股上市公司利益相关者治理分指数统计分析见表9-9。

表9-9 民营控股上市公司利益相关者治理分指数统计分析

年份	利益相关者治理	参与程度	协调程度
2003	55.75	—	—
2004	50.09	37.11	65.95
2005	50.67	39.74	64.05

(续)

年份	利益相关者治理	参与程度	协调程度
2006	51.26	41.38	63.33
2007	51.68	42.60	62.79
2008	52.01	42.47	63.67
2009	53.30	45.04	63.40
2010	54.76	46.66	64.66
2011	57.37	49.39	67.12
2012	65.99	56.90	77.11
2013	63.75	52.26	77.79
2014	63.19	51.86	77.05
2015	63.28	52.01	77.05
2016	63.19	50.83	77.69
2017	63.70	52.45	77.47
2018	63.83	53.04	77.04
2019	63.43	55.67	72.92
2020	63.87	62.41	65.66
2021	66.82	60.63	74.40
2022	67.89	63.47	73.28

资料来源：南开大学公司治理数据库。

从平均值变化趋势来看，2004—2022 年集体控股上市公司利益相关者治理指数平均值从 54.63 增长至 70.60，中位数为 63.34，平均每年提升约 0.89，提升幅度低于民营控股上市公司。2005 年集体控股上市公司利益相关者治理指数平均值最低，为 53.04；2022 年集体控股上市公司利益相关者治理指数平均值最高，为 70.60。从标准差的变化趋势来看，2004—2022 年集体控股上市公司利益相关者治理指数标准差的中位数为 9.22，低于国有控股和民营控股上市公司利益相关者治理指数标准差的中位数，表明集体控股上市公司利益相关者治理水平呈增长趋势，同时样本内部利益相关者治理水平差异相对较低。集体控股上市公司利益相关者治理指数统计分析见表 9-10。

表 9-10 集体控股上市公司利益相关者治理指数统计分析

年份	平均值	中位数	标准差	全距	最小值	最大值
2003	57.11	—	9.76	37.58	36.95	74.53
2004	54.63	55.89	7.51	28.18	38.93	67.11
2005	53.04	53.65	8.66	29.75	37.58	67.33

(续)

年份	平均值	中位数	标准差	全距	最小值	最大值
2006	54.11	48.96	11.79	38.41	39.60	78.01
2007	56.39	60.38	13.05	39.42	33.70	73.12
2008	53.11	55.20	9.61	34.80	35.43	70.23
2009	64.43	64.64	10.31	20.16	54.13	74.29
2010	60.70	58.62	14.82	46.77	40.11	86.88
2011	60.01	61.60	8.90	37.07	40.73	77.80
2012	65.92	67.64	10.47	35.89	48.26	84.15
2013	59.99	61.04	9.20	33.35	42.24	75.59
2014	63.34	60.85	10.88	36.56	50.71	87.27
2015	64.37	61.34	9.62	34.58	48.68	83.26
2016	66.85	67.52	7.88	29.64	54.94	84.58
2017	63.42	63.93	7.63	28.12	49.28	77.40
2018	65.16	65.40	7.76	23.18	54.87	78.05
2019	62.52	63.92	4.79	17.15	52.10	69.25
2020	64.42	63.27	10.51	45.80	41.08	86.88
2021	69.04	67.67	8.91	36.64	53.84	90.48
2022	70.60	70.35	9.22	32.38	53.10	85.48

资料来源：南开大学公司治理数据库。

从平均值变化趋势来看，2004—2022 年社会团体控股上市公司利益相关者治理指数平均值从 52.41 增长至 63.21，中位数为 59.38，平均每年提升约 0.60，提升幅度低于民营控股上市公司。2006 年社会团体控股上市公司利益相关者治理指数平均值最低，为 48.84；2012 年社会团体控股上市公司利益相关者治理指数平均值最高，为 78.30。该年度只有 1 家社会团体控股上市公司。从标准差的变化趋势来看，2004—2022 年社会团体控股上市公司利益相关者治理指数的标准差中位数为 11.06，大于国有控股和民营控股上市公司利益相关者治理标准差中位数，表明社会团体控股上市公司利益相关者治理水平差异较大。社会团体控股上市公司利益相关者治理指数统计分析见表 9-11。

表 9-11　社会团体控股上市公司利益相关者治理指数统计分析

年份	平均值	中位数	标准差	全距	最小值	最大值
2003	—	—	—	—	—	—
2004	52.41	51.47	6.23	16.99	44.18	61.17
2005	49.55	48.28	9.44	29.87	33.86	63.73

(续)

年份	平均值	中位数	标准差	全距	最小值	最大值
2006	48.84	50.25	19.20	46.75	24.06	70.81
2007	52.09	55.72	13.93	32.54	32.19	64.73
2008	49.00	51.81	9.46	21.46	35.46	56.92
2009	60.05	55.15	15.73	30.29	47.35	77.64
2010	60.96	54.34	13.48	24.41	52.06	76.47
2011	54.50	63.34	17.74	32.01	34.08	66.09
2012	78.30	78.30	0.00	0.00	78.30	78.30
2013	60.59	60.59	0.00	0.00	60.59	60.59
2014	59.17	53.54	17.72	42.59	47.69	90.28
2015	63.79	63.33	8.84	22.36	51.44	73.80
2016	55.55	53.08	11.48	41.16	37.90	79.06
2017	59.38	56.98	11.43	40.53	42.07	82.60
2018	54.64	54.87	7.37	28.07	41.57	69.64
2019	59.81	57.37	7.74	27.23	48.57	75.80
2020	59.49	58.31	11.06	39.12	39.68	78.80
2021	59.93	58.82	8.81	36.11	50.72	86.83
2022	63.21	65.09	10.34	46.09	37.88	83.97

资料来源：南开大学公司治理数据库。

从平均值变化趋势来看，2004—2022 年外资控股上市公司利益相关者治理指数平均值从 50.00 增长至 67.50，中位数为 63.25，平均每年提升约 0.97，提升幅度低于民营控股上市公司。2005 年外资控股上市公司利益相关者治理指数平均值最低，为 48.47；2022 年外资控股上市公司利益相关者治理指数平均值最高，为 67.50。从标准差的变化趋势来看，2004—2022 年外资控股上市公司利益相关者治理指数标准差的中位数为 9.11，低于国有控股、民营控股、集体控股以及社会团体控股上市公司利益相关者治理标准差的中位数，表明外资控股上市公司之间的利益相关者治理水平相对均衡。外资控股上市公司利益相关者治理指数统计分析见表 9-12。

表 9-12　外资控股上市公司利益相关者治理指数统计分析

年份	平均值	中位数	标准差	全距	最小值	最大值
2003	55.54	—	9.37	33.96	33.26	67.22
2004	50.00	52.37	6.30	15.94	40.28	56.22
2005	48.47	47.92	11.31	36.55	29.24	65.79
2006	56.91	53.88	13.23	37.13	39.90	77.03

(续)

年份	平均值	中位数	标准差	全距	最小值	最大值
2007	51.97	55.90	8.30	20.53	41.62	62.15
2008	54.07	53.91	6.36	21.79	44.72	66.51
2009	48.58	48.15	10.93	43.99	30.62	74.61
2010	54.71	53.28	8.58	31.35	38.02	69.37
2011	56.93	55.60	9.46	35.35	39.10	74.45
2012	63.13	61.52	10.50	45.40	40.55	85.95
2013	63.96	59.79	9.53	34.11	45.84	79.95
2014	64.30	67.37	10.36	37.27	41.20	78.47
2015	65.17	64.74	10.48	42.21	45.54	87.75
2016	66.89	67.62	8.32	32.20	48.70	80.90
2017	64.11	63.60	11.42	43.99	41.31	85.30
2018	63.25	62.64	8.57	45.93	37.07	83.00
2019	63.72	64.24	6.79	41.00	45.80	86.80
2020	63.82	64.62	9.11	49.63	39.22	88.85
2021	65.54	65.24	8.81	45.97	40.63	86.60
2022	67.50	68.11	8.59	41.52	43.28	84.80

资料来源：南开大学公司治理数据库。

从平均值变化趋势来看，2004—2022 年职工持股会控股上市公司利益相关者治理指数平均值从 52.99 增长至 70.11，中位数为 56.00，提升幅度为 32.31%，提升幅度低于民营控股上市公司。2008 年职工持股会控股上市公司利益相关者治理指数平均值最低，为 49.47，此后逐步提升至 2022 年的 70.11。2021 年职工持股会控股上市公司利益相关者治理指数平均值最高，为 79.77。其中，2021 年职工持股会控股上市公司利益相关者参与程度分指数为 76.17，利益相关者协调程度分指数为 84.17，均高于 2021 年度全部上市公司。2021 年全部上市公司利益相关者参与程度分指数和协调程度分指数平均值分别为 59.97 和 74.31。从标准差的变化趋势来看，2004—2022 年职工持股会控股上市公司利益相关者治理指数的标准差从 8.05 降低至 4.58，低于其他类型控股上市公司。职工持股会控股上市公司利益相关者治理指数统计分析见表 9-13。

表 9-13　职工持股会控股上市公司利益相关者治理指数统计分析

年份	平均值	中位数	标准差	全距	最小值	最大值
2003	—	—	—	—	—	—
2004	52.99	54.11	8.05	23.95	37.52	61.47
2005	51.84	51.40	6.64	21.79	42.84	64.63

(续)

年份	平均值	中位数	标准差	全距	最小值	最大值
2006	51.74	51.86	6.73	25.95	38.85	64.80
2007	49.87	48.37	8.54	33.63	32.89	66.52
2008	49.47	48.14	12.61	40.10	28.91	69.01
2009	51.19	50.96	5.82	14.25	44.29	58.54
2010	57.07	58.16	12.64	40.25	38.02	78.27
2011	53.55	53.55	6.82	17.08	46.23	63.31
2012	56.00	55.84	5.37	17.27	48.65	65.92
2013	55.27	55.65	6.52	21.35	44.95	66.30
2014	56.20	57.12	8.80	25.83	39.97	65.80
2015	55.87	54.72	8.03	28.35	40.33	68.68
2016	65.66	62.33	10.42	22.96	57.50	80.46
2017	63.19	60.62	6.80	14.98	58.26	73.24
2018	62.59	60.84	5.23	11.50	58.59	70.09
2019	64.87	65.72	6.53	15.34	56.35	71.69
2020	59.58	58.75	1.44	2.50	58.75	61.25
2021	79.77	82.00	7.53	14.56	71.37	85.93
2022	70.11	69.98	4.58	9.15	65.60	74.75

资料来源：南开大学公司治理数据库。

从平均值变化趋势来看，2004—2022年其他类型控股上市公司利益相关者治理指数平均值从50.95增长至67.85，中位数为62.06，提升幅度为33.17%。2006年和2010—2011年没有其他类型控股上市公司。2005年其他类型控股上市公司利益相关者治理指数平均值最低，为42.68；2022年其他类型控股上市公司利益相关者治理指数平均值最高，为67.85。其中，2022年其他类型控股上市公司利益相关者治理参与程度分指数为63.98，高于同期全样本上市公司利益相关者治理参与程度分指数平均值（63.58）；2022年其他类型控股上市公司利益相关者治理协调程度分指数平均值为72.58，低于同期全样本上市公司利益相关者治理协调程度分指数平均值（73.69）。从标准差的变化趋势来看，2004—2022年其他类型控股上市公司利益相关者治理指数的标准差从9.50降低至9.09，中位数为9.84，低于全样本上市公司利益相关者治理指数标准差。其他类型控股上市公司利益相关者治理指数统计分析见表9-14。

表9-14　其他类型控股上市公司利益相关者治理指数统计分析

年份	平均值	中位数	标准差	全距	最小值	最大值
2003	—	—	—	—	—	—

(续)

年份	平均值	中位数	标准差	全距	最小值	最大值
2004	50.95	49.67	9.50	34.49	34.64	69.13
2005	42.68	42.68	9.96	14.08	35.64	49.72
2006	—	—	—	—	—	—
2007	55.33	52.45	10.43	20.26	46.64	66.90
2008	47.37	45.35	14.58	34.59	29.24	63.83
2009	50.74	49.48	5.21	12.33	45.28	57.61
2010	—	—	—	—	—	—
2011	—	—	—	—	—	—
2012	56.24	51.19	19.24	49.83	36.12	85.95
2013	58.92	60.59	11.45	35.26	36.39	71.65
2014	63.55	64.75	10.42	33.70	40.27	73.97
2015	67.65	70.49	10.17	32.13	48.68	80.81
2016	60.99	59.54	8.86	33.34	45.26	78.60
2017	63.93	61.55	9.62	38.65	44.46	83.11
2018	64.15	63.09	8.70	35.78	45.17	80.95
2019	63.12	64.46	7.62	32.88	43.37	76.25
2020	63.21	63.81	10.12	51.65	34.50	86.15
2021	66.70	67.07	9.72	48.35	40.05	88.40
2022	67.85	68.54	9.09	50.58	41.92	92.50

资料来源：南开大学公司治理数据库。

第三节 中国上市公司利益相关者治理分区域和地区分析

一、中国上市公司利益相关者治理指数分地区比较分析

从各地区公司利益相关者治理发展状况来看，七大地区上市公司利益相关者治理指数均呈上升趋势。其中2004—2022年上市公司利益相关者治理指数增长幅度从高到低依次为西南地区（43.13%）、华南地区（39.60%）、华中地区（34.14%）、东北地区（33.68%）、西北地区（31.32%）、华北地区（30.59%）、华东地区（28.75%）。从指数平均值来看，2004—2022年各地区利益相关者治理指数平均值较高的地区为华东地区（59.97）、华北地区（59.52）、华南地区

（59.15）、华中地区（59.11），上述四个地区利益相关者治理指数均在59以上。东北地区利益相关者治理指数平均值为56.54，在七大地区中排名末位。

从利益相关者治理指数内部变化来看，利益相关者治理指数标准差从低到高依次为华北地区（4.97）、东北地区（4.98）、华东地区（5.10）、华中地区（5.40）、西北地区（5.42）、西南地区（6.02）、华南地区（6.15）。华北地区利益相关者治理整体水平较高且指数变化幅度较小，华南地区利益相关者治理水平偏低且不同年度之间利益相关者治理差异最大。华南地区上市公司中，民营控股上市公司占比相对较高（61.63%），高于全部样本中民营控股上市公司比重（53.13%）。民营控股上市公司利益相关者治理整体水平偏低，内部分化相对较大。中国上市公司利益相关者治理指数分地区比较分析见表9-15。

表9-15 中国上市公司利益相关者治理指数分地区比较分析

年份	东北地区	华北地区	华中地区	华东地区	华南地区	西北地区	西南地区
2003	56.60	57.99	58.08	57.97	54.23	58.29	55.63
2004	48.99	52.31	51.11	53.05	48.56	51.44	48.00
2005	48.99	51.53	50.86	52.18	50.65	51.70	47.59
2006	50.99	53.27	52.90	53.75	51.74	49.65	51.86
2007	52.04	53.59	52.77	54.16	52.81	52.49	50.74
2008	52.05	54.06	54.51	53.49	54.09	51.03	52.99
2009	51.08	55.44	53.57	54.52	50.06	49.37	51.00
2010	52.99	55.73	53.62	56.31	54.09	51.59	53.15
2011	52.05	57.25	56.45	57.16	56.62	54.07	56.16
2012	58.78	61.58	63.29	64.23	65.11	60.31	61.75
2013	57.72	61.74	59.93	62.40	62.14	60.08	59.74
2014	58.44	61.84	61.42	62.42	62.63	59.87	61.19
2015	61.36	62.47	62.13	62.67	63.01	61.47	62.54
2016	59.29	62.48	62.65	63.15	63.93	61.07	61.03
2017	60.00	62.57	63.07	63.45	64.06	60.88	60.97
2018	60.77	63.29	63.86	63.86	63.29	60.64	61.98
2019	60.51	63.05	63.10	63.51	63.03	60.69	62.45
2020	59.01	63.69	63.21	63.82	63.81	60.98	62.29
2021	63.65	66.68	66.11	66.91	66.43	64.88	65.39
2022	65.49	68.31	68.56	68.30	67.79	67.55	68.70

资料来源：南开大学公司治理数据库。

二、中国上市公司利益相关者治理分指数分地区比较分析

从利益相关者治理参与程度分指数来看，各地区上市公司利益相关者治理参与程度分指数均呈上升趋势，表明上市公司不断完善员工持股、投资者关系管理制度等多元利益相关者参与治理机制，促进了上市公司治理能力的提升。其中，2004—2022年上市公司利益相关者治理参与程度分指数增长幅度从高到低依次为西南地区（93.90%）、东北地区（92.83%）、华南地区（81.00%）、华中地区（77.94%）、西北地区（70.60%）、华北地区（62.54%）、华东地区（56.56%）。其中，西南地区、东北地区、华南地区利益相关者治理指数改善较为明显，改善幅度均超过80%。从参与程度分指数平均值来看，2004—2022年利益相关者治理参与程度分指数平均值从高到低依次为华南地区（50.89）、华东地区（49.92）、华中地区（49.10）、华北地区（49.08）、西南地区（48.31）、西北地区（48.21）、东北地区（45.60），表明华南地区、华东地区和华中地区上市公司利益相关者治理参与程度表现较好，而西北地区和东北地区上市公司的表现有待改进。从利益相关者治理指数内部变化来看，各地区利益相关者治理指数标准差从低到高依次为华东地区（6.46）、华北地区（7.01）、西北地区（7.14）、华中地区（7.43）、华南地区（7.50）、东北地区（7.63）和西南地区（7.84），不同年度之间利益相关者治理参与程度分指数差异大于利益相关者治理指数之间的差异。中国上市公司利益相关者治理参与程度分指数分地区比较分析见表9-16。

表9-16 中国上市公司利益相关者治理参与程度分指数分地区比较分析

年份	东北地区	华北地区	华中地区	华东地区	华南地区	西北地区	西南地区
2003	—	—	—	—	—	—	—
2004	32.20	39.11	36.22	40.12	35.84	37.55	33.60
2005	34.44	38.62	37.64	40.52	40.15	40.47	35.81
2006	40.81	41.37	42.43	42.22	47.61	40.30	43.13
2007	40.13	42.22	41.02	44.39	44.30	43.96	41.36
2008	41.19	42.69	45.21	42.87	47.04	42.31	43.39
2009	41.70	44.96	44.61	45.71	41.76	41.20	42.26
2010	42.79	44.82	44.12	47.29	46.32	43.05	43.42
2011	41.03	47.59	48.29	48.79	48.35	44.78	47.02
2012	44.02	49.14	52.46	53.01	56.19	48.47	50.41
2013	42.76	49.28	46.68	49.59	50.50	47.82	46.16
2014	43.00	48.99	49.05	49.75	51.84	46.74	47.92
2015	49.64	50.18	49.67	50.44	52.11	50.79	53.16
2016	45.97	49.74	50.69	50.61	52.41	50.00	49.40
2017	46.96	50.67	51.18	51.55	53.42	49.65	49.73
2018	49.12	52.88	52.38	52.40	52.71	50.90	51.79

(续)

年份	东北地区	华北地区	华中地区	华东地区	华南地区	西北地区	西南地区
2019	51.88	55.21	55.21	54.96	56.11	53.31	55.05
2020	58.81	61.69	61.66	61.57	63.92	60.84	60.17
2021	57.90	59.79	59.84	59.80	61.43	59.73	59.04
2022	62.09	63.57	64.45	62.81	64.87	64.06	65.15

资料来源：南开大学公司治理数据库。

从利益相关者治理协调程度分指数来看，各地区上市公司利益相关者治理协调程度分指数均呈上升趋势，但上升幅度差异较大。其中，2004—2022 年西南地区和华南地区利益相关者治理协调程度分指数增长较快，增长幅度在 10% 以上，表明该地区的上市公司在社会责任履行、环境保护等方面有较大的改善。相对而言，东北地区上市公司利益相关者治理协调程度分指数改善较小，仅增长 0.13，增长幅度为 0.19%，在所有地区中排名最低。从协调程度分指数平均值来看，2004—2022 年利益相关者治理协调程度分指数平均值从高到低依次为华北地区（72.25）、华东地区（72.22）、华中地区（71.33）、东北地区（69.88）、西南地区（69.53）、华南地区（69.23）、西北地区（68.52），表明华北地区、华东地区和华中地区上市公司利益相关者治理协调程度表现较好，而西北地区和华南地区上市公司的表现有待改进。西北地区利益相关者治理参与程度分指数平均值、协调程度分指数平均值均处于较低水平。2004—2022 年西北地区上市公司中，ST（Special Treatment，特殊处理）企业占比为 10.02%，显著高于全国平均水平 4.61%。上市公司经营状况恶化、监管处罚增多是西北地区上市公司利益相关者治理协调能力提升的重要制约因素。中国上市公司利益相关者治理协调程度分指数分地区比较分析见表 9-17。

表 9-17 中国上市公司利益相关者治理协调程度分指数分地区比较分析

年份	东北地区	华北地区	华中地区	华东地区	华南地区	西北地区	西南地区
2003	—	—	—	—	—	—	—
2004	69.52	68.44	69.31	68.84	64.12	68.41	65.60
2005	66.79	67.32	67.03	66.44	63.49	65.43	61.99
2006	63.43	67.81	65.70	67.85	56.79	61.08	62.54
2007	66.60	67.50	67.13	66.12	63.23	62.92	62.21
2008	65.33	67.96	65.89	66.49	62.72	61.70	64.74
2009	62.54	68.25	64.54	65.29	60.20	59.36	61.69
2010	65.47	69.08	65.23	67.33	63.59	62.04	65.04
2011	65.53	69.08	66.42	67.40	66.74	65.44	67.33
2012	76.84	76.79	76.54	77.95	76.03	74.79	75.63
2013	76.03	76.99	76.13	78.07	76.37	75.07	76.35

(续)

年份	东北地区	华北地区	华中地区	华东地区	华南地区	西北地区	西南地区
2014	77.33	77.55	76.55	77.93	75.84	75.93	77.43
2015	75.68	77.48	77.37	77.62	76.36	74.54	74.01
2016	74.92	77.43	76.70	77.86	77.44	74.06	74.69
2017	75.95	77.12	77.62	78.01	77.08	74.61	74.70
2018	75.02	76.02	77.92	77.87	76.23	72.56	74.46
2019	71.06	72.64	72.75	73.97	71.48	69.71	71.50
2020	59.26	66.15	65.10	66.56	63.68	61.15	64.88
2021	70.68	75.10	73.79	75.60	72.53	71.18	73.16
2022	69.65	74.11	73.59	75.01	71.37	71.83	73.04

资料来源：南开大学公司治理数据库。

三、各区域和地区中国上市公司利益相关者治理指数具体分析

从东北地区来看，2004—2022 年东北地区上市公司利益相关者治理指数平均值为 56.54，低于全国上市公司平均值 59.17。2004—2022 年东北地区上市公司利益相关者治理指数均低于全国上市公司。从地区内部省份之间的比较来看，2004—2022 年东北三省利益相关者治理指数平均值从高到低依次为吉林（57.19）、辽宁（56.46）、黑龙江（55.81）。从利益相关者治理指数变化趋势来看，2004—2022 年东北三省上市公司利益相关者治理指数均呈上升趋势。其中，增长幅度最大的是辽宁，增长幅度为 35.75%；其次为吉林，增长幅度为 34.00%；增长幅度最小的为黑龙江，增长幅度为 29.64%。东北地区上市公司利益相关者治理指数见表 9-18。

表 9-18 东北地区上市公司利益相关者治理指数分析

年份	全国	东北地区	黑龙江	吉林	辽宁
2003	57.04	56.60	56.48	56.59	56.68
2004	51.12	48.99	49.46	50.09	48.00
2005	50.95	48.99	49.58	49.76	48.11
2006	52.61	50.99	52.41	50.58	50.36
2007	53.08	52.04	53.09	52.05	51.43
2008	53.43	52.05	52.58	52.24	51.63
2009	52.94	51.08	49.10	53.53	50.39
2010	54.83	52.99	52.29	53.99	52.65
2011	56.47	52.05	53.02	52.51	51.29

(续)

年份	全国	东北地区	黑龙江	吉林	辽宁
2012	63.22	58.78	56.08	59.71	59.57
2013	61.46	57.72	58.64	56.48	58.00
2014	61.84	58.44	56.00	59.92	58.73
2015	62.51	61.36	59.40	61.56	62.13
2016	62.68	59.29	59.57	58.84	59.40
2017	62.92	60.00	57.55	59.67	61.37
2018	63.26	60.77	60.68	60.18	61.15
2019	63.00	60.51	58.93	61.78	60.57
2020	63.32	59.01	55.73	60.35	59.93
2021	66.42	63.65	62.19	66.28	62.86
2022	68.13	65.49	64.12	67.12	65.16

资料来源：南开大学公司治理数据库。

从华北地区来看，2004—2022年华北地区上市公司利益相关者治理指数平均值为59.52，高于全国上市公司平均值59.17。2012年、2015—2017年华北地区上市公司利益相关者治理指数低于全国上市公司，其他年度均等于或高于全国上市公司。从地区内部省份之间的比较来看，2004—2022年北京和天津上市公司利益相关者治理指数平均值高于华北地区，而河北、山西、内蒙古上市公司利益相关者治理指数平均值低于华北地区。北京、天津上市公司在华北地区上市公司利益相关者治理水平提升中发挥了引领作用。华北地区上市公司利益相关者治理指数见表9-19。

表9-19 华北地区上市公司利益相关者治理指数分析

年份	全国	华北地区	北京	天津	河北	山西	内蒙古
2003	57.04	57.99	58.69	55.05	56.76	61.48	56.85
2004	51.12	52.31	54.26	51.58	51.35	51.20	47.25
2005	50.95	51.53	51.43	52.91	52.79	49.86	50.02
2006	52.61	53.27	53.88	54.55	51.34	54.25	51.38
2007	53.08	53.59	53.85	52.00	53.45	52.79	55.66
2008	53.43	54.06	53.15	53.68	56.62	54.65	54.33
2009	52.94	55.44	55.63	60.12	52.13	55.61	53.35
2010	54.83	55.73	56.52	57.30	54.30	53.63	54.07
2011	56.47	57.25	57.71	56.57	58.60	58.04	50.27
2012	63.22	61.58	61.76	61.16	63.69	61.90	55.53

(续)

年份	全国	华北地区	北京	天津	河北	山西	内蒙古
2013	61.46	61.74	62.66	60.09	60.97	59.68	60.40
2014	61.84	61.84	63.22	59.56	60.48	57.11	62.37
2015	62.51	62.47	63.20	61.76	61.24	60.68	61.74
2016	62.68	62.48	63.32	62.54	62.01	59.31	59.18
2017	62.92	62.57	63.36	60.66	64.46	57.81	60.41
2018	63.26	63.29	63.61	64.11	63.18	61.07	61.31
2019	63.00	63.05	63.33	65.45	61.96	60.50	60.99
2020	63.32	63.69	64.29	62.51	64.34	61.46	59.97
2021	66.42	66.68	67.19	66.33	66.95	63.08	64.89
2022	68.13	68.31	68.19	68.50	69.22	68.08	67.86

资料来源：南开大学公司治理数据库。

从华中地区来看，2004—2022年华中地区上市公司利益相关者治理指数平均值为59.11，略低于全国上市公司平均值59.17。其中，2004—2005年、2007年、2010—2011年、2013—2016年、2020—2021年华中地区上市公司利益相关者治理指数落后于同期全国上市公司。进一步从地区内部省份之间的比较来看，2004—2022年河南和湖南上市公司利益相关者治理指数平均值高于华中地区利益相关者治理指数平均值，而湖北上市公司利益相关者治理指数平均值低于华中地区利益相关者治理指数平均值。从利益相关者治理指数内部差异来看，2004—2022年华中地区上市公司利益相关者治理指数标准差从低到高依次为河南（5.23）、湖北（5.35）、湖南（5.68）。华中地区上市公司利益相关者治理指数见表9-20。

表9-20 华中地区上市公司利益相关者治理指数分析

年份	全国	华中地区	河南	湖北	湖南
2003	57.04	58.08	60.43	57.52	57.30
2004	51.12	51.11	54.60	48.84	51.57
2005	50.95	50.86	54.27	50.73	48.72
2006	52.61	52.90	56.94	50.39	53.65
2007	53.08	52.77	54.55	52.67	51.37
2008	53.43	54.51	53.11	54.00	56.25
2009	52.94	53.57	56.07	52.33	53.60
2010	54.83	53.62	53.69	53.65	53.51
2011	56.47	56.45	57.28	55.28	57.14
2012	63.22	63.29	65.21	60.81	64.42

(续)

年份	全国	华中地区	河南	湖北	湖南
2013	61.46	59.93	63.26	56.92	60.29
2014	61.84	61.42	65.36	59.05	60.54
2015	62.51	62.13	62.37	61.45	62.66
2016	62.68	62.65	62.56	60.56	64.94
2017	62.92	63.07	64.98	61.32	63.36
2018	63.26	63.86	65.27	63.09	63.52
2019	63.00	63.10	64.44	61.98	63.17
2020	63.32	63.21	63.33	62.46	63.86
2021	66.42	66.11	67.05	65.39	66.12
2022	68.13	68.56	70.40	67.57	68.18

资料来源：南开大学公司治理数据库。

从华东地区来看，2004—2022年华东地区上市公司利益相关者治理指数平均值为59.97，高于全国上市公司平均值59.17。2004—2022年，华东地区上市公司利益相关者治理指数均高于同期全国上市公司平均值。2004—2022年，华东地区上市公司利益相关者治理指数最大值为2022年的68.30，最小值为2005年的52.18，均高于全国上市公司利益相关者治理指数最大值和最小值。2004—2022年，华东地区上市公司利益相关者治理指数从53.05增长到68.30，增长幅度为28.75%，低于全国上市公司利益相关者治理指数提升幅度33.27%。

从地区内部省份之间的比较来看，2004—2022年安徽、江苏、山东和福建上市公司利益相关者治理指数平均值为61.08、61.00、60.35、60.32，均高于同期华东地区上市公司利益相关者治理指数；而上海、浙江和江西上市公司利益相关者治理指数平均值为58.38、59.93、59.33，低于同期华东地区上市公司利益相关者治理指数。华东地区上市公司中，福建上市公司利益相关者治理指数提升幅度为41.36%，高于华东地区其他省份。江苏上市公司利益相关者治理指数提升幅度为22.07%，提升幅度最小。从利益相关者治理指数内部差异来看，2004—2022年江苏和安徽上市公司利益相关者治理指数标准差较小，上市公司利益相关者治理水平的持续性和稳定性更高。华东地区上市公司利益相关者治理指数见表9-21。

表9-21　华东地区上市公司利益相关者治理指数分析

年份	全国	华东地区	山东	江苏	安徽	上海	浙江	江西	福建
2003	57.04	57.97	59.21	61.80	59.91	56.40	58.23	56.15	54.51
2004	51.12	53.05	51.71	55.46	54.59	52.27	54.10	53.82	49.23
2005	50.95	52.18	50.86	56.02	53.76	50.58	52.25	51.50	50.98
2006	52.61	53.75	55.61	54.45	54.59	53.60	49.44	56.68	54.65

(续)

年份	全国	华东地区	山东	江苏	安徽	上海	浙江	江西	福建
2007	53.08	54.16	55.49	54.85	57.33	52.06	54.52	51.48	54.92
2008	53.43	53.49	53.61	55.79	56.46	51.35	52.75	54.62	54.18
2009	52.94	54.52	54.88	55.12	55.15	53.35	54.97	53.58	55.74
2010	54.83	56.31	55.72	57.84	59.21	54.11	56.36	55.30	57.54
2011	56.47	57.16	57.73	58.55	58.86	54.65	57.46	54.98	57.32
2012	63.22	64.23	64.92	66.59	63.89	59.70	65.99	59.69	64.60
2013	61.46	62.40	62.75	64.08	62.51	59.14	63.46	62.10	61.75
2014	61.84	62.42	61.70	63.93	63.63	59.82	63.07	59.96	63.53
2015	62.51	62.67	63.40	63.32	62.24	60.16	63.34	60.81	64.24
2016	62.68	63.15	64.32	63.26	63.26	63.16	62.66	60.62	63.18
2017	62.92	63.45	64.62	63.95	64.08	61.96	63.46	61.04	63.72
2018	63.26	63.86	64.52	64.47	64.43	62.76	63.46	65.35	63.72
2019	63.00	63.51	63.94	63.71	63.21	62.87	63.44	63.20	64.16
2020	63.32	63.82	64.50	63.66	65.23	62.81	63.52	65.28	64.89
2021	66.42	66.91	67.46	66.19	67.85	66.88	66.68	67.49	68.23
2022	68.13	68.30	68.94	67.70	70.22	68.07	67.75	69.77	69.59

资料来源：南开大学公司治理数据库。

从华南地区来看，2004—2010年华南地区上市公司利益相关者治理指数低于同期全国上市公司治理指数，2011—2021年华南地区上市公司利益相关者治理指数则超过同期全国上市公司治理指数。2004—2022年华南地区上市公司利益相关者治理指数从48.56提高到67.79，提升幅度为39.60%。2004—2022年华南地区上市公司利益相关者治理指数平均值仅落后于全国平均值0.02。

从变化趋势来看，华南地区上市公司利益相关者治理水平整体呈现增长趋势，其中广东上市公司利益相关者治理指数增幅最大，对推动华南地区上市公司利益相关者治理改善贡献最大。广西上市公司利益相关者治理改善幅度最小，且落后于全国上市公司利益相关者治理指数平均增长幅度33.27%。华南地区既有经济开放度程度较高的广东，也包含经济开放程度相对较低的广西，内部上市公司股权性质、产业结构和市场化程度等差异较大，利益相关者协调难度大，对上市公司利益相关者治理水平提出了更高的要求。从区域内部上市公司利益相关者治理状况来看，2004—2022年广东上市公司利益相关者治理指数平均值为59.65，在华南地区处于领先地位。2004—2022年海南上市公司利益相关者治理指数平均值为55.15，在华南地区处于落后地位。不同地区之间利益相关者治理指数平均值相差达到4.50，最大值和最小值之间的差距达21.21，华南地区上市公司利益相关者治理需要注重提升区域协调发展水平。华南地区上市公司利益相关者治理指数见表9-22。

表 9-22　华南地区上市公司利益相关者治理指数分析

年份	全国	华南地区	广东	广西	海南
2003	57.04	54.23	53.57	56.66	55.64
2004	51.12	48.56	47.89	52.21	49.31
2005	50.95	50.65	50.93	51.10	48.32
2006	52.61	51.74	52.31	50.57	49.31
2007	53.08	52.81	53.54	49.37	51.35
2008	53.43	54.09	54.72	50.19	53.94
2009	52.94	50.06	50.38	51.00	46.79
2010	54.83	54.09	54.72	54.06	47.97
2011	56.47	56.62	57.46	51.47	51.09
2012	63.22	65.11	66.07	60.87	57.01
2013	61.46	62.14	63.00	57.51	55.31
2014	61.84	62.63	63.31	58.42	58.02
2015	62.51	63.01	63.41	61.15	59.56
2016	62.68	63.93	64.43	61.68	59.11
2017	62.92	64.06	64.86	59.41	56.65
2018	63.26	63.29	63.66	60.90	59.09
2019	63.00	63.03	63.38	60.12	59.67
2020	63.32	63.81	64.34	59.31	58.93
2021	66.42	66.43	66.95	62.35	60.36
2022	68.13	67.79	68.00	65.31	66.14

资料来源：南开大学公司治理数据库。

从西北地区来看，2004—2022 年西北地区上市公司利益相关者治理指数平均值为 57.36，低于同期全国上市公司利益相关者治理指数平均值 59.17。西北地区利益相关者治理指数最大值为 67.55，最小值为 49.37，均低于全国上市公司治理指数最大值和最小值。2004—2022 年，西北地区上市公司利益相关者治理指数从 51.44 增长到 67.55，增长幅度为 31.32%。而同期全国上市公司利益相关者治理指数从 51.12 增长到 68.13，增长幅度为 33.27%，表明西北地区上市公司利益相关者治理水平滞后于全国平均水平。

从利益相关者治理指数的变化趋势来看，西北地区上市公司利益相关者治理水平整体呈现增长趋势，在 2021—2022 年增长较快。其中 2021 年西北地区上市公司利益相关者治理协调程度分指数增长较大，是 2021 年西北地区上市公司利益相关者治理指数提升的主要原因。2022 年西北地区上市公司利益相关者治理参与程度分指数增长较大，是 2022 年西北地区上市公司利益相关者治理指数提升的主要原因。

在西北地区中，2004—2022年上市公司利益相关者治理指数平均值从高到低依次为陕西（57.80）、甘肃（57.79）、青海（57.58）、新疆（57.19）、宁夏（55.37），区域内部差异相对较小。2004—2022年，陕西上市公司利益相关者治理指数从49.46增长到68.69，增长幅度为38.88%，超过西北地区其他省份和自治区的改善幅度，对推动西北地区上市公司利益相关者治理改善贡献最大。民族区域自治地方利益相关者治理指数改善幅度相对较小，西北地区需要注重民族区域自治地方上市公司利益相关者治理，补足短板，提升地区整体利益相关者治理能力。西北地区上市公司利益相关者治理指数见表9-23。

表9-23 西北地区上市公司利益相关者治理指数分析

年份	全国	西北地区	陕西	甘肃	宁夏	青海	新疆
2003	57.04	58.29	57.43	61.40	54.20	56.42	59.99
2004	51.12	51.44	49.46	51.90	48.89	52.52	54.37
2005	50.95	51.70	50.85	52.30	48.31	54.11	52.69
2006	52.61	49.65	52.59	49.40	46.99	48.42	48.75
2007	53.08	52.49	52.93	53.69	51.91	53.74	51.02
2008	53.43	51.03	52.34	50.26	50.47	55.08	49.70
2009	52.94	49.37	48.21	47.39	53.58	50.51	49.59
2010	54.83	51.59	52.15	51.30	48.96	55.98	50.72
2011	56.47	54.07	53.57	54.67	57.99	53.52	53.26
2012	63.22	60.31	59.88	58.45	60.45	60.53	61.85
2013	61.46	60.08	62.27	58.85	55.91	55.51	61.03
2014	61.84	59.87	59.92	60.19	53.30	62.00	61.09
2015	62.51	61.47	60.44	65.53	57.93	62.51	60.83
2016	62.68	61.07	62.01	63.20	57.99	58.90	60.14
2017	62.92	60.88	61.53	63.77	59.51	58.80	59.32
2018	63.26	60.64	61.90	63.40	55.49	62.07	58.68
2019	63.00	60.69	62.20	61.19	56.45	60.67	60.10
2020	63.32	60.98	61.81	61.90	57.87	58.26	61.02
2021	66.42	64.88	65.39	64.01	62.92	65.16	65.30
2022	68.13	67.55	68.69	66.68	67.06	65.82	67.20

资料来源：南开大学公司治理数据库。

从西南地区来看，2004—2022年西南地区上市公司利益相关者治理指数平均值为57.87，低于同期全国上市公司治理指数平均值59.17。19年中，仅在2015年和2022年西南地区上市公司利益相关者治理指数高于全国上市公司利益相关者治理指数，其他年度均低于全国上市公司利益相关者治理指数,表明西南地区上市公司利益相关者治理指数处于全国较低水平。

从利益相关者治理指数增长幅度来看,2004—2022年西南地区上市公司利益相关者治理指数增长幅度为43.13%,超过同期全国上市公司利益相关者治理指数增长幅度33.27%。分省份来看,重庆上市公司利益相关者治理指数增长幅度为48.49%,贵州上市公司利益相关者治理指数增长幅度为35.25%,云南上市公司利益相关者治理指数增长幅度为34.91%,均超过全国增长幅度,走在区域前列,而西藏上市公司利益相关者治理指数平均值排名靠后,且提升幅度也处于西南地区末位。

西南地区上市公司利益相关者治理水平差异较大。云南和西藏之间的利益相关者治理指数平均值相差达到4.61,不同地区之间利益相关者治理指数最大值和最小值之间的差距达23.91。西南地区需要重点关注并推动西藏上市公司利益相关者治理水平提升。西南地区上市公司利益相关者治理指数见表9-24。

表9-24 西南地区上市公司利益相关者治理指数分析

年份	全国	西南地区	四川	贵州	云南	重庆	西藏
2003	57.04	55.63	54.13	58.32	57.25	54.52	62.30
2004	51.12	48.00	46.92	51.32	50.88	45.99	51.77
2005	50.95	47.59	46.23	49.14	51.98	45.50	50.64
2006	52.61	51.86	50.65	54.30	58.53	49.08	49.23
2007	53.08	50.74	49.21	55.52	52.27	51.64	48.08
2008	53.43	52.99	52.88	53.85	55.46	51.12	49.94
2009	52.94	51.00	50.97	53.38	56.54	46.56	47.06
2010	54.83	53.15	53.84	54.80	58.28	46.88	47.82
2011	56.47	56.16	57.14	57.77	58.10	51.60	53.32
2012	63.22	61.75	62.79	62.78	64.15	59.04	53.29
2013	61.46	59.74	60.89	60.37	59.86	57.91	54.35
2014	61.84	61.19	62.61	61.59	60.36	58.85	58.38
2015	62.51	62.54	62.20	63.93	65.18	62.15	56.68
2016	62.68	61.03	59.94	63.16	64.36	60.92	58.74
2017	62.92	60.97	61.13	63.01	62.11	59.28	58.89
2018	63.26	61.98	62.31	63.69	64.75	59.00	59.86
2019	63.00	62.45	62.79	61.55	62.80	61.40	63.85
2020	63.32	62.29	62.84	62.25	61.91	60.77	63.60
2021	66.42	65.39	66.04	66.68	64.68	65.55	59.94
2022	68.13	68.70	68.84	69.41	68.64	68.29	67.84

资料来源:南开大学公司治理数据库。

从经济区域来看，2004—2022年四大经济区域上市公司利益相关者治理指数平均值从高到低依次为东部经济区域（59.75）、中部经济区域（59.45）、西部经济区域（57.58）、东北经济区域（56.54）。区域分布呈现东部、中部较强，西部和东北偏弱的态势。区域之间的差异有所弱化，不同区域上市公司之间利益相关者治理指数的全距从2012年的5.45降低至2022年的3.57，2015年最低，仅为1.49，说明不同经济区域上市公司之间利益相关者治理趋同。从区域内部治理差异来看，2004—2022年西部经济区域上市公司利益相关者治理指数最大值和最小值之间的差异达到18.59，中部经济区域上市公司利益相关者治理指数最大值和最小值之间的差异达到17.68，区域内部协调性相对较差。东部经济区域上市公司利益相关者治理指数最大值和最小值之间的差异为16.38，处于四大经济区域的最低水平。从变化趋势来看，2004—2022年，东部经济区域上市公司利益相关者治理指数从51.80提升到68.10，提升幅度为31.47%；中部经济区域上市公司利益相关者治理指数从52.01提升到69.06，提升幅度为32.78%；西部经济区域上市公司利益相关者治理指数从49.50提升到68.05，提升幅度为37.47%；东北经济区域上市公司利益相关者治理指数从48.99提升到65.49，提升幅度为33.68%。西部经济区域上市公司利益相关者治理改善幅度最大。中国上市公司利益相关者治理指数分经济区域比较分析见表9-25。如图9-6所示，总体而言，东部优于中部，中部优于西部，西部优于东北。

表9-25　中国上市公司利益相关者治理指数分经济区域比较分析

年份	东部经济区域	中部经济区域	西部经济区域	东北经济区域
2003	56.84	58.45	56.74	56.60
2004	51.80	52.01	49.50	48.99
2005	51.72	51.38	49.46	48.99
2006	53.12	53.77	50.98	50.99
2007	53.70	53.51	51.53	52.04
2008	53.59	54.94	52.19	52.05
2009	53.69	54.13	50.57	51.08
2010	55.63	55.03	52.74	52.99
2011	57.19	56.99	54.74	52.05
2012	64.23	62.97	60.82	58.78
2013	62.36	60.65	59.71	57.72
2014	62.53	61.34	60.59	58.44
2015	62.85	61.90	62.00	61.36
2016	63.40	62.30	60.98	59.29
2017	63.65	62.64	60.77	60.00
2018	63.66	63.89	61.40	60.77
2019	63.43	62.92	61.59	60.51

(续)

年份	东部经济区域	中部经济区域	西部经济区域	东北经济区域
2020	63.85	63.71	61.50	59.01
2021	66.82	66.44	64.98	63.65
2022	68.10	69.06	68.05	65.49

资料来源：南开大学公司治理数据库。

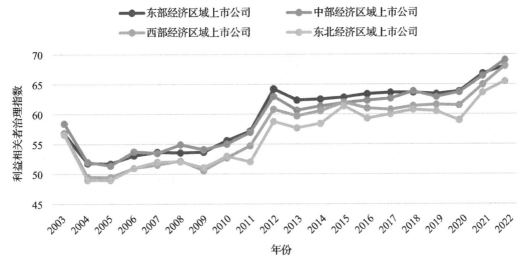

图 9-6　不同经济区域上市公司利益相关者治理指数趋势

资料来源：南开大学公司治理数据库。

作为我国经济增长活力较高的两大经济区域，2004—2022 年长三角上市公司数量从 276 家增加到 1634 家，增长了 4.92 倍。珠三角上市公司数量从 114 家增加到 691 家，增长了 5.06 倍，相比长三角增长更快。从利益相关者治理水平变化来看，2004—2022 年长三角上市公司利益相关者治理指数从 53.58 增长到 68.02，增幅为 26.95%。珠三角上市公司利益相关者治理指数从 47.46 增长到 68.24，增幅高达 43.78%，较长三角表现更优。2008 年、2011—2018 年、2020—2022 年，珠三角上市公司利益相关者治理指数均超过同期长三角上市公司，说明珠三角上市公司利益相关者治理措施不断健全，形成更具包容性的利益相关者关系。

随着《上市公司治理准则》（2018 修订）等顶层设计规则的不断完善，强化社会责任履行、保护自然环境等逐步成为上市公司治理的重要改革方向。长三角和珠三角上市公司在利益相关者治理指数上的差异呈现缩小趋势。2004—2017 年，长三角和珠三角上市公司利益相关者治理指数差异绝对值的平均值为 1.82，最大差异达到 6.12。2018—2022 年，长三角和珠三角上市公司利益相关者治理指数差异绝对值的平均值为 0.32，最大差异仅为 0.86。中国上市公司利益相关者治理指数特定区域分析见表 9-26。

从特定城市利益相关者治理平均值来看，2004—2022 年五大城市上市公司利益相关者治理指数平均值从高到低依次为广州市（60.26）、北京市（60.03）、杭州市（58.90）、深圳市（58.69）、上海市（58.38），广州市和北京市上市公司利益相关者治理表现较好，上海市上市公司利益相关者治理表现较差（见表9-27）。得益于深圳市、杭州市上市公司发挥后发优势，两个城市的上市公司利益相关者治理水平显著提升。2004—2022年，深圳市上市公司利益相关者治理指数从45.03增长到68.19，增幅高达51.43%，排名亦由第5位上升到第2位。

表9-26 中国上市公司利益相关者治理指数特定区域分析

年份	长三角上市公司样本数量	长三角上市公司治理指数	珠三角上市公司样本数量	珠三角上市公司治理指数
2003	222	58.35	—	—
2004	276	53.58	114	47.46
2005	311	52.55	121	50.36
2006	307	53.14	115	51.51
2007	273	53.81	123	53.13
2008	303	53.31	101	55.10
2009	314	54.49	124	50.11
2010	418	56.22	172	54.53
2011	541	56.98	245	57.37
2012	674	64.37	300	65.94
2013	714	62.50	325	63.05
2014	714	62.62	322	63.46
2015	762	62.47	343	63.14
2016	835	62.97	369	64.47
2017	929	63.35	418	64.76
2018	1122	63.59	505	63.66
2019	1168	63.43	524	63.30
2020	1239	63.54	552	64.40
2021	1403	66.67	607	67.00
2022	1634	68.02	691	68.24

资料来源：南开大学公司治理数据库。

如图9-7所示，从其他城市上市公司利益相关者治理水平变化趋势来看，2004—2022年北京市上市公司利益相关者治理指数从54.26提升到68.19，提升幅度为25.67%；上海市上市公司利益相关者治理指数从52.27提升到68.07，提升幅度为30.23%；广州市上市公司利益相关者治理指数从52.55提升到69.38，提升幅度为32.03%；杭州市上市公司利益相关者治理指数从50.55提升到67.55，提升幅度为33.63%。北京市和上海市上市公司利益相关者治理改善幅度较小，领先优势缩小。从城市之间的差异来看，不同城市之间利益相关者治理指数之间的最大差异绝对值从 2004 年的 9.23 降低至 2022 年的 1.83，在 2019 年最低，只有 1.09。

表 9-27　中国上市公司利益相关者治理指数特定城市分析

年份	北京市	上海市	广州市	深圳市	杭州市
2003	58.69	56.40	—	—	—
2004	54.26	52.27	52.55	45.03	50.55
2005	51.43	50.58	53.64	48.79	50.13
2006	53.88	53.60	51.20	50.56	50.53
2007	53.85	52.06	54.35	51.75	51.65
2008	53.15	51.35	53.50	55.17	51.32
2009	55.63	53.35	54.92	46.15	52.43
2010	56.52	54.11	55.11	52.91	54.66
2011	57.71	54.65	57.05	56.40	58.91
2012	61.76	59.70	66.86	65.68	64.73
2013	62.66	59.14	61.78	63.11	63.03
2014	63.22	59.82	62.20	63.09	61.75
2015	63.20	60.16	65.54	61.64	61.53
2016	63.32	63.16	63.05	64.62	62.15
2017	63.36	61.96	63.74	64.68	63.39
2018	63.61	62.76	64.09	62.96	62.31
2019	63.33	62.87	63.88	62.79	63.38
2020	64.29	62.81	64.51	64.49	63.46
2021	67.19	66.88	67.58	67.01	65.61
2022	68.19	68.07	69.38	68.19	67.55

资料来源：南开大学公司治理数据库。

从利益相关者治理指数平均值来看，2004—2022 年北京市上市公司利益相关者治理指数平均值为 60.03，高于全国上市公司利益相关者治理指数平均值 59.17（见表 9-28）。2004—2022 年，北京市上市公司利益相关者治理指数从 54.26 提升到 68.19，提升幅度为 25.67%，低于同期全国上市公司治理指数增长幅度 33.27%，表明北京市上市公司利益相关者治理水平的变化较小。

如图 9-8 所示，北京市上市公司利益相关者治理参与程度分指数增长较快，而协调程度分指数增长则相对缓慢。2004—2022 年，北京市上市公司利益相关者治理参与程度分指数从 43.11 提升到 63.56，提升幅度为 47.44%；同期协调程度分指数从 67.89 提升到 73.85，提升幅度仅为 8.78%。利益相关者治理协调程度改善幅度不足是北京市上市公司利益相关者治理能力提升的主要瓶颈。

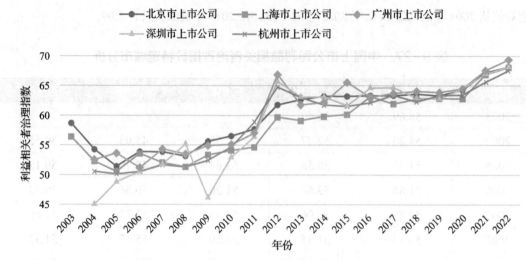

图9-7 特定城市上市公司利益相关者治理指数趋势

资料来源：南开大学公司治理数据库。

表9-28 北京市上市公司利益相关者治理分指数统计分析

年份	利益相关者治理	参与程度	协调程度
2003	58.69	—	—
2004	54.26	43.11	67.89
2005	51.43	39.07	66.54
2006	53.88	41.55	68.96
2007	53.85	43.37	66.68
2008	53.15	41.95	66.85
2009	55.63	45.78	67.67
2010	56.52	46.07	69.31
2011	57.71	48.36	69.13
2012	61.76	49.63	76.61
2013	62.66	50.83	77.13
2014	63.22	51.78	77.22
2015	63.20	50.83	78.30
2016	63.32	50.39	78.49
2017	63.36	51.95	77.32
2018	63.61	53.39	76.12
2019	63.33	55.43	73.00
2020	64.29	62.42	66.57

(续)

年份	利益相关者治理	参与程度	协调程度
2021	67.19	60.55	75.30
2022	68.19	63.56	73.85

资料来源：南开大学公司治理数据库。

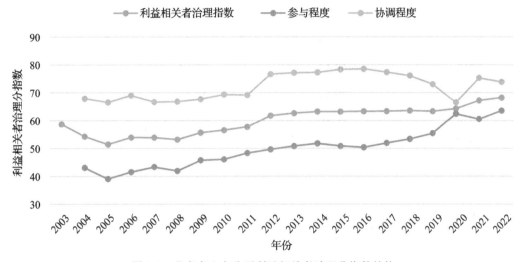

图 9-8 北京市上市公司利益相关者治理分指数趋势

资料来源：南开大学公司治理数据库。

2004—2022 年，上海市上市公司利益相关者治理指数平均值为 58.38，低于全国上市公司利益相关者治理指数平均值 59.17（见表 9-29）。2004—2022 年，上海市上市公司利益相关者治理指数从 52.27 提升到 68.07，提升幅度为 30.23%，低于同期全国上市公司治理指数增长幅度 33.27%，表明上海市上市公司利益相关者治理水平的变化较小。

如图 9-9 所示，上海市上市公司利益相关者治理参与程度分指数增长较快，而协调程度分指数增长则相对缓慢。2004—2022 年，上海市上市公司利益相关者治理参与程度分指数从 40.06 提升到 61.71，提升幅度为 54.04%。同期上海市上市公司利益相关者治理协调程度分指数从 67.18 提升到 75.84，提升幅度为 12.89%。通过与全国平均增幅相比较，发现利益相关者参与程度改善幅度不足制约着上海市上市公司利益相关者治理能力的提升。

表 9-29 上海市上市公司利益相关者治理分指数统计分析

年份	利益相关者治理	参与程度	协调程度
2003	56.40	—	—
2004	52.27	40.06	67.18
2005	50.58	40.90	62.41
2006	53.60	40.34	69.79

(续)

年份	利益相关者治理	参与程度	协调程度
2007	52.06	42.71	63.51
2008	51.35	40.24	64.95
2009	53.35	45.04	63.51
2010	54.11	45.09	65.15
2011	54.65	45.24	66.15
2012	59.70	45.41	77.18
2013	59.14	45.59	75.72
2014	59.82	45.26	77.63
2015	60.16	46.33	77.08
2016	63.16	50.82	77.65
2017	61.96	50.17	76.39
2018	62.76	51.73	76.26
2019	62.87	54.48	73.14
2020	62.81	60.27	65.93
2021	66.88	59.38	76.05
2022	68.07	61.71	75.84

资料来源：南开大学公司治理数据库。

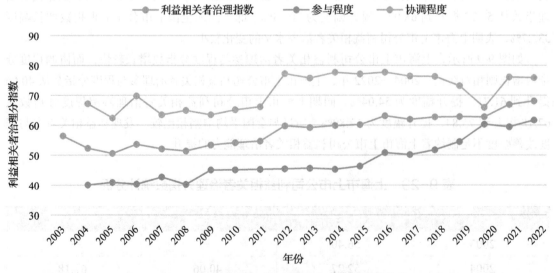

图 9-9　上海市上市公司利益相关者治理分指数趋势

资料来源：南开大学公司治理数据库。

2004—2022 年广州市上市公司利益相关者治理指数平均值为 60.26，高于全国上市公司利益相关者治理指数平均值 59.17（见表 9-30）。2004—2022 年广州市上市公司利益相关者治理指数从 52.55 提升到 69.38，提升幅度为 32.03%，高于北京市和上海市的提升幅度，表明广州市上市公司利益相关者治理指数提升较快。

如图 9-10 所示，广州市上市公司利益相关者治理参与程度分指数增长较快，而协调程度分指数增长则相对缓慢。2004—2022 年广州市上市公司利益相关者治理参与程度分指数从 37.19 提升到 66.11，提升幅度为 77.76%，远超同期北京市和上海市的改善幅度。广州市上市公司利益相关者治理协调程度分指数从 71.32 提升到 73.38，提升幅度为 2.89%。利益相关者治理参与程度改善是广州市上市公司利益相关者治理能力提升的主要因素。

表 9-30　广州市上市公司利益相关者治理分指数统计分析

年份	利益相关者治理	参与程度	协调程度
2003	—	—	—
2004	52.55	37.19	71.32
2005	53.64	43.82	65.65
2006	51.20	46.22	57.30
2007	54.35	43.92	67.11
2008	53.50	46.38	62.20
2009	54.92	48.19	63.15
2010	55.11	50.35	60.94
2011	57.05	50.82	64.67
2012	66.86	59.13	76.32
2013	61.78	49.50	76.79
2014	62.20	50.42	76.60
2015	65.54	55.26	78.11
2016	63.05	51.00	77.21
2017	63.74	52.77	77.15
2018	64.09	53.16	77.46
2019	63.88	56.47	72.93
2020	64.51	65.05	63.86
2021	67.58	61.56	74.94
2022	69.38	66.11	73.38

资料来源：南开大学公司治理数据库。

2004—2022 年，深圳市上市公司利益相关者治理指数平均值为 58.69，低于全国上市公司利益相关者治理指数平均值 59.17（见表 9-31）。2004—2022 年，深圳市上市公司利益相关者治理指数从 45.03 提升到 68.19，提升幅度为 51.43%，高于北京市、上海市、广州市和杭州市的提升幅度，表明深圳市在推进公司治理改革、提升上市公司可持续发展中表现出色，上市公司在利益相关者治理方面提升较快。

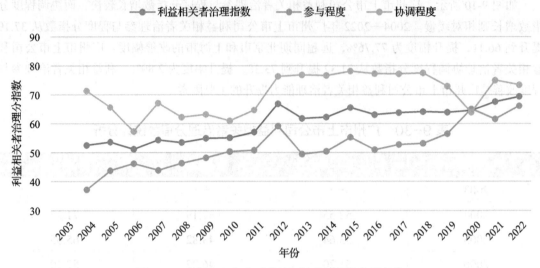

图 9-10　广州市上市公司利益相关者治理分指数趋势

资料来源：南开大学公司治理数据库。

如图 9-11 所示，深圳市上市公司利益相关者治理参与程度分指数增长较快，而协调程度分指数增长则相对较慢。2004—2022 年，深圳市上市公司利益相关者治理参与程度分指数从 34.83 提升到 65.54，提升幅度为 88.17%，超过同期北京市、上海市、广州市和杭州市上市公司利益相关者治理参与程度分指数的提升幅度。深圳市上市公司利益相关者协调程度分指数从 57.50 提升到 71.43，提升幅度为 24.23%，超过同期北京市、上海市、广州市和杭州市利益相关者治理协调程度的提升幅度。可见深圳市上市公司利益相关者治理在参与程度和协调程度方面均有较大程度的改善，公司治理发展的协调性更好。

表 9-31　深圳市上市公司利益相关者治理分指数统计分析

年份	利益相关者治理	参与程度	协调程度
2003	—	—	—
2004	45.03	34.83	57.50
2005	48.79	40.77	58.61
2006	50.56	52.18	48.59
2007	51.75	46.00	58.80
2008	55.17	50.39	61.02
2009	46.15	38.38	55.65

(续)

年份	利益相关者治理	参与程度	协调程度
2010	52.91	45.33	62.19
2011	56.40	48.22	66.41
2012	65.68	58.14	74.90
2013	63.11	53.65	74.65
2014	63.09	53.86	74.39
2015	61.64	50.64	75.09
2016	64.62	54.19	76.86
2017	64.68	55.26	76.19
2018	62.96	53.50	74.53
2019	62.79	56.66	70.29
2020	64.49	65.07	63.78
2021	67.01	62.41	72.65
2022	68.19	65.54	71.43

资料来源：南开大学公司治理数据库。

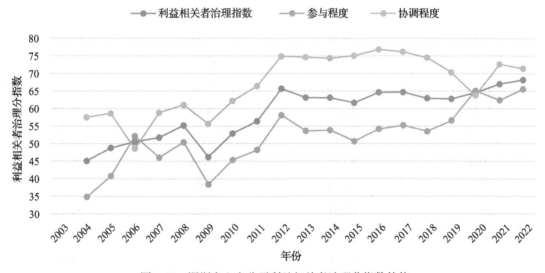

图 9-11　深圳市上市公司利益相关者治理分指数趋势

资料来源：南开大学公司治理数据库。

2004—2022 年杭州市上市公司利益相关者治理指数平均值为 58.90，低于全国上市公司利益相关者治理指数平均值 59.17（见表 9-32）。2004—2022 年杭州市上市公司利益相关者治理指数从 50.55 提升到 67.55，提升幅度为 33.63%，高于北京市、上海市和广州市，仅次于深圳市上市公司利益相关者治理指数的提升幅度，表明杭州市上市公司重视增强同利益相关者之间的关系协调，公司包容性发展能力较强。

如图9-12所示，杭州市上市公司利益相关者治理参与程度分指数增长较快，而协调程度分指数增长则相对缓慢。2004—2022年杭州市上市公司利益相关者治理参与程度分指数从38.79提升到62.34，提升幅度为60.71%，超过同期北京市和上海市上市公司利益相关者治理参与程度分指数的提升幅度。利益相关者协调程度分指数从64.92提升到73.93，提升幅度为13.88%，超过同期北京市、上海市和广州市利益相关者治理协调程度分指数的提升幅度，表明杭州市上市公司利益相关者治理在参与程度和协调程度方面均有较大程度的改善，公司治理发展的协调性较好。

表9-32 杭州市上市公司利益相关者治理分指数统计分析

年份	利益相关者治理	参与程度	协调程度
2003	—	—	—
2004	50.55	38.79	64.92
2005	50.13	37.72	65.32
2006	50.53	37.34	66.65
2007	51.65	39.89	66.04
2008	51.32	40.24	64.87
2009	52.43	43.00	63.98
2010	54.66	47.32	63.64
2011	58.91	52.78	66.41
2012	64.73	54.70	76.99
2013	63.03	51.62	77.00
2014	61.75	49.18	77.13
2015	61.53	49.35	76.43
2016	62.15	49.74	76.72
2017	63.39	51.95	77.39
2018	62.31	49.96	77.41
2019	63.38	54.95	73.69
2020	63.46	62.20	65.01
2021	65.61	58.34	74.51
2022	67.55	62.34	73.93

资料来源：南开大学公司治理数据库。

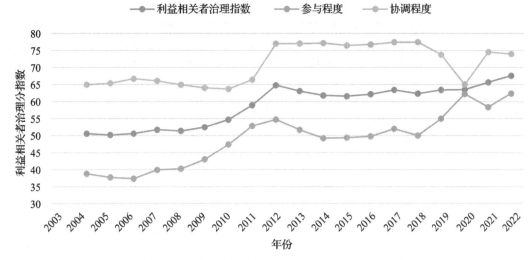

图 9-12　杭州市上市公司利益相关者治理分指数趋势

资料来源：南开大学公司治理数据库。

第四节　中国上市公司利益相关者治理分行业分析

一、中国上市公司利益相关者治理指数分行业比较分析

鉴于行业划分标准的变化，中国上市公司利益相关者治理指数分行业比较分为两个阶段，一是 2004—2015 年，二是 2016—2022 年。2004—2015 年，13 个行业利益相关者治理指数均有提升。金融、保险业，制造业以及采掘业的提升幅度位列前三，分别提升 15.21、11.96 和 11.89，金融、保险业的提升幅度显著高于其他行业；批发和零售贸易，电力、煤气及水的生产和供应业以及传播与文化产业提升幅度较小，分别提升了 8.21、8.86 和 8.87。2003—2015 年中国上市公司利益相关者治理指数分行业比较分析见表 9-33、表 9-34。

从行业年度平均角度看，2004—2015 年，采掘业，交通运输、仓储业以及制造业表现最好，平均值分别为 58.82、58.15 和 56.84；批发和零售贸易，金融、保险业以及综合类表现较差，平均值分别为 52.83、52.91 和 53.22。

表 9-33　中国上市公司利益相关者治理指数分行业比较分析：2003—2008 年

行业	2003 年	2004 年	2005 年	2006 年	2007 年	2008 年
采掘业	60.04	51.32	49.94	70.45	54.42	54.54
传播与文化产业	51.49	52.58	53.56	56.79	51.70	50.35
电力、煤气及水的生产和供应业	58.21	51.32	50.88	53.25	53.04	52.47
房地产业	53.99	49.83	49.66	50.17	53.69	52.55
建筑业	58.13	50.91	49.28	53.56	49.77	53.93

(续)

行业	2003年	2004年	2005年	2006年	2007年	2008年
交通运输、仓储业	56.11	52.38	53.09	58.40	57.74	53.15
金融、保险业	54.01	51.31	43.06	24.06	50.71	52.82
农、林、牧、渔业	55.32	50.26	53.89	54.27	53.69	51.76
批发和零售贸易	57.33	50.12	50.58	52.06	50.56	50.40
社会服务业	59.19	51.04	52.33	48.73	51.19	54.00
信息技术业	58.34	51.79	51.63	52.06	52.00	51.58
制造业	57.62	51.37	50.88	52.20	53.57	54.41
综合类	52.40	49.12	50.34	50.59	50.19	51.28

资料来源：南开大学公司治理数据库。

表9-34 中国上市公司利益相关者治理指数分行业比较分析：2009—2015年

行业	2009年	2010年	2011年	2012年	2013年	2014年	2015年
采掘业	57.64	61.86	59.40	59.71	60.86	62.54	63.21
传播与文化产业	53.95	57.59	58.54	61.18	59.94	60.19	61.44
电力、煤气及水的生产和供应业	54.11	55.67	53.67	58.92	57.61	58.27	60.18
房地产业	50.73	52.01	52.08	56.04	55.18	57.67	59.61
建筑业	55.14	54.41	57.07	62.80	63.15	64.47	62.18
交通运输、仓储业	58.36	59.80	58.57	60.85	60.34	62.34	62.74
金融、保险业	51.94	56.33	56.90	59.53	60.26	61.46	66.52
农、林、牧、渔业	51.54	51.51	57.13	62.29	63.53	63.57	61.62
批发和零售贸易	48.16	49.11	50.62	59.16	55.83	59.04	58.33
社会服务业	52.99	54.25	56.82	61.98	61.52	62.12	61.45
信息技术业	51.77	53.88	56.60	65.96	63.57	62.11	61.93
制造业	53.54	55.33	57.41	64.89	62.61	62.52	63.33
综合类	49.44	52.66	52.33	56.79	56.10	58.92	60.90

资料来源：南开大学公司治理数据库。

2016—2022年，19个行业中有18个行业实现提升。住宿和餐饮业、综合，以及采矿业上市公司利益相关者治理指数的提升幅度位列前三，分别提升10.90、7.73和7.71；卫生和社会工作，农、林、牧、渔业以及科学研究和技术服务业上市公司利益相关者治理指数提升幅度较小，分别提升0.64、2.09和2.59；未实现提升的行业较为特殊，为居民服务、修理和其他服务业，该行业自2020年起才有样本，且仅有1家。2016—2022年中国上市公司利益相关者治理指数分行业比较分析见表9-35。

从行业年度平均角度看，2016—2022年，卫生和社会工作，金融业以及教育表现最好，利益相关者治理指数平均值分别为66.63、65.20和65.09。其中，卫生和社会工作以及教育是采用新行业分类标准后新增的，卫生和社会工作上市公司利益相关者治理指数提升幅度很小，但整体表现仍列第一，金融业继承了2004—2015年大幅提升的成果。综合，居民服务、修理和其他服务业以及住宿和餐饮业表现较差，利益相关者治理指数平均值分别为58.55、59.70和60.16。住宿和餐饮业以及综合上市公司利益相关者治理指数提升幅度最大，但整体表现仍较差。

表9-35 中国上市公司利益相关者治理指数分行业比较分析：2016—2022年

行业	2016年	2017年	2018年	2019年	2020年	2021年	2022年
采矿业	59.55	59.55	61.87	58.73	58.81	63.97	67.26
电力、热力、燃气及水生产和供应业	61.00	60.34	60.43	61.40	60.00	64.84	66.57
房地产业	59.10	58.25	58.20	59.66	60.23	63.17	66.39
建筑业	60.64	59.89	61.29	60.38	60.23	64.27	66.17
交通运输、仓储和邮政业	64.98	63.44	64.12	63.08	63.65	66.76	69.13
教育	62.30	64.36	62.50	64.92	64.71	68.76	68.11
金融业	64.65	65.20	62.53	64.50	64.39	66.05	69.09
居民服务、修理和其他服务业	—	—	—	—	64.60	57.44	57.05
科学研究和技术服务业	65.82	63.43	62.99	62.50	63.85	66.60	68.41
农、林、牧、渔业	63.61	62.30	63.59	62.40	62.35	66.30	65.70
批发和零售业	60.11	59.07	59.60	61.22	60.38	63.46	66.06
水利、环境和公共设施管理业	63.77	63.77	63.96	64.08	63.85	66.60	67.79
卫生和社会工作	69.32	70.16	62.81	62.80	63.32	68.07	69.96
文化、体育和娱乐业	62.65	61.40	62.02	62.05	62.02	64.51	66.28
信息传输、软件和信息技术服务业	63.95	63.76	64.07	63.24	63.06	65.79	67.80
制造业	63.24	63.93	64.13	63.70	64.25	67.19	68.57
住宿和餐饮业	56.44	57.13	59.02	59.25	59.53	62.40	67.34
综合	57.95	55.98	58.17	58.23	54.07	59.74	65.68
租赁和商务服务业	60.13	60.64	61.64	60.31	61.35	64.04	66.51

资料来源：南开大学公司治理数据库。

二、中国上市公司利益相关者治理分指数分行业比较分析

(一) 参与程度分指数分析

2004—2015年,13个行业参与程度分指数均值均有提升。采掘业,农、林、牧、渔业以及制造业上市公司利益相关者治理参与程度分指数的提升幅度位列前三,分别提升了20.67、14.88和14.27,采掘业上市公司利益相关者治理参与程度分指数提升幅度显著高于其他行业;传播与文化产业,房地产业以及金融、保险业上市公司利益相关者治理参与程度分指数提升幅度较小,分别提升了5.70、8.89和9.28,传播与文化产业上市公司利益相关者治理参与程度分指数提升幅度显著小于其他行业。2003—2015年中国上市公司利益相关者治理参与程度分指数分行业比较分析见表9-36、表9-37。

从行业年度平均角度看,2004—2015年,建筑业,传播与文化产业以及交通运输、仓储业上市公司的参与程度分指数表现最好,平均值分别为47.74、47.38和46.62;电力、煤气及水的生产和供应业,批发和零售贸易以及综合类上市公司的参与程度分指数表现较差,平均值分别为41.51、42.34和42.52。

表9-36 中国上市公司利益相关者治理参与程度分指数分行业比较分析:2003—2008年

行业	2003年	2004年	2005年	2006年	2007年	2008年
采掘业	47.26	32.52	33.82	62.24	42.61	42.76
传播与文化产业	47.99	43.03	46.58	47.48	40.54	41.07
电力、煤气及水的生产和供应业	44.25	34.77	36.25	43.31	39.89	38.93
房地产业	47.21	38.39	37.97	43.60	42.85	43.44
建筑业	50.03	37.94	37.66	46.72	41.75	46.89
交通运输、仓储业	43.71	39.13	40.92	48.64	47.08	43.39
金融、保险业	52.75	42.84	44.58	30.00	46.53	46.97
农、林、牧、渔业	46.86	35.65	39.54	43.34	46.69	42.28
批发和零售贸易	47.11	37.28	41.75	40.48	41.17	42.38
社会服务业	48.85	36.72	41.59	39.50	43.18	46.77
信息技术业	50.99	39.25	41.14	40.89	44.11	42.89
制造业	48.38	37.42	38.15	42.00	43.11	43.88
综合类	46.06	36.94	39.64	42.57	41.20	41.87

资料来源:南开大学公司治理数据库。

表9-37 中国上市公司利益相关者治理参与程度分指数分行业比较分析:2009—2015年

行业	2009年	2010年	2011年	2012年	2013年	2014年	2015年
采掘业	49.39	53.60	49.55	45.92	45.24	48.04	53.19

(续)

行业	2009年	2010年	2011年	2012年	2013年	2014年	2015年
传播与文化产业	48.32	51.53	53.15	50.50	50.16	47.49	48.73
电力、煤气及水的生产和供应业	42.21	43.71	43.18	42.78	42.09	42.33	48.62
房地产业	43.66	43.46	43.21	42.68	42.28	44.21	47.28
建筑业	47.97	48.04	51.27	54.99	52.50	55.17	51.96
交通运输、仓储业	50.36	51.05	48.58	46.37	46.46	48.62	48.85
金融、保险业	45.14	46.16	46.67	46.93	45.95	45.52	52.12
农、林、牧、渔业	43.49	41.54	47.51	50.69	51.67	53.64	50.53
批发和零售贸易	39.39	40.91	41.77	47.46	42.57	46.24	46.66
社会服务业	46.85	46.53	49.35	51.37	49.60	51.37	50.90
信息技术业	43.94	44.87	48.67	57.02	53.76	50.57	49.69
制造业	43.84	45.65	48.64	54.22	49.76	50.08	51.69
综合类	41.70	46.19	42.65	41.55	40.84	44.83	50.23

资料来源：南开大学公司治理数据库。

2016—2022年，19个行业上市公司利益相关者治理参与程度分指数均实现提升。住宿和餐饮业，租赁和商务服务业以及房地产业上市公司利益相关者治理参与程度分指数的提升幅度位列前三，分别提升18.34、16.92和15.40；居民服务、修理和其他服务业，教育以及科学研究和技术服务业上市公司利益相关者治理参与程度分指数提升幅度较小，分别提升1.00、7.08和9.34。2016—2022年中国上市公司利益相关者治理参与程度分指数分行业比较分析见表9-38。

从行业年度平均角度看，2016—2022年，教育，卫生和社会工作以及信息传输、软件和信息技术服务业表现最好，参与程度分指数平均值分别为62.18、60.79和58.50，教育参与程度分指数提升幅度较小，但整体表现位列第一；综合，居民服务、修理和其他服务业以及房地产业表现较差，参与程度分指数平均值分别为50.93、52.50和53.29。

表9-38　中国上市公司利益相关者治理参与程度分指数分行业比较分析：2016—2022年

行业	2016年	2017年	2018年	2019年	2020年	2021年	2022年
采矿业	48.80	48.43	52.29	51.96	59.01	57.49	62.97
电力、热力、燃气及水生产和供应业	48.52	47.59	49.72	52.71	58.52	56.85	60.20
房地产业	48.41	46.50	46.86	52.69	58.02	56.73	63.81
建筑业	49.79	48.44	52.38	55.39	61.87	60.37	65.14

(续)

行业	2016年	2017年	2018年	2019年	2020年	2021年	2022年
交通运输、仓储和邮政业	53.35	51.51	53.35	54.09	62.84	59.26	63.46
教育	60.00	52.40	58.00	62.67	67.44	67.69	67.08
金融业	51.06	52.63	51.52	55.59	61.63	60.61	63.26
居民服务、修理和其他服务业	—	—	—	—	56.50	43.50	57.50
科学研究和技术服务业	54.38	52.93	51.56	54.04	63.48	60.28	63.72
农、林、牧、渔业	52.95	51.96	53.67	55.92	63.57	61.37	62.48
批发和零售业	48.94	48.73	49.54	54.70	59.65	56.97	62.03
水利、环境和公共设施管理业	48.72	49.41	50.45	54.47	61.00	58.94	63.33
卫生和社会工作	59.20	59.20	50.39	55.28	67.29	64.92	69.25
文化、体育和娱乐业	51.53	51.89	50.50	54.59	63.65	60.21	63.84
信息传输、软件和信息技术服务业	52.91	54.51	55.46	56.25	62.98	61.46	65.96
制造业	50.52	51.81	52.58	55.32	62.02	60.26	63.44
住宿和餐饮业	45.27	50.69	53.50	54.72	65.50	58.60	63.61
综合	45.02	44.30	48.13	51.38	54.48	54.09	59.11
租赁和商务服务业	48.97	53.10	54.40	54.60	64.09	62.19	65.89

资料来源：南开大学公司治理数据库。

（二）协调程度分指数分析

2004—2015 年，13 个行业协调程度分指数均有提升。金融、保险业，传播与文化产业以及交通运输、仓储业上市公司协调程度分指数的提升幅度位列前三，分别提升 22.47、12.75 和 11.17，金融、保险业上市公司协调程度分指数提升幅度显著高于其他行业，助力金融、保险业利益相关者治理整体水平实现巨大提升；采掘业，电力、煤气及水的生产和供应业以及社会服务业上市公司协调程度分指数提升幅度较小，分别提升 1.16、2.78 和 5.80，采掘业以及电力、煤气及水的生产和供应业上市公司协调程度分指数提升幅度显著小于其他行业。2003—2015 年中国上市公司利益相关者治理协调程度分指数分行业比较分析见表 9-39、表 9-40。

从行业年度平均角度看，2004—2015 年，采掘业，交通运输、仓储业以及电力、煤气及水的生产和供应业上市公司表现最好，协调程度分指数的平均值分别为 73.81、72.25 和 71.39；金融、保险业，批发和零售贸易以及房地产业上市公司表现较差，协调程度分指数的平均值分别为 62.63、65.66 和 66.13。金融、保险业提升幅度最高，年均表现却最差，原因是在 2007 年前未全面评价金融、保险业，2006 年只有 1 个金融、保险业样本且协调程度分指数接近当年最小值。

表 9-39　中国上市公司利益相关者治理协调程度分指数分行业比较分析：
2003—2008 年

行业	2003 年	2004 年	2005 年	2006 年	2007 年	2008 年
采掘业	70.69	74.30	69.67	80.48	68.86	68.95
传播与文化产业	54.40	64.25	62.10	68.17	65.34	61.70
电力、煤气及水的生产和供应业	69.85	71.54	68.77	65.39	69.13	69.02
房地产业	59.65	63.83	63.96	58.21	66.95	63.69
建筑业	64.88	66.77	63.48	61.92	59.57	62.54
交通运输、仓储业	66.45	68.57	67.98	70.32	70.77	65.10
金融、保险业	55.06	61.67	41.20	16.80	55.83	59.98
农、林、牧、渔业	62.38	68.11	71.44	67.64	62.26	63.36
批发和零售贸易	65.86	65.80	61.38	66.21	62.05	60.21
社会服务业	67.82	68.56	65.46	60.01	60.99	62.86
信息技术业	64.46	67.13	64.46	65.72	61.65	62.20
制造业	65.32	68.42	66.45	64.67	66.37	67.29
综合类	57.68	64.00	63.43	60.40	61.19	62.80

资料来源：南开大学公司治理数据库。

表 9-40　中国上市公司利益相关者治理协调程度分指数分行业比较分析：
2009—2015 年

行业	2009 年	2010 年	2011 年	2012 年	2013 年	2014 年	2015 年
采掘业	67.72	71.96	71.45	76.59	79.97	80.28	75.46
传播与文化产业	60.84	64.99	65.14	74.24	71.89	75.73	77.00
电力、煤气及水的生产和供应业	68.67	70.31	66.50	78.68	76.59	77.78	74.32
房地产业	59.39	62.48	62.92	72.39	70.95	74.13	74.69
建筑业	63.91	62.19	64.16	72.35	76.17	75.84	74.67
交通运输、仓储业	68.15	70.52	70.79	78.56	77.32	79.13	79.74
金融、保险业	60.25	68.76	69.42	74.95	77.64	80.95	84.14

(续)

行业	2009年	2010年	2011年	2012年	2013年	2014年	2015年
农、林、牧、渔业	61.38	63.71	68.90	76.48	78.04	75.71	75.19
批发和零售贸易	58.90	59.14	61.44	73.48	72.06	74.69	72.60
社会服务业	60.49	63.69	65.96	74.95	76.10	75.27	74.36
信息技术业	61.35	64.89	66.30	76.91	75.57	76.23	76.85
制造业	65.41	67.17	68.13	77.94	78.34	77.75	77.58
综合类	58.91	60.58	64.18	75.43	74.76	76.16	73.96

资料来源：南开大学公司治理数据库。

2016—2022年，19个行业中仅有4个行业实现提升。教育、住宿和餐饮业，以及综合上市公司利益相关者治理协调程度分指数的提升幅度位列前三，分别提升4.38、2.34和0.59；居民服务、修理和其他服务业、卫生和社会工作以及水利、环境和公共设施管理业上市公司利益相关者治理协调程度分指数下降幅度较大，分别下降18.00、10.38和8.20。2016—2022年中国上市公司利益相关者治理协调程度分指数分行业比较分析见表9-41。

从行业年度平均角度看，2016—2022年，水利、环境和公共设施管理业，金融业以及制造业上市公司表现最好，利益相关者治理协调程度分指数平均值分别为76.52、75.61和75.23，水利、环境和公共设施管理业上市公司利益相关者治理协调程度分指数下降幅度较大，但整体排名仍列第一；住宿和餐饮业、租赁和商务服务业以及综合上市公司表现较差，利益相关者治理协调程度分指数平均值分别为65.18、67.49和67.77，住宿和餐饮业以及综合是少数实现提升的行业，但整体排名仍列尾部。

表9-41 中国上市公司利益相关者治理协调程度分指数分行业比较分析：2016—2022年

行业	2016年	2017年	2018年	2019年	2020年	2021年	2022年
采矿业	72.16	73.15	73.60	67.01	58.57	71.91	72.51
电力、热力、燃气及水生产和供应业	75.65	75.94	73.53	72.03	61.80	74.61	74.36
房地产业	71.65	72.63	72.08	68.18	62.92	71.04	69.54
建筑业	73.37	73.89	72.19	66.48	58.23	69.04	67.43
交通运输、仓储和邮政业	78.64	78.03	77.29	74.09	64.64	75.93	76.05
教育	65.00	79.00	68.00	67.67	61.38	70.06	69.38
金融业	80.60	80.57	76.00	75.40	67.77	72.69	76.22
居民服务、修理和其他服务业	—	—	—	—	74.50	74.50	56.50

(续)

行业	2016年	2017年	2018年	2019年	2020年	2021年	2022年
科学研究和技术服务业	79.24	76.26	76.98	72.85	64.30	74.34	74.14
农、林、牧、渔业	76.11	74.96	75.74	70.33	60.85	72.32	69.63
批发和零售业	73.22	71.73	71.90	69.20	61.28	71.39	70.98
水利、环境和公共设施管理业	81.44	81.33	80.48	75.85	67.33	75.98	73.24
卫生和社会工作	81.20	83.57	78.00	72.00	58.46	71.92	70.82
文化、体育和娱乐业	75.70	73.04	76.12	71.19	60.03	69.76	69.27
信息传输、软件和信息技术服务业	76.91	75.07	74.61	71.79	63.16	71.10	70.05
制造业	78.17	78.75	78.25	73.95	66.97	75.68	74.84
住宿和餐饮业	69.55	65.00	65.78	64.78	52.22	67.05	71.89
综合	73.12	70.26	70.46	66.63	53.57	66.66	73.71
租赁和商务服务业	73.24	69.86	70.49	67.29	58.00	66.29	67.27

资料来源：南开大学公司治理数据库。

三、各行业中国上市公司利益相关者治理指数具体分析

（一）金融业上市公司利益相关者治理指数分析

自2008年起，南开大学中国公司治理研究院公司治理评价课题组开始全面分析金融机构治理状况，2007年以前样本有缺失。2008—2022年，金融业上市公司利益相关者治理指数平均值由52.82增至69.09，提升了16.27，最小值和最大值分别提升了9.17和24.82，呈"升–降–升"且总体上升趋势。2008—2014年，金融、保险业在行业中的排名从第6名降至第8名；2015年，金融、保险业则出现大幅提升，突然跃升至第1名；2016—2022年，金融业在第2～8名之间波动，其中在2022年排第3名，7年间共有4次排名前三，平均排名4.29，可见其利益相关者治理水平在各行业中处于较高位置。金融业上市公司利益相关者治理指数统计分析见表9-42。

表9-42 金融业上市公司利益相关者治理指数统计分析

年份	平均值	中位数	标准差	全距	最小值	最大值
2003	54.01	—	9.09	27.05	43.83	70.88
2004	51.31	50.39	10.45	33.64	34.64	68.28

(续)

年份	平均值	中位数	标准差	全距	最小值	最大值
2005	43.06	42.89	9.63	29.61	24.80	54.41
2006	24.06	24.06	0.00	0.00	24.06	24.06
2007	50.71	53.28	10.41	32.60	32.19	64.79
2008	52.82	52.61	8.94	32.22	35.46	67.68
2009	51.94	52.14	9.11	42.96	36.68	79.64
2010	56.33	53.38	11.30	48.90	38.78	87.68
2011	56.90	55.31	12.73	53.04	34.08	87.12
2012	59.53	58.59	8.60	36.03	40.17	76.20
2013	60.26	62.02	10.47	47.16	36.39	83.55
2014	61.46	61.38	8.84	40.20	40.27	80.47
2015	66.52	65.93	10.61	41.12	49.33	90.45
2016	64.65	65.42	8.66	44.14	41.40	85.54
2017	65.20	63.30	8.51	37.38	46.57	83.95
2018	62.53	63.09	8.40	44.43	45.17	89.60
2019	64.50	65.02	7.01	36.78	50.12	86.90
2020	64.39	64.68	9.39	43.24	41.73	84.97
2021	66.05	67.07	9.16	46.20	41.70	87.90
2022	69.09	70.25	8.11	47.87	44.63	92.50

资料来源：南开大学公司治理数据库。

2008—2015 年，金融、保险业参与程度分指数由 46.97 增至 52.12（见表 9-43）。2016—2022 年，金融业参与程度分指数由 51.06 增至 63.26。如图 9-13 所示，2008—2022 年金融业参与程度分指数共提升 16.29，呈总体上升趋势。2008—2015 年，金融、保险业参与程度分指数在行业中的排名从第 1 名降至第 2 名，其他年份的排名分布在第 6 ~ 10 名，表现显著弱于 2008 年和 2015 年；2016—2022 年，金融业排名则从第 8 名降至第 13 名，2017—2021 年在第 4 ~ 12 名之间波动，2022 年排名创近年新低。可见金融业上市公司在参与程度方面的表现弱于利益相关者治理整体。

2008—2015 年，金融、保险业协调程度分指数由 59.98 增至 84.14。2016—2022 年，金融业协调程度分指数由 80.60 降至 76.22。2008—2022 年，金融业协调程度分指数共提升 16.24，呈"升 - 降 - 升"趋势，但 2022 年较 2015 年的最高水平尚有 7.92 的差距。2008—2015 年，金融、保险业协调程度分指数在行业中的排名从第 13 名升至第 1 名，其间排名自 2010 年升至第 4 名以后又于 2014 年攀升至第 1 名，在 2015 年保持第 1 名的位次；金融业协调程度分指数在 2016 年有所下降，在 2016—2022 年排名从第 3 名升至第 1 名，其间于 2018 年和 2021 年两次排第 7 名，其余时间排名保持在第 2 ~ 3 名。可见金融业上市公司在协调程度方面的表现显著强于参与程度。

表9-43 金融业上市公司利益相关者治理分指数统计分析

年份	利益相关者治理	参与程度	协调程度
2003	54.01	—	—
2004	51.31	42.84	61.67
2005	43.06	44.58	41.20
2006	24.06	30.00	16.80
2007	50.71	46.53	55.83
2008	52.82	46.97	59.98
2009	51.94	45.14	60.25
2010	56.33	46.16	68.76
2011	56.90	46.67	69.42
2012	59.53	46.93	74.95
2013	60.26	45.95	77.64
2014	61.46	45.52	80.95
2015	66.52	52.12	84.14
2016	64.65	51.06	80.60
2017	65.20	52.63	80.57
2018	62.53	51.52	76.00
2019	64.50	55.59	75.40
2020	64.39	61.63	67.77
2021	66.05	60.61	72.69
2022	69.09	63.26	76.22

资料来源：南开大学公司治理数据库。

（二）高科技行业上市公司利益相关者治理指数分析

在行业分类中，信息传输、软件和信息技术服务业属于典型的高科技行业，是需要重点分析的行业之一。2004—2015年，信息技术业利益相关者治理指数平均值由51.79增至61.93，提升10.14，最小值和最大值分别提升2.54和15.47；2016—2022年，信息传输、软件和信息技术服务业利益相关者治理指数平均值由63.95增至67.80，提升3.85，最小值和最大值分别降低3.22和提升4.27。2004—2022年，信息传输、软件和信息技术服务业利益相关者治理指数平均值由51.79增至67.80，提升16.01，最小值和最大值分别提升9.54和14.32，呈"平-升-降-平-升"且总体上升的趋势。2004—2015年，信息技术业利益相关者治理指数在行业中的排名从第3名降至第6名，其间排名经历先降后升再降的变化，最低排第10名，最高曾于2012年和 2013 年排第 1 名；2016—2022 年，信息传输、软件和信息技术服务业利益相关者治理指数的排名从第 5 名降至第 7 名，其间在第 3～9 名之间波动，平均排名 6.29，可见其利益相关者治理水平在各行业中处于中上位置。信息技术业上市公司利益相关者治理指数统计分析见表 9-44，信息传输、软件和信息技术服务业上市公司利益相关者治理指数统计分析见表 9-45。

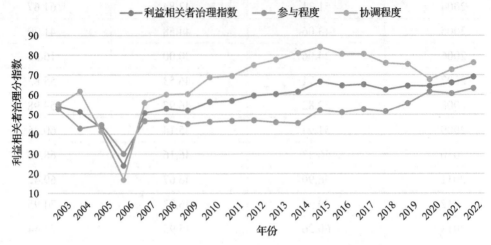

图 9-13　金融业上市公司利益相关者治理分指数趋势

资料来源：南开大学公司治理数据库。

表 9-44　信息技术业上市公司利益相关者治理指数统计分析

年份	平均值	中位数	标准差	全距	最小值	最大值
2003	58.34	—	9.77	45.90	33.26	79.16
2004	51.79	52.43	8.19	44.39	30.14	74.53
2005	51.63	53.02	10.19	43.50	32.06	75.57
2006	52.06	52.91	11.54	54.20	21.28	75.48
2007	52.00	52.26	12.44	53.65	26.08	79.72
2008	51.58	51.60	8.18	42.63	31.85	74.48
2009	51.77	50.69	11.41	57.59	23.18	80.77
2010	53.88	53.87	12.19	57.34	26.04	83.38
2011	56.60	56.90	9.82	53.33	29.12	82.46
2012	65.96	66.55	11.23	57.48	36.12	93.60
2013	63.57	64.49	9.84	54.20	36.39	90.60
2014	62.11	61.73	10.06	57.20	36.45	93.65
2015	61.93	60.79	10.83	57.32	32.68	90.00

资料来源：南开大学公司治理数据库。

表9-45 信息传输、软件和信息技术服务业上市公司利益相关者治理指数统计分析

年份	平均值	中位数	标准差	全距	最小值	最大值
2016	63.95	63.48	8.70	41.68	42.90	84.58
2017	63.76	61.58	9.90	50.46	35.14	85.60
2018	64.07	64.10	9.86	45.25	41.05	86.30
2019	63.24	64.30	7.37	41.92	40.93	82.85
2020	63.06	62.66	10.00	51.65	34.50	86.15
2021	65.79	65.72	9.30	53.89	36.53	90.42
2022	67.80	68.68	8.96	49.17	39.68	88.85

资料来源：南开大学公司治理数据库。

（三）房地产业上市公司利益相关者治理指数分析

房地产业关乎发展和民生，其产业规模大、链条长、牵涉面广，在全社会固定资产投资、地方财政收入、金融机构贷款总额中都占有相当高的份额，对于经济金融稳定和风险防范影响重大（张伟平和曹廷求，2022）。2004—2022年，房地产业上市公司利益相关者治理指数平均值由49.83增至66.39，提升16.56，最小值和最大值分别提升7.56和9.07，呈总体上升趋势。2004—2015年，房地产业上市公司利益相关者治理指数在行业中的排名除在2007年、2008年排第4名、第7名外，一直在第11～13名徘徊，总体表现弱势；2016—2022年，房地产业上市公司利益相关者治理指数排名从第16名升至第13名，其他年份的排名在第15～17名之间波动，排名较差且相对稳定，平均排名15.43。从总体上看，其利益相关者治理水平在各行业中处于较低位置。房地产业上市公司利益相关者治理指数统计分析见表9-46。

表9-46 房地产业上市公司利益相关者治理指数统计分析

年份	平均值	中位数	标准差	全距	最小值	最大值
2003	53.99	—	10.57	39.35	33.26	72.61
2004	49.83	49.73	10.09	46.31	30.32	76.63
2005	49.66	50.10	8.75	47.11	23.96	71.07
2006	50.17	49.91	13.30	57.76	24.51	82.27
2007	53.69	52.28	10.12	42.62	32.04	74.66
2008	52.55	52.37	10.51	56.10	31.39	87.49
2009	50.73	51.32	10.67	51.67	27.80	79.47
2010	52.01	51.30	12.56	53.91	28.32	82.23
2011	52.08	51.75	9.15	42.99	31.41	74.40

(续)

年份	平均值	中位数	标准差	全距	最小值	最大值
2012	56.04	55.52	9.64	48.03	34.77	82.80
2013	55.18	55.34	9.82	47.61	33.69	81.30
2014	57.67	57.50	9.71	45.98	34.49	80.47
2015	59.61	59.01	11.06	59.71	27.28	86.99
2016	59.10	58.64	9.17	45.76	37.90	83.66
2017	58.25	56.96	9.38	50.16	35.59	85.75
2018	58.20	58.59	8.79	43.68	36.62	80.30
2019	59.66	59.65	7.60	37.77	39.77	77.54
2020	60.23	61.33	9.31	41.87	36.98	78.85
2021	63.17	64.57	9.14	37.15	45.52	82.67
2022	66.39	66.75	9.19	47.82	37.88	85.70

资料来源：南开大学公司治理数据库。

2004—2022 年，房地产业上市公司参与程度分指数由 38.39 增至 63.81，提升 25.42，呈"平 - 升"且总体上升的趋势（见表 9-47）。2004—2015 年，房地产业上市公司参与程度分指数在行业中的排名从第 5 名降至第 12 名，自 2012 年排名第 12 名后再未回到前 10 名，表现弱势；2016—2022 年房地产业上市公司参与程度分指数排名从第 16 名升至第 7 名，2017—2021 年在第 16～18 名之间波动，排名相对稳定，但在 2022 年实现大幅提升。从总体上看，其参与程度在各行业中处于较低位置。

2004—2022 年，房地产业上市公司协调程度分指数由 63.83 增至 69.54，提升 5.71，2004—2010 年围绕 62 波动较大，随后呈"升 - 降 - 升"趋势，但尚未恢复至 2015 年时的水平。2004—2015 年，房地产业上市公司协调程度分指数在行业中的排名从第 12 名升至第 8 名，但其间排名除在 2007 年、2008 年排名第 4 名、第 5 名外，总体排名靠后，2011—2014 年的排名在第 12～13 名；2016—2022 年，房地产业上市公司协调程度分指数排名从第 16 名升至第 14 名，除在 2020 年排名第 8 外，其余年份在第 12～14 名之间波动，排名相对稳定。从总体上看，其协调程度在各行业中处于较低位置。图 9-14 展示了房地产业上市公司利益相关者治理分指数趋势。

表 9-47　房地产业上市公司利益相关者治理分指数统计分析

年份	利益相关者治理	参与程度	协调程度
2003	53.99	—	—
2004	49.83	38.39	63.83
2005	49.66	37.97	63.96
2006	50.17	43.60	58.21
2007	53.69	42.85	66.95

(续)

年份	利益相关者治理	参与程度	协调程度
2008	52.55	43.44	63.69
2009	50.73	43.66	59.39
2010	52.01	43.46	62.48
2011	52.08	43.21	62.92
2012	56.04	42.68	72.39
2013	55.18	42.28	70.95
2014	57.67	44.21	74.13
2015	59.61	47.28	74.69
2016	59.10	48.41	71.65
2017	58.25	46.50	72.63
2018	58.20	46.86	72.08
2019	59.66	52.69	68.18
2020	60.23	58.02	62.92
2021	63.17	56.73	71.04
2022	66.39	63.81	69.54

资料来源：南开大学公司治理数据库。

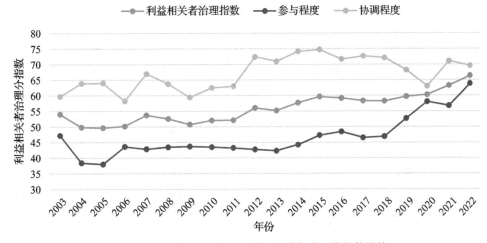

图 9-14　房地产业上市公司利益相关者治理分指数趋势

资料来源：南开大学公司治理数据库。

（四）制造业上市公司利益相关者治理指数分析

制造业是 A 股中占比最大的行业，且其占比远超其他行业。2004—2022 年，制造业利益相关者治理指数平均值由 51.37 增至 68.57，提升 17.20，最小值和最大值分别提升 8.16 和 14.78，呈总体上升趋势。2004—2015 年，制造业上市公司利益相关者治理指数在行业中的排名从第 4 名升至第 2 名，其间排名在第 2～7 名之间波动，总体表现较好；2016—2022 年，制造业上市公司利益相关者治理指数排名从第 8 名升至第 4 名，2017—2021 年的排名在第 1～4 名之间波动，除在 2016 年表现一般外，排名靠前，平均排名 4.00。其利益相关者治理水平在各行业中处于前列。制造业上市公司利益相关者治理指数统计分析见表 9-48。

表 9-48　制造业上市公司利益相关者治理指数统计分析

年份	平均值	中位数	标准差	全距	最小值	最大值
2003	57.62	—	10.34	62.33	20.49	82.82
2004	51.37	51.53	9.32	52.50	26.12	78.62
2005	50.88	50.83	9.15	51.70	22.16	73.86
2006	52.20	50.68	11.78	64.62	22.30	86.92
2007	53.57	52.67	9.82	66.00	21.46	87.46
2008	54.41	54.50	9.63	60.96	23.74	84.70
2009	53.54	53.06	11.11	65.95	23.85	89.80
2010	55.33	54.70	11.87	66.13	22.05	88.18
2011	57.41	57.14	9.93	61.11	26.50	87.61
2012	64.89	65.35	10.99	61.08	30.27	91.35
2013	62.61	62.25	10.31	60.95	29.20	90.15
2014	62.52	62.45	10.60	61.86	31.57	93.43
2015	63.33	62.82	10.88	72.17	20.98	93.15
2016	63.24	62.56	8.81	52.57	38.49	91.06
2017	63.93	62.76	9.94	51.64	35.46	87.10
2018	64.13	63.54	9.10	53.33	38.42	91.75
2019	63.70	64.25	7.11	50.48	38.42	88.90
2020	64.25	64.57	9.29	53.73	36.30	90.03
2021	67.19	66.72	8.82	57.99	34.73	92.72
2022	68.57	68.80	8.67	59.12	34.28	93.40

资料来源：南开大学公司治理数据库。

2004—2022 年，制造业上市公司参与程度分指数由 37.42 增至 63.44，提升 26.02，呈总体上升趋势（见表 9-49）。2004—2015 年，制造业上市公司参与程度分指数在行业中的排名从第 7 名升至第 4 名，其间排名在第 3～9 名之间波动，总体上后期表现优于前期；2016—2022 年，制造业上市公司参与程度分指数排名从第 9 名降至第 11 名，2017—2021 年在第 6～10 名之间波动，2022年表现相对一般。从总体上看，其参与程度在各行业中处于中等位置。

2004—2022年，制造业上市公司协调程度分指数平均值由68.42增至74.84，提升6.42。2004—2011年围绕68波动，2012—2018年围绕78波动，随后呈"降–升"趋势，但距78的高峰仍有差距。2004—2015年，制造业上市公司协调程度分指数在行业中的排名从第5名升至第3名，其间排名在第2～8名之间波动，除2006年外均排在前5名，后期排名更靠前；2016—2022年，制造业上市公司协调程度分指数的排名从第6名升至第3名，2017—2021年的排名在第2～5名之间波动，排名稳中有进。从总体上看，其协调程度在各行业中处于较高位置。图9-15展示了制造业上市公司利益相关者治理分指数趋势。

表9-49　制造业上市公司利益相关者治理分指数统计分析

年份	利益相关者治理	参与程度	协调程度
2003	57.62	—	—
2004	51.37	37.42	68.42
2005	50.88	38.15	66.45
2006	52.20	42.00	64.67
2007	53.57	43.11	66.37
2008	54.41	43.88	67.29
2009	53.54	43.84	65.41
2010	55.33	45.65	67.17
2011	57.41	48.64	68.13
2012	64.89	54.22	77.94
2013	62.61	49.76	78.34
2014	62.52	50.08	77.75
2015	63.33	51.69	77.58
2016	63.24	50.52	78.17
2017	63.93	51.81	78.75
2018	64.13	52.58	78.25
2019	63.70	55.32	73.95
2020	64.25	62.02	66.97
2021	67.19	60.26	75.68
2022	68.57	63.44	74.84

资料来源：南开大学公司治理数据库。

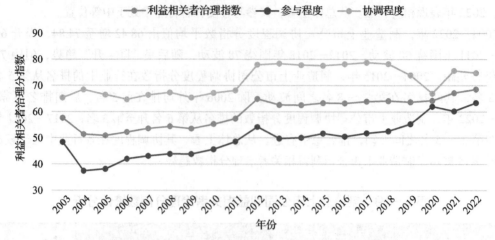

图 9-15 制造业上市公司利益相关者治理分指数趋势

资料来源：南开大学公司治理数据库。

第五节 中国上市公司利益相关者治理分市场板块分析

一、中国上市公司利益相关者治理指数分市场板块比较分析

2004—2022 年，主板上市公司利益相关者治理指数从 51.12 增至 67.97，提升 16.85，总体呈上升趋势。

2010 年，中小板上市公司利益相关者治理指数为 59.41，高于主板。2010—2021 年，中小板上市公司利益相关者治理指数从 59.41 增至 68.66，提升 9.25，呈"升 - 降 - 升"的变化，但 2021 年未能达到 2012 年的高位。这些年间，中小板上市公司利益相关者治理指数均高于主板，差距从 5.55 降至 3.85，2012 年差距最大，达到 14.96。

2011 年创业板上市公司利益相关者治理指数为 62.84，高于主板和中小板。2011—2022 年，创业板上市公司利益相关者治理指数从 62.84 增至 67.73，提升 4.89，波动较为剧烈，呈"升－降－升－降－升"的趋势，2022 年距 2012 年的高位仅差 0.13；2011—2021 年，创业板上市公司利益相关者治理指数均高于主板，差距从 8.66 降至 2.74，2012 年差距最大，达到 10.06；2011—2021 年，创业板上市公司利益相关者治理指数与中小板交错领先，11 年中创业板 5 年领先、6 年落后；因 2022 年主板提升较大且吸收了 2021 年表现最好的中小板，所以 2022 年创业板上市公司利益相关者治理指数首次低于主板，差距为 0.24。

2020 年，科创板利益相关者治理指数为 65.67，高于主板和中小板，低于创业板。2020—2022 年，科创板上市公司利益相关者治理指数从 65.67 增至 70.22，提升 4.55，连续 2 年均有提升。2021 年，科创板落后于中小板和创业板，领先于主板；2022 年，科创板进步明显，在各板块中表现最好。

2022 年，北交所上市公司利益相关者治理指数为 69.95，高于主板和创业板，低于科创板。中国上市公司利益相关者治理指数分市场板块比较分析见表 9-50。

表 9-50 中国上市公司利益相关者治理指数分市场板块比较分析

年份	主板	中小企业板	创业板	科创板	北交所
2003	57.04	—	—	—	—
2004	51.12	—	—	—	—
2005	50.95	—	—	—	—
2006	52.61	—	—	—	—
2007	52.97	—	—	—	—
2008	53.43	—	—	—	—
2009	52.93	—	—	—	—
2010	53.86	59.41	—	—	—
2011	54.18	60.20	62.84	—	—
2012	57.80	72.76	67.86	—	—
2013	57.09	67.44	67.09	—	—
2014	59.06	66.27	64.15	—	—
2015	61.15	65.04	62.80	—	—
2016	60.88	63.63	66.79	—	—
2017	60.16	66.40	65.85	—	—
2018	61.52	64.89	65.76	—	—
2019	61.87	64.12	64.52	—	—
2020	61.49	64.92	65.73	65.67	—
2021	64.81	68.66	67.55	67.09	—
2022	67.97	—	67.73	70.22	69.95

资料来源：南开大学公司治理数据库。

二、中国上市公司利益相关者治理分指数分市场板块比较分析

2004—2022 年，主板上市公司参与程度分指数从 37.43 增至 63.49，提升 26.06，总体上呈上升趋势。

2010—2021 年，中小板上市公司参与程度分指数从 52.78 增至 63.83，提升 11.05，呈"升-降-升"的变化，但 2021 年未能达到 2012 年的高位。2010—2021 年间，中小板上市公司参与程度分指数均高于主板，差距从 8.72 降至 6.72，2012 年差距最大，达到 24.65。

2011—2022 年，创业板上市公司参与程度分指数从 58.02 增至 64.39，提升 6.37，呈先降后升的趋势。2011—2022 年，创业板上市公司参与程度分指数均高于主板，差距从 13.80 降至 0.90，总体上逐渐变小。2011—2022 年，创业板上市公司参与程度分指数总体上领先于中小板，

11 年中创业板 8 年领先、3 年落后。其中，创业板在 2012 年落后幅度最大，达 8.24；在 2016 年领先幅度最大，达 5.48；在连续 5 年领先后于 2021 年转为落后。

2020—2022 年，科创板上市公司参与程度分指数从 57.62 增至 61.57，提升 3.95。2020—2022 年，科创板上市公司参与程度分指数在各板块中均处于最末位置，表现不甚理想。

2022 年，北交所上市公司参与程度分指数为 65.38，在各板块中处于首位。中国上市公司利益相关者治理参与程度分指数分市场板块比较分析见表 9-51。

表 9-51 中国上市公司利益相关者治理参与程度分指数分市场板块比较分析

年份	主板	中小板	创业板	科创板	北交所
2003	47.88	—	—	—	—
2004	37.43	—	—	—	—
2005	38.88	—	—	—	—
2006	42.69	—	—	—	—
2007	42.84	—	—	—	—
2008	43.49	—	—	—	—
2009	43.93	—	—	—	—
2010	44.06	52.78	—	—	—
2011	44.22	53.11	58.02	—	—
2012	43.10	67.75	59.51	—	—
2013	42.30	56.43	59.07	—	—
2014	44.54	55.49	55.77	—	—
2015	49.15	53.70	51.43	—	—
2016	48.39	50.78	56.26	—	—
2017	47.44	55.59	56.05	—	—
2018	49.71	53.71	57.08	—	—
2019	53.01	56.84	57.96	—	—
2020	59.20	63.38	66.60	57.62	—
2021	57.11	63.83	63.29	56.30	—
2022	63.49	—	64.39	61.57	65.38

资料来源：南开大学公司治理数据库。

2004—2022 年，主板上市公司协调程度分指数从 67.85 增至 73.44，提升 5.59，总体上呈"降 - 升 - 降"的趋势，在 2012 年出现大幅提升，在 2020 年出现异常低值。

2010—2021 年，中小板上市公司协调程度分指数从 67.52 增至 74.57，提升 7.05，呈"升 - 降"的变化，在 2020 年同样出现异常低值。2010—2021 年，中小板上市公司协调程度分指数均高于主板，差距从 1.68 降至 0.34，2013 年差距最大，达到 5.72，差距总体上先大后小。

2011—2022 年，创业板上市公司协调程度分指数从 68.73 增至 71.82，提升 3.09，总体上呈下降趋势。2011—2022 年，创业板上市公司协调程度分指数 12 年中有 8 次高于主板，近两年来稳定在落后位置，差距从领先 2.36 转为落后 1.62。2011—2022 年，创业板上市公司协调程度分指数总体上落后于中小板，仅在 2016 年领先 0.43，在 2014 年落后幅度最大，达 5.07。

2020—2022 年，科创板上市公司协调程度分指数从 75.51 增至 80.79，连续 2 年提升，提升 5.28。2020—2022 年，科创板上市公司协调程度分指数在各板块中均处于领先位置，且领先幅度较大，表现优异。

2022 年，北交所上市公司协调程度分指数为 75.55，高于主板和创业板，低于科创板。中国上市公司利益相关者治理协调程度分指数分市场板块比较分析见表 9-52。

表 9-52 中国上市公司利益相关者治理协调程度分指数分市场板块比较分析

年份	主板	中小板	创业板	科创板	北交所
2003	64.69	—	—	—	—
2004	67.85	—	—	—	—
2005	65.72	—	—	—	—
2006	64.72	—	—	—	—
2007	65.37	—	—	—	—
2008	65.59	—	—	—	—
2009	63.95	—	—	—	—
2010	65.84	67.52	—	—	—
2011	66.37	68.86	68.73	—	—
2012	75.77	78.88	78.08	—	—
2013	75.18	80.90	76.89	—	—
2014	76.82	79.46	74.39	—	—
2015	75.83	78.91	76.71	—	—
2016	75.54	78.72	79.15	—	—
2017	75.72	79.63	77.84	—	—
2018	75.96	78.56	76.37	—	—
2019	72.69	73.03	72.54	—	—
2020	64.29	66.81	64.66	75.51	—
2021	74.23	74.57	72.76	80.28	—
2022	73.44	—	71.82	80.79	75.55

资料来源：南开大学公司治理数据库。

三、各市场板块中国上市公司利益相关者治理指数具体分析

2004—2022年,主板上市公司利益相关者治理指数平均值从51.12增至67.97,提升16.85,总体上呈上升趋势。主板上市公司利益相关者治理指数平均值较上年下降的有6次,平均每次下降0.46;较上年上升的有12次,平均每次上升1.63。主板上市公司利益相关者治理指数最小值和最大值分别提升8.16和14.47,低于平均值的提升幅度。标准差和全距总体上略微下降,说明主板上市公司间的利益相关者治理水平差距缩小。主板上市公司利益相关者治理指数统计分析见表9-53。

表9-53 主板上市公司利益相关者治理指数统计分析

年份	平均值	中位数	标准差	全距	最小值	最大值
2003	57.04	—	10.59	62.33	20.49	82.82
2004	51.12	51.38	9.24	52.81	26.12	78.93
2005	50.95	50.82	9.65	58.67	22.16	80.83
2006	52.61	51.23	12.35	65.64	21.28	86.92
2007	52.97	52.45	10.20	66.00	21.46	87.46
2008	53.43	53.70	9.55	63.75	23.74	87.49
2009	52.93	52.63	11.29	68.74	21.06	89.80
2010	53.86	52.64	12.37	70.13	22.05	92.18
2011	54.18	53.28	10.19	64.51	25.50	90.01
2012	57.80	57.04	9.35	60.18	29.82	90.00
2013	57.09	56.69	9.14	56.15	29.20	85.35
2014	59.06	58.79	9.70	56.05	31.05	87.10
2015	61.15	60.13	11.03	72.17	20.98	93.15
2016	60.88	60.70	9.05	55.13	35.93	91.06
2017	60.16	60.06	9.02	54.04	34.41	88.45
2018	61.52	61.29	8.99	54.68	36.62	91.30
2019	61.87	62.00	7.70	50.93	37.97	88.90
2020	61.49	61.70	9.15	55.53	34.50	90.03
2021	64.81	65.02	8.71	57.10	34.73	91.83
2022	67.97	68.20	8.81	59.12	34.28	93.40

资料来源:南开大学公司治理数据库。

2004—2022年,主板上市公司参与程度分指数平均值从37.43增至63.49,提升26.06,总体呈上升趋势(见表9-54)。主板上市公司参与程度分指数较上年下降的有5次,平均每次下降

1.14；较上年上升的有 13 次，平均每次上升 2.44。

2004—2022 年，主板上市公司协调程度分指数平均值从 67.85 增至 73.44，提升 5.59，总体上呈"降－升－降"的趋势，在 2012 年出现大幅提升，在 2020 年出现异常低值。主板上市公司协调程度分指数较上年下降的有 9 次，下降均值为 2.12；较上年上升的有 9 次，上升均值为 2.74。协调程度分指数有 10 次高于 72，9 次低于 68，有显著分化表现。图 9-16 展示了主板上市公司利益相关者治理分指数趋势。

表 9-54 主板上市公司利益相关者治理分指数统计分析

年份	利益相关者治理	参与程度	协调程度
2003	57.04	—	—
2004	51.12	37.43	67.85
2005	50.95	38.88	65.72
2006	52.61	42.69	64.72
2007	52.97	42.84	65.37
2008	53.43	43.49	65.59
2009	52.93	43.93	63.95
2010	53.86	44.06	65.84
2011	54.18	44.22	66.37
2012	57.80	43.10	75.77
2013	57.09	42.30	75.18
2014	59.06	44.54	76.82
2015	61.15	49.15	75.83
2016	60.88	48.39	75.54
2017	60.16	47.44	75.72
2018	61.52	49.71	75.96
2019	61.87	53.01	72.69
2020	61.49	59.20	64.29
2021	64.81	57.11	74.23
2022	67.97	63.49	73.44

资料来源：南开大学公司治理数据库。

从中小板来看，2010 年，利益相关者治理指数平均值为 59.41。2010—2021 年，中小板上市公司利益相关者治理指数平均值从 59.41 增至 68.66，提升 9.25，呈"升－降－升"的变化，但 2021 年未能达到 2012 年的高位。中小板上市公司利益相关者治理指数较上年下降的有 6 次，平均每次下降 1.90；较上年上升的有 5 次，平均每次上升 4.13。中小板上市公司利益相关者治理指数最小值和最大值分别提升 9.91 和 4.77，分别高于和低于平均值的提升幅度。标准差和全距总体上略微下降，说明中小板上市公司间的利益相关者治理水平差距缩小。中小板上市公司利益相关者治理指数统计分析见表 9-55。

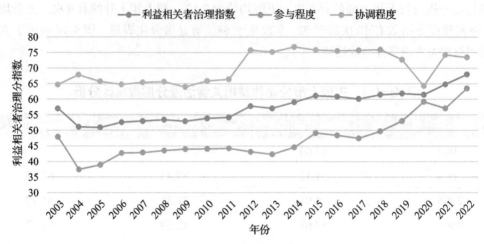

图 9-16　主板上市公司利益相关者治理分指数趋势

资料来源：南开大学公司治理数据库。

表 9-55　中小板上市公司利益相关者治理指数统计分析

年份	平均值	中位数	标准差	全距	最小值	最大值
2010	59.41	59.59	10.31	62.68	25.27	87.95
2011	60.20	60.73	8.57	51.24	32.47	83.71
2012	72.76	73.35	8.44	50.25	43.35	93.60
2013	67.44	67.65	9.36	50.91	41.34	92.25
2014	66.27	66.49	10.38	54.51	39.14	93.65
2015	65.04	64.92	11.38	60.99	31.71	92.70
2016	63.63	63.22	8.68	49.05	40.63	89.68
2017	66.40	65.46	10.10	48.62	38.48	87.10
2018	64.89	64.40	9.22	53.43	37.07	90.50
2019	64.12	65.40	7.09	43.72	40.93	84.65
2020	64.92	65.72	9.25	54.35	34.50	88.85
2021	68.66	68.87	9.50	57.54	35.18	92.72

资料来源：南开大学公司治理数据库。

2010—2021 年，中小板上市公司参与程度分指数从 52.78 增至 63.83，提升 11.05，呈"升－降－升"的变化，但 2021 年未能达到 2012 年的高位（见表 9-56）。中小板上市公司参与程度分指数较上年下降的有 5 次，平均每次下降 3.77；较上年上升的有 6 次，平均每次上升 4.98。

2010—2021 年，中小板上市公司协调程度分指数从 67.52 增至 74.57，提升 7.05，呈"升-降"的变化，在 2020 年同样出现异常低值。中小板上市公司协调程度分指数较上年下降的有 6 次，下降均值为 2.50；较上年上升的有 5 次，上升均值为 4.41。图 9-17 展示了中小板上市公司利益相关者治理分指数趋势。

表 9-56　中小板上市公司利益相关者治理分指数统计分析

年份	利益相关者治理	参与程度	协调程度
2010	59.41	52.78	67.52
2011	60.20	53.11	68.86
2012	72.76	67.75	78.88
2013	67.44	56.43	80.90
2014	66.27	55.49	79.46
2015	65.04	53.70	78.91
2016	63.63	50.78	78.72
2017	66.40	55.59	79.63
2018	64.89	53.71	78.56
2019	64.12	56.84	73.03
2020	64.92	63.38	66.81
2021	68.66	63.83	74.57

资料来源：南开大学公司治理数据库。

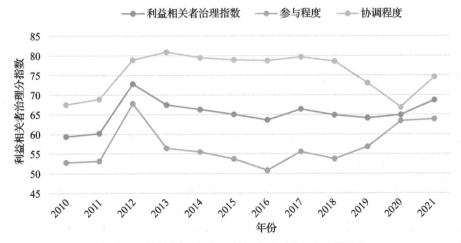

图 9-17　中小板上市公司利益相关者治理分指数趋势

资料来源：南开大学公司治理数据库。

从创业板来看，2011年，利益相关者治理指数平均值为62.84。2011—2022年，创业板上市公司利益相关者治理指数平均值从62.84增至67.73，提升4.89，波动较为剧烈，呈"升－降－升－降－升"的趋势，2022年距2012年的高位仅差0.13。创业板上市公司利益相关者治理指数较上年下降的有6次，平均每次下降1.22；较上年上升的有5次，平均每次上升2.44。创业板上市公司利益相关者治理指数最小值和最大值分别下降5.80和上升12.73，分别低于和高于平均值的改善幅度，体现了头部和尾部公司利益相关者治理差距有所加大。标准差和全距总体上略微上升，同样说明创业板上市公司间利益相关者治理水平的差距加大。创业板上市公司利益相关者治理指数统计分析见表9-57。

表9-57 创业板上市公司利益相关者治理指数统计分析

年份	平均值	中位数	标准差	全距	最小值	最大值
2011	62.84	62.93	7.42	35.87	43.90	79.77
2012	67.86	68.10	8.34	41.81	44.59	86.40
2013	67.09	67.20	8.83	48.20	38.80	87.00
2014	64.15	64.45	10.00	46.78	40.04	86.82
2015	62.80	62.75	9.15	49.74	37.56	87.30
2016	66.79	67.18	8.34	39.32	45.26	84.58
2017	65.85	64.38	10.18	48.79	39.66	88.45
2018	65.76	64.94	9.27	51.08	40.67	91.75
2019	64.52	64.69	6.43	41.47	41.38	82.85
2020	65.73	66.17	9.76	49.68	39.67	89.35
2021	67.55	66.70	8.95	52.09	37.88	89.97
2022	67.73	67.68	9.03	54.40	38.10	92.50

资料来源：南开大学公司治理数据库。

2011—2022年，创业板上市公司参与程度分指数从58.02增至64.39，提升6.37，呈先降后升的趋势，除2020年出现异常高值外，2022年表现最佳（见表9-58）。创业板上市公司参与程度分指数较上年下降的有5次，平均每次下降2.32；较上年上升的有6次，平均每次上升3.00。

2011—2022年，创业板上市公司协调程度分指数从68.73增至71.82，提升3.09，总体上呈下降趋势。除2011年和2020年的分指数低于2022年的以外，其余年份的协调程度分指数均高于2022年。创业板上市公司协调程度分指数较上年下降的有7次，平均每次下降2.73；较上年上升的有4次，平均每次上升5.55。图9-18展示了创业板上市公司利益相关者治理分指数趋势。

从科创板来看，2020—2022年，科创板利益相关者治理指数平均值从65.67增至70.22，连续2年均有提升，提升4.55。科创板上市公司利益相关者治理指数最小值和最大值分别下降1.15和1.85，变化方向与利益相关者治理指数相反，体现了头部和尾部公司利益相关者治理水平均有所下滑，但整体治理水平实现提升。标准差和全距总体上略微下降，体现了不同利益相关者治理水平公司之间的差距有所缩小。最小值高于主板和创业板上市公司，最大值低于主板和创业板上市公司，标准差低于主板和创业板上市公司，体现了科创板上市公司利益相关者治理表现相对集中。科创板上市公司利益相关者治理指数统计分析见表9-59。

表9-58 创业板上市公司利益相关者治理分指数统计分析

年份	利益相关者治理	参与程度	协调程度
2011	62.84	58.02	68.73
2012	67.86	59.51	78.08
2013	67.09	59.07	76.89
2014	64.15	55.77	74.39
2015	62.80	51.43	76.71
2016	66.79	56.26	79.15
2017	65.85	56.05	77.84
2018	65.76	57.08	76.37
2019	64.52	57.96	72.54
2020	65.73	66.60	64.66
2021	67.55	63.29	72.76
2022	67.73	64.39	71.82

资料来源：南开大学公司治理数据库。

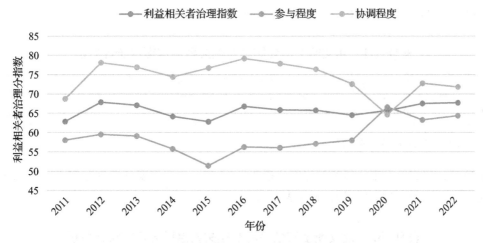

图9-18 创业板上市公司利益相关者治理分指数趋势

资料来源：南开大学公司治理数据库。

2020—2022年，科创板上市公司参与程度分指数从57.62增至61.57，提升3.95，2021年下降1.32，2022年提升5.27。

2020—2022 年，科创板上市公司协调程度分指数从 75.51 增至 80.79，连续 2 年都有提升，提升 5.28。科创板上市公司利益相关者治理分指数统计分析见表 9-60。

表 9-59　科创板上市公司利益相关者治理指数统计分析

年份	平均值	中位数	标准差	全距	最小值	最大值
2020	65.67	63.89	6.95	37.75	48.40	86.15
2021	67.09	66.37	6.42	34.89	49.18	84.07
2022	70.22	70.55	6.13	37.05	47.25	84.30

资料来源：南开大学公司治理数据库。

表 9-60　科创板上市公司利益相关者治理分指数统计分析

年份	利益相关者治理	参与程度	协调程度
2020	65.67	57.62	75.51
2021	67.09	56.30	80.28
2022	70.22	61.57	80.79

资料来源：南开大学公司治理数据库。

从北交所上市公司来看，2022 年北交所上市公司利益相关者治理指数平均值为 69.95。最小值高于主板、创业板和科创板上市公司，最大值低于主板、创业板和科创板上市公司，标准差低于主板和创业板上市公司，可见北交所上市公司利益相关者治理指数相对最为集中。北交所上市公司利益相关者治理指数统计分析见表 9-61。

表 9-61　北交所上市公司利益相关者治理指数统计分析

年份	平均值	中位数	标准差	全距	最小值	最大值
2022	69.95	68.79	5.65	24.15	58.40	82.55

资料来源：南开大学公司治理数据库。

2022 年，北交所上市公司参与程度分指数为 65.38，协调程度分指数为 75.55。北交所上市公司利益相关者治理分指数统计分析见表 9-62。

表 9-62　北交所上市公司利益相关者治理分指数统计分析

年份	利益相关者治理	参与程度	协调程度
2022	69.95	65.38	75.55

资料来源：南开大学公司治理数据库。

第六节 中国上市公司利益相关者治理分析结论

一、中国上市公司利益相关者治理总体分析结论

本章通过对2003—2022年中国上市公司利益相关者治理指数的分析，揭示了中国上市公司利益相关者治理的整体发展趋势和特征。本章通过总体趋势分析、分控股股东性质分析、分区域和地区分析、分行业分析、分市场板块分析五个方面具体分析了中国上市公司利益相关者治理体系和治理能力变迁的路径。

总体来看，利益相关者理念逐步深入，利益相关者治理顶层设计更加完善。2003—2022年中国上市公司利益相关者治理指数呈现不断提升态势，从2003年的57.04增长到2022年的68.13，2022年比2004年提升33.27%。2012年之后利益相关者治理指数稳定在60以上。以利益相关者治理协调程度为例，2007—2012年利益相关者治理协调程度分指数平均值大多都在65以上，2012年首次提升到76.93，表明上市公司在合规经营的基础上能够充分重视与顾客、供应商、客户、政府等利益相关者之间的关系，勇于承担社会责任，加强环保，与利益相关者的和谐程度较高。从标准差的变化来看，上市公司利益相关者治理指数标准差从2012年达到峰值后开始下降，2012—2022年上市公司利益相关者治理指数标准差从11.24降低至8.66。这表明在经历了多年的公司治理改革之后，上市公司逐步重视利益相关者治理建设，公司利益相关者治理体系更加完善。与之相应，《上海证券交易所上市公司环境信息披露指引》《上市公司治理准则》（2018修订）相关政策文件的约束强化，上市公司对于社会责任履行的自主性和积极性有所提升。

二、中国上市公司利益相关者治理具体分析结论

（一）利益相关者治理分控股股东性质比较分析结论

民营企业利益相关者治理改善较明显，国有控股与民营控股上市公司利益相关者治理差距逐步缩小。传统上，国有企业具有行政型治理属性，承担了较多的政策性目标，国有控股上市公司应在利益相关者治理方面表现优于民营控股上市公司。从指数表现也可以看出，2004—2008年国有控股上市公司利益相关者治理水平显著领先于同期民营控股上市公司，2009—2021年民营控股上市公司利益相关者治理指数反超国有控股上市公司。从历年平均值可以看到，民营控股上市公司利益相关者治理水平高于国有控股上市公司，其中民营控股上市公司在参与程度分指数方面领先较多，国有控股上市公司在协调程度上具有优势。这体现出国有控股上市公司的行政型治理属性使其更多地关注外部利益相关者（即利益相关者协调），反过来却对内部利益相关者（即利益相关者参与）的关注不足。

（二）利益相关者治理分区域和地区比较分析结论

经济发达地区利益相关者治理水平优于其他地区，地区之间利益相关者治理指数差异下降。利益相关者治理与区域经济发展水平存在一定的关系，经济发展水平较好，也意味着区域

市场化水平较高，上市公司治理理念较先进、协同发展能力较强，有利于提升利益相关者治理水平。从整体来看，华东和华中地区上市公司利益相关者治理指数高于西北、东北等地区；东部经济区域上市公司利益相关者治理指数高于中部和西部等经济区域。随着《上市公司治理准则》（2018修订）等顶层设计规则的不断完善，绿色治理（ESG）等理念逐渐得到上市公司认可，成为提升上市公司利益相关者治理能力的重要推动力，区域之间利益相关者治理差异有所降低。例如，2004—2017年长三角和珠三角上市公司利益相关者治理指数差异绝对值的平均值为1.82，2018—2022年长三角和珠三角上市公司利益相关者治理指数差异绝对值的平均值为0.32。

（三）利益相关者治理分行业比较分析结论

金融业进步明显，由弱转强；制造业整体表现较为突出。2004—2015年，13个行业利益相关者治理指数均有提升。金融、保险业，制造业以及采掘业上市公司利益相关者治理指数的提升幅度位列前三，金融、保险业上市公司利益相关者治理指数提升幅度显著高于其他行业；批发和零售贸易，电力、煤气及水的生产和供应业以及传播与文化产业上市公司利益相关者治理指数提升幅度较小。2016—2022年，19个行业中有18个行业实现提升。住宿和餐饮业、综合，以及采矿业上市公司利益相关者治理指数的提升幅度位列前三；卫生和社会工作，农、林、牧、渔业以及科学研究和技术服务业上市公司利益相关者治理指数的提升幅度较小。从行业年度平均角度看，2004—2015年，采掘业，交通运输、仓储业以及制造业表现最好，平均值分别为58.82、58.15和56.84；批发和零售贸易，金融、保险业以及综合类表现较差，平均值分别为52.83、52.91和53.22。从行业年度平均角度看，2016—2022年，卫生和社会工作，金融业以及教育表现最好。其中，卫生和社会工作以及教育是采用新行业分类标准后新增的，卫生和社会工作上市公司利益相关者治理指数的提升幅度很小，但整体表现仍列第一，金融业继承了2004—2015年大幅提升的成果。综合，居民服务、修理和其他服务业以及住宿和餐饮业表现较差。住宿和餐饮业以及综合上市公司利益相关者治理指数的提升幅度最大，但整体表现却较差。四大重点行业中，金融业近7年4次排名前三，平均排名4.29，表现优异；信息传输、软件和信息技术服务业近7年排名多处于中游偏上位置，平均排名6.29；房地产业近7年排名多处于靠后位置，平均排名15.43；制造业近7年2次排名前三，4次排第4名，平均排名4.00，表现突出。

（四）利益相关者治理分市场板块比较分析结论

主板连年平稳向好，科创板、北交所新生力量拔头筹。2004—2022年，主板上市公司利益相关者治理指数从51.12增至67.97，提升16.85，总体上呈上升趋势。从中小板来看，2010—2021年，中小板上市公司利益相关者治理指数从59.41增至68.66，提升9.25，呈"升－降－升"的变化；2010—2021年间，中小板上市公司利益相关者治理指数均高于主板，差距从5.55降至3.85，2012年差距最大，达到14.96。从创业板来看，2011—2022年创业板上市公司利益相关者治理指数从62.84增至67.73，提升4.89，波动较为剧烈，呈"升－降－升－降－升"的趋势，2022年距2012年的高位仅差0.13；2011—2021年，创业板上市公司利益相关者治理指数均高于主板，差距从8.66降至2.74，2012年差距最大，达到10.06，两者差距总体上先大后小；

2011—2021年，创业板上市公司利益相关者治理指数与中小板交错领先，11年中创业板5年领先、6年落后；因2022年主板提升较大且吸收了2021年表现最好的中小板，所以2022年创业板上市公司利益相关者治理指数首次低于主板，差距为0.24。从科创板来看，2020—2022年，科创板上市公司利益相关者治理指数从65.67增至70.22，提升4.55，连续2年均有提升；2021年，科创板在各板块中落后于中小板和创业板，领先于主板；2022年，科创板进步明显，在各板块中表现最好。2022年，中国上市公司治理评价将北交所纳入评价范围，其利益相关者治理指数为69.95，高于主板和创业板，低于科创板。

第十章　中国上市公司治理指数与绩效相关性

本章主要关注公司治理指数与绩效的相关性，基于南开大学中国公司治理研究院发布的中国上市公司治理指数，对公司治理指数及分指数与公司绩效的相关性进行了分析，给出了公司治理指数及分指数与当年度、t+1 期一季度，以及 t+1 期半年度绩效数据的双尾相关系数检验结果。本章绩效指标的数据来源方面，经济增加值指标来自 CSMAR 数据库，其他所有指标均来自 Wind 数据库。

第一节　公司绩效指标界定与相关性方法

一、公司治理与绩效关系研究相关文献

在公司治理与绩效关系的研究方面，学术界做了大量的工作。单个公司治理指标与绩效的关系方面，如股权结构（McConnell 和 Servaes，1990；Lehmann 和 Weigand，2000；曹廷求、杨秀丽和孙宇光，2007；马连福、王丽丽和张琦，2015；郝阳和龚六堂，2017）、董事会（Vafeas，1999；王跃堂、赵子夜和魏晓雁，2006；李文贵、余明桂和钟慧洁，2017）、高管特征（Barnhart 和 Rosenstein，1998；Jensen 和 Meckling，1976；Fama，1980；周宏、刘玉红和张巍，2010）等方面；公司治理环境与绩效的关系方面（Black，2001；Klapper 和 Lover，2004；La Porta、Lopez-de-silanes、Shleifer 和 Vishny，2002；李维安、邱艾超和古志辉，2010；姜广省、卢建词和李维安，2021）；公司治理指数与绩效的关系方面（Cremers 和 Nair，2005；Beiner、Schmid、Drobetz 和 Zimmermann，2006；南开大学中国公司治理研究院公司治理评价课题组，2004；南开大学中国公司治理研究院公司治理评价课题组，2006；南开大学中国公司治理研究院公司治理评价课题组，2010；白重恩、刘俏、陆洲、宋敏和张俊喜，2005；李维安和孙文，2007；李

维安和张国萍，2005；李维安等，2019；李维安等，2022）。在单个公司治理指标对绩效的影响方面存在不同结论，如：曹廷求、杨秀丽和孙宇光（2007）的研究表明，股权结构集中度与公司绩效呈左低右高的U形曲线；刘银国、高莹和白文周（2010）认为，股权集中度与公司绩效呈现反向变动的幂函数关系。在公司治理环境与绩效的关系方面，普遍认为在新兴市场上，外部公司治理机制会影响公司治理对企业价值及绩效的作用。在公司治理指数与绩效的关系方面，研究结论也比较一致，认为公司治理总体水平越高的公司，其盈利能力越高，且投资者愿意为治理状况好的公司支付溢价。

二、公司绩效指标界定

基于已有的研究，本部分将绩效指标分为公司盈利能力指标、公司代理成本指标、公司成长性指标、公司分红指标、公司价值指标五个方面。本章分析所使用绩效指标状况详见表10-1。

表10-1 本章分析所使用绩效指标状况

编号	绩效指标分类	具体编号	绩效指标具体名称
1	盈利能力指标	1-1	净资产收益率（平均）
		1-2	净资产收益率（加权）
		1-3	净资产收益率（摊薄）
		1-4	总资产报酬率
		1-5	总资产净利率
		1-6	投入资本回报率
2	代理成本指标	2-1	销售费用占营业总收入百分比
		2-2	管理费用占营业总收入百分比
		2-3	财务费用占营业总收入百分比
3	成长性指标	3-1	营业收入同比增长率
		3-2	净利润同比增长率
		3-3	总资产同比增长率
		3-4	研发费用同比增长率
4	分红指标	4-1	上市以来分红率
5	价值指标	5-1	企业价值（含货币资金）
		5-2	企业价值（剔除货币资金）
		5-3	总市值1
		5-4	总市值2
		5-5	市盈率（TTM）
		5-6	市盈率（TTM，扣非）
		5-7	经济增加值1
		5-8	经济增加值2

资料来源：作者整理。

（一）公司盈利能力指标

1. 净资产收益率

净资产收益率（Return on Equity，ROE），也叫权益净利率、净值报酬率，是净利润与平均净资产的百分比，反映公司所有者权益的投资回报率。按照计算口径不同，又可以分为三种，具体见式（10-1）～式（10-3）。

$$净资产收益率（平均）= 归属母公司股东净利润 /[（期初归属母公司股东的权益 + 期末归属母公司股东的权益）/2]× 100\% \quad (10\text{-}1)$$

$$净资产收益率（加权）= 归属母公司股东净利润 / 加权平均归属母公司股东的权益 × 100\% \quad (10\text{-}2)$$

$$净资产收益率（摊薄）= 归属母公司股东净利润 / 期末归属母公司股东的权益 × 100\% \quad (10\text{-}3)$$

2. 总资产报酬率与总资产净利率

总资产报酬率（Return on Assets，ROA）是公司在报告期内获得的可供投资者和债权人分配的经营收益占总资产的百分比，反映资产利用的综合效果，具体见式（10-4）。

$$总资产报酬率 = 息税前利润 × 2 /（期初总资产 + 期末总资产）× 100\% \quad (10\text{-}4)$$

总资产净利率（Net Return on Assets，NROA 或 JROA）是公司报告期内获得的可供投资者分配的经营收益占总资产的百分比，反映投资者（含少数股东权益）利用全部资产获利的能力，具体见式（10-5）。

$$总资产净利率 = 净利润（含少数股东损益）× 2 /（期初总资产 + 期末总资产）× 100\% \quad (10\text{-}5)$$

3. 投入资本回报率

投入资本回报率（Return on Invested Capital，ROIC）是生产经营活动中所有投入资本赚取的收益率，而不论这些投入资本是被称为债务还是权益。指标分子是指公司如果完全按权益筹资所应报告的税后利润，指标分母是指公司所有要求回报的现金来源的总和，具体见式（10-6）。

$$投入资本回报率 = EBIT 反推法 ×（1- 有效税率）× 2 /（期初全部投入资本 + 期末全部投入资本） \quad (10\text{-}6)$$

其中，EBIT 反推法 = 利润总额 + 利息费用（不含资本化利息支出）；有效税率，当所得税 >0 时，为所得税 / 利润总额，否则为 0；投入资本指所有投资者（股权人、债权人）投入的资金总和，这些资金都是意图分享企业经营回报的，投入资本与总资产的核心差别在于投资资本中不包括无息负债，其计算公式为股东权益（含少数股东权益）+ 负债合计 − 无息流动负债 − 无息长期负债。

（二）公司代理成本指标

1. 销售费用占营业总收入百分比

借鉴公司治理领域经典文献的做法，本报告采用"三费"占营业总收入的比例来衡量一家公司代理成本的高低，见式（10-7）～式（10-9）。

$$销售费用占营业总收入百分比 = 销售费用 / 营业总收入 × 100\% \quad (10\text{-}7)$$

2. 管理费用占营业总收入百分比

$$管理费用占营业总收入百分比 = (管理费用 + 研发费用) / 营业总收入 \times 100\% \quad (10\text{-}8)$$

其中，一般公司营业总收入 = 营业收入 + 利息收入 + 已赚保费 + 手续费及佣金收入；银行、证券、保险营业总收入 = 营业收入。

3. 财务费用占营业总收入百分比

$$财务费用占营业总收入百分比 = 财务费用 / 营业总收入 \times 100\% \quad (10\text{-}9)$$

其中，一般公司营业总收入 = 营业收入 + 利息收入 + 已赚保费 + 手续费及佣金收入；银行、证券、保险营业总收入 = 营业收入。

（三）公司成长性指标

1. 营业收入同比增长率

根据报表营业收入的公布值，计算本期相对上年同期调整数的增长百分比；如果报表尚未披露，则会以公司业绩快报中披露的营业收入同比增长率替代。具体见式（10-10）。

$$营业收入同比增长率 = (本期营业收入调整数 - 上年同期营业收入调整数) / 上年同期营业收入调整数 \times 100\% \quad (10\text{-}10)$$

2. 净利润同比增长率

根据报表税后净利润的公布值，计算本期相对上年同期调整数的增长百分比。具体见式（10-11）。

$$净利润同比增长率 = (本期净利润调整数 - 上年同期净利润调整数) / 上年同期净利润调整数 \times 100\% \quad (10\text{-}11)$$

3. 总资产同比增长率

总资产同比增长率为本年总资产增长额与年初资产总额的比值，具体见式（10-12）。

$$总资产同比增长率 = 本年总资产增长额 / 年初资产总额 \times 100\% \quad (10\text{-}12)$$

4. 研发费用同比增长率

研发费用同比增长率为本期研发费用和上年同期研发费用的差额与上年同期研发费用的比值，具体见式（10-13）。

$$研发费用同比增长率 = (本期研发费用 - 上年同期研发费用) / 上年同期研发费用 \times 100\% \quad (10\text{-}13)$$

（四）公司分红指标

上市以来分红率（Dividend Payout Ratio, DPR）是自上市日至指定报告期区间，累计现金分红占累计实现净利润的比例。具体见式（10-14）。

$$上市以来分红率 = 上市日至指定报告期区间累计现金分红 / 累计实现净利润 \times 100\% \quad (10\text{-}14)$$

(五) 公司价值指标

1. 内在价值指标

企业价值（EV）是企业全部资产的总体价值，也称"企业实体价值"。理论上，企业价值是股权的公平市场价值与债务的公平市场价值之和，这里以带息债务账面价值代替债务的公平市场价值。企业价值按照计算过程中是否考虑货币资金又分为含货币资金企业价值和剔除货币资金企业价值，具体见式（10-15）和式（10-16）。

$$\text{企业价值（含货币资金）} = \text{股权价值（总市值1）} + \text{带息债务} \quad (10\text{-}15)$$

其中：股权价值（总市值1）= A股收盘价 × A股合计 + B股收盘价 × B股合计 × 人民币外汇牌价 + H股收盘价 × H股合计 × 人民币外汇牌价 + 海外上市股收盘价 × 海外上市股合计 × 人民币外汇牌价；带息债务 = 负债合计 − 无息流动负债 − 无息非流动负债。

$$\text{企业价值（剔除货币资金）} = \text{股权价值（总市值1）} + \text{带息债务} - \text{货币资金} \quad (10\text{-}16)$$

其中：股权价值（总市值1）= A股收盘价 × A股合计 + B股收盘价 × B股合计 × 人民币外汇牌价 + H股收盘价 × H股合计 × 人民币外汇牌价 + 海外上市股收盘价 × 海外上市股合计 × 人民币外汇牌价；带息债务 = 负债合计 − 无息流动负债 − 无息非流动负债。

2. 市场价值指标——总市值

总市值是上市公司的股权公平市场价值。对于一家多地上市公司，区分不同类型的股份价格和股份数量分别计算类别市值，然后加总，第一种口径的总市值见式（10-17）。

$$\text{总市值1} = \text{A股收盘价} \times \text{A股合计} + \text{B股收盘价} \times \text{B股合计} \times \text{人民币外汇牌价} + \text{H股收盘价} \times \text{H股合计} \times \text{人民币外汇牌价} + \text{海外上市股收盘价} \times \text{海外上市股合计} \times \text{人民币外汇牌价} \quad (10\text{-}17)$$

第二种口径的总市值按指定证券价格乘以指定日总股本计算上市公司在该市场的估值，见式（10-18）。该总市值为计算市盈率、市净率等估值指标的基础指标。

$$\text{总市值2} = \text{个股当日股价} \times \text{当日总股本} \quad (10\text{-}18)$$

3. 市场价值指标——市盈率

市盈率（Price to Earnings，PE）是最新每股市价为最近12个月每股收益的倍数。本章采用最近12个月或者滚动市盈率（Trailing Twelve Months，TTM）的计算方法，同时按照净利润的计算过程中是否扣除非经常性损益，将滚动市盈率又分为两种，详见式（10-19）和式（10-20）。

$$\text{市盈率} = \text{总市值2} / \text{归属母公司股东的净利润} \quad (10\text{-}19)$$

$$\text{扣非后的市盈率} = \text{总市值2} / \text{前推12个月扣除非经常性损益后的净利润} \quad (10\text{-}20)$$

其中，总市值2 = 指定日证券收盘价 × 指定日当日总股本。

4. 价值创造指标

经济增加值（Economic Value Added，EVA）是指从税后净营业利润中扣除包括股权和债务的全部投入资本成本后的所得。经济增加值的计算公式见式（10-21），其核心是资本投入是有成本的，公司的盈利只有高于其资本成本（包括股权成本和债务成本）时才会为股东创造价值。

$$\text{经济增加值} = \text{税后净营业利润} - \text{资本总额} \times \text{加权平均资本成本} \quad (10\text{-}21)$$

本章采用经济增加值的两种计算方法，计算结果分别为经济增加值1和经济增加值2。

经济增加值第一种计算方法参照国资委《中央企业负责人经营业绩考核暂行办法》，见式（10-22），计算过程中的重要参数见式（10-23）～式（10-25）。

经济增加值1＝净利润＋（利息支出＋研究开发费用调整项）×（1－企业所得税税率）－
　　　　　　（平均所有者权益＋平均负债合计－平均无息流动负债－平均在建工程）×5.5%
　　　　　　　　　　　　　　　　　　　　　　　　　　　　　　　　　　　　　　　（10-22）

税后净营业利润＝净利润＋（利息支出＋研究开发费用调整项）×（1－企业所得税税率）（10-23）

资本总额＝平均所有者权益＋平均负债合计－平均无息流动负债－平均在建工程　　（10-24）

$$加权平均资本成本 = 5.5\%\quad(10\text{-}25)$$

需要说明的是：2008年之前的企业所得税税率为33%，2008年及之后的企业所得税税率为25%；平均无息流动负债＝应收票据＋应交税费＋应付账款＋预收账款＋应付职工薪酬＋应付利息＋应付股利＋其他应付款＋其他流动负债专项应付款视同无息流动负债扣除。

经济增加值第二种计算方法主要是按照其定义来计算的，见式（10-26），计算过程中的重要参数见式（10-27）～式（10-29）。

经济增加值2＝营业利润－所得税费用＋利息支出（非金融机构）＋资产减值损失＋开发支出＋
　　　　　　递延所得税负债增加额－递延所得税资产增加额－（所有者权益合计＋
　　　　　　资产减值准备－在建工程减值准备－在建工程净额＋递延所得税负债－
　　　　　　递延所得税资产＋短期借款＋交易性金融负债＋一年内到期非流动负债＋
　　　　　　长期借款＋应付债券＋长期应付款）×债券资本成本×（1－企业所得税税率）×
　　　　　　（债务资本／总资本）＋股权资本成本×（股权资本／总资本）　　　　　（10-26）

税后净营业利润＝营业利润－所得税费用＋利息支出（非金融机构）＋资产减值损失＋
　　　　　　　　开发支出＋递延所得税负债增加额－递延所得税资产增加额　　　（10-27）

资本总额＝所有者权益合计＋资产减值准备－在建工程减值准备－在建工程净额＋
　　　　　递延所得税负债－递延所得税资产＋短期借款＋交易性金融负债＋
　　　　　一年内到期非流动负债＋长期借款＋应付债券＋长期应付款　　　　　　（10-28）

加权平均资本成本＝债券资本成本×（1－企业所得税税率）×（债务资本／总资本）＋
　　　　　　　　　股权资本成本×（股权资本／总资本）　　　　　　　　　　　　（10-29）

其中：股权资本成本＝无风险利率＋风险因子×市场风险溢价；债券资本成本使用一年期银行贷款利率；无风险收益率使用银行一年期存款利率；风险因子使用沪深市场股票250交易日流通市值加权的BETA值；考虑到中国股票市场波动率过大的特点，计算时市场风险溢价使用4%。

三、相关性具体方法

本章接下来将基于中国上市公司治理指数对该指数与反映公司绩效状况的指标进行相关性检验，并给出Pearson、Spearman和Kendall三个相关系数。考虑到本章分析的公司治理指数和绩效指标多符合正态分布，因此以 Pearson 相关系数为主来进行分析；为了增加结论的稳健性，同时给出了 Spearman 和 Kendall 两个相关系数。此外，在置信水平方面，本章考虑了最低标准、常用标准和较高标准，分别为 0.1、0.05 和 0.01。

第二节 中国上市公司绩效指标统计分析

一、盈利能力指标

（一）净资产收益率

2004—2022 年，中国上市公司净资产收益率（平均）、净资产收益率（加权）和净资产收益率（摊薄）的总体中位数分别为 7.440、7.480 和 6.923（见表 10-2～表 10-4）。从总体变化趋势来看，如图 10-1 所示，2004—2022 年中国上市公司净资产收益率（平均）、净资产收益率（加权）和净资产收益率（摊薄）中位数呈现波动中缓慢上升态势。分年度来看，2004—2022 年中国上市公司净资产收益率（平均）的最大值分别为 72.317、179.110、143.479、7590.962、204.071、2013.867、157.620、7336.719、413.749、143.863、215.586、76.686、1719.894、949.801、871.503、410.010、1104.102、248.951 和 5400.167，最小值分别为 −1362.803、−641.020、−1407.833、−2669.962、−204.258、−3010.124、−7988.846、−5480.897、−489.130、−1871.884、−1169.634、−907.303、−3106.233、−1481.856、−333.822、−1277.179、−15824.416、−1104.637 和 −8888.513。2004—2022 年中国上市公司净资产收益率（加权）的最大值分别为 58.740、179.120、57.240、2898.270、208.550、15990.280、157.620、465.600、413.750、269.060、137.330、77.480、112.840、943.316、982.140、964.670、162.600、238.620 和 451.050，最小值分别为 −906.160、−617.240、−191.240、−181.190、−289.690、−1780.000、−236.050、−189.610、−197.760、−220.940、−328.220、−2228.370、−890.050、−407.320、−18592.000、−584.440、−1890.550、−275.380 和 −4067.580。2004—2022 年中国上市公司净资产收益率（摊薄）的最大值分别为 441.450、94.630、58.400、2898.270、4880.290、15990.280、88.153、754.108、71320.360、2285.360、22492.481、3471.610、424.762、1610.611、3050.199、304.441、4133.010、6405.638 和 2347.635，最小值分别为 −8140.720、−13479.380、−2604.880、−1677.210、−1578.810、−1630.000、−2820.464、−2070.189、−17638.303、−955.880、−8257.396、−4447.776、−2011.919、−2764.822、−19297.794、−6971.681、−23509.601、−4632.552 和 −1645.004。

表 10-2 中国上市公司净资产收益率（平均）统计分析

年份	平均值	中位数	标准差	全距	最大值	最小值
2004	2.755	6.277	46.827	1435.121	72.317	−1362.803
2005	1.562	5.770	35.385	820.130	179.110	−641.020
2006	−3.297	4.713	63.787	1551.311	143.479	−1407.833
2007	9.386	6.264	253.654	10260.924	7590.962	−2669.962

(续)

年份	平均值	中位数	标准差	全距	最大值	最小值
2008	9.627	8.502	22.824	408.329	204.071	−204.258
2009	5.422	5.855	117.057	5023.99	2013.867	−3010.124
2010	−0.539	8.020	214.169	8146.466	157.620	−7988.846
2011	11.303	10.114	216.286	12817.616	7336.719	−5480.897
2012	9.020	9.152	22.411	902.88	413.749	−489.130
2013	6.457	7.481	42.177	2015.747	143.863	−1871.884
2014	5.970	6.782	28.716	1385.22	215.586	−1169.634
2015	5.443	6.887	27.845	983.989	76.686	−907.303
2016	4.781	7.051	72.373	4826.127	1719.894	−3106.233
2017	6.769	7.428	36.189	2431.657	949.801	−1481.856
2018	8.529	8.279	22.666	1205.325	871.503	−333.822
2019	3.682	7.054	37.409	1687.19	410.010	−1277.179
2020	−0.045	7.210	263.937	16928.518	1104.102	−15824.416
2021	4.743	7.498	31.539	1353.588	248.951	−1104.637
2022	1.743	8.003	196.001	14288.68	5400.167	−8888.513
总体	4.792	7.440	127.397	23415.378	7590.962	−15824.416

资料来源：作者根据 Wind 数据库数据整理。

表 10-3　中国上市公司净资产收益率（加权）统计分析

年份	平均值	中位数	标准差	全距	最大值	最小值
2004	3.423	6.260	33.897	964.900	58.740	−906.160
2005	3.209	6.120	27.695	796.360	179.120	−617.240
2006	0.496	4.770	23.626	248.480	57.240	−191.240
2007	7.834	6.280	93.416	3079.460	2898.270	−181.190
2008	9.768	8.600	24.264	498.240	208.550	−289.690
2009	18.973	5.750	482.452	17770.280	15990.280	−1780.000
2010	7.024	8.130	20.922	393.670	157.620	−236.050
2011	11.359	10.110	19.589	655.210	465.600	−189.610
2012	9.300	8.850	19.188	611.510	413.750	−197.760
2013	7.551	7.394	14.194	490.000	269.060	−220.940

(续)

年份	平均值	中位数	标准差	全距	最大值	最小值
2014	5.944	6.735	17.743	465.550	137.330	−328.220
2015	5.280	6.950	49.447	2305.850	77.480	−2228.370
2016	5.774	7.080	23.230	1002.890	112.840	−890.050
2017	7.606	7.470	24.959	1350.636	943.316	−407.320
2018	3.443	8.360	321.773	19574.140	982.140	−18592.000
2019	4.790	6.980	30.352	1549.110	964.670	−584.440
2020	4.004	7.230	40.237	2053.150	162.600	−1890.550
2021	5.439	7.560	22.25	514.000	238.620	−275.380
2022	3.817	8.100	71.09	4518.630	451.050	−4067.580
总体	6.021	7.480	123.9	34582.280	15990.280	−18592.000

资料来源：作者根据 Wind 数据库数据整理。

表 10-4 中国上市公司净资产收益率（摊薄）统计分析

年份	平均值	中位数	标准差	全距	最大值	最小值
2004	−5.734	5.960	259.829	8582.170	441.450	−8140.720
2005	−13.715	5.610	404.374	13574.010	94.630	−13479.380
2006	−8.581	4.605	105.108	2663.280	58.400	−2604.880
2007	2.382	6.120	119.117	4575.480	2898.270	−1677.210
2008	12.039	7.980	164.295	6459.100	4880.290	−1578.810
2009	13.470	5.760	480.660	17620.280	15990.280	−1630.000
2010	−0.330	7.592	107.248	2908.617	88.153	−2820.464
2011	7.616	8.216	55.825	2824.297	754.108	−2070.189
2012	31.764	8.023	1576.742	88958.663	71320.360	−17638.303
2013	9.550	7.114	76.661	3241.240	2285.360	−955.880
2014	18.163	6.515	532.831	30749.877	22492.481	−8257.396
2015	3.581	6.433	121.238	7919.385	3471.610	−4447.776
2016	2.534	6.282	60.849	2436.680	424.762	−2011.919
2017	5.059	6.649	67.305	4375.433	1610.611	−2764.822
2018	1.178	7.611	341.256	22347.994	3050.199	−19297.794
2019	−8.302	6.788	210.428	7276.123	304.441	−6971.681

（续）

年份	平均值	中位数	标准差	全距	最大值	最小值
2020	−7.235	6.857	405.348	27642.611	4133.010	−23509.601
2021	0.575	7.000	150.585	11038.189	6405.638	−4632.552
2022	−0.290	7.347	81.228	3992.639	2347.635	−1645.004
总体	2.914	6.923	428.013	94829.961	71320.360	−23509.601

资料来源：作者根据 Wind 数据库数据整理。

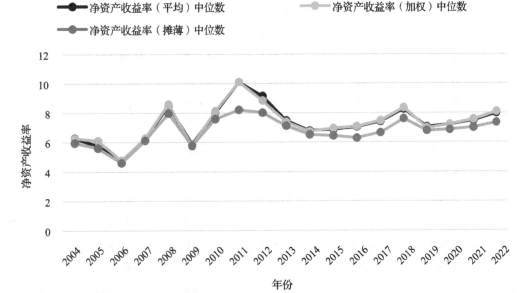

图 10-1　中国上市公司净资产收益率趋势

资料来源：作者根据 Wind 数据库数据整理。

（二）总资产报酬率

2004—2022 年中国上市公司总资产报酬率的总体平均值为 5.572，总体中位数为 5.465（见表 10-5）。从中位数的总体变化趋势来看，如图 10-2 所示，2004—2022 年中国上市公司总资产报酬率的中位数呈现波动变化，从 2013 年以来，总体稳定在 5%～6% 之间。分年度来看，2004—2022 年中国上市公司总资产报酬率的最大值分别为 27.392、53.785、30.194、138.100、178.875、544.394、200.675、293.949、2078.546、410.179、1061.563、727.529、59.989、49.817、53.449、53.824、360.907、489.064 和 1206.386，最小值分别为 −111.158、−158.695、−164.758、−156.772、−77.834、−198.392、−6481.926、−580.417、−199.526、−135.286、−148.729、−68.315、−81.634、−76.863、−131.931、−212.495、−215.894、−888.815 和 −99.302。

表10-5 中国上市公司总资产报酬率统计分析

年份	平均值	中位数	标准差	全距	最大值	最小值
2004	4.501	5.018	8.256	138.550	27.392	−111.158
2005	3.772	4.499	11.563	212.480	53.785	−158.695
2006	2.330	4.080	12.389	194.951	30.194	−164.758
2007	4.434	4.800	13.615	294.872	138.100	−156.772
2008	7.479	6.384	11.112	256.709	178.875	−77.834
2009	5.353	4.870	22.799	742.786	544.394	−198.392
2010	1.302	5.440	171.027	6682.601	200.675	−6481.926
2011	7.654	7.113	16.964	874.366	293.949	−580.417
2012	8.449	6.724	45.724	2278.072	2078.546	−199.526
2013	6.509	5.640	12.993	545.465	410.179	−135.286
2014	6.607	5.189	27.736	1210.292	1061.563	−148.729
2015	5.981	5.142	16.224	795.844	727.529	−68.315
2016	5.353	5.023	7.552	141.622	59.989	−81.634
2017	6.106	5.394	6.712	126.680	49.817	−76.863
2018	6.722	5.997	7.182	185.380	53.449	−131.931
2019	4.708	5.425	11.554	266.319	53.824	−212.495
2020	4.676	5.207	12.999	576.801	360.907	−215.894
2021	5.003	5.210	19.428	1377.879	489.064	−888.815
2022	5.705	5.582	20.551	1305.688	1206.386	−99.302
总体	5.572	5.465	36.065	8560.472	2078.546	−6481.926

资料来源：作者根据 Wind 数据库数据整理。

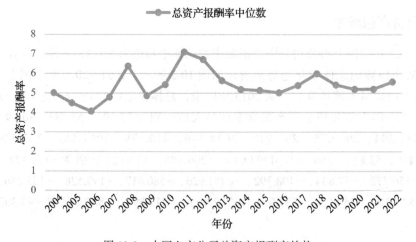

图10-2 中国上市公司总资产报酬率趋势

资料来源：作者根据 Wind 数据库数据整理。

(三) 总资产净利率

2004—2022年中国上市公司总资产净利率的总体平均值为3.774，总体中位数为3.796（见表10-6）。从中位数的总体变化趋势来看，如图10-3所示，2004—2013年中国上市公司总资产净利率中位数的波动比较大，从2014年以来，总体呈现上升趋势。分年度来看，2004—2022年中国上市公司总资产净利率的最大值分别为26.489、51.024、21.934、88.897、175.642、507.427、199.706、293.301、2078.764、409.098、1003.219、724.931、59.815、47.255、43.155、46.607、358.945、448.898和1221.107，最小值分别为-116.159、-175.196、-168.061、-171.072、-81.315、-377.467、-6481.915、-599.960、-199.741、-134.700、-156.132、-77.651、-87.391、-77.472、-132.408、-217.571、-228.543、-911.692和-101.985。

表10-6 中国上市公司总资产净利率统计分析

年份	平均值	中位数	标准差	全距	最大值	最小值
2004	2.445	2.992	7.821	142.647	26.489	-116.159
2005	1.679	2.588	11.218	226.220	51.024	-175.196
2006	0.217	2.141	12.062	189.995	21.934	-168.061
2007	1.910	2.724	13.156	259.969	88.897	-171.072
2008	4.705	3.825	10.417	256.957	175.642	-81.315
2009	2.544	2.565	23.615	884.893	507.427	-377.467
2010	-0.856	3.500	169.403	6681.621	199.706	-6481.915
2011	5.568	5.290	16.866	893.261	293.301	-599.960
2012	6.411	4.925	45.226	2278.505	2078.764	-199.741
2013	4.693	3.936	12.647	543.798	409.098	-134.700
2014	4.821	3.404	26.498	1159.351	1003.219	-156.132
2015	4.224	3.463	15.986	802.582	724.931	-77.651
2016	3.685	3.509	7.131	147.206	59.815	-87.391
2017	4.431	3.902	6.198	124.727	47.255	-77.472
2018	5.009	4.472	6.587	175.563	43.155	-132.408
2019	3.041	3.725	11.157	264.178	46.607	-217.571
2020	3.086	3.699	12.773	587.487	358.945	-228.543
2021	3.522	3.917	19.004	1360.590	448.898	-911.692
2022	4.311	4.340	20.319	1323.092	1221.107	-101.985
总体	3.774	3.796	35.636	8560.679	2078.764	-6481.915

资料来源：作者根据Wind数据库数据整理。

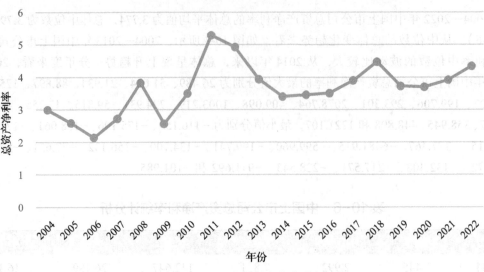

图 10-3　中国上市公司总资产净利率趋势

资料来源：作者根据 Wind 数据库数据整理。

（四）投入资本回报率

2004—2022 年中国上市公司投入资本回报率的总体平均值为 5.758，总体中位数为 5.957（见表 10-7）。从中位数的总体变化趋势来看，如图 10-4 所示，2004—2011 年中国上市公司投入资本回报率的中位数在波动中稳步上升，2011—2014 年呈现下降趋势，自 2014 年以来缓慢上升。分年度来看，2004—2022 年中国上市公司投入资本回报率的最大值分别为 66.047、73.359、27.718、360.572、267.358、957.314、78.878、171.647、1531.682、30438.618、12440.065、183.601、144.866、116.392、1456.231、588.106、143.304、270.460 和 315.563，最小值分别为 −182.584、−332.522、−199.151、−1827.201、−100.603、−1575.083、−237.163、−891.955、−384.282、−1909.983、−4699.618、−487.881、−686.456、−260.411、−193.410、−336.921、−27459.454、−392.459 和 −399.888。

表 10-7　中国上市公司投入资本回报率统计分析

年份	平均值	中位数	标准差	全距	最大值	最小值
2004	2.780	3.245	10.706	248.632	66.047	−182.584
2005	1.826	2.831	16.058	405.881	73.359	−332.522
2006	0.318	2.267	14.030	226.870	27.718	−199.151
2007	1.545	4.987	65.097	2187.773	360.572	−1827.201
2008	7.880	6.909	14.448	367.961	267.358	−100.603
2009	4.328	5.430	63.909	2532.398	957.314	−1575.083

（续）

年份	平均值	中位数	标准差	全距	最大值	最小值
2010	5.883	6.185	14.880	316.041	78.878	−237.163
2011	8.324	8.200	23.435	1063.602	171.647	−891.955
2012	8.732	7.426	35.651	1915.965	1531.682	−384.282
2013	18.490	6.117	635.892	32348.600	30438.618	−1909.983
2014	9.669	5.657	276.495	17139.683	12440.065	−4699.618
2015	5.858	5.659	15.457	671.482	183.601	−487.881
2016	5.296	5.645	20.688	831.322	144.866	−686.456
2017	6.624	6.181	10.325	376.804	116.392	−260.411
2018	7.726	6.727	27.289	1649.641	1456.231	−193.410
2019	5.025	6.029	18.418	925.026	588.106	−336.921
2020	−3.855	5.936	460.466	27602.757	143.304	−27459.454
2021	5.289	6.135	16.744	662.920	270.460	−392.459
2022	5.512	6.647	18.283	715.451	315.563	−399.888
总体	5.758	5.957	208.947	57898.071	30438.618	−27459.454

资料来源：作者根据 Wind 数据库数据整理。

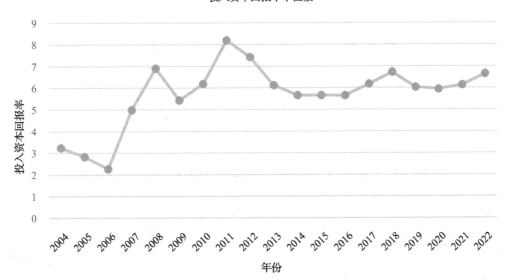

图 10-4　中国上市公司投入资本回报率趋势

资料来源：作者根据 Wind 数据库数据整理。

二、代理成本指标

(一) 销售费用占营业总收入百分比

2004—2022 年中国上市公司销售费用占营业总收入百分比的总体平均值为 10.847，总体中位数为 4.164，从中位数的总体变化趋势来看，如图 10-5 所示，2004—2020 年销售费用占营业总收入百分比的中位数总体呈缓慢上升趋势，自 2020 年以来呈现下降趋势。分年度来看，2004—2022 年中国上市公司销售费用占营业总收入百分比的最大值分别为 104.621、229.175、125220.782、95.798、75.460、143.728、53.125、88.264、2794.704、62.259、75.437、163.250、79.998、80.084、71.386、233.304、96.481、16432.439 和 148.593，最小值分别为 0.001、0.002、0.000、0.001、0.001、0.001、0.001、0.000、0.000、0.000、0.000、0.000、0.001、0.001、0.001、0.000、0.000、0.000 和 0.002（见表 10-8）。

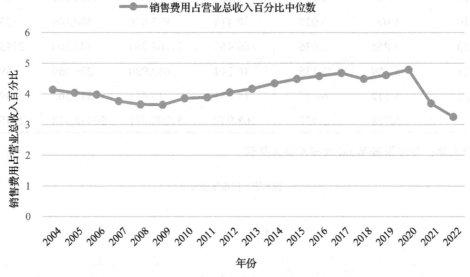

图 10-5 中国上市公司销售费用占营业总收入百分比趋势

资料来源：作者根据 Wind 数据库数据整理。

表 10-8 中国上市公司销售费用占营业总收入百分比统计分析

年份	平均值	中位数	标准差	全距	最大值	最小值
2004	6.523	4.138	8.245	104.620	104.621	0.001
2005	6.573	4.035	11.277	229.173	229.175	0.002
2006	121.097	3.979	3750.300	125220.782	125220.782	0.000
2007	5.813	3.764	6.968	95.796	95.798	0.001
2008	5.649	3.658	6.885	75.459	75.460	0.001
2009	6.338	3.648	9.790	143.727	143.728	0.001

(续)

年份	平均值	中位数	标准差	全距	最大值	最小值
2010	6.167	3.858	7.246	53.124	53.125	0.001
2011	6.361	3.888	7.769	88.264	88.264	0.000
2012	8.454	4.052	65.798	2794.704	2794.704	0.000
2013	6.863	4.168	7.978	62.259	62.259	0.000
2014	7.075	4.345	8.504	75.437	75.437	0.000
2015	7.355	4.489	9.321	163.250	163.250	0.000
2016	7.461	4.582	8.631	79.997	79.998	0.001
2017	7.538	4.681	8.784	80.083	80.084	0.001
2018	7.643	4.492	9.096	71.385	71.386	0.001
2019	8.242	4.613	10.867	233.304	233.304	0.000
2020	8.418	4.789	10.326	96.481	96.481	0.000
2021	13.059	3.696	274.337	16432.439	16432.439	0.000
2022	7.262	3.258	10.548	148.591	148.593	0.002
总体	10.847	4.164	613.647	125220.782	125220.782	0.000

资料来源：作者根据 Wind 数据库数据整理。

（二）管理费用占营业总收入百分比

2004—2022 年中国上市公司管理费用占营业总收入百分比的总体平均值为 531.814，总体中位数为 8.815。从中位数的总体变化趋势来看，如图 10-6 所示，自 2008 年以来管理费用占营业总收入百分比的中位数呈上升趋势。分年度来看，2004—2022 年中国上市公司管理费用占营业总收入百分比的最大值分别为 10071.285、18543.920、2.227×10^7、5411.199、256.982、159402.375、2210.902、8745.289、211499.932、1163.283、1819.066、280.921、314.870、482.034、728.429、1209.716、2111.886、224185.404、6568.020，最小值分别为 −121.226、−262.647、−17024.891、0.352、−0.714、0.224、0.220、0.276、0.221、0.215、0.229、0.173、0.188、0.197、0.150、0.117、0.112、0.074 和 0.065（见表 10-9）。

（三）财务费用占营业总收入百分比

2004—2022 年中国上市公司财务费用占营业总收入百分比的总体平均值为 163.785，总体中位数为 0.999（见表 10-10）。从中位数的总体变化趋势来看，如图 10-7 所示，2009 年之前中国上市公司财务费用占营业总收入百分比的中位数总体呈上升趋势，但 2009—2012 年财务费用占营业总收入百分比的中位数呈下降趋势，自 2012 年以来总体稳定在 0.5%～1% 之间。分年度来看，2004—2022 年中国上市公司财务费用占营业总收入百分比的最大值分别为 687.242、

8066.002、6176550.106、2236.515、152.525、793002.770、1688.376、1417.949、16955.548、150.456、1564.095、300.436、166.293、495.593、726.795、481.515、681.636、4441.497 和 588.202，最小值分别为 −6.410、−5.945、−3818.081、−23.913、−7.226、−1111.417、−92.588、−884.576、−135.135、−87.131、−43.199、−69.612、−83.229、−114.471、−28.809、−21.495、−70.784、−794.510 和 −142.226。

图 10-6　中国上市公司管理费用占营业总收入百分比趋势

资料来源：作者根据 Wind 数据库数据整理。

表 10-9　中国上市公司管理费用占营业总收入百分比统计分析

年份	平均值	中位数	标准差	全距	最大值	最小值
2004	24.874	8.353	319.227	10192.510	10071.285	−121.226
2005	30.988	8.082	547.463	18805.567	18543.920	−262.647
2006	19383.836	8.149	656574.868	2.228×10^7	2.227×10^7	−17024.891
2007	18.940	6.859	176.319	5410.847	5411.199	0.352
2008	9.182	6.078	13.922	257.697	256.982	−0.714
2009	149.574	6.964	4654.048	159402.152	159402.375	0.224
2010	13.953	7.310	71.168	2210.682	2210.902	0.220
2011	15.827	7.151	206.505	8745.013	8745.289	0.276
2012	110.306	7.447	4493.936	211499.712	211499.932	0.221
2013	11.415	8.115	27.098	1163.068	1163.283	0.215
2014	12.350	8.241	43.939	1818.837	1819.066	0.229
2015	11.845	8.650	15.543	280.748	280.921	0.173

（续）

年份	平均值	中位数	标准差	全距	最大值	最小值
2016	12.669	9.329	16.929	314.682	314.870	0.188
2017	12.386	9.304	16.206	481.838	482.034	0.197
2018	11.545	9.104	15.845	728.279	728.429	0.150
2019	13.051	9.597	29.165	1219.599	1209.716	0.117
2020	13.708	10.012	39.469	2111.774	2111.886	0.112
2021	82.247	10.271	3591.125	224185.330	224185.404	0.074
2022	15.154	10.113	98.523	6567.954	6568.020	0.065
总体	531.814	8.815	105822.587	2.228×10^7	2.227×10^7	−17024.891

资料来源：作者根据 Wind 数据库数据整理。

表 10-10　中国上市公司财务费用占营业总收入百分比统计分析

年份	平均值	中位数	标准差	全距	最大值	最小值
2004	5.444	1.810	31.938	693.652	687.242	−6.410
2005	11.276	1.854	237.611	8071.947	8066.002	−5.945
2006	5370.883	1.993	182057.316	6180368.187	6176550.106	−3818.081
2007	12.449	1.990	118.160	2260.428	2236.515	−23.913
2008	3.513	1.887	9.402	159.751	152.525	−7.226
2009	697.310	2.257	23394.442	794114.187	793002.770	−1111.417
2010	5.498	1.536	59.376	1780.964	1688.376	−92.588
2011	2.453	1.010	42.243	2302.524	1417.949	−884.576
2012	9.824	0.777	364.000	17090.683	16955.548	−135.135
2013	1.674	0.851	6.886	237.587	150.456	−87.131
2014	2.651	0.969	33.634	1607.294	1564.095	−43.199
2015	2.363	1.108	10.628	370.048	300.436	−69.612
2016	2.143	0.927	7.407	249.522	166.293	−83.229
2017	1.955	0.687	11.339	610.064	495.593	−114.471
2018	2.149	0.980	13.764	755.604	726.795	−28.809
2019	1.981	0.759	9.986	503.011	481.515	−21.495
2020	2.374	0.782	15.793	752.420	681.636	−70.784
2021	3.576	0.948	73.328	5236.007	4441.497	−794.510

(续)

年份	平均值	中位数	标准差	全距	最大值	最小值
2022	1.882	0.610	11.340	730.428	588.202	-142.226
总体	163.785	0.999	29857.091	6180368.187	6176550.106	-3818.081

资料来源：作者根据 Wind 数据库数据整理。

图 10-7　中国上市公司财务费用占营业总收入百分比趋势

资料来源：作者根据 Wind 数据库数据整理。

三、成长性指标

（一）营业收入同比增长率

2004—2022 年中国上市公司营业收入同比增长率的总体平均值为 45.685，总体中位数为 11.521（见表 10-11）。从中位数的总体变化趋势来看，如图 10-8 所示，中国上市公司营业收入同比增长率的中位数总体呈波浪变动趋势。分年度来看，2004—2022 年中国上市公司营业收入同比增长率的最大值分别为 7781.097、40067.707、4551.762、378437.191、3442.640、25179.680、5835.673、3116.787、13204.724、36753.197、758.918、794.452、7123.445、8748.366、8269.918、5504.443、2220.501、26327.129 和 94409.957，最小值分别为 -97.307、-95.787、-100.000、-103.333、-93.472、-136.802、-100.000、-99.612、-100.000、-100.000、-99.132、-100.000、-91.496、-91.834、-96.383、-100.000、-230.624、-372.810 和 -97.169。

表 10-11　中国上市公司营业收入同比增长率统计分析

年份	平均值	中位数	标准差	全距	最大值	最小值
2004	37.721	18.640	257.820	7878.404	7781.097	-97.307

(续)

年份	平均值	中位数	标准差	全距	最大值	最小值
2005	86.165	20.993	1304.541	40163.494	40067.707	−95.787
2006	18.794	12.377	145.500	4651.762	4551.762	−100.000
2007	730.555	16.689	15974.595	378540.524	378437.191	−103.333
2008	34.973	16.022	167.719	3536.112	3442.640	−93.472
2009	39.701	8.234	779.972	25316.482	25179.680	−136.802
2010	13.523	3.780	164.702	5935.673	5835.673	−100.000
2011	34.236	24.487	111.726	3216.399	3116.787	−99.612
2012	30.088	17.412	299.848	13304.724	13204.724	−100.000
2013	30.092	6.475	762.207	36853.197	36753.197	−100.000
2014	14.545	10.347	42.523	858.050	758.918	−99.132
2015	12.486	7.868	42.327	894.452	794.452	−100.000
2016	15.869	3.500	157.515	7214.941	7123.445	−91.496
2017	28.617	10.119	230.825	8840.200	8748.366	−91.834
2018	33.505	17.475	199.433	8366.301	8269.918	−96.383
2019	18.148	11.032	112.567	5604.443	5504.443	−100.000
2020	11.905	7.054	62.038	2451.125	2220.501	−230.624
2021	19.707	4.450	493.469	26699.939	26327.129	−372.810
2022	60.520	18.580	1535.922	94507.126	94409.957	−97.169
总体	45.685	11.521	2563.631	378810.001	378437.191	−372.810

资料来源：作者根据 Wind 数据库数据整理。

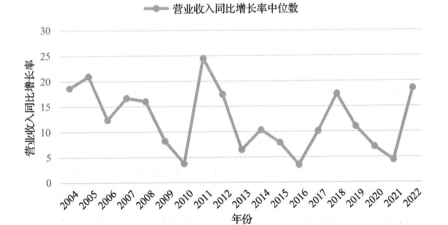

图 10-8　中国上市公司营业收入同比增长率趋势

资料来源：作者根据 Wind 数据库数据整理。

（二）净利润同比增长率

2004—2022 年中国上市公司净利润同比增长率的总体平均值为 –320.962，总体中位数为 10.762（见表 10-12）。从中位数的总体变化趋势来看，如图 10-9 所示，中国上市公司净利润同比增长率的中位数总体呈波浪变动趋势，自 2013 年以来，波动变化趋于平缓。分年度来看，2004—2022 年中国上市公司净利润同比增长率的最大值分别为 76251.888、22110.810、7613.918、48794.409、21573.319、25211.462、26582.399、23496.065、36998.559、23704.285、24161.978、4540.479、9601.312、15534.221、50580.346、11023.929、13976.790、15970.932 和 571255.490，最小值分别为 –20121.461、–33163.314、–77187.544、–30738.753、–104284.490、–37958.305、–20153.419、–15401.722、–23572.690、–13309.343、–45915.289、–124256.012、–33326.608、–97989.688、–11014.017、–348922.744、–11360000.000、–166636.201 和 –27777.690。

表 10-12　中国上市公司净利润同比增长率统计分析

年份	平均值	中位数	标准差	全距	最大值	最小值
2004	8.958	10.679	2534.755	96373.348	76251.888	–20121.461
2005	–171.244	9.371	1861.940	55274.125	22110.810	–33163.314
2006	–319.968	0.037	3012.871	84801.462	7613.918	–77187.544
2007	–75.447	31.080	2261.172	79533.162	48794.409	–30738.753
2008	–32.584	43.284	3461.336	125857.809	21573.319	–104284.490
2009	–138.824	–15.825	1552.098	63169.767	25211.462	–37958.305
2010	–14.199	20.390	1247.451	46735.818	26582.399	–20153.419
2011	56.173	26.834	1001.441	38897.787	23496.065	–15401.722
2012	–35.464	9.045	1129.978	60571.249	36998.559	–23572.690
2013	–54.415	–1.565	876.886	37013.628	23704.285	–13309.343
2014	–58.984	9.673	1441.501	70077.267	24161.978	–45915.289
2015	–163.498	9.018	3351.285	128796.491	4540.479	–124256.012
2016	–89.826	6.312	1006.758	42927.921	9601.312	–33326.608
2017	–24.800	16.283	2330.127	113523.909	15534.221	–97989.688
2018	48.989	15.316	1035.300	61594.363	50580.346	–11014.017
2019	–240.339	5.645	6220.592	359946.673	11023.929	–348922.744
2020	–3155.431	9.531	187158.437	11369033.072	13976.790	–11360000.000
2021	–172.860	8.820	3624.616	182607.134	15970.932	–166636.201
2022	126.109	12.352	8562.687	599033.181	571255.490	–27777.690
总体	–320.962	10.762	54063.620	11926311.773	571255.490	–11360000.000

资料来源：作者根据 Wind 数据库数据整理。

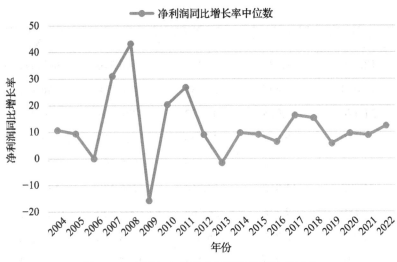

图 10-9 中国上市公司净利润同比增长率趋势

资料来源：作者根据 Wind 数据库数据整理。

（三）总资产同比增长率

2004—2022 年中国上市公司总资产同比增长率的总体平均值为 21.845，总体中位数为 9.819（见表 10-13）。从中位数的总体变化趋势来看，如图 10-10 所示，中国上市公司总资产同比增长率的中位数总体呈波浪变动趋势。分年度来看，2004—2022 年中国上市公司总资产同比增长率的最大值分别为 523.312、335.351、465.563、2508.073、1020.838、3331.681、760.906、1073.531、910.134、667.042、338.131、4146.249、3306.006、4792.747、1135.463、1002.865、7252.144、2424.721 和 2254.893，最小值分别为 −56.314、−75.051、−90.339、−99.972、−85.838、−99.989、−91.231、−71.939、−76.347、−79.334、−96.609、−82.082、−82.973、−97.247、−70.706、−94.455、−96.132、−80.652 和 −89.858。

表 10-13 中国上市公司总资产同比增长率统计分析

年份	平均值	中位数	标准差	全距	最大值	最小值
2004	21.337	11.928	41.099	579.627	523.312	−56.314
2005	15.235	9.371	31.661	410.402	335.351	−75.051
2006	7.337	5.203	26.005	555.902	465.563	−90.339
2007	24.448	8.194	109.997	2608.044	2508.073	−99.972
2008	21.170	11.836	56.698	1106.676	1020.838	−85.838
2009	9.152	3.921	100.649	3431.671	3331.681	−99.989
2010	15.175	9.938	35.459	852.137	760.906	−91.231
2011	50.175	18.471	98.040	1145.470	1073.531	−71.939
2012	31.410	12.922	62.652	986.480	910.134	−76.347

(续)

年份	平均值	中位数	标准差	全距	最大值	最小值
2013	18.206	9.935	38.308	746.376	667.042	−79.334
2014	13.654	9.447	25.288	434.740	338.131	−96.609
2015	21.470	9.965	95.472	4228.331	4146.249	−82.082
2016	27.480	10.673	94.980	3388.978	3306.006	−82.973
2017	34.559	11.273	171.316	4889.994	4792.747	−97.247
2018	24.522	11.865	52.764	1206.170	1135.463	−70.706
2019	12.189	7.336	36.366	1097.320	1002.865	−94.455
2020	14.921	6.710	125.647	7348.276	7252.144	−96.132
2021	20.548	8.884	63.225	2505.373	2424.721	−80.652
2022	22.996	10.983	60.762	2344.751	2254.893	−89.858
总体	21.845	9.819	83.300	7352.133	7252.144	−99.989

资料来源：作者根据 Wind 数据库数据整理。

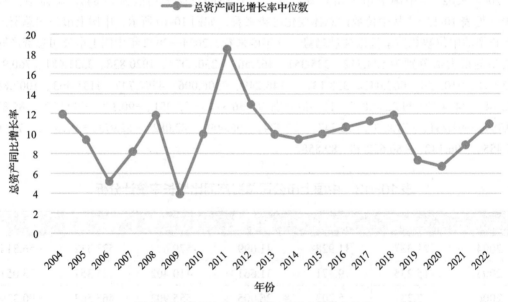

图 10-10　中国上市公司总资产同比增长率趋势

资料来源：作者根据 Wind 数据库数据整理。

（四）研发费用同比增长率

由于研发费用自 2018 年开始在利润表中单列，因此仅选取 2019—2022 年的研发费用同比增长率指标（见表 10-14）。2019—2022 年中国上市公司研发费用同比增长率总体平均值为

302.109，总体中位数为17.293。从中位数的总体变化趋势来看，如图10-11所示，中国上市公司研发费用同比增长率的中位数均大于9%，说明每年度研发费用支出在不断增加，上市公司创新意识不断增强。

表10-14　中国上市公司研发费用同比增长率统计分析

年份	平均值	中位数	标准差	全距	最大值	最小值
2019	1199.988	20.248	60322.116	3277905.882	3277806.574	−99.308
2020	92.929	15.407	2269.989	124198.462	124100.129	−98.333
2021	30.773	9.787	202.110	6006.033	5906.033	−100.000
2022	60.830	22.659	645.561	28336.542	28236.542	−100.000
总体	302.109	17.293	27811.403	3277906.574	3277806.574	−100.000

资料来源：作者根据Wind数据库数据整理。

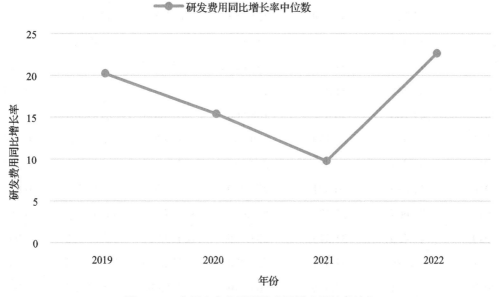

图10-11　中国上市公司研发费用同比增长率趋势

资料来源：作者根据Wind数据库数据整理。

四、分红指标

2004—2022年中国上市公司上市以来分红率的总体平均值为56.727，总体中位数为31.870（见表10-15）。从中位数的总体变化趋势来看，如图10-12所示，中国上市公司上市以来分红率的中位数总体稳定在30%以上。分年度来看，2004—2022年中国上市公司上市以来分红率的最大值分别为971.196、1914.453、863.276、1603.023、15574.327、4087.433、30121.789、4062.070、1385.560、2655.655、4404.604、2913.861、17874.165、5567.951、43144.980、

30767.401、10413.738、221222.626 和 8568.727，最小值分别为 2.200、2.251、1.795、0.722、1.322、1.590、0.841、0.513、0.352、0.920、0.517、0.241、0.149、0.097、0.075、0.068、0.072、0.044 和 0.035。

表 10-15 中国上市公司上市以来分红率统计分析

年份	平均值	中位数	标准差	全距	最大值	最小值
2004	43.040	35.932	46.227	968.996	971.196	2.200
2005	46.353	37.398	82.597	1912.202	1914.453	2.251
2006	49.743	38.569	61.315	861.481	863.276	1.795
2007	47.682	38.172	76.369	1602.301	1603.023	0.722
2008	80.943	35.135	629.829	15573.005	15574.327	1.322
2009	52.680	35.020	165.486	4085.843	4087.433	1.590
2010	68.609	33.303	865.032	30120.947	30121.789	0.841
2011	47.718	32.139	155.253	4061.556	4062.070	0.513
2012	39.071	30.977	51.950	1385.208	1385.560	0.352
2013	42.313	31.482	86.851	2654.735	2655.655	0.920
2014	43.345	31.246	112.936	4404.087	4404.604	0.517
2015	42.186	30.857	108.560	2913.621	2913.861	0.241
2016	48.939	30.784	370.457	17874.016	17874.165	0.149
2017	48.771	30.687	208.716	5567.853	5567.951	0.097
2018	52.830	30.571	775.219	43144.905	43144.980	0.075
2019	78.607	31.125	882.085	30767.333	30767.401	0.068
2020	47.456	31.313	233.465	10413.666	10413.738	0.072
2021	110.105	31.471	3731.808	221222.582	221222.626	0.044
2022	49.281	32.020	206.176	8568.692	8568.727	0.035
总体	56.727	31.870	1196.515	221222.591	221222.626	0.035

资料来源：作者根据 Wind 数据库数据整理。

五、价值指标

（一）内在价值指标

2004—2022 年中国上市公司企业价值（含货币资金）和企业价值（剔除货币资金）的总体平均值分别为 5514215.531 万元和 1578587.927 万元，总体中位数为 573392.400 万元和 504569.138 万元（见表 10-16、表 10-17）。从中位数的总体变化趋势来看，如图 10-13 所示，中国上市公司企业价值（含货币资金）的中位数和企业价值（剔除货币资金）的中位数均在波动中呈现上升趋势。

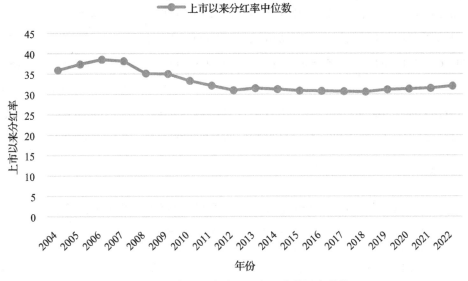

图 10-12 中国上市公司上市以来分红率趋势

资料来源：作者根据 Wind 数据库数据整理。

表 10-16 中国上市公司企业价值（含货币资金）统计分析

年份	平均值	中位数	标准差	全距	最大值	最小值
2004	660217.641	218881.166	3716248.869	81649974.222	81691418.907	41444.684
2005	613720.320	197033.257	3732072.026	78623489.026	78651218.433	27729.406
2006	417720.300	168415.022	2647073.986	85730934.316	85758216.961	27282.645
2007	951013.113	227141.951	5778322.413	111700000.000	110000000.000	−1747793.838
2008	4755666.277	541172.858	45530899.105	1023000000.000	1023000000.000	60839.378
2009	3750788.569	246416.748	43736792.783	1010000000.000	1010000000.000	18268.086
2010	4662325.125	510579.629	50887783.375	1270000000.000	1270000000.000	65587.500
2011	4928214.864	550910.541	55982919.820	1385000000.000	1385000000.000	94343.415
2012	4412621.904	370587.155	56759165.181	1546000000.000	1546000000.000	0.000
2013	4731362.464	366097.115	61603624.951	1720000000.000	1720000000.000	17815.187
2014	5155940.401	463799.720	66066700.514	1813000000.000	1813000000.000	84110.000
2015	5861012.546	626840.032	71201939.671	1983000000.000	1983000000.000	95829.248
2016	6487768.045	1053496.513	73798297.427	2092000000.000	2092000000.000	122420.000
2017	6627032.022	933660.432	78171078.920	2233000000.000	2234000000.000	104560.000

(续)

年份	平均值	中位数	标准差	全距	最大值	最小值
2018	6262092.476	733417.193	78274165.633	2427000000.000	2427000000.000	98580.000
2019	6140651.733	511151.158	82749630.922	2612000000.000	2612000000.000	92603.667
2020	7012082.904	622978.435	89057711.293	2850000000.000	2850000000.000	88739.920
2021	7340712.041	674785.525	91603835.854	3091000000.000	3091000000.000	76326.543
2022	7131205.036	746569.085	91511033.691	3213000000.000	3213000000.000	63250.000
总体	5514215.531	573392.400	72447480.126	3215000000.000	3213000000.000	−1747793.838

资料来源：作者根据 Wind 数据库数据整理。

表 10-17　中国上市公司企业价值（剔除货币资金）统计分析

年份	平均值	中位数	标准差	全距	最大值	最小值
2004	620611.931	199052.388	3665448.085	79910072.212	79950918.907	40846.695
2005	572555.872	175339.334	3686228.248	76808761.282	76823218.433	14457.151
2006	377244.418	146339.063	2595238.990	84278428.045	84283516.961	5088.916
2007	585105.819	199047.796	3051144.122	95193419.932	91549093.385	−3644326.548
2008	1443447.410	501725.350	5672299.572	146700000.000	146700000.000	59130.464
2009	671379.394	209159.481	3090444.960	78051828.045	77818427.002	−233401.043
2010	1490158.667	458592.698	8285205.092	249600000.000	249700000.000	55910.566
2011	1302136.236	482001.858	6061391.538	218100000.000	218100000.000	737.504
2012	959794.627	312359.938	5225759.828	199800000.000	199700000.000	−166024.885
2013	1019332.170	310286.656	5461618.055	204800000.000	204700000.000	−117919.252
2014	1132324.277	408169.047	5161092.718	182800000.000	182800000.000	−39676.287
2015	1548787.509	571017.434	6753758.807	236400000.000	235700000.000	−750293.893
2016	2057390.211	975446.201	7153979.703	258700000.000	258800000.000	85163.549
2017	1883137.217	841695.221	7259949.872	294600000.000	294300000.000	−321571.804
2018	1856403.333	658926.501	8504243.455	391300000.000	391000000.000	−286508.465
2019	1540839.709	434209.416	10671448.613	570300000.000	569100000.000	−1185177.047
2020	1908083.066	534103.035	12839103.866	703800000.000	702800000.000	−1015923.616
2021	2275620.070	578983.253	14140250.489	785300000.000	784300000.000	−1056459.401
2022	2290412.220	653129.363	13305997.782	780500000.000	780200000.000	−362088.891
总体	1578587.927	504569.138	9202023.301	787900000.000	784300000.000	−3644326.548

资料来源：作者根据 Wind 数据库数据整理。

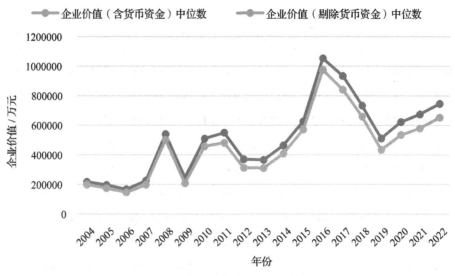

图 10-13　中国上市公司企业价值趋势

资料来源：作者根据 Wind 数据库数据整理。

（二）市场价值指标——总市值

2004—2022 年中国上市公司总市值 1 和总市值 2 的总体平均值分别为 1541526.826 万元和 1577773.841 万元，总体中位数为 483972.700 万元和 487290.248 万元（见表 10-18、表 10-19）。从中位数的总体变化趋势来看，如图 10-14 所示，中国上市公司总市值 1 的中位数和总市值 2 的中位数均在波动中呈现上升趋势，说明中国上市公司市场价值在不断提高。

表 10-18　中国上市公司总市值 1 统计分析

年份	平均值	中位数	标准差	全距	最大值	最小值
2004	400246.697	162836.956	2184280.683	65650835.327	65683018.907	32183.580
2005	328023.444	133431.085	1852875.251	59029817.933	59045018.433	15200.500
2006	278878.500	103333.428	2025716.145	66177449.663	66194316.961	16867.298
2007	553068.852	170875.703	2682103.719	75895130.885	75907193.385	12062.500
2008	2126347.841	478476.180	11682183.905	247500000.000	247600000.000	58890.834
2009	867849.829	183823.576	5431841.023	118700000.000	118700000.000	12062.500
2010	1768481.650	441533.442	10287421.938	241000000.000	241100000.000	65587.500
2011	1568835.716	479914.736	8080589.452	199800000.000	199900000.000	85255.170
2012	1081929.283	306397.567	6400643.686	174200000.000	174300000.000	12062.500
2013	1102152.482	302818.000	6445187.037	165100000.000	165200000.000	15875.104
2014	1129108.415	379890.000	5636927.758	138900000.000	138900000.000	75710.000

(续)

年份	平均值	中位数	标准差	全距	最大值	最小值
2015	1614710.305	535316.800	7593545.709	189300000.000	189400000.000	93240.000
2016	2038167.097	936255.850	6521704.932	157400000.000	157500000.000	116800.000
2017	1821046.585	831131.722	6229613.915	154900000.000	155000000.000	102560.000
2018	1791530.996	642895.446	7397217.071	212700000.000	212800000.000	98580.000
2019	1362411.420	409558.045	6430529.390	185000000.000	185100000.000	92600.000
2020	1738389.737	511572.839	7523354.261	205100000.000	205200000.000	87539.920
2021	2067898.488	556722.443	8171082.754	250900000.000	251000000.000	55947.494
2022	2078396.683	642257.000	7450576.800	257500000.000	257500000.000	63250.000
总体	1541526.826	483972.700	7035087.490	257500000.000	257500000.000	12062.500

资料来源：作者根据 Wind 数据库数据整理。

表 10-19　中国上市公司总市值 2 统计分析

年份	平均值	中位数	标准差	全距	最大值	最小值
2004	370656.032	164268.000	1494913.186	42885523.725	42917707.305	32183.580
2005	301655.778	134479.145	1243282.860	37787062.904	37802263.404	15200.500
2006	248856.289	104617.220	1277297.457	40386469.276	40403336.574	16867.298
2007	563560.249	174538.246	2779547.867	79049628.668	79072624.368	22995.700
2008	2325147.219	486698.890	13853914.401	271500000.000	271600000.000	58890.834
2009	902722.823	190699.006	5620022.237	118200000.000	118200000.000	27547.806
2010	1826375.870	448078.284	10685429.058	252900000.000	252900000.000	78512.763
2011	1557187.749	481286.868	7767880.456	205300000.000	205300000.000	85255.170
2012	1109723.163	308851.803	6584463.757	178200000.000	178300000.000	51336.286
2013	1109455.690	306872.222	6356453.016	165400000.000	165500000.000	60539.290
2014	1122381.785	381190.155	5471263.652	141000000.000	141100000.000	75710.000
2015	1667897.974	537602.829	8129182.765	197800000.000	197800000.000	93240.000
2016	2096129.807	936485.880	7021955.424	163100000.000	163200000.000	116800.000
2017	1850669.155	833617.069	6392178.543	157100000.000	157200000.000	102560.000
2018	1838421.706	644586.575	7897488.211	220900000.000	221000000.000	98580.000
2019	1387354.645	410016.129	6657704.891	188400000.000	188500000.000	92600.000
2020	1779690.829	512713.305	7870024.567	209500000.000	209600000.000	87539.920

(续)

年份	平均值	中位数	标准差	全距	最大值	最小值
2021	2126082.000	560744.684	8537084.826	250900000.000	251000000.000	55947.494
2022	2133623.782	643315.914	7776162.016	257500000.000	257500000.000	63250.000
总体	1577773.841	487290.248	7359931.112	271500000.000	271600000.000	15200.500

资料来源：作者根据 Wind 数据库数据整理。

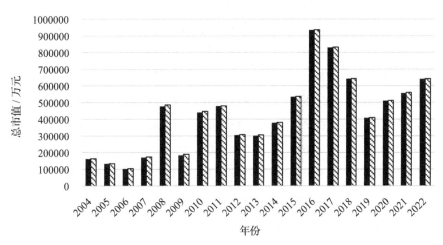

图 10-14 中国上市公司总市值趋势

资料来源：作者根据 Wind 数据库数据整理。

（三）市场价值指标——市盈率

2004—2022 年中国上市公司市盈率和扣非后的市盈率的总体平均值分别为 21.992 和 63.439，总体中位数为 32.928 和 33.936（见表 10-20、表 10-21）。从中位数的总体变化趋势来看，如图 10-15 所示，中国上市公司市盈率和扣非后的市盈率均呈现波动趋势。

表 10-20 中国上市公司市盈率统计分析

年份	平均值	中位数	标准差	全距	最大值	最小值
2004	50.989	33.262	506.634	19313.354	10668.328	−8645.026
2005	−131.680	26.806	5732.516	209365.286	14986.630	−194378.656
2006	−207.304	19.317	5291.694	158327.478	1075.587	−157251.891
2007	85.576	29.126	1233.046	40402.558	38444.844	−1957.715
2008	119.568	58.640	1927.594	75847.650	30441.861	−45405.789
2009	−17.918	19.619	1413.249	46302.483	5116.862	−41185.621

(续)

年份	平均值	中位数	标准差	全距	最大值	最小值
2010	54.921	40.721	499.669	13071.339	8742.272	−4329.067
2011	79.791	48.020	3251.531	191332.664	111502.250	−79830.414
2012	88.694	27.947	2239.825	114931.367	103411.672	−11519.695
2013	13.033	27.129	2950.724	186548.355	60876.793	−125671.563
2014	109.876	32.150	3561.808	169241.742	126103.531	−43138.211
2015	209.953	40.712	7433.541	394549.383	351072.813	−43476.570
2016	−71.572	61.721	9989.286	572759.672	61234.609	−511525.063
2017	121.753	51.233	3989.388	292940.633	171443.328	−121497.305
2018	798.868	38.957	42997.605	2500272.627	2494568.750	−5703.877
2019	22.198	23.588	499.873	23727.511	3628.552	−20098.959
2020	91.795	26.985	3485.231	232380.666	207703.094	−24677.572
2021	−107.084	29.602	10064.720	704845.445	95409.820	−609435.625
2022	−636.809	31.499	46659.083	3238278.906	61378.406	−3176900.500
总体	21.992	32.928	19831.967	5671469.250	2494568.750	−3176900.500

资料来源：作者根据 Wind 数据库数据整理。

表 10-21　中国上市公司扣非后的市盈率统计分析

年份	平均值	中位数	标准差	全距	最大值	最小值
2004	1003.829	33.923	26671.059	836263.080	832928.490	−3334.590
2005	40.659	27.093	319.923	11155.780	4849.315	−6306.464
2006	−175.120	19.098	5254.446	178658.491	4669.990	−173988.502
2007	84.002	33.576	751.194	23443.090	18763.988	−4679.103
2008	139.502	60.543	2241.585	75965.240	67122.918	−8842.322
2009	6.574	17.196	527.653	16890.256	8745.434	−8144.821
2010	329.339	39.806	8080.253	328169.133	294874.697	−33294.436
2011	15.068	50.708	1152.392	41909.055	7500.716	−34408.339
2012	33.021	30.243	1216.657	62901.608	11241.284	−51660.324
2013	17.752	28.176	1086.475	55550.430	16189.423	−39361.007
2014	63.391	31.777	1086.033	55407.675	40359.621	−15048.054
2015	3.301	40.223	4439.505	253617.053	45200.907	−208416.146

(续)

年份	平均值	中位数	标准差	全距	最大值	最小值
2016	−286.768	61.566	20958.100	1189297.097	106065.187	−1083231.910
2017	19.249	52.290	2910.013	163379.478	70080.412	−93299.067
2018	81.954	42.207	5016.316	370668.867	262453.165	−108215.702
2019	14.398	25.388	1097.884	63895.036	17352.409	−46542.627
2020	33.908	27.901	1007.641	68735.933	35311.700	−33424.233
2021	66.923	30.183	1360.250	78789.342	64108.503	−14680.840
2022	199.760	33.598	12528.793	926632.748	847175.351	−79457.398
总体	63.439	33.936	8162.362	1930407.261	847175.351	−1083231.910

资料来源：作者根据 Wind 数据库数据整理。

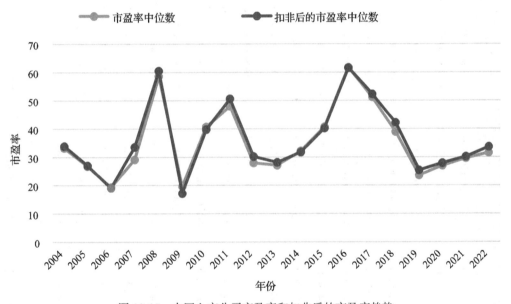

图 10-15　中国上市公司市盈率和扣非后的市盈率趋势

资料来源：作者根据 Wind 数据库数据整理。

（四）价值创造指标

2004—2022 年中国上市公司经济增加值 1 和经济增加值 2 的总体平均值分别为 160100000.000 万元和 406900000.000 万元，总体中位数为 7159000.000 万元和 3451000.000 万元（见表 10-22、表 10-23）。从中位数的总体变化趋势来看，如图 10-16 所示，中国上市公司经济增加值 1 的中位数和经济增加值 2 的中位数均呈现波动趋势，且自 2017 年以来均大于 0，说明经营者为企业创造了价值。

表 10-22 中国上市公司经济增加值 1 统计分析

年份	平均值	中位数	标准差	全距	最大值	最小值
2004	13540000.000	-3836000.000	361900000.000	10720000000.000	8717000000.000	-2004000000.000
2005	30450000.000	-7841000.000	792600000.000	28980000000.000	24590000000.000	-4391000000.000
2006	21370000.000	-12870000.000	754600000.000	26260000000.000	22510000000.000	-3759000000.000
2007	83020000.000	-4100000.000	1105000000.000	37810000000.000	33450000000.000	-4356000000.000
2008	276600000.000	6962000.000	2066000000.000	43960000000.000	43020000000.000	-9403000000.000
2009	138600000.000	-8037000.000	3023000000.000	95850000000.000	66740000000.000	-29110000000.000
2010	285300000.000	-1408000.000	3602000000.000	93000000000.000	80140000000.000	-12850000000.000
2011	449700000.000	23060000.000	4607000000.000	117000000000.000	108900000000.000	-8133000000.000
2012	432300000.000	19470000.000	4913000000.000	148000000000.000	133000000000.000	-14950000000.000
2013	342900000.000	6093000.000	4927000000.000	153100000000.000	136900000000.000	-16200000000.000
2014	385400000.000	-828400.000	4927000000.000	138400000000.000	132400000000.000	-6047000000.000
2015	344300000.000	2520000.000	4476000000.000	139500000000.000	119500000000.000	-19990000000.000
2016	186500000.000	-1212000.000	3746000000.000	151800000000.000	104800000000.000	-46940000000.000
2017	102500000.000	2927000.000	3225000000.000	151800000000.000	90960000000.000	-60850000000.000
2018	182700000.000	23750000.000	2942000000.000	129300000000.000	80100000000.000	-49190000000.000
2019	96590000.000	12360000.000	2953000000.000	109500000000.000	92720000000.000	-16820000000.000
2020	36680000.000	11010000.000	2881000000.000	133100000000.000	85840000000.000	-47280000000.000
2021	-65240000.000	12910000.000	3139000000.000	130400000000.000	59890000000.000	-70540000000.000
2022	1208000.000	20760000.000	3591000000.000	148800000000.000	91800000000.000	-56990000000.000
总体	160100000.000	7159000.000	3531000000.000	207500000000.000	136900000000.000	-70540000000.000

资料来源：作者根据 CSMAR 数据库数据整理。

表 10-23　中国上市公司经济增加值 2 统计分析

年份	平均值	中位数	标准差	全距	最大值	最小值
2004	3444000000.000	-7243000.000	6173000000.000	20440000000.000	18660000000.000	-1775000000.000
2005	500000000.000	-10810000.000	9922000000.000	37060000000.000	32570000000.000	-4488000000.000
2006	2834000000.000	-15740000.000	7789000000.000	26510000000.000	23890000000.000	-2615000000.000
2007	7921000000.000	-10790000.000	10600000000.000	34720000000.000	31330000000.000	-3392000000.000
2008	2905000000.000	-13330000.000	28850000000.000	60580000000.000	58920000000.000	-1657000000.000
2009	2826000000.000	-11130000.000	4829000000.000	14160000000.000	11350000000.000	-2808000000.000
2010	3749000000.000	-5241000.000	4708000000.000	11370000000.000	10080000000.000	-1286000000.000
2011	4753000000.000	1598000.000	5458000000.000	14050000000.000	13550000000.000	-5018000000.000
2012	4320000000.000	-9290000.000	6014000000.000	17900000000.000	16570000000.000	-1328000000.000
2013	4113000000.000	-15790000.000	6253000000.000	19090000000.000	17820000000.000	-1273000000.000
2014	4636000000.000	-14920000.000	6205000000.000	18600000000.000	18060000000.000	-5353000000.000
2015	5663000000.000	-1115000.000	7307000000.000	23110000000.000	21790000000.000	-1322000000.000
2016	6219000000.000	5755000.000	8621000000.000	27370000000.000	26440000000.000	-9302000000.000
2017	5673000000.000	-1152000.000	7947000000.000	26510000000.000	24850000000.000	-1658000000.000
2018	6726000000.000	25980000.000	7839000000.000	27390000000.000	26520000000.000	-8753000000.000
2019	6415000000.000	46620000.000	7161000000.000	32050000000.000	31020000000.000	-1029000000.000
2020	2808000000.000	14560000.000	4410000000.000	18390000000.000	12180000000.000	-6214000000.000
2021	2152000000.000	18440000.000	4059000000.000	19530000000.000	12280000000.000	-7246000000.000
2022	3519000000.000	36380000.000	4756000000.000	21470000000.000	14950000000.000	-6517000000.000
总体	4069000000.000	3451000.000	5882000000.000	38270000000.000	31020000000.000	-7246000000.000

资料来源：作者根据 CSMAR 数据库数据整理。

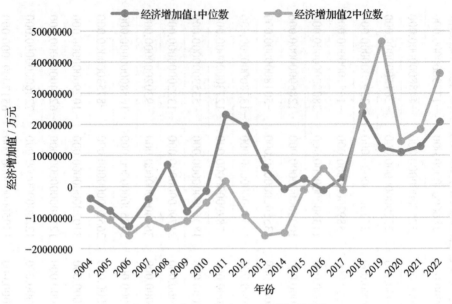

图 10-16 中国上市公司经济增加值趋势

资料来源：作者根据CSMAR数据库数据整理。

第三节 中国上市公司治理总指数与绩效相关性

一、中国上市公司治理指数与盈利能力

（一）上市公司治理指数与当年盈利能力指标

根据表 10-24，中国上市公司治理指数至少在 5% 的置信水平上与当年的各项盈利能力指标总体上显著正相关。

其中公司治理指数与净资产收益率（平均）的 Pearson、Kendall 和 Spearman 相关系数分别为 0.044、0.155 和 0.231。公司治理指数与净资产收益率（加权）的 Pearson、Kendall 和 Spearman 相关系数分别为 0.027、0.157 和 0.233。公司治理指数与净资产收益率（摊薄）的 Pearson、Kendall 和 Spearman 相关系数分别为 0.010、0.152 和 0.226。

公司治理指数与总资产报酬率的 Pearson、Kendall 和 Spearman 相关系数分别为 0.059、0.163 和 0.243。公司治理指数与总资产净利率的 Pearson、Kendall 和 Spearman 相关系数分别为 0.067、0.199 和 0.295。公司治理指数与投入资本回报率的 Pearson、Kendall 和 Spearman 相关系数分别为 0.014、0.181 和 0.269。

综上，我们可以看出治理越好的公司其盈利能力越强。

（二）公司治理指数与 t+1 期一季度盈利能力指标

根据表 10-25，公司治理指数在 0.01 的置信水平上与 t+1 期一季度的各项盈利能力指标均显著正相关。

表 10-24　中国上市公司治理指数与当年盈利能力指标相关系数

指标	Pearson		Kendall		Spearman	
	相关系数	显著水平	相关系数	显著水平	相关系数	显著水平
净资产收益率（平均）	0.044	0.000	0.155	0.000	0.231	0.000
净资产收益率（加权）	0.027	0.000	0.157	0.000	0.233	0.000
净资产收益率（摊薄）	0.010	0.040	0.152	0.000	0.226	0.000
总资产报酬率	0.059	0.000	0.163	0.000	0.243	0.000
总资产净利率	0.067	0.000	0.199	0.000	0.295	0.000
投入资本回报率	0.014	0.004	0.181	0.000	0.269	0.000

资料来源：作者整理。

其中公司治理指数与 t+1 期一季度净资产收益率（平均）的 Pearson、Kendall 和 Spearman 相关系数分别为 0.035、0.121 和 0.180。公司治理指数与 t+1 期一季度净资产收益率（加权）的 Pearson、Kendall 和 Spearman 相关系数分别为 0.086、0.140 和 0.208。公司治理指数与 t+1 期一季度净资产收益率（摊薄）的 Pearson、Kendall 和 Spearman 相关系数分别为 0.020、0.120 和 0.179。

公司治理指数与 t+1 期一季度总资产报酬率的 Pearson、Kendall 和 Spearman 相关系数分别为 0.063、0.119 和 0.177。公司治理指数与 t+1 期一季度总资产净利率的 Pearson、Kendall 和 Spearman 相关系数分别为 0.054、0.154 和 0.229。而公司治理指数与 t+1 期一季度投入资本回报率的 Pearson、Kendall 和 Spearman 相关系数分别为 0.046、0.117 和 0.174。

综上，治理越好的公司其盈利能力越强，而且公司治理在提升盈利能力方面具有一定的滞后效应。

表 10-25　中国上市公司治理指数与 t+1 期一季度盈利能力指标相关系数

指标	Pearson		Kendall		Spearman	
	相关系数	显著水平	相关系数	显著水平	相关系数	显著水平
净资产收益率（平均）	0.035	0.000	0.121	0.000	0.180	0.000
净资产收益率（加权）	0.086	0.000	0.140	0.000	0.208	0.000
净资产收益率（摊薄）	0.020	0.000	0.120	0.000	0.179	0.000
总资产报酬率	0.063	0.000	0.119	0.000	0.177	0.000
总资产净利率	0.054	0.000	0.154	0.000	0.229	0.000
投入资本回报率	0.046	0.000	0.117	0.000	0.174	0.000

资料来源：作者整理。

(三) 公司治理指数与 t+1 期半年度盈利能力指标

根据表 10-26，公司治理指数在 0.01 的置信水平上与 t+1 期半年度的各项盈利能力指标均显著正相关。

其中公司治理指数与 t+1 期半年度净资产收益率（平均）的 Pearson、Kendall 和 Spearman 相关系数分别为 0.044、0.131 和 0.194。公司治理指数与 t+1 期半年度净资产收益率（加权）的 Pearson、Kendall 和 Spearman 相关系数分别为 0.043、0.130 和 0.193。公司治理指数与 t+1 期半年度净资产收益率（摊薄）的 Pearson、Kendall 和 Spearman 相关系数分别为 0.020、0.131 和 0.195。

公司治理指数与 t+1 期半年度总资产报酬率的 Pearson、Kendall 和 Spearman 相关系数分别为 0.056、0.136 和 0.203。公司治理指数与 t+1 期半年度总资产净利率的 Pearson、Kendall 和 Spearman 相关系数分别为 0.064、0.170 和 0.252。而公司治理指数与 t+1 期半年度投入资本回报率的 Pearson、Kendall 和 Spearman 相关系数分别为 0.112、0.145 和 0.215。

综上，公司治理指数与 t+1 期半年度盈利能力指标显著正相关，进一步说明公司治理在提升盈利能力方面具有一定的滞后效应。

表 10-26　中国上市公司治理指数与 t+1 期半年度盈利能力指标相关系数

指标	Pearson		Kendall		Spearman	
	相关系数	显著水平	相关系数	显著水平	相关系数	显著水平
净资产收益率（平均）	0.044	0.000	0.131	0.000	0.194	0.000
净资产收益率（加权）	0.043	0.000	0.130	0.000	0.193	0.000
净资产收益率（摊薄）	0.020	0.000	0.131	0.000	0.195	0.000
总资产报酬率	0.056	0.000	0.136	0.000	0.203	0.000
总资产净利率	0.064	0.000	0.170	0.000	0.252	0.000
投入资本回报率	0.112	0.000	0.145	0.000	0.215	0.000

资料来源：作者整理。

二、上市公司治理指数与代理成本

(一) 公司治理指数与当年代理成本指标

根据表 10-27，公司治理指数与当年的销售费用占营业收入比例、管理费用占营业收入比例的 Pearson 相关系数均在 0.01 的置信水平上显著负相关，公司治理指数与财务费用占营业收入比例的 Pearson、Kendall 和 Spearman 相关系数均在 0.01 的置信水平上显著负相关。其中公司治理指数与销售费用占营业收入比例、管理费用占营业收入比例的 Pearson 相关系数分别为 -0.014 和 -0.015，与财务费用占营业收入比例的 Pearson、Kendall 和 Spearman 相关系数分

别为 -0.017、-0.190 和 -0.284。这说明治理越好的公司财务费用越低，进而公司的代理成本较低。

表 10-27　上市公司治理指数与当年代理成本指标相关系数

指标	Pearson		Kendall		Spearman	
	相关系数	显著水平	相关系数	显著水平	相关系数	显著水平
销售费用占营业收入比例	-0.014	0.003	0.053	0.000	0.080	0.000
管理费用占营业收入比例	-0.015	0.001	0.060	0.000	0.089	0.000
财务费用占营业收入比例	-0.017	0.000	-0.190	0.000	-0.284	0.000

资料来源：作者整理。

（二）公司治理指数与 t+1 期一季度代理成本指标

根据表 10-28，公司治理指数与 t+1 期一季度的财务费用占营业收入比例的 Pearson、Kendall 和 Spearman 相关系数均在 0.01 的置信水平上显著为负。公司治理指数与 t+1 期财务费用占营业收入比例的 Pearson、Kendall 和 Spearman 相关系数分别为 -0.021、-0.171 和 -0.255。这说明治理越好的公司财务费用越低，而且存在滞后效应。

表 10-28　上市公司治理指数与 t+1 期一季度代理成本指标相关系数

指标	Pearson		Kendall		Spearman	
	相关系数	显著水平	相关系数	显著水平	相关系数	显著水平
销售费用占营业收入比例	0.006	0.189	0.061	0.000	0.091	0.000
管理费用占营业收入比例	0.005	0.331	0.058	0.000	0.085	0.000
财务费用占营业收入比例	-0.021	0.000	-0.171	0.000	-0.255	0.000

资料来源：作者整理。

（三）公司治理指数与 t+1 期半年度代理成本指标

根据表 10-29，公司治理指数与 t+1 期半年度的销售费用占营业收入比例、管理费用占营业收入比例的 Pearson 相关系数均在 0.01 的置信水平上显著负相关，公司治理指数与财务费用占营业收入比例的 Pearson、Kendall 和 Spearman 相关系数均在 0.01 的置信水平上显著负相关。其中公司治理指数与销售费用占营业收入比例、管理费用占营业收入比例的 Pearson 相关系数分别为 -0.014 和 -0.020，与财务费用占营业收入比例的 Pearson、Kendall 和 Spearman 相关系数分别为 -0.018、-0.190 和 -0.283。进一步说明治理越好的公司财务费用越低，进而公司的代理成本较低，且公司治理对代理成本的影响存在滞后效应。

表 10-29　上市公司治理指数与 t+1 期半年度代理成本指标相关系数

指标	Pearson		Kendall		Spearman	
	相关系数	显著水平	相关系数	显著水平	相关系数	显著水平
销售费用占营业收入比例	−0.014	0.005	0.050	0.000	0.075	0.000
管理费用占营业收入比例	−0.020	0.000	0.068	0.000	0.101	0.000
财务费用占营业收入比例	−0.018	0.000	−0.190	0.000	−0.283	0.000

资料来源：作者整理。

三、上市公司治理指数与成长性

（一）公司治理指数与当年成长性指标

根据表 10-30，公司治理指数与营业收入同比增长率、净利润同比增长率、研发费用同比增长率的 Kendall 和 Spearman 相关系数均在 0.01 的置信水平上显著正相关，公司治理指数与总资产同比增长率的三个相关系数均在 0.01 的置信水平上显著正相关。其中，公司治理指数与营业收入同比增长率的 Kendall 和 Spearman 相关系数分别为 0.072 和 0.106，与净利润同比增长率的 Kendall 和 Spearman 相关系数分别为 0.040 和 0.059，与研发费用同比增长率的 Kendall 和 Spearman 相关系数分别为 0.069 和 0.103，与总资产同比增长率的 Pearson、Kendall 和 Spearman 相关系数分别为 0.045、0.124 和 0.186，这说明治理越好的公司营业收入、净利润、总资产和研发费用增长越快。

表 10-30　上市公司治理指数与当年度成长性指标相关系数

指标	Pearson		Kendall		Spearman	
	相关系数	显著水平	相关系数	显著水平	相关系数	显著水平
营业收入同比增长率	−0.016	0.001	0.072	0.000	0.106	0.000
净利润同比增长率	0.002	0.673	0.040	0.000	0.059	0.000
总资产同比增长率	0.045	0.000	0.124	0.000	0.186	0.000
研发费用同比增长率	−0.010	0.142	0.069	0.000	0.103	0.000

资料来源：作者整理。

（二）公司治理指数与 t+1 期一季度成长性指标

根据表 10-31，公司治理指数与 t+1 期一季度营业收入同比增长率、净利润同比增长率、总资产同比增长率及研发费用同比增长率的 Kendall 和 Spearman 相关系数均在 0.01 的置信水平上显著正相关。其中，公司治理指数与 t+1 期一季度营业收入同比增长率的 Kendall 和 Spearman

相关系数分别为 0.052 和 0.077，与 t+1 期一季度净利润同比增长率的 Kendall 和 Spearman 相关系数分别为 0.019 和 0.029，与 t+1 期一季度总资产同比增长率的 Kendall 和 Spearman 相关系数分别为 0.115 和 0.172，与 t+1 期一季度研发费用同比增长率的 Kendall 和 Spearman 相关系数分别为 0.069 和 0.102，这说明治理越好的公司营业收入、净利润、总资产和研发费用增长越快，且存在一定的滞后效应。

表 10-31　上市公司治理指数与 t+1 期一季度成长性指标相关系数

指标	Pearson		Kendall		Spearman	
	相关系数	显著水平	相关系数	显著水平	相关系数	显著水平
营业收入同比增长率	−0.004	0.384	0.052	0.000	0.077	0.000
净利润同比增长率	0.004	0.404	0.019	0.000	0.029	0.000
总资产同比增长率	−0.016	0.001	0.115	0.000	0.172	0.000
研发费用同比增长率	−0.015	0.079	0.069	0.000	0.102	0.000

资料来源：作者整理。

（三）公司治理指数与 t+1 期半年度成长性指标

根据表 10-32，公司治理指数与 t+1 期半年度营业收入同比增长率、净利润同比增长率、总资产同比增长率及研发费用同比增长率的 Kendall 和 Spearman 相关系数均在 0.01 的置信水平上显著正相关。其中，公司治理指数与 t+1 期半年度营业收入同比增长率的 Kendall 和 Spearman 相关系数分别为 0.048 和 0.071，与 t+1 期半年度净利润同比增长率的 Kendall 和 Spearman 相关系数分别为 0.012 和 0.016，与 t+1 期半年度总资产同比增长率的 Kendall 和 Spearman 相关系数分别为 0.112 和 0.167，与 t+1 期半年度研发费用同比增长率的 Kendall 和 Spearman 相关系数分别为 0.072 和 0.107，进一步说明治理越好的公司营业收入、净利润、总资产和研发费用增长越快，且存在一定的滞后效应。

表 10-32　上市公司治理指数与 t+1 期半年度成长性指标相关系数

指标	Pearson		Kendall		Spearman	
	相关系数	显著水平	相关系数	显著水平	相关系数	显著水平
营业收入同比增长率	−0.023	0.000	0.048	0.000	0.071	0.000
净利润同比增长率	−0.003	0.589	0.012	0.000	0.016	0.001
总资产同比增长率	−0.014	0.003	0.112	0.000	0.167	0.000
研发费用同比增长率	−0.010	0.244	0.072	0.000	0.107	0.000

资料来源：作者整理。

四、上市公司治理指数与分红

根据表 10-33,公司治理指数与当年度的上市以来分红率不具有显著相关关系,与 t+1 期一季度的上市以来分红率的 Kendall 和 Spearman 相关系数均在 0.01 的置信水平上显著为正,其相关系数分别为 0.114 和 0.171。公司治理指数与 t+1 期半年度上市以来分红率的 Pearson、Kendall 和 Spearman 相关系数在 0.01 的置信水平上显著负相关,其相关系数分别为 −0.027、−0.009 和 −0.014。这说明公司治理对上市公司分红情况的影响存在滞后效应。

表 10-33　上市公司治理指数与分红率相关系数

指标	Pearson		Kendall		Spearman	
	相关系数	显著水平	相关系数	显著水平	相关系数	显著水平
上市以来分红率 (当年度)	−0.008	0.134	0.004	0.249	0.005	0.281
上市以来分红率 (t+1 期一季度)	0.002	0.697	0.114	0.000	0.171	0.000
上市以来分红率 (t+1 期半年度)	−0.027	0.000	−0.009	0.007	−0.014	0.006

资料来源:作者整理。

五、上市公司治理指数与价值

(一)公司治理指数与当年价值指标

根据表 10-34,公司治理指数与当年含货币资金和剔除货币资金的企业价值均在 0.01 的置信水平上显著正相关。公司治理指数与含货币资金和剔除货币资金的企业价值的 Pearson 相关系数分别为 0.058 和 0.068,Kendall 相关系数分别为 0.202 和 0.194,而 Spearman 相关系数分别为 0.299 和 0.287。这说明治理越好的公司其企业价值越高。

公司治理指数与当年度总市值 1 和总市值 2 在 0.01 的置信水平上显著正相关,其中与总市值 1 的 Pearson、Kendall 和 Spearman 相关系数分别为 0.100、0.236 和 0.347,与总市值 2 的 Pearson、Kendall 和 Spearman 相关系数分别为 0.098、0.232 和 0.341。这说明治理越好的公司其总市值越高。

除 Pearson 相关系数之外,公司治理指数与当年度市盈率和扣非后的市盈率的 Kendall 和 Spearman 相关系数均在 0.01 的置信水平上显著正相关。其中,公司治理指数与市盈率和扣非后的市盈率的 Kendall 相关系数分别为 0.064 和 0.098,Spearman 相关系数分别为 0.097 和 0.148。这说明治理越好的公司,市场给予其的估值水平越高。

公司治理指数与当年度的经济增加值 1 和经济增加值 2 在 0.01 的置信水平上显著正相关。其中公司治理指数与经济增加值 1 的 Pearson、Kendall 和 Spearman 相关系数分别为 0.057、0.166

和 0.252，而与经济增加值 2 的 Pearson、Kendall 和 Spearman 相关系数分别为 0.064、0.177 和 0.268。这说明治理越好的公司，其创造的价值越多。

表 10-34 上市公司治理指数与当年价值指标相关系数

指标	Pearson		Kendall		Spearman	
	相关系数	显著水平	相关系数	显著水平	相关系数	显著水平
企业价值（含货币资金）	0.058	0.000	0.202	0.000	0.299	0.000
企业价值（剔除货币资金）	0.068	0.000	0.194	0.000	0.287	0.000
总市值 1	0.100	0.000	0.236	0.000	0.347	0.000
总市值 2	0.098	0.000	0.232	0.000	0.341	0.000
市盈率	0.002	0.671	0.064	0.000	0.097	0.000
扣非后的市盈率	0.000	0.973	0.098	0.000	0.148	0.000
经济增加值 1	0.057	0.000	0.166	0.000	0.252	0.000
经济增加值 2	0.064	0.000	0.177	0.000	0.268	0.000

资料来源：作者整理。

(二) 公司治理指数与 t+1 期一季度价值指标

根据表 10-35，公司治理指数与 t+1 期一季度含货币资金和剔除货币资金的企业价值均在 0.01 的置信水平上显著正相关，公司治理指数与 t+1 期一季度含货币资金和剔除货币资金的企业价值的 Pearson 相关系数分别为 0.056 和 0.079，Kendall 相关系数分别为 0.179 和 0.172，而 Spearman 相关系数分别为 0.265 和 0.255。这说明治理越好的公司，其 t+1 期一季度的企业价值越高。

公司治理指数与 t+1 期一季度总市值 1 和总市值 2 在 0.01 的置信水平上显著正相关，其中与 t+1 期一季度总市值 1 的 Pearson、Kendall 和 Spearman 相关系数分别为 0.098、0.220 和 0.323，与总市值 2 的 Pearson、Kendall 和 Spearman 相关系数分别为 0.097、0.218 和 0.320。这说明治理越好的公司，其 t+1 期一季度的总市值越高。

除 t+1 期一季度市盈率的 Pearson 相关系数之外，公司治理指数与 t+1 期一季度市盈率和扣非后的市盈率至少在 0.1 的置信水平上显著正相关。其中，公司治理指数与 t+1 期一季度扣非后的市盈率的 Pearson 相关系数为 0.008，且在 0.1 的置信水平上显著；与 t+1 期一季度市盈率和扣非后的市盈率的 Kendall 相关系数分别为 0.019 和 0.081，且均在 0.01 的置信水平上显著；与 t+1 期一季度市盈率和扣非后的市盈率的 Spearman 相关系数分别为 0.030 和 0.124，且均在 0.01 的置信水平上显著。这说明治理越好的公司，在 t+1 期一季度市场给予的估值水平越高。

公司治理指数与 t+1 期一季度的经济增加值 1 和经济增加值 2 在 0.01 的置信水平上显著正相关。其中公司治理指数与 t+1 期一季度经济增加值 1 的 Pearson、Kendall 和 Spearman 相关系数分别为 0.033、0.092 和 0.141；而与 t+1 期一季度经济增加值 2 的 Pearson、Kendall 和 Spearman 相关系数分别为 0.049、0.111 和 0.170。这说明治理越好的公司，其 t+1 期一季度创造的价值越多。

综上，公司治理指数与 t+1 期一季度价值指标的相关性检验表明，治理越好的公司，其企业价值、总市值、市盈率及经济增加值越好，且存在一定的滞后效应。

表10-35 上市公司治理指数与 t+1 期一季度价值指标相关系数

指标	Pearson		Kendall		Spearman	
	相关系数	显著水平	相关系数	显著水平	相关系数	显著水平
企业价值（含货币资金）	0.056	0.000	0.179	0.000	0.265	0.000
企业价值（剔除货币资金）	0.079	0.000	0.172	0.000	0.255	0.000
总市值1	0.098	0.000	0.220	0.000	0.323	0.000
总市值2	0.097	0.000	0.218	0.000	0.320	0.000
市盈率	0.002	0.683	0.019	0.000	0.030	0.000
扣非后的市盈率	0.008	0.091	0.081	0.000	0.124	0.000
经济增加值1	0.033	0.000	0.092	0.000	0.141	0.000
经济增加值2	0.049	0.000	0.111	0.000	0.170	0.000

资料来源：作者整理。

（三）公司治理指数与 t+1 期半年度价值指标

根据表10-36，公司治理指数与 t+1 期半年度含货币资金和剔除货币资金的企业价值均在 0.01 的置信水平上显著正相关，公司治理指数与 t+1 期半年度含货币资金和剔除货币资金的企业价值的 Pearson 相关系数分别为 0.057 和 0.066，Kendall 相关系数分别为 0.195 和 0.188，而 Spearman 相关系数分别为 0.288 和 0.278。这说明治理越好的公司，其 t+1 期半年度企业价值越高。

公司治理指数与 t+1 期半年度总市值 1 和总市值 2 在 0.01 的置信水平上显著正相关，其中与 t+1 期半年度总市值 1 的 Pearson、Kendall 和 Spearman 相关系数分别为 0.101、0.227 和 0.333，与总市值 2 的 Pearson、Kendall 和 Spearman 相关系数分别为 0.100、0.222 和 0.326。这说明治理越好的公司，其 t+1 期半年度总市值越高。

除 t+1 期半年度市盈率的 Pearson 相关系数之外，公司治理指数与 t+1 期半年度市盈率和扣非后的市盈率至少在 0.05 的置信水平上显著正相关。其中，公司治理指数与 t+1 期半年度扣非后的市盈率的 Pearson 相关系数为 0.010，且在 0.05 的置信水平上显著；与 t+1 期半年度市盈率和扣非后的市盈率的 Kendall 相关系数分别为 0.027 和 0.083，且均在 0.01 的置信水平上显著；与 t+1 期半年度市盈率和扣非后的市盈率的 Spearman 相关系数分别为 0.041 和 0.125，且均在 0.01 的置信水平上显著。这说明治理越好的公司，市场给予其 t+1 期半年度的估值水平越高。

公司治理指数与 t+1 期半年度的经济增加值 1 和经济增加值 2 在 0.01 的置信水平上显著正相关。其中公司治理指数与 t+1 期半年度经济增加值 1 的 Pearson、Kendall 和 Spearman 相关系数分别为 0.043、0.117 和 0.178；而与 t+1 期半年度经济增加值 2 的 Pearson、Kendall 和 Spearman 相关系数分别为 0.057、0.131 和 0.201。这说明治理越好的公司，其 t+1 期半年度创造的价值越多。

综上，公司治理指数与 t+1 期半年度价值指标的相关性检验进一步表明，公司治理对企业价值、总市值、市盈率及经济增加值的影响存在一定的滞后效应。

表 10-36　上市公司治理指数与 t+1 期半年度价值指标相关系数

指标	Pearson		Kendall		Spearman	
	相关系数	显著水平	相关系数	显著水平	相关系数	显著水平
企业价值（含货币资金）	0.057	0.000	0.195	0.000	0.288	0.000
企业价值（剔除货币资金）	0.066	0.000	0.188	0.000	0.278	0.000
总市值 1	0.101	0.000	0.227	0.000	0.333	0.000
总市值 2	0.100	0.000	0.222	0.000	0.326	0.000
市盈率	0.001	0.910	0.027	0.000	0.041	0.000
扣非后的市盈率	0.010	0.039	0.083	0.000	0.125	0.000
经济增加值 1	0.043	0.000	0.117	0.000	0.178	0.000
经济增加值 2	0.057	0.000	0.131	0.000	0.201	0.000

资料来源：作者整理。

第四节　中国上市公司治理分指数与绩效相关性

一、上市公司治理分指数与盈利能力

（一）公司治理分指数与当年盈利能力指标

在分指数方面，根据表 10-37，除净资产收益率（摊薄）外，股东治理指数与当年度的其他所有盈利能力指标至少在 0.05 的置信水平上显著正相关，与净资产收益率（平均）、净资产收益率（加权）、总资产报酬率、总资产净利率和投入资本回报率的 Pearson 相关系数分别为 0.025、0.016、0.036、0.041 和 0.010。考虑到报告篇幅的限制，分指数相关性分析只给出了 Pearson 相关系数及其显著性水平。

董事会治理指数与净资产收益率（平均）和投入资本回报率均在 0.1 的置信水平上显著正相关，其 Pearson 相关系数都为 0.009；与总资产报酬率和总资产净利率均在 0.01 的置信水平上显著正相关，其 Pearson 相关系数分别为 0.020 和 0.025。

监事会治理指数与表 10-37 中所列示的所有盈利能力指标之间均不存在显著的相关性。

经理层治理指数与净资产收益率（平均）、总资产报酬率和总资产净利率在 0.01 的置信水平上显著正相关，Pearson 相关系数分别为 0.017、0.026 和 0.029。

信息披露指数与表中各个盈利能力指标至少在 0.05 的置信水平上呈现显著的正相关关系，Pearson 相关系数分别为 0.053、0.033、0.015、0.060、0.066 和 0.011。

利益相关者治理指数与表中各个盈利能力指标至少在 0.1 的置信水平上呈现显著的正相关关系，Pearson 相关系数分别为 0.021、0.018、0.008、0.040、0.046 和 0.009。

表10-37 上市公司治理分指数与当年度盈利能力指标相关系数

指数	相关系数与显著水平	净资产收益率（平均）	净资产收益率（加权）	净资产收益率（摊薄）	总资产报酬率	总资产净利率	投入资本回报率
股东治理指数	相关系数	0.025	0.016	0.003	0.036	0.041	0.010
	显著水平	0.000	0.001	0.523	0.000	0.000	0.032
董事会治理指数	相关系数	0.009	0.002	-0.002	0.020	0.025	0.009
	显著水平	0.060	0.737	0.645	0.000	0.000	0.058
监事会治理指数	相关系数	0.003	-0.002	0.001	-0.003	-0.003	0.000
	显著水平	0.480	0.746	0.889	0.543	0.515	0.922
经理层治理指数	相关系数	0.017	0.008	0.001	0.026	0.029	0.005
	显著水平	0.000	0.112	0.848	0.000	0.000	0.299
信息披露指数	相关系数	0.053	0.033	0.015	0.060	0.066	0.011
	显著水平	0.000	0.000	0.001	0.000	0.000	0.019
利益相关者治理指数	相关系数	0.021	0.018	0.008	0.040	0.046	0.009
	显著水平	0.000	0.000	0.079	0.000	0.000	0.075

资料来源：作者整理。

（二）公司治理分指数与 t+1 期一季度盈利能力指标

根据表 10-38，股东治理指数与 t+1 期一季度的净资产收益率（平均）、净资产收益率（加权）、净资产收益率（摊薄）、总资产报酬率、总资产净利率和投入资本回报率均在 0.01 的置信水平上显著正相关。Pearson 相关系数分别为 0.025、0.055、0.015、0.041、0.033 和 0.038。

董事会治理指数与 t+1 期一季度的净资产收益率（加权）、总资产报酬率、总资产净利率和投入资本回报率均在 0.01 的置信水平上显著正相关。Pearson 相关系数分别为 0.030、0.019、0.029 和 0.016。

监事会治理指数仅与 t+1 期一季度的投入资本回报率在 0.1 的置信水平上存在显著正相关关系，Pearson 相关系数为 0.010。除此之外，与其他盈利能力指标均不存在显著关系。

经理层治理指数与表中 t+1 期一季度各盈利能力指标至少在 0.05 的置信水平上显著正相关。Pearson 相关系数分别为 0.017、0.033、0.010、0.030、0.025 和 0.032。

信息披露指数与表中各个盈利能力指标均在 0.01 的置信水平上呈现显著的正相关关系，Pearson 相关系数分别为 0.034、0.076、0.020、0.057、0.042 和 0.032。

利益相关者治理指数与表中各个盈利能力指标均在 0.01 的置信水平上呈现显著的正相关关系，Pearson 相关系数分别为 0.016、0.047、0.013、0.045、0.040 和 0.021。

表 10-38　上市公司治理分指数与 t+1 期一季度盈利能力指标相关系数

指数	相关系数与显著水平	净资产收益率（平均）	净资产收益率（加权）	净资产收益率（摊薄）	总资产报酬率	总资产净利率	投入资本回报率
股东治理指数	相关系数	0.025	0.055	0.015	0.041	0.033	0.038
	显著水平	0.000	0.000	0.001	0.000	0.000	0.000
董事会治理指数	相关系数	0.005	0.030	0.000	0.019	0.029	0.016
	显著水平	0.305	0.000	0.939	0.000	0.000	0.002
监事会治理指数	相关系数	0.008	0.005	−0.001	0.001	0.005	0.010
	显著水平	0.113	0.293	0.762	0.763	0.257	0.058
经理层治理指数	相关系数	0.017	0.033	0.010	0.030	0.025	0.032
	显著水平	0.000	0.000	0.035	0.000	0.000	0.000
信息披露指数	相关系数	0.034	0.076	0.020	0.057	0.042	0.032
	显著水平	0.000	0.000	0.000	0.000	0.000	0.000
利益相关者治理指数	相关系数	0.016	0.047	0.013	0.045	0.040	0.021
	显著水平	0.001	0.000	0.005	0.000	0.000	0.000

资料来源：作者整理。

（三）公司治理分指数与 t+1 期半年度盈利能力指标

根据表 10-39，股东治理指数与 t+1 期半年度的净资产收益率（平均）、净资产收益率（加权）、净资产收益率（摊薄）、总资产报酬率、总资产净利率和投入资本回报率均在 0.01 的置信水平上显著正相关。Pearson 相关系数分别为 0.022、0.033、0.014、0.034、0.038 和 0.075。

董事会治理指数与 t+1 期半年度的净资产收益率（平均）、净资产收益率（加权）、总资产报酬率、总资产净利率和投入资本回报率至少在 0.05 的置信水平上显著正相关。Pearson 相关系数分别为 0.010、0.015、0.017、0.027 和 0.051。

监事会治理指数与 t+1 期半年度的净资产收益率（平均）、净资产收益率（加权）、总资产报酬率、总资产净利率和投入资本回报率至少在 0.1 的置信水平上显著正相关。Pearson 相关系数分别为 0.009、0.010、0.011、0.012 和 0.016。

除净资产收益率（摊薄）外，经理层治理指数与 t+1 期半年度的其他盈利能力指标均在 0.01 的置信水平上显著正相关，Pearson 相关系数分别为 0.027、0.018、0.024、0.027 和 0.059。

信息披露指数与 t+1 期半年度的所有盈利能力指标均在 0.01 的置信水平上显著正相关，Pearson 相关系数分别为 0.043、0.034、0.026、0.053、0.057 和 0.087。

利益相关者治理指数与 t+1 期半年度的所有盈利能力指标均在 0.01 的置信水平上显著正相

关，Pearson 相关系数分别为 0.024、0.023、0.013、0.035、0.042 和 0.067。

表 10-39　上市公司治理分指数与 t+1 期半年度盈利能力指标相关系数

指数	相关系数与显著水平	净资产收益率（平均）	净资产收益率（加权）	净资产收益率（摊薄）	总资产报酬率	总资产净利率	投入资本回报率
股东治理指数	相关系数	0.022	0.033	0.014	0.034	0.038	0.075
	显著水平	0.000	0.000	0.003	0.000	0.000	0.000
董事会治理指数	相关系数	0.010	0.015	−0.001	0.017	0.027	0.051
	显著水平	0.029	0.001	0.818	0.000	0.000	0.000
监事会治理指数	相关系数	0.009	0.010	−0.004	0.011	0.012	0.016
	显著水平	0.061	0.040	0.412	0.019	0.011	0.001
经理层治理指数	相关系数	0.027	0.018	0.005	0.024	0.027	0.059
	显著水平	0.000	0.000	0.331	0.000	0.000	0.000
信息披露指数	相关系数	0.043	0.034	0.026	0.053	0.057	0.087
	显著水平	0.000	0.000	0.000	0.000	0.000	0.000
利益相关者治理指数	相关系数	0.024	0.023	0.013	0.035	0.042	0.067
	显著水平	0.000	0.000	0.007	0.000	0.000	0.000

资料来源：作者整理。

二、上市公司治理分指数与代理成本

（一）公司治理分指数与当年代理成本指标

根据表 10-40，股东治理指数与当年度的代理成本指标之间均不存在显著的相关性。

董事会治理指数与当年度销售费用占营业收入比例、管理费用占营业收入比例及财务费用占营业收入比例均在 0.01 的置信水平上显著负相关，Pearson 相关系数分别为 −0.016、−0.017 和 −0.017。这说明董事会治理水平的提高可以降低代理成本。

监事会治理指数与当年度销售费用占营业收入比例、管理费用占营业收入比例及财务费用占营业收入比例均不存在显著的相关关系。

经理层治理指数与当年度销售费用占营业收入比例、管理费用占营业收入比例及财务费用占营业收入比例至少在 0.05 的置信水平上显著负相关，Pearson 相关系数分别为 −0.011、−0.012 和 −0.013。这说明经理层治理水平的提高可以降低代理成本。

信息披露指数与当年度代理成本的三个指标均在 0.01 的置信水平上显著负相关，Pearson 相关系数分别为 −0.015、−0.014 和 −0.017。

利益相关者治理指数与当年度代理成本的三个指标均不存在显著的相关关系。

表 10-40　上市公司治理分指数与当年度代理成本指标相关系数

指数	相关系数与显著水平	销售费用占营业收入比例	管理费用占营业收入比例	财务费用占营业收入比例
股东治理指数	相关系数	−0.001	−0.002	−0.004
	显著水平	0.903	0.605	0.455
董事会治理指数	相关系数	−0.016	−0.017	−0.017
	显著水平	0.001	0.000	0.000
监事会治理指数	相关系数	−0.006	−0.005	−0.006
	显著水平	0.223	0.288	0.224
经理层治理指数	相关系数	−0.011	−0.012	−0.013
	显著水平	0.026	0.011	0.009
信息披露指数	相关系数	−0.015	−0.014	−0.017
	显著水平	0.001	0.002	0.000
利益相关者治理指数	相关系数	0.000	−0.002	−0.003
	显著水平	0.943	0.673	0.523

资料来源：作者整理。

（二）公司治理分指数与 t+1 期一季度代理成本指标

根据表 10-41，股东治理指数与 t+1 期一季度的财务费用占营业收入比例在 0.05 的置信水平上显著负相关，Pearson 相关系数为 −0.011。

董事会治理指数与 t+1 期一季度的财务费用占营业收入比例在 0.01 的置信水平上显著负相关，Pearson 相关系数为 −0.019。

监事会治理指数、经理层治理指数与 t+1 期一季度的三个代理成本指标之间均不存在显著的相关关系。

信息披露指数与 t+1 期一季度的销售费用占营业收入比例及管理费用占营业收入比例之间存在正相关关系，且至少在 0.1 的置信水平上显著，Pearson 相关系数分别为 0.010 和 0.008；与财务费用占营业收入比例在 0.01 的置信水平上显著为负，Pearson 相关系数为 −0.021。

利益相关者治理指数与 t+1 期一季度的财务费用占营业收入比例在 0.01 的置信水平上显著为负，Pearson 相关系数为 −0.013。

表 10-41　上市公司治理分指数与 t+1 期一季度的代理成本指标相关系数

指数	相关系数与显著水平	销售费用占营业收入比例	管理费用占营业收入比例	财务费用占营业收入比例
股东治理指数	相关系数	0.003	0.002	−0.011
	显著水平	0.547	0.660	0.021

(续)

指数	相关系数与显著水平	销售费用占营业收入比例	管理费用占营业收入比例	财务费用占营业收入比例
董事会治理指数	相关系数	-0.004	-0.005	-0.019
	显著水平	0.403	0.285	0.000
监事会治理指数	相关系数	0.003	0.003	-0.002
	显著水平	0.468	0.504	0.608
经理层治理指数	相关系数	0.007	0.007	-0.003
	显著水平	0.142	0.174	0.526
信息披露指数	相关系数	0.010	0.008	-0.021
	显著水平	0.041	0.080	0.000
利益相关者治理指数	相关系数	-0.002	-0.003	-0.013
	显著水平	0.644	0.477	0.007

资料来源：作者整理。

（三）公司治理分指数与 t+1 期半年度代理成本指标

根据表 10-42，股东治理指数与 t+1 期半年度的管理费用占营业收入比例及财务费用占营业收入比例均在 0.01 的置信水平上显著负相关，Pearson 相关系数分别为 -0.013 和 -0.014。

董事会治理指数与 t+1 期半年度的销售费用占营业收入比例、管理费用占营业收入比例及财务费用占营业收入比例至少在 0.05 的置信水平上显著负相关，Pearson 相关系数分别为 -0.010、-0.015 和 -0.016。

监事会治理指数及经理层治理指数与表中 t+1 期半年度的代理成本指标均不存在显著的相关关系。信息披露指数及利益相关者治理指数与表中 t+1 期半年度的代理成本指标均至少在 0.05 的置信水平上显著负相关。其中信息披露指数与表中 t+1 期半年度代理成本指标的 Pearson 相关系数分别为 -0.011、-0.014 和 -0.013，利益相关者治理指数与表中 t+1 期半年度代理成本指标的 Pearson 相关系数分别为 -0.011、-0.015 和 -0.012。

表 10-42　上市公司治理分指数与 t+1 期半年度代理成本指标相关系数

指数	相关系数与显著水平	销售费用占营业收入比例	管理费用占营业收入比例	财务费用占营业收入比例
股东治理指数	相关系数	-0.007	-0.013	-0.014
	显著水平	0.132	0.005	0.004
董事会治理指数	相关系数	-0.010	-0.015	-0.016
	显著水平	0.034	0.001	0.001

(续)

指数	相关系数与显著水平	销售费用占营业收入比例	管理费用占营业收入比例	财务费用占营业收入比例
监事会治理指数	相关系数	−0.002	−0.001	−0.001
	显著水平	0.693	0.762	0.786
经理层治理指数	相关系数	−0.003	−0.006	−0.004
	显著水平	0.479	0.239	0.394
信息披露指数	相关系数	−0.011	−0.014	−0.013
	显著水平	0.022	0.002	0.008
利益相关者治理指数	相关系数	−0.011	−0.015	−0.012
	显著水平	0.021	0.002	0.011

资料来源：作者整理。

三、上市公司治理分指数与成长性

（一）公司治理分指数与当年成长性指标

根据表 10-43，股东治理指数与当年度总资产同比增长率在 0.01 的置信水平上显著正相关，Pearson 相关系数为 0.071。

董事会治理指数与当年度营业收入同比增长率在 0.01 的置信水平上显著为负，而与总资产同比增长率在 0.05 的置信水平上显著为正。董事会治理指数与以上两个指标的 Pearson 相关系数分别为 −0.024 和 0.012。

监事会治理指数与当年营业收入同比增长率及总资产同比增长率之间至少在 0.1 的置信水平上显著为负，Pearson 相关系数分别为 −0.008 和 −0.038。

经理层治理指数和利益相关者治理指数与当年总资产同比增长率之间均在 0.01 的置信水平上显著为正，Pearson 相关系数分别为 0.027 和 0.033。

信息披露指数与当年度营业收入同比增长率在 0.01 的置信水平上显著为负，而与总资产同比增长率在 0.01 的置信水平上显著为正，Pearson 相关系数分别为 −0.018 和 0.022。

表 10-43　上市公司治理分指数与当年度成长性指标相关系数

指数	相关系数与显著水平	营业收入同比增长率	净利润同比增长率	总资产同比增长率	研发费用同比增长率
股东治理指数	相关系数	−0.003	0.007	0.071	−0.005
	显著水平	0.489	0.164	0.000	0.435
董事会治理指数	相关系数	−0.024	−0.002	0.012	0.002
	显著水平	0.000	0.641	0.011	0.790

(续)

指数	相关系数与显著水平	营业收入同比增长率	净利润同比增长率	总资产同比增长率	研发费用同比增长率
监事会治理指数	相关系数	−0.008	−0.001	−0.038	−0.011
	显著水平	0.087	0.888	0.000	0.105
经理层治理指数	相关系数	−0.001	0.004	0.027	0.001
	显著水平	0.833	0.348	0.000	0.933
信息披露指数	相关系数	−0.018	−0.001	0.022	−0.009
	显著水平	0.000	0.846	0.000	0.188
利益相关者治理指数	相关系数	−0.002	−0.002	0.033	−0.004
	显著水平	0.599	0.716	0.000	0.518

资料来源：作者整理。

（二）公司治理分指数与 t+1 期一季度成长性指标

根据表 10-44，股东治理指数与 t+1 期一季度净利润同比增长率在 0.1 的置信水平上显著正相关，与总资产同比增长率在 0.1 的置信水平上显著负相关，Pearson 相关系数分别为 0.008 和 −0.009。

董事会治理指数与 t+1 期一季度研发费用同比增长率在 0.1 的置信水平上显著为负，Pearson 相关系数为 −0.017。

监事会治理指数与 t+1 期一季度成长性指标均不存在显著相关关系。

经理层治理指数、信息披露指数及利益相关者治理指数与 t+1 期一季度总资产同比增长率均至少在 0.05 的置信水平上显著为负，Pearson 相关系数分别为 −0.010、−0.011 和 −0.014。

表 10-44 上市公司治理分指数与 t+1 期一季度成长性指标相关系数

指数	相关系数与显著水平	营业收入同比增长率	净利润同比增长率	总资产同比增长率	研发费用同比增长率
股东治理指数	相关系数	−0.002	0.008	−0.009	−0.010
	显著水平	0.611	0.094	0.051	0.245
董事会治理指数	相关系数	0.001	0.005	−0.006	−0.017
	显著水平	0.814	0.301	0.180	0.054
监事会治理指数	相关系数	−0.002	0.003	−0.004	0.010
	显著水平	0.623	0.504	0.460	0.235
经理层治理指数	相关系数	−0.004	−0.003	−0.010	−0.008
	显著水平	0.404	0.499	0.046	0.323

(续)

指数	相关系数与显著水平	营业收入同比增长率	净利润同比增长率	总资产同比增长率	研发费用同比增长率
信息披露指数	相关系数	−0.005	−0.002	−0.011	−0.009
	显著水平	0.317	0.739	0.026	0.278
利益相关者治理指数	相关系数	0.000	0.004	−0.014	−0.009
	显著水平	0.984	0.384	0.003	0.293

资料来源：作者整理。

（三）公司治理分指数与 t+1 期半年度成长性指标

根据表 10-45，股东治理指数及监事会治理指数与表中 t+1 期半年度各成长性指标均不存在显著的相关关系。

董事会治理指数及经理层治理指数与 t+1 期半年度营业收入同比增长率在 0.01 的置信水平上显著为负，Pearson 相关系数分别为 −0.016 和 −0.014。

信息披露指数及利益相关者治理指数与 t+1 期半年度营业收入同比增长率及总资产同比增长率均至少在 0.05 的置信水平上显著为负，信息披露指数与 t+1 期半年度营业收入同比增长率及总资产同比增长率的 Pearson 相关系数分别为 −0.029 和 −0.010。利益相关者治理指数与 t+1 期半年度营业收入同比增长率及总资产同比增长率的 Pearson 相关系数分别为 −0.010 和 −0.016。

表 10-45　上市公司治理分指数与 t+1 期半年度成长性指标相关系数

指数	相关系数与显著水平	营业收入同比增长率	净利润同比增长率	总资产同比增长率	研发费用同比增长率
股东治理指数	相关系数	−0.002	0.000	−0.007	−0.005
	显著水平	0.725	0.948	0.157	0.551
董事会治理指数	相关系数	−0.016	0.004	−0.006	−0.004
	显著水平	0.001	0.359	0.210	0.667
监事会治理指数	相关系数	−0.002	0.001	−0.002	0.000
	显著水平	0.709	0.838	0.706	0.972
经理层治理指数	相关系数	−0.014	−0.003	−0.006	−0.003
	显著水平	0.004	0.557	0.205	0.686
信息披露指数	相关系数	−0.029	−0.004	−0.010	−0.006
	显著水平	0.000	0.423	0.035	0.445
利益相关者治理指数	相关系数	−0.010	−0.005	−0.016	−0.008
	显著水平	0.034	0.301	0.001	0.334

资料来源：作者整理。

四、上市公司治理分指数与分红

根据表 10-46，股东治理指数及信息披露指数与当年度上市以来分红率指标至少在 0.1 的置信水平上显著负相关，Pearson 相关系数分别为 -0.009 和 -0.010。监事会治理指数与当年度上市以来分红率指标在 0.1 的置信水平上显著正相关，Pearson 相关系数为 0.009。

公司治理各分指数与 t+1 期一季度上市以来分红率指标均不存在显著的相关性。

股东治理指数、董事会治理指数、经理层治理指数、信息披露指数及利益相关者治理指数均与 t+1 期半年度上市以来分红率至少在 0.1 的置信水平上显著负相关，其 Pearson 相关系数分别为 -0.019、-0.013、-0.010、-0.025 和 -0.011。

表 10-46　上市公司治理分指数与分红率指标相关系数

指数	相关系数与显著水平	上市以来分红率（当年度）	上市以来分红率（t+1 期一季度）	上市以来分红率（t+1 期半年度）
股东治理指数	相关系数	-0.009	0.001	-0.019
	显著水平	0.088	0.755	0.000
董事会治理指数	相关系数	0.000	-0.002	-0.013
	显著水平	0.948	0.627	0.011
监事会治理指数	相关系数	0.009	-0.002	-0.005
	显著水平	0.094	0.635	0.359
经理层治理指数	相关系数	-0.005	-0.003	-0.010
	显著水平	0.375	0.596	0.051
信息披露指数	相关系数	-0.010	0.004	-0.025
	显著水平	0.048	0.383	0.000
利益相关者治理指数	相关系数	-0.003	0.005	-0.011
	显著水平	0.514	0.343	0.024

资料来源：作者整理。

五、上市公司治理分指数与价值

（一）公司治理分指数与当年价值指标

根据表 10-47，股东治理指数与含货币资金和剔除货币资金的企业价值、总市值 1 和总市值 2、经济增加值 1 和经济增加值 2 均在 0.01 的置信水平上显著正相关，Pearson 相关系数分别为 0.037、0.015、0.045、0.043、0.031 和 0.033。

董事会治理指数与含货币资金和剔除货币资金的企业价值、总市值 1 和总市值 2、经济增加值 1 和经济增加值 2 均在 0.01 的置信水平上显著正相关，Pearson 相关系数分别为 0.071、0.060、

0.102、0.103、0.030 和 0.057；与扣非后的市盈率在 0.1 的置信水平上显著负相关，Pearson 相关系数为 −0.008。

监事会治理指数及利益相关者治理指数与含货币资金和剔除货币资金的企业价值、总市值 1 和总市值 2、经济增加值 1 和经济增加值 2 均在 0.01 的置信水平上显著正相关。其中，监事会治理指数与上述指标的 Pearson 相关系数分别为 0.106、0.100、0.145、0.143、0.052 和 0.097；利益相关者治理指数与上述指标的 Pearson 相关系数分别为 0.032、0.056、0.070、0.068、0.029 和 0.035。

经理层治理指数与剔除货币资金的企业价值、总市值 1、总市值 2、经济增加值 1 至少在 0.05 的置信水平上显著正相关，Pearson 相关系数分别为 0.027、0.019、0.018 和 0.010。

信息披露指数与剔除货币资金的企业价值、总市值 1、总市值 2、经济增加值 1 和经济增加值 2 均在 0.01 的置信水平上显著正相关，Pearson 相关系数分别为 0.015、0.020、0.018、0.046 和 0.026。

（二）公司治理分指数与 t+1 期一季度价值指标

根据表 10-48，股东治理指数与 t+1 期一季度的含货币资金的企业价值、总市值 1、总市值 2、经济增加值 1 和经济增加值 2 至少在 0.05 的置信水平上显著正相关，Pearson 相关系数分别为 0.012、0.042、0.042、0.016 和 0.026。

董事会治理指数与 t+1 期一季度的含货币资金的企业价值、剔除货币资金的企业价值、总市值 1、总市值 2、经济增加值 1 和经济增加值 2 均在 0.01 的置信水平上显著正相关，Pearson 相关系数分别为 0.060、0.074、0.100、0.100、0.026 和 0.052。

监事会治理指数与 t+1 期一季度的含货币资金的企业价值、剔除货币资金的企业价值、总市值 1、总市值 2、市盈率、经济增加值 1 和经济增加值 2 至少在 0.05 的置信水平上显著正相关，Pearson 相关系数分别为 0.095、0.133、0.147、0.146、0.011、0.052 和 0.092。

经理层治理指数与 t+1 期一季度的含货币资金的企业价值、剔除货币资金的企业价值、总市值 1 和总市值 2 均在 0.01 的置信水平上显著正相关，Pearson 相关系数分别为 0.013、0.024、0.020 和 0.019。

信息披露指数与 t+1 期一季度的含货币资金的企业价值、剔除货币资金的企业价值、总市值 1、总市值 2、扣非后的市盈率、经济增加值 1 和经济增加值 2 至少在 0.05 的置信水平上显著正相关，Pearson 相关系数分别为 0.011、0.021、0.019、0.018、0.013、0.017 和 0.011。

利益相关者治理指数与 t+1 期一季度的含货币资金的企业价值、剔除货币资金的企业价值、总市值 1、总市值 2、经济增加值 1 和经济增加值 2 均在 0.01 的置信水平上显著正相关，Pearson 相关系数分别为 0.042、0.067、0.068、0.067、0.017 和 0.028。

（三）公司治理分指数与 t+1 期半年度价值指标

根据表 10-49，股东治理指数、董事会治理指数、监事会治理指数及利益相关者治理指数与 t+1 期半年度的含货币资金的企业价值、剔除货币资金的企业价值、总市值 1、总市值 2、经济增加值 1 和经济增加值 2 均在 0.01 的置信水平上显著正相关。其中股东治理指数与上述各指标的 Pearson 相关系数分别为 0.037、0.015、0.044、0.043、0.024 和 0.031，董事会治理指数与上

表 10-47 上市公司治理分指数与当年度价值指标相关系数

指数	相关系数与显著水平	企业价值（含货币资金）	企业价值（剔除货币资金）	总市值 1	总市值 2	市盈率	扣非后的市盈率	经济增加值 1	经济增加值 2
股东治理指数	相关系数	0.037	0.015	0.045	0.043	−0.002	0.004	0.031	0.033
	显著水平	0.000	0.001	0.000	0.000	0.644	0.378	0.000	0.000
董事会治理指数	相关系数	0.071	0.060	0.102	0.103	0.007	−0.008	0.030	0.057
	显著水平	0.000	0.000	0.000	0.000	0.166	0.075	0.000	0.000
监事会治理指数	相关系数	0.106	0.100	0.145	0.143	0.006	0.000	0.052	0.097
	显著水平	0.000	0.000	0.000	0.000	0.198	0.969	0.000	0.000
经理层治理指数	相关系数	−0.003	0.027	0.019	0.018	−0.005	0.004	0.010	0.002
	显著水平	0.462	0.000	0.000	0.000	0.305	0.421	0.038	0.667
信息披露指数	相关系数	0.001	0.015	0.020	0.018	0.006	−0.001	0.046	0.026
	显著水平	0.802	0.002	0.000	0.000	0.192	0.754	0.000	0.000
利益相关者治理指数	相关系数	0.032	0.056	0.070	0.068	−0.004	0.000	0.029	0.035
	显著水平	0.000	0.000	0.000	0.000	0.442	0.970	0.000	0.000

资料来源：作者整理。

表 10-48 上市公司治理分指数与 t+1 期一季度价值指标相关系数

指数	相关系数与显著水平	企业价值（含货币资金）	企业价值（剔除货币资金）	总市值 1	总市值 2	市盈率	扣非后的市盈率	经济增加值 1	经济增加值 2
股东治理指数	相关系数	0.012	0.006	0.042	0.042	-0.003	0.007	0.016	0.026
	显著水平	0.013	0.179	0.000	0.000	0.551	0.184	0.000	0.000
董事会治理指数	相关系数	0.060	0.074	0.100	0.100	0.004	0.000	0.026	0.052
	显著水平	0.000	0.000	0.000	0.000	0.381	0.990	0.000	0.000
监事会治理指数	相关系数	0.095	0.133	0.147	0.146	0.011	-0.004	0.052	0.092
	显著水平	0.000	0.000	0.000	0.000	0.020	0.479	0.000	0.000
经理层治理指数	相关系数	0.013	0.024	0.020	0.019	0.001	0.006	-0.003	-0.004
	显著水平	0.005	0.000	0.000	0.000	0.775	0.218	0.569	0.371
信息披露指数	相关系数	0.011	0.021	0.019	0.018	-0.002	0.013	0.017	0.011
	显著水平	0.019	0.000	0.000	0.000	0.721	0.011	0.000	0.016
利益相关者治理指数	相关系数	0.042	0.067	0.068	0.067	0.000	0.000	0.017	0.028
	显著水平	0.000	0.000	0.000	0.000	0.967	0.945	0.000	0.000

资料来源：作者整理。

表 10-49　上市公司治理分指数与 t+1 期半年度价值指标相关系数

指数	相关系数与显著水平	企业价值（含货币资金）	企业价值（剔除货币资金）	总市值 1	总市值 2	市盈率	扣非后的市盈率	经济增加值 1	经济增加值 2
股东治理指数	相关系数	0.037	0.015	0.044	0.043	0.001	0.006	0.024	0.031
	显著水平	0.000	0.002	0.000	0.000	0.821	0.242	0.000	0.000
董事会治理指数	相关系数	0.071	0.057	0.101	0.101	-0.002	0.000	0.032	0.057
	显著水平	0.000	0.000	0.000	0.000	0.675	0.980	0.000	0.000
监事会治理指数	相关系数	0.105	0.096	0.145	0.144	-0.001	0.000	0.059	0.099
	显著水平	0.000	0.000	0.000	0.000	0.782	0.969	0.000	0.000
经理层治理指数	相关系数	-0.003	0.027	0.021	0.020	-0.002	0.009	0.001	-0.003
	显著水平	0.461	0.000	0.000	0.000	0.668	0.073	0.823	0.587
信息披露指数	相关系数	0.002	0.015	0.022	0.021	0.000	0.012	0.025	0.015
	显著水平	0.733	0.001	0.000	0.000	0.948	0.009	0.000	0.001
利益相关者治理指数	相关系数	0.031	0.055	0.072	0.071	0.005	0.002	0.023	0.032
	显著水平	0.000	0.000	0.000	0.000	0.339	0.741	0.000	0.000

资料来源：作者整理。

述各指标的 Pearson 相关系数分别为 0.071、0.057、0.101、0.101、0.032 和 0.057，监事会治理指数与上述各指标的 Pearson 相关系数分别为 0.105、0.096、0.145、0.144、0.059 和 0.099，利益相关者治理指数与上述各指标的 Pearson 相关系数分别为 0.031、0.055、0.072、0.071、0.023 和 0.032。

经理层治理指数与 t+1 期半年度的剔除货币资金的企业价值、总市值1、总市值2 和扣非后的市盈率至少在 0.1 的置信水平上显著正相关，Pearson 相关系数分别为 0.027、0.021、0.020 和 0.009。

信息披露指数与 t+1 期半年度的剔除货币资金的企业价值、总市值1、总市值2、扣非后的市盈率、经济增加值1 和经济增加值2 均在 0.01 的置信水平上显著正相关，Pearson 相关系数分别为 0.015、0.022、0.021、0.012、0.025 和 0.015。

第五节　中国上市公司治理指数与绩效相关性分析结论

本章通过对上市公司治理指数与反映绩效状况指标的相关性分析发现，总体来说，公司治理水平与盈利能力、成长性、分红、估值和市值、价值创造存在显著的正相关关系，与代理成本则存在显著的负相关关系。但不同指标、不同治理分指数的具体结果略有差异，详细结论如下。

一、上市公司治理指数与绩效

（一）公司治理指数与盈利能力

通过相关性分析发现，公司治理总指数与净资产收益率（平均）、净资产收益率（加权）、净资产收益率（摊薄）、总资产报酬率、总资产净利率和投入资本回报率等反映公司盈利能力的主要指标均存在正相关关系，并且这种效应在滞后的一个季度及半年度内仍存在。这说明公司治理可以提升公司的盈利能力，且具有一定的滞后效应。

（二）公司治理指数与代理成本

代理成本也是公司绩效的重要方面，但它是一个负向指标，治理越好的公司代理成本越低。报告通过相关性检验发现，公司治理指数与反映代理成本的销售费用占营业收入比例、管理费用占营业收入比例及财务费用占营业收入比例的 Pearson 系数均在 0.01 的置信水平上显著负相关，而且这种负相关关系在滞后的一个季度及半年度内仍能观察到。

（三）公司治理指数与成长性

报告通过 Kendall 和 Spearman 相关性检验发现，上市公司治理指数与反映公司成长性的营业收入同比增长率、净利润同比增长率、总资产同比增长率及研发费用同比增长率均存在显著的正相关关系，且这种正相关关系在滞后的一个季度及半年度内仍能观察到。这说明治理越好的公司，营业收入、净利润、总资产及研发费用的增长越快，可持续发展能力越强。

(四) 公司治理指数与分红

分红状况是上市公司投资者关注的一项重要内容。通过检验发现，上市公司治理指数与当年度分红指标不存在显著的相关关系。但当滞后一个季度时，上市公司治理指数与分红的Kendall 和 Spearman 检验存在显著的正向关系；当滞后半年度时，上市公司治理指数与分红的Pearson、Kendall 和 Spearman 检验均存在显著负相关关系。这说明公司治理对上市以来分红率的影响存在滞后效应。

(五) 公司治理指数与价值指标

本章同时关注了公司治理指数与公司内在价值、市场价值及价值创造之间的关系。相关性检验结果表明，从 Pearson 检验结果来看，公司治理指数与企业价值、总市值及经济增加值指标均存在显著的正相关关系；从 Kendall 和 Spearman 检验来看，公司治理指数与企业价值、总市值、市盈率及经济增加值指标均存在显著的正相关关系，且三种检验的结果均在滞后的一个季度及半年度仍能观察到。

二、公司治理分指数与绩效

(一) 公司治理分指数与盈利能力

上市公司股东治理指数与除净资产收益率（摊薄）外的其他所有盈利能力指标均存在显著的正向关系。董事会治理指数及经理层治理指数与净资产收益率（平均）、总资产报酬率、总资产净利率之间存在显著的正相关关系。监事会治理指数与所有反映盈利能力的指标之间均不存在显著的相关性。信息披露指数及利益相关者治理指数与所有反映盈利能力的指标之间均存在显著的正向关系。各分指数与盈利能力指标之间的关系还有一定的滞后效应。

(二) 公司治理分指数与代理成本

董事会治理指数、经理层治理指数及信息披露指数与销售费用占营业收入比例、管理费用占营业收入比例及财务费用占营业收入比例均存在显著的负相关关系，部分分指数与代理成本之间的关系存在一定的滞后效应。

(三) 公司治理分指数与成长性

股东治理指数、董事会治理指数、经理层治理指数与利益相关者治理指数与总资产同比增长率均存在显著的正相关关系。监事会治理指数与营业收入同比增长率及总资产同比增长率之间存在显著的负相关关系，信息披露指数与营业收入同比增长率存在负向关系，而与总资产同比增长率存在显著的正相关关系，且部分分指数与成长性指标之间的关系存在一定的滞后效应。

(四) 公司治理分指数与分红

股东治理指数及信息披露指数与当年度上市以来分红率指标存在显著的负相关关系，监事会治理指数与当年度上市以来分红率指标存在显著的正相关关系，且部分分指数与分红指标之间的关系存在一定的滞后效应。

（五）公司治理分指数与价值指标

上市公司股东治理指数、董事会治理指数、监事会治理指数、利益相关者治理指数与企业价值和总市值均呈现显著的正相关关系。经理层治理指数、信息披露指数与剔除货币资金的企业价值和总市值均存在显著的正相关关系。各分指数与经济增加值之间均存在显著的正相关关系。同时，各分指数与企业价值、总市值及经济增加值之间的关系存在滞后效应。

第十一章　中国上市公司治理总结与展望

南开大学中国公司治理研究院推出的中国上市公司治理指数（CCGI^{NK}），从2003年起连续发布，至今已有20多年。这20多年来，中国公司治理走过了从治理结构和治理机制建立到治理有效性提升的发展历程，而治理指数在测度和研究这一历程中发挥着重要作用；20多年来，中国上市公司治理指数全面刻画了中国上市公司各年度的治理水平，动态展示了中国上市公司治理改革与发展的变化趋势；20多年来，公司治理从一个研究问题发展为一个研究领域，再到建设成为一个新兴的交叉学科，公司治理评价也成为公司治理研究的重要组成部分。展望未来，公司治理指数也将为中国上市公司治理的理念升级与环境完善做出持续的贡献。本章首先对20多年来中国上市公司治理指数的实践与学术应用，以及取得的社会反响进行梳理；其次，对中国上市公司治理指数所描绘出的20年间中国上市公司治理的变化趋势进行总结；最后，基于指数对未来中国上市公司治理的进一步完善提出展望。

第一节　中国上市公司治理指数应用与社会反响

中国上市公司治理指数（CCGI^{NK}）从股东治理、董事会治理、监事会治理、经理层治理、信息披露及利益相关者治理六个维度对上市公司治理状况进行全面诊断，科学评价中国公司治理质量，为中国公司治理能力的提升提供了支持和参考。基于中国上市公司治理指数（CCGI^{NK}），南开大学中国公司治理研究院公司治理评价课题组连续20年累计对46982家上市公司治理状况进行评价并发布《中国公司治理评价报告》。中国上市公司治理指数（CCGI^{NK}）及评价报告已成为判断中国上市公司治理状况的权威体系和参考，被称为中国上市公司治理状况"晴雨表"，也被称为新时期的"南开指数"。

一、中国上市公司治理指数的实践应用

作为国内最早发布的上市公司治理指数，中国上市公司治理指数（CCGI^{NK}）在国内外产生了广泛影响，得到了国务院国资委、中国证监会等相关部门的充分肯定和学术界、业界的广泛应用。

第一，基于治理指数和治理理论研究，制定公司治理标准。在中国经济体制改革研究会等机构的支持下，南开大学中国公司治理原则课题组于2001年推出《中国公司治理原则》，该原则后被《中国上市公司治理准则》《东亚地区治理原则》吸收借鉴。2018年6月，南开大学上市公司治理准则课题组在中国上市公司协会《上市公司治理准则》修订闭门座谈会上提出若干修订意见并被采纳；2018年8月，课题组出版了《中国上市公司治理准则修订案报告》，所提意见最终被证监会颁布的新版《上市公司治理准则》采纳或部分采纳43处。2019年完成的《我国公司治理的差距与改进建议——基于与经合组织治理文件比较的视角》对策报告获原中国银保监会主席批示。此外，中国公司治理研究院对国资委《中央企业董事会工作规则（试行）》、原中国银保监会《关于健全金融机构治理的指导意见》提出建议，参与修订《上市公司独立董事规则（征求意见稿）》和新版《G20/OECD公司治理原则》。

第二，开展公司治理相关课题研究，将研究成果转化为改革对策。基于中国上市公司治理指数的相关成果，中国公司治理研究院积极参与相关政府部门课题研究，为上市公司的发展与监管建言献策。"十三五"期间，中国公司治理研究院承担国家社科基金重大招标项目2项、重点项目2项，自科基金、社科基金、教育部等省部级以上项目82项。在国有企业治理方面，中国公司治理研究院先后承接国务院国资委"中国国有独资公司董事会建设问题研究""国有公司董事评价问题研究"等课题。2018年，中国公司治理研究院联合国务院国资委研究中心，推出我国首部以国有控股上市公司为研究对象的《国有控股上市公司发展报告》。在金融机构治理方面，2008年中国公司治理研究院承接原中国保监会"保险公司治理评价研究"课题，构建了第一套较为完整的、科学的保险公司治理评价标准和评估系统。在此基础上，中国公司治理研究院承担社科基金重大招标项目"完善国有控股金融机构公司治理研究"，成果《国有控股金融机构治理研究》入选2017年国家哲学社会科学成果文库，并获教育部第九届高等学校科学研究优秀成果奖（人文社会科学）一等奖。2019年3月21日，中国公司治理研究院受原中国银保监会公司治理监管部邀请，为完善我国金融机构治理监管和评价提供建议，并得到采纳。中国公司治理研究院已累计为国资委、国家发改委、原中国银保监会等多个部委，以及全国30余个省份的国资委及所属企业提供公司治理咨询服务。

第三，基于治理评价，进行企业治理诊断，解决实践中的公司治理问题。中国公司治理研究院累计为国家能源集团、中国航空工业集团有限公司等20余家大型央企及中国工商银行、中国银行、中国建设银行、中国农业银行等40余家大型金融机构提供咨询、培训，也为上海、广东等省市的国资委以及数百家大型国企以及境内外上市公司等开展公司治理专题辅导和培训。自2004年以来，中国上市公司治理评价的研究成果已经被应用至国际经济合作与发展组织（OECD）对中国企业的公司治理状况评价与国际比较、世界银行CFO公司治理国际招标、国务院国资委国有独资企业董事会建设问题研究、国有企业领导班子及其成员评价研究、国有独资公司董事评价办法研究、国家发改委中小企业经济发展指数中企业治理评价等多个中国公司治理实践领域。

第四，利用中国上市公司治理指数开发股票指数，引领高质量投资，以治理溢价推动上市公司治理水平提升。2012年，以"成长、创新、回报、公司治理、社会责任"五个维度为基础

的"央视财经50指数"发布,其中公司治理维度就是基于中国上市公司治理指数构建的。2013年6月6日上午9时25分,央视治理领先指数作为央视财经50指数的五个分维度领先指数之一,在深圳证券交易所挂牌上市。基于央视财经50指数,每年评选"CCTV十佳上市公司",为投资者价值投资发挥指引作用。自上市日算起,截至2022年6月30日,央视治理领先指数累计收益率达123.36%,而同期沪深300为75.81%,深证成指为42.49%。

第五,拓展区域公司治理评价。中国公司治理研究院每年发布的《中国公司治理评价报告》通过"公司治理地图"的方式关注区域治理实践发展。2017—2022年,中国公司治理研究院联合深圳市公司治理研究会,利用中国上市公司治理指数评价体系对粤港澳大湾区等区域的上市公司样本进行治理评价,连续四年发布《深圳市上市公司治理评价报告》,并连续两年发布《大湾区上市公司治理评价报告》,连续发布上市公司治理评价报告以及上市公司治理排行榜,达到"树标杆、表先进"的示范效应。中国公司治理研究院连续三年累计对468家天津滨海柜台交易市场挂牌企业的公司治理进行评价,推动完善挂牌企业的公司治理。中国公司治理研究院推出关注我国女性董事任职情况的《中国上市公司女性董事专题报告》,浏览量接近百万人次,推动在深圳发起上市公司香蜜湖女性董事倡议,应用于大湾区建设。2022年12月30日,中国公司治理研究院与新华网合作,首次启动对泉州市上市公司的治理评价工作,发布了《泉州市上市公司治理评价报告(2022年)》,再次将中国上市公司治理指数应用于区域治理评价,推动科研成果向实践应用的转化。

第六,发展绿色治理理论及评价体系。2016年11月,李维安教授在第四届尼山世界文明论坛率先系统阐述了绿色治理的相关理念、模式和发展路径。2017年7月,中国公司治理研究院发布了全球首份《绿色治理准则》。2018年9月,出版了《绿色治理准则与国际规则比较》。南开大学中国公司治理研究院绿色治理评价课题组在2018—2022年连续发布中国上市公司绿色治理指数(CGGI)和《中国上市公司绿色治理评价报告》。2020年9月,南开大学中国公司治理研究院联合深圳市公司治理研究会与深圳证券信息有限公司合作发布了公司治理研究院绿色治理指数(CACG Green Governance Index,绿色治理;代码:980058)。该指数由南开大学中国公司治理研究院研发定制、深圳证券信息有限公司编制开发,是国内首只基于上市公司绿色治理评价体系的股票指数。从基日(2017年12月29日)至2022年6月30日,绿色治理指数累计收益率为29.91%,远超沪深300同期累计收益率(11.27%),展现出较高的绿色治理溢价水平,取得了积极的社会反响。

二、中国上市公司治理指数的学术应用

第一,推动公司治理学科形成,公司治理评价成为公司治理研究的重要内容。自2003年中国上市公司治理指数发布以来,公司治理研究蓬勃发展,越来越成为全球关注的新兴学科领域,公司治理研究也逐渐从某一方面理论问题研究转向多学科交叉融合的知识体系研究。2020年6月25日,公司治理正式获得国家自然科学基金委员会工商管理学科代码(G0212),标志着公司治理已经逐渐从一个研究问题发展为一个研究领域,并建设成为一个新兴的交叉学科。公司治理评价也成为公司治理学科的一项重要研究内容。

第二,公司治理评价课题组持续拓展理论研究,取得了系列重要学术成果。例如:2003年,专著《公司治理》获第十届"孙冶方经济科学著作奖";2014年,《晋升压力、官员任期与城市商业银行的贷款行为》获"孙冶方金融创新奖";2017年,《国有控股金融机构治理研究》入选国家哲学社会科学成果文库;2018年,《中国公司治理理论与评价研究》获第六届中国管理科学学会管理科学奖等。

第三，带动治理相关指数的开发和应用研究。中国上市公司治理指数（CCGI^{NK}）发布后，国内众多高校和机构陆续研究开发多个公司治理相关指数，例如南京大学 2004 年发布的"投资者关系管理指数"、中国社会科学院 2005 年发布的"中国上市公司 100 强公司治理评价"、中山大学 2007 年发布的"投资者保护指数"、厦门大学 2009 年发布的"中国上市公司内部控制指数"和"投资者保护执行指数"、北京师范大学 2009 年发布的"中国上市公司高管薪酬指数"、中国社会科学院 2009 年发布的"中国企业社会责任发展指数"等。中国公司治理研究院金融机构治理研究室在中国上市公司治理指数（CCGI^{NK}）的基础上，研发并推出"中国保险机构治理指数"（也称南开保险机构治理指数）。

三、中国上市公司治理指数的社会反响

中国上市公司治理指数自推出以来，便获得了社会各界关注，形成了积极的社会影响，取得政府领导和学者的高度评价。例如，2003 年第三届公司治理国际研讨会上，诺贝尔经济学奖得主泽尔滕教授、莫里斯教授出席大会，并作大会报告，于当年建立南开大学泽尔滕实验室。2008 年 7 月 8 日，第九届、十届全国人大常委会副委员长成思危在《人民日报》撰文指出："我国学者……构建了符合我国实际的公司治理准则，推出了我国第一个公司治理评价体系，并据此编制了中国上市公司治理指数。"2017 年 3 月，李维安教授出席印度总统府举办的包容性创新全球圆桌会议（Global Roundtable on Inclusive Innovation）并发表主题演讲。2018 年 12 月 15 日，国务院发展研究中心原党组书记陈清泰在"中国公司治理二十年学术研讨会"上表示："研究院以开创性工作为中国公司治理水平的提高作了大量卓有成效的工作，得到企业、政府、学界的广泛认可。"中国上市公司协会会长宋志平在"第十届公司治理国际研讨会"上指出："李老师团队的研究……为上市公司的治理提供依据，既帮助了监管层，帮助了上市公司，也帮助了社会各界了解上市公司的治理。"2019 年 1 月，习近平总书记视察南开、参观百年南开主题展，中国公司治理研究院发布的《中国公司治理评价报告》也在展示的南开大学标志性成果中。2019 年 10 月，世界顶级学术期刊 Science 主刊以 Innovation in Corporate Governance 为题，对中国公司治理研究院的发展历程、取得的主要成就，以及实践应用等问题进行了专题介绍。此外，包括中央电视台、《人民日报》《经济日报》等在内的多家媒体都对指数发布做过专门报道。

第二节　基于指数的中国上市公司治理总结

中国上市公司治理指数全面刻画了自 2003 年以来中国上市公司历年的治理水平，动态展示了中国公司治理改革与发展的以下变化趋势。

一、中国上市公司治理总体状况总结

第一，公司治理重要性日益提升，公司治理理念愈发深入人心。公司治理是国家治理体系和治理能力现代化的基础与先行者。自中国上市公司治理指数发布以来的 20 多年间，上市公司在经济发展中的贡献比重持续提高。自 2003 年以来，中国上市公司数量不断增加，中国上市公司治理指数的评价样本量由 2003 年的 931 家增加至 2022 年的 4679 家，上市公司总市值与 GDP

之比由31.5%增加至80%以上。公司治理理念深入人心，公司治理已经成为推动上市公司高质量发展、建设世界一流企业的基石。

第二，中国上市公司治理水平稳步攀升，总提升幅度达29.8%。历年评价结果显示，中国上市公司治理水平总体呈提高趋势，治理指数平均值由2003年的49.62提升至2022年的64.40。中国上市公司治理指数在2003—2008年保持稳定增长趋势，经历了2009年的回调、金融危机之后趋于逐年上升态势，并在2022年达到新高。需要说明的是，2003年的指数是基于问卷调查的评价结果，而2004年及以后的指数是基于上市公司公开披露信息的评价结果。这一结果表明，中国上市公司的治理结构已经基本建成，当前主要处于完善治理机制、逐步提升治理有效性的阶段。

第三，中等治理水平上市公司成为主流，低治理水平上市公司逐渐消失。为直观展示上市公司治理水平，上市公司治理按照治理指数从低到高可分为$CCGI^{NK}$ Ⅵ（50以下）、$CCGI^{NK}$ Ⅴ（50~60）、$CCGI^{NK}$ Ⅳ（60~70）、$CCGI^{NK}$ Ⅲ（70~80）、$CCGI^{NK}$ Ⅱ（80~90）、$CCGI^{NK}$ Ⅰ（90~100）共六个等级。$CCGI^{NK}$ Ⅳ等级公司占比由2004年的10.36%增加至2022年的86.04%，而$CCGI^{NK}$ Ⅴ等级公司占比由2004年的75.46%降低至2022年的10.86%。$CCGI^{NK}$ Ⅲ等级公司占比逐步提高，而$CCGI^{NK}$ Ⅵ等级公司占比逐步降低，并于2021年消失。

二、中国上市公司六大治理维度发展总结

六大维度表现均有提升，股东治理指数总体表现最佳，利益相关者治理指数增幅最高，信息披露指数相对稳定。

具体来看，股东治理作为公司治理的关键内容而得到重视，长期处于六大维度领先水平，并在2017年后保持在六个维度当中的首位。2004—2022年，上市公司股东治理指数呈总体上升趋势，从2004年的56.47上升到2022年的68.69。利益相关者治理指数提升最快，2004—2022年，利益相关者治理指数从2004年的51.12逐步提升到68.13，共增加了17.01，在六大维度中的排名从2004年的第五位提升至2022年的第二位。董事会治理指数次之，提升较快，从2004年的52.60提升至2022年的65.02，增加了12.42。经理层治理指数相对稳定，2004—2022年，样本公司经理层治理指数平均值自2010年起在57.00附近波动，在2022年达到59.78，共增加5.18。信息披露指数增加幅度最低且波动较多，整体呈上升趋势。2004—2022年，样本公司信息披露指数出现多次波动，总体指数从62.20提升到65.74，共增加了3.54。监事会治理指数总体提升，但瓶颈凸显。2004—2022年，监事会治理指数总体由50.48上升至59.49。但2015年以来，监事会治理指数历年增长大多不足0.5，在2021年的增长为0，在2022年略有降低。

三、中国上市公司治理的异质性分析总结

（一）股权性质

从不同股权性质的上市公司来看，一方面，民营控股上市公司数量增加明显，国有控股上市公司数量相对稳定。民营控股上市公司数量由2004年的238家增加至2022年的2834家，占总样本比例由20.71%提升至60.57%。民营控股上市公司所占比重持续提高，体现出民营经济的迅速发展。另一方面，二者的治理水平总体提高，但呈现出明显的两个阶段，2010年以前国有控股上市公司领先，2011年以后民营控股上市公司占优。自2004年以来，国有控股上市公司

和民营控股上市公司总体治理水平均有提升。在2004—2010年，国有控股上市公司在规范性等方面具有较高的治理起点，其治理指数高于民营控股上市公司。2011年以后，随着民营企业公司治理的规范和市场化水平的持续提高，民营控股上市公司治理指数实现反超，累计十年高于国有控股上市公司。当前国有企业治理水平相对落后，需进一步导入市场化机制、完善中国特色现代企业制度，以公司治理推动高质量发展。同时，两大阶段的变化也表明国资与民资两类股权各具优势，当前仍需持续推进混合所有制改革，实现国资与民资在治理层面的互补，推动国企治理改革的深化和治理能力的提升。

（二）行业差异

上市公司治理呈现出一定的行业分布规律，各行业中，金融业上市公司治理表现更优。降低治理风险是预防系统性金融风险、维持金融系统稳定性的核心内容。中国上市公司治理指数从2008年开始将金融机构作为单独板块开展评价。从评价结果来看，与非金融业相比，上市金融机构治理水平处于领先地位。从2008年至今，金融业上市公司治理水平先后十年位列第一。上市金融机构受到更为严格的监管，治理风险得到有效控制，表现出较高的治理水平。除金融业之外，高科技行业的治理水平在各行业中同样居于领先地位，从2003年的50.94提升至2022年的63.91。从占样本比例最高的制造业来看，上市公司治理指数表现出较快增长，从2003年的49.07提升至2022年的64.81；2003—2015年期间，制造业上市公司治理水平的优势尚不明显；2016—2022年，制造业上市公司治理在各行业中表现相对较好。

（三）地区差异

东部、中部地区上市公司治理水平较高，西北、东北地区上市公司表现相对较差。从各省份、自治区和直辖市的表现来看，北京、河南、江苏、浙江、广东、安徽、福建等省份和直辖市多次进入治理指数排名前十位，而宁夏、黑龙江、海南、青海、甘肃、吉林、西藏等省份和自治区则多次位于后十位，体现出公司治理与经济发展水平的高度相关性。在四大经济区域中，东部经济区域和中部经济区域上市公司治理指数明显优于西部经济区域和东北经济区域，西部经济区域上市公司治理指数在四大经济区域中提升幅度最高，公司治理水平相对落后的经济区域呈现出较快提升，经济区域之间的不平衡性进一步缩小。

（四）板块差异

创业板与科创板上市公司治理表现更佳，主板上市公司治理提升更快，板块间的差距缩小。伴随中国上市公司板块的增减变化，中国上市公司治理指数分别于2010年、2011年、2020年增设了中小板、创业板、科创板，于2022年取消中小板、增设北交所的板块评价，对不同板块间上市公司治理水平进行比对剖析。受到上市条件与监管环境、企业规模与行业类型等多种因素影响，创业板与科创板上市公司的治理起点与标准相对较高，加之2020年创业板注册制的实施，使得创业板与科创板上市公司历年治理水平均处于领先位置。新成立的北交所上市公司同样有着比主板上市公司更好的治理表现。主板上市公司虽起点相对较低，但在20年间取得了最快的提升。

第三节　中国上市公司治理展望

一、公司治理理念升级

（一）创造内生动力：从强制性合规到自主性治理

公司治理既要保证各个层面的制度建设"有血有肉"，又要把公司引导到正确的轨道上，这主要依靠治理的三要素：规则、合规和问责。治理的合规可分为两个阶段：强制性合规和自主性合规。强制性合规是为了满足治理规则的"底线"要求，而自主性合规是积极、自愿的合规。但仅仅靠治理规则和治理结构来保证合规是不够的，还需要若干治理机制共同发挥作用。与自主性合规和强制性合规相对应，治理机制也可以分为自主性治理机制和强制性治理机制（钱先航和曹廷求，2012）。Ostrom（1990）首次提出了自主性治理机制，认为自主性治理是相互依赖的委托人通过长期关系、声誉、社区规范、信息中介和私人仲裁等方式，利用契约执行等手段自己组织起来，进行自我治理，从而能够在所有人都面临搭便车、规避责任或其他机会主义行为的情况下取得持久的共同收益的一种治理机制。自主性治理与外部的强制性承诺不同，其解决问题的力量来自内在的自我激励、自我监督和实施制裁。强制性合规是实行自主性治理的前提条件，而自主性治理是上市公司在满足强制性治理要求的基础上实施的治理创新，并且是对强制性合规的有效补充和超越。这两种治理机制产生于投资者、公司管理层等内生的自我实施机制和外生的法律监管制度相互博弈的冲突与协调过程，其影响作用取决于博弈双方的实力（马连福和陈德球，2008）。

目前，我国大多数上市公司仍处于被动的强制性合规阶段，即仅仅遵守相关规则的最低要求，例如董事会人数、独立董事人数、监事会人数、职工董事人数等。这产生了两个现象：一是上市公司治理水平与规则强度和监管力度高度相关，具有更高监管要求的创业板上市公司治理水平高于主板上市公司；二是公司治理水平的提升速度呈现出明显的"天花板"效应，即在规则制定的初期，上市公司开始按照监管要求，建立起相对完善的公司治理结构，上市公司治理水平得到快速提升，但在此之后，由于缺少更为严格的治理标准，上市公司也缺乏开展自主性治理的内生动力，导致其治理水平提升速度逐渐放缓。要实现上市公司治理水平的突破，一方面需要升级为更高标准的公司治理准则，提高对上市公司的强制性合规要求；另一方面则需要通过治理指数等工具正确引导投资，在帮助投资者获取超额收益的同时，起到树立治理标杆、推广治理优秀案例的作用，从而以切实的治理溢价引发公司提升治理水平的内生驱动力，实现从强制性合规向自主性治理的转变。

（二）绿色发展趋势：绿色治理

公司治理理论的发展，伴随着治理边界的不断扩展。治理的发展伴随着从效率到公平的次序展开，包容性是其中一条明晰的主线（李维安和张耀伟，2018）。从早期仅仅关注股东、董事会、经理层等内部利益相关者，以及由此构成的内部治理系统，逐步扩展到债权人、客户、供应商乃至社区、政府等外部主体，以及其形成的外部治理系统。随着全球范围内绿色理念的普及和中国"双碳目标"的提出，以自然环境为主的绿色主体进一步被纳入公司外部治理范畴。党的二十大提出，要牢固树立和践行绿水青山就是金山银山的理念，站在人与自然和谐共生的高度谋划发展。可见，以多元、包容、可持续发展为核心的绿色理念已成为推动中国经济发展和社会进步的重要基础。

绿色治理将自然环境作为与人类相平等的治理主体并纳入治理顶层设计，重新认识"人与自然、人与社会"的关系，形成"天人合一"的新型治理观（李维安等，2019）。绿色治理延续了公司治理理论发展的包容性主线，其理论出发点由传统经济学的资源稀缺性转为环境的可承载性。这一基本假设决定了绿色治理本质上是一种治理主体参与、治理手段实施及治理机制协同的"公共事务性活动"（李维安、徐建和姜广省，2017）。在自然资源基础观（Hart，1995）、利益相关者理论（Freeman 和 Evan，1990）、自主治理（Ostrom，1990）等理论的基础上，绿色治理形成了以多元化、系统性、协同性为核心的理论框架，强调从整体角度综合考虑各主体的利益诉求，推动多元主体共同参与、协同治理。

生态环境是一种"公共池"资源，较强的外部性决定了绿色治理涉及多种社会主体（李维安，2016）。企业作为社会中主要的产品生产者、原材料消费者、就业提供者，具有更大的规模和更强的能力对环境做出破坏或改善，是绿色治理中的关键行动者。政府作为构建绿色治理顶层设计的重要主体，通过出台各类政策，为其他社会主体提供制度与平台，是绿色治理中的政策供给者。社会组织作为独立的第三方，能够基于社会道德规范和自身的专业性对其他参与主体的行为进行监督，是绿色治理中的倡议督导者。公众作为绿色治理发展的社会基础，能通过舆论、消费行为等方式对企业与政府行为发挥引导作用，是绿色治理中的广泛参与者。

在我国的绿色发展实践中，政府的环境政策工具与预期的绿色驱动效果相比仍有差距，如何有效配置政策工具，更好促进企业积极、主动地实施绿色行为仍需探索。绿色行动的社会成本分担机制尚未形成，成本和收益不匹配使企业缺乏内在积极性和主动性采取绿色行动，企业的绿色行为仍停留在合规层面，导致出现虚假社会责任、"洗绿"等问题。产生上述问题的重要原因之一是缺乏在治理层面统领协调绿色发展行为的顶层制度设计，迫切需要从治理视角以绿色理念对治理结构和治理机制进行统筹构建，以提升治理有效性，实现环境保护和经济增长协调共进的多元可持续发展目标的平衡。

（三）网络组织治理变革：网络治理

21世纪，信息技术的迅速发展与广泛应用催生出的新型经济对企业组织产生了深远影响。信息和知识成为企业有价值的、难以被模仿的战略资源，特别是在竞争日益激烈的情况下，信息、知识及其应用能力逐渐取代传统物质资源、资本资源等成为企业获取竞争优势的关键。信息技术的革命催生了孕育已久的新的组织模式——网络组织，进而形成了一种全新的治理模式——网络治理。

在制度经济学的研究中，网络是和市场、层级并列的资源配置方式。Larsson（1993）提出了著名的"握手"观点，指出科层是"看得见的手"，市场是"看不见的手"，网络组织模式的协调则是二者的"握手"。Jones、Hesterly 和 Borgatti（1997）指出，网络治理是一个有选择的、持久的、结构化的自治企业（包括非营利组织）的集合，这些企业以暗含或开放契约为基础从事生产与服务，以适应多变的环境，协调和维护交易。资产专用性、交易频率、环境不确定性与任务复杂性共同构成了网络治理的理论基础。随后，众多学者对网络治理的内涵进行了探讨。

国内研究中，李维安等（2003）较早研究网络治理，并指出网络治理有两条路线：利用网络进行公司治理和对网络组织进行治理。

网络治理是公司治理的延伸，其目标也不仅仅在于网络运作过程的治理，更重要的是获得网络协同效果。网络治理目标不仅包括治理过程目标，如信任的建立、协同效应的达成等，还包括网络组织运行结果目标，如资源配置的优化、共享价值的创造。同时，治理过程目标能够保证和促进治理结果目标的实现。从本质上说，网络不是自发的关系，而是建立在有意识的协调努力基础之上的，如果没有这种协调努力，网络就将解体。网络治理主要包括信任、学习、利益分配、协调、声誉、文化、激励等治理机制。不同的治理机制在网络组织运行中所起的作用不同，有些提供了一种合作的环境与氛围，从行为规范方面调节合作者的行为；有些建立了互动合作过程的运行准则，保证彼此之间有效合作和网络组织的高质量运行。

（四）数字时代治理转型：数据治理

近年来，随着"大智移云"等数字化技术的发展，数字化转型逐渐成为企业发展的新动力。数据逐渐成为企业的重要资产，由此引发了数据治理的问题。从治理层面来看，数据本身并不存在价值，数据的价值需在不同主体中体现；数据自身亦不会产生利益关系，各数据主体之间形成的网络才是数据利益关系的体现。由各类数据组成的数据网络与网络组织类似，是一个由具有活性节点的网络联结构成的有机组织系统，数据流和信息流驱使着数据网络的运作，由数据协议保证其正常运转。因此，从治理层面来讲，数据治理应是利用各类网络手段，对数据的产生、利用、交易等整个过程中由各类不同利益主体形成的网络进行治理。可见，数据治理的本质也是一种网络治理。

数据治理问题的产生，源于数据的社会化。在传统数据时期，数据主要由三类主体产生：政府、个人和企业。来自各个来源的各类数据通过数据技术整合在一起，大数据由此形成。企业作为数据技术的主要掌握者，在大数据的产生和价值创造环节中发挥着关键性的作用。企业将大数据赋予价值，并转化形成商业价值。当前，大数据的使用权大多掌握在企业的手中，但由于大数据中同时包含了个人数据与公共数据，而个人数据的隐私性与公共数据的安全性，决定了大数据的强外部性。社会化的大数据掌握在公司这类营利性组织手中，便成了当前数据治理的主要矛盾。

而数据治理的关键问题，便是厘清三类主体的权利边界，减少数据所有者和使用者之间的代理问题。数据确权主要包括以下三个方面的内容：一是判定数据的权利属性，明确应当给予数据何种权利保护；二是判定数据的权利主体，明确数据利益的享有者；三是判定数据的权利内容，明确数据主体可以享有的权能类型。数据的社会化，决定了数据资产不同于公共资产，而应当由三层权利主体共同拥有、协同参与治理。用户作为个人数据的创造者，应当享有对个人数据的初始所有权；政府作为社会公众的代理人，拥有对公共数据的公共所有权；用户和政府将个人数据和公共数据授权给 AI（人工智能）企业，而 AI 企业将数据转化为大数据并为用户和政府提供服务，应当享有对数据的商业使用权；政府在这一过程中，进一步拥有监管权。多元化的所有权决定了数据治理的手段应当是多元协同参与的网络治理模式；而为了维护多方主体的利益，数据治理的目标应当是包容多元利益相关者的绿色治理。

（五）应对突发事件：从应急管理到应急治理

2019 年 12 月暴发的新冠疫情，具有突发性、高风险和蔓延快的特点，对疫情防控提出了严峻挑战，对全球经济和社会生活产生重大影响，更是对我国应急社会治理体系和能力有效性的一次检验。应对突发事件冲击启动的应急治理体系是公司治理体系和治理能力的一部分，集中凸显了我国企业治理体系韧性的高低。

突发事件往往涉及众多参与者，如何协调各主体间的关系、将各主体作为一个互相协同的整体进行考虑，需要进行应急治理。李维安、张耀伟和孟乾坤（2020）指出，不同于应急管理着眼于执行和落实，应急治理（Emergency Governance）体系定位于规范应急治理主体之间的顶层设计。应急治理体系的结构决定了治理主体权责配置，能调动治理主体应急响应的积极性。应急治理手段打通不同类别治理模式之间的协调沟通渠道，可以实现应急治理目标——化解突发重大公共危机。

提升应急治理体系有效性的关键在于应对突发重大公共卫生事件启动的政府治理、社会治理和公司治理等多元治理主体的应急协同治理机制要保持顺畅，首要的就是要尊重和利用好其基本规律与原则。其一是顶层设计原则。顶层设计要求我们基于突发事件的客观规律和对事态发展的整体判断，对各类资源进行统筹规划和配置，以使应急协作体系实现快速响应和协同运作。其二是借鉴运用原则。在应急状态下的社会事务中，可以适当借鉴公司治理的效率原则，通过合理的激励约束机制，充分调动参与者的积极性。其三是分类治理原则。应急协作时强调借用而非征用，就是要考虑各方治理主体的优势和积极性，以实现政府、企业和社会组织等利益相关者之间治理机制的有效衔接。其四是成本分担原则。应建立协作成本社会分担机制，对于参与应急处置的利益相关者的成本支出及额外损失进行合理补偿。其五是信息披露原则。应急治理事关各利益相关者的切身权益，理应确保突发事件相关信息及时、客观地向社会公众披露，而各应急治理主体的协同参与应对，也需要涉及危机事件信息的及时共享。

在市场化背景下，企业需按照现代公司治理的规则运行。这就要求常态情况下，企业按照经济型治理思路进行人、财、物等资源的配置。但是，在应急状态下，企业经营目标不能延续常态经营环境中的公司经济型治理思维——优先考虑经济利益最大化目标，而是应该优先考虑保持经济社会稳定运转的社会目标。企业的资源配置方式不仅要遵循市场供求规律，更需要按照突发事件中应急指挥部门的应急预案和指令进行统一调度。企业董事会的治理模式也需要在常态治理下注重对执行董事的监督制衡，向应急治理下强调董事会的决策团队协作和决策效率转变；应急治理平战转换应顺畅衔接，减轻企业应急治理成本等。突发事件往往涉及企业内外部的众多利益相关者，需要有效协调各主体间的关系，将各主体作为一个互相协同的整体进行治理规则设计。企业能够成功应对重大突发事件，离不开有效的应急治理制度的保障。从理论研究和实践发展的需求角度来看，都迫切需要推动应急管理向应急治理转变，提升我国企业防范和应对重大突发灾害事件的能力。

二、公司治理环境完善

（一）治理发展动力：从事件推动到规则引领转变

中国公司治理的发展走的是一条国际化背景下的本土化发展之路，即在国际通行的公司治理理论与公司治理原则的指引下,结合中国公司治理实践中所面临的问题,构建中国特色的公司治理理论和规范。由于国际通行准则往往难以覆盖中国层出不穷的治理问题,也未必适用于中国的法律、文化情境,中国公司治理的相关规范性原则就需要在不断解决新问题的基础上进行补充。这也导致了中国公司治理正式制度的相对缺乏。在很长一段时期里,中国公司治理的发展主要依赖于事件的推动。例如,"国美控制权之争"引发对提升董事会治理能力的思考,"阿里巴巴海外上市"引发对境内外治理规则差异与网络治理创新的探讨,"宝万之争"推动对公司治理规则设计等的关注,"康美药业民事诉讼案"推动独董和问责制度从有到优等。然而,由于规则落后于现实,上述治理事件的解决往往具有一定的滞后性,导致较高的治理成本。

20 多年来,我国对公司治理正式制度的完善做出了努力,公司治理规则得到了显著改善。例如,2001 年 8 月出台的《关于在上市公司建立独立董事制度的指导意见》,2002 年 1 月出台的《上市公司治理准则》,2005 年颁布的《中华人民共和国公司法》和《中华人民共和国证券法》,2017 年发布的《国务院办公厅关于进一步完善国有企业法人治理结构的指导意见》,2018 年修订的《上市公司治理准则》,以及 2018 年和 2020 年再次修订的《中华人民共和国公司法》与《中华人民共和国证券法》等。在这一过程中,中国公司治理研究院同样为推进公司治理规则的完善做出了努力,例如 2001 年推出中国首份《中国公司治理原则》,2017 年提出《上市公司治理准则》系列修订建议,并推出全球首份《绿色治理准则》,2021 年受邀对原银保监会《关于健全金融机构治理的指导意见》提出完善建议等。

总体来看,治理事件推动是中国公司治理理论与实践多年来的重要推动力量,但随着正式制度的完善、公司治理准则与各行业细分公司治理原则的不断出台,更加有效的公司治理必将由事件推动转为规则引领。此外,2023 年 12 月 29 日,十四届全国人大常委会第七次会议表决通过新修订的《公司法》,自 2024 年 7 月 1 日起施行。新《公司法》中监事会方面将实行"双轨制",公司治理监管者应提前制定好与之相适应的治理规则。新《公司法》修改增加很多新制度,各方亟待提前制定与之匹配的治理规则,并以此为基础打破公司治理瓶颈,推动公司治理水平提升。

(二)治理监管转变:从入口治理向过程治理转变

2020 年 4 月 27 日,中央全面深化改革委员会第十三次会议审议通过了《创业板改革并试点注册制总体实施方案》,围绕着创业板试点注册制的系列改革方案迅速出炉。围绕注册制的推出,将有针对上市、定价、退市、监管、基础制度等方面一系列的配套改革。

从核准制到注册制,非但不是公司治理标准的降低,反而应看作是公司治理标准的提升。在核准制下,上市公司的治理往往呈现出先紧后松的状态,行政权力为主导,以致一些企业上市之后业绩变脸,公司治理出现问题。而在注册制下,更倾向于一种先松后紧的状态,上市之后的监管权力主要交给市场,让投资人、证券机构、中介机构等各司其职、共同治理。

注册制给公司治理带来了三个方面的转变。首先,从入口治理向过程治理的转变。核准制下,上市审核更注重眼前的企业盈利;而在注册制下,将更注重企业的持续经营能力,注重全生命周期的持续治理建设。其次,从行政型治理向经济型治理的转变。如取消传统的发审制度、简化上市公司再融资审批、以机构投资者为主体的询价定价体系等,都意味着行政性因素不断下降,而经济性因素不断上升,从而给公司治理的结构、机制及有效性等方面带来一系列变化。

最后，从强制型治理向自主型治理的转变。上市公司不仅仅要被迫遵守国家对于公司治理的最低标准，而且要向着有利于创新创业发展的方向对企业治理提出更高要求。

中国上市公司治理指数从 2011 年开始，将创业板纳入板块分析并作为其一项重要内容，迄今为止已经有 13 年的时间。通过对这期间中国上市公司治理指数（CCGI^{NK}）的分析可以发现，创业板自开板以来，得益于更为严格的监管，其治理水平一直高于主板上市公司，但在 2017 年开始出现了徘徊不前的局面，在 2019 年甚至有所降低。这表明，创业板上市公司治理方面也遭遇"天花板"，需要通过治理创新进一步提升其治理水平。而在注册制改革实施后，创业板上市公司治理指数从 2020 年的 64.14 提升到 2021 年的 64.88，并进一步提升到 2022 年的 65.02，表明注册制改革起到了较为积极的治理促进作用。

（三）国有企业治理：进一步推进市场化改革

国企改革的一个重要方向是从行政型治理向经济型治理的转变，逐步实现资源配置、经营目标、高管任免由行政化向市场化、经济化的转变，也就是放权松绑、建立现代企业制度。在当前过渡阶段，行政性与经济性两种要素交织、行政型与经济型两种治理模式二元并存，形成了"行政经济型治理模式"（李维安、王励翔和孟乾坤，2019）。这种治理模式的形成在一定程度上来源于渐进式的改革和企业对行政型治理的路径依赖，其目的在于同时发挥行政型治理的稳定性和经济型治理的高效率。但是，这一特殊的治理模式也会带来一些特殊的治理问题。一是，经济型治理结构虽已建成，但经济型机制尚未完全导入，与之配套的外部治理改革相对滞后，治理有效性亟待提升。二是，两种治理模式的错配，突出表现为高管激励与约束失效问题。两种治理模式并存的条件下，国企高管同时存在两种身份、两种激励机制、两种行动逻辑。国企高管既是"经济人"，遵循薪酬激励、追求企业利润最大化；又是"行政人"，受到晋升激励、追求完成政治目标。两种模式的冲突滋生了高管"好处吃两头、空子钻两个"的行为。

在进一步深入推进国有企业市场化改革过程中，需要更为注意对治理风险的防范。第一，治理模式转型的风险。行政型治理的优势在于权力制衡，经济型治理的优势是决策科学。国企治理转型中，行政型治理逐渐弱化，而经济型治理机制尚未完全建立，政府放权的同时，治理风险随之释放，极易出现内部人控制等问题。解决这一问题的关键，就是要尽快完善国企内部经济型治理机制，加快外部配套治理改革，实现外部政府治理、公司治理、社会治理的协同共进。第二，合规性风险。在国企"走出去"的过程中，国内外的制度落差使国企需要遵循两套不同的规则，矛盾与冲突不可避免。一方面应当进一步导入国资战略布局中的"竞争中性"原则体系，以更加市场化的姿态进入海外市场；另一方面则需要针对不同类型的国有企业推出符合国际标准的治理准则，强化国企治理的合规管理。第三，分类治理风险。针对不同的国企更不能采取"一刀切"的政策。例如，在混合所有制改革中，有必要慎重考虑公益类国企的混改进程，对商业类国企则可加速推进。在国资监管体系改革中，对重大战略领域的国企而言，更应注重发挥国资的引导功能，提升国企核心产业和业务竞争力；对充分竞争行业的商业类国企而言，更重要的则是避免过度干预，推动各所有制企业公平竞争。

（四）金融机构治理：从治理者到被治理者

金融机构具有极强的外部性，其运行又极易导致风险累积，其治理的重点在于防范风险。

治理风险是金融机构最大、最根本的风险（李维安，2009）。金融机构在自身治理和对业务对象治理的双重治理问题中，面对复杂的委托代理关系和信息不对称，容易造成治理风险的累积。金融机构的治理风险可分为三类：一是治理结构风险，即本身治理结构的不完善；二是治理行为风险，即公司决策不科学；三是治理对象风险，即金融机构对投资对象或者客户的治理风险的关注（李维安、王励翔和孟乾坤，2019）。

2008年金融危机后，中国上市公司治理指数（CCGI^{NK}）开始将金融机构作为一个单独板块进行深入分析。此后15年中，金融机构治理表现总体较好，其治理水平在14年中高于其他行业的平均值，并在10年中排在各行业的第一位。但近几年来，金融机构治理水平与其他行业的差距逐渐缩小，而金融机构自身的治理水平则在2021年和2022年出现了连续的下降。金融机构治理评价结果在一定程度上折射出我国金融机构治理还存在着一些短板，容易诱发金融机构治理风险。

为提高金融机构治理水平、维持金融市场稳定，中国金融机构应从以下几个方面控制治理风险，提升治理能力。第一，防范金融开放背景下的治理转型风险。金融机构外资股比限制的逐渐放开、外资股东的进入，要求进一步规范政府在金融市场的地位和作用，实现政府由管资产向以管资本为主的转变。第二，完善金融机构治理，推动金融机构治理从"形式有效"到"实质有效"。当前，我国上市金融机构治理提升进入"瓶颈期"，其核心体现就是仍处于一种"被动合规"的状态，提升治理能力的主动性不足。第三，防范金融机构违规风险。随着我国金融业进一步放开，金融机构只有从根本上强化公司合规经营和风险防控能力，才能更好地应对激烈的市场竞争。第四，导入金融机构的第三方治理评价系统，提供独立、客观、科学的公司治理评价结果，以便能够及时、准确地掌握金融机构的治理状况，从而帮助其规避风险、发挥标杆示范效应。第五，推动金融机构从绿色金融提升到绿色治理阶段。伴随ESG理念在全球的发展，我国监管部门开始在金融机构中导入ESG理念，践行社会责任投资，但总体而言制度建设尚未完善，仍停留在对个别绿色金融行为的倡导方面，尚未在治理层面做出统筹规划。监管部门应尽快完善与绿色治理相关的配套制度，尽快推出针对金融机构的绿色治理准则等规则性文件，提高金融机构自身的绿色治理水平。

（五）绿色治理发展：制定上市公司绿色治理相关准则与规则

在中国可持续发展战略、"双碳"目标愿景和全球发展观背景下，"绿色"逐渐成为公司治理的关键词。2022年5月，国资委对央企绿色责任提出了新的要求，要推动更多央企控股上市公司披露ESG专项报告，力争到2023年实现相关专项报告披露"全覆盖"。这一规定的出台，从制度层面为上市公司绿色治理水平的提升做出了努力。然而从总体上看，中国上市公司的绿色治理水平仍然相对较低，环境、社会责任相关信息披露程度相对较差，各类绿色行为主要停留在表面，鲜有企业真正将绿色理念融入公司治理顶层设计中。

提升上市公司的绿色治理水平，主要应当从制度层面做出进一步的努力。第一，强化绿色治理制度供给，以准则导向提升上市公司绿色治理水平。在全球首份《绿色治理准则》的基础上，加快推出《上市公司绿色治理准则》《上市公司绿色治理信息披露指引》等基本绿色治理规则体系；根据不同行业特点，出台《上市公司分行业绿色治理信息披露指南》等细分规则，为不同行业上市公司践行绿色治理提供更具体可行的操作标准。第二，引导上市公司完善绿色治理架构和机制，实现环境和社会责任"内生嵌入"。在环境规制和利益相关者期望等外部压力下，"被动回应"的绿色治理行为在一定程度上带来绿色治理效能和绿色治理责任的提升，但难以实现环境和社会责任在上市公司治理中的"内生嵌入"。应进一步完善绿色治理架构和绿色治理机制，在绿色组织与运行、绿色行政、绿色考评等方面真正落实绿色治理理念。第三，发挥国有企业绿色治理标杆作用，将绿色理念融入发展战略。与民营控股上市公司相比，国有控股上市公司面临更强的环境规制的监管约束，社会责任报告的披露水平更高。监管机构应促进和推广国有控股上市公司在绿色治理方面的标杆作用，引导民营控股上市公司学习和借鉴国企最佳绿色治理实践公司的优秀做法，特别是在绿色理念与战略等方面。第四，升级绿色信息披露要求，提高上市公司绿色信息披露质量。监管机构可以按照"不遵守就解释"的半强制性规定，要求重污染等重点行业上市公司定期、充分、及时披露ESG报告，并逐步推广至全部上市公司范畴。要求上市公司在绿色治理框架下统筹披露治理、社会和环境信息，尽可能披露定量信息及实质性信息，避免空谈口号而务实不足的"洗绿"行为。第五，持续推广绿色治理股价指数，践行价值投资与绿色治理的有机结合。在后疫情时代和注册制改革的背景下，绿色治理溢价凸显，在绿色治理指数跑赢大盘的基础上，以经济回报逐步推动企业积极践行绿色治理。推动机构投资者推出绿色治理投资基金组合，为广大投资者提供更多能带来超额回报的价值投资选择，增强投资者信心，传递资本市场正能量。

索引

表目录

表号	标题	页码
表 1-1	国内外主要公司或个人治理评价系统	15
表 2-1	2003—2022 年中国公司治理评价报告发布情况	35
表 2-2	中国上市公司治理指数的应用	36
表 2-3	中国上市公司控股股东评价指标体系	39
表 2-4	中国上市公司董事会治理评价指标体系	43
表 2-5	中国上市公司监事会治理评价指标体系	46
表 2-6	中国上市公司经理层治理评价指标体系	47
表 2-7	中国上市公司信息披露评价指标体系	49
表 2-8	中国上市公司利益相关者治理评价指标体系	53
表 3-1	中国上市公司治理评价样本控股股东性质分布（家）	56
表 3-2	中国上市公司治理评价样本行业分布：2003—2008 年（家）	57
表 3-3	中国上市公司治理评价样本行业分布：2009—2015 年（家）	58
表 3-4	中国上市公司治理评价样本行业分布：2016—2022 年（家）	59
表 3-5	中国上市公司治理评价样本地理区域分布（家）	60
表 3-6	东北地区上市公司治理评价样本分布（家）	61
表 3-7	华北地区上市公司治理评价样本分布（家）	62
表 3-8	华中地区上市公司治理评价样本分布（家）	63
表 3-9	华东地区上市公司治理评价样本分布（家）	64
表 3-10	华南地区上市公司治理评价样本分布（家）	64
表 3-11	西北地区上市公司治理评价样本分布（家）	65
表 3-12	西南地区上市公司治理评价样本分布（家）	66
表 3-13	中国上市公司治理评价样本经济区域分布（家）	68
表 3-14	中国上市公司治理评价样本市场板块分布	70
表 3-15	中国上市公司治理总指数统计分析	71

表 3-16	中国上市公司治理指数等级频数分析（家）	72
表 3-17	中国上市公司治理指数等级比例分析（%）	73
表 3-18	中国上市公司治理分指数统计分析	75
表 3-19	中国上市公司治理指数分控股股东比较分析	77
表 3-20	国有控股上市公司治理指数统计分析	78
表 3-21	民营控股上市公司治理指数统计分析	79
表 3-22	集体控股上市公司治理指数统计分析	80
表 3-23	外资控股上市公司治理指数统计分析	81
表 3-24	社会团体控股上市公司治理指数统计分析	82
表 3-25	职工持股会控股上市公司治理指数统计分析	83
表 3-26	其他类型控股上市公司治理指数统计分析	84
表 3-27	中国上市公司治理指数分地区比较分析	85
表 3-28	中国上市公司治理指数分经济区域比较分析	87
表 3-29	东北地区上市公司治理指数分析	88
表 3-30	华北地区上市公司治理指数分析	89
表 3-31	华中地区上市公司治理指数分析	90
表 3-32	华东地区上市公司治理指数分析	91
表 3-33	华南地区上市公司治理指数分析	92
表 3-34	西北地区上市公司治理指数分析	93
表 3-35	西南地区上市公司治理指数分析	94
表 3-36	中国上市公司治理指数特定区域分析	95
表 3-37	中国上市公司治理指数特定城市分析	97
表 3-38	中国上市公司治理指数分行业比较分析：2003—2008 年	98
表 3-39	中国上市公司治理指数分行业比较分析：2009—2015 年	99
表 3-40	中国上市公司治理指数分行业比较分析：2016—2022 年	100
表 3-41	金融业上市公司治理指数统计分析	101
表 3-42	信息技术业上市公司治理指数统计分析	102
表 3-43	信息传输、软件和信息技术服务业上市公司治理指数统计分析	103
表 3-44	房地产业上市公司治理指数统计分析	104
表 3-45	制造业上市公司治理指数统计分析	105
表 3-46	中国上市公司治理指数分市场板块比较分析	107
表 3-47	主板上市公司治理指数统计分析	108
表 3-48	中小板上市公司治理指数统计分析	109

表 3-49	创业板上市公司治理指数统计分析	111
表 3-50	科创板上市公司治理指数统计分析	111
表 3-51	北交所上市公司治理指数统计分析	112
表 4-1	中国上市公司股东治理指数统计分析	115
表 4-2	中国上市公司股东治理分指数统计分析	116
表 4-3	中国上市公司股东治理指数分控股股东比较分析	118
表 4-4	中国上市公司股东治理独立性分指数分控股股东比较分析	119
表 4-5	中国上市公司股东治理中小股东权益保护分指数分控股股东比较分析	120
表 4-6	中国上市公司股东治理关联交易分指数分控股股东比较分析	122
表 4-7	国有控股上市公司股东治理指数统计分析	123
表 4-8	国有控股上市公司股东治理分指数统计分析	124
表 4-9	民营控股上市公司股东治理指数统计分析	125
表 4-10	民营控股上市公司股东治理分指数统计分析	125
表 4-11	集体控股上市公司股东治理指数统计分析	126
表 4-12	社会团体控股上市公司股东治理指数统计分析	127
表 4-13	外资控股上市公司股东治理指数统计分析	128
表 4-14	职工持股会控股上市公司股东治理指数统计分析	129
表 4-15	其他类型控股上市公司股东治理指数统计分析	130
表 4-16	中国上市公司股东治理指数分地区比较分析	131
表 4-17	中国上市公司股东治理独立性分指数分地区比较分析	132
表 4-18	中国上市公司股东治理中小股东权益保护分指数分地区比较分析	133
表 4-19	中国上市公司股东治理关联交易分指数分地区比较分析	134
表 4-20	东北地区上市公司股东治理指数分析	135
表 4-21	华北地区上市公司股东治理指数分析	136
表 4-22	华中地区上市公司股东治理指数分析	137
表 4-23	华东地区上市公司股东治理指数分析	138
表 4-24	华南地区上市公司股东治理指数分析	138
表 4-25	西北地区上市公司股东治理指数分析	139
表 4-26	西南地区上市公司股东治理指数分析	140
表 4-27	中国上市公司股东治理指数分经济区域比较分析	141
表 4-28	中国上市公司股东治理指数特定区域分析	142
表 4-29	中国上市公司股东治理指数特定城市分析	143
表 4-30	北京市上市公司股东治理分指数统计分析	145

表 4-31	上海市上市公司股东治理分指数统计分析	146
表 4-32	广州市上市公司股东治理分指数统计分析	147
表 4-33	深圳市上市公司股东治理分指数统计分析	149
表 4-34	杭州市上市公司股东治理分指数统计分析	150
表 4-35	中国上市公司股东治理指数分行业比较分析：2003—2008 年	152
表 4-36	中国上市公司股东治理指数分行业比较分析：2009—2015 年	152
表 4-37	中国上市公司股东治理指数分行业比较分析：2016—2022 年	153
表 4-38	中国上市公司股东治理独立性分指数分行业比较分析：2003—2008 年	154
表 4-39	中国上市公司股东治理独立性分指数分行业比较分析：2009—2015 年	155
表 4-40	中国上市公司股东治理独立性分指数分行业比较分析：2016—2022 年	156
表 4-41	中国上市公司股东治理中小股东权益保护分指数分行业比较分析：2003—2008 年	157
表 4-42	中国上市公司股东治理中小股东权益保护分指数分行业比较分析：2009—2015 年	158
表 4-43	中国上市公司股东治理中小股东权益保护分指数分行业比较分析：2016—2022 年	158
表 4-44	中国上市公司股东治理关联交易分指数分行业比较分析：2003—2008 年	160
表 4-45	中国上市公司股东治理关联交易分指数分行业比较分析：2009—2015 年	160
表 4-46	中国上市公司股东治理关联交易分指数分行业比较分析：2016—2022 年	161
表 4-47	金融业上市公司股东治理指数统计分析	162
表 4-48	金融业上市公司股东治理分指数统计分析	163
表 4-49	信息技术业上市公司股东治理指数统计分析	165
表 4-50	信息传输、软件和信息技术服务业上市公司股东治理指数统计分析	165
表 4-51	房地产业上市公司股东治理指数统计分析	166
表 4-52	房地产业上市公司股东治理分指数统计分析	167
表 4-53	制造业上市公司股东治理指数统计分析	168
表 4-54	制造业上市公司股东治理分指数统计分析	169
表 4-55	中国上市公司股东治理指数分市场板块比较分析	170
表 4-56	中国上市公司股东治理独立性分指数分市场板块比较分析	171
表 4-57	中国上市公司股东治理中小股东权益保护分指数分市场板块比较分析	172
表 4-58	中国上市公司股东治理关联交易分指数分市场板块比较分析	173
表 4-59	主板上市公司股东治理指数统计分析	174
表 4-60	主板上市公司股东治理分指数统计分析	175
表 4-61	中小板上市公司股东治理指数统计分析	176

表 4-62	中小板上市公司股东治理分指数统计分析	177
表 4-63	创业板上市公司股东治理指数统计分析	178
表 4-64	创业板上市公司股东治理分指数统计分析	179
表 4-65	科创板上市公司股东治理指数统计分析	179
表 4-66	科创板上市公司股东治理分指数统计分析	180
表 4-67	北交所上市公司股东治理指数统计分析	180
表 4-68	北交所上市公司股东治理分指数统计分析	180
表 5-1	中国上市公司董事会治理指数分析	184
表 5-2	中国上市公司董事会治理分指数统计分析	186
表 5-3	中国上市公司董事会治理指数分控股股东比较分析	188
表 5-4	中国上市公司董事会治理董事权利与义务分指数分控股股东比较分析	189
表 5-5	中国上市公司董事会治理董事会运作效率分指数分控股股东比较分析	191
表 5-6	中国上市公司董事会治理董事会组织结构分指数分控股股东比较分析	192
表 5-7	中国上市公司董事会治理董事薪酬分指数分控股股东比较分析	193
表 5-8	中国上市公司董事会治理独立董事制度分指数分控股股东比较分析	194
表 5-9	国有控股上市公司董事会治理指数统计分析	196
表 5-10	国有控股上市公司董事会治理分指数统计分析	197
表 5-11	民营控股上市公司董事会治理指数统计分析	198
表 5-12	民营控股上市公司董事会治理分指数统计分析	199
表 5-13	集体控股上市公司董事会治理指数统计分析	201
表 5-14	外资控股上市公司董事会治理指数统计分析	202
表 5-15	职工持股会控股上市公司董事会治理指数统计分析	203
表 5-16	社会团体控股上市公司董事会治理指数统计分析	204
表 5-17	其他类型控股上市公司董事会治理指数统计分析	205
表 5-18	中国上市公司董事会治理指数分地区比较分析	206
表 5-19	中国上市公司董事会治理董事权利与义务分指数分地区比较分析	207
表 5-20	中国上市公司董事会治理董事会运作效率分指数分地区比较分析	208
表 5-21	中国上市公司董事会治理董事会组织结构分指数分地区比较分析	209
表 5-22	中国上市公司董事会治理董事薪酬分指数分地区比较分析	210
表 5-23	中国上市公司董事会治理独立董事制度分指数分地区比较分析	211
表 5-24	东北地区上市公司董事会治理指数分析	212
表 5-25	华北地区上市公司董事会治理指数分析	213
表 5-26	华中地区上市公司董事会治理指数分析	213

表 5-27	华东地区上市公司董事会治理指数分析	214
表 5-28	华南地区上市公司董事会治理指数分析	215
表 5-29	西北地区上市公司董事会治理指数分析	216
表 5-30	西南地区上市公司董事会治理指数分析	217
表 5-31	中国上市公司董事会治理指数分经济区域比较分析	218
表 5-32	中国上市公司董事会治理指数特定区域分析	220
表 5-33	中国上市公司董事会治理指数特定城市分析	220
表 5-34	北京市上市公司董事会治理分指数统计分析	222
表 5-35	上海市上市公司董事会治理分指数统计分析	224
表 5-36	广州市上市公司董事会治理分指数统计分析	225
表 5-37	深圳市上市公司董事会治理分指数统计分析	227
表 5-38	杭州市上市公司董事会治理分指数统计分析	228
表 5-39	中国上市公司董事会治理指数分行业比较分析：2003—2008 年	230
表 5-40	中国上市公司董事会治理指数分行业比较分析：2009—2015 年	230
表 5-41	中国上市公司董事会治理指数分行业比较分析：2016—2022 年	231
表 5-42	中国上市公司董事会治理董事权利与义务分指数分行业比较分析：2003—2008 年	232
表 5-43	中国上市公司董事会治理董事权利与义务分指数分行业比较分析：2009—2015 年	233
表 5-44	中国上市公司董事会治理董事权利与义务分指数分行业比较分析：2016—2022 年	234
表 5-45	中国上市公司董事会治理董事会运作效率分指数分行业比较分析：2003—2008 年	235
表 5-46	中国上市公司董事会治理董事会运作效率分指数分行业比较分析：2009—2015 年	235
表 5-47	中国上市公司董事会治理董事会运作效率分指数分行业比较分析：2016—2022 年	236
表 5-48	中国上市公司董事会治理董事会组织结构分指数分行业比较分析：2003—2008 年	237
表 5-49	中国上市公司董事会治理董事会组织结构分指数分行业比较分析：2009—2015 年	238
表 5-50	中国上市公司董事会治理董事会组织结构分指数分行业比较分析：2016—2022 年	238

表 5-51	中国上市公司董事会治理董事薪酬分指数分行业比较分析：2003—2008 年	239
表 5-52	中国上市公司董事会治理董事薪酬分指数分行业比较分析：2009—2015 年	240
表 5-53	中国上市公司董事会治理董事薪酬分指数分行业比较分析：2016—2022 年	241
表 5-54	中国上市公司董事会治理独立董事制度分指数分行业比较分析：2003—2008 年	242
表 5-55	中国上市公司董事会治理独立董事制度分指数分行业比较分析：2009—2015 年	242
表 5-56	中国上市公司董事会治理独立董事制度分指数分行业比较分析：2016—2022 年	243
表 5-57	金融业上市公司董事会治理指数统计分析	244
表 5-58	金融业上市公司董事会治理分指数统计分析	245
表 5-59	信息技术业上市公司董事会治理指数统计分析	247
表 5-60	信息传输、软件和信息技术服务业上市公司董事会治理指数统计分析	247
表 5-61	房地产业上市公司董事会治理指数统计分析	248
表 5-62	房地产业上市公司董事会治理分指数统计分析	249
表 5-63	制造业上市公司董事会治理指数统计分析	250
表 5-64	制造业上市公司董事会治理分指数统计分析	251
表 5-65	中国上市公司董事会治理指数分市场板块比较分析	253
表 5-66	中国上市公司董事会治理董事权利与义务分指数分市场板块比较分析	254
表 5-67	中国上市公司董事会治理董事会运作效率分指数分市场板块比较分析	255
表 5-68	中国上市公司董事会治理董事会组织结构分指数分市场板块比较分析	256
表 5-69	中国上市公司董事会治理董事薪酬分指数分市场板块比较分析	257
表 5-70	中国上市公司董事会治理独立董事制度分指数分市场板块比较分析	258
表 5-71	主板上市公司董事会治理指数统计分析	259
表 5-72	主板上市公司董事会治理分指数统计分析	259
表 5-73	中小板上市公司董事会治理指数统计分析	261
表 5-74	中小板上市公司董事会治理分指数统计分析	261
表 5-75	创业板上市公司董事会治理指数统计分析	262
表 5-76	创业板上市公司董事会治理分指数统计分析	263
表 5-77	科创板上市公司董事会治理指数统计分析	264
表 5-78	科创板上市公司董事会治理分指数统计分析	265
表 5-79	北交所上市公司董事会治理指数统计分析	265
表 5-80	北交所上市公司董事会治理分指数统计分析	265

表 6-1	中国上市公司监事会治理指数统计分析	269
表 6-2	中国上市公司监事会治理分指数统计分析	270
表 6-3	中国上市公司监事会治理指数分控股股东比较分析	271
表 6-4	中国上市公司监事会治理运行状况分指数分控股股东比较分析	273
表 6-5	中国上市公司监事会治理规模结构分指数分控股股东比较分析	274
表 6-6	中国上市公司监事会治理胜任能力分指数分控股股东比较分析	275
表 6-7	国有控股上市公司监事会治理指数统计分析	277
表 6-8	国有控股上市公司监事会治理分指数统计分析	278
表 6-9	民营控股上市公司监事会治理指数统计分析	278
表 6-10	民营控股上市公司监事会治理分指数统计分析	279
表 6-11	集体控股上市公司监事会治理指数统计分析	280
表 6-12	社会团体控股上市公司监事会治理指数统计分析	281
表 6-13	外资控股上市公司监事会治理指数统计分析	282
表 6-14	职工持股会控股上市公司监事会治理指数统计分析	283
表 6-15	其他类型控股上市公司监事会治理指数统计分析	284
表 6-16	中国上市公司监事会治理指数分地区比较分析	285
表 6-17	中国上市公司监事会治理运行状况分指数分地区比较分析	286
表 6-18	中国上市公司监事会治理规模结构分指数分地区比较分析	287
表 6-19	中国上市公司监事会治理胜任能力分指数分地区比较分析	287
表 6-20	东北地区上市公司监事会治理指数分析	288
表 6-21	华北地区上市公司监事会治理指数分析	289
表 6-22	华中地区上市公司监事会治理指数分析	290
表 6-23	华东地区上市公司监事会治理指数分析	291
表 6-24	华南地区上市公司监事会治理指数分析	292
表 6-25	西北地区上市公司监事会治理指数分析	293
表 6-26	西南地区上市公司监事会治理指数分析	294
表 6-27	中国上市公司监事会治理指数分经济区域比较分析	294
表 6-28	中国特定区域上市公司监事会治理指数分析	296
表 6-29	中国特定城市上市公司监事会治理指数分析	297
表 6-30	北京市上市公司监事会治理分指数统计分析	298
表 6-31	上海市上市公司监事会治理分指数统计分析	299
表 6-32	广州市上市公司监事会治理分指数统计分析	300
表 6-33	深圳市上市公司监事会治理分指数统计分析	302

表 6-34	杭州市上市公司监事会治理分指数统计分析	303
表 6-35	中国上市公司监事会治理指数分行业比较分析：2003—2008 年	305
表 6-36	中国上市公司监事会治理指数分行业比较分析：2009—2015 年	305
表 6-37	中国上市公司监事会治理指数分行业比较分析：2016—2022 年	306
表 6-38	中国上市公司监事会治理运行状况分指数分行业比较分析：2003—2008 年	307
表 6-39	中国上市公司监事会治理运行状况分指数分行业比较分析：2009—2015 年	308
表 6-40	中国上市公司监事会治理运行状况分指数分行业比较分析：2016—2022 年	309
表 6-41	中国上市公司监事会治理规模结构分指数分行业比较分析：2003—2008 年	310
表 6-42	中国上市公司监事会治理规模结构分指数分行业比较分析：2009—2015 年	310
表 6-43	中国上市公司监事会治理规模结构分指数分行业比较分析：2016—2022 年	311
表 6-44	中国上市公司监事会治理胜任能力分指数分行业比较分析：2003—2008 年	312
表 6-45	中国上市公司监事会治理胜任能力分指数分行业比较分析：2009—2015 年	313
表 6-46	中国上市公司监事会治理胜任能力分指数分行业比较分析：2016—2022 年	314
表 6-47	金融业上市公司监事会治理指数统计分析	315
表 6-48	金融业上市公司监事会治理分指数统计分析	316
表 6-49	信息技术业上市公司监事会治理指数统计分析	317
表 6-50	信息传输、软件和信息技术服务业上市公司监事会治理指数统计分析	317
表 6-51	房地产业上市公司监事会治理指数统计分析	318
表 6-52	房地产业上市公司监事会治理分指数统计分析	319
表 6-53	制造业上市公司监事会治理指数统计分析	320
表 6-54	制造业上市公司监事会治理分指数统计分析	321
表 6-55	中国上市公司监事会治理指数分市场板块比较分析	323
表 6-56	中国上市公司监事会治理运行状况分指数分市场板块比较分析	324
表 6-57	中国上市公司监事会治理规模结构分指数分市场板块比较分析	324
表 6-58	中国上市公司监事会治理胜任能力分指数分市场板块比较分析	325
表 6-59	主板上市公司监事会治理指数统计分析	326
表 6-60	主板上市公司监事会治理分指数统计分析	327
表 6-61	中小板上市公司监事会治理指数统计分析	328
表 6-62	中小板上市公司监事会治理分指数统计分析	329
表 6-63	创业板上市公司监事会治理指数统计分析	330
表 6-64	创业板上市公司监事会治理分指数统计分析	331
表 6-65	科创板上市公司监事会治理指数统计分析	332
表 6-66	科创板上市公司监事会治理分指数统计分析	332

表 6-67	北交所上市公司监事会治理指数统计分析	332
表 6-68	北交所上市公司监事会治理分指数统计分析	332
表 7-1	中国上市公司经理层治理指数统计分析	336
表 7-2	中国上市公司经理层治理分指数统计分析	337
表 7-3	中国上市公司经理层治理指数分控股股东比较分析	339
表 7-4	中国上市公司经理层治理任免制度分指数分控股股东比较分析	341
表 7-5	中国上市公司经理层治理执行保障分指数分控股股东比较分析	342
表 7-6	中国上市公司经理层治理激励约束分指数分控股股东比较分析	343
表 7-7	国有控股上市公司经理层治理指数统计分析	345
表 7-8	国有控股上市公司经理层治理分指数统计分析	346
表 7-9	民营控股上市公司经理层治理指数统计分析	347
表 7-10	民营控股上市公司经理层治理分指数统计分析	347
表 7-11	集体控股上市公司经理层治理指数统计分析	348
表 7-12	社会团体控股上市公司经理层治理指数统计分析	349
表 7-13	外资控股上市公司经理层治理指数统计分析	350
表 7-14	职工持股会控股上市公司经理层治理指数统计分析	351
表 7-15	其他类型控股上市公司经理层治理指数统计分析	352
表 7-16	中国上市公司经理层治理指数分地区比较分析	353
表 7-17	中国上市公司经理层治理任免制度分指数分地区比较分析	354
表 7-18	中国上市公司经理层治理执行保障分指数分地区比较分析	355
表 7-19	中国上市公司经理层治理激励约束分指数分地区比较分析	356
表 7-20	东北地区上市公司经理层治理指数分析	357
表 7-21	华北地区上市公司经理层治理指数分析	358
表 7-22	华中地区上市公司经理层治理指数分析	358
表 7-23	华东地区上市公司经理层治理指数分析	359
表 7-24	华南地区上市公司经理层治理指数分析	360
表 7-25	西北地区上市公司经理层治理指数分析	361
表 7-26	西南地区上市公司经理层治理指数分析	362
表 7-27	中国上市公司经理层治理指数分经济区域比较分析	363
表 7-28	中国上市公司经理层治理指数特定区域分析	364
表 7-29	中国上市公司经理层治理指数特定城市分析	365
表 7-30	北京市上市公司经理层治理分指数统计分析	366
表 7-31	上海市上市公司经理层治理分指数统计分析	368

表 7-32	广州市上市公司经理层治理分指数统计分析	369
表 7-33	深圳市上市公司经理层治理分指数统计分析	370
表 7-34	杭州市上市公司经理层治理分指数统计分析	372
表 7-35	中国上市公司经理层治理指数分行业比较分析：2003—2008 年	373
表 7-36	中国上市公司经理层治理指数分行业比较分析：2009—2015 年	374
表 7-37	中国上市公司经理层治理指数分行业比较分析：2016—2022 年	375
表 7-38	中国上市公司经理层治理任免制度分指数分行业比较分析：2003—2008 年	376
表 7-39	中国上市公司经理层治理任免制度分指数分行业比较分析：2009—2015 年	377
表 7-40	中国上市公司经理层治理任免制度分指数分行业比较分析：2016—2022 年	377
表 7-41	中国上市公司经理层治理执行保障分指数分行业比较分析：2003—2008 年	378
表 7-42	中国上市公司经理层治理执行保障分指数分行业比较分析：2009—2015 年	379
表 7-43	中国上市公司经理层治理执行保障分指数分行业比较分析：2016—2022 年	380
表 7-44	中国上市公司经理层治理激励约束分指数分行业比较分析：2003—2008 年	381
表 7-45	中国上市公司经理层治理激励约束分指数分行业比较分析：2009—2015 年	381
表 7-46	中国上市公司经理层治理激励约束分指数分行业比较分析：2016—2022 年	382
表 7-47	金融业上市公司经理层治理指数统计分析	383
表 7-48	金融业上市公司经理层治理分指数统计分析	384
表 7-49	信息技术业上市公司经理层治理指数统计分析	386
表 7-50	信息传输、软件和信息技术服务业上市公司经理层治理指数统计分析	386
表 7-51	房地产业上市公司经理层治理指数统计分析	387
表 7-52	房地产业上市公司经理层治理分指数统计分析	388
表 7-53	制造业上市公司经理层治理指数统计分析	389
表 7-54	制造业上市公司经理层治理分指数统计分析	390
表 7-55	中国上市公司经理层治理指数分市场板块比较分析	391
表 7-56	中国上市公司经理层治理任免制度分指数分市场板块比较分析	392
表 7-57	中国上市公司经理层治理执行保障分指数分市场板块比较分析	393
表 7-58	中国上市公司经理层治理激励约束分指数分市场板块比较分析	394
表 7-59	主板上市公司经理层治理指数统计分析	395
表 7-60	主板上市公司经理层治理分指数统计分析	396
表 7-61	中小板上市公司经理层治理指数统计分析	398
表 7-62	中小板上市公司经理层治理分指数统计分析	398
表 7-63	创业板上市公司经理层治理指数统计分析	399
表 7-64	创业板上市公司经理层治理分指数统计分析	400

表 7-65	科创板上市公司经理层治理指数统计分析	401
表 7-66	科创板上市公司经理层治理分指数统计分析	401
表 7-67	北交所上市公司经理层治理指数统计分析	401
表 7-68	北交所上市公司经理层治理分指数统计分析	402
表 8-1	中国上市公司信息披露指数统计分析	407
表 8-2	中国上市公司信息披露分指数统计分析	409
表 8-3	中国上市公司信息披露指数分控股股东比较分析	410
表 8-4	中国上市公司信息披露真实性分指数分控股股东比较分析	412
表 8-5	中国上市公司信息披露相关性分指数分控股股东比较分析	413
表 8-6	中国上市公司信息披露及时性分指数分控股股东比较分析	415
表 8-7	国有控股上市公司信息披露指数统计分析	416
表 8-8	国有控股上市公司信息披露分指数统计分析	418
表 8-9	民营控股上市公司信息披露指数统计分析	419
表 8-10	民营控股上市公司信息披露分指数统计分析	420
表 8-11	集体控股上市公司信息披露指数统计分析	421
表 8-12	社会团体控股上市公司信息披露指数统计分析	422
表 8-13	外资控股上市公司信息披露指数统计分析	423
表 8-14	职工持股会控股上市公司信息披露指数统计分析	424
表 8-15	其他类型控股上市公司信息披露指数统计分析	425
表 8-16	中国上市公司信息披露指数分地区比较分析	426
表 8-17	中国上市公司信息披露真实性分指数分地区比较分析	427
表 8-18	中国上市公司信息披露相关性分指数分地区比较分析	428
表 8-19	中国上市公司信息披露及时性分指数分地区比较分析	429
表 8-20	东北地区上市公司信息披露指数分析	430
表 8-21	华北地区上市公司信息披露指数分析	431
表 8-22	华中地区上市公司信息披露指数分析	432
表 8-23	华东地区上市公司信息披露指数分析	433
表 8-24	华南地区上市公司信息披露指数分析	434
表 8-25	西北地区上市公司信息披露指数分析	435
表 8-26	西南地区上市公司信息披露指数分析	436
表 8-27	中国上市公司信息披露指数分经济区域比较分析	437
表 8-28	中国上市公司信息披露指数特定区域分析	439
表 8-29	中国上市公司信息披露指数特定城市分析	440

表 8-30	北京市上市公司信息披露分指数统计分析	441
表 8-31	上海市上市公司信息披露分指数统计分析	443
表 8-32	广州市上市公司信息披露分指数统计分析	444
表 8-33	深圳市上市公司信息披露分指数统计分析	445
表 8-34	杭州市上市公司信息披露分指数统计分析	447
表 8-35	中国上市公司信息披露指数分行业比较分析：2003—2008 年	448
表 8-36	中国上市公司信息披露指数分行业比较分析：2009—2015 年	449
表 8-37	中国上市公司信息披露指数分行业比较分析：2016—2022 年	450
表 8-38	中国上市公司信息披露真实性分指数分行业比较分析：2003—2008 年	451
表 8-39	中国上市公司信息披露真实性分指数分行业比较分析：2009—2015 年	452
表 8-40	中国上市公司信息披露真实性分指数分行业比较分析：2016—2022 年	452
表 8-41	中国上市公司信息披露相关性分指数分行业比较分析：2003—2008 年	453
表 8-42	中国上市公司信息披露相关性分指数分行业比较分析：2009—2015 年	454
表 8-43	中国上市公司信息披露相关性分指数分行业比较分析：2016—2022 年	455
表 8-44	中国上市公司信息披露及时性分指数分行业比较分析：2003—2008 年	456
表 8-45	中国上市公司信息披露及时性分指数分行业比较分析：2009—2015 年	457
表 8-46	中国上市公司信息披露及时性分指数分行业比较分析：2016—2022 年	458
表 8-47	金融业上市公司信息披露指数统计分析	459
表 8-48	金融业上市公司信息披露分指数统计分析	460
表 8-49	信息技术业上市公司信息披露指数统计分析：2003—2015 年	461
表 8-50	信息传输、软件和信息技术服务业上市公司信息披露指数统计分析：2016—2022 年	461
表 8-51	房地产业上市公司信息披露指数统计分析	462
表 8-52	房地产业上市公司信息披露分指数统计分析	463
表 8-53	制造业上市公司信息披露指数统计分析	464
表 8-54	制造业上市公司信息披露分指数统计分析	465
表 8-55	中国上市公司信息披露指数分市场板块比较分析	467
表 8-56	中国上市公司信息披露真实性分指数分市场板块比较分析	468
表 8-57	中国上市公司信息披露相关性分指数分市场板块比较分析	469
表 8-58	中国上市公司信息披露及时性分指数分市场板块比较分析	470
表 8-59	主板上市公司信息披露指数统计分析	471
表 8-60	主板上市公司信息披露分指数统计分析	472
表 8-61	中小板上市公司信息披露指数统计分析	473

表号	标题	页码
表 8-62	中小板上市公司信息披露分指数统计分析	474
表 8-63	创业板上市公司信息披露指数统计分析	475
表 8-64	创业板上市公司信息披露分指数统计分析	475
表 8-65	科创板上市公司信息披露指数统计分析	476
表 8-66	科创板上市公司信息披露分指数统计分析	477
表 8-67	北交所上市公司信息披露指数统计分析	477
表 8-68	北交所上市公司信息披露分指数统计分析	477
表 9-1	中国上市公司利益相关者治理指数统计分析	481
表 9-2	中国上市公司利益相关者治理分指数统计分析	482
表 9-3	中国上市公司利益相关者治理指数分控股股东比较分析	485
表 9-4	中国上市公司利益相关者治理参与程度分指数分控股股东比较分析	486
表 9-5	中国上市公司利益相关者治理协调程度分指数分控股股东比较分析	487
表 9-6	国有控股上市公司利益相关者治理指数统计分析	489
表 9-7	国有控股上市公司利益相关者治理分指数统计分析	490
表 9-8	民营控股上市公司利益相关者治理指数统计分析	491
表 9-9	民营控股上市公司利益相关者治理分指数统计分析	492
表 9-10	集体控股上市公司利益相关者治理指数统计分析	493
表 9-11	社会团体控股上市公司利益相关者治理指数统计分析	494
表 9-12	外资控股上市公司利益相关者治理指数统计分析	495
表 9-13	职工持股会控股上市公司利益相关者治理指数统计分析	496
表 9-14	其他类型控股上市公司利益相关者治理指数统计分析	497
表 9-15	中国上市公司利益相关者治理指数分地区比较分析	499
表 9-16	中国上市公司利益相关者治理参与程度分指数分地区比较分析	500
表 9-17	中国上市公司利益相关者治理协调程度分指数分地区比较分析	501
表 9-18	东北地区上市公司利益相关者治理指数分析	502
表 9-19	华北地区上市公司利益相关者治理指数分析	503
表 9-20	华中地区上市公司利益相关者治理指数分析	504
表 9-21	华东地区上市公司利益相关者治理指数分析	505
表 9-22	华南地区上市公司利益相关者治理指数分析	507
表 9-23	西北地区上市公司利益相关者治理指数分析	508
表 9-24	西南地区上市公司利益相关者治理指数分析	509
表 9-25	中国上市公司利益相关者治理指数分经济区域比较分析	510
表 9-26	中国上市公司利益相关者治理指数特定区域分析	512

表 9-27	中国上市公司利益相关者治理指数特定城市分析	513
表 9-28	北京市上市公司利益相关者治理分指数统计分析	514
表 9-29	上海市上市公司利益相关者治理分指数统计分析	515
表 9-30	广州市上市公司利益相关者治理分指数统计分析	517
表 9-31	深圳市上市公司利益相关者治理分指数统计分析	518
表 9-32	杭州市上市公司利益相关者治理分指数统计分析	520
表 9-33	中国上市公司利益相关者治理指数分行业比较分析：2003—2008 年	521
表 9-34	中国上市公司利益相关者治理指数分行业比较分析：2009—2015 年	522
表 9-35	中国上市公司利益相关者治理指数分行业比较分析：2016—2022 年	523
表 9-36	中国上市公司利益相关者治理参与程度分指数分行业比较分析：2003—2008 年	524
表 9-37	中国上市公司利益相关者治理参与程度分指数分行业比较分析：2009—2015 年	524
表 9-38	中国上市公司利益相关者治理参与程度分指数分行业比较分析：2016—2022 年	525
表 9-39	中国上市公司利益相关者治理协调程度分指数分行业比较分析：2003—2008 年	527
表 9-40	中国上市公司利益相关者治理协调程度分指数分行业比较分析：2009—2015 年	527
表 9-41	中国上市公司利益相关者治理协调程度分指数分行业比较分析：2016—2022 年	528
表 9-42	金融业上市公司利益相关者治理指数统计分析	529
表 9-43	金融业上市公司利益相关者治理分指数统计分析	531
表 9-44	信息技术业上市公司利益相关者治理指数统计分析	532
表 9-45	信息传输、软件和信息技术服务业上市公司利益相关者治理指数统计分析	533
表 9-46	房地产业上市公司利益相关者治理指数统计分析	533
表 9-47	房地产业上市公司利益相关者治理分指数统计分析	534
表 9-48	制造业上市公司利益相关者治理指数统计分析	536
表 9-49	制造业上市公司利益相关者治理分指数统计分析	537
表 9-50	中国上市公司利益相关者治理指数分市场板块比较分析	539
表 9-51	中国上市公司利益相关者治理参与程度分指数分市场板块比较分析	540
表 9-52	中国上市公司利益相关者治理协调程度分指数分市场板块比较分析	541
表 9-53	主板上市公司利益相关者治理指数统计分析	542

表 9-54	主板上市公司利益相关者治理分指数统计分析	543
表 9-55	中小板上市公司利益相关者治理指数统计分析	544
表 9-56	中小板上市公司利益相关者治理分指数统计分析	545
表 9-57	创业板上市公司利益相关者治理指数统计分析	546
表 9-58	创业板上市公司利益相关者治理分指数统计分析	547
表 9-59	科创板上市公司利益相关者治理指数统计分析	548
表 9-60	科创板上市公司利益相关者治理分指数统计分析	548
表 9-61	北交所上市公司利益相关者治理指数统计分析	548
表 9-62	北交所上市公司利益相关者治理分指数统计分析	548
表 10-1	本章分析所使用绩效指标状况	553
表 10-2	中国上市公司净资产收益率（平均）统计分析	558
表 10-3	中国上市公司净资产收益率（加权）统计分析	559
表 10-4	中国上市公司净资产收益率（摊薄）统计分析	560
表 10-5	中国上市公司总资产报酬率统计分析	562
表 10-6	中国上市公司总资产净利率统计分析	563
表 10-7	中国上市公司投入资本回报率统计分析	564
表 10-8	中国上市公司销售费用占营业总收入百分比统计分析	566
表 10-9	中国上市公司管理费用占营业总收入百分比统计分析	568
表 10-10	中国上市公司财务费用占营业总收入百分比统计分析	569
表 10-11	中国上市公司营业收入同比增长率统计分析	570
表 10-12	中国上市公司净利润同比增长率统计分析	572
表 10-13	中国上市公司总资产同比增长率统计分析	573
表 10-14	中国上市公司研发费用同比增长率统计分析	575
表 10-15	中国上市公司上市以来分红率统计分析	576
表 10-16	中国上市公司企业价值（含货币资金）统计分析	577
表 10-17	中国上市公司企业价值（剔除货币资金）统计分析	578
表 10-18	中国上市公司总市值1统计分析	579
表 10-19	中国上市公司总市值2统计分析	580
表 10-20	中国上市公司市盈率统计分析	581
表 10-21	中国上市公司扣非后的市盈率统计分析	582
表 10-22	中国上市公司经济增加值1统计分析	584
表 10-23	中国上市公司经济增加值2统计分析	585
表 10-24	中国上市公司治理指数与当年盈利能力指标相关系数	587

表 10-25	中国上市公司治理指数与 t+1 期一季度盈利能力指标相关系数	587
表 10-26	中国上市公司治理指数与 t+1 期半年度盈利能力指标相关系数	588
表 10-27	上市公司治理指数与当年代理成本指标相关系数	589
表 10-28	上市公司治理指数与 t+1 期一季度代理成本指标相关系数	589
表 10-29	上市公司治理指数与 t+1 期半年度代理成本指标相关系数	590
表 10-30	上市公司治理指数与当年度成长性指标相关系数	590
表 10-31	上市公司治理指数与 t+1 期一季度成长性指标相关系数	591
表 10-32	上市公司治理指数与 t+1 期半年度成长性指标相关系数	591
表 10-33	上市公司治理指数与分红率相关系数	592
表 10-34	上市公司治理指数与当年价值指标相关系数	593
表 10-35	上市公司治理指数与 t+1 期一季度价值指标相关系数	594
表 10-36	上市公司治理指数与 t+1 期半年度价值指标相关系数	595
表 10-37	上市公司治理分指数与当年度盈利能力指标相关系数	596
表 10-38	上市公司治理分指数与 t+1 期一季度盈利能力指标相关系数	597
表 10-39	上市公司治理分指数与 t+1 期半年度盈利能力指标相关系数	598
表 10-40	上市公司治理分指数与当年度代理成本指标相关系数	599
表 10-41	上市公司治理分指数与 t+1 期一季度的代理成本指标相关系数	599
表 10-42	上市公司治理分指数与 t+1 期半年度代理成本指标相关系数	600
表 10-43	上市公司治理分指数与当年度成长性指标相关系数	601
表 10-44	上市公司治理分指数与 t+1 期一季度成长性指标相关系数	602
表 10-45	上市公司治理分指数与 t+1 期半年度成长性指标相关系数	603
表 10-46	上市公司治理分指数与分红率指标相关系数	604
表 10-47	上市公司治理分指数与当年度价值指标相关系数	606
表 10-48	上市公司治理分指数与 t+1 期一季度价值指标相关系数	607
表 10-49	上市公司治理分指数与 t+1 期半年度价值指标相关系数	608

图目录

图 3-1	2003—2022 年中国上市公司治理评价样本数量	55
图 3-2	国有控股和民营控股上市公司样本数量	56
图 3-3	四大经济区域样本数量变化趋势	68
图 3-4	各市场板块样本数量	69
图 3-5	中国上市公司治理指数趋势	71

图 3-6	中国上市公司治理等级分布	74
图 3-7	中国上市公司治理分指数趋势	75
图 3-8	国有和民营控股上市公司治理指数比较分析	77
图 3-9	四大经济区域上市公司治理指数趋势	86
图 3-10	长三角与珠三角地区上市公司治理指数趋势	95
图 3-11	特定城市上市公司治理指数趋势	97
图 3-12	金融业上市公司治理指数趋势	101
图 3-13	房地产业上市公司治理指数趋势	103
图 3-14	制造业上市公司治理指数趋势	105
图 3-15	各市场板块上市公司治理指数趋势	106
图 3-16	主板上市公司治理指数趋势	108
图 3-17	中小板上市公司治理指数趋势	109
图 3-18	创业板上市公司治理指数趋势	110
图 4-1	中国上市公司股东治理指数趋势	116
图 4-2	中国上市公司股东治理分指数趋势	117
图 4-3	国有控股和民营控股上市公司股东治理指数趋势	118
图 4-4	国有控股和民营控股上市公司独立性分指数趋势	120
图 4-5	国有控股和民营控股上市公司中小股东权益保护分指数趋势	121
图 4-6	国有控股和民营控股上市公司关联交易分指数趋势	122
图 4-7	不同经济区域上市公司股东治理指数趋势	142
图 4-8	特定城市上市公司股东治理指数趋势	144
图 4-9	北京市上市公司股东治理分指数趋势	146
图 4-10	上海市上市公司股东治理分指数趋势	147
图 4-11	广州市上市公司股东治理分指数趋势	148
图 4-12	深圳市上市公司股东治理分指数趋势	150
图 4-13	杭州市上市公司股东治理分指数趋势	151
图 4-14	金融业上市公司股东治理分指数趋势	164
图 4-15	房地产业上市公司股东治理分指数趋势	167
图 4-16	制造业上市公司股东治理分指数趋势	170
图 4-17	主板上市公司股东治理分指数趋势	176
图 4-18	中小板上市公司股东治理分指数趋势	178
图 4-19	创业板上市公司股东治理分指数趋势	179
图 5-1	中国上市公司董事会治理指数趋势	185

图 5-2	中国上市公司董事会治理分指数趋势	187
图 5-3	国有控股和民营控股上市公司董事会治理指数比较分析	189
图 5-4	国有控股和民营控股上市公司董事会治理董事权利与义务分指数比较分析	190
图 5-5	国有控股和民营控股上市公司董事会治理董事会运作效率分指数比较分析	191
图 5-6	国有控股和民营控股上市公司董事会治理董事会组织结构分指数比较分析	193
图 5-7	国有控股和民营控股上市公司董事会治理董事薪酬分指数比较分析	194
图 5-8	国有控股和民营控股上市公司董事会治理独立董事制度分指数比较分析	195
图 5-9	不同经济区域上市公司董事会治理指数趋势	219
图 5-10	特定地区上市公司董事会治理指数趋势	221
图 5-11	北京市上市公司董事会治理分指数趋势	223
图 5-12	上海市上市公司董事会治理分指数趋势	225
图 5-13	广州市上市公司董事会治理分指数趋势	226
图 5-14	深圳市上市公司董事会治理分指数趋势	228
图 5-15	杭州市上市公司董事会治理分指数趋势	229
图 5-16	金融业上市公司董事会治理分指数趋势	246
图 5-17	房地产业上市公司董事会治理分指数趋势	250
图 5-18	制造业上市公司董事会治理分指数趋势	252
图 5-19	主板上市公司董事会治理分指数趋势	260
图 5-20	中小板上市公司董事会治理分指数趋势	262
图 5-21	创业板上市公司董事会治理分指数趋势	264
图 6-1	中国上市公司监事会治理指数趋势	269
图 6-2	中国上市公司监事会治理分指数趋势	271
图 6-3	国有控股和民营控股上市公司监事会治理指数趋势	272
图 6-4	国有控股和民营控股上市公司监事会治理运行状况分指数趋势	274
图 6-5	国有控股和民营控股上市公司监事会治理规模结构分指数趋势	275
图 6-6	国有控股和民营控股上市公司监事会治理胜任能力分指数趋势	276
图 6-7	分经济区域上市公司监事会治理指数趋势	295
图 6-8	特定地区上市公司监事会治理指数趋势	297
图 6-9	北京市上市公司监事会治理分指数趋势	299
图 6-10	上海市上市公司监事会治理分指数趋势	300
图 6-11	广州市上市公司监事会治理分指数趋势	301
图 6-12	深圳市上市公司监事会治理分指数趋势	303
图 6-13	杭州市上市公司监事会治理分指数趋势	304

图 6-14	金融业上市公司监事会治理分指数趋势	316
图 6-15	房地产业上市公司监事会治理分指数趋势	320
图 6-16	制造业上市公司监事会治理分指数趋势	322
图 6-17	主板上市公司监事会治理分指数趋势	328
图 6-18	中小板上市公司监事会治理分指数趋势	330
图 6-19	创业板上市公司监事会治理分指数趋势	331
图 7-1	中国上市公司经理层治理指数趋势	337
图 7-2	中国上市公司经理层治理分指数趋势	338
图 7-3	国有控股和民营控股上市公司经理层治理指数趋势	340
图 7-4	国有控股和民营控股上市公司任免制度分指数趋势	342
图 7-5	国有控股和民营控股上市公司执行保障分指数趋势	343
图 7-6	国有控股和民营控股上市公司激励约束分指数趋势	344
图 7-7	不同经济区域上市公司经理层治理指数趋势	364
图 7-8	特定城市上市公司经理层治理指数趋势	366
图 7-9	北京市上市公司经理层治理分指数趋势	367
图 7-10	上海市上市公司经理层治理分指数趋势	369
图 7-11	广州市上市公司经理层治理分指数趋势	370
图 7-12	深圳市上市公司经理层治理分指数趋势	371
图 7-13	杭州市上市公司经理层治理分指数趋势	373
图 7-14	金融业上市公司经理层治理分指数趋势	385
图 7-15	房地产业上市公司经理层治理分指数趋势	389
图 7-16	制造业上市公司经理层治理分指数趋势	391
图 7-17	主板上市公司经理层治理分指数趋势	397
图 7-18	中小板上市公司经理层治理分指数趋势	399
图 7-19	创业板上市公司经理层治理分指数趋势	401
图 8-1	中国上市公司信息披露指数趋势	408
图 8-2	中国上市公司信息披露分指数趋势	410
图 8-3	国有控股和民营控股上市公司信息披露指数趋势	411
图 8-4	国有控股和民营控股上市公司信息披露真实性分指数趋势	413
图 8-5	国有控股和民营控股上市公司信息披露相关性分指数趋势	414
图 8-6	国有控股和民营控股上市公司信息披露及时性分指数趋势	416
图 8-7	不同经济区域上市公司信息披露指数趋势	438
图 8-8	特定城市上市公司信息披露指数趋势	441

图 8-9	北京市上市公司信息披露分指数趋势	442
图 8-10	上海市上市公司信息披露分指数趋势	444
图 8-11	广州市上市公司信息披露分指数趋势	445
图 8-12	深圳市上市公司信息披露分指数趋势	446
图 8-13	杭州市上市公司信息披露分指数趋势	448
图 8-14	金融业上市公司信息披露分指数趋势	460
图 8-15	房地产业上市公司信息披露分指数趋势	464
图 8-16	制造业上市公司信息披露分指数趋势	466
图 8-17	主板上市公司信息披露分指数趋势	473
图 8-18	中小板上市公司信息披露分指数趋势	474
图 8-19	创业板上市公司信息披露分指数趋势	476
图 9-1	中国上市公司利益相关者治理指数趋势	482
图 9-2	中国上市公司利益相关者治理分指数趋势	483
图 9-3	国有控股和民营控股上市公司利益相关者治理指数趋势	484
图 9-4	国有控股和民营控股上市公司参与程度分指数趋势	487
图 9-5	国有控股和民营控股上市公司协调程度分指数趋势	488
图 9-6	不同经济区域上市公司利益相关者治理指数趋势	511
图 9-7	特定城市上市公司利益相关者治理指数趋势	514
图 9-8	北京市上市公司利益相关者治理分指数趋势	515
图 9-9	上海市上市公司利益相关者治理分指数趋势	516
图 9-10	广州市上市公司利益相关者治理分指数趋势	518
图 9-11	深圳市上市公司利益相关者治理分指数趋势	519
图 9-12	杭州市上市公司利益相关者治理分指数趋势	521
图 9-13	金融业上市公司利益相关者治理分指数趋势	532
图 9-14	房地产业上市公司利益相关者治理分指数趋势	535
图 9-15	制造业上市公司利益相关者治理分指数趋势	538
图 9-16	主板上市公司利益相关者治理分指数趋势	544
图 9-17	中小板上市公司利益相关者治理分指数趋势	545
图 9-18	创业板上市公司利益相关者治理分指数趋势	547
图 10-1	中国上市公司净资产收益率趋势	561
图 10-2	中国上市公司总资产报酬率趋势	562
图 10-3	中国上市公司总资产净利率趋势	564
图 10-4	中国上市公司投入资本回报率趋势	565

图 10-5	中国上市公司销售费用占营业总收入百分比趋势	566
图 10-6	中国上市公司管理费用占营业总收入百分比趋势	568
图 10-7	中国上市公司财务费用占营业总收入百分比趋势	570
图 10-8	中国上市公司营业收入同比增长率趋势	571
图 10-9	中国上市公司净利润同比增长率趋势	573
图 10-10	中国上市公司总资产同比增长率趋势	574
图 10-11	中国上市公司研发费用同比增长率趋势	575
图 10-12	中国上市公司上市以来分红率趋势	577
图 10-13	中国上市公司企业价值趋势	579
图 10-14	中国上市公司总市值趋势	581
图 10-15	中国上市公司市盈率和扣非后的市盈率趋势	583
图 10-16	中国上市公司经济增加值趋势	586

参考文献

[1] 巴曙松，刘润佐，赵晶.全球证券交易所的并购趋势：从公司化角度的考察[J].国际经济评论，2007（2）：31-35.

[2] 白重恩，刘俏，陆洲，等.中国上市公司治理结构的实证研究[J].经济研究，2005（2）：81-91.

[3] 曹廷求，杨秀丽，孙宇光.股权结构与公司绩效：度量方法和内生性[J].经济研究，2007，42（10）：126-137.

[4] 岑维，童娜琼.高管任期、盈余质量与真实盈余管理[J].现代财经：天津财经大学学报，2015，35（6）：55-69+113.

[5] 陈德萍，陈永圣.股权集中度、股权制衡度与公司绩效关系研究：2007—2009年中小企业板块的实证检验[J].会计研究，2011（1）：38-43.

[6] 陈德球，雷光勇，肖童姝.CEO任期、终极产权与会计盈余质量[J].经济科学，2011（2）：103-116.

[7] 陈德球，胡晴.数字经济时代下的公司治理研究：范式创新与实践前沿[J].管理世界，2022，38（6）：213-240.

[8] 陈胜蓝，魏明海.董事会独立性、盈余稳健性与投资者保护[J].中山大学学报：社会科学版，2007（2）：96-102+128.

[9] 陈宗胜."南开指数"及相关经济资料汇刊[M].天津：南开大学出版社，2020.

[10] 成思危，李自然.中国股市回顾与展望：2002—2013[M].北京：科学出版社，2015.

[11] 程新生，谭有超，刘建梅.非财务信息、外部融资与投资效率：基于外部制度约束的研究[J].管理世界，2012（7）：137-150.

[12] 董红星.制度变迁、投资者保护与会计稳健性[J].华东经济管理，2011，25（8）：110-114+135.

[13] 董志强.对全球公司治理模式的一个经济解释[J].制度经济学研究，2010（4）：60-82.

[14] 方红星，金玉娜.公司治理、内部控制与非效率投资：理论分析与经验证据[J].会计研究，2013（7）：63-69.

[15] 傅传锐，洪运超.公司治理、产品市场竞争与智力资本自愿信息披露：基于我国A股高科技行业的实证研究[J].中国软科学，2018（5）：123-134.

[16] 傅传锐.公司治理、产权性质与智力资本价值创造效率：来自我国A股上市公司的经验证据[J].山西财经大学学报，2016，38（8）：65-76.

[17] 高雷，宋顺林.公司治理与公司透明度[J].金融研究，2007（11）：28-44.

[18] 高明华，苏然，方芳.中国上市公司董事会治理评价及有效性检验[J].经济学动态，2014（2）：24-35.

[19] 高明华，谭玥宁.董事会治理、产权性质与代理成本：基于中国上市公司的实证研究[J].经济与管理研究，2014（2）：5-13.

[20] 顾露露，岑怡，郭三，等.股权结构、价值链属性与技术创新：基于中国信息技术企业的实证分析[J].证券市场导报，2015（10）：27-35.

[21] 郭冰，刘坤.股权结构、激励约束机制与企业效率：基于A股国有控股上市公司的实证

检验 [J]. 经济问题, 2022 (3): 53-61+115.

[22] 郭春丽. 上市公司股权结构与公司治理结构关系的实证研究 [J]. 东北财经大学学报, 2002 (5): 60-63.

[23] 郭雳, 彭雨晨. 双层股权结构国际监管经验的反思与借鉴 [J]. 北京大学学报: 哲学社会科学版, 2019, 56 (2): 132-145.

[24] 韩少真, 潘颖, 张晓明. 公司治理水平与经营业绩: 来自中国A股上市公司的经验证据 [J]. 中国经济问题, 2015 (1): 50-62.

[25] 韩少真, 潘颖. 公司治理水平、产权性质对债务合约的影响: 基于中国A股上市公司的经验证据 [J]. 西北大学学报: 哲学社会科学版, 2016 (1): 114-119.

[26] 郝臣. 公司治理、治理指数与公司绩效: 来源于沪深两市231家民营上市公司的经验数据 [J]. 上海立信会计学院学报, 2006 (6): 33-39.

[27] 郝臣. 公司治理的价值相关性研究: 来自沪深两市2002—2005的面板数据 [J]. 证券市场导报, 2009 (3): 40-46+57.

[28] 郝臣, 崔光耀, 李浩波, 等. 中国上市金融机构公司治理的有效性: 基于2008—2015年$CCGI^{NK}$的实证分析 [J]. 金融论坛, 2016 (3): 64-71.

[29] 郝阳, 龚六堂. 国有、民营混合参股与公司绩效改进 [J]. 经济研究, 2017, 52 (3): 122-135.

[30] 胡芳肖, 王育宝. 国有股减持与上市公司经营绩效的关系实证研究 [J]. 南开管理评论, 2004 (1): 64-68.

[31] 胡建雄, 谈咏梅. 企业自由现金流、债务异质性与过度投资: 来自中国上市公司的经验证据 [J]. 山西财经大学学报, 2015, 37 (9): 113-124.

[32] 黄国良, 董飞, 李寒俏. 管理防御视域下的管理者特征与公司业绩研究 [J]. 商业研究, 2010 (9): 54-58.

[33] 黄新建, 李孟珂. 股权质押、过度自信与企业创新: 来自我国民营企业的经验证据 [J]. 软科学, 2020, 34 (3): 43-48.

[34] 嵇尚洲, 田思婷. 政治关联、董事会治理对企业业绩影响的实证检验 [J]. 统计与决策, 2019, 35 (6): 178-181.

[35] 姜付秀, 石贝贝, 马云飙. 董秘财务经历与盈余信息含量 [J]. 管理世界, 2016 (9): 161-173.

[36] 姜广省, 卢建词, 李维安. 绿色投资者发挥作用吗: 来自企业参与绿色治理的经验研究 [J]. 金融研究, 2021 (5): 117-134.

[37] 蒋铁柱, 陈强. 表决权集合: 上市公司中小股东权益保护的有效途径 [J]. 社会科学, 2004 (12): 17-23.

[38] 孔东民, 刘莎莎. 中小股东投票权、公司决策与公司治理: 来自一项自然试验的证据 [J]. 管理世界, 2017 (9): 101-115+188.

[39] 孔敏. 南开经济指数资料汇编 [M]. 北京: 中国社会科学出版社, 1988.

[40] 李洪, 张德明. 独立董事与公司治理绩效的灰色关联分析 [J]. 经济管理, 2006 (18): 21-26.

[41] 李培功, 沈艺峰. 媒体的公司治理作用: 中国的经验证据 [J]. 经济研究, 2010, 45 (4): 14-27.

[42] 李寿喜. 产权、代理成本和代理效率 [J]. 经济研究, 2007 (1): 102-113.

[43] 李维安, 南开大学国际商学院公司治理原则课题组. 改革实践的呼唤: 中国公司治理原则 [J]. 中国改革, 2000 (10): 27-30.

[44] 李维安. 制定适合国情的《中国公司治理原则》[J]. 南开管理评论, 2000 (4): 1.

[45] 李维安. 《中国公司治理原则(草案)》及其解说 [J]. 南开管理评论, 2001 (1): 9-24.

[46] 李维安, 曹廷求. 对治理者的治理: 金融机构公司治理问题透视 [J]. 东北财经大学学报, 2004, (1): 47-50.

[47] 李维安, 张耀伟. 上市公司董事会治理与绩效倒U形曲线关系研究 [J]. 经济理论与经济管理, 2004 (8): 36-42.

[48] 李维安, 程新生. 公司治理评价及其数据库建设 [J]. 中国会计评论, 2005 (2): 387-400.

[49] 李维安, 唐跃军. 上市公司利益相关者治理

机制、治理指数与企业业绩 [J]. 管理世界, 2005（9）: 127-136.

[50] 李维安, 王世权. 中国上市公司监事会治理绩效评价与实证研究 [J]. 南开管理评论, 2005（1）: 4-9.

[51] 李维安, 张国萍. 经理层治理评价指数与相关绩效的实证研究: 基于中国上市公司治理评价的研究 [J]. 经济研究, 2005（11）: 87-98.

[52] 李维安, 张国萍. 公司治理评价指数: 解析中国公司治理现状与走势 [J]. 经济理论与经济管理, 2005（9）: 58-64.

[53] 李维安, 张国萍, 宋利元. 董事会秘书公司治理角度的中外比较 [J]. 新财富, 2005（2）: 54-57.

[54] 李维安, 郝臣. 中国上市公司监事会治理评价实证研究 [J]. 上海财经大学学报, 2006（3）: 78-84.

[55] 李维安, 唐跃军. 公司治理评价、治理指数与公司业绩: 来自2003年中国上市公司的证据 [J]. 中国工业经济, 2006（4）: 98-107.

[56] 李维安, 孙文. 董事会治理对公司绩效累积效应的实证研究: 基于中国上市公司的数据 [J]. 中国工业经济, 2007（12）: 77-84.

[57] 李维安, 姜涛. 公司治理与企业过度投资行为研究: 来自中国上市公司的证据 [J]. 财贸经济, 2007（12）: 56-61+141.

[58] 李维安, 王世权. 利益相关者治理理论研究脉络及其进展探析 [J]. 外国经济与管理, 2007（4）: 10-17.

[59] 李维安, 李滨. 机构投资者介入公司治理效果的实证研究: 基于CCGI^{NK}的经验研究 [J]. 南开管理评论, 2008（1）: 4-14.

[60] 李维安, 郝臣. 中国公司治理转型: 从行政型到经济型 [J]. 资本市场, 2009（9）: 112-114.

[61] 李维安. 金融危机凸显金融机构治理风险 [J]. 资本市场, 2009（3）: 110-113.

[62] 李维安. 多重的监事会制度需要改革 [J]. 南开管理评论, 2010, 13（3）: 1.

[63] 李维安, 邱艾超. 民营企业治理转型、政治联系与公司业绩 [J]. 管理科学, 2010, 23（4）: 2-14.

[64] 李维安, 邱艾超, 古志辉. 双重公司治理环境、政治联系偏好与公司绩效: 基于中国民营上市公司治理转型的研究 [J]. 中国工业经济, 2010（6）: 85-95.

[65] 李维安, 张立党, 张苏. 公司治理、投资者异质信念与股票投资风险: 基于中国上市公司的实证研究 [J]. 南开管理评论, 2012（6）: 135-146.

[66] 李维安. 中国公司治理原则与国际比较 [M]. 北京: 中国财政经济出版社, 2001.

[67] 李维安. 公司治理评价与指数研究 [M]. 北京: 高等教育出版社, 2005.

[68] 李维安. 中国公司治理与发展报告 2012[M]. 北京: 北京大学出版社, 2012.

[69] 李维安. 中国公司治理与发展报告 2013[M]. 北京: 北京大学出版社, 2014.

[70] 李维安, 郝臣. 公司治理手册 [M]. 北京: 清华大学出版社, 2015.

[71] 李维安. 公司治理学 [M]. 3版. 北京: 高等教育出版社, 2016.

[72] 李维安. 中国公司治理与发展报告 2014[M]. 北京: 北京大学出版社, 2016.

[73] 李维安. 中国上市公司治理准则修订案报告 [M]. 北京: 经济科学出版社, 2018.

[74] 李维安. 绿色治理: 超越国别的治理观 [J]. 南开管理评论, 2016, 19（6）: 1.

[75] 李维安, 徐建, 姜广省. 绿色治理准则: 实现人与自然的包容性发展 [J]. 南开管理评论, 2017, 20（5）: 23-28.

[76] 李维安, 张耀伟. 新时代公司的绿色责任理念与践行路径 [J]. 董事会, 2018（12）: 19-21.

[77] 李维安, 孟乾坤, 李惠. 从治理指数看上市公司治理质量: 如何突破行政经济型治理模式的制约 [J]. 清华金融评论, 2019（9）: 35-38.

[78] 李维安, 王励翔, 孟乾坤. 上市金融机构治理风险的防范 [J]. 中国银行业, 2019（7）: 75-77.

[79] 李维安，王励翔，孟乾坤. 中国国有企业行政经济型治理：模式与展望 [J]. 财务管理研究，2019（1）：7-12.

[80] 李维安，张耀伟，郑敏娜，等. 中国上市公司绿色治理及其评价研究 [J]. 管理世界，2019，35（5）：126-133+160.

[81] 李维安，张耀伟，孟乾坤. 突发疫情下应急治理的紧迫问题及其对策建议 [J]. 中国科学院院刊，2020，35（3）：235-239.

[82] 李维安，侯文涤，柳志南. 国有企业金字塔层级与并购绩效：基于行政经济型治理视角的研究 [J]. 经济管理，2021，43（9）：16-30.

[83] 李维安，郝臣. 国有控股上市公司发展报告 [M]. 北京：经济管理出版社，2022.

[84] 李文贵，余明桂，钟慧洁. 央企董事会试点、国有上市公司代理成本与企业绩效 [J]. 管理世界，2017（8）：123-135+153.

[85] 李小青. 董事会认知异质性对企业价值影响研究：基于创新战略中介作用的视角 [J]. 经济与管理研究，2012（8）：14-22.

[86] 李晓玲，胡欢，程雁蓉. CFO特征影响公司的真实盈余管理吗：来自我国上市公司的经验证据 [J]. 科学决策，2015（5）：60-73.

[87] 李增泉. 激励机制与企业绩效：一项基于上市公司的实证研究 [J]. 会计研究，2000（1）：24-30.

[88] 李湛. 如何构建上市公司独立董事选择机制 [J]. 商业经济研究，2007（31）：70-71.

[89] 柳建华，魏明海，刘峰. 中国上市公司投资者保护测度与评价 [J]. 金融学季刊，2013，7（1）：26-58.

[90] 鲁桐，党印. 中国中小上市公司治理与绩效关系研究 [J]. 金融评论，2014，6（4）：1-17.

[91] 鲁桐，吴国鼎. 中小板、创业板上市公司治理评价 [J]. 学术研究，2015（5）：79-86.

[92] 鲁桐，仲继银，叶扬，等. 中国中小上市公司治理研究 [J]. 学术研究，2014（6）：64-71.

[93] 林素燕，赖逸璇. 公司治理影响企业技术创新吗：基于中国东部、中部、西部上市公司的比较研究 [J]. 财经论丛，2019（5）：75-82.

[94] 刘翔宇，邝诗慧，黄钰婷，等. 中国企业实行双重股权结构的可行性研究综述 [J]. 中国集体经济，2020（34）：85-88.

[95] 刘银国，高莹，白文周. 股权结构与公司绩效相关性研究 [J]. 管理世界，2010（9）：177-179.

[96] 罗进辉. 媒体报道的公司治理作用：双重代理成本视角 [J]. 金融研究，2012（10）：153-166.

[97] 马连福，陈德球. 强制性治理与自主性治理问题探讨与比较 [J]. 外国经济与管理，2008（6）：8-14.

[98] 马连福，王丽丽，张琦. 混合所有制的优序选择：市场的逻辑 [J]. 中国工业经济，2015（7）：5-20.

[99] 马蔚华. 战略调整：中国商业银行发展的路径选择 [J]. 经济学家，2005（1）：44-50.

[100] 南开大学经济研究所. 南开指数资料汇编 [M]. 北京：统计出版社，1958.

[101] 南开大学公司治理研究中心公司治理评价课题组. 强控股股东 弱董事会：解析中国上市公司治理状况 [J]. 中国企业家，2004（3）：127-129.

[102] 李维安. 中国上市公司治理状况评价研究：来自2008年1127家上市公司的数据 [J]. 管理世界，2010（1）：142-151.

[103] 南开大学公司治理研究中心公司治理评价课题组. 2003中国上市公司治理评价研究报告 [M]. 北京：商务印书馆，2007.

[104] 南开大学公司治理研究中心公司治理评价课题组. 2004中国上市公司治理评价研究报告 [M]. 北京：商务印书馆，2007.

[105] 南开大学公司治理研究中心公司治理评价课题组. 中国上市公司治理评价研究报告.2005[M]. 北京：商务印书馆，2012.

[106] 南开大学公司治理研究中心公司治理评价课题组. 中国上市公司治理评价研究报告.2006[M]. 北京：商务印书馆，2012.

[107] 李维安. 中国上市公司治理评价研究报告2015[M]. 北京：商务印书馆，2016.

[108] 南开大学公司治理研究中心公司治理评价课题组. 中国上市公司治理评价系统研究

[J]. 南开管理评论, 2003 (3): 4-12.

[109] 南开大学公司治理研究中心公司治理评价课题组. 中国上市公司治理指数与治理绩效的实证分析 [J]. 管理世界, 2004 (2): 63-74.

[110] 李维安. 中国上市公司治理指数与公司绩效的实证分析: 基于中国1149家上市公司的研究 [J]. 管理世界, 2006 (3): 104-113.

[111] 南开大学公司治理研究中心公司治理评价课题组. 中国上市公司治理评价与指数研究: 基于中国1149家上市公司的研究 (2004年) [J]. 南开管理评论, 2006 (1): 4-10.

[112] 南开大学公司治理研究中心公司治理评价课题组. 中国上市公司治理评价与指数分析: 基于2006年1249家公司 [J]. 管理世界, 2007 (5): 104-114.

[113] 南开大学公司治理研究中心公司治理评价课题组. 中国公司治理评价与指数报告: 基于2007年1162家上市公司 [J]. 管理世界, 2008 (1): 145-151.

[114] 李维安. 中国上市公司治理状况评价研究: 来自2008年1127家上市公司的数据 [J]. 管理世界, 2010 (1): 142-151.

[115] 钱先航, 曹廷求. 强制性与自主性治理: 法律、公司特征的交互效应 [J]. 管理评论, 2012, 24 (9): 143-151.

[116] 权小锋, 吴世农. CEO权力强度、信息披露质量与公司业绩的波动性: 基于深交所上市公司的实证研究 [J]. 南开管理评论, 2010, 13 (4): 142-153.

[117] 沈艺峰, 肖珉, 林涛. 投资者保护与上市公司资本结构 [J]. 经济研究, 2009, 44 (7): 131-142.

[118] 石大林, 刘旭, 路文静. 股权结构、动态内生性与公司代理成本 [J]. 财经理论研究, 2014 (4): 97-105.

[119] 施东晖, 司徒大年. 中国上市公司治理水平及对绩效影响的经验研究 [J]. 世界经济, 2004 (5): 69-79.

[120] 宋志平. 加强公司治理 提高上市公司质量 [J]. 清华金融评论, 2019 (9): 18-20.

[121] 宋志平. 推动上市公司高质量发展 [J]. 国资报告, 2020 (12): 28-31.

[122] 汤业国, 徐向艺. 中小上市公司股权激励与技术创新投入的关联性: 基于不同终极产权性质的实证研究 [J]. 财贸研究, 2012, 23 (2): 127-133.

[123] 唐松莲, 林圣越, 高亮亮. 机构投资者持股情景、自由现金与投资效率 [J]. 管理评论, 2015, 27 (1): 24-35.

[124] 唐跃军, 程新生. 信息披露机制评价、信息披露指数与企业业绩: 基于931家上市公司的调查 [J]. 管理评论, 2005 (10): 8-15+33-63.

[125] 唐跃军, 李维安, 谢仍明. 大股东制衡机制对审计约束有效性的影响 [J]. 会计研究, 2006 (7): 21-29+93.

[126] 唐跃军, 吕斐适, 程新生. 大股东制衡、治理战略与信息披露: 来自2003年中国上市公司的证据 [J]. 经济学: 季刊, 2008 (2): 647-664.

[127] 唐跃军, 李维安. 大股东对治理机制的选择偏好研究: 基于中国上市公司治理指数 (CCGI^{NK}) [J]. 金融研究, 2009 (6): 72-85.

[128] 唐跃军, 左晶晶. 所有权性质、大股东治理与公司创新 [J]. 金融研究, 2014 (6): 177-192.

[129] 唐勇军, 马文超, 夏丽. 环境信息披露质量、内控"水平"与企业价值: 来自重污染行业上市公司的经验证据 [J]. 会计研究, 2021 (7): 69-84.

[130] 万丛颖, 张楠楠. 大股东的治理与掏空: 基于股权结构调节效应的分析 [J]. 财经问题研究, 2013 (7): 42-49.

[131] 王斌, 蔡安辉, 冯洋. 大股东股权质押、控制权转移风险与公司业绩 [J]. 系统工程理论与实践, 2013, 33 (7): 1762-1773.

[132] 汪炜, 蒋高峰. 信息披露、透明度与资本成本 [J]. 经济研究, 2004 (7): 107-114.

[133] 王纯. 我国银行债权人参与公司治理路径的选择: 考察日德银行参与路径 [J]. 湖北警官学院学报, 2013, 26 (2): 90-92.

[134] 王福胜，刘仕煜.基于联立方程模型的公司治理溢价研究：兼谈如何检验公司治理评价指标的有效性[J].南开管理评论，2009，12（5）：151-160.

[135] 王华，黄之骏.经营者股权激励、董事会组成与企业价值：基于内生性视角的经验分析[J].管理世界，2006（9）：101-116+172.

[136] 王克敏，陈井勇.股权结构、投资者保护与公司绩效[J].管理世界，2004（7）：127-133+148.

[137] 王鹏程，李建标.利益相关者治理能缓解企业融资约束吗[J].山西财经大学学报，2014，36（12）：96-106.

[138] 王曙光，冯璐，徐余江.混合所有制改革视野的国有股权、党组织与公司治理[J].改革，2019（7）：27-39.

[139] 王思薇，牛倩颖.董事会特征对中国流通业上市公司技术创新的影响研究[J].商业经济研究，2020（1）：146-149.

[140] 王晓巍，陈逢博.创业板上市公司股权结构与企业价值[J].管理科学，2014，27（6）：40-52.

[141] 王元芳，徐业坤.高管从军经历影响公司治理吗：来自中国上市公司的经验证据[J].管理评论，2020，32（1）：153-165.

[142] 王跃堂，赵子夜，魏晓雁.董事会的独立性是否影响公司绩效[J].经济研究，2006（5）：62-73.

[143] 温素彬，方苑.企业社会责任与财务绩效关系的实证研究：利益相关者视角的面板数据分析[J].中国工业经济，2008（10）：150-160.

[144] 吴栋，周建平.资本要求和商业银行行为：中国大中型商业银行的实证分析[J].金融研究，2006（8）：144-153.

[145] 吴晓求，方明浩.中国资本市场30年：探索与变革[J].财贸经济，2021，42（4）：20-36.

[146] 武晓玲，翟明磊.上市公司股权结构对现金股利政策的影响：基于股权分置改革的股权变化数据[J].山西财经大学学报，2013，35（1）：84-94.

[147] 武立东.中国民营上市公司治理及其评价研究[M].天津：南开大学出版社，2007.

[148] 席宁，严继超.利益相关者治理与公司财务绩效：来自中国制造业上市公司的经验[J].经济与管理研究，2010（2）：75-80.

[149] 谢德仁，郑登津，崔宸瑜.控股股东股权质押是潜在的"地雷"吗：基于股价崩盘风险视角的研究[J].管理世界，2016（5）：128-140+188.

[150] 徐莉萍，辛宇，祝继高.媒体关注与上市公司社会责任之履行：基于汶川地震捐款的实证研究[J].管理世界，2011（3）：135-143+188.

[151] 徐向艺，张虹霓，房林林，等.股权结构对资本结构动态调整的影响研究：以我国A股电力行业上市公司为例[J].山东大学学报：哲学社会科学版，2018（1）：120-129.

[152] 许年行，吴世农.我国上市公司股权分置改革中的锚定效应研究[J].经济研究，2007（1）：114-125.

[153] 徐国祥，檀向球，胡穗华.上市公司经营业绩综合评价及其实证研究[J].统计研究，2000（9）：44-51.

[154] 薛有志，西贝天雨.公司治理视角下企业社会责任行为的制度化探索[J].南开学报：哲学社会科学版，2022（2）：183-192.

[155] 杨德明，赵璨.媒体监督、媒体治理与高管薪酬[J].经济研究，2012，47（6）：116-126.

[156] 叶银华，李存修，柯承恩.公司治理与评等系统[M].台北：商智文化出版社，2002.

[157] 伊志宏，姜付秀，秦义虎.产品市场竞争、公司治理与信息披露质量[J].管理世界，2010（1）：133-141+161+188.

[158] 易会满.敬畏投资者 建设高质量资本市场 更好助力经济社会加快恢复发展[J].中国信用，2020（6）：8-12.

[159] 易会满.努力建设中国特色现代资本市场[J].智慧中国，2022（8）：6-10.

[160] 尤华，李恩娟.股权结构与股权代理成本

关系的实证研究：基于 2011 年创业板上市公司的数据研究 [J]. 技术经济与管理研究, 2014 (1): 64-69.

[161] 余怒涛, 杨培蓉, 郑延. 产权性质、公司治理与环境绩效关系研究：基于中国化工行业上市公司的实证检验 [J]. 会计之友, 2017 (14): 35-41.

[162] 袁淳, 刘思淼, 高雨. 大股东控制与利益输送方式选择：关联交易还是现金股利 [J]. 经济管理, 2010, 32 (5): 113-120.

[163] 袁振超, 岳衡, 谈文峰. 代理成本、所有权性质与业绩预告精确度 [J]. 南开管理评论, 2014, 17 (3): 49-61.

[164] 余汉, 宋增基, 宋慈笈. 国有企业党委参与公司治理综合评价及有效性检验 [J]. 中国软科学, 2021 (10): 126-136.

[165] 张宁, 才国伟. 国有资本投资运营公司双向治理路径研究：基于沪深两地治理实践的探索性扎根理论分析 [J]. 管理世界, 2021, 37 (1): 108-127.

[166] 张敏, 姜付秀. 机构投资者、企业产权与薪酬契约 [J]. 世界经济, 2010, 33 (8): 43-58.

[167] 张伟平, 曹廷求. 中国房地产企业间系统性风险溢出效应分析：基于尾部风险网络模型 [J]. 金融研究, 2022 (7): 94-114.

[168] 张国萍, 徐碧琳. 公司治理评价中经理层评价指标体系设置研究 [J]. 南开管理评论, 2003 (3): 21-22.

[169] 张耀伟. 董事会治理评价、治理指数与公司绩效实证研究 [J]. 管理科学, 2008 (5): 11-18.

[170] 张亦春, 李晚春, 彭江. 债权治理对企业投资效率的作用研究：来自中国上市公司的经验证据 [J]. 金融研究, 2015 (7): 190-203.

[171] 曾颖, 陆正飞. 信息披露质量与股权融资成本 [J]. 经济研究, 2006 (2): 69-79+91.

[172] 赵冰梅, 吴会敏. 高管性别差异对上市公司投资行为的影响分析 [J]. 价值工程, 2013, 32 (19): 148-150.

[173] 赵俊强, 廖士光, 李湛. 中国上市公司股权分置改革中的利益分配研究 [J]. 经济研究, 2006 (11): 112-122.

[174] 赵锡军, 王胜邦. 资本监管对贷款增长软约束的解释 [J]. 经济研究参考, 2007 (54): 20-21.

[175] 赵玉洁, 崔玉倩. 企业家特质对企业创新能力的影响 [J]. 合作经济与科技, 2019 (12): 104-105.

[176] 郑志刚, 孙艳梅, 谭松涛, 等. 股权分置改革对价确定与我国上市公司治理机制有效性的检验 [J]. 经济研究, 2007 (7): 96-109.

[177] 郑志刚, 朱光顺, 李倩, 等. 双重股权结构、日落条款与企业创新：来自美国中概股企业的证据 [J]. 经济研究, 2021, 56 (12): 94-110.

[178] 郑志刚, 李邈, 雍红艳, 等. 中小股东一致行动改善了公司治理水平吗 [J]. 金融研究, 2022 (5): 152-169.

[179] 支晓强, 胡聪慧, 童盼, 等. 股权分置改革与上市公司股利政策：基于迎合理论的证据 [J]. 管理世界, 2014 (3): 139-147.

[180] 周冬华, 黄雨秀, 梁晓琴. 董事长上山下乡经历与会计稳健性 [J]. 山西财经大学学报, 2019, 41 (7): 108-124.

[181] 周宏, 刘玉红, 张巍. 激励强度、公司治理与经营绩效：基于中国上市公司的检验 [J]. 管理世界, 2010 (4): 172-173+176.

[182] 周建, 张文隆, 刘琴, 等. 商业银行董事会治理与创新关系研究：基于沪深两市上市公司的经验证据 [J]. 山西财经大学学报, 2012, 34 (3): 45-52.

[183] 周仁俊, 杨战兵, 李礼. 管理层激励与企业经营业绩的相关性：国有与非国有控股上市公司的比较 [J]. 会计研究, 2010 (12): 69-75.

[184] 周婷婷. 董事会治理、环境动态性与内部控制建设 [J]. 山西财经大学学报, 2014, 36 (10): 111-124.

[185] 祝继高, 李天时, YANG T X. 董事会中的不同声音：非控股股东董事的监督动机与监督效果 [J]. 经济研究, 2021, 56 (5): 180-198.

[186] 祝继高，苏嘉莉，黄薇.股权结构、股权监管与财务业绩：来自中国寿险业股权监管的经验证据[J].会计研究，2020（6）：61-74.

[187] 邹海亮，曾赛星，林翰，等.董事会特征、资源松弛性与环境绩效：制造业上市公司的实证分析[J].系统管理学报，2016，25（2）：193-202.

[188] AMIS J M, BARNEY J B, MAHONEY J T, et al. From the editors—why we need a theory of stakeholder governance—and why this is a hard problem[J]. Academy of management review, 2020, 45(3): 499-503.

[189] AMMANN M, OESCH D, SCHMID M M. Corporate governance and firm value: international evidence[J]. Journal of empirical finance, 2011, 18(1): 36-55.

[190] ABOODY D, JOHNSON B N, KASZNIK R. Employee stock options and future firm performance: evidence from option repricings[J]. Journal of accounting and economics, 2010, 50(1): 74-92.

[191] AHERN K R, SOSYURA D. Who writes the news? corporate press releases during merger negotiations[J]. The journal of finance, 2014, 69(1): 241-291.

[192] AYDIN A D, OZCAN A. Corporate governance and firm performance: recent evidence from Borsa Istanbul(BIST)corporate governance index(XKURY)[J]. Research journal of finance and accounting, 2015, 14(6): 198-204.

[193] ANDERSON R C, REEB D M, UPADHYAY A, et al. The economics of director heterogeneity[J]. Financial management, 2011, 40(1): 5-38.

[194] GEOFRY A, ADEGBITE E, TUNY A. Transfer of corporate governance practices into weak emerging market environments by foreign institutional investors[J]. International business review, 2022, 31(5): 101978.

[195] ARUGASLAN O, COOK D O, KIESCHNICK R. On the decision to go public with dual class stock[J]. Journal of corporate finance, 2010, 16(2): 170-181.

[196] ASHBAUGH-SKAIFE H, COLLINS D W, LAFOND R. The effects of corporate governance on firms' credit ratings[J]. Journal of accounting and economics, 2006, 42(1/2): 203-243.

[197] AZARMSA E, WILLIAM C. Persuasion in relationship finance[J]. Journal of financial economics, 2020, 138(3): 818-837.

[198] BALL D L. Bridging practices: intertwining content and pedagogy in teaching and learning to teach[J]. Journal of teacher education, 2000, 51(3): 241-247.

[199] BANTEL K A, JACKSON S E. Top management and innovations in. banking: does the composition of the top team make a difference？[J]. Strategic management journal, 1989, 10(S1): 107-124.

[200] BALASUBRAMANIAN N, BLACK B S, KHANNA R. The relation between firm-level corporate governance and market value: a case study of India[J]. Emerging markets review, 2010, 11(4): 319-340.

[201] BARKEMA H G, SHVYRKOV O. Does top management team diversity promote or hamper foreign expansion? [J]. Strategic management journal, 2007, 28(7): 663-680.

[202] BEBCHUK L, COHEN A, FERRELL A. What matters in corporate governance? [J]. The review of financial studies, 2009, 22(2): 783-827.

[203] BEBCHUK L A, COHEN A, WANG C CY. Learning and the disappearing association between governance and returns[J]. Journal of financial economics, 2013, 108(2): 323-348.

[204] BHAGAT S, BLACK B. The uncertain relationship between board composition and firm performance[J]. The business lawyer, 1999, 54(3): 921-963.

[205] BHAGAT S, BOLTON B, ROMANO R. The promise and peril of corporate governance indices[J]. Columbia law review, 2008, 108(8): 1803-1882.

[206] VINCENT B, MISCIO A. Media bias in financial newspapers: evidence from early twentieth-century France[J]. European review of economic history, 2010, 14(3): 383-432.

[207] BERNARD B. Does corporate governance matter? a crude test using Russian data[J]. University of Pennsylvania law review, 2001, 149(6): 2131.

[208] BLACK B S, De Carvalho G A, SAMPAIO J O. The evolution of corporate governance in Brazil [J]. Emerging markets review, 2014, 20(C): 176-195.

[209] BOYD J, SMITH B. The coevolution of the real and financial sectors in the growth process[J]. The world bank economic review, 1996, 10(2): 371-396.

[210] BUSHEE B J. The influence of institutional investors on myopic R&D investment behavior[J]. Accounting review, 1998, 73(3): 305-333.

[211] BUSHMAN R M, PIOTROSKI J D, SMITH A J. What determines corporate transparency? [J]. Journal of accounting research, 2004, 42(2): 207-252.

[212] JONES C, HESTERLY W S, BORGATTI S P. A general theory of network governance: exchange conditions and social mechanisms [J]. Academy of management review, 1997, 22(4): 911-945.

[213] CREMERS M, FERRELL A. Thirty years of corporate governance: firm valuation & stock returns[R]. Yale school of management working paper, 2009.

[214] CHHAOCHHARIA V, LAEVEN L. Corporate governance norms and practices[J]. Journal of financial intermediation, 2009, 18(3): 405-431.

[215] CLAESSENS S, DJANKOV S, FAN J P H, et al. Disentangling the incentive and entrenchment effects of large shareholdings[J]. Journal of finance, 2002, 57(6): 2741-2771.

[216] COSMA S, MASTROLEO G, SCHWIZER P. Assessing corporate governance quality: substance over form[J]. Journal of management and governance, 2018, 22(2): 457-493.

[217] DEANGELO H, DEANGELO L. Managerial ownership of voting rights: a study of public corporations with dual classes of common stock[J]. Journal of financial economics, 1985, 14(1): 33-69.

[218] HAROLD D, LEHN K. The structure of corporate ownership: causes and consequences[J]. Journal of political economy, 1985, 93(6): 1155-1177.

[219] DENNIS P J, STRICKLAND D. Who blinks in volatile markets, individuals or institutions? [J]. The journal of finance, 2002, 57(5): 1923-1949.

[220] JEROEN D, VERWIJMEREN P. Corporate governance and the cost of equity capital: evidence from GMI's governance rating[J]. European centre for corporate engagement research note, 2007, 6(1): 1-11.

[221] SIMEON D, MURRELL P. Enterprise restructuring in transition: a quantitative survey[J]. Journal of economic literature, 2002, 40(3): 739-792.

[222] DOIDGE C, ANDREW K G, STULZ R M. Why are foreign firms listed in the us worth more? [J]. Journal of financial economics, 2004, 71(2): 205-238.

[223] GALE D, HELLWIG M. Incentive-compatible debt contracts: the one-period problem[J]. The review of economic studies, 1985, 52(4): 647-663.

[224] DYCK A, MOSS D, ZINGALES L. Media versus special interests[J]. The journal of law

and economics, 2013, 56(3): 521-553.

[225] EDELEN R M, INCE O S, KADLEC G B. Institutional investors and stock return anomalies[J]. Journal of financial economics, 2016, 119(3): 472-488.

[226] ELDENBURG L, HERMALIN B E, WEISBACH M S, et al. Governance, performance objectives and organizational form: evidence from hospitals[J]. Journal of corporate finance, 2004, 10(4): 527-548.

[227] OSTROM E. Governing the commons: the evolution of institutions for collective action [M]. Cambridge: Cambridge university press, 1990.

[228] HERNANDEZ-PERDOMO E, GUNEY Y, ROCCO C M. A reliability model for assessing corporate governance using machine learning techniques[J]. Reliability engineering & system safety, 2019, 185(C): 220-231.

[229] LEHMANN E E, WEIGAND J. Does the governed corporation perform better? governance structures and corporate performance in Germany[J]. European finance review, 2000, 4(2): 157-195.

[230] KARA E, ERDUR D A. Analyzing the effects of corporate social responsibility level on the financial performance of companies: an application on BIST corporate governance index included companies [J]. Journal of management economics and business, 2014, 10(23): 227-242.

[231] FAMA E F. Agency problems and the theory of the firm[J]. Journal of political economy, 1980, 88(2): 288-307.

[232] FABRIZIO C S, VAN LIERE M, PELTO G. Identifying determinants of effective complementary feeding behaviour change interventions in developing countries[J]. Maternal & child nutrition, 2014, 10(4): 575-592.

[233] FAMA E F, JENSEN M C. Agency problems and residual claims[J]. The journal of law and economics, 1983, 26(2): 327-349.

[234] FAMA E F, JENSEN M C. Separation of ownership and control[J]. The journal of law and economics, 1983, 26(2): 301-325.

[235] FARRELL K A, WHIDBEE D A. Impact of firm performance expectations on CEO turnover and replacement decisions[J]. Journal of accounting and economics, 2003, 36(1-3): 165-196.

[236] GHOSH C, SIRMANS C F. Board independence, ownership structure and performance: evidence from real estate investment trusts[J]. The journal of real estate finance and economics, 2003, 26(2): 287-318.

[237] GOMPERS P, ISHII J, METRICK A. Corporate governance and equity prices[J]. The quarterly journal of economics, 2003, 118(1): 107-156.

[238] GRAVES S B, WADDOCK S A. Institutional ownership and control: implications for long-term corporate strategy[J]. Academy of management perspectives, 1990, 4(1): 75-83.

[239] GUL F A, KIM J, QIU A A. Ownership concentration, foreign shareholding, audit quality, and stock price synchronicity: evidence from China[J]. Journal of financial economics, 2010, 95(3): 425-442.

[240] GURUN U G, BUTLER A W. Don't believe the hype: local media slant, local advertising, and firm value[J]. The journal of finance, 2012, 67(2): 561-598.

[241] KURT G G, GUNGOR B, GUMUS Y. The relationship between corporate governance and stock returns [J]. Dumlupinar university journal of social science, 2016, 7(49): 124-143.

[242] HANDAYATI P, THAM Y H, YUNINGSIH Y, et al. Audit quality, corporate governance, firm characteristics and CSR disclosures—evidence from Indonesia[J]. Journal of corporate

accounting & finance, 2022, 33(3): 65-78.
[243] HOUCINE A, ZITOUNI M, SRAIRI S. The impact of corporate governance and IFRS on the relationship between financial reporting quality and investment efficiency in a continental accounting system[J]. EuroMed journal of business, 2021, 17(2): 246-269.
[244] HOLDERNESS C G. Joint ownership and alienability[J]. International review of law and economics, 2003, 23(1): 75-100.
[245] HOWELL J W. The survival of the us dual class share structure[J]. Journal of corporate finance, 2017, 44(C): 440-450.
[246] AL-MALKAWI H A N, PILLAI R, BHATTI M. Corporate governance practices in emerging markets: the case of GCC countries [J]. Economic modelling, 2014, 38(3): 133-141.
[247] JENSEN M C, MECKLING W H. Corporate governance [M]. Hants: Gower, 2019.
[248] JOE J R, LOUIS H, ROBINSON D. Managers' and investors' responses to media exposure of board ineffectiveness[J]. Journal of financial and quantitative analysis, 2009, 44(3): 579-605.
[249] JOHNSON S, BOONE P, BREACH A, et al. Corporate governance in the asian financial crisis[J]. Journal of financial economics, 2000, 58(1/2): 141-186.
[250] STIGLITZ J E, WEISS A. Credit rationing in markets with imperfect information[J]. The american economic review, 1981, 71(3): 393-410.
[251] LI J, YANG J, YU Z X. Does corporate governance matter in competitive industries? evidence from China [J]. Pacific-Basin finance journal, 2017, 43(6): 238-255.
[252] KAHANE Y. Capital adequacy and the regulation of financial intermediaries[J]. Journal of banking & finance, 1977, 1(2): 207-218.
[253] KANG H, CHENG M, GRAY S J. Corporate governance and board composition: diversity and independence of australian boards[J]. Corporate governance: an international review, 2007, 15(2): 194-207.
[254] KEELEY M C, FURLONG F T. A reexamination of mean-variance analysis of bank capital regulation[J]. Journal of banking & finance, 1990, 14(1): 69-84.
[255] CREMERS K J M, VINAY B N. Governance mechanisms and equity prices[J]. The journal of finance, 2005, 60(6): 2859-2894.
[256] MURPHY K J. Corporate performance and managerial remuneration: an empirical analysis[J]. Journal of accounting and economics, 1985, 7(1/3): 11-42.
[257] LA PORTA R, LOPEZ-DE-SILANES F, SHLEIFER A, et al. Agency problems and dividend policies around the world[J]. Journal of finance, 2000, 55(1): 1-33.
[258] KLAPPER L F, LOVE I. Corporate governance, investor protection, and performance in emerging markets[J]. Journal of corporate finance, 2004, 10(5): 703-728.
[259] LEUZ C, NANDA D, WYSOCKI P D. Earnings management and investor protection: an international comparison[J]. Journal of financial economics, 2003, 69(3): 505-527.
[260] LIAN Y J, SU Z, GU Y D. Evaluating the effects of equity incentives using PSM: evidence from China[J]. Frontiers of business research in China, 2011, 5(2): 266-290.
[261] BLAIR M M. Rethinking assumptions behind corporate governance[J]. Challenge, 1995, 38(6): 12-17.
[262] BLAIR M M, KRUSE D L. Worker capitalists? giving employees an ownership stake[J]. Brookings review, 1999, 17(4): 23-26.
[263] MCCONNELL J J, SERVAES H. Additional evidence on equity ownership and corporate

value[J]. Journal of financial economics, 1990, 27(2): 595-612.

[264] MEGGINSON W L, NETTER J M. From State to market: a survey of empirical studies on privatization[J]. Journal of economic literature, 2001, 39(2): 321-389.

[265] ARARAT M, BLACK B S, YURTOGLU B B. The effect of corporate governance on firm value and profitability: time-series evidence from turkey [J]. Emerging markets review, 2016, 30(3): 113-132.

[266] JENSEN M C, MECKLING W H. Theory of the firm: managerial behavior, agency costs and ownership structure[J]. Journal of financial economics, 1976, 3(4): 305-360.

[267] MILLER G S. The press as a watchdog for accounting fraud[J]. Journal of accounting research, 2006, 44(5): 1001-1033.

[268] MIHAIL B A, DUMITRESCU D. Corporate governance from a cross-country perspective and a comparison with Romania[J]. Journal of risk and financial management, 2021, 14(12): 600.

[269] VAFEAS N. Board meeting frequency and firm performance[J]. Journal of financial economics, 1999, 53(1): 113-142.

[270] NSOUR M F, AL-RJOUB S A M. Building a corporate governance index (JCGI) for an emerging market: case of Jordan[J]. International journal of disclosure and governance, 2022, 19(2): 232-248.

[271] PARIDA J K, VYAS V. Determinants of governance parameters towards investor's performance in perspective of regulatory and legal framework[J]. Global business review, 2022, 23(4): 1007-1030.

[272] PARRINO R, SIAS R W, STARKS L T. Voting with their feet: institutional ownership changes around forced CEO turnover[J]. Journal of financial economics, 2003, 68(1): 3-46.

[273] PEASNELL K V, POPE P F, YOUNG S. Managerial equity ownership and the demand for outside directors[J]. European financial management, 2003, 9(2): 231-250.

[274] LA PORTA R, LOPEZ-DE-SILANES F, SHLEIFER A, et al. Law and finance[J]. Journal of political economy, 1998, 106(6): 1113-1155.

[275] LA PORTA R, LOPEZ-DE-SILANES F, SHLEIFER A, et al. Investor protection and corporate valuation[J]. The journal of finance, 2002, 57(3): 1147-1170.

[276] RAHEJA C G. Determinants of board size and composition: a theory of corporate boards[J]. Journal of financial and quantitative analysis, 2005, 40(2): 283-306.

[277] REESE JR W A, WEISBACH M S. Protection of minority shareholder interests, cross-listings in the united states, and subsequent equity offerings[J]. Journal of financial economics, 2002, 66(1): 65-104.

[278] LARSSON R. The handshake between invisible and visible hands: toward a tripolar institutional framework [J]. International studies of management & organization, 1993, 23(1): 87-106.

[279] ROCHET J C. Capital requirements and the behaviour of commercial banks[J]. European economic review, 1992, 36(5): 1137-1170.

[280] EDWARD F R, REED D L. Stockholders and stakeholders: a new perspective on corporate governance[J]. California management review, 1983, 25(3): 88-106.

[281] EDWARD F R, EVAN W M. Corporate governance: a stakeholder interpretation [J]. Journal of behavioral economics, 1990, 19(4): 337-359.

[282] BALAGOBEI S. Corporate governance and non-performing loans: evidence from listed banks in Sri Lanka[J]. Journal of business finance & accounting, 2020, 5(1): 72-85.

[283] BARNHART S W, ROSENSTEIN S. Board

composition, managerial ownership, and firm performance: an empirical analysis[J]. Financial review, 1998, 33(4): 1-16.

[284] SPRENGER C, LAZAREVA O. Corporate governance and investment-cash flow sensitivity: evidence from Russian unlisted firms[J]. Journal of comparative economics, 2022, 50(1): 71-100.

[285] SHLEIFER A, VISHNY R W. Management entrenchment: the case of manager-specific investments[J]. Journal of financial economics, 1989, 25(1): 123-139.

[286] SHLEIFER A, VISHNY R W. A survey of corporate governance[J]. The journal of finance, 1997, 52(2): 737-783.

[287] SHLEIFER A, VISHNY R W. Stock market driven acquisitions[J]. Journal of financial economics, 2003, 70(3): 295-311.

[288] SHRIEVES R E, DAHL D. The relationship between risk and capital in commercial banks[J]. Journal of banking & finance, 1992, 16(2): 439-457.

[289] SIMONS D J, CHABRIS C F. Gorillas in our midst: sustained inattentional blindness for dynamic events[J]. Perception, 1999, 28(9): 1059-1074.

[290] NADARAJAH S, ALI S, LIU B, et al. Stock liquidity, corporate governance and leverage: new panel evidence [J]. Pacific-Basin finance journal, 2018, 50(4): 216-234.

[291] SMITH E A. The role of tacit and explicit knowledge in the workplace[J]. Journal of knowledge management, 2001, 5(4): 311-321.

[292] Standard & Poor's. Standard & Poor's 500 guide[M]. New York: McGraw-Hill Companies, 2004.

[293] Standards & Poor's. Standard & Poor's corporate governance scores: criteria, methodology and definitions[S]. Standardization, 2002(2004 revised).

[294] FAN S Z, YU L Q. Identifying missing information of the conventional corporate governance index[R]. Working paper, 2012.

[295] BEINER S, SCHMID M, DROBETZ W, et al. Integrated framework of corporate governance and firm valuation[J]. European financial management, 2006, 12(2): 249-283.

[296] MYERS S C, MAJLUF N S. Corporate financing and investment decisions when firms have information that investors do not have[J]. Journal of financial economics, 1984, 13(2): 187-221.

[297] STIGLITZ J E. Capital market liberalization and exchange rate regimes: risk without reward[J]. The annals of the American academy of political and social science, 2002, 579(1): 219-248.

[298] HART S L. A natural-resource-based view of the firm [J]. Academy of management review, 1995, 20(4): 986-1014.

[299] DAS S C. Corporate governance in India: an evaluation [M]. New Delhi: PHI Learning Pvt. Ltd., 2012.

[300] LIAO T L, LIN W C. Corporate governance, product market competition, and the wealth effect of R&D spending changes [J]. Financial management, 2016, 46(3): 717-742.

[301] TIHANYI L, ELLSTRAND A E, DAILY C M, et al. Composition of the top management team and firm international diversification[J]. Journal of management, 2000, 26(6): 1157-1177.

[302] TUGGLE C S, SIRMON D G, REUTZEL C R, et al. Commanding board of director attention: investigating how organizational performance and CEO duality affect board members' attention to monitoring[J]. Strategic management journal, 2010, 31(9): 946-968.

[303] VANZO L, ACQUAVIVA G, CRISCIENZO R D. Tunnelling methods and hawking's radiation: achievements and prospects[J]. Classical and quantum gravity, 2011, 28(18):

183001.

[304] WAMBA L D, BRAUNE E, HIKKEROVA L. Does shareholder-oriented corporate governance reduce firm risk? evidence from listed European companies[J]. Journal of applied accounting research, 2018, 19(2): 295-311.

[305] WEBB R, BECK M, MCKINNON R. Problems and limitations of institutional investor participation in corporate governance[J]. Corporate governance: an international review, 2003, 11(1): 65-73.

[306] FALLATAH Y, DICKINS D. Corporate governance and firm performance and value in Saudi Arabia [J]. African journal of business management, 2012, 6(36): 10025-10034.

后记

2019年，习近平总书记到南开大学视察时参观了百年校史主题展。南开大学中国公司治理研究院完成的《中国公司治理评价报告》是南开大学百年校史的标志性成果之一。本书是在2003—2022年总计20年《中国公司治理评价报告》的基础上，进一步分析、提炼、总结和深化而成的。

历年《中国公司治理评价报告》均在每届公司治理国际研讨会或公司治理指数发布会上发布。2021年，在以"后疫情时代的应对：绿色治理"为主题的第十一届公司治理国际研讨会上，《中国公司治理评价报告》第十九次发布，南开大学党委书记杨庆山在会上指出，"几十年来中国公司治理研究院与学界同仁一起推动我国公司治理学科从无到有的建设，使公司治理从一个问题研究，拓展为一个研究领域，进而发展为一个新兴的交叉学科"，并希望"南开团队在李维安教授的带领下，再接再厉、勇做标杆，推出更多、更有分量的标志性成果"。杨庆山书记在会上会下多个场合表示，希望中国公司治理研究院公司治理评价课题组在第二十年发布中国上市公司治理指数后，对二十年的中国上市公司治理指数展开深入研究，并推出公司治理评价领域的标志性成果。

正是基于上述背景，我们在2022年4月正式成立本书撰写小组，由我担任组长，由郝臣担任协调人，各章具体撰写人员为小组成员。组建撰写小组之后，我们便正式启动本书撰写的基础性工作，包括书名的确定、书稿大纲的论证工作、历史数据的整理、相关参考资料的搜集、各章节图表的设计等。在确定2022年中国上市公司治理指数的基础上，撰写小组于2022年7月开始数据分析与书稿撰写工作，于2022年11月完成初稿。2022年12月4日，在由南开大学中国公司治理研究院主办的中国上市公司治理指数发布暨学术研讨会上，《2022年中国公司治理评价报告》正式发布，中国公司治理研究院公司治理评价课题组第二十次发布中国上市公司治理指数（CCGI^{NK}）。南开大学校长陈雨露出席发布会并指出："南开治理指数二十年，见证并助力了我国全面坚持和深化改革开放取得的重大历史成就，彰显了百年南开'知中国，服务中国'的学术传统和时代作为！"发布会结束之后，撰写小组进行了初稿的润色修改工作，并在小组内部进行多次研讨，2022年年底书稿最终定稿。

本书包括十一章内容，总体框架设计及具体章节安排由我和郝臣负责。初稿的具体撰写分工如下：第一章公司治理评价的提出，由我、周宁和李鼎主笔；第二章中国上市公司治理指数研发，由我、郝臣和李晓菲主笔；第三章中国上市公司治理总体分析，由郝臣和刘昱沛主笔；第四章中国上市公司股东治理分析，由郑敏娜主笔；第五章中国上市公司董事会治理分析，由张耀伟和曹甜甜主笔；第六章中国上市公司监事会治理分析，由王鹏程和郑敏娜主笔；第七章中国上市公司经理层治理分析，由张国萍、王泽瑶、殷越主笔；第八章中国上市公司信息披露分析，由程新生和修浩鑫主笔；第九章中国上市公司利益相关者治理分析，由孟乾坤和李侠男主笔；第十章中国上市公司治理指数与绩效相关性，由郝臣和衣明卉主笔；第十一章中国上市公司治理总结与展望，由我、侯文涤、曹甜甜主笔。各章初稿完成后，我和郝臣负责统稿和定稿工作。衣明卉、周宁、冯瑞瑞等参与了本书提交出版社之前的试读工作。

最后感谢国家自然科学基金项目（72174096）、国家社会科学基金项目（20FGLB037）、教育部人文社会科学重点研究基地重大研究课题（63242331）、中央高校基本科研业务费专项资金项目（63222307；63232209）的大力支持，感谢出版社编辑的专业编校，感谢南开大学中国公司治理研究院公司治理评价课题组成员在公司治理评价领域的付出和努力！希望本书的出版能够助力我国公司治理现代化的进程。

李维安

2022 年 12 月 31 日

于南开大学中国公司治理研究院